2025 최신개정판

# LOGIN 전산회계 1급

김영철 지음

도서출판 어울림
www.aubook.co.kr

회계나 세법실력과 무관하나, 전산회계시험에 합격하기 위해서는 회계이론에 입각한 입력을 하셔야만 합니다.

수험생 여러분!!
무엇보다도 이론에 힘을 쓰시고, 최종적으로 기출문제와 모의고사로 60분 이내에 입력하시는 연습을 하시면 수험생 모두 100% 합격할 것이라 확신합니다.

**"LOGIN전산회계1급"으로 전산회계 1급에 합격하시고, 다음 단계인 전산세무2급을 도전해보세요!! 그러면 여러분 앞에 광대한 회계와 세법의 바다가 보일 것입니다.**

회계와 세법은 여러분 자신과의 싸움입니다. 자신을 이기십시요!!!

마지막으로 이 책 출간을 마무리해 주신 도서출판 어울림 임직원들 에게 감사의 말을 드립니다.

2025년 1월
김 영 철

다음(Daum)카페 **"로그인과 함께하는 전산회계/전산세무"**

1. **실습 데이터(도서출판 어울림에서도 다운로드가 가능합니다.)**
2. 오류수정표 및 추가 반영사항
3. Q/A게시판

로그인카페

**NAVER 블로그 "로그인 전산회계/전산세무/AT"**

1. **핵심요약**
2. **오류수정표 및 추가반영사항**
3. **개정세법 외**

# 국가직무능력 표준(NCS)

## 1. 정의

국가직무능력표준(NCS, national competency standards)은 산업현장에서 직무를 수행하기 위해 요구되는 지식·기술·소양 등의 내용을 국가가 산업부문별·수준별로 체계화한 것으로 산업현장의 직무를 성공적으로 수행하기 위해 필요한 능력(지식, 기술, 태도)을 국가적 차원에서 표준화한 것을 의미

## 2. 훈련이수체계

| | | | |
|---|---|---|---|
| 6수준 | 전문가 | 사업결합회계 | 세무조사 대응<br>조세불복 청구<br>절세방안 수립 |
| 5수준 | 책임자 | 회계감사 | 법인세 신고<br>기타세무신고 |
| 4수준 | 중간 관리자 | 비영리회계 | 종합소득세 신고 |
| 3수준 | 실무자 | 원가계산<br>재무분석 | 세무정보 시스템 운용<br>원천징수<br>부가가치세 신고<br>법인세 세무조정<br>지방세 신고 |
| 2수준 | 초급자 | 전표관리<br>자금관리<br>재무제표 작성<br>회계정보 시스템 운용 | 전표처리<br>결산관리 |
| – | | 직업기초능력 | |
| 수준 \ 직종 | | **회계·감사** | **세무** |

## 3. 회계 · 감사직무

(1) 정의

회계 · 감사는 기업 및 조직 내 · 외부에 있는 의사결정자들이 효율적인 의사결정을 할 수 있도록 유용한 정보를 제공하며, 제공된 회계정보의 적정성을 파악하는 업무에 종사

(2) 능력단위요소

| 능력단위(수준) | 수준 | 능 력 단 위 요 소 | 교재 내용 |
|---|---|---|---|
| 전표관리 | 3 | 회계상 거래 인식하기 | 회계란? |
| | | 전표 작성하기 | 계정과목별 이해 |
| | | 증빙서류 관리하기 | |
| 자금관리 | 3 | 현금시재관리하기 | 계정과목별 이해(자산) |
| | | 예금관리하기 | |
| | | 법인카드 관리하기 | 계정과목별 이해(부채) |
| | | 어음수표관리하기 | 계정과목별 이해(자산) |
| 원가계산 | 4 | 원가요소 관리하기(3) | 원가계산, 개별원가<br>종합원가계산 |
| | | 원가배부하기(3) | |
| | | 원가계산하기 | |
| | | 원가정보활용하기 | |
| 결산관리 | 4 | 결산분개하기(3) | 결산 및 재무제표 작성 |
| | | 장부마감하기(3) | |
| | | 재무제표 작성하기 | |
| 회계정보 시스템 운용 | 3 | 회계 관련 DB마스터 관리하기 | 프로그램 설치 및 실행<br>프로그램 첫걸음 |
| | | 회계프로그램 운용하기 | |
| | | 회계정보활용하기 | |
| 재무분석 | 5 | 재무비율 분석하기(4) | |
| | | CVP 분석하기(4) | |
| | | 경영의사결정 정보 제공하기 | |
| 회계감사 | 5 | 내부감사준비하기 | |
| | | 외부감사준비하기(4) | |
| | | 재무정보 공시하기(4) | |
| 사업결합회계 | 6 | 연결재무정부 수집하기(4) | |
| | | 연결정산표 작성하기(5) | |
| | | 연결재무제표 작성하기 | |
| | | 합병 · 분할회계 처리하기 | |
| 비영리회계 | 4 | 비영리대상 판단하기 | 보론 : 비영리회계 |
| | | 비영리 회계 처리하기 | |
| | | 비영리 회계 보고서 작성하기 | |

DAUM카페 "로그인과 함께하는 전산회계/전산세무"에 있는 <u>수험생들의 공부방법과 좌절과 고통을 이겨내면서 합격하신 경험담을 같이 나누고자 합니다.</u>

## "드디어 합격했습니다."

김건웅님

우선 이렇게 합격후 수기를 올리게 되다니 너무 기쁘네요.

점수는 84점인데요 부분점수를 못 받은 것 같네요. 처음 예상했던 것 보다 약간 낮게 나왔습니다. 사실 작년에 전산회계1급의 필요성을 느끼고 가볍게 준비하고서 낙방을 하였었습니다. 그 후로 전산회계는 완전히 접고 있다가 본격적으로 이번 시험을 대비로 한달가량 공부한 것 같습니다.

근데 문제는 또 다른 시험을 먼저 치뤄야 하는 탓에 어떻게 계획을 짜야 할지 난감한 상황이었고 회계 프로그램도 바뀌었더군요.

그래서 일단은 이론을 한번 완전히 정독을 하고 교재에 있는 실기까지도 동영상을 보며 한번 쭉 연습을 하였습니다.

그리고 한주동안은 다른 시험관계로 놓고 있다가 시험보기 2주전부터 열공모드 돌입!

다시 한번 이론부터 정독을 하고나니 자신감이 생기더군요. 실기도 처음과는 달리 이해가 안되는 부분은 거의 없었고, 교재를 봐도 이해가 잘 안되서 질문을 올리면 바로 답변을 해주셔서 수월했습니다.

시험 볼 때도 이론이 좀 자신있어서 이론을 먼저 금방 풀고 실기로 넘어갔습니다.

<u>**무엇보다 공부하시면서 이 부분이 제일 중요한거 같은데요 이해가 정 안되면 바로 질문후에 정확히 넘어가야 합니다.**</u>

실기문제 중에 제가 질문한 문제가 바로 시험에 나와서 얼마나 기뻤는지 모릅니다.

질문 안했으면 틀렸습니다.

이론 시험은 교재에 있는 모든 문제와 이전 회차의 문제들을 좀 더 풀면서 잘 이해가 안가거나 까먹은 부분은 교재를 찾아보며 충분히 정리 할 수 있었습니다. 이론을 공부하다 보면 이전에 출제가 되었던 부분은 특히 눈에 잘 띄게 되어 있는게 머리 속에 잘 들어와서 중요성을 판단하는데 도움이 되었습니다.

짧게나마 저의 합격후기를 올렸는데요, **로그인과 함께 준비하시는 수험생 모든 분들 교재를 처음부터 꼼꼼히 정리하시고,** 처음 준비하시는 분들은 동영상과 같이 보시는 걸 권해 드립니다.

끝으로 좋은 책을 집필해 주시고 친절히 답변해 주신 것에 대해 감사를 올리며 마치겠습니다.

## "한달 공부하고 전산회계 1급 100점 2급 100점 받았네요~ ^^"

혜선 님

방금 합격자 발표 떠서 올립니다..

사실 두개 다 100점인걸 시험 당일에 알았었지만 혹시라도 채점 실수 있을까봐 조마조마 하다가 방금 100점 확인하고 후기 올립니다.

저는 세 아이의 엄마입니다.

저는 회계 전공도 아니었고 평범한 가정주부입니다.

아이 셋과 집안일에 하루종일 정신없이 치여살다가

막내가 유치원에 다니면서 갑자기 회계세무가 공부해보고 싶어졌어요.

물론 학교 다닐때 제일 싫어하던 과목이 수학이어서 왠지 세무회계라면 학을 뗄것 같았지만 내가 안 해본걸 해보고 싶다... 그런 마음이 컸던것 같아요.

다행히 발전센터에서 거의 무료로 진행하는 회계강의 프로그램에 참가하게 되었고 7월 중순부터 하루 4시간씩 차변대변부터 시작하며 공부했네요.

처음엔 차변이 뭔지 대변이 뭔지도 헷갈리고

계정과목은 왜그리도 많은지 도대체 이걸 언제 다 외워..ㅠㅠ 했었는데

어느덧 한달이 지나고 바로 8월 특별회차 시험을 보게 되었어요.

특별회차 보기 열흘전부터는 강사님이 나눠준 기출문제 위주로 풀었구요

기출을 풀면서 1급 특유의 말장난?에도 익숙해지기 시작했어요.

일주일 남기면서부터는 2급은 기출문제 풀면 98,97 점이었지만

유독 1급은 이론에서 3문제씩은 틀리더라구요.. ㅜㅜ

<u>**방법은 1회독 2회독이었습니다. 말장난 잦은 부분은 더 유의해서 봤어요..**</u>

사실.. 솔직히 얘기하면 회계는 그리 열심히 공부하지 않았어요...

이렇게 말하면 욕먹을려나요..ㅠㅠ

하기 싫어 안한게 아니라 할 시간이 모자르더라구요..

수업시간 하루 4시간만 정말 집중해서 듣고 집에 가서 복습은 30분이 다였어요..

왜냐하면 전 애가 셋이고, 아이 셋이 전부 여름방학을 해서 집에 가면 밥차리고 집안일 하고..뒤치닥거리하고.. 거기다 올해 여름은 정말 덥더군요...도저히 공부할 날씨가 아니었어요.

하루종일 시달리고 책상에만 앉아도 땀이 주루룩... 결국 힘빠져서 포기.,...ㅜㅜ

공부할 시간은 커녕 잠잘 시간도 부족했어요..ㅜㅜ

거기다 여름휴가까지 겹쳐서...에고공..

ㅎㅎ 어쩌다 보니 얘기가 새어나갔는데 사실 그렇게 익숙해졌던 회계도 세무에 비하면 아무것도 아니더라구요... 지금 다시 한달후에 세무 시험을 도전할 생각인데 이건 정말 레벨이 다르네요..ㅠㅠ

회계에 대해선 100프로 안다고 생각했었는데 세무 1급에 있는 기업회계 부가세 법인세는 차원이 다르네요.

**회계가 커피라면 세무는 티오피에 에스프레소 완샷한 느낌...**ㅠㅠ

거기다 이번엔 아무런 도움도 없이 올 독학이라;;; ㅜㅜ

솔직히 하루에도 포기하고 싶은 마음이 5번씩 불뚝불뚝 솟아오릅니다.

소득세 부가세 지랄맞은 법인세;;;;;

하루 공부시간은 2시간도 못되는데 시간은 자꾸만 흘러가네요..

오늘, 이 점수를 발판삼아 다시 노력해보겠습니다.

한달후에 후기를 다시 올릴수 있길 바랍니다...

어쩌다 보니 후기가 아닌 다짐이 되어버렸네요..

암튼 제가 이 후길 올린 이유는요...ㅎㅎ

**저같은 아줌마도 하니 다른 분들도 다 하실수 있다고..** 힘내시라구요~ ^^

저도 다시 맘잡고 홧팅하겠습니다~

10월엔 모두 좋은 성적 받으시길 바래요... *^^*

| | | | |
|---|---|---|---|
| 시험회차 | 2016년 8월 특별시험 | | |
| 종목 및 등급 | 전산회계1급 | | |
| 수험번호 | [redacted] | | |
| 점수 | 100 | 합격여부 | 합격 |
| 종목 및 등급 | 전산회계2급 | | |
| 수험번호 | [redacted] | | |
| 점수 | 100 | 합격여부 | 합격 |

## "전교꼴찌의 전산회계1급 도전"

형민킴님

안녕하세요. **두 달 전에 전산회계2급 합격수기를 작성한 25살 전교 꼴찌입니다.** 이렇게 두 달 만에 또 합격수기를 작성하게 되었네요~

**저는 2017년 9월 초부터 공부를 시작해서 약 6주 동안 전산회계1급과 세무2급, TAT2급을 동시에 취득했습니다…**

맞습니다!! 저 자랑하는 거에요 하하 그리고 저같이 전교 꼴찌를 해본 사람도 합격하는데 **여러분들도 충분히 하실 수 있다는 메시지를 전달해드리고자 합격수기를 작성합니다!! 저는 다양한 분야의 대가들이 항상 강조하는 기초가 최소한 이 부분에선 이론이라고 생각해요.** 저는 이 부분에서 전문가는 아니지만 저 역시 이론이 가장 중요하고 이 **이론을 바탕으로 실무를 할 수 있다고 확신했고 전산회계 2급에서 그것을 느꼈기에 이번에도 이론만 주어라 해야지**라고 다짐을 하고 책을 열어봤는데!!! 이런 그냥 **전산회계2급 공부할 때 같이 공부할 걸 그랬나…? 라는 생각이 들었습니다. 이론적인 내용이 8~90%가 동일하게 나왔다는 거에요!!! 거기에 원가와 부가세가 약간의 내용이 추가되었지만 내용을 이해하는데 큰 문제는 없었어요.** 부가세는 우리가 일상에서도 접할 수 있는 부분이라 공부하는데 큰 문제는 없었지만 원가에서 약간 생소한 단어들이 나와서 기계적인 필기로 이론을 다져가면서 공부했습니다. **이번엔 전산세무2급도 동시에 공부를 해서 실무는 시험 2주 전에 시작했구요.** 기출은 1주전부터 계속 풀었습니다. 동시에 세무2급, TAT2급까지 공부하긴 했지만 크게 저의 공부 스케줄을 말씀드리자면,

**1주차 - 모든걸 내려놓고 마음 편히 책을 정독 했습니다.**

원가와 부가세에서 생소한 단어들을 많이 접했지만 제가 입으로 내뱉지 않고 손으로 필기를 안해서 생소한 것이지 반복적인 필기를 통하면 금방 머릿속에 이론적인 개념이 잡히더라구요~!

**2 - 4주차 - 그냥 책의 내용을 적었습니다.**

집중력을 끌어올려서 공부할 때는 이때라고 생각해요!!! 저는 무조건 적었습니다. 책의 내용을 그대로 적고 입으로 말하고 어떠한 단어가 주어질 때 책의 내용을 그대로 적을 순 없지만 중요한 내용을 빼먹지 않고 적을 수 있을 정도로 많이 적었던 것 같아요. 저는 부가세 부분이 많이 부족해서 4주차엔 부가세만 공부했습니다.

**5주차 이제부터 실무를 시작했습니다.**

**전산회계 1급은 2급의 내용이 대부분 비슷하며, 매입매출전표가 나오기 때문에 어려움도 없었어요!** 문제가 주어지면 이게 과세인지 면세인지 건별인지만 구분하면 실무는 사실 1주일도 너무 긴 시간이에요!

**6주차 기출문제는 하루에 2개씩만 풀었습니다.**
**전산회계2급 보다는 시간을 많이 써서 스톱워치를 틀어놓고 문제를 풀었습니다.**

이렇게 시험을 준비하고 시험장에 갔습니다. 사실 회계1급은 보단 세무2급에 많이 신경을 쓴지라 세무2급을 보고 회계1급을 볼 땐, 저도 약간 긴장이 풀려 너무 대충 풀고 나온 것 같아요. 시험을 볼 땐 35~40분 정도 걸렸어요. 그러다 보니 고득점은 아니지만, 74회 전산회계 1급 81점이라는 점수에 합격을 했습니다. ㅎㅎ **참고로 저는 전산회계2급부터 쭉 인강으로 공부했습니다.**

〈LOGIN 전산회계1급 시리즈 4종〉

| 도서명 | 도서 내용 | 기출문제 횟수 | 용도 | 페이지 |
|---|---|---|---|---|
| LOGIN 전산회계1급 (기본서) | 이론, 실무, 기출문제 | 4회 | 강의용/독학용 | 약 760 |
| LOGIN 전산회계1급 essence (에센스) | 이론 및 실무 요약, 기출문제 | 8회 | 강의용 | 약 400 |
| LOGIN 전산회계1급 핵심요약 및 기출문제집 | 이론 및 실무 요약, 기출문제 | 23회 | 최종마무리용 | 약 480 |
| LOGIN 전산회계1급 기출문제집 | 기출문제 | 18회 | | 약 270 |

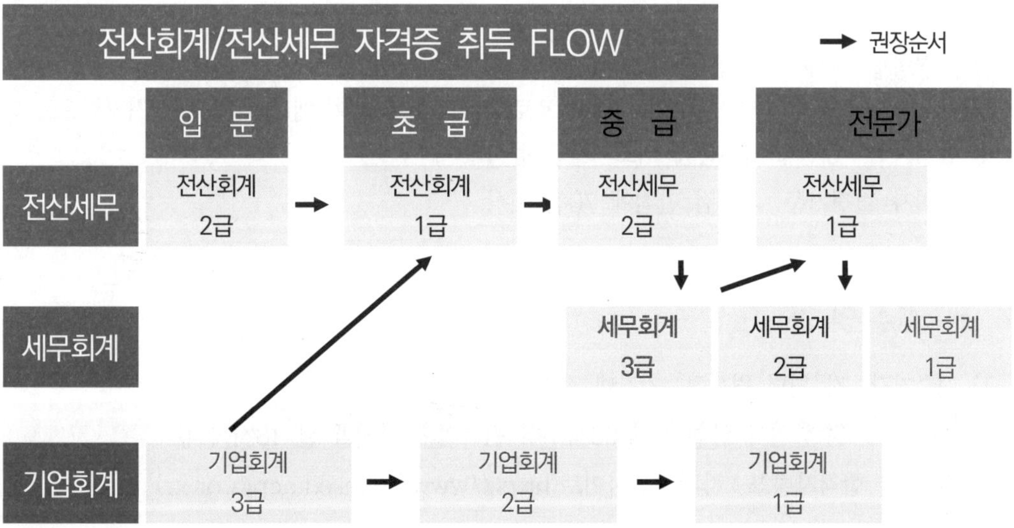

# [2025년 전산세무회계 자격시험(국가공인) 일정공고]

## 1. 시험일자

| 회차 | 종목 및 등급 | 원서접수 | 시험일자 | 합격자발표 |
|---|---|---|---|---|
| 118회 | 전산세무 1,2급<br>전산회계 1,2급 | 01.02~01.08 | 02.09(일) | 02.27(목) |
| 119회 | | 03.06~03.12 | 04.05(토) | 04.24(목) |
| 120회 | | 05.02~05.08 | 06.07(토) | 06.26(목) |
| 121회 | | 07.03~07.09 | 08.02(토) | 08.21(목) |
| 122회 | | 08.28~09.03 | 09.28(일) | 10.23(목) |
| 123회 | | 10.30~11.05 | 12.06(토) | 12.24(수) |
| 124회 | | **2026년 2월 시험예정** | | |

## 2. 시험종목 및 평가범위

| 등급 | 평가범위 | |
|---|---|---|
| 전산회계 1급 | 이론 | 회계원리(15%), 원가회계(10%), 세무회계(5%) |
| | 실무 | 기초정보 등록 · 수정(15%), 거래자료 입력(30%), 부가가치세(15%), 입력자료 및 제장부 조회(10%) |

## 3. 시험방법 및 합격자 결정기준

1) 시험방법 : 이론(30%)은 객관식 4지 선다형 필기시험으로,
실무(70%)는 수험용 표준 프로그램 KcLep(**케이 렙**)을 이용한 실기시험으로 함.

2) 응시자격 : 제한없음**(신분증 미소지자는 응시할 수 없음)**

3) 합격자 결정기준 : 100점 만점에 70점 이상

## 4. 원서접수 및 합격자 발표

1) 접수기간 : 각 회별 원서접수기간내 접수
**(수험원서 접수 첫날 00시부터 원서접수 마지막 날 18시까지)**

2) 접수 및 합격자발표 : 자격시험사이트(http://www.license.kacpta.or.kr)

# 차 례

머리말 ··· 3
국가직무능력 표준(NCS) ··· 5
합격수기 ··· 7
2025년 전산세무회계 자격시험(국가공인) 일정공고 ··· 12
1분강의 QR코드 활용방법 ··· 24

## 제1편 재무회계

제1장 재무회계의 이론적 기초 ··· 26

NCS회계 - 3 전표관리 – 회계상거래 인식하기

제1절 회계란? ··· 26
1. 회계의 개념 및 목적 ··· 26
2. 회계의 분류 : 정보이용자에 따른 분류 ··· 26

제2절 회계의 기본적 개념 ··· 28
1. 기업의 유형 ··· 28
2. 기업의 종류(영업활동별) ··· 30
3. 상거래(회사의 주목적사업으로 판단) ··· 30
4. 채권 및 채무 ··· 31
5. 회계의 기본적 개념 ··· 32

제3절 재무제표 ··· 36
1. 재무제표의 종류 ··· 36
2. 재무제표의 기본요소 ··· 36
3. 재무제표 요소의 측정 ··· 38
4. 재무제표 작성과 표시의 일반원칙 ··· 40
5. 재무상태표의 작성기준 ··· 40
6. 손익계산서의 작성기준 ··· 42
7. 중간재무제표 ··· 43
8. 주 석 ··· 43

제4절 회계의 기록 ··· 44
1. 회계의 기록대상–거래 ··· 44

2. 거래요소의 결합관계 ······ 44
3. 계정 및 계정과목 ······ 45
4. 분 개 ······ 46
5. 전 기 ······ 46

제5절 회계의 순환과정 ······ 51

**제2장 계정과목별 이해 (자산) ······ 60**

NCS회계 - 3 전표관리 – 전표작성하기/증빙서류 관리하기
자금관리 – 현금시재/예금/어음수표 관리하기
NCS세무 - 2 전표처리

제1절 유동자산 ······ 60
1. 당좌자산 ······ 61
2. 재고자산 ······ 117

제2절 비유동자산 ······ 142
1. 투자자산 ······ 142
2. 유형자산 ······ 155
3. 무형자산 ······ 177
4. 기타비유동자산 ······ 181

**제3장 계정과목별 이해 (부채) ······ 190**

NCS회계 - 3 전표관리 – 전표작성하기/증빙서류 관리하기
자금관리 – 현금시재/법인카드 관리하기
NCS세무 - 2 전표처리

제1절 유동부채 ······ 190
1. 종 류 ······ 190
2. 매입채무(VS 매출채권) ······ 192
3. 미지급금(VS 미수금) ······ 192
4. 단기차입금(VS 단기대여금) ······ 192
5. 미지급비용(VS 미수수익) ······ 193
6. 선수수익(VS 선급비용) ······ 193
7. 선수금(VS 선급금) ······ 194
8. 예수금 ······ 195
9. 부가세예수금(VS 부가세대급금) ······ 196
10. 미지급세금 ······ 197
11. 유동성장기부채 ······ 197
12. 미지급배당금 ······ 197
13. 가수금(VS 가지급금) ······ 197

제2절 비유동부채 ········ 206
1. 종류 ········ 206
2. 장기차입금 ········ 206
3. 충당부채와 우발부채 ········ 207
4. 퇴직급여충당부채 ········ 208
5. 사채(VS 만기보유증권, 매도가능증권, 단기매매증권) ········ 211

제4장 계정과목별 이해 (자본) ········ 222

NCS회계 - 3 전표관리 – 전표작성하기/증빙서류 관리하기
NCS세무 - 2 전표처리

제1절 자본의 성격 및 분류 ········ 222

제2절 자본금 ········ 223
1. 자본금의 종류 ········ 223
2. 주식의 발행(자본금의 증가) ········ 224
3. 무상증자 ········ 225
4. 자본금의 감소 ········ 226

제3절 자본잉여금 ········ 227
1. 주식발행초과금 ········ 227
2. 감자차익 ········ 227
3. 자기주식처분익 ········ 228

제4절 자본조정 ········ 229
1. 주식할인발행차금 ········ 229
2. 감자차손 ········ 229
3. 자기주식, 자기주식처분손실 ········ 229
4. 미교부주식배당금 ········ 230

제5절 기타포괄손익누계액 ········ 231

제6절 이익잉여금 ········ 240
1. 법정적립금 ········ 240
2. 임의적립금 ········ 241
3. 미처분이익잉여금(미처리결손금) ········ 241

제7절 이익잉여금의 처분 ········ 242
1. 이익잉여금 처분계산서 ········ 242
2. 재무상태표와 이익잉여금 처분계산서의 관계 ········ 243
3. 배당금 ········ 243

제5장 계정과목별 이해 (수익 · 비용) ········ 253

NCS회계 - 3 전표관리 – 전표작성하기/증빙서류 관리하기
NCS세무 - 2 전표처리

제1절 수익 및 비용의 의의 ········ 253
1. 수익의 의의 ········ 253
2. 비용의 의의 ········ 254

제2절 수익인식기준 ········ 255
1. 수익의 인식시점(매출의 인식시점) ········ 255
2. 구체적 사례 ········ 256

제3절 비용인식기준 ········ 258
1. 직접대응 ········ 258
2. 간접대응 ········ 258

제4절 매출액과 매출원가 ········ 259
1. 매출액 ········ 259
2. 매출원가 ········ 259

제5절 제조경비/판매비와 관리비 ········ 260

제6절 영업외손익 ········ 264
1. 이자수익(VS이자비용) ········ 264
2. 배당금수익 ········ 264
3. 임대료 ········ 264
4. 단기매매증권평가이익(VS단기매매증권평가손실) ········ 264
5. 단기매매증권처분이익(VS단기매매증권처분손실) ········ 265
6. 외환차익(VS외환차손) ········ 265
7. 외화환산이익(VS외환환산손실) ········ 265
8. 유형자산처분이익(VS유형자산처분손실) ········ 266
9. 자산수증이익 ········ 266
10. 채무면제이익 ········ 266
11. 잡이익(VS 잡손실) ········ 266
12. 대손충당금 환입(VS 기타의 대손상각비) ········ 266
13. 재고자산감모손실 ········ 267
14. 기부금 ········ 267
15. 재해손실(VS 보험차익) ········ 267
16. 전기오류수정이익(VS 전기오류수정손실) ········ 268

제7절 법인세비용 ········ 268

제6장 결산 및 재무제표 작성 ······ 286

NCS회계 - 4 결산관리 – 결산분개/장부마감/재무제표 작성하기
NCS세무 - 2 결산관리

제1절 결산의 의의 및 절차 ······ 286

제2절 시산표 ······ 287

제3절 결산수정분개 ······ 288
1. 결산수정분개의 의의 ······ 288
2. 결산수정분개의 유형 ······ 288
3. 계정과목별 결산수정분개 ······ 289

제4절 장부마감 ······ 293

제5절 재무제표작성 ······ 293

제6절 회계정보조회 ······ 294
1. 일계표 및 월계표 ······ 294
2. 현금출납장 ······ 296
3. 총계정원장 ······ 297
4. 계정별원장 ······ 298
5. 거래처원장 ······ 299
6. 합계잔액시산표 ······ 300
7. 손익계산서 및 재무상태표 ······ 301

제7장 재무회계 개념체계 (일반기업회계기준) ······ 313
1. 기본구조 ······ 313
2. 회계정보의 질적 특성 ······ 314
3. 재무제표의 기본가정 ······ 316

제8장 최종분개 ······ 322

[보론 – 비영리회계] ······ 333

NCS회계 - 4 비영리회계 – 대상판단/비영리회계 처리하기/ 비영리회계보고서 작성하기

# 제2편 원가회계


제1장 원가의 기초개념 ········· 336

NCS회계 - 3 원가계산 – 원가요소관리하기

제1절 원가회계의 의의 ········· 336
1. 기본개념 ········· 336
2. 원가회계의 목적 ········· 336
3. 원가회계의 특징 ········· 337

제2절 원가의 개념과 분류 ········· 337
1. 원가의 개념 ········· 337
2. 원가의 분류 ········· 337

제3절 원가의 흐름 ········· 351
1. 제조기업의 원가흐름 ········· 351
2. 당기총제조원가 ········· 351
3. 재공품 ········· 353
4. 제품 ········· 353
5. 제조기업의 원가흐름 요약 ········· 354
6. 제조기업의 회계처리 요약(참고) ········· 355
7. 제조원가명세서 ········· 355

제2장 원가계산 ········· 366

NCS회계 - 3 원가계산 – 원가배부/원가계산(4)

제1절 원가계산의 절차와 종류 ········· 366
1. 원가계산의 절차 ········· 366
2. 원가계산의 종류 ········· 367

제2절 원가배분과 부문별원가계산 ········· 368
1. 원가부문과 원가배부 ········· 368
2. 부문별 원가계산 ········· 369

제3장 개별원가계산 ········· 380

NCS회계 - 3 원가계산 – 원가배부/원가계산(4)

제1절 의의와 절차 ········· 380
1. 개별원가계산의 의의 ········· 380
2. 개별원가계산의 절차 ········· 381

제2절 제조간접비의 배부 ···················· 381
1. 공장전체 제조간접비배부율 ···················· 382
2. 부문별 제조간접비 배부율 ···················· 382

제3절 실제개별원가계산 VS 정상개별원가계산 ···················· 383
1. 실제개별원가계산 ···················· 383
2. 정상개별원가계산 ···················· 385

**제4장 종합원가계산 ···················· 396**

NCS회계 - 4 원가계산 – 원가계산/원가정보활용

제1절 의의와 절차 ···················· 396
1. 종합계산의 의의 ···················· 396
2. 종합원가계산의 종류 ···················· 397
3. 종합원가계산의 절차 ···················· 397

제2절 완성품환산량 ···················· 398

제3절 평균법과 선입선출법(원가흐름의 가정) ···················· 398
1. 평균법 ···················· 398
2. 선입선출법 ···················· 399

제4절 공손 ···················· 401
1. 기본개념 ···················· 401
2. 정상공손과 비정상공손 ···················· 402

제5절 개별원가계산과 종합원가계산의 비교 ···················· 403

## 제3편 부가가치세

**제1장 부가가치세의 기본개념 ···················· 414**

NCS세무 - 3 부가가치세 신고

제1절 조세의 기본개념 ···················· 414
1. 조세의 의의 ···················· 414
2. 조세의 분류 ···················· 414
3. 조세의 이해 ···················· 415

제2절 부가가치세의 의의 ···················· 416
1. 부가가치란? ···················· 416
2. 부가가치세 ···················· 417

3. 부가가치의 흐름(전단계세액공제법) ········· 417
4. 현행 부가가치세의 특징 ········· 419

제3절 납세의무자 ········· 421
1. 납세의무자의 개요 ········· 421
2. 사업자 ········· 421

제4절 납세지(사업장별 과세원칙) ········· 422
1. 납세지의 개념 ········· 422
2. 사업장 ········· 422
3. 사업장별과세원칙의 예외 : 주사업장 총괄납부, 사업자단위과세제도 ········· 423

제5절 과세기간 ········· 423
1. 과세기간 ········· 423
2. 예정신고기간 ········· 424

제6절 사업자등록 ········· 425
1. 사업자등록의 개념 ········· 425
2. 사업자등록의 신청 ········· 425
3. 사업자등록의 사후관리 ········· 426

제2장 과세거래 ········· 434

NCS세무 - 3 부가가치세 신고

제1절 과세거래의 개념 ········· 434

제2절 재화의 공급 ········· 435
1. 재화의 개념 ········· 435
2. 공급의 범위 ········· 435

제3절 용역의 공급 ········· 443
1. 용역의 개념 ········· 443
2. 공급의 범위 ········· 443

제4절 재화의 수입 ········· 444

제5절 거래시기(=공급시기) ········· 444
1. 재화의 공급시기 ········· 444
2. 용역의 공급시기 ········· 446
3. 공급시기의 특례 ········· 447

제6절 거래 장소(재화 또는 용역의 공급장소) ········· 448

제3장 영세율과 면세 ········ 455

NCS세무 - 3 부가가치세 신고

제1절 영세율 ········ 455
1. 영세율의 개념 ········ 455
2. 영세율의 적용대상자 ········ 456
3. 영세율의 적용대상 ········ 456

제2절 면세 ········ 458
1. 면세의 개념 ········ 458
2. 면세대상 ········ 458

제4장 과세표준과 세금계산서 ········ 466

NCS세무 - 3 부가가치세 신고–세금계산서 발급 · 수취

제1절 과세표준 ········ 466
1. 공급유형별 과세표준 ········ 466
2. 거래형태별 과세표준 ········ 467
3. 대가를 외국통화 기타 외국환으로 받은 경우의 과세표준 ········ 467
4. 재화의 수입에 대한 과세표준 ········ 469
5. 간주공급(무상공급)의 과세표준 ········ 469
6. 간주임대료의 과세표준 ········ 470

제2절 세율 ········ 470

제3절 세금계산서 ········ 471
1. 세금계산서와 영수증의 종류 ········ 471
2. 세금계산서의 발급시기 ········ 474
3. 세금계산서 발급의무 면제 ········ 476
4. 세금계산서합계표 등의 제출 ········ 476
5. 신용카드 매출전표(직불카드, 기명식 선불카드, 현금영수증 포함) ········ 477

제5장 세액의 계산/신고납부 ········ 487

NCS세무 - 3 부가가치세 신고–부속서류 작성/신고

제1절 납부세액의 계산 ········ 487
1. 대손세액공제 ········ 488
2. 매입세액 공제 ········ 489
3. 매입세액 불공제 ········ 489
4. 의제매입세액공제 ········ 492

제2절 신고와 납부 ······ 493
1. 예정신고와 납부 ······ 493
2. 확정신고와 납부 ······ 493
제3절 환급 ······ 494
1. 일반환급 ······ 494
2. 조기환급 ······ 494
제4절 부가가치세 신고서 ······ 495

제6장 간이과세 ······ 516
NCS세무 - 3 부가가치세 신고
제1절 개요 ······ 516
제2절 범위 ······ 516
1. 일반적인 기준 ······ 516
2. 간이과세 적용배제업종 ······ 517
3. 신규사업개시 ······ 517
제3절 세금계산서 발급의무 ······ 517
제4절 신고 및 납부 ······ 518
3. 과세유형의 변경 ······ 518

## 제4편 실무능력

제1장 KcLep 실행 ······ 525
NCS회계 - 3 회계정보시스템 운용 – 회계관련 DB마스터 관리

제2장 프로그램의 첫걸음 ······ 527
NCS회계 - 3 회계정보시스템 운용 – DB마스터관리/회계프로그램 운용/회계정보활용
NCS세무 - 3 세무정보시스템 운용 – 전표/보고서 조회/마스터 데이터 관리
제1절 기초정보관리 ······ 527
제2절 전기분 재무제표입력(초기이월) ······ 543
제3절 전표입력 ······ 562
1 일반전표 입력 ······ 562
2 매입매출입력 ······ 582

제4절 고정자산 …… 602

제5절 결 산 …… 605

1 결산자료 입력하기 …… 605

2 재무제표 확정 …… 608

제6절 장부조회 …… 615

## 제5편 모의고사

• 실무모의고사 1회 …… 636
• 실무모의고사 2회 …… 644
• 실무모의고사 3회 …… 652
• 종합모의고사 1회 …… 661
• 종합모의고사 2회 …… 675
• 종합모의고사 3회 …… 687

## 제6편 최신기출문제

2024년 시행된 기출문제 중 합격률이 낮은 4회분 수록

1. 제116회 전산회계1급 (합격율 : 43%, 2024.10) …… 701
2. 제114회 전산회계1급 (합격율 : 37%, 2024.06) …… 718
3. 제113회 전산회계1급 (합격율 : 42%, 2024.04) …… 734
4. 제112회 전산회계1급 (합격율 : 40%, 2024.02) …… 750

# 1분강의 QR코드 활용방법

본서 안에 있는 QR코드를 통해 연결되는 유튜브 동영상이 수험생 여러분들의 학습에 도움이 되기를 바랍니다.

## 방법 1

❶ 스마트폰에서 다음(Daum)을 실행한 후 검색창의 오른쪽 아이콘 터치

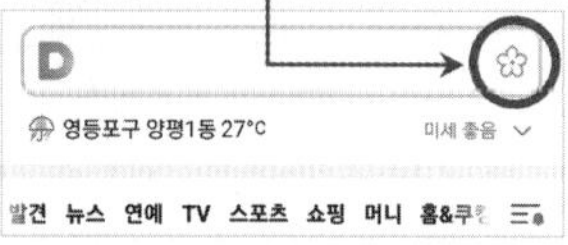


❷ '코드검색'을 터치하면 카메라 앱이 실행됨

❸ 도서의 QR코드를 촬영하면 유튜브의 해당 동영상으로 자동 연결

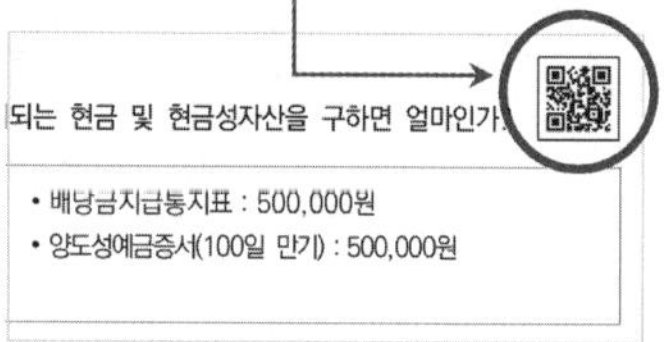

되는 현금 및 현금성자산을 구하면 얼마인가?
• 배당금지급통지표 : 500,000원
• 양도성예금증서(100일 만기) : 500,000원


## 방법 2

카메라 앱을 실행하고, QR코드를 촬영하면 해당 유튜브 영상으로 이동할 수 있습니다.

## 개정세법 반영

유튜브 상단 댓글에 고정시켰으니, 참고하시기 바랍니다.

✔ 과도한 데이터 사용량이 발생할 수 있으므로, Wi-Fi가 있는 곳에서 실행하시기 바랍니다.

# Part I

# 재무회계

Chapter

# 재무회계의 이론적 기초 1

로그인 전산회계 1급

NCS회계 - 3 전표관리 – 회계상거래 인식하기

## 제1절 회계란?

### 1. 회계의 개념 및 목적

기업의 경영활동에서 일어나는 자산과 부채 및 자본의 증감변화를 일정한 원리에 의하여 기록·계산·정리하고 이를 이해관계자에게 제공하는 것이다.

즉, 이는 ① 재무적 성격을 갖는 거래나 사건(기업의 회계자료)을 일정한 원리에 따라 기록·분류하여 재무제표를 작성하며

② 이를 회계정보이용자들의 경제적 의사결정에 유용한 정보를 제공하는 것이다.

### 2. 회계의 분류 : 정보이용자에 따른 분류

회사의 경영활동에는 주주, 채권자, 경영자등 다양한 이해관계자들과 관련되어 있고 이들은 직·간접적으로 회사와 이해관계를 가지고 있다.

이와 같이 기업의 외부에 있는 이해관계자를 외부 이해관계자라 하고, 기업의 내부에 있는 이해관계자를 내부이해관계자라 한다.

### (1) 재무회계

재무회계는 투자자, 채권자, 정부 등 기업의 외부이해관계자들의 의사결정에 유용한 재무적 정보를 제공하는 것을 목적으로 하는 회계이다. 재무회계는 주로 기업외부의 투자자를 위한 회계이며, **기업회계기준을 적용하여 재무제표 작성을 중심**으로 한다.

**한국의 회계기준 체계**

| 회계기준 | 적용대상 | 관련법령 |
|---|---|---|
| 1. 한국채택국제회계기준 | 주권상장법인 및 금융회사 | 주식회사의 외부감사에 관한 법률 |
| 2. 일반기업회계기준 | 외부감사대상주식회사 | |

* 외부감사대상법인 : 주권상장법인 및 자산총액 120억원 이상 등 일정조건을 충족시키는 주식회사 등

### (2) 관리회계

관리회계는 기업내부의 경영자가 합리적인 의사결정에 필요한 정보를 제공하는 것을 목적으로 하는 회계를 말한다. 관리회계는 주로 경영자의 경영계획 수립과 경영통제활동에 필요한 정보를 제공한다. 관리회계의 정보에는 기업의 재무적 정보뿐만 아니라 경영자의 의사결정에 필요한 판단자료까지 포함하게 되며, **재무회계와 달리 일반적으로 인정된 회계 원칙에 구애를 받지 않고 다양한 형태로 정보가 제공**된다.

관리회계는 일정한 형식이 없으며 법적 강제력 없이 필요에 따라 정보를 신속하게 제공하는데 중점을 두며, 주로 기업 경영상의 필요에 따라 특정 분야별 회계정보를 제공하게 된다.

### (3) 재무회계와 관리회계의 비교

| | 재무회계 | 관리회계 |
|---|---|---|
| 목 적 | 외부보고 | 내부보고 |
| 정보이용자 | 투자자, 채권자 등 외부정보이용자 | 경영자, 관리자 등 내부정보이용자 |
| **최종산출물** | **재무제표** | **일정한 형식이 없는 보고서** |
| **특 징** | **과거정보의 집계보고** | **미래와 관련된 정보 위주** |
| 법적강제력 | 있음 | 없음 |

## 제2절 회계의 기본적 개념

### 1. 기업의 유형

기업은 개인기업과 법인기업으로 분류되지만, 회계처리 관점에서는 개인기업, 조합기업, 주식회사 등으로 구분할 수 있다. 회계처리는 기업형태와 관계없이 거의 동일하나 자본의 회계처리만 다르다. 전산회계1급에서는 법인기업이 출제된다.

#### (1) 개인기업

**한사람이 기업을 소유하는 기업형태**를 말한다. 개인기업에서는 기업과 기업주가 동일인이다. 따라서 개인기업은 규모도 작고, 이해관계자들이 법인기업보다 적다는 특징이 있다.

〈개인기업〉

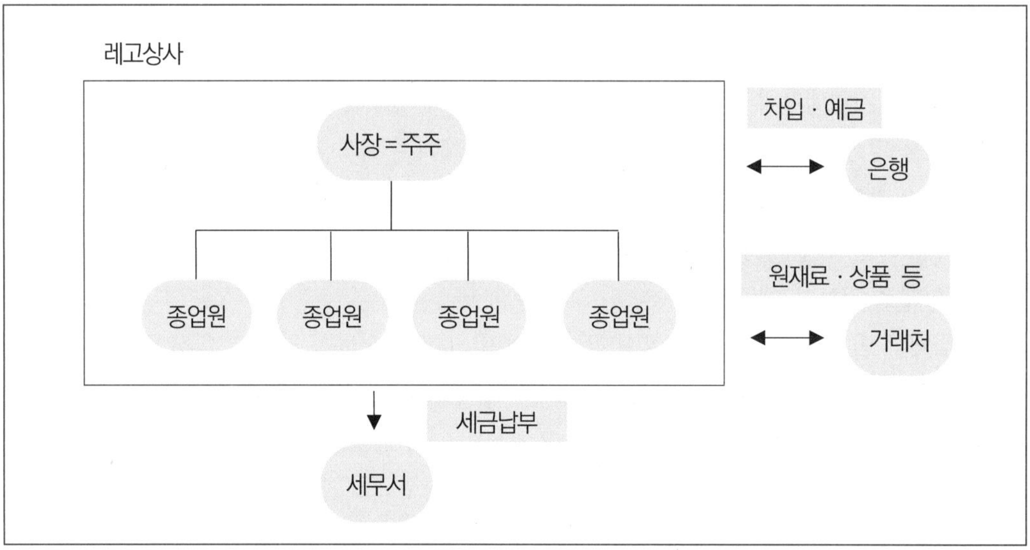


#### (2) 법인기업(주식회사)

주식회사는 여러 사람으로부터 자본을 모으는 데 가장 편리한 기업형태로서, 오늘날 대부분의 기업은 주식회사의 형태이다. 자본금을 균등한 주식으로 분할하여 출자자, 즉 주주가 주식회사의 주인인데 다음과 같은 특징이 있다.

① 주식회사는 주식을 발행하여 자본을 조달한다. 따라서 **불특정 다수인으로부터 대규모의 자본 조달이 가능**하다.

② 주식회사의 주인인 주주의 책임은 유한책임을 진다. 즉 **출자한 금액(주주가 납입한 금액)을 한도로 책임을 진다.**

③ 소유와 경영이 분리되어 있다. 주주는 적게는 1명부터 수 천명, 수 만명 그 이상이 될 수 있다. 그러므로 주주 전원이 회사의 경영에 참여할 수는 없다.

그래서 주주는 회사의 경영을 전문가에게 위임하고, 주식의 시세차익이나 배당에 관심을 갖는다.

④ 주식회사의 기관에는 주주총회, 이사회, 감사로 구성된다.

주주총회는 주식회사의 최고 의사결정기관이고, 이사회는 주주로부터 경영에 관한 일체의 권한을 위임받아 실질적으로 기업을 운영하는 기관이다.

감사는 이사회의 구성원인 이사의 업무집행을 감시하는 기관이다.

시장에서 일반인들이 회사의 주식을 자유롭게 사고 팔 수 있느냐 여부에 상장주식, 비상장주식으로 구분되며, 상장주식은 다시 증권거래소시장(유가증권시장)에서 거래되면 주권상장회사, 코스닥 증권시장에서 거래되면 코스닥 상장회사라고 한다.

**〈법인기업 – 주식회사〉**

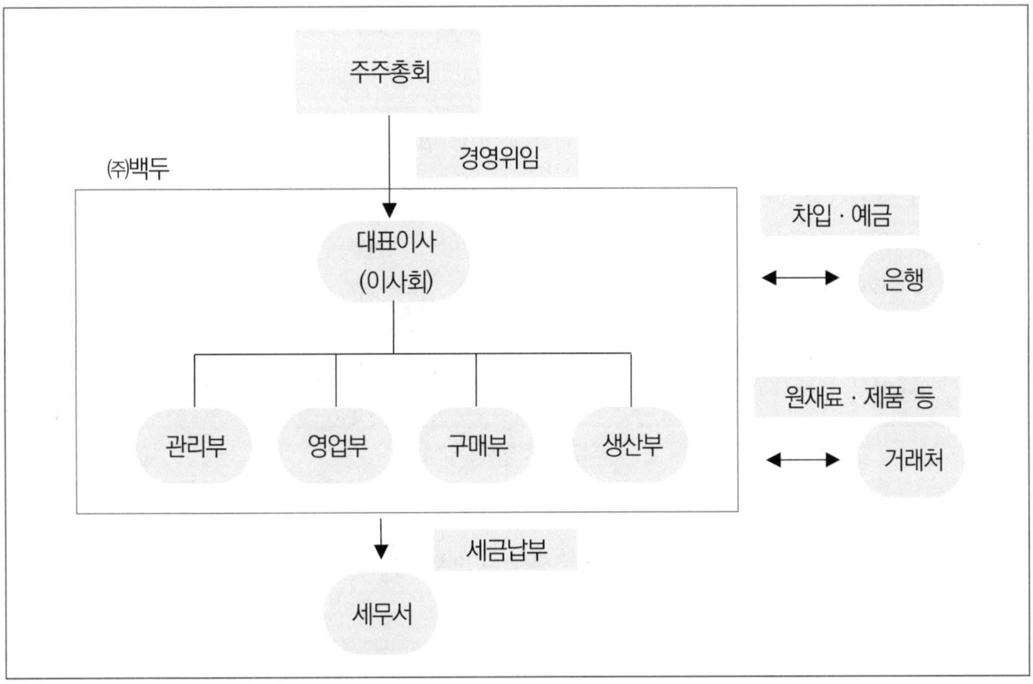

## 2. 기업의 종류(영업활동별)

기업은 이익을 얻고자 여러 가지 활동을 하는데 이러한 활동은 기업의 설립목적에 따라 다르다. 기업은 주요 영업활동에 따라 상품매매기업, 제조기업, 서비스제공기업으로 분류해 볼 수 있다.

### (1) 상품매매기업(상기업)

물건(상품)을 구입해서 그 물건을 구입한 가격보다 높게 판매하여 이익을 얻는 것을 주요활동으로 하는 기업이다. 예를 들면 이마트가 대표적인 상기업에 해당한다.

### (2) 제조기업(제조업)

원재료를 구입하여 이를 가공해서 물건(제품)을 만들어 판매하는 것을 주요활동으로 하는 기업이다. 예를 들면 삼성전자가 대표적인 제조기업에 해당한다.

### (3) 서비스제공기업

서비스제공기업은 보이지 않는 용역(서비스)을 제공하는 것을 주요활동으로 하는 기업을 말한다. 예를 들면 병원, 호텔, 부동산임대업 등을 예로 들 수 있다.

## 3. 상거래(회사의 주목적사업으로 판단)

상거래란 물품 또는 서비스를 대상으로 하여, 매매 또는 임대차 계약을 하는 행위를 말하는데, 회사마다 **주목적 사업**이 회사의 정관(회사의 헌법에 해당한다.)에 기재되어 있다.

상품매매기업은 상품을 매입해서 고객들에게 매매하는 업을 주업으로 하고,

제조업은 원재료를 구매하여 가공을 통하여 제품을 생산하고, 이러한 제품을 판매하는 업을 주업으로 한다.

부동산임대업은 부동산을 임대하여 주고 임차인에게 월세나 보증금을 받는 업을 주업으로 한다.

| 업 종 | 주목적 사업(상거래) | 예 |
|---|---|---|
| 상품매매업 | 상품구매 → 상품진열 → 상품판매 | 마트, GS25, 코스트코 |
| 제조업 | 원재료 구매 → 제품생산 → 제품판매 | 삼성전자, 현대자동차 |
| 부동산임대업 | 부동산을 구입 → 부동산을 임대 | 상가 |

**〈상품매매업 : 상기업〉**

**[마트]**

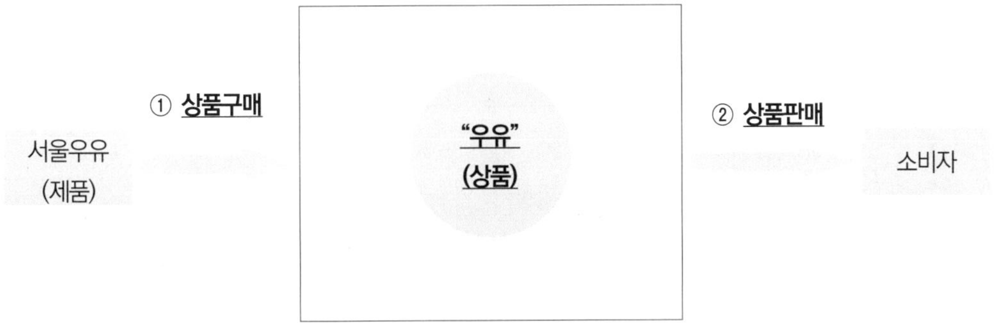


**〈제조기업〉**

**[삼성전자]**

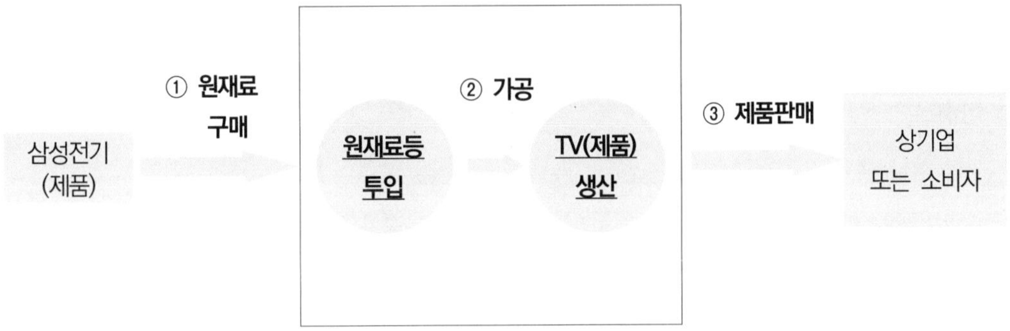


## 4. 채권 및 채무

### (1) 채권

기업이 영업활동을 수행하는 과정에서 재화나 용역을 외상으로 판매하고 그 대가로 미래에 현금을 수취할 권리를 획득하는 경우와 다른 기업에 자금을 빌려주고 그 대가로 차용증서를 수취하는 경우 등 **미래에 현금 등을 받을 권리를 채권**이라 하고 이러한 권리를 가지고 있는 자를 채권자라 한다.

### (2) 채무

기업이 영업활동을 수행하는 과정에서 재화나 용역을 외상으로 매입하거나 다른 기업으로부터 자금을 차입한 경우에 **미래에 현금 등을 지급해야 할 의무를 채무**라 하고

이러한 의무를 가지고 있는 자를 채무자라 한다.

모든 **외상거래 또는 자금거래에 있어서 채권과 채무가 동시에 발생**하게 된다.

〈외상거래〉

판매자가 재화를 외상으로 판매하고 나중에 현금 등을 받을 권리가 있는 거래를 말한다.

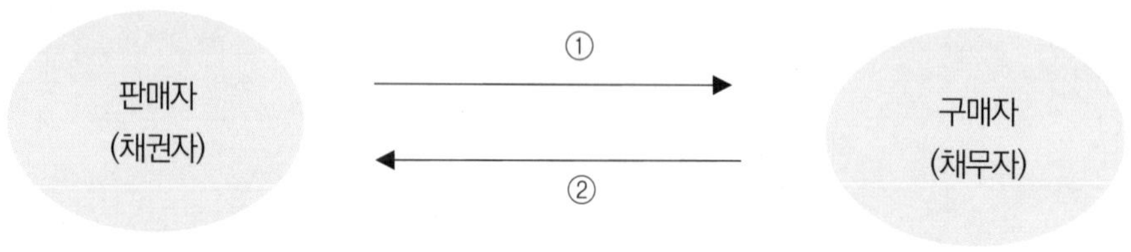


① 판매자가 재화 등을 구매자에게 외상 판매
② 나중에 구매자가 재화의 대가를 지급

〈자금대여거래〉

자금을 빌리려는 자가 차용증서를 작성하여 자금을 빌리고, 향후 원금과 이자를 상환하는 거래를 말한다.

① 대여자가 자금을 대여(차입자는 차용증서 작성)
② 향후 원금과 이자를 상환

## 5. 회계의 기본적 개념

### (1) 자 산

일상생활에서 재산이라는 말을 흔히 사용한다. 재산은 개인이 가지고 있는 금전적 가치가 있는 물건 및 권리를 말한다. 이러한 재산을 회계에서는 자산이라고 한다. 즉 **자산이란 기업이 소유하고 있는 물건 및 권리로서 금전적 가치가 있는 것**이다.

| | | |
|---|---|---|
| 현 금 | 일상적으로 통용되는 화폐와 동전 | |
| 예 금 | 은행 등에 일시적으로 예치한 금액(보통예금, 정기예금, 정기적금) | |
| **매 출 채 권 (상 거 래)** | 외상매출금 | **외상으로 상품을 판매한 경우** 판매대금을 받을 권리 |
| | 받을어음 | **상품을 판매**하고 그 대금으로 받은 어음을 말한다.<br>☞ **어음 : 발행하는 사람이 일정한 금액을 일정한 시기와 장소에서 지급할 것을 약속한 유가증권을 말한다.** |
| **미 수 금 (상거래 이외)** | **상품 외의 물건을 외상으로 판매**하고 받을 돈을 말하는데, 회사가 사용하던 차량(영업용)을 외상으로 판매한 경우에 미수금이라는 채권을 사용한다. | |
| 선 급 금 | 상품을 사기 전에 미리 지급한 계약금 | |
| 대 여 금 | 타인에게 빌려준 돈 | |
| 상 품 | 판매할 목적으로 다른 사람으로부터 구입한 물건 | |
| 제 품 | 판매할 목적으로 자기가 제조하여 만든 물건 | |
| 원 재 료 | 제품을 제조할 목적으로 구입한 원료, 재료 | |
| 토 지 | 영업활동을 위하여 소유하고 있는 땅 | |
| 건 물 | 영업활동을 위하여 소유하고 있는 공장이나 창고, 영업소 등의 건물 등 | |
| 비 품 | 회사에서 사용하는 책걸상, 복사기 등(내용연수가 1년 이상인 것) | |
| 임 차 보 증 금 | 부동산을 사용하기 위하여 임차인이 임대인에게 지급하는 보증금을 말한다. | |

## 매출채권 VS 미수금, 매입채무 VS 미지급금

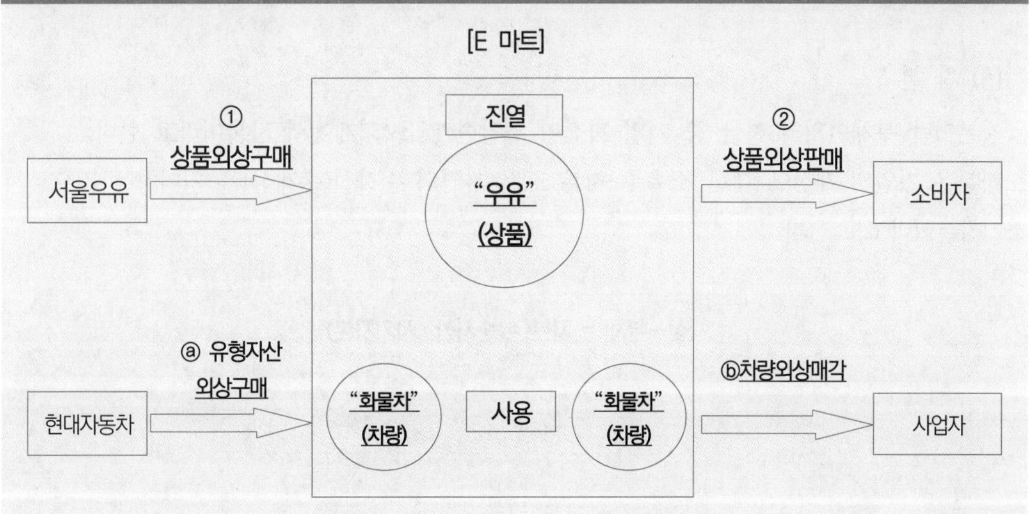

| | | **외상매입(구입)** | **외상매출(매각)** |
|---|---|---|---|
| **상거래** | **회사의 고유목적사업**<br>(상품의 매입 · 판매) | ① 매입채무 | ② 매출채권 |
| 상거래 이외 | 고유목적사업이외<br>(유형자산 등의 구입 · 매각) | ⓐ 미지급금 | ⓑ 미수금 |

## (2) 부 채

일상생활에서 빌린 돈(빚)과 같은 것이며, **기업이 미래에 변제하여야 하는 경제적 가치**를 말한다. 즉, 부채는 다른 사람으로부터 빌린 돈으로서 앞으로 갚아야 할 것을 말한다. 기업이 가지고 있는 대표적인 부채항목을 보면 다음과 같다.

| | | |
|---|---|---|
| **매 입 채 무 (상 거 래)** | **외상매입금** | **상품을 외상으로 매입**한 경우 상품대금을 지급할 의무 |
| | **지 급 어 음** | **상품을 매입하고** 그 대금으로 어음을 준 경우 |
| **미 지 급 금 (상거래 이외)** | **상품 이외의 물건을 외상으로 구입**하고 지급할 금액을 말하는데, 회사가 영업목적으로 차량을 외상으로 구입한 경우에 미지급금이라는 채무를 사용한다. | |
| 선 수 금 | 상품을 사고자 하는 사람에게 미리 받은 계약금 | |
| 차 입 금 | 타인으로부터 빌린 돈 | |
| 임 대 보 증 금 | 임대인이 부동산등을 임차인에게 빌려주고 받은 보증금을 말한다. | |

## (3) 자 본

자본이란 부채이외의 자금 중 기업 자신이 조달한 것을 회계에서 자본이라고 한다.

자본은 기업의 재산에 대한 소유주 지분 또는 기업의 순자산(순재산)을 의미하는 것으로서 자기자본이라고도 한다.

**자산－부채 = 자본(= 순자산, 자기자본)**

### (4) 수 익

수익(revenue)이란 일정기간 동안 **기업이 모든 활동을 통하여 벌어들인 수입**으로서 고객에게 상품을 판매하거나 서비스를 제공하고 받은 것으로서 자본을 증가시키는 것을 말한다.

| | |
|---|---|
| 상품매출 | 상품을 판매하고 받은 대가 |
| 제품매출 | 제품을 판매하고 받은 대가 |
| (수입)임대료 | 부동산을 빌려 주고 받은 대가 |
| 이자수익 | 현금을 은행에 예금하거나, 타인에게 빌려주고 받은 이자 |

### (5) 비 용

비용(expense)이란 **수익을 얻는 과정에서 소비 또는 지출한 경제가치**를 말한다. 즉, 비용은 수익을 얻기 위하여 소비·지출한 것으로서 기업의 자본(순자산)을 감소시키는 원인이 된다.

| | |
|---|---|
| 상품매출원가 | 상품매출에 직접 대응되는 상품원가로서 회사가 구입한 상품의 원가 |
| 제품매출원가 | 제품매출에 직접 대응되는 제품원가로서 회사가 원재료를 가공해서 제품을 만들기 위해 투입된 원가 |
| 급여 | 종업원에게 지급하는 근로대가 |
| (지급)임차료 | 부동산 등을 빌린 경우에 지급하는 월세 |
| 이자비용 | 은행에서 차입하거나 타인에게 돈을 빌리고 지급하는 이자 |
| 세금과공과금 | 국세, 지방세 등 세금과 각종 공과금 |
| ○○비 | ○○비는 대부분 비용에 해당한다. **(예외 : 개발비는 무형자산)** |

**경영성과**

### (6) 이익(또는 손실)

**수익 - 비용 = 손익( = 이익 또는 손실)**

수익에서 비용을 차감한 결과를 말하며 이는 두 가지 결과로 나타난다.

① 이익 : 수익이 비용을 초과한 경우 → **순자산(자본) 증가의 결과를 가져온다.**

② 손실 : 비용이 수익을 초과한 경우 → **순자산(자본) 감소의 결과를 가져온다.**

# 제3절 재무제표

## 1. 재무제표의 종류

〈재무제표의 종류와 체계〉

기초의 재무상태
재무상태표(기 초)

2. 손익계산서
(일정기간의 경영성과)

3. 현금흐름표
(일정기간의 영업, 투자, 재무활동에 따른 현금의 변동)

4. 자본변동표
(일정기간의 자본의 변동내역)

일정시점 재무상태
1. 재무상태표(기 말)

5. 주 석
(재무제표에 필요한 추가적인 정보 제공)
☞ 해당 개별항목에 기호를 붙이고 별지에 동일한 기호를 표시하여 그 내용을 설명한다.

☞ 정태적(일정시점)보고서 : 재무상태표
동태적(일정기간)보고서 : 손익계산서, 현금흐름표, 자본변동표

## 2. 재무제표의 기본요소

### (1) 재무상태표(대차대조표)의 기본 요소

① 자산 : **㉠ 과거의 거래나 사건의 결과로서 ㉡ 현재 기업에 의해 지배되고(통제) ㉢ 미래에 경제적 효익을 창출할 것으로 기대되는 자원**이다. **(경제적 자원 - 미래 현금의 유입)**

② 부채 : **㉠ 과거의 거래나 사건의 결과로 ㉡ 현재 기업이 부담하고 있고(의무), ㉢ 미래에 자원의 유출이 예상되는 의무**이다. **(경제적 의무 - 미래현금의 유출)**

③ 자본(소유주지분, 잔여지분) : 기업의 자산 총액에서 부채 총액을 차감한 잔여금액(=순자산)으로서 기업의 자산에 대한 소유주의 잔여청구권이다.

## (2) 손익계산서의 기본요소

① 수익 : 기업의 경영활동과 관련된 재화의 판매나 용역의 제공 등에 대한 대가로 발생하는 자산의 유입 또는 부채의 감소이다.

② 비용 : 기업의 경영활동과 관련된 재화의 판매 또는 용역의 제공 등에 따라 발생하는 자산의 유출 또는 부채의 증가이다.

③ 포괄손익 : 전통적 손익계산서의 기본요소는 수익과 비용이다.
포괄이익이란 기업이 일정기간 동안 **소유주와의 자본거래를 제외한 모든 거래나 사건에서 인식한 자본의 변동**을 말한다.

**포괄손익 = 당기순손익 + 기타포괄손익(매도가능증권평가손익 + 해외사업환산손익 등)**

☞ **포괄손익계산서 : 전통적인 손익계산서의 당기손익과 기타포괄손익으로 구성된 재무제표**

## (3) 현금흐름표의 기본요소

① **영업활동 현금흐름** : 제품의 생산과 판매활동 등 회사의 주된 영업활동과 관련한 현금 흐름을 말한다.

② **투자활동 현금흐름** : 주로 비유동자산의 취득과 처분, 여유자금의 운용활동과 관련한 현금흐름을 말한다.

③ **재무활동 현금흐름** : 자금조달 및 운용에 관한 현금흐름이다.

## (4) 자본변동표의 기본요소

① **소유주(주주)의 투자** : 주주들의 회사에 대한 투자를 말하는 것으로서 순자산의 증가를 가져온다.

② **소유주(주주)에 대한 분배** : 현금배당 등을 함으로서 회사의 순자산이 감소하게 되는 것을 말한다.

## 3. 재무제표 요소의 측정

측정은 재무상태표와 손익계산서에 기록해야 할 재무제표 기본요소의 화폐금액을 결정하는 과정이다.

[자산 평가의 측정속성]

| 시간 / 시장 | 과거가격 | 현행가격 | 미래가격 |
|---|---|---|---|
| 유입가치<br>(재화 유입시장) | 취득원가<br>(역사적원가) | 현행원가<br>(현행유입가치) | - |
| 유출가치<br>(재화 유출시장) | - | 현행유출가치 | 현재가치 |

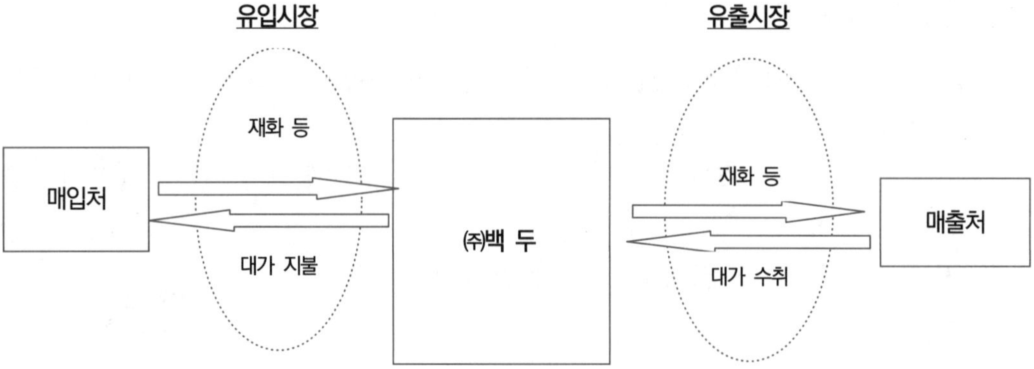


| 측정기준 | 자산 | 부채 |
|---|---|---|
| 1. 역사적원가 | 취득의 대가로 **취득당시에 지급한** 현금 등 | 부담하는 의무의 대가로 수취한 금액 |
| 2. 현행원가 | 동일하거나 또는 동등한 자산을 **현재시점에서 취득할 경우**에 그 대가 | 현재시점에서 그 의무를 이행하는데 필요한 현금 등 |
| 3. 실현가능가치 | 정상적으로 처분하는 경우 **수취할 것으로 예상되는** 현금 등 | 부채를 상환하기 위해 지급될 것으로 예상되는 현금 등 |
| 4. 현재가치 | 자산이 창출할 것으로 기대되는 **미래 순현금유입액의 현재할인가치**로 평가 | 부채를 상환시 예상되는 미래순현금유출액의 현재할인가치로 평가 |

## 현재가치

참고

1. 일시금의 미래가치

'일시금의 미래가치(future value : FV)'란 현재 일시금으로 지급한 금액에 복리를 적용한 이자를 합한, 미래에 받을 원리금(원금+이자)합계액을 말한다.

예를 들어 100,000원을 5%의 정기예금에 가입했다고 가정하자. 1년 후에 원금 100,000원과 이에 대한 이자 5,000원(100,000원 × 5%)을 합한 금액 105,000원을 은행으로부터 돌려받는다. 또한 2년 후에는 1년 후의 원금 105,000원과 이에 대한 이자 5,250원(105,000원 × 5%)을 돌려 받는다.

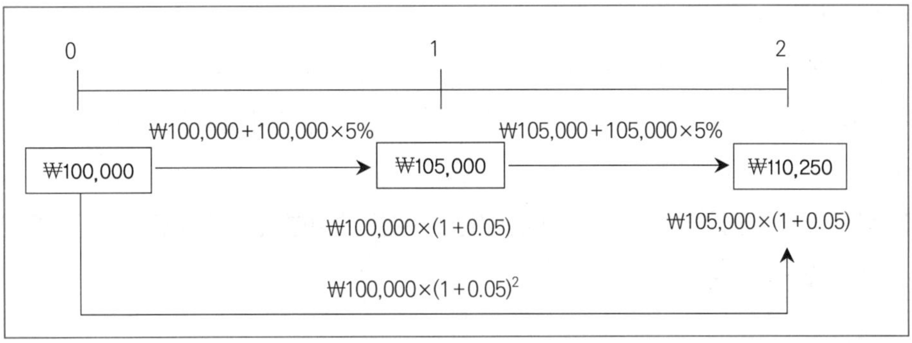


2. 일시금의 현재가치

'일시금의 현재가치(present value : PV)'란 미래가치의 반대개념으로 미래 일시에 받을 금액에서 복리를 적용한 이자를 차감해서 현시점의 가치로 환산한 금액을 말한다. 예를 들어 5%의 이자율에서 2년 후에 받을 110,250원의 현재시점의 가치는 미래가치를 계산하는 과정을 반대로 적용하면 된다.

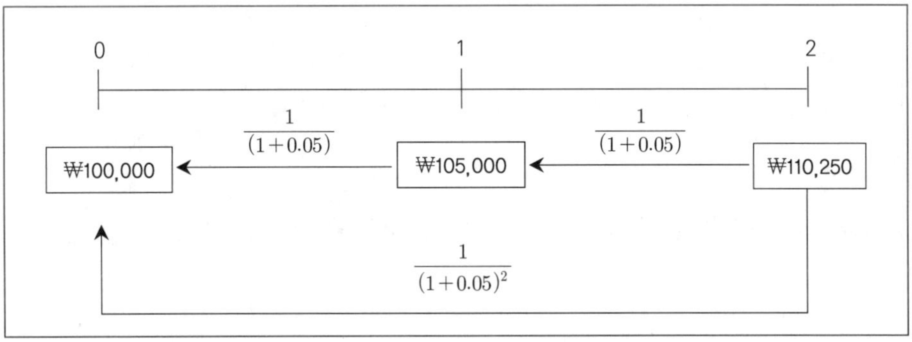

## 4. 재무제표 작성과 표시의 일반원칙

(1) 재무제표의 작성책임

**재무제표의 작성과 표시에 대한 책임은 경영자**에게 있다.

(2) 계속기업

경영자는 재무제표를 작성 시 기업의 존속가능성을 평가하고, **계속기업을 전제로 재무제표를 작성**해야 한다.

(3) 중요성과 통합표시

중요한 항목은 재무제표의 본문이나 주석에 그 내용을 가장 잘 나타낼 수 있도록 구분표시하며, 중요하지 않는 항목은 **성격이나 기능이 유사한 항목과 통합하여 표시할 수 있다.(예 : 판매비와 관리비)**

**재무제표본문에는 통합하여 표시한 항목이라 할지라도 주석에는 이를 구분하여 표시할 만큼 중요한 항목인 경우 주석으로 기재한다.**

(4) 공시

① 비교정보

- 계량정보 : 기간별 비교가능성을 높이기 위해서 **전기와 비교하는 형식으로 작성**해야 한다.
- 비계량정보 : 당기 재무제표를 이해하는데 필요시 전기 재무제표의 **비계량정보를 비교하여 주석에 기재**한다.

② 항목의 표시와 분류의 계속성

재무제표의 항목의 표시와 분류는 원칙적으로 매기 동일하여야 한다.

③ 금액표시

이용자들에게 오해를 줄 염려가 없는 경우에는 **금액을 천원이나 백만원 단위 등으로 표시**할 수 있다.

## 5. 재무상태표의 작성기준

재무상태표(대차대조표)는 회계연도 종료일 현재 기업의 재무상태를 나타내는 보고서로 자산, 부채 및 자본으로 구분하여 표시하여야 한다.

## 재 무 상 태 표

20×1년 12월 31일 현재

㈜백두 단위 : 원

| 과 목 | 금 액 | 과 목 | 금 액 |
|---|---|---|---|
| 자 산 | | 부 채 | |
| Ⅰ. 유 동 자 산 | | Ⅰ. 유 동 부 채 | |
| (1) 당 좌 자 산 | | Ⅱ. 비 유 동 부 채 | |
| … | | 부 채 총 계 | |
| (2) 재 고 자 산 | | | |
| | | 자 본 | |
| Ⅱ. 비 유 동 자 산 | | Ⅰ. 자 본 금 | |
| (1) 투 자 자 산 | | Ⅱ. 자 본 잉 여 금 | |
| (2) 유 형 자 산 | | Ⅲ. 자 본 조 정 | |
| (3) 무 형 자 산 | | Ⅳ. 기타포괄손익누계액 | |
| (4) 기타비유동자산 | | Ⅴ. 이 익 잉 여 금 | |
| | | 자 본 총 계 | |
| 자 산 총 계 | | 부 채 와 자 본 총 계 | |

| | |
|---|---|
| 1. 구분표시의 원칙 | 재무상태표상에 자산 · 부채 및 자본을 종류별, 성격별로 적절히 분류하여 일정한 체계 하에 구분 · 표시한다. |
| 2. 1년 기준 | 자산과 부채는 결산일 **현재 1년 또는 정상적인 영업주기**를 기준으로 구분, 표시 → 자산(부채) 중 1년 내에 현금화(지급할)되는 것에 대해서 유동자산(유동부채)로 분류하고 그렇지 않는 것은 비유동자산(비유동부채)로 표시한다. |
| 3. 유동성배열 | **자산, 부채는 환금성이 빠른 순서로 배열**한다.<br>따라서 재무상태표의 자산은 당좌자산, 재고자산, 투자자산, 유형자산, 무형자산, 기타비유동자산의 순서로 배열한다. |
| 4. 총액주의 | 자산, 부채는 순액으로 표기하지 아니하고 **총액으로 기재한다.**<br>**[자산항목과 부채항목간의 상계금지]**<br>(예) 당좌예금과 당좌차월, 외상매출금과 선수금<br>☞**상계 : 채권자와 채무자가 동종의 채권 · 채무를 가지는 경우에 그 채권과 채무를 비슷한 금액에 있어서 소멸시키는 의사표시를 말한다.** |
| 5. 잉여금 구분의 원칙 | 주식회사의 잉여금은 **주주와의 자본거래인 자본잉여금과 영업활동의 결과인 이익잉여금**으로 구분하여 표시하여야 한다. |

6. **미결산항목 및 비망계정(가수금, 가지급금 등)**은 그 내용을 나타내는 적절한 계정과목으로 표시하고 재무제표상 표시해서는 안된다.

☞**비망(memorandum)계정 : 어떤 거래의 발생을 잠정적으로 기록하는 계정으로 향후 확정되면 대체된다.**

## 6. 손익계산서의 작성기준

**손익계산서**

20×1년 1월 1일부터 20×1년 12월 31일까지

㈜백두 단위 : 원

| 과 목 | 금 액 |
|---|---|
| Ⅰ. 매 출 액 | |
| Ⅱ. 매출원가(1+2-3) | |
| 1. 기초상품재고액 | |
| 2. 당기상품매입액 | **<u>영업관련(상거래) – 계속 · 반복</u>**<br>**<u>(회사의 고유목적사업)</u>** |
| 3. 기말상품재고액 | |
| Ⅲ. 매출총이익(Ⅰ－Ⅱ) | |
| Ⅳ. 판매비와 관리비 | |
| Ⅴ. 영업이익(영업손실)(Ⅲ－Ⅳ) | |
| Ⅵ. 영업외수익 | **<u>영업이외 – 일시 · 우발</u>**<br>**<u>(부수적인 수익/비용)</u>** |
| Ⅶ. 영업외비용 | |
| Ⅷ. 법인세비용차감전순이익(Ⅴ＋Ⅵ－Ⅶ) | |
| Ⅸ. 법인세비용 | |
| Ⅹ. 당기순이익(당기순손실)(Ⅷ－Ⅸ) | |
| Ⅺ. 주당순손익 | |

☞ **영업수익은 매출액이고 영업비용은 매출원가와 판매비와 관리비가 해당한다.**

| | |
|---|---|
| 1. 구분계산의 원칙 | 손익은 매출총손익, 영업손익, 법인세비용차감전순손익, 당기순손익, 주당순손익으로 구분하여 표시한다.<br>☞ **제조업, 판매업 및 건설업 외의 업종에 속하는 기업은 매출총손익의 구분표시를 생략할 수 있다.** |
| 2. 발생기준<br>(수익, 비용) | 현금주의란 현금을 수취한 때 수익으로 인식하고 지출한 때 비용으로 인식하는 것을 말하는데, **<u>발생주의란 현금 유·출입시점에 관계없이 당해 거래나 사건이 발생한 기간에 수익·비용을 인식하는 방법</u>**을 말한다. |
| 3. 실현주의(수익) | 수익은 **<u>실현시기(원칙 : 판매시점)</u>**를 기준으로 계상한다.<br>즉, 수익은 ① 경제적 효익의 유입가능성이 매우 높고 ② 그 효익을 신뢰성있게 측정할 수 있을 때 수익을 인식하는 것을 의미한다. |
| 4. 수익비용대응의 원칙(비용) | 비용은 관련수익이 인식된 기간에 인식한다.<br>즉 비용은 수익을 창출하기 위하여 발생된 비용을 관련된 수익이 인식된 기간에 대응시켜야 한다는 원칙이다. |
| 5. 총액주의 | **<u>수익과 비용은 총액으로 기재한다.</u>**<br>대표적인 예로 이자수익과 이자비용을 상계하지 말고 영업외수익, 영업외비용으로 각각 기재하여야 한다. |

## 7. 중간재무제표

중간재무제표란 **중간기간(3개월, 6개월)을 한 회계연도로 보고 작성한 재무제표**를 말한다.

(1) 종류 : **재무상태표, 손익계산서, 현금흐름표, 자본변동표, 주석**

(2) 작성기간 및 비교형식

중간기간이란 보통 3개월(분기), 6개월(반기)이 대표적이나 그 밖의 기간도 가능하다.

중간재무제표는 다음과 같이 비교하는 형식으로 작성한다.

재무상태표는 당해 중간기간말과 직전 회계연도말을 비교하는 형식으로 작성하고 손익계산서는 중간기간과 누적중간기간을 직전 회계연도의 동일 기간과 비교하는 형식으로 작성한다.

(3) 공시

연차재무제표와 동일한 양식으로 작성함을 원칙으로 하나, 다만 계정과목 등은 대폭 요약하거나 일괄 표시할 수 있다.

## 8. 주 석

주석은 일반적으로 **정보이용자가 재무제표를 이해하고 다른 기업의 재무제표와 비교하는데 도움이 되는 정보**를 말한다.

① 일반기업회계기준에 준거하여 재무제표를 작성하였다는 사실의 명기

② 재무제표 작성에 적용된 유의적인 회계정책의 요약

③ 재무제표 본문에 표시된 항목에 대한 보충정보

④ 기타 우발상황, 약정사항 등의 계량정보와 비계량정보

# 제4절 회계의 기록

## 1. 회계의 기록대상 - 거래

기업의 자산, 부채, 자본을 증가시키거나 감소시키는 모든 활동을 거래라 한다.

회계상 거래로 인식하기 위해서는

① **회사의 재산상태(자산 · 부채 · 자본)에 영향을 미쳐야 하고**

② **그 영향을 금액으로 측정 가능하여야 한다.**

주의할 점은 회계상 거래와 경영활동에서 사용하는 거래의 의미가 반드시 일치하지 않는다는 점이다.

## 2. 거래요소의 결합관계

### (1) 거래의 이중성

회계상의 모든 거래는 원인과 결과라는 두 가지 속성이 공존하는데, 모든 회계상 거래는 차변요소와 대변요소로 결합되어 이루어진다. 그리고 차변과 대변요소의 금액도 같게 되는데 이것을 거래의 이중성 또는 양면성(원인과 결과)이라 한다.

즉, 복식부기에서는 하나의 **회계상 거래가 발생하면 반드시 왼쪽(차변)과 동시에 오른쪽(대변)에 기입**한다.

### (2) 거래의 8요소와 결합관계

기업에서 발생하는 거래형태는 여러 가지가 있으나 결과적으로 자산의 증가와 감소, 부채의 증가와 감소, 자본의 증가와 감소, 수익과 비용의 발생이라는 8개의 요소로 결합된다. 이것을 거래의 8요소라고 한다.

**〈재무상태표 + 손익계산서〉 (시산표)**

| 차 변 | | 대 변 | |
|---|---|---|---|
| 자산 | ⇧ | 부채 | ⇧ |
| | | 자본 | ⇧ |
| 비용 | ⇧ | 수익 | ⇧ |
| 계 | ××× | 계 | ××× |

차변과 대변은 언제나 일치한다.

재무상태표와 손익계산서를 합친표를 시산표라 하는데, 차변에는 자산, 비용 대변에는 부채, 자본, 수익을 기재한다. **따라서 자산의 증가는 차변에 기재하고 마찬가지로 자산의 감소는 대변에 기재하게 되는데 이러한 것을 조합하면 거래의 8요소가 된다.**

〈거래 요소의 결합관계〉

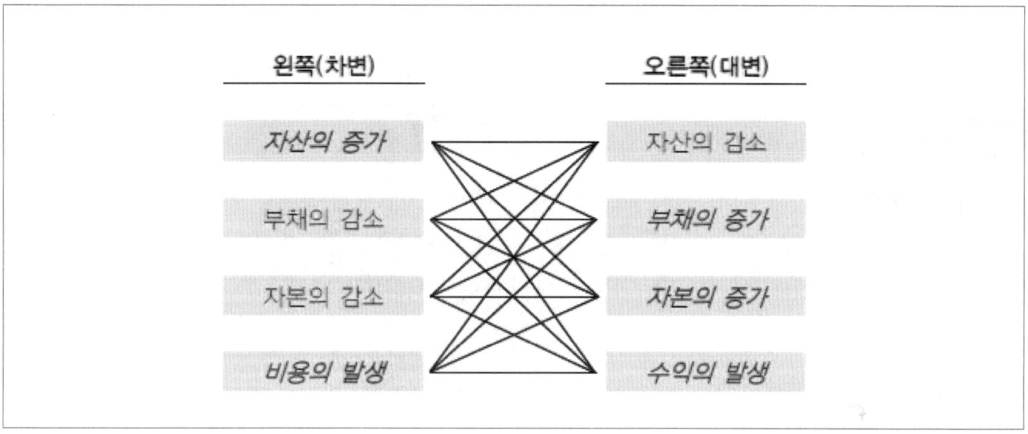


## 3. 계정 및 계정과목

기업의 자산 · 부채 · 자본의 증감 변화를 항목별로 세분하여 기록 · 계산 · 정리하는 구분단위로서 회사에서 일어나는 거래들 중 유사한 것들만 모아서 분류해놓은 것을 계정이라 하고, 현금계정, 상품계정 등과 같이 계정에 붙이는 이름을 계정과목이라고 한다.

| | | |
|---|---|---|
| 재무상태표 계정 | 자산 | 현금, 매출채권(외상매출금, 받을어음), 미수금, 대여금, 상품, 건물, 임차보증금 등 |
| | 부채 | 매입채무(외상매입금, 지급어음), 미지급금, 차입금 등 |
| | 자본 | 자본금 등 |
| 손익계산서 계정 | 수익 | 상품매출, 제품매출, 이자수익, 임대료 등 |
| | 비용 | 상품매출원가, 제품매출원가, 이자비용, 임차료, 급여, 여비교통비 등 |

이와 같이 계정기록 방법을 요약하면

① 자산의 증가는 차변, 감소는 대변에

② 부채(자본)의 증가는 대변, 감소는 차변에

③ 수익의 발생은 대변, 소멸은 차변에

④ 비용이 발생은 차변, 소멸은 대변에

결국 거래의 8요소에 따라 회계상 거래를 계정에 기록하면 된다.

**대차평균(대차균형)의 원리**

거래가 발생하면 거래의 이중성에 의하여 차변과 대변에 기입되고, 금액도 일치하게 되며, 아무리 많은 거래가 발생하더라도 계정전체를 통하여 본다면 차·대변 합계액은 일치하게 되는데 이것을 대차평균의 원리라 한다. 이 대차평균의 원리에 의하여 복식회계는 사기검증 기능을 갖게 된다.

## 4. 분 개

분개란 거래가 발생하면 그 거래의 내용을 차변요소와 대변요소로 세분하여 어느 계정에 얼마의 금액을 각 계정에 적어 넣을 것인지 결정하는 절차를 말한다.

즉, 회계상 거래를 거래의 이중성에 따라 차변요소와 대변요소로 나누고 계정과목과 금액을 결정하는 것이다.

## 5. 전 기

전기란 분개한 것을 해당계정에 옮겨 적는 것을 말한다. 또한 이러한 계정들이 모여 있는 장부 즉, 모든 계정들이 모여 있는 장부라는 뜻에서 총계정원장 또는 원장이라고 한다. 즉, 분개가 끝난 뒤 분개한 내용을 각 계정에 옮겨 기입하는 것을 전기라 하며, 전기하는 방법은 차변과목은 해당 계정 차변에, 대변과목은 해당 계정 대변에 금액을 기입하고, 과목은 상대계정과목을 기입한다.

그러면 다음 분개를 전기해보자.

기계를 구입하면서 현금 100,000원을 지급하였다면,

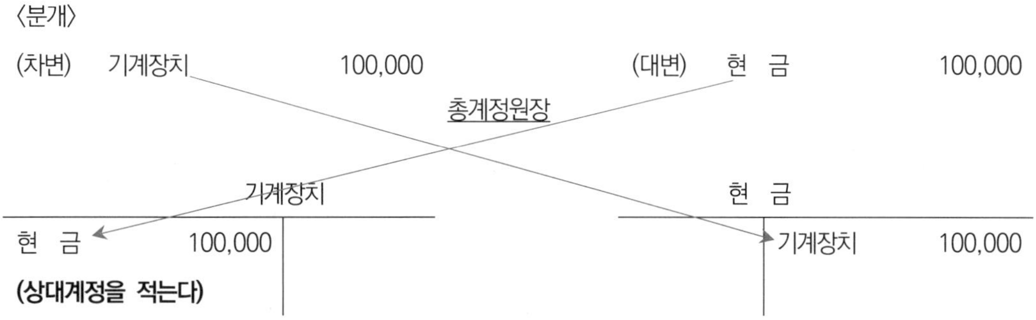


또한 총계정원장을 보고 역으로 분개를 할 수 있어야 한다.

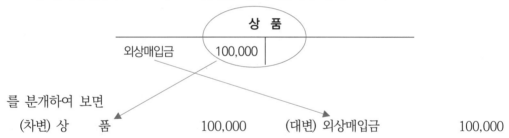

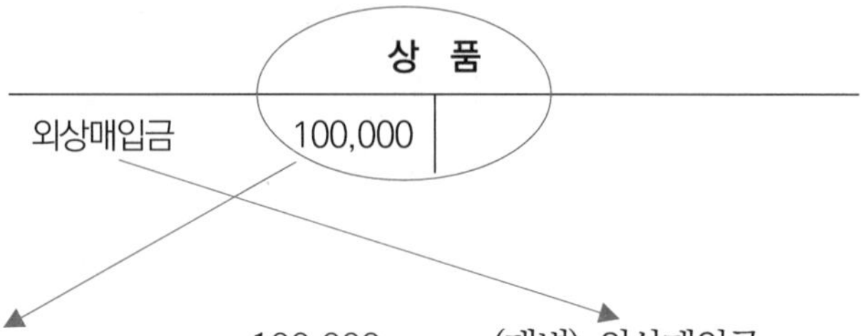


를 분개하여 보면

(차변) 상 품 100,000 (대변) 외상매입금 100,000

## <예제 1 - 1> 전기

다음 분개에 대해서 계정별로 전기를 하시오.

| | | | | | |
|---|---|---|---|---|---|
| 1. | (차) 원 재 료 | 11,000,000 | (대) | 현 금 | 11,000,000 |
| 2. | (차) 현 금 | 12,000,000 | (대) | 단 기 차 입 금 | 12,000,000 |
| 3. | (차) 차 량 운 반 구 | 13,000,000 | (대) | 현 금<br>미 지 급 금 | 3,000,000<br>10,000,000 |
| 4. | (차) 현 금 | 14,000,000 | (대) | 제 품 매 출 | 14,000,000 |
| 5. | (차) 기업업무추진비 | 15,000,000 | (대) | 미 지 급 금 | 15,000,000 |

[자산]

| ⊕ | 현 금 | ⊖ |
| --- | --- | --- |
| | | |

| ⊕ | 원 재 료 | ⊖ |
| --- | --- | --- |
| | | |

| ⊕ | 차량운반구 | ⊖ |
| --- | --- | --- |
| | | |

[부채]

| ⊖ | 단기차입금 | ⊕ |
| --- | --- | --- |
| | | |

| ⊖ | 미지급금 | ⊕ |
| --- | --- | --- |
| | | |

[수익]

| ⊖ | 제품매출 | ⊕ |
| --- | --- | --- |
| | | |

[비용]

| ⊕ | 기업업무추진비 | ⊖ |
| --- | --- | --- |
| | | |

해답

[전기]

| ⊕ 현 금 | | ⊖ | |
|---|---|---|---|
| 2. 단기차입금 | 12,000,000 | 1. 원 재 료 | 11,000,000 |
| 4. 제품 매 출 | 14,000,000 | 3. 차량운반구 | 3,000,000 |

| ⊕ 원 재 료 | | ⊖ | |
|---|---|---|---|
| 1. 현 금 | 11,000,000 | | |

| ⊕ 차량운반구 | | ⊖ | |
|---|---|---|---|
| 3. 현 금 | 3,000,000 | | |
| 3. 미 지 급 금 | 10,000,000 | | |

[부채]

| ⊖ 단기차입금 | | ⊕ | |
|---|---|---|---|
| | | 2. 현 금 | 12,000,000 |

| ⊖ 미지급금 | | ⊕ | |
|---|---|---|---|
| | | 3. 차량운반구 | 10,000,000 |
| | | 5. 기업업무추진비 | 15,000,000 |

[수익]

| ⊖ 제품매출 | | ⊕ | |
|---|---|---|---|
| | | 4. 현 금 | 14,000,000 |

[비용]

| ⊕ 기업업무추진비 | | ⊖ | |
|---|---|---|---|
| 5. 미 지 급 금 | 15,000,000 | | |

## <예제 1 - 2> 전기 및 분개

㈜백두의 총계정원장에 전기한 내역에 대해서 분개하시오.

외상매출금

| | | | |
|---|---|---|---|
| 1.제품매출 | 1,100 | 2.현 금 | 1,200 |
| | | 3.보통예금 | 1,300 |

선급금

| | | | |
|---|---|---|---|
| 4.현 금 | 1,400 | 5.원 재 료 | 1,400 |

지급어음

| | | | |
|---|---|---|---|
| 7.당좌예금 | 1,600 | 6.원 재 료 | 1,600 |

자본금

| | | | |
|---|---|---|---|
| | | 8.기계장치 | 1,800 |

(분개)

| | | |
|---|---|---|
| 1. | (차) | (대) |
| 2. | (차) | (대) |
| 3. | (차) | (대) |
| 4. | (차) | (대) |
| 5. | (차) | (대) |
| 6. | (차) | (대) |
| 7. | (차) | (대) |
| 8. | (차) | (대) |

**해답**

| | | | | |
|---|---|---|---|---|
| 1. | (차) 외상매출금 | 1,100 | (대) 제품 매 출 | 1,100 |
| 2. | (차) 현 금 | 1,200 | (대) 외상매출금 | 1,200 |
| 3. | (차) 보 통 예 금 | 1,300 | (대) 외상매출금 | 1,300 |
| 4. | (차) 선 급 금 | 1,400 | (대) 현 금 | 1,400 |
| 5. | (차) 원 재 료 | 1,400 | (대) 선 급 금 | 1,400 |
| 6. | (차) 원 재 료 | 1,600 | (대) 지 급 어 음 | 1,600 |
| 7. | (차) 지 급 어 음 | 1,600 | (대) 당 좌 예 금 | 1,600 |
| 8. | (차) 기 계 장 치 | 1,800 | (대) 자 본 금 | 1,800 |

## 제5절 회계의 순환과정

회계의 순환과정이란 회계상 거래를 식별하여 장부상에 기록하고, 최종적으로 정보이용자들에게 회계정보를 제공해 주는 수단인 재무제표를 완성하기까지의 모든 과정을 말한다.

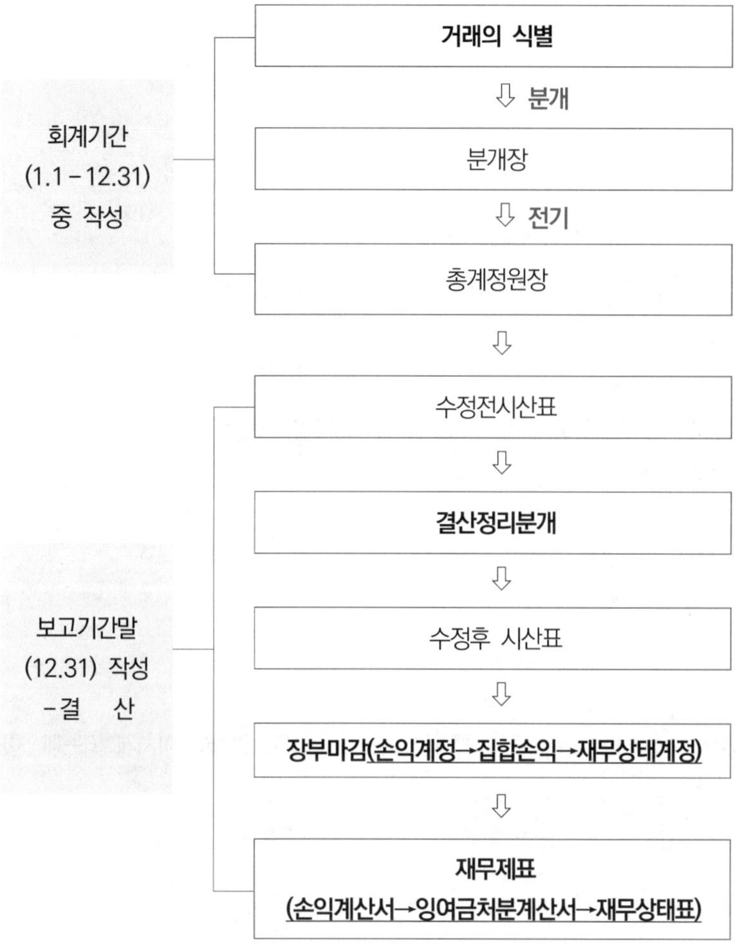


**[로그인 시리즈]**

| 전전기 | 전기 | 당기 | 차기 | 차기 |
|---|---|---|---|---|
| 20yo | 20x0 | **20x1** | 20x2 | 20x3 |
| 2023 | 2024 | **2025** | 2026 | 2027 |

# 연/습/문/제

## 객관식

**01.** 각 재무제표의 명칭과 함께 기재해야 할 사항으로 틀린 것은?

① 기업명 ② 보고기간종료일 ③ 금액단위 ④ 기능통화

**02.** 재무제표를 통해 제공되는 정보에 관한 내용 중 올바르지 않은 것은?

① 화폐단위로 측정된 정보를 주로 제공한다.

② 특정기업실체에 관한 정보를 제공하며, 산업 또는 경제 전반에 관한 정보를 제공하지는 않는다.

③ 대부분 과거에 발생한 거래나 사건에 대한 정보를 나타낸다.

④ 추정에 의한 측정치는 포함하지 않는다.

**03.** 회계상 거래가 발생하면 재무제표의 차변과 대변에 동시에 영향을 미치게 되는데, 이는 회계의 어떤 특성 때문인가?

① 거래의 이중성 ② 중요성 ③ 신뢰성 ④ 유동성

**04.** 다음은 기업회계기준서의 중간재무제표에 대한 용어의 설명이다. 틀린 것은?

① "누적중간기간"은 회계연도 개시일부터 당해 중간기간의 종료일까지의 기간을 말한다.

② "중간기간"은 1회계연도보다 긴 회계기간을 말한다.

③ "중간재무제표"는 중간기간 또는 누적중간기간을 대상으로 작성하는 재무제표를 말한다.

④ "연차재무제표"는 1회계연도를 대상으로 작성하는 재무제표를 말한다.

**05.** 다음 중 재무제표의 기본요소로 틀린 것은?

① 재무상태표 : 자산, 부채, 자본
② 손익계산서 : 수익, 비용, 차익, 차손
③ 자본변동표 : 소유자의 투자, 소유주에 대한 분배, 채권자의 투자
④ 현금흐름표 : 영업활동 현금흐름, 투자활동 현금흐름, 재무활동 현금흐름

**06.** 기업회계기준상 재무상태표의 설명에 적합하지 않는 것은?

① 재무상태표는 기업의 재무상태를 명확히 보고하기 위하여 재무상태표일 현재의 기업의 자산 · 부채 · 자본을 나타내는 정태적 보고서를 말한다.
② 재무상태표에서 자산 · 부채 · 자본은 총액표시를 원칙으로 한다.
③ 재무상태표는 유동성배열법에 따라 유동성이 낮은 항목부터 배열한다.
④ 재무상태표의 자산과 부채는 결산일 현재 1년을 기준으로 구분표시한다.

**07.** 재무상태표에 대한 설명 중 틀리게 말하고 있는 것은?

① 일정 기간 동안 기업의 경영성과에 대한 정보를 제공하는 재무보고서이다.
② 자산은 유동자산과 비유동자산으로 구분한다.
③ 비유동자산은 투자자산, 유형자산, 무형자산 및 기타 비유동자산으로 구분한다.
④ 자본은 자본금, 자본잉여금, 자본조정, 기타포괄손익누계액 및 이익잉여금(또는 결손금)으로 구분한다.

**08.** 재무상태표와 손익계산서의 작성기준에 대한 설명이다. 다음 중 가장 틀린 것은?

① 자산, 부채는 유동, 비유동으로 구분표시하고 유동성이 높은 것부터 배열한다.
② 자본은 자본활동과 손익활동에서 발생한 잉여금을 구분하여 표시하여야 한다.
③ 손익계산서에 수익은 원칙적으로 실현주의에 의하여 인식한다.
④ 손익계산서에 비용은 관련된 수익을 인식하였을 때만 비용으로 인식한다.

**09.** 다음의 자산계정들을 일반기업회계기준에 따라 유동성배열법으로 나열한 경우 맞는 것은?

| | | | |
|---|---|---|---|
| • 기계장치 | • 제품 | • 현금및현금성자산 | • 외상매출금 |

① 외상매출금, 현금및현금성자산, 제품, 기계장치
② 현금및현금성자산, 외상매출금, 기계장치, 제품
③ 현금및현금성자산, 제품, 외상매출금, 기계장치
④ 현금및현금성자산, 외상매출금, 제품, 기계장치

**10.** 다음 중 손익계산서에 대한 설명으로 틀린 것은?

① 일정 기간 동안의 경영성과에 대한 정보를 제공한다.
② 수익과 비용은 순액으로 보고하는 것을 원칙으로 한다.
③ 판매비와 관리비는 당해 비용을 표시하는 적절한 항목으로 구분하여 표시하거나 일괄표시할 수 있다.
④ 영업손익은 매출총손익에서 판매비와 관리비를 차감하여 산출한다.

**11.** 다음 중 재무제표를 작성하고 표시할 때 따라야 할 일반원칙이 아닌 것은?

① 경영자는 재무제표를 작성함에 있어서 특수한 상황에 처한 경우를 제외하고는 기업이 계속 존속하리라는 것을 전제로 한다.
② 재무제표의 작성과 표시에 대한 책임은 회계담당자에게 있다.
③ 재무제표는 기업의 재무상태, 경영성과, 자본변동 및 현금흐름을 공정하게 표시하여야 한다.
④ 기업은 기업회계기준이 허용하는 범위 내에서 구체적인 회계처리방법을 선택할 수 있다.

**12.** 회계는 기록, 계산하는 방법에 따라서 단식회계와 복식회계로 나눌 수가 있다. 다음 중 복식회계의 특징과 거리가 먼 것은?

① 자기검증이 불가능하다.
② 재무상태와 손익을 파악하기가 쉽다.
③ 자산, 부채, 자본 등 모든 변화를 기록할 수 있다.
④ 일정한 원리에 따라 기록한다.

**13.** 다음 중 이론상 회계순환과정의 순서가 가장 맞는 것은?

① 기말수정분개 → 수정후시산표 → 수익 · 비용계정 마감 → 집합손익계정 마감 → 자산 · 부채 · 자본계정 마감 → 재무제표 작성
② 기말수정분개 → 수정후시산표 → 자산 · 부채 · 자본계정 마감 → 집합손익계정 마감 → 수익 · 비용계정 마감 → 재무제표 작성
③ 수정후시산표 → 기말수정분개 → 수익 · 비용계정 마감 → 집합손익계정 마감 → 자산 · 부채 · 자본계정 마감 → 재무제표 작성
④ 수정후시산표 → 기말수정분개 → 자산 · 부채 · 자본계정 마감 → 수익 · 비용계정 마감 → 집합손익계정 마감 → 재무제표 작성

**14.** 다음 중 재무상태표가 제공할 수 있는 정보로서 가장 적합하지 않는 것은?

① 경제적 자원에 관한 정보 ② 경영성과에 관한 정보

③ 유동성에 관한 정보 ④ 지급능력에 관한 정보

**15.** 다음 설명 중 가장 옳은 것은?

① 자산이 증가하고 부채가 증가하면 자본이 반드시 증가한다.

② 자산이 증가하고 부채가 감소하면 자본이 반드시 증가한다.

③ 자산이 증가하고 부채가 고정되면 자본이 반드시 감소한다.

④ 자산이 감소하고 부채가 증가하면 자본이 반드시 증가한다.

**16.** 재무상태표의 기본요소 중 하나인 자본에 대한 설명으로 잘못된 것은?

① 자본이란 기업실체의 자산에 대한 소유주의 잔여청구권이다.

② 배당금 수령이나 청산 시에 주주간의 권리가 상이한 경우 주주지분을 구분표시할 수 있다.

③ 재무상태표상 자본의 총액은 자산 및 부채를 인식, 측정함에 따라 결정된다.

④ 재무상태표상 자본의 총액은 주식의 시가총액과 일치하는 것이 일반적이다.

**17.** 아래의 분개를 각 계정별원장에 전기한 것으로 가장 적절한 것은?

| | | | | | | |
|---|---|---|---|---|---|---|
| 12월 1일 | (차) | 급여 | 2,000,000 원 | (대) | 미지급금 | 1,950,000 원 |
| | | | | | 예수금 | 50,000 원 |

① 예수금

| | |
|---|---|
| 12/1 급여 50,000원 | |

② 미지급금

| | |
|---|---|
| | 12/1 예수금 50,000원 |

③ 미지급금

| | |
|---|---|
| 12/1급여 2,000,000원 | |

④ 미지급금

| | |
|---|---|
| | 12/1 급여 1,950,000원 |

**18.** 다음 중 부채에 대한 설명으로 가장 옳지 않은 것은?

① 일반적인 상거래에서 발생한 외상대금은 외상매입금으로 표시한다.

② 선수금은 일반적인 상거래에서 미리 받은 금액이다.

③ 미지급금은 일반적인 상거래에서 발생한 것으로 지급기일이 도래한 확정채무이다.

④ 부채는 1년 기준으로 유동부채와 비유동부채로 분류한다.

## 주관식

> 전산회계/세무시험에서는 이론 문제는 객관식으로 출제되나, 수험생들의 학습효과를 배가시키기 위해서 계산문제는 주관식으로 편집했습니다.

**01.** 다음 자료에 의하여 자본총계를 계산하면 얼마인가?

| | |
|---|---|
| • 현 금 : 500,000원 | • 단 기 대 여 금 : 250,000원 |
| • 이 익 준 비 금 : 20,000원 | • 선 수 금 : 200,000원 |
| • 감가상각누계액 : 50,000원 | • 기 계 장 치 : 250,000원 |
| • 미 지 급 금 : 60,000원 | • 퇴직급여충당부채 : 90,000원 |
| • 임 대 보 증 금 : 100,000원 | |

**02.** 다음 자료를 이용하여 영업이익을 계산하면 얼마인가?

| | |
|---|---|
| • 매 출 액 : 100,000,000원 | • 광고비 : 6,000,000원 |
| • 매출원가 : 60,000,000원 | • 기부금 : 1,000,000원 |
| • 본사 총무부 직원 인건비 : 4,000,000원 | • 유형자산처분이익 : 2,000,000원 |

**03.** 다음 자료에 의하여 자본총계를 계산하면 얼마인가?

| | |
|---|---|
| • 현 금 : 100,000원 | • 단기대여금 : 150,000원 |
| • 단 기 차 입 금 : 50,000원 | • 비 품 : 200,000원 |
| • 감가상각누계액 : 50,000원 | • 보 통 예 금 : 60,000원 |
| • 미 지 급 금 : 80,000원 | • 미 수 금 : 90,000원 |
| • 지 급 어 음 : 100,000원 | |

**04.** 다음의 자료로 매출총이익(ⓐ), 영업이익(ⓑ)과 당기순이익(ⓒ)을 계산하시오.

| | |
|---|---|
| • 매출액 : 1,000,000원 | • 기부금 : 20,000원 |
| • 급여 : 100,000원 | • 이자비용 : 50,000원 |
| • 매출원가 : 600,000원 | • 기업업무추진비 : 30,000원 |

# 연/습/문/제 답안

객관식

| 1 | 2 | 3 | 4 | 5 | 6 | 7 | 8 | 9 | 10 | 11 | 12 | 13 | 14 | 15 |
|---|---|---|---|---|---|---|---|---|---|---|---|---|---|---|
| ④ | ④ | ① | ② | ③ | ③ | ① | ④ | ④ | ② | ② | ① | ① | ② | ② |
| 16 | 17 | 18 | | | | | | | | | | | | |
| ④ | ④ | ③ | | | | | | | | | | | | |

[풀이 - 객관식]

**01.** 다음의 사항을 각 재무제표의 명칭과 함께 기재한다. (1) 기업명 (2) 보고기간종료일 또는 회계기간 (3) 보고통화 및 금액단위

여기서 **기능통화란 영업활동이 이루어지는 주된 경제 환경의 통화**를 말한다.

예를 들어 해운업체의 경우 영업활동의 주요 무대가 해외이고, 주요 거래 통화가 $일 경우 기능통화는 $인 것이다. 그러나 재무제표에 표시되는 통화가 원화일 경우 보고통화(표시통화)는 원화가 되는 것이다.

**02.** 재무제표를 통해 제공되는 정보는 다음의 예와 같은 특성과 한계를 갖고 있다.

(가) 재무제표는 **화폐단위로 측정된 정보를 주로 제공**한다.

(나) 재무제표는 대부분 **과거에 발생한 거래나 사건에 대한 정보**를 나타낸다.

(다) 재무제표는 **추정에 의한 측정치를 포함**하고 있다.

(라) 재무제표는 **특정기업실체에 관한 정보**를 제공하며, 산업 또는 경제 전반에 관한 정보를 제공하지는 않는다.

**04.** **중간기간(반기, 분기)은 1회계연도보다 짧은 회계기간**을 말한다.

**05.** 자본변동표 : 소유자의 투자, 소유주에 대한 분배 즉 주주의 변동사항을 나타내는 재무제표의 일종이다.

**06.** 재무상태표는 유동성배열법에 따라 유동성이 높은 항목부터 배열한다.

**07.** 재무상태표는 일정 시점 현재 기업이 보유하고 있는 경제적 자원인 자산과 경제적 의무인 부채, 그리고 자본에 대한 정보를 제공하는 재무보고서이다.

**08.** 비용의 인식은 3가지 방법이 있다.

**(가) 직응 (나) 당기비용(기간비용화) (다) 체계적이고 합리적인 방법**

**09.** 유동성배열법은 당좌자산, 재고자산, 투자자산, 유형자산, 무형자산 순이다

**10.** **수익과 비용은 각각 총액으로 보고하는 것을 원칙**으로 한다.

**11.** **재무제표의 작성과 표시에 대한 책임은 경영자**에게 있다.

**12.** **복식회계의 장점이 자기검증기능**이다. 그러나 단식회계에서는 자기검증기능이 없다.

**13.** 거래식별 → 분개 → 전기 → 수정전시산표 작성 → 기말수정분개 → 수정후시산표 → 수익 · 비용계정 마감 → 집합손익계정의 마감 → 자산 · 부채 · 자본계정 마감 → 재무제표 작성

**15.** 자산 $\propto$ 이익(자본) ⇒ **자산과 이익은 비례관계**이다. 즉 **자산이 증가하면 이익이 증가하고 자산이 감소하면 이익이 감소**한다.

**16.** 재무상태표상의 **자본의 총액(장부상 자본총액)은 주식의 시가총액(시장거래가격)과는 일치하지 않는 것이 일반적**이다.

**17.** • 회계처리 : (차) 급여(비용 발생) 2,000,000원 (대) 미지급금(부채 증가) 1,950,000원
예수금(부채 증가) 50,000원

• 계정별원장 전기

급여(비용)

| (발생) | (취소) |
|---|---|
| 12/1 미지급금 1,950,000 | |
| 12/1 예수금 50,000 | |

미지급금(부채)

| (감소) | (증가) |
|---|---|
| | 12/1 급여 1,950,000원 |

예수금(부채)

| (감소) | (증가) |
|---|---|
| | 12/1 급여 50,000원 |

**18.** **미지급금은 일반적 상거래 이외에서 발생한 채무**이다.

## 주관식

| | | | | | |
|---|---|---|---|---|---|
| 01 | 500,000원 | 02 | 30,000,000원 | 03 | 320,000원 |
| 04 | 해설참고 | | | | |

[풀이 - 주관식]

**01.** 자산(950,000원) - 부채(450,000원) = 자본(500,000원)
자산(현금 500,000원 + 단기대여금 250,000원 + 기계장치 250,000원 - 감가상각누계액 50,000원)
부채(선수금 200,000원 + 미지급금 60,000원 + 퇴직급여충당부채 90,000원 + 임대보증금 100,000원)

**02.** 매출액(100,000,000) - 매출원가(60,000,000) - 인건비(4,000,000) - 광고비(6,000,000)
= 30,000,000원

**03.** 자본 = 자산 - 부채 = 320,000원
자산 : 현금 + 단기대여금 + 비품 - 감가상각누계액(자산차감항목) + 보통예금 + 미수금
= 100,000 + 150,000 + 200,000 - 50,000 + 60,000 + 90,000 = 550,000원
부채 : 단기차입금 + 미지급금 + 지급어음 = 50,000 + 80,000 + 100,000 = 230,000원

**04.**

| 손익계산서 | | |
|---|---|---|
| 1.(순)매출액 | 1,000,000 | |
| 2.매출원가 | 600,000 | |
| *3.매출이익(1-2)* | *ⓐ400,000* | |
| 4.판관비 | 130,000 | 급여, 기업업무추진비 |
| *5.영업이익(3-4)* | *ⓑ270,000* | |
| 6.영업외수익 | 0 | |
| 7.영업외비용 | 70,000 | 기부금, 이자비용 |
| 8.법인세비용 | 0 | |
| *9.당기순이익* | *ⓒ200,000* | |

Chapter

# 계정과목별 이해 (자산)

# 2

로그인 전산회계 1급

NCS회계 - 3 전표관리 – 전표작성하기/증빙서류 관리하기

자금관리 – 현금시재/예금/어음수표 관리하기

NCS세무 - 2 전표처리

자산은

① **과거의 거래나 사건의 결과로서**

② **현재 기업에 의해 지배되고(통제)**

③ **미래에 경제적 효익을 창출할 것으로 기대되는 자원**이다.

자산은 원칙적으로 1년 기준에 의하여 유동자산과 비유동자산으로 구분된다.

## 제1절 유동자산

**유동자산은 1년 이내에 현금화되는 유동성이 높은 자산이고, 그 외의 자산은 비유동자산으로 구분**된다.

그러나 **1년을 초과하더라도 정상적인 영업주기 내(원재료 구입부터 대금회수까지 기간)에 실현될 것으로 예상되는 매출채권 등은 유동자산으로 구분**할 수 있다.

유동자산은 다시 당좌자산과 재고자산으로 분류한다.

## 1. 당좌자산

유동자산 중 회사의 주된 영업활동과 관련하여 보유하고 있는 상품, 제품 등 재고자산을 제외한 나머지를 통틀어 당좌자산이라 한다. 즉, **판매과정을 거치지 않고 재무상태표일(보고기간말)로부터 1년 이내에 현금화되는 모든 자산**을 말한다.

### (1) 현금 및 현금성 자산

현금은 기업이 소유하고 있는 자산 중에서 가장 **유동성**이 높고 경영활동에 있어 기본적인 지급수단으로 사용되며, 현금 및 현금성 자산은 재무상태표에 하나의 통합계정으로 표시되지만, 실무적으로는 현금계정, 보통예금계정, 당좌예금계정, 현금성자산계정 등을 각각 별도계정으로 구분해서 회계처리 하다가 기말시점에 이들 계정의 잔액을 통합해서 **현금 및 현금성자산이라는 계정으로 통합해서 별도항목으로 구분하여 표시하여야** 한다.

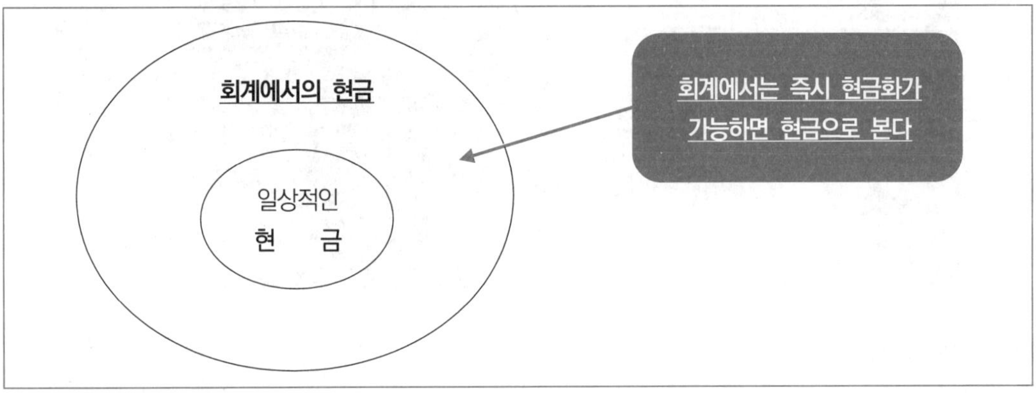


① 현금(통화대용증권)

현금 자체가 유동적이며 자산 중에서 가장 유동성이 높은 자산이다. 현금은 통화와 통화대용증권을 포함한다.

㉠ 통화

한국은행에서 발행한 지폐나 동전인 통화

㉡ 통화대용증권

통화는 아니지만 통화와 같은 효력이 있는 것으로 언제든지 통화와 교환할 수 있는 것으로서 **타인발행당좌수표, 은행발행자기앞수표, 송금수표, 가계수표, 우편환증서, 배당금지급 통지표, 만기가 도래한 공·사채 이자표** 등이 있다.
주의할 점은 우표나 수입인지, 수입증지는 현금처럼 유통될 수 없으므로 비용이나 선급비용으로 분류하고 차용증서(돈을 빌려 주고 받은 증서)는 대여금으로 분류한다.

☞수입인지 : 과세대상(인지세)인 계약서를 작성시 소정의 수입인지를 구입하여 첨부(인지세)하여야 한다. 또한 행정기관의 인허가 관련에 따른 수수료 등에 내해서 수입인시를 구입하여야 한다.(중앙정부에서 발행)
수입증지 : 주민등록등 민원서류, 인허가 서류 제출시 수수료 등 행정처리 수수료이다.(지방자치단체에서 발행)

또한 **선일자수표는 매출채권 또는 미수금으로 분류**한다. 선일자수표란 실제 발행한 날 이후의 일자를 수표상의 발행일자로 하여 수표상의 발행일에 지급할 것을 약속하는 증서이다. 즉, **형식은 수표이지만 실질은 어음성격**을 가지고 있다.

[자기앞수표]

발행인이 지급인을 겸하는 수표로서, 발행인 · 지급인이 모두 은행이며 발행한 은행이 도산하기 전에는 지급이 보장되므로 이를 보증수표라고도 한다.

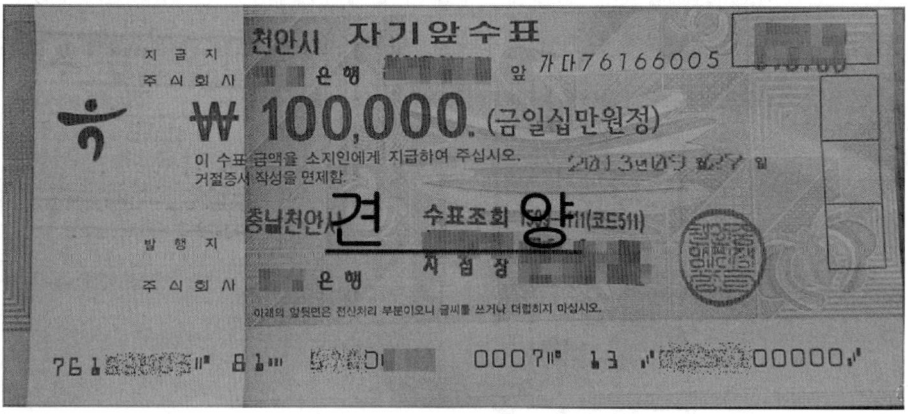


[우편환증서]

현금을 송금청구서와 함께 우체국에 납부하면 우체국은 금액을 표시한 환증서를 발행하고, 송금인이 지정하는 우체국에서 지정된 수취인에게 지급하는 것을 말한다.

송금수표는 은행에서 발행하는 것으로서 우편환증서와 같다고 보시면 된다.

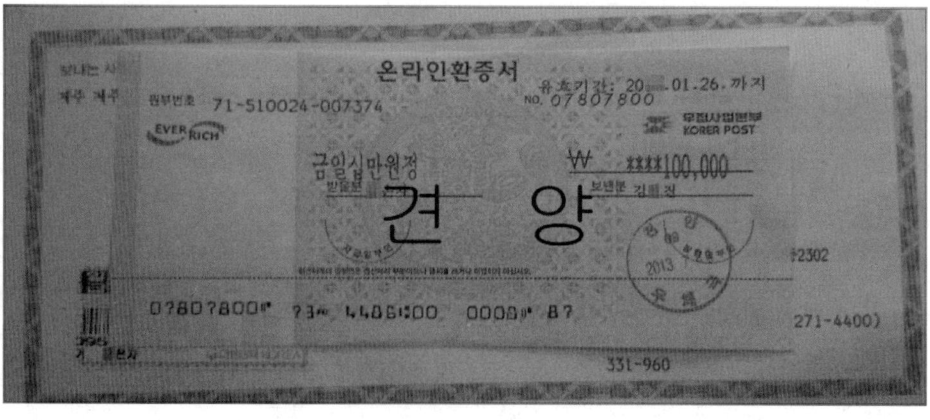

② 요구불예금

회사가 필요한 경우 언제든지 현금으로 인출할 수 있는 예금으로서 보통예금, 당좌예금 등이 있다.

**〈수표와 어음의 차이〉**

| 수 표 | | 어 음 | |
|---|---|---|---|
| 금액 | 10,000,000원 | 금액 | 10,000,000원 |
| 발행일 | 20x1. 5.1 | 발행일 | 20x1. 5.1 |
| | | <u>지급기일(만기일)</u> | <u>20x1. 8.1</u> |
| 발행인 | ㈜ 백두 | 발행인 | ㈜ 백두 |

**수표는 발행일에 은행에 제시하면 수표의 금액을 수령할 수 있으나, 어음의 경우에는 만기일에 제시하여야 어음의 금액을 받을 수 있다.**

☞부도 : 어음이나 수표를 가진 사람이 기한이 되어도 어음이나 수표에 적힌 돈을 지급받지 못하는 일

<당좌차월>

수표나 어음의 발행은 은행의 당좌예금잔액의 한도 내에서 발행하여야 하나, 은행과 당좌차월계약(차입계약)을 맺으면 예금잔액을 초과하여 계약 한도액까지 수표나 어음을 발행할 수 있는 방법이다. 이때 당좌예금 잔액을 초과하여 수표나 어음을 발행한 금액을 당좌차월이라고 하는데, 기업의 장부에는 당좌예금계정 대변의 잔액이 된다.

회계기간 중에는 당좌차월을 별도 구분하지 않고 회계처리할 수 있으며, <u>**결산시점에서 대변잔액은 은행으로부터 차입한 것이므로 단기차입금의 계정과목으로 하여 유동부채로 분류**</u>한다.

③ 현금성자산

"큰 거래 비용 없이 현금으로 전환이 용이하고, 이자율의 변동에 따라 가치변동 위험이 중요하지 않은 금융상품으로서 <u>**취득당시 만기가 3개월 이내에 도래하는 것**</u>"을 말한다.

ⓐ 금융시장에서 매각이 쉽고, 큰 거래비용 없이 현금으로 전환되기 쉬워야 한다.

ⓑ 금융상품이 이자율 변동에 따라 가격변동이 크지 않아야 한다.

ⓒ <u>**취득당시 만기가 3개월 이내에 도래**</u>하여야 한다.

※ 현금성 자산에 해당하는 금융상품과 유가증권은 다음과 같다.
- <u>**취득 당시 만기가 3개월 이내 도래하는 채권**</u>
- 취득당시 상환일까지 기간이 3개월 이내인 상환우선주
- 3개월 이내의 환매조건을 가진 환매채

■ T계정 이해(당좌예금)

당좌예금

| | | | |
|---|---|---|---|
| ⓐ전기이월(기초) | 1,000,000 | ⓒ상품(지급액) | 8,000,000 |
| ⓑ상품매출(입금액) | 10,000,000 | ⓓ차기이월(기말) | 3,000,000 |
| 계 | 11,000,000 | 계 | 11,000,000 |

ⓐ 전기이월(기초) : 전년도로부터 이월된 금액으로서 전기재무상태표의 당좌예금 금액과 일치한다.

ⓑ 입금액 : 상품매출(수익)이 발생하여 당좌예금을 증가시킨 금액

| | | | |
|---|---|---|---|
| (차) 당좌예금 | 10,000,000 | (대) 상 품 매 출 등 | 10,000,000 |

ⓒ 지급액 : 상품 등을 구입하기 위하여, 당좌수표를 발행한 금액

| | | | |
|---|---|---|---|
| (차) 상품 등 | 8,000,000 | (대) 당좌예금 | 8,000,000 |

☞ ***당좌차월 약정이 되어 있고 당좌예금 잔액 5,000,000원을 초과하여 당좌수표를 발행했다고 가정하면 다음과 같이 회계처리해야 한다.***

| | | | |
|---|---|---|---|
| ***(차) 상품 등*** | ***8,000,000*** | ***(대) 당좌예금*** | ***5,000,000*** |
| | | ***당좌차월*** | ***3,000,000*** |

ⓓ 차기이월(기말) : 당좌예금 잔액으로 재무상태표 당좌예금계정에 집계되고, 차기의 기초금액이 된다.

## <예제 2 - 1> 당좌예금과 당좌차월

㈜백두의 다음 거래를 분개하고 총계정원장(당좌예금)에 전기하시오. 또한 당좌차월금액이 있으면 기말 결산분개 하시오.

기초 당좌예금 잔액은 100,000원이 있다(전년도에 국민은행과 당좌거래계약 및 당좌차월 계약을 맺었다. 당좌차월 한도액은 1,000,000원이고, ***당좌차월계정을 사용하지 말고 당좌예금계정으로만 분개하시오***).

1. 5월 1일 한라상사로부터 상품 500,000원을 매입하고 대금은 당좌수표를 발행하여 지급하다.
2. 8월 1일 현금 100,000원을 국민은행 당좌예금에 예입하다.
3. 10월 1일 설악상사의 외상매입금 300,000원을 당좌수표를 발행하여 지급하다.
4. 12월 31일 당좌차월이자 10,000원이 당좌예금 계좌에서 인출되었다.

**해답**

1. 분개

<table>
<tr><td rowspan="2">1.</td><td>(차) 상　　품</td><td>500,000</td><td>(대) 당 좌 예 금</td><td>500,000</td></tr>
<tr><td colspan="4">☞ 기중에 당좌차월(유동부채)계정을 사용하여 기말에 당좌차월 잔액에 대해서 단기차입금으로 대체시켜도 된다.<br>(차) 상　　품　500,000　(대) 당좌예금　100,000<br>당좌차월　400,000<br><u>전산회계/기업회계 3급 시험에서는 당좌차월계정으로 처리한 것을 답으로 한다.</u></td></tr>
<tr><td>2.</td><td>(차) 당 좌 예 금</td><td>100,000</td><td>(대) 현　　금</td><td>100,000</td></tr>
<tr><td>3.</td><td>(차) 외상매입금</td><td>300,000</td><td>(대) 당 좌 예 금</td><td>300,000</td></tr>
<tr><td>4.</td><td>(차) 이 자 비 용</td><td>10,000</td><td>(대) 당 좌 예 금</td><td>10,000</td></tr>
</table>

2. 결산 전 총계정원장

당좌예금(기말결산분개전)

| | | | |
|---|---|---|---|
| 1/1 기초 | 100,000 | 5/ 1 상품 | 500,000 |
| 8/1 현금 | 100,000 | 10/ 1 외상매입금 | 300,000 |
| | | 12/31 이자비용 | 10,000 |
| | | **12/31 잔액** | **△610,000** |
| 계 | 200,000 | 계 | 200,000 |

당좌차월금액

3. 기말 결산분개

| | | | | |
|---|---|---|---|---|
| 12월 31일 | (차) 당 좌 예 금 | 610,000 | (대) 단기차입금 | 610,000 |

4. 결산 후 총계정원장

당좌예금(기말결산분개후)

| | | | |
|---|---|---|---|
| 1/ 1 기초잔액 | 100,000 | 5/ 1 상품 | 500,000 |
| 8/ 1 현금 | 100,000 | 10/ 1 외상매입금 | 300,000 |
| **12/31 단기차입금** | **610,000** | 12/31 이자비용 | 10,000 |
| | | **12/31 기말잔액** | **0** |
| 합　계 | 810,000 | 합　계 | 810,000 |

5. 재무상태표

재 무 상 태 표

㈜백두 20×1년 12월 31일 현재 단위 : 원

| 자 산 | 금 액 | 부채 및 자본 | 금 액 |
|---|---|---|---|
| 1. 유동자산 | | 1. 유동부채 | |
| - 당좌예금 | 0 | - 단기차입금 | 610,000 |

### (2) 현금과부족(過不足) - 임시계정

현금이 들어오고 나갈 때마다 정확하게 기록한다면 장부상 현금잔액과 실제 현금잔액은 항상 일치할 것이다. 그러나 실수나 잘못된 기록의 오기로 장부상 현금과 실제 현금잔액이 일치하지 않는 경우가 있다.

**<u>현금과부족계정은 임시계정으로서 외부에 공시하는 재무상태표에 표시되어서는 안된다.</u>**

그러므로 현금불일치를 발견하였을 때 현금과부족이라는 임시계정에 회계처리하였다가, 추후 차이내역을 규명하여 해당 계정으로 회계처리한다.

그러나 결산 시까지 그 **<u>원인이 밝혀지지 않는 경우 부족액은 잡손실계정(영업외비용)으로 처리하고, 초과액은 잡이익 계정(영업외수익)</u>**으로 대체 처리하여야 한다.

| 현금과부족 잔액 | 결산시 원인 불명 |
|---|---|
| 차변 | 잡손실(영업외비용) |
| 대변 | 잡이익(영업외수익) |

## <예제 2 - 2> 현금과부족

㈜백두의 거래에 대하여 분개하시오.

1. 10월 31일 현금을 실사한 결과 장부보다 10,000원이 부족함을 발견하다.
2. 12월 31일 현금과부족의 원인을 확인할 결과 8,000원은 홍길동 대리의 시내교통비 지급임을 확인했고, 나머지 금액은 내역을 확인할 수 없다.

**해답**

<u>**실제현금을 기준**</u>으로 하여 장부를 맞추어야 한다.

| | | | | |
|---|---|---|---|---|
| 1. | (차) 현금과부족 | 10,000 | (대) 현 금 | 10,000 |
| 2. | (차) 여비교통비<br>잡 손 실 | 8,000<br>2,000 | (대) 현금과부족 | 10,000 |

### (3) 단기투자자산

회사가 단기적인 투자 목적으로 **단기금융상품, 단기매매증권, 단기대여금 및 유동자산으로 분류되는 매도가능증권, 만기보유증권 등**을 보유하고 있는 경우 그 자산을 통합하여 단기투자자산으로 공시할 수 있다.

즉, 단기투자자산은 각 항목별 금액 등이 중요한 경우에는 각각 표시하지만 중요하지 않은 경우에는 통합하여 단기투자자산으로 통합하여 공시할 수 있다.

#### ① 단기금융상품

금융기관이 취급하는 정기예금 · 정기적금 및 기타 정형화된 금융상품 등으로 기업이 단기적 자금운영목적으로 보유하거나 **보고기간말로부터 만기가 1년 이내에 도래**하여야 한다.

회계기간 중 정기예금 · 정기적금은 각각의 계정을 설정하여 회계처리를 하지만 발생빈도가 거의 없거나 비교적 소액일 경우 단기금융상품이라는 통합계정을 사용하기도 한다. 공시할 경우에도 단기금융상품으로 통합하여 표시한다.

### ② 단기대여금(VS 단기차입금)

금전소비대차계약에 따른 자금의 대여거래로 회수기한이 1년 내에 도래하는 채권이다.

☞ 소비대차 : 당사자 일방이 금전 기타 대체물의 소유권을 상대방에게 이전할 것을 약정하고, 상대방은 그와 동종・동질・동량의 물건을 반환할 것을 약정하는 계약

### <예제 2 - 3> 자금의 대여거래

㈜백두와 거래상대방( ㈜설악, ㈜청계)의 거래를 각각 분개하시오.

1. 4월 1일 거래처 ㈜설악에 3개월 후 상환조건(연이자율 10%, 월할계산)으로 차용증서를 받고 1,000,000원을 대여하고 선이자 30,000원을 공제한 잔액을 보통예금에서 이체하였다.
2. 5월 10일 ㈜청계의 자금사정으로 인하여 외상매출대금(500,000원)에 대해서 3개월간 대여하기로 약정(이자율 연 12%)하고, 외상대금을 대여금으로 전환하다.

**해답**

| | | | | | |
|---|---|---|---|---|---|
| 1. | ㈜백두 | (차) 단기대여금 | 1,000,000원 | (대) 보 통 예 금<br>이 자 수 익 | 970,000원<br>30,000원 |
| | ㈜설악 | (차) 보 통 예 금<br>이 자 비 용 | 970,000원<br>30,000원 | (대) 단기차입금 | 1,000,000원 |
| 2. | ㈜백두 | (차) 단기대여금 | 500,000원 | (대) 외상매출금 | 500,000원 |
| | ㈜청계 | (차) 외상매입금 | 500,000원 | (대) 단기차입금 | 500,000원 |

### ③ 단기매매증권

#### ㉮ 유가증권 의의

유가증권이란 재산권 또는 재산적 이익을 받을 자격을 나타내는 증권을 말한다. 회계에서 유가증권은 주식, 사채, 국채, 공채를 말하고 어음과 수표는 제외한다. 그러나 법에서의 유가증권은 어음과 수표도 포함된다.

유가증권은 증권의 종류에 따라 **지분증권(주식)과 채무증권(사채(社債), 국채, 공채)**로 분류한다. 회사가 유가증권에 투자하는 이유는 회사의 여유자금을 투자하여 이익을 얻을 수 있으면서도 자금이 필요할 때는 즉시 매각하여 현금화할 수 있기 때문이다.

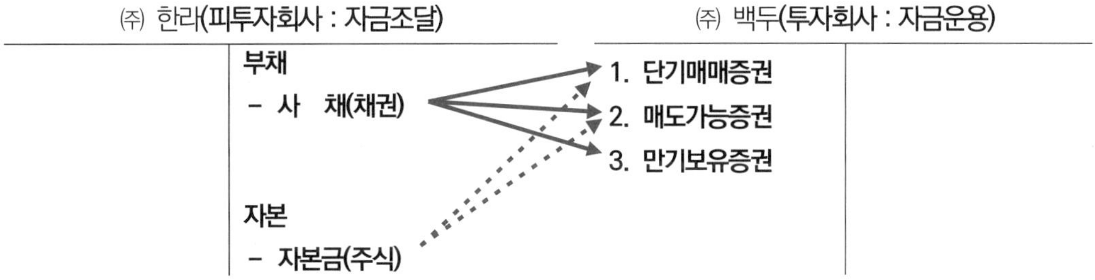


[채권 - 채무증권]

[주식 - 지분증권]

주식을 소유하는 자를 주주라 하고 사채(채권)를 가지고 있는 자를 채권자라 하며 둘의 차이점은 다음과 같다.

| | 채 권 자 | 주 주 |
|---|---|---|
| 투자목적 | 원금+이자 | 시세차익/타회사 통제/<br>특별한 영업관계 유지 |
| 회사의 원금상환의무 | 있다. | 없다. |
| **회사의 이자 및 배당금지급의무** | **이익발생과 관계없이 확정이자 지급의무** | **배당은 이익발생에 영향을 받음** |
| 경영권 참여여부(의결권) | 없다. | 있다. |
| 회사해산시 권리 | 회사 해산시 채권자는 주주에 우선하여 잔여재산에 대하여 청구권을 갖는다. | 주주는 잔여재산(자산-부채)에 대하여만 청구권을 갖는다. |

㉯ 유가증권의 분류

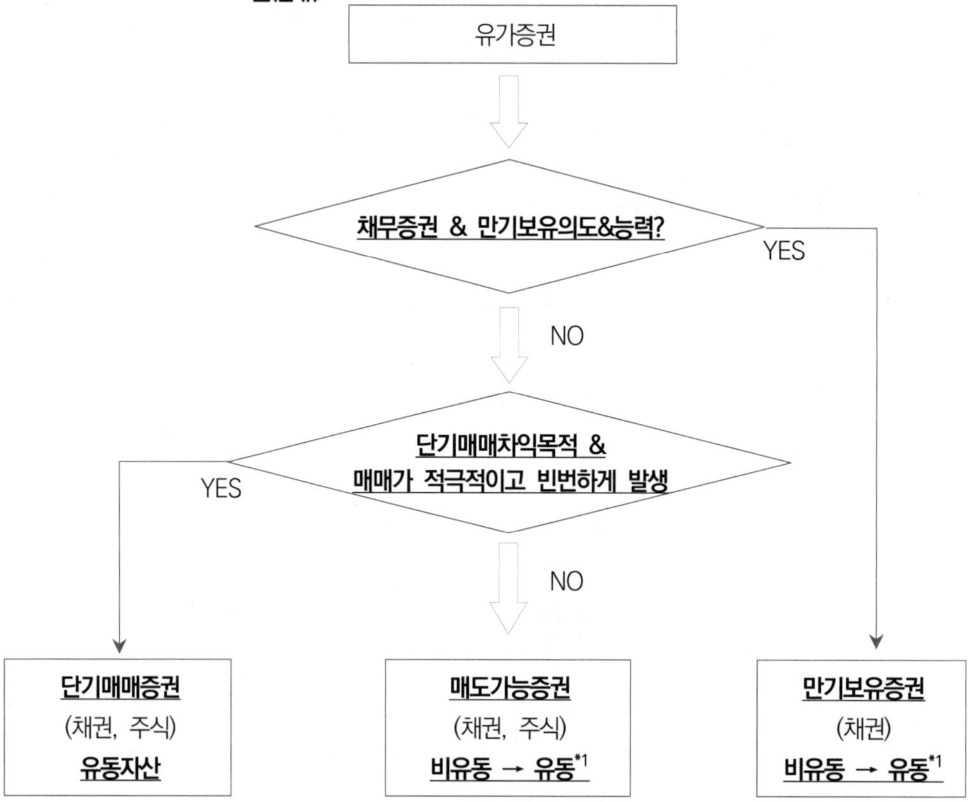


*1. 취득시에는 비유동자산이나 보고기간말로부터 만기가 1년 이내 도래시 유동자산으로 분류한다.

㉠ **단기매매증권 : <u>단기간 내의 매매차익을 목적으로 취득한 유가증권</u>**으로서 매수와 매도가 적극적이고 빈번하게 이루어지는 것을 말한다.

㉡ **매도가능증권 :** 단기매매증권 또는 만기보유증권으로 분류되지 아니한 유가증권을 말한다.

㉢ **만기보유증권 :** 만기가 확정된 채무증권으로서 상환금액이 확정되거나 확정이 가능한 채무증권을 만기까지 보유할 적극적인 의도와 능력이 있는 경우를 말한다.

또한 주식 중 다른 회사에 유의적인 영향력을 행사할 수 있는 주식에 대해서 **지분법적용투자주식**으로 분류한다(삼성전자가 삼성전기의 주식을 보유시).

단기매매증권은 유동자산으로 분류하나, 만기보유증권, 매도가능증권은 1년 내에 만기가 도래하거나 매도 등에 의하여 처분할 것이 확실할 때 유동자산으로 분류한다.

㉰ 단기매매증권

유가증권 중 ⓐ **공개된 시장을 통하여 공개적인 매매거래가 이루어지고 있고** & ⓑ **단기적 자금(1년 이내 처분목적)운용을 목적으로 소유하는 것**을 말한다.

따라서 단기매매증권은 재무상태표에 유동자산으로 분류한다.

**[자산의 취득 및 보유, 처분]**

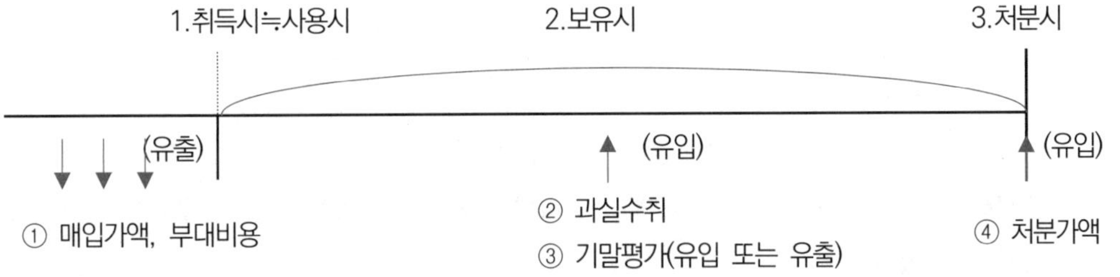


| | | 회 계 처 리 |
|---|---|---|
| 1. 취득시 | | 취득가액 = 매입가액 + 부대비용**<u>(예외 : 단기매매증권)</u>** |
| 2. 보유시 | 과실수취 | 수익 인식 |
| | 기말평가 | 원칙 : 공정가치 평가<br>예외 : 재고자산(저가법), 유형자산(역사적 원가 또는 재평가) |
| 3. 처분시 | | 원칙 : 처분가액 – 장부가액 |

㉠ 취득시 회계처리

단기매매증권의 매입가액을 단기매매증권계정으로 처리하고 **<u>매입시 매입수수료등의 부대비용은 당기비용(수수료비용 – 영업외비용)으로 처리</u>**한다.

㉡ 보유시 회계처리

ⓐ 과실수취

| | 이자 또는 배당금 수취시 | |
|---|---|---|
| 채무증권 | 이자수익으로 처리 | |
| 지분증권 | 현금배당 | 배당금수익 |
| | 주식배당 | **회계처리는 하지 않고 수량과 단가를 새로이 계산한다.** |

ⓑ 기말평가

유가증권을 보유시에는 유가증권발행회사로부터 배당금(지분증권)이나 이자(채무증권)를 받게 되고, 또한 재무상태표일(결산일) 시점에서 유가증권의 가격등락에 대하여 평가를 하여야 한다.

일반적으로 인정된 회계원칙에 의하여 원칙적으로 자산의 가액은 역사적원가(취득가액)으로 평가하여야 한다. 그러나 유가증권은 시가가 형성되어 있고 그 시가로 처분할 수 있는 것이 일반적이다. 따라서 주주들에게 **목적적합한 정보를 제공하기 위하여 기말에 유가증권을 공정가액으로 평가**하여 한다. **공정가액이란 합리적인 판단력과 거래의사가 있는 독립된 당사자간에 거래될 수 있는 교환가격**을 말한다.

| 평가액 | 평가손익 |
|---|---|
| **공정가액** | 영업외손익(단기매매증권평가익, 평가손) |

평가이익과 평가손실이 동시에 발생하는 경우에는 이를 상계하지 않고 각각 **총액으로 표시하는 것이 원칙이지만, 그 금액이 중요하지 않은 경우에는 이를 상계하여 순액으로 표시할 수 있다.**

**[공정가액법 : 시가법]**

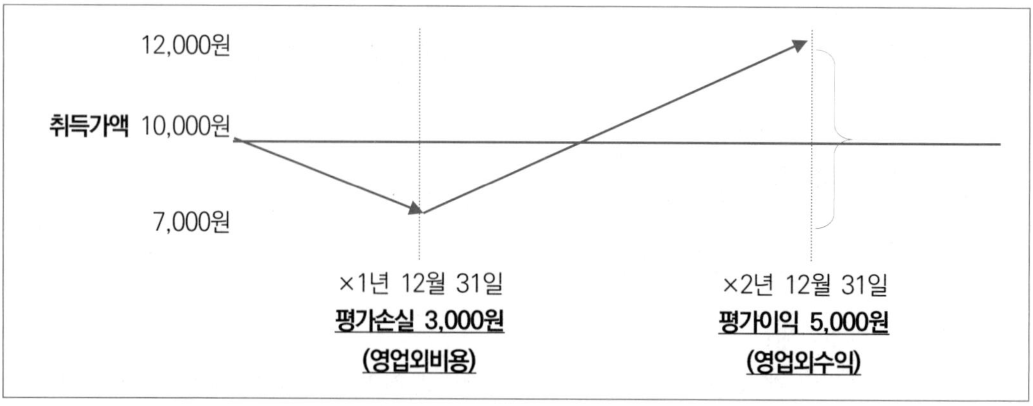

ⓒ 매각시 회계처리

단기매매증권을 처분시에는 **<u>처분가액</u>(각종 처분 시 수수료 차감후 가액)**에서 장부가액을 차감한 금액은 단기매매증권처분손익(영업외손익)으로 회계처리한다.

## <예제 2 - 4> 단기매매증권

㈜백두의 거래에 대하여 분개하시오.

1. 20×1년 10월 31일 단기간 시세차익목적으로 ㈜한라의 주식 100주를 주당 10,000원에 매입하고 당좌수표를 발행하여 주고, 증권회사에 매입수수료 10,000원을 현금지급하다.
2. 20×1년 12월 31일 ㈜한라의 주식이 공정가액은 주당 12,000원이다.
3. 20×2년 3월 25일 ㈜한라 주식 보유에 대한 현금배당금 30,000원이 회사 보통예금계좌로 입금되다.
4. 20×2년 5월 31일 ㈜한라의 주식 50주를 주당 11,000원에 처분하고 증권회사 수수료 등 10,000원을 차감한 금액이 보통예금계좌에 입금되다.
5. 20×2년 12월 31일 ㈜한라의 주식의 공정가액은 주당 9,000원이다.

**해답**

1. 분개

| | | | | |
|---|---|---|---|---|
| 1. | (차) 단기매매증권<br>수수료비용(영업외비용) | 1,000,000<br>10,000 | (대) 당 좌 예 금<br>현 금 | 1,000,000<br>10,000 |
| 2. | (차) 단기매매증권 | 200,000 | (대) 단기매매증권평가이익 | 200,000[*1] |
| | ***1. 평가손익 = 공정가액 − 장부가액 = 100주×(12,000원 − 10,000원) = 200,000원(평가이익)** | | | |
| 3. | (차) 보 통 예 금 | 30,000 | (대) 배당금수익 | 30,000 |
| 4. | (차) 보 통 예 금<br>단기매매증권처분손실 | 540,000<br>60,000[*2] | (대) 단기매매증권 | 600,000 |
| | ***2. 처분손익 = 처분가액 − 장부가액 = (50주×11,000원 − 10,000원) − 50주×12,000원<br>= △60,000원(처분손실)** | | | |
| 5. | (차) 단기매매증권평가손실 | 150,000[*3] | (대) 단기매매증권 | 150,000 |
| | ***3. 평가손익 = 공정가액 − 장부가액 = 50주×9,000원 − 50주×12,000원<br>= △150,000원(평가손실)** | | | |

**[단기매매증권]**

<table>
<tr><td colspan="4">1. 취득</td><td colspan="2"><u>취득원가 = 매입가액</u></td></tr>
<tr><td rowspan="4">2. 보유</td><td colspan="3">기말평가</td><td>공정가액</td><td><u>단기매매증권평가손익(영업외손익)</u></td></tr>
<tr><td rowspan="3">과실</td><td colspan="2">이자(채권)</td><td colspan="2">이자수익</td></tr>
<tr><td rowspan="2">배당금<br>(주식)</td><td>현금</td><td colspan="2">배당금수익</td></tr>
<tr><td>주식</td><td colspan="2"><u>회계처리를 하지 않고 수량과 단가를 재계산</u></td></tr>
<tr><td colspan="4">3. 처분</td><td colspan="2"><u>처분손익 = 처분가액 - 장부가액</u></td></tr>
</table>

# 연/습/문/제

## 분개연습

**[1]** 단기매매차익을 목적으로 소유하고 있는 삼성전자 주식300주를 1주당 5,500원(장부가격 5,000원)에 매각처분하고 대금은 매매수수료 20,000원을 차감한 후 현금으로 받았다.

**[2]** 보통예금에서 5,000,000원을 정기예금(만기 6개월)으로 이체하였으며, 이때 보통예금에서 700원의 송금수수료가 인출되었다.

**[3]** 단기보유목적으로 6월 1일 24,000,000원(1,000주, @24,000원)에 취득하였던 상장주식 전부를 1주당 20,000원에 처분하고 보통예금에 계좌이체되었다.

**[4]** 단기 매매차익을 목적으로 상장회사인 (주)미로의 주식 100주를 주당 75,000원(액면가액 50,000원)에 구입하고 매입수수료 75,000원을 포함하여 당사의 보통예금계좌에서 인터넷뱅킹으로 지급하였다(이체수수료는 없음).

**[5]** 기말 현재 당사가 단기매매차익을 목적으로 보유하고 있는 주식현황과 기말 현재 공정가치는 다음과 같다.

| 주 식 명 | 보유주식수 | 주당 취득원가 | 기말 공정가치 |
|---|---|---|---|
| (주)삼화 보통주 | 1,000주 | 15,000원 | 주당 16,000원 |
| (주)동성 보통주 | 500주 | 20,000원 | 주당 21,000원 |

**[6]** 장부상 현금보다 실제 현금이 부족하여 현금과부족으로 계상하였던 금액 50,000원에 대하여 결산일 현재에도 그 원인을 알 수 없어 당기 비용(영업외비용)으로 처리하다.

**[7]** 당사는 결산시 장부상 현금보다 실제현금이 부족하여 현금과부족계정으로 처리한 금액 400,000원 중 320,000원은 영업사원의 시내교통비 누락분으로 밝혀졌고 나머지 금액은 결산일까지 밝혀지지 않아 잡손실로 회계처리하기로 하였다.

**[8]** 하나은행의 보통예금 계좌는 마이너스 통장이며, 기말 현재 잔액(△10,000,000원)은 단기차입금으로 대체하고자 한다.

**[9]** 결산일 현재 장부상 현금잔액은 35,245,450원이나, 실제 보유하고 있는 현금잔액은 35,232,780원으로 현금부족액에 대한 원인이 밝혀지지 아니하였다. 영업외비용 중 적절한 계정과목에 의하여 회계처리 하시오.

**[10]** 단기간의 매매차익을 목적으로 총액 7,000,000원에 구입한 상장회사 (주)구노물산의 주식 200주 중 80주를 주당 40,000원에 처분하였으며 처분대금은 소망은행 보통예금에 입금되다.

**[11]** 거래처인 (주)인성상사에 1년 이내 회수목적으로 100,000,000원을 대여하기로 하여 80,000,000원은 보통예금에서 지급하였고, 나머지 20,000,000원은 ㈜인성상사에 외상매출금을 대여금으로 전환하기로 약정하였다.

**[12]** ㈜울진에 단기 대여(6개월 후 회수, 연 이자율 3%)하면서 타인발행 당좌수표 10,000,000원을 지급하였다.

## 객관식

**01.** 시장성 있는 (주)A의 주식 10주를 1주당 56,000원에 구입하고, 거래수수료 5,600원을 포함하여 보통예금계좌에서 결제하였다. 당해 주식은 단기매매차익을 목적으로 보유하는 경우이며, 일반기업회계기준에 따라 회계처리하는 경우 발생하는 계정과목으로 적절치 않은 것은?

① 단기매매증권 ② 만기보유증권
③ 수수료비용 ④ 보통예금

**02.** 유가증권 중 단기매매증권에 대한 설명이다. 다음 보기 중 가장 틀린 것은?

① 시장성이 있어야 하고, 단기시세차익을 목적으로 하여야 한다.
② 기말의 평가방법은 공정가액법이다.
③ 기말평가차이는 영업외수익 또는 영업외비용으로 처리한다.
④ 단기매매증권은 유형자산으로 분류된다.

**03.** 다음 중 기업회계기준상 단기투자자산이 아닌 것은?

① 단기매매증권 ② 보통예금 ③ 단기대여금 ④ 단기금융상품

**04.** 다음은 유가증권과 관련된 내용이다. 틀린 것은?

① 지분증권과 채무증권으로 구성되어 있다. ② 지분증권은 주식 등을 말한다.
③ 채무증권은 국채, 공채, 회사채를 말한다. ④ 만기보유증권은 지분증권이다.

**05.** 다음 중 기업회계기준에서 유동자산으로 분류하도록 규정하고 있지 않은 것은?

① 1년을 초과하여 사용제한이 있는 현금 및 현금성자산
② 단기매매목적으로 보유하는 자산
③ 기업의 정상적인 영업주기내에 실현될 것으로 예상되거나 판매목적 또는 소비목적으로 보유하고 있는 자산
④ 재무상태표일로부터 1년 이내에 현금화 또는 실현될 것으로 예상되는 자산

**06.** 다음 항목 중 반드시 현금성자산에 해당하는 것은?

① 지급기일 도래한 사채이자표 ② 결산시점 만기 6개월 양도성예금증서
③ 선일자수표 ④ 결산시점 만기 3개월 양도성예금증서

**07.** 일반기업회계기준에 의한 단기매매증권과 관련된 설명 중 옳지 않은 것은?

① 보유 중에 수취하는 배당금과 이자는 영업외수익으로 처리한다.
② 취득과 처분 과정에서 발생하는 수수료는 모두 영업외비용으로 처리한다.
③ 결산시점에 취득원가보다 공정가치가 하락한 경우에는 영업외비용으로 처리한다.
④ 취득 후 보유과정에서 시장성을 상실하는 경우에는 다른 계정과목으로 재분류하여야 한다.

**08.** 다음 중 재무상태표의 현금및현금성자산에 포함되지 않는 것은?

① 통화 및 타인발행수표 등 통화대용증권
② 단기매매증권
③ 취득 당시 만기일(또는 상환일)이 3개월 이내인 금융상품
④ 당좌예금과 보통예금

**09.** 다음의 자료로 20x1년 5월 5일 현재 주식수와 주당금액을 계산한 것으로 맞는 것은?

- (주)갑의 주식을 전기 8월 5일 100주를 주당 10,000원(액면가액 5,000원)에 취득하였다. 회계처리시 계정과목은 단기매매증권을 사용하였다.
- (주)갑의 주식을 전기 12월 31일 주당 공정가치는 7,700원이었다.
- (주)갑으로부터 당기 5월 5일에 무상으로 주식 10주를 수령하였다.

① 100주, 7,000원/주 ② 100주, 7,700원/주
③ 110주, 7,000원/주 ④ 110주, 7,700원/주

**10.** 다음 중 유가증권을 보유함에 따라 무상으로 주식을 배정받은 경우 회계처리방법은?

① 배당금수익(영업외수익)으로 처리한다.
② 장부가액을 증가시키는 회계처리를 하지 않고, 수량과 단가를 새로 계산한다.
③ 장부가액을 증가시키는 회계처리를 하고, 수량과 단가를 새로 계산한다.
④ 장부가액을 증가시키는 회계처리를 하고, 수량과 단가를 새로 계산하지 않는다.

**11.** 다음 중에서 「현금 및 현금성자산」에 속하지 않는 것은?

① 현금 및 지폐 ② 타인발행 당좌수표
③ 자기앞수표 ④ 취득 당시 5개월 후 만기 도래 기업어음(CP)

## 주관식

**01.** 다음 자료에 의하여 결산 재무상태표에 표시되는 현금 및 현금성자산은 얼마인가?

| | | | |
|---|---|---|---|
| ㉠ 당좌예금 | 150,000원 | ㉡ 보통예금 | 120,000원 |
| ㉢ 자기앞수표 | 500,000원 | ㉣ 양도성예금증서(30일 만기) | 500,000원 |

**02.** 다음은 (주)알파의 20x1년 거래 중 단기매매증권과 관련된 것이다. 20x1년 (주)알파의 재무제표에 표시될 단기매매증권ⓐ 및 영업외수익ⓑ은 각각 얼마인가?

- 4월 8일 (주)오메가전자의 보통주 100주를 5,000,000원에 취득하였다.
- 8월 1일 (주)오메가전자로부터 200,000원의 중간배당금을 수령하였다.
- 12월 31일 (주)오메가전자의 보통주 시가는 5,450,000원이다.

**03.** 다음은 (주)고려개발이 단기매매목적으로 매매한 (주)삼성가전 주식의 거래내역이다. 기말에 (주)삼성가전의 공정가치가 주당 20,000원인 경우 손익계산서상의 단기매매증권평가손익ⓐ과 단기매매증권처분손익ⓑ은 각각 얼마인가? 단, 취득원가의 산정은 이동평균법을 사용한다.

| 거래일자 | 매입수량 | 매도(판매)수량 | 단위당 매입금액 | 단위당 매도금액 |
|---|---|---|---|---|
| 6월 1일 | 200주 | | 20,000원 | |
| 7월 6일 | 200주 | | 18,000원 | |
| 7월 20일 | | 150주 | | 22,000원 |
| 8월 10일 | 100주 | | 19,000원 | |

**04.** 기말 현재 단기매매증권 보유현황은 다음과 같다. 단기매매증권 보유를 함에 따라 손익계산서에 반영할 영업외손익의 금액은 얼마인가?

- A사 주식의 취득원가는 200,000원이고 기말공정가액은 300,000원이다.
- A사 주주총회를 통해 현금배당금 60,000원을 받다.
- B사 주식의 취득원가는 150,000원이고 기말공정가액은 120,000원이다.

**05.** 다음은 기말자산과 기말부채의 일부분이다. 기말재무상태표에 표시될 현금 및 현금성자산 금액은 얼마인가?

| | | | |
|---|---|---|---|
| • 지급어음 | : 10,000,000원 | • 타인발행수표 | : 25,000,000원 |
| • 받을어음 | : 10,000,000원 | • 외상매입금 | : 50,000,000원 |
| • 외상매출금 | : 40,000,000원 | • 우편환증서 | : 5,000,000원 |

**06.** 다음 중 현금및현금성자산으로 분류되는 금액은?

| | | | |
|---|---|---|---|
| • 수입인지 : | 50,000원 | • 우 표 : | 50,000원 |
| • 배당금지급통지표 : | 50,000원 | • 만기 120일 양도성예금증서 : | 200,000원 |
| • 선일자수표 : | 100,000원 | • 타인발행 자기앞수표 : | 100,000원 |

# 연/습/문/제 답안

## 분개연습

> 회계프로그램 입력시 **채권, 채무 계정에는 반드시 거래선코드를 입력**해야 합니다.
> 따라서 분개답안에 채권, 채무계정에 거래처를 표시한 것은 향후 실습에 대비한 것이다.

| | | | | | |
|---|---|---|---|---|---|
| [1] | (차) 현　　금 | 1,630,000 | (대) | 단기매매증권 | 1,500,000 |
| | | | | 단기매매증권처분이익 | 130,000 |

☞ **처분손익 = 처분가액(300주×5,500) − 장부가액(300주×5,000) = 20,000원(이익)**

| | | | | | |
|---|---|---|---|---|---|
| [2] | (차) 정기예금(유동) | 5,000,000 | (대) | 보통예금 | 5,000,700 |
| | 수수료비용(판) | 700 | | | |

☞ **만기가 6개월이므로 유동자산인 정기예금을 선택하고, 만약 보고기간말(결산일)로부터 만기가 1년 후이면 장기성예금(비유동자산 − 투자자산)으로 회계처리한다.**

| | | | | | |
|---|---|---|---|---|---|
| [3] | (차) 보통예금 | 20,000,000 | (대) | 단기매매증권 | 24,000,000 |
| | 단기매매증권처분손실 | 4,000,000 | | | |

☞ **처분손익 = 처분가액(1,000주×20,000) − 장부가액 (24,000,000) = △4,000,000원**

| | | | | | |
|---|---|---|---|---|---|
| [4] | (차) 단기매매증권 | 7,500,000 | (대) | 보통예금 | 7,575,000 |
| | 수수료비용(영업외비용) | 75,000 | | | |

☞ **단기매매증권 취득시 수수료등은 영업외비용(수수료비용)으로 회계처리한다.**

| | | | | | |
|---|---|---|---|---|---|
| [5] | (차) 단기매매증권 | 1,500,000 | (대) | 단기매매증권평가익 | 1,500,000 |

☞ **평가손익 = 공정가액 − 취득가액**
**= [1,000주×16,000원 + 500주×21,000원] − [1,000주×15,000원 + 500주×20,000원]**

| | | | | | |
|---|---|---|---|---|---|
| [6] | (차) 잡 손 실 | 50,000 | (대) | 현금과부족 | 50,000 |

| | | | | | |
|---|---|---|---|---|---|
| [7] | (차) 여비교통비(판) | 320,000 | (대) | 현금과부족 | 400,000 |
| | 잡 손 실 | 80,000 | | | |

| | | | | | |
|---|---|---|---|---|---|
| [8] | (차) 보통예금 | 10,000,000 | (대) | 단기차입금(하나은행) | 10,000,000 |

☞ **마이너스 통장이란 예금잔고가 없더라도 은행과 계약에 의하여 일정한도까지 인출되게 만든 통장이다. 따라서 (−)잔고란 은행으로부터 단기간 차입한 것이다.**

| | | | | | |
|---|---|---|---|---|---|
| **[9]** | (차) 잡 손 실 | 12,670 | (대) | 현 금 | 12,670 |
| **[10]** | (차) 보통예금 | 3,200,000 | (대) | 단기매매증권 | 2,800,000 |
| | | | | 단기매매증권처분이익 | 400,000 |

☞ **처분손익 = 처분가액(80주×40,000) − 장부가액(7,000,000×80주/200주) = 400,000원(이익)**

| | | | | | |
|---|---|---|---|---|---|
| **[11]** | (차) 단기대여금 ((주)인성상사) | 100,000,000 | (대) | 보통예금 | 80,000,000 |
| | | | | 외상매출금((주)인성상사) | 20,000,000 |
| **[12]** | (차) 단기대여금 (㈜울진) | 10,000,000 | (대) | 현 금 | 10,000,000 |

☞ **타인발행 당좌수표는 현금으로 처리해야 한다.**

## 객관식

| 1 | 2 | 3 | 4 | 5 | 6 | 7 | 8 | 9 | 10 | 11 | | | | |
|---|---|---|---|---|---|---|---|---|---|---|---|---|---|---|
| ② | ④ | ② | ④ | ① | ① | ② | ② | ③ | ② | ④ | | | | |

[풀이 - 객관식]

**01.** (차) 단기매매증권 560,000 (대) 보통예금 565,600
수수료비용(영 · 비) 5,600

유가증권은 취득시점에 **만기보유증권, 단기매매증권, 매도가능증권 중의 하나로 분류**하여야 한다.

**02.** 단기매매증권은 유동자산으로 분류한다.

**03.** 보통예금은 현금 및 현금성자산으로 분류한다.

**04.** 만기보유증권은 채무증권이다.

**05.** **1년 이내에 사용제한이 없어야 현금 및 현금성자산**으로 분류한다.

**06.** 지급기일이 도래한 사채이자표는 현금성자산으로 처리한다. 그리고 양도성예금증서를 현금성자산으로 분류되기 위해서는 **취득시점에서 만기 3개월 이내**이어야 하며, 결산시점을 기준으로 분류하지 않는다.

**07.** 단기매매증권을 취득할 때 발생할 수수료는 지급수수료(영업외비용)로 처리되며, 단기매매증권을 **처분할 때 발생할 수수료는 처분금액에서 직접 차감하여 처리**한다.

**08.** 단기투자자산은 기업이 여유자금의 활용 목적으로 보유하는 단기예금, 단기매매증권, 단기대여금 및 유동자산으로 분류되는 매도가능증권과 만기보유증권 등의 자산을 포함한다.

**09.** **무상주 수령시 별도회계처리 없다.**

| | 내 용 | 주식수 | 주당금액 | 금 액 |
|---|---|---|---|---|
| 전기 8.5 | 취득 | 100주 | @10,000원 | 1,000,000원 |
| 전기 12.31 | 평가 | 100주 | @ 7,700원 | 770,000원 |
| 당기 5.5 | 무상주 | 10주 | - | - |
| 계 | | *110주* | *@7,000원* | 770,000원 |

**11.** **취득 당시 3개월 내 만기가 도래하는 기업어음(CP)만 현금성자산**에 포함된다.

## 주관식

| | | | | | |
|---|---|---|---|---|---|
| 1 | 1,270,000원 | 2 | ⓐ 5,450,000원<br>ⓑ 650,000원 | 3 | ⓐ 350,000원<br>ⓑ 450,000원 |
| 4 | 130,000원(영업외수익) | 5 | 30,000,000원 | 6 | 150,000원 |

[풀이 - 주관식]

**01.** 현금 및 현금성자산은 당좌예금 150,000원+보통예금 120,000원+자기앞수표 500,000원+30일 만기 양도성예금증서 500,000원을 합한 1,270,000원이 된다.

**02.** **단기매매증권은 공정가액(5,450,000원)으로 평가**한다. 배당금수익 200,000원과 단기매매증권평가이익 450,000원은 영업외수익이다.

**03.** ㉠ 단기매매증권의 처분이익(450,000원) = 처분가액 − 장부가액

= 150주×22,000원 - 150주×19,000원 (∵(200주×20,000원+200주×18,000원)/400주)

= 3,300,000원 - 2,850,000원 = (ⓑ) 450,000원

㉡ 단기매매증권의 평가이익(350,000원) = 평가금액 - 장부금액

= 350주×20,000원 - 350주×19,000원 = (ⓐ) 350,000원

**04.** A사 주식단기매매증권평가이익100,000원+배당금수익 60,000원 = 160,000원

B사 주식 단기매매증권평가손실 <u>△30,000원</u>

**05.** 타인발행수표(25,000,000)와 우편환증서(5,000,000)는 현금및현금성자산에 해당한다.

**06.** 현금성자산은 **㉠ 취득 당시 만기 3개월 이내 금융자산, ㉡ 이자율 변동에 따른 가치변동 위험이 없는** 자산 두 가지 조건을 모두 충족해야 하므로 '배당금지급통지표'와 '타인발행 자기앞수표'만 현금 및 현금성자산에 해당된다.

현금 및 현금성자산 = 배당금지급통지표(50,000) + 타인발행 자기앞수표(100,000) = 150,000원

### (4) 채권 · 채무회계

채권이란 기업이 영업활동을 수행하는 과정에서 재화나 용역을 외상으로 판매하고 그 대가로 나중에 현금 등을 받을 권리 또는 다른 회사나 타인에게 자금을 대여하고 그 대가로 차용증서나 어음을 수취하는 경우 등을 통칭하여 채권이라 부른다.

반대로 채무는 다른 회사나 타인에게 재화 또는 용역 또는 현금을 지급해야 할 의무를 말한다. 이를 요약하면 다음과 같다.

| 채권자 | | 거 래 | 채무자 | |
|---|---|---|---|---|
| 매출채권 | 외상매출금 | 일반적인 상거래 발생한 채권 · 채무 | 매입채무 | 외상매입금 |
| | 받을어음 | | | 지급어음 |
| 미 수 금 | | 일반적인 상거래 이외에서 발생한 채권 · 채무 | 미지급금 | |
| 대 여 금 | | 자금거래에서 발생한 채권 · 채무 | 차 입 금 | |
| 선 급 금 | | 재화나 용역의 완료 전에 지급하는 계약금 | 선 수 금 | |
| 미수수익 | | 발생주의에 따라 당기의 수익/비용 인식 | 미지급비용 | |
| 선급비용 | | 발생주의에 따라 차기의 수익/비용을 이연 | 선수수익 | |

① 외상매출금(VS 외상매입금) : <u>**상거래 채권 및 채무**</u>

상품매매업에 있어서 가장 빈번하게 발생하는 거래는 상품의 매출/매입거래이다. 그리고 대부분의 상품매매거래는 신용으로 거래되는 것이 대부분이다. 이때 사용하는 회계계정과목이 외상매출금과 외상매입금이다. 즉, 회사 영업의 주목적인 일반 상거래(상품이나 제품판매)에서 발생한 채권을 외상매출금, 채무를 외상매입금이라고 한다.

■ **T계정 이해**

외상매출금

| | | | |
|---|---|---|---|
| ⓐ전기이월(기초) | 1,000,000 | ⓒ회수액 | 8,000,000 |
| ⓑ외상매출액 | 10,000,000 | ⓓ차기이월(기말) | 3,000,000 |
| 계 | 11,000,000 | 계 | 11,000,000 |

ⓐ 전기이월(기초) : 전년도로부터 이월된 금액으로서 전기재무상태표의 외상매출금과 일치한다.

ⓑ 외상매출액 : 상품 등을 판매하여 외상매출금 금액을 증가된 금액

(차) 외상매출금 10,000,000 (대) 상 품 매 출 10,000,000

ⓒ 회수액 : 외상매출금에 대해서 현금 등으로 회수한 금액

(차) 현금/받을어음 8,000,000 (대) 외상매출금 8,000,000

ⓓ 차기이월(기말) : 외상매출금을 미회수한 금액으로 재무상태표 외상매출금계정에 집계되고, 차기의 기초금액이 된다.

② 받을어음(VS 지급어음) : <u>**상거래 채권 및 채무**</u>

상품이나 제품의 외상대금을 결제할 때 현금이나 수표에 의한 지급과 **어음에 의한 지급방법**이 있다. 즉, 어음이란 상품을 구입한 구매자가 일정기일에 대금을 판매자에게 지급하겠다고 약속하는 증서이다.

받을어음이란 회사가 상품을 판매하고 어음수령한 경우에 어음상의 채권을 말한다.

지급어음이란 회사가 상품을 구입하고 어음을 발행한 경우에 어음상의 채무를 말한다.

㉠ 어음의 양도

어음의 소지인은 만기일 전에 **어음상의 권리를 자유로이 타인에게 양도**할 수 있다. 어음을 양도할 때 어음 뒷면에 필요사항을 기입하고 서명날인하는 것을 배서라고 한다.

㉡ 어음의 추심위임배서

은행이 어음 소지인의 의뢰를 받아 어음을 지급인에게 제시하여 지급하게 하는 것을 어음추심이라 한다. 어음을 추심의뢰 할 때에도 어음에 배서를 하여야 하는데 이것을 추심위임배서라 하고, 은행은 일정액의 추심수수료를 지급받게 되는데, **추심수수료는 영업상의 거래에 해당하므로 수수료비용(판매비와 관리비)**로 처리한다.

㉢ 어음의 할인

기업의 자금이 부족한 경우에는 소지하고 있는 어음을 만기일 전에 금융기관에 선이자(할인료)와 수수료를 공제하고 대금을 받을 수 있는데 이를 어음의 할인이라고 한다.

**어음을 할인한 경우(매각거래일 경우) 할인료와 수수료는 매출채권처분손실이라는 영업외비용으로 처리한다.**

**[어음의 할인 및 추심]**

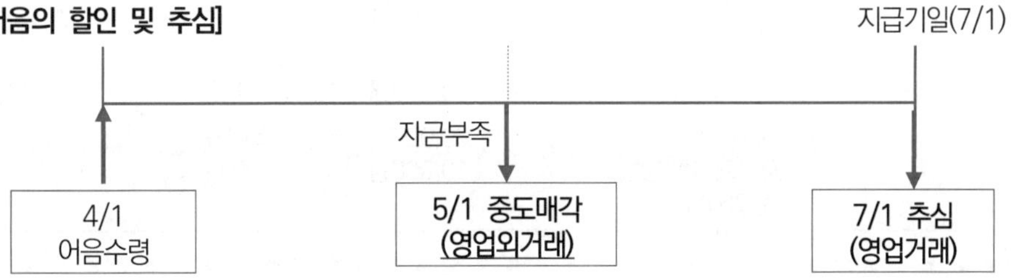

**〈어음의 매각 및 추심〉**

| | 중도매각(매각거래) | 추심(만기) |
|---|---|---|
| | **할인료** | **추심수수료** |
| 성격 | 영업외거래(영업외비용) | 영업거래(판관비) |
| 회계처리 | (차) 현　　금 XX<br>**매출채권처분손실(영 · 비)** XX<br>(대) 받을어음 XX | (차) 현　　금 XX<br>**수수료비용(판)** XX<br>(대) 받을어음 XX |

## <예제 2 - 5> 어음거래(약속어음)

㈜백두와 거래상대방(㈜한라, ㈜설악, ㈜계룡)의 거래에 대하여 분개하시오.

1. 3월 15일 ㈜한라에게 제품 100,000원을 외상으로 판매하고 대금은 약속어음(만기일 : 9월 15일)으로 지급받다. ㈜한라는 상품에 해당한다.
2. 4월 15일 ㈜설악에게 상품 200,000원을 구입하면서 상품판매로 받은 어음(발행인 ㈜한라) 100,000원을 배서양도하고, 잔액은 당좌수표를 발행하여 지급하다. ㈜설악은 상기업에 해당한다.
3. 4월 30일 상품판매로 받은 어음(발행인 ㈜계룡)이 만기가 되어 추심수수료 1,000원을 제외한 999,000원이 당좌예금계좌로 입금되다.
4. 5월 1일 단기 자금부족으로 인하여 ㈜신라로부터 받은 어음을 국민은행에 할인하고 할인료 10,000원을 제외한 90,000원이 보통예금통장에 입금되다. 매각거래로 회계처리하세요.

**해답**

| | | | | | |
|---|---|---|---|---|---|
| 1. | ㈜백두 | (차) 받 을 어 음 | 100,000원 | (대) 제품매출 | 100,000원 |
| | ㈜한라 | (차) 상　　품 | 100,000원 | (대) 지급어음 | 100,000원 |
| 2. | ㈜백두 | (차) 상　　품 | 200,000원 | (대) 받을어음(㈜한라)<br>당좌예금 | 100,000원<br>100,000원 |
| | ㈜설악 | (차) 받을어음(㈜한라)<br>현　　금 | 100,000원<br>100,000원 | (대) 상품매출 | 200,000원 |
| | ☞ 당좌수표를 발행한 자는 당좌예금계정을 당좌수표를 수령한 자는 언제든지 현금화가 가능하기 때문에 현금으로 회계처리한다. | | | | |
| 3. | ㈜백두 | (차) 당 좌 예 금<br>**수수료비용**<br>**(판관비)** | 999,000원<br>**1,000원** | (대) 받을어음 | 1,000,000원 |
| | ㈜계룡 | (차) 지 급 어 음 | 1,000,000원 | (대) 당좌예금 | 1,000,000원 |
| 4. | | (차) 보 통 예 금<br>**매출채권처분손실**<br>**(영업외비용)** | 90,000원<br>**10,000원** | (대) 받을어음 | 100,000원 |

### ③ 미수금(VS 미지급금) – 상거래이외 채권

상품의 매매 등 일반적 상거래에서 발생한 채권, 채무에 대해서는 매출채권과 매입채무라는 계정을 사용하지만 **그 이외의 거래에서 발생하는 채권, 채무**는 미수금이나 미지급금 계정을 사용한다.

즉, 미수금, 미지급금이란 토지, 건물, 비품 등을 구입하거나 처분하는 과정에서 발생하는 채권, 채무에 사용된다. 비록 **토지 등을 구입하거나 처분 시에 어음을 지급하거나 수취하더라도 지급어음이나 받을어음계정을 사용해서는 안되고 미수금, 미지급금 계정을 사용하여야 한다.**

### <예제 2 - 6> 상거래이외 채권

㈜백두와 거래상대방(㈜현대자동차, 하이모리) 거래에 대하여 각각 분개하시오.

1. 3월 10일 ㈜현대자동차로부터 차량을 10,000,000원에 구입하고, 8,000,000원은 당좌수표를 발행하여 주고, 잔액은 다음 달 말일까지 주기로 하다.
2. 3월 20일 하이모리(영업목적으로 구입)에게 회사의 영업목적으로 사용하던 토지(장부가액 3,500,000원) 중 일부를 5,000,000원에 처분하고 1,000,000원은 자기앞수표로 받고, 잔액은 다음 달 말일에 받기로 하다.

**해답**

| | | | | | |
|---|---|---|---|---|---|
| 1. | ㈜백두 | (차) 차량운반구 | 10,000,000원 | (대) 당좌예금 | 8,000,000원 |
| | | | | 미지급금 | 2,000,000원 |
| | ㈜현대자동차 | (차) 현금 | 8,000,000원 | (대) 제품매출 | 10,000,000원 |
| | | 외상매출금 | 2,000,000원 | | |
| | | ☞ ㈜현대자동차는 제조기업이므로 제품매출과 상거래채권인 외상매출금을 사용한다. | | | |
| 2. | ㈜백두 | (차) 현금 | 1,000,000원 | (대) 토지 | 3,500,000원 |
| | | 미수금 | 4,000,000원 | 유형자산처분익 | 1,500,000원 |
| | | ☞ 처분손익 = 처분가액(5,000,000) – 장부가액(3,500,000) = 1,500,000(이익) | | | |
| | 하이모리 | (차) 토지 | 5,000,000원 | (대) 현금 | 1,000,000원 |
| | | | | 미지급금 | 4,000,000원 |

### (5) 대손회계

기업이 보유한 모든 채권을 100% 회수 한다는 것은 거의 불가능하다. 채무자의 부도, 파산, 사망 등으로 어느 일정 정도 회수 불가능한 위험을 가지고 있다. 만약 채무자의 파산, 부도 등의 사유로 회수가 불가능하게 된 경우를 "**대손**"이라고 한다.

㈜백두의 20x1년 5월 1일 현재 외상매출금(전년도 발생)이 1건 있고 회수가 불가능해졌다고 가정하자.

**부분 재무상태표**

(주)백두 20×1. 5.01

| | | |
|---|---|---|
| 외상매출금 | 1,000,000 | |

회사는 회수불가능 외상매출금을 제거하여 비용치리하여야 한다.

(차) 대손상각비(판관비) 1,000,000원 (대) 외상매출금 1,000,000원

이러한 회계처리 방법을 <u>**직접상각법**</u>이라고 한다.

그러나 기업회계기준에서 대손에 관한 회계처리는 <u>**충당금설정법(보충법)**</u>으로 회계처리하도록 규정하고 있다. **충당금설정법은 재무상태표일(보고기간말) 매출채권잔액으로부터 회수불가능채권을 추정하여 이 추정금액을 대손금충당금으로 설정하고 동시에 이를 비용(대손상각비)으로 회계처리하는 방법**이다.

즉, 회사는 20x0년 12월 31일 외상매출금에 대해서 대손예상액을 추정하여 비용처리하여야 한다. 만약 회사가 300,000원을 대손추정했다고 가정하자.

(차) 대손상각비(판) 300,000원 (대) 대손충당금 300,000원

그러면 외부에 공시되는 재무제표에는 다음과 같이 표시된다.

**부분 재무상태표**

(주)백두 20×0. 12.31

| | | | |
|---|---|---|---|
| 외상매출금 | 1,000,000 | | |
| 대손충당금 | (300,000) | 700,000 | |

( ),△은 음수를 표시하는 것으로서 대손충당금은 대변금액이다.

채권의 순실현가액 (장부가액)

그리고 20x1년 5월 1일 대손처리시에는 먼저 인식한 비용인 대손충당금을 우선 상계시키고, 대손충당금이 부족시에는 차액을 비용처리하면 된다.

| | | | |
|---|---|---|---|
| (차) 대손충당금 | 300,000원 | (대) 외상매출금 | 1,000,000원 |
| 대손상각비(판관비) | 700,000원 | | |

**[직접상각법 VS 충당금설정법]**

| | 직접상각법 | | 충당금 설정법 | |
|---|---|---|---|---|
| | 20x0년 | 20x1년 | 20x0년 | 20x1년 |
| **재무상태표** | | | | |
| - 외상매출금 | 1,000,000 | 0 | 1,000,000 | 0 |
| 대손충당금 | 0 | | (300,000) | |
| | 1,000,000 | | **700,000** | |
| **손익계산서** | | | | |
| 1. 매 출 액 | 1,000,000 | | **1,000,000** | |
| ---------- | | | | |
| 9.대손상각비(판) | 0 | 1,000,000 | **300,000** | 700,000 |

충당금설정법이 직접상각법과 비교할 때 다음과 같은 장점을 가지고 있다.

1. 기말 현재 매출채권에 대하여 대손상각비를 비용으로 인식하기 때문에 ***수익·비용대응원칙에 충실***하다.
2. **매출채권을 회수가능액으로 표현**하기 때문에 더 유용한 정보를 제공한다.

그리고 모든 채권에 대해서 보고기간말 마다 회수가능성을 판단하여 대손충당금을 설정해야 한다.

부분 재무상태표

㈜백두 20×1.12.31

| | | | |
|---|---|---|---|
| 외상매출금 | 100,000 | | |
| 대손충당금 | (10,000) | 90,000 ← | |
| 받을어음 | 200,000 | | |
| 대손충당금 | (20,000) | 180,000 ← | **순실현가액(장부가액)** |
| 미수금 | 300,000 | | |
| 대손충당금 | (30,000) | 270,000 ← | |

- **대손추산액(대손충당금)** : 기말 채권 잔액 중 회수가 불가능할 것으로 예상하는 금액 결국 기말 대손충당금계정으로 재무상태표에 매출채권을 차감 표시된다.
- **대손상각비** : 대손충당금의 설정으로 인한 당기 비용 설정액

### ① 대손확정시 회계처리

㉠ 대손충당금 계정잔액이 충분한 경우

| | | | |
|---|---|---|---|
| (차) 대손충당금 | ××× | (대) 외상매출금(받을어음) | ××× |

㉡ 대손충당금 계정잔액이 부족한 경우

| | | | |
|---|---|---|---|
| (차) *대손충당금* | *×××(우선상계)* | (대) 외상매출금(받을어음) | ××× |
| 대손상각비 | ××× | | |

### ② 대손처리한 채권의 회수 시 회계처리

대손처리한 채권이 나중에 회수된 경우가 있다. 이 경우에 당기에 대손처리한 경우와 전기 이전에 대손처리한 매출채권을 현금으로 회수한 경우 모두 동일하게 회계처리하면 된다.

왜냐하면 기말에 대손추산액을 계산 시 보충법으로 대손상각비를 계상하기 때문에 자연스럽게 대손상각비를 감소시키는 효과를 가져오기 때문이다.

- 대손분개 취소

| | | | |
|---|---|---|---|
| (차) ~~매 출 채 권~~ | ××× | (대) 대손충당금 | ××× |

- 채권회수 분개

| | | | |
|---|---|---|---|
| (차) 현 금 | ××× | (대) ~~매 출 채 권~~ | ××× |

**상기 두 분개는 하나의 분개로 나타낼 수 있는데,**

| | | | |
|---|---|---|---|
| **(차) 현 금** | **×××** | **(대) 대손충당금** | **×××** |

③ 기말대손충당금의 설정(기말수정분개)

기업회계기준에서는 보충법을 원칙으로 하고 있다. 보충법이란 기말 매출채권잔액에 대손추정율을 추정하여 대손추산액을 구하고 여기에 기 설정된 대손충당금잔액을 뺀 나머지 금액을 추가로 비용처리(대손상각비)하는 것을 말한다.

**기말 설정 대손상각비 = 기말매출채권잔액 × 대손추정율 – 설정 전 대손충당금잔액**
**(대손추산액)**

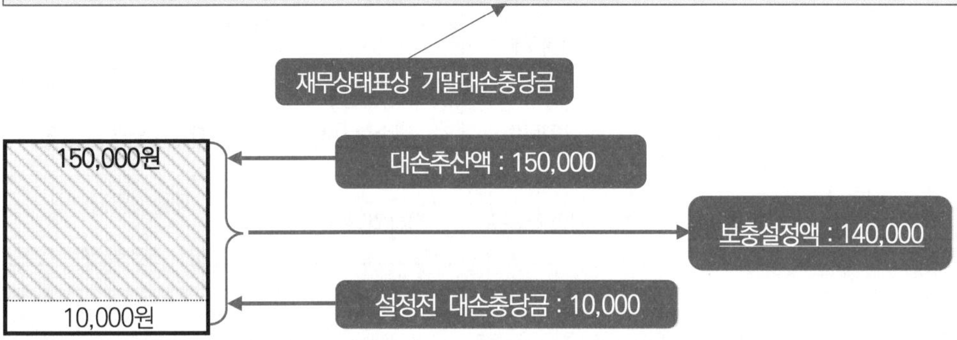


| | 결산수정분개 |
|---|---|
| **기말대손추산액>설정전 대손충당금잔액** | (차) 대손상각비(판관비) ××× <br> (대) 대손충당금 ××× |
| **기말대손추산액<설정전 대손충당금잔액** | (차) 대손충당금 ××× <br> (대) **대손충당금환입(판관비)** **×××** |

■ T계정 이해

**대손충당금**

| | | | |
|---|---|---|---|
| ⓑ대손 | 7,000 | ⓐ전기이월(기초) | 10,000 |
| | | ⓒ회수(현금) | 1,000 |
| ⓓ차기이월(기말) | 9,000 | ⓔ설정액 | 5,000 |
| 계 | 16,000 | 계 | 16,000 |

ⓐ 전기이월(기초) : 전년도로부터 이월된 금액으로서 전기재무상태표의 대손충당금과 일치한다.

ⓑ 대손 : 매출채권의 회수 불가능

| | | | |
|---|---|---|---|
| (차) 대손충당금 | 7,000 | (대) 외상매출금 | 7,000 |

ⓒ 회수 : 대손처리한 금액의 회수

| | | | |
|---|---|---|---|
| (차) 현금 | 1,000 | (대) 대손충당금 | 1,000 |

ⓓ 차기이월(기말) : 대손추산액으로 일반적으로 기말매출채권잔액에 대손추정율을 곱하여 계산한다. 이러한 대손충당금 기말 금액은 차기의 기초금액이 된다.

ⓔ 설정액 : 보충법에 의하여 추가로 설정된 대손상각비를 말한다.

(차) 대손상각비(판) 5,000 (대) 대손충당금 5,000

④ 대손상각비 구분

| 채권구분 | | 성격 | 비용구분 | 계정과목 | |
|---|---|---|---|---|---|
| | | | | 설정 | 환입 |
| **매출채권** | **외상매출금** | **영업거래** | **판관비** | **대손상각비(판)** | **대손충당금환입(판)** |
| | **받을어음** | | | | |
| 기타채권 | 대여금 | 영업외거래 | 영업외비용 | 기타의대손상각비 | 대손충당금환입(영 · 수) |
| | 미수금 | | | | |

## <예제 2 - 7> 대손회계

다음은 ㈜백두의 거래내역이다. 다음의 거래를 분개하고 기말 부분재무상태표와 대손충당금 T계정을 작성하시오. 20×1년 기초 외상매출금에 대한 대손충당금은 100,000원이다.

1. 3월 15일 외상매출금 중 150,000원이 대손 확정되었다.
2. 3월 31일 전기에 대손처리 한 외상매출금중 80,000원이 현금 회수되었다.
3. 4월 30일 외상매출금 중 40,000원이 대손 확정되었다.
4. 12월 31일 기말 외상매출금잔액이 20,000,000원인데 대손추정율을 2%로 추산하였다.

**해답**

| | | | | |
|---|---|---|---|---|
| 1. | (차) 대손충당금*1<br>대손상각비(판) | 100,000원<br>50,000원 | (대) 외상매출금 | 150,000원 |
| | *1. 대손충당금을 우선상계하고 부족한 경우에는 대손상각비로 처리한다. | | | |
| 2. | (차) 현 금 | 80,000원 | (대) 대손충당금 | 80,000원 |
| 3. | (차) 대손충당금 | 40,000원 | (대) 외상매출금 | 40,000원 |
| 4. | (차) 대손상각비(판) | 360,000원*1 | (대) 대손충당금 | 360,000원 |
| | ***1. 기말 설정 대손상각비 = 기말외상매출금잔액(20,000,000) × 대손추정율(2%)<br>– 설정전 대손충당금(40,000) = 360,000원** | | | |

부분 재무상태표

| ㈜백두 | | | 20X1.12.31 |
|---|---|---|---|
| 외상매출금 | 20,000,000 | | |
| 대손충당금 | (400,000) | 19,600,000 | |

대손충당금

| | | | |
|---|---|---|---|
| 1.외상매출금 | 100,000 | 기 초 잔 액(1/1) | 100,000 |
| 3.외상매출금 | 40,000 | 2.현 금 | 80,000 |
| 기 말 잔 액(12/31) | 400,000 | 4.대손상각비 | 360,000 |
| 계 | 540,000 | 계 | 540,000 |

대손추산액

당기 대손상각비 = 대손추산액 − 설정전 대손충당금

## <예제 2 - 8> 대손회계2

다음은 ㈜백두의 기말 수정전시산표를 조회한 결과이다. 기말채권잔액 잔액에 대하여 1%의 대손상각비를 계상하다.

합계잔액시산표

제×기 : 20×1년 12월 31일 현재

| 차 변 | | 계정과목 | 대 변 | |
|---|---|---|---|---|
| 잔 액 | 합 계 | | 합 계 | 잔 액 |
| 10,000,000 | 20,000,000 | 외 상 매 출 금 | 10,000,000 | |
| | 200,000 | 대 손 충 당 금 | 250,000 | 50,000 |
| 20,000,000 | 35,000,000 | 받 을 어 음 | 15,000,000 | |
| | 120,000 | 대 손 충 당 금 | 450,000 | 330,000 |
| 200,000 | 1,200,000 | 미 수 금 | 1,000,000 | |
| | | 대 손 충 당 금 | | |

해답

1. 당기 대손상각비 계산

| 계정과목 | 기말잔액(A) | 대손추산액<br>(B = A X 1%) | 설정전<br>대손충당금(C) | 당기대손상각비<br>(B - C) |
|---|---|---|---|---|
| 외상매출금 | 10,000,000 | 100,000 | 50,000 | 50,000 |
| 받을어음 | 20,000,000 | 200,000 | 330,000 | △130,000 |
| 미 수 금 | 200,000 | 2,000 | 0 | 2,000 |

2. 기말결산수정분개

| | | | | |
|---|---|---|---|---|
| 외상매출금 | (차) 대손상각비(판) | 50,000원 | (대) 대손충당금(외상) | 50,000원 |
| 받을어음 | (차) 대손충당금(받을) | 130,000원 | (대) **대손충당금환입(판)** | 130,000원 |
| 미수금 | (차) 기타의대손상각비(영) | 2,000원 | (대) 대손충당금(미수) | 2,000원 |

# 연/습/문/제

## 분개연습

[1] (주)두리산업의 외상매입금 20,000,000원을 결제하기 위하여 당사가 제품매출 대가로 받아보유하고 있던 (주)한국기업의 약속어음 20,000,000을 배서하여 지급하였다.

[2] 평화상사의 외상매출금 20,000,000원이 법인세법상 대손금처리 요건이 충족되어 당사는 이를 대손처리하기로 하였고, 대손충당금 잔액은 16,000,000원이라 가정한다(단, 부가가치세는 고려하지 않는다).

[3] 영업활동자금의 원활한 운용을 위하여 주옥상회에서 받은 받을어음 9,000,000원을 국민은행에서 할인하고 대금은 할인료 750,000원을 제외한 전액을 당사 당좌예금으로 송금받았다(매각거래로 회계처리할 것).

[4] 거래처 (주)서해물산에서 외상매출금 30,000,000원 중 10,000,000원은 (주)서해물산이 발행한 당좌수표로 받고, 나머지는 보통예금 계좌로 송금받았다.

[5] (주)대마도에 단기 대여한 10,000,000원이 동사의 파산으로 인하여 전액 대손처리하기로 하였다. 대손충당금은 설정되어 있지 않다.

[6] 지난달에 대손이 확정되어 대손충당금과 상계처리 하였던 우리하이마트의 외상매출금 중 일부인 430,000원을 회수하여 보통예금계좌로 입금하였다(부가가치세는 무시함).

[7] 8월분 국민카드 매출대금 2,500,000원에서 수수료 3%를 제외하고 당사의 보통예금계좌에 입금되었다. 단, 카드매출대금은 외상매출금계정으로 처리하고 있다.

[8] 만기가 도래하여 거래은행에 추심 의뢰한 (주)송도전자의 받을어음 70,000,000원 중에서, 추심수수료 100,000원을 차감한 금액이 보통예금 계좌에 입금되었다.

[9] 외상매출금과 받을어음 및 미수금에 대하여 다음 금액을 대손충당금으로 추가 설정하시오. 회사는 미수금에 대한 대손상각비는 영업외비용으로 처리하고 있다.

| | | |
|---|---|---|
| • 외상매출금 : 5,694,200원 | • 받을어음 : 415,500원 | • 미수금 : 20,000원 |

## 객관식

01. 다음은 결산시 매출채권에 대한 대손충당금을 계산하는 경우의 예이다. 틀린 것은?

| | 결산전 대손충당금잔액 | 기말 매출채권잔액 (대손율 1%) | 회계처리의 일부 | |
|---|---|---|---|---|
| ① | 10,000원 | 100,000원 | (대)대손충당금환입 | 9,000원 |
| ② | 10,000원 | 1,000,000원 | 회계처리 없음 | |
| ③ | 10,000원 | 1,100,000원 | (차)대손상각비 | 1,000원 |
| ④ | 10,000원 | 1,100,000원 | (차)기타의대손상각비 | 1,000원 |

02. 다음 중에서 대손충당금 설정대상자산으로 적합한 것은?

① 미지급금 ② 미수금
③ 선수금 ④ 예수금

**03.** (주)서울은 유형자산 처분에 따른 미수금 기말잔액 45,000,000원에 대하여 2%의 대손충당금을 설정하려 한다. 기초 대손충당금 400,000원이 있었고 당기 중 320,000원 대손이 발생되었다면 보충법에 의하여 기말 대손충당금 설정 분개로 올바른 것은?

| | | | |
|---|---|---|---|
| ① (차) 대손상각비 | 820,000원 | (대) 대손충당금 | 820,000원 |
| ② (차) 기타의 대손상각비 | 820,000원 | (대) 대손충당금 | 820,000원 |
| ③ (차) 대손상각비 | 900,000원 | (대) 대손충당금 | 900,000원 |
| ④ (차) 기타의 대손상각비 | 900,000원 | (대) 대손충당금 | 900,000원 |

**04.** 영업활동과 관련하여 비용이 감소함에 따라 발생하는 매출채권의 대손충당금환입은 다음의 계정구분 중 어디에 속하는가?

① 판매비와 관리비 ② 영업외수익 ③ 자본조정 ④ 이익잉여금

**05.** 결산시 대손충당금을 과소설정 하였다. 정상적으로 설정한 경우와 비교할 때, 어떠한 차이가 있는가?

① 당기순이익이 많아진다. ② 당기순이익이 적어진다.
③ 자본이 과소표시 된다. ④ 자산이 과소표시 된다.

**06.** 다음 매출채권에 대한 설명 중 잘못된 것은?

① 회수가 불확실한 매출채권에 대하여 합리적이고 객관적인 기준에 따라 산출한 대손추산액을 대손충당금으로 설정한다.
② 매출채권 등의 이전거래가 차입거래에 해당하면 처분손익을 인식하여야 한다.
③ 대손추산액에서 대손충당금잔액을 차감한 금액을 대손상각비로 계상한다.
④ 회수가 불가능한 채권은 대손충당금과 상계하고 대손충당금이 부족한 경우에는 그 부족액을 대손상각비로 처리한다.

**07.** 다음 매출채권에 관한 설명 중 가장 잘못된 것은?

① 매출채권은 일반적인 상거래에서 발생한 외상매출금과 받을어음을 말한다.
② 매출채권과 관련된 대손충당금은 대손이 발생 전에 사전적으로 설정하여야 한다.
③ 매출채권은 재무상태표에 대손충당금을 표시하여 회수가능한 금액으로 표시할 수 있다.
④ 상거래에서 발생한 매출채권과 기타 채권에서 발생한 대손상각비 모두 판매비와 관리비로 처리한다.

## 주관식

**01.** (주)성원은 채권잔액의 2%를 대손충당금으로 설정한다. 다음 자료에서 20×1년 말 대손충당금 추가설정액은 얼마인가?

- 20×1.12.31 매출채권잔액 200,000,000원
- 20×1. 1. 1 대손충당금 1,000,000원
- 20×1. 5. 1 대손발생 300,000원

**02.** (주)한강은 기말에 외상매출금 20,000,000원에 대해 1%의 대손충당금을 설정하려 한다. 기업회계기준에 따라 보충적으로 회계처리할 경우 기말에 추가로 계상되어야 할 대손충당금은 얼마인가?

- 기초의 대손충당금은 100,000원이다.
- 상황 1 : 2월 전기매출채권 중 100,000원의 대손이 발생했다.
- 상황 2 : 2월 대손처리한 매출채권이 다시 회수되다.

**03.** 기업회계기준에 따라 외상매출금에 대한 대손처리를 할 경우 대손상각비는 얼마인가?

- 기초 외상매출금에 대한 대손충당금 잔액은 120,000원이다.
- 7월 1일 거래처의 파산으로 외상매출금 90,000원이 회수불능되었다.
- 12월 31일 현재 연령분석법을 통해 파악된 회수불능 외상매출금은 160,000원으로 추정된다.

**04.** ㈜세원은 대손충당금을 보충법에 의해 설정하고 있으며, 매출채권 잔액의 1%로 설정하고 있다. 기말 재무상태표상 매출채권의 순장부가액은 얼마인가?

매출채권 (단위 : 원)

| | | | |
|---|---|---|---|
| 기초 | 50,000 | 회수 등 | 200,000 |
| 발생 | 500,000 | | |

대손충당금 (단위 : 원)

| | | | |
|---|---|---|---|
| 대손 | 8,000 | 기초 | 10,000 |

# 연/습/문/제 답안

## 분개연습

| | | | | | | |
|---|---|---|---|---|---|---|
| [1] | (차) | 외상매입금(두리산업) | 20,000,000 | (대) | 받을어음(한국기업) | 20,000,000 |
| [2] | (차) | 대손충당금(외상) | 16,000,000 | (대) | 외상매출금(평화상사) | 20,000,000 |
| | | 대손상각비(판) | 4,000,000 | | | |
| [3] | (차) | 당좌예금 | 8,250,000 | (대) | 받을어음(주옥상회) | 9,000,000 |
| | | 매출채권처분손실 | 750,000 | | | |
| [4] | (차) | 현　　　금 | 10,000,000 | (대) | 외상매출금(서해물산) | 30,000,000 |
| | | 보통예금 | 20,000,000 | | | |
| [5] | (차) | 기타의대손상각비 | 10,000,000 | (대) | 단기대여금(대마도) | 10,000,000 |

☞ **매출채권이 아니므로 영업외비용인 기타의 대손상각비로 처리**

| | | | | | | |
|---|---|---|---|---|---|---|
| [6] | (차) | 보통예금 | 430,000 | (대) | 대손충당금(외상) | 430,000 |
| [7] | (차) | 보통예금 | 2,425,000 | (대) | 외상매출금(국민카드) | 2,500,000 |
| | | 수수료비용(판) | 75,000 | | | |
| [8] | (차) | 보통예금 | 69,900,000 | (대) | 받을어음((주)송도전자) | 70,000,000 |
| | | 수수료비용(판) | 100,000 | | | |
| [9] | (차) | 기타의대손상각비(영 · 비) | 20,000 | (대) | 대손충당금(미수금) | 20,000 |
| | | 대손상각비(판) | 6,109,700 | | 대손충당금(외상) | 5,694,200 |
| | | | | | 대손충당금(받을) | 415,500 |

## 객관식

| 1 | 2 | 3 | 4 | 5 | 6 | 7 |
|---|---|---|---|---|---|---|
| ④ | ② | ② | ① | ① | ② | ④ |

[풀이 - 객관식]

01. **기타의대손상각비(영업외비용)는 상거래 이외의 채권**에서 대손시 처리하는 계정과목이다.

02. 미수금은 대손충당금 설정대상자산으로 할 수 있다.

03. 유형자산 처분에 따른 미수금은 기타의 대손상각비로 처리하고,
**기말 설정 대손상각비 = 기말미수금잔액 × 대손추정율 - 설정 전 대손충당금잔액**
대손충당금 설정액은 (45,000,000원 × 2%) - 80,000원 = 820,000원

04. 영업활동과 관련하여 비용이 감소함에 따라 발생하는 **퇴직급여충당부채환입, 판매보증충당부채환입 및 대손충당금환입 등은 판매비와관리비의 부(-)의 금액으로 표시**한다.

05. 분개를 해보면 [(차변) 대손상각비 ××× (대변) 대손충당금 ×××] 이다. 비용이 계상(인식)되지 않았으므로, 당기순이익이 많아진다(자본이 과대표시). 대손충당금이 과소 설정되었으므로, 자산이 과대표시된다.

06. 차입거래란 매출채권을 담보로 자금을 차입하는 것으로 이자비용을 인식하지만, 매출채권의 매각거래에 해당하면 매출채권처분손익을 인식하여야 한다.

07. 상거래에서 발생한 매출채권에 대한 대손상각비는 판매비와 관리비로 처리하고, **기타채권에서 발생한 대손상각비는 영업외비용**으로 처리한다.

## 주관식

| 1 | 3,300,000원 | 2 | 100,000원 | 3 | 130,000원 |
|---|---|---|---|---|---|
| 4 | 346,500원 | | | | |

[풀이 - 주관식]

01. 기말대손추산액(대손충당금) = 200,000,000원 × 2% = 4,000,000원

대손충당금

| | | | |
|---|---|---|---|
| 대손발생 | 300,000 | 기 초 | 1,000,000 |
| 기 말 | 4,000,000 | *설 정(?)* | *3,300,000* |
| 계 | 4,300,000 | 계 | 4,300,000 |

02. 기말대손추산액(대손충당금) = 20,000,000원 × 0.01 = 200,000원

대손충당금

| | | | |
|---|---|---|---|
| 대손발생 | 100,000 | 기 초 | 100,000 |
| | | 회 수 | 100,000 |
| 기 말 | 200,000 | ***설 정(?)*** | ***100,000*** |
| 계 | 300,000 | 계 | 300,000 |

03.

대손충당금

| | | | |
|---|---|---|---|
| 대손발생 | 90,000 | 기 초 | 120,000 |
| 기 말 | 160,000 | ***설 정(?)*** | ***130,000*** |
| 계 | 250,000 | 계 | 250,000 |

7/01 분개 : (차) 대손충당금 90,000원 (대) 외상매출금 90,000원
12/31 분개 : (차) 대손상각비 130,000원 (대) 대손충당금 130,000원

04.

매출채권

| | | | |
|---|---|---|---|
| 기초잔액 | 50,000 | 회수액 | 200,000 |
| **매출(발생액)** | **500,000** | 기말잔액(?) | **350,000** |
| 계 | 550,000 | 계 | 550,000 |

- 기말 매출채권의 순장부가액(대손충당금을 차감 후 금액)
  = 350,000원 × 99% = ***346,500원***

### (6) 기타의 당좌자산

#### ① 미수수익(VS 미지급비용)

발생주의에 따라 인식한 수익의 당기 기간경과분에 대한 수익으로서 아직 현금으로 미수취한 경우에 당기에 수익을 가산하는 동시에 **미수수익(당좌자산)**으로 계상하여야 한다**(인위적인 회계기간이 있기 때문에 발생주의에 따라 비록 현금을 수취하지 않았다 하더라도 당기의 수익으로 인식해야 한다)**.

예를 들어 20×1년 10월 1일 만기 1년으로 연 이자율 6%의 조건으로 1,000,000원의 정기예금에 가입하였다고 가정하면, 만기(20×2년 10월 1일)에 정기예금 가입금액 1,000,000원과 이자금액 60,000원을 수취하게 된다.

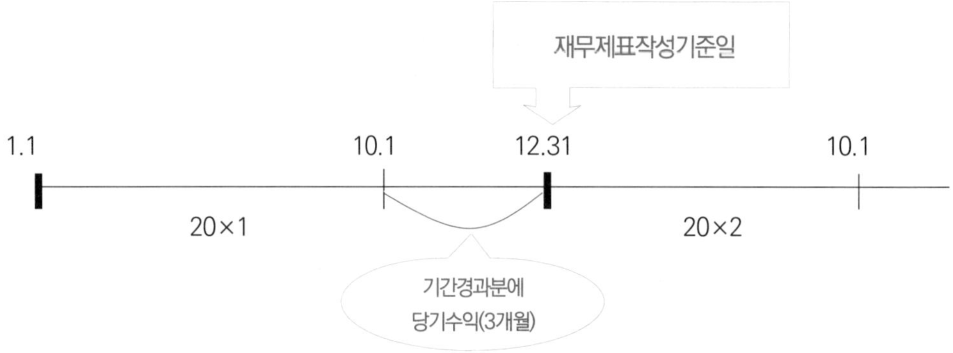


따라서 12월 31일에 기간경과 분(10월 1일부터 12월 31일까지)에 대하여 수익을 인식하여야 한다. 왜냐하면 발생주의 원칙에 따라 올해 발생된 수익을 인식하여야 하기 때문이다.

20×1년 12월 31일 결산수정분개는 다음과 같다.

| | | | |
|---|---|---|---|
| (차) 미 수 수 익 | 15,000원 | (대) 이 자 수 익 | 15,000원 |

경과 분 이자수익은 60,000원×3개월/12개월 = 15,000원

또한 채무자인 은행도 마찬가지로 발생주의 원칙에 따라 발생된 비용을 인식하여야 한다.

| | | | |
|---|---|---|---|
| (차) 이 자 비 용 | 15,000원 | (대) 미지급비용 | 15,000원 |

## <예제 2 - 9> 손익의 발생

㈜백두와 거래상대방(㈜청계, ㈜설악)의 거래내역을 각각 분개하시오.

1. ×1년 12월 31일 거래처인 ㈜청계에 단기대여한 금액에 대하여 당기분 경과이자를 인식하다(대여금액 10,000,000원, 대여일 7월 1일 연이자율 10% 월할계산할 것).
2. ×1년 12월 31일 ㈜설악의 장기차입금에 대하여 당기분 경과이자를 인식하다(차입금액 20,000,000원, 차입일 10월 1일 연이자율 5% 월할계산할 것).
3. ×2년 7월 1일 거래처인 ㈜청계로부터 대여금과 이자를 현금수령하다.
4. ×2년 10월 1일 ㈜설악에게 1년치 이자를 현금지급하다.

**해답**

| | | | | | |
|---|---|---|---|---|---|
| 1. | ㈜백두 | (차) 미수수익 | 500,000원 | (대) 이자수익 | 500,000원 |
| | | 수익발생 : 10,000,000원×10%×6개월/12개월 | | | |
| | ㈜청계 | (차) 이자비용 | 500,000원 | (대) 미지급비용 | 500,000원 |
| 2. | ㈜백두 | (차) 이자비용 | 250,000원 | (대) 미지급비용 | 250,000원 |
| | | 비용발생 : 20,000,000원 × 5% × 3개월/12개월 | | | |
| | ㈜설악 | (차) 미수수익 | 250,000원 | (대) 이자수익 | 250,000원 |
| 3. | ㈜백두 | (차) 현금 | 11,000,000원 | (대) 단기대여금<br>미수수익<br>이자수익 | 10,000,000원<br>500,000원<br>500,000원[*1] |
| | | *1. 당기수익발생 : 10,000,000원×10%×6개월/12개월 | | | |
| | ㈜청계 | (차) 단기차입금<br>미지급비용<br>이자비용 | 10,000,000원<br>500,000원<br>500,000원 | (대) 현금 | 11,000,000원 |
| 4. | ㈜백두 | (차) 미지급비용<br>이자비용[*1] | 250,000원<br>750,000원 | (대) 현금 | 1,000,000원 |
| | | *1. 당기비용발생 : 20,000,000원×5%×9개월/12개월 | | | |
| | ㈜설악 | (차) 현금 | 1,000,000원 | (대) 미수수익<br>이자수익 | 250,000원<br>750,000원 |

② 선급비용(VS 선수수익)

발생주의에 따라 당기에 선 지급한 비용 중 차기비용으로서 차기 이후로 이연할 금액을 말한다. 즉, **당기에 지출한 비용 중 내년도 비용은 결산일 기준으로 자산에 해당**된다.

예를 들어 20×1년 10월 1일 창고 화재보험료를 1년분 보험료 1,200,000원을 미리 지급한 경우 지급시 회계처리는 다음과 같다.

| | | | |
|---|---|---|---|
| (차) 보 험 료 | 1,200,000원 | (대) 현 금 | 1,200,000원 |

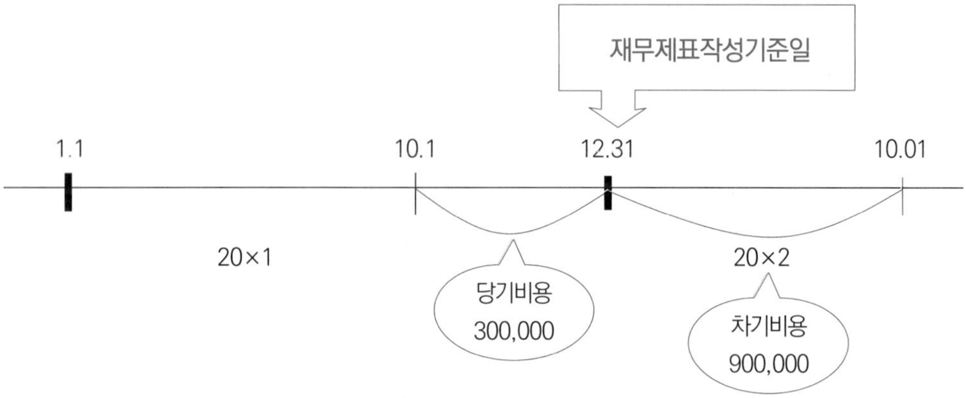


결산일(12월 31일) 시점에서 보면 내년도 보험료 900,000원은 유동자산에 해당한다. 따라서 12월 31일에 기간미경과분에 대한 비용을 자산으로 수정분개하여야 한다.

20×1년 12월 31일 결산수정분개는 다음과 같다.

| | | | |
|---|---|---|---|
| (차) 선 급 비 용 | 900,000원 | (대) 보 험 료 | 900,000원 |

또한 보험회사의 입장에서 보면,

10월 1일 수령한 현금을 전액 수익(보험료)으로 인식했다면

| | | | |
|---|---|---|---|
| (차) 현 금 | 1,200,000원 | (대) 수익(보험료) | 1,200,000원 |

12월 31일 올해의 수익(보험료)만 인식하는 결산분개를 행해야 한다.

| | | | |
|---|---|---|---|
| (차) 수익(보험료) | 900,000원 | (대) 선 수 수 익 | 900,000원 |

## <예제 2 - 10> 손익의 이연

㈜백두와 거래상대방((주)청계)의 거래내역을 각각 분개하시오.

1. 10월 1일 건물 중 일부를 (주)청계에 임대(임대기간 1년)하면서 1년분 임대료 1,200,000원을 현금으로 받고 임대료로 회계처리하다. ㈜청계는 비용으로 회계처리하다.
2. 11월 1일 창고건물에 대해서 화재보험에 가입하면서 1년치 보험료 600,000원을 현금지급하면서 비용처리하다.
3. 12월 31일 임대료와 보험료에 대하여 발생기준에 따라 결산수정분개를 하다.

**해답**

| | | | | | |
|---|---|---|---|---|---|
| 1. | ㈜백두 | (차) 현 금 | 1,200,000원 | (대) 임대료(영·수) | 1,200,000원 |
| | ㈜청계 | (차) 임 차 료(판) | 1,200,000원 | (대) 현 금 | 1,200,000원 |
| 2. | ㈜백두 | (차) 보 험 료(판) | 600,000원 | (대) 현 금 | 600,000원 |
| 3. | ㈜백두 | (차) 임대료(영·수) | 900,000원 | (대) 선 수 수 익 | 900,000원 |
| | | 당기수익(임대료) : 1,200,000원×3개월/12개월=300,000원<br>수익이연(선 수 수 익) : 1,200,000원×9개월/12개월=900,000원 | | | |
| | ㈜청계 | (차) 선 급 비 용 | 900,000원 | (대) 임 차 료(판) | 900,000원 |
| 3. | ㈜백두 | (차) 선 급 비 용 | 500,000원 | (대) 보 험 료(판) | 500,000원 |
| | | 당기비용(보험료) : 600,000원×2개월/12개월=100,000원<br>비용이연(선급비용) : 600,000원×10개월/12개월=500,000원 | | | |

| ㈜백두 | | 당 기 | 차 기(손익의 이연) | |
|---|---|---|---|---|
| 임대료<br>(수익) | 1,200,000<br>(x1.10.1~x2.9.30) | 300,000(임대료)<br>(x1.10.1~x1.12.31) | 900,000(선수수익)<br>(x2. 1.1~x2.9.30) | 수익의 이연 |
| 보험료<br>(비용) | 600,000<br>(x1.11.1~x2.10.31) | 100,000(보험료)<br>(x1.11.1~x1.12.31) | 500,000(선급비용)<br>(x2. 1.1~x2.10.31) | 비용의 이연 |

**<손익의 이연과 발생 : 손익의 결산정리>**

| | | | |
|---|---|---|---|
| 손익의<br>이 연 | 선급비용 | 발생주의에 따라 올해 지급한 비용 중 차기 비용 | **비용의 이연** |
| | 선수수익 | 발생주의에 따라 올해 수취한 수익 중 차기 수익 | **수익의 이연** |
| 손익의<br>발 생 | 미수수익 | 발생주의에 따라 올해 수익 중 받지 못한 수익 | **수익의 발생** |
| | 미지급비용 | 발생주의에 따라 올해 비용 중 지급하지 않은 비용 | **비용의 발생** |

### ③ 선급금(vs 선수금)

일반적 상거래에 속하는 재고자산의 구입 등을 위하여 선 지급한 계약금을 말한다. 장차 재고자산 등이 납품되면 재고자산으로 대체 정리될 잠정적인 재화나 용역에 대한 청구권을 내용으로 하는 채권계정이다.

### <예제 2 - 11> 선급금(선수금)

(주)백두와 거래상대방(㈜청계)의 거래내역을 각각 분개하시오.

1. 1월 31일 거래처인 ㈜청계에서 원재료 10,000,000원을 구입하기로 계약하고 대금의 10%를 계약금으로 현금지급하다.
2. 2월 10일 ㈜청계로부터 원재료를 인도받고 나머지 잔금을 보통예금통장에서 이체하다. ㈜청계는 제품매출에 해당한다.

**해답**

| | | | | | |
|---|---|---|---|---|---|
| 1. | ㈜백두 | (차) 선 급 금 | 1,000,000원 | (대) 현 금 | 1,000,000원 |
| | ㈜청계 | (차) 현 금 | 1,000,000원 | (대) 선 수 금 | 1,000,000원 |
| 2. | ㈜백두 | (차) 원 재 료 | 10,000,000원 | (대) 선 급 금<br>보통예금 | 1,000,000원<br>9,000,000원 |
| | ㈜청계 | (차) 선 수 금<br>보통예금 | 1,000,000원<br>9,000,000원 | (대) 제품매출 | 10,000,000원 |

④ 선납세금

손익계산서상의 법인세비용이란 기업의 당해 연도에 부담하여야 할 법인세와 지방소득세(법인분)를 말하는데, 선납세금은 중간 예납한 법인세와 기중에 원천징수 된 법인세 등이 처리되는 계정으로서 기말에 법인세비용으로 대체된다.

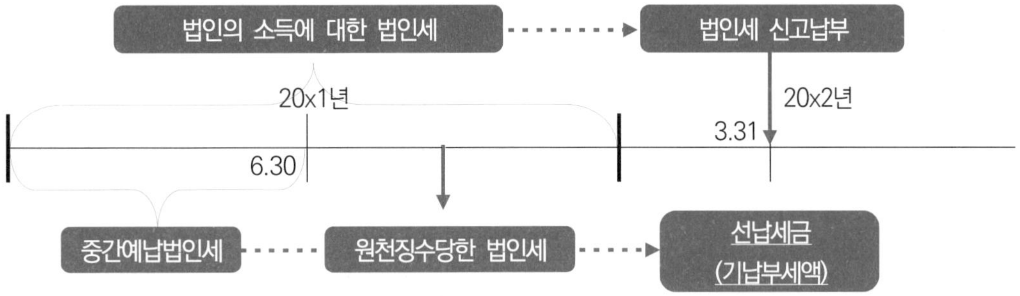


〈원천징수〉

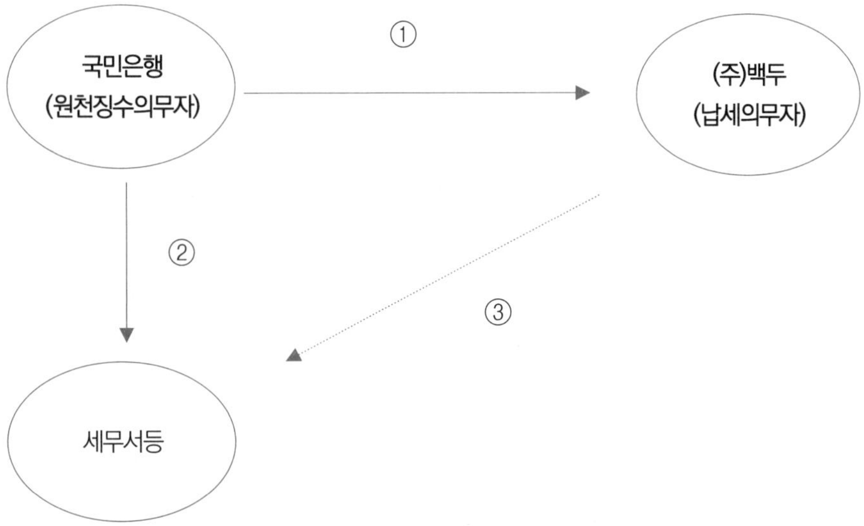


① 국민은행이 (주)백두에게 은행이자 2,000,000원을 지급시 법인세를 차감한 1,860,000원을 지급하다.
② 국민은행은 ㈜백두로부터 예수한 법인세를 관할세무서에 납부하다.
③ 국민은행이 예수한 법인세는 실질적으로 (주)백두가 납부한 것이다.

## <예제 2 - 12> 법인세 및 선납세금

다음은 ㈜백두의 거래내역이다. 다음의 거래를 분개하시오.

1. 3월 15일 정기예금의 이자 1,000,000원에 대하여 원천징수 세액을 제외한 860,000원이 보통예금구좌로 입금되다.
2. 8월 31일 법인세 중간예납분 1,000,000원을 강남세무서에 현금납부하다.
3. 12월 31일 기말 결산 시 법인세를 추산한 바 2,500,000원이다.

**해답**

| | | | | |
|---|---|---|---|---|
| 1. | (차) 보통예금<br>선납세금 | 860,000원<br>140,000원 | (대) 이자수익 | 1,000,000원 |
| 2. | (차) 선납세금 | 1,000,000원 | (대) 현　　금 | 1,000,000원 |
| 3. | (차) 법인세등 | 2,500,000원 | (대) 선납세금*1<br>미지급세금 | 1,140,000원<br>1,360,000원 |
| | *1. 기말 합계잔액시산표상의 선납세금 잔액 : 140,000+1,000,000=1,140,000원 | | | |

⑤ 부가세대급금(VS 부가세예수금)

부가가치세 과세대상 재화 등을 구입 시 거래징수 당한 부가가치세 매입세액을 말하는 것으로서 추후 부가가치세 신고 시 매입세액으로 공제된다.

⑥ 소모품

소모성 비품 구입에 관한 비용으로서 사무용품, 소모공구 구입비 등 **회사가 중요성에 따라 자산을 처리하는 것**을 말한다.

소모품비는 비용이고 소모품은 자산에 해당한다.

### 중요성

특정회계정보가 정보이용자의 **의사결정에 영향을 미치는 정도**를 말한다.

특정정보가 생략되거나 잘못 표시될 경우 정보이용자의 판단이나 의사결정에 영향을 미칠 수 있다면 그 정보는 중요한 것이다. 이러한 정보는 **금액의 대소로 판단하지 않고 정보이용자의 의사결정에 영향을 미치면 중요한 정보가 되는 것**이다. 예를 들어 어느 기업의 소모품비와 같은 소액의 비용을 자산으로 처리하지 않고 발생즉시 비용으로 처리하는 것은 정보이용자 관점에서 별로 중요하지 않기 때문에 당기 비용화하는 것이다.

## <예제 2 - 13> 소모품/소모품비

㈜백두의 거래내역을 분개하시오.

1. 7월 15일 사무용 소모품을 1,000,000원을 구입하고 대금은 외상으로 하였다(자산으로 처리하시오).
2. 12월 31일 소모품 중 기말 현재 미사용액은 200,000원이다. 결산수정분개를 하시오.

**해답**

| | | | | |
|---|---|---|---|---|
| 1. | (차) 소 모 품 | 1,000,000원 | (대) 미지급금 | 1,000,000원 |
| 2. | (차) 소모품비(판) | 800,000원 | (대) 소 모 품 | 800,000원 |

**〈합계잔액시산표〉**

| 차 변 | | 계 정 과 목 | 대 변 | |
|---|---|---|---|---|
| 잔 액 | 합 계 | | 합 계 | 잔 액 |
| | | **당 좌 자 산** | | |
| 200,000 | 1,000,000 | 소 모 품 | 800,000 | |
| | | **판 매 비 와 관 리 비** | | |
| 800,000 | 800,000 | 소 모 품 비 | | |

☞ 구입시 비용(소모품비)으로 처리했다고 가정하면,

| | | | | |
|---|---|---|---|---|
| 7/15 | (차) 소모품비(판) | 1,000,000원 | (대) 미지급금 | 1,000,000원 |
| 12/31 | (차) 소 모 품 | 200,000원 | (대) 소모품비(판) | 200,000원 |

[최종결과]

| 구입 | | 당기 비용 | 자 산 |
|---|---|---|---|
| 사무용소모품 | 1,000,000 | 800,000(소모품비) | 200,000(소모품) |

### (7) 가지급금과 가수금

① 가지급금

회사에서 미리 지급한 금액 중 계정과목이나 금액이 미 확정시 그 내역을 파악할 때까지 일시적으로 처리해두는 계정이다. 회사에서 출장 전에 여비를 미리 개략적으로 계산하여 선지급하고, 출장 후 정산하는 경우가 있다. 이렇게 출장비를 선 지급한 금액이 어떤 용도에 사용될지, 금액이 얼마나 될지 명확하게 모르기 때문에 일시적인 자산계정인 가지급금계정에 기록한다.

☞ **전도금 : 본사가 지점의 운영을 위해 본사에서 일정한 금액을 미리 보내는 것을 말하는데, 가지급금처럼 회계처리하면 된다.**

② 가수금

회사에 입금된 금액 중 계정과목이나 금액이 미 확정시 그 내역을 파악할 때까지 일시적으로 처리해 두는 계정이다. 추후 입금된 내역이 확정시 해당 본 계정으로 회계처리하여야 한다.

**재무상태표 작성기준 중 이러한 임시계정은 외부에 공시되는 재무상태표에 표시되어서는 안된다.**

#### <예제 2 - 14> 가지급금/가수금

㈜백두의 거래내역을 분개하시오.

1. 3월 15일 사원 홍길동의 대전에 출장을 보내면서 출장비 명목으로 100,000원을 현금 지급하다.
2. 3월 31일 사원 홍길동이 출장 후 출장비를 정산한바 숙박비 40,000원, 교통비 50,000원을 사용하고 나머지 10,000원은 현금으로 반환하다.
3. 4월 15일 당사의 보통예금 계좌에 300,000원이 입금되었는데, 내역을 확인할 수 없다.
4. 4월 30일 300,000원의 내역을 확인한바 (주)한라의 외상매출금 100,000원과 상품매출계약금 200,000원으로 확인되다.

**해답**

| | | | | |
|---|---|---|---|---|
| 1. | (차) 가지급금 | 100,000원 | (대) 현 금 | 100,000원 |
| 2. | (차) 여비교통비(판)<br>현 금 | 90,000원<br>10,000원 | (대) 가지급금 | 100,000원 |
| 3. | (차) 보통예금 | 300,000원 | (대) 가 수 금 | 300,000원 |
| 4. | (차) 가 수 금 | 300,000원 | (대) 외상매출금<br>선 수 금 | 100,000원<br>200,000원 |

# 연/습/문/제

## 분개연습

**[1]** 당사 보통예금계좌에서 이자가 발생하여 원천징수세액 14,000원을 제외한 나머지 금액 86,000원이 입금되었다.

**[2]** (주)대여에 빌려주었던 대여금에 대한 이자 1,000,000원에 대해 세금 250,000원을 제외한 금액이 당사의 보통예금에 입금되었다(세금은 자산으로 처리하시오).

**[3]** (주)정민상사에 원재료를 주문하면서 계약금으로 7,000,000원을 당좌예금에서 이체하였다.

**[4]** 당해 사업연도 법인세의 중간예납세액 24,000,000원을 현금으로 납부하였다(단, 법인세납부액은 자산계정으로 처리할 것).

**[5]** 당사는 영업부에서는 소모품 구입시 전액 소모품비로 비용화하고 결산시 미사용분을 자산으로 계상해 오고 있다. 결산시 영업부로부터 미사용분인 소모품은 1,000,000원으로 통보받았다(단, 금액은 음수로 입력하지 말 것).

**[6]** 출장갔던 생산직사원 이익동이 복귀하여 6월 2일에 가지급금으로 처리하였던 출장비 150,000원을 정산하고, 초과지출분 16,000원을 추가로 현금지급 하였다(가지급금계정에 거래처 입력할 것).

**[7]** 보통예금계좌에서 300,000원의 이자수익이 발생하였으며, 원천징수법인세를 제외한 나머지 금액이 보통예금계좌로 입금되었다(원천징수법인세율은 14%로 가정한다).

**[8]** 4월 1일 (주)상훈상사에 300,000,000원을 3년간 대여하고, 연 12%의 이자를 매년 3월 31일 수취하기로 계약을 체결하였다. 결산일에 기간 경과분에 대한 이자를 결산서상에 반영하시오(이자는 월할 계산하고, 거래처를 입력하시오).

**[9]** 기말현재 당기비용으로 처리한 대표이사 업무용 차량에 대한 보험료 중 기간미경과액은 400,000원이다(적절한 적요내용에 해당하는 계정과목으로 회계처리할 것).

**[10]** 선지급(50만원)한 생산직 사원에 대한 출장비(전도금으로 회계처리하였음)에 대하여 다음과 같이 출장비 명세서를 받았다. 초과된 출장비는 보통예금에서 지급하였다(전액 여비교통비로 회계처리할 것).

| | |
|---|---|
| • 교통비 : 160,000원 | • 숙박비 : 210,000원 |
| • 식　대 : 120,000원 | • 입장료 :　70,000원 |

**[11]** 가수금 3,000,000원 중 1,000,000원은 (주)대부에 대한 제품매출의 계약금이고 나머지는 동사의 외상매출금을 회수한 것으로 결정되었다.

## 객관식

**01.** 다음은 기말자산과 기말부채의 일부분이다. 기말재무상태표에 표시될 계정과목과 금액이 틀린 것은?

| | |
|---|---|
| • 지급어음　: 10,000,000원 | • 타인발행수표 : 25,000,000원 |
| • 받을어음　: 10,000,000원 | • 외상매입금 :　50,000,000원 |
| • 외상매출금 : 40,000,000원 | • 우편환증서 :　5,000,000원 |

① 매입채무 60,000,000원　② 현금및현금성자산 30,000,000원
③ 매출채권 50,000,000원　④ 당좌자산 75,000,000원

**02.** 발생주의 회계는 발생과 이연의 개념을 포함한다. 이와 관련된 계정과목이 아닌 것은?

① 미수수익　② 미지급비용　③ 선수금　④ 선급비용

**03.** 거래처로부터 받은 제품매출과 관련한 계약금을 매출액으로 잘못 처리하였다. 이의 회계처리가 재무상태표와 손익계산서에 미치는 영향은 어떠한가?

① 자산이 과대계상되고, 부채가 과대계상되었다.
② 자산이 과대계상되고, 수익이 과대계상되었다.
③ 부채가 과소계상되고, 수익이 과대계상되었다.
④ 자산이 과소계상되고, 부채가 과소계상되었다.

**04.** 다음 설명의 괄호 안에 들어갈 것으로 옳은 것은?

> 이연이란 (　　　　)과 같이 미래에 수익을 인식하기 위해 현재의 현금유입액을 부채로 인식하거나, (　　　　)과 같이 미래에 비용을 인식하기 위해 현재의 현금유출액을 자산으로 인식하는 회계과정을 의미한다.

① 미수수익, 선급비용　　② 선수수익, 선급비용
③ 미수수익, 미지급비용　　④ 선수수익, 미지급비용

**05.** 다음 중 빈칸의 내용으로 가장 적합한 것은?

> • 선급비용이 ( ㉠ )되어 있다면 당기순이익은 과대계상된다.
> • 미수수익이 ( ㉡ )되어 있다면 당기순이익은 과대계상된다.

| | ㉠ | ㉡ | | ㉠ | ㉡ |
|---|---|---|---|---|---|
| ① | 과대계상 | 과소계상 | ② | 과소계상 | 과소계상 |
| ③ | 과소계상 | 과대계상 | ④ | 과대계상 | 과대계상 |

**06.** 다음 중 기말 결산시 비용의 이연과 가장 관련있는 거래는?

① 공장건물에 선급보험료 100,000원을 계상하다.
② 공장건물에 대한 선수임대료 100,000원을 계상하다.
③ 정기예금에 대한 미수이자 100,000원을 계상하다.
④ 단기차입금에 대한 미지급이자 100,000원을 계상하다.

**07.** 다음 거래 내용을 보고 12월 31일 결산 수정분개 시 차변계정과목과 차변금액으로 적절한 것은?

- 20x1년 8월 1일 소모품 600,000원을 현금으로 구입하고 자산으로 처리하였다.
- 20x1년 12월 31일 결산시 소모품미사용액은 250,000원이다.

① 소모품 250,000원　② 소모품 350,000원
③ 소모품비 250,000원　④ 소모품비 350,000원

**08.** 다음 자료는 기말자산과 기말부채의 일부분이다. 기말재무상태표에 표시될 항목과 금액이 올바른 것은?

| | | |
|---|---|---|
| • 받을어음 : 100,000원 | • 미지급금 : 120,000원 | • 외상매출금 : 130,000원 |
| • 지급어음 : 150,000원 | • 미 수 금 : 160,000원 | • 외상매입금 : 180,000원 |
| • 보통예금 : 170,000원 | • 정기예금 : 190,000원 | • 자기앞수표 : 110,000원 |

① 현금및현금성자산 470,000원　② 매출채권 330,000원
③ 매입채무 230,000원　④ 유동부채 450,000원

**09.** 다음 중 유동자산에 해당하지 않는 것은?

① 보고기간 종료일로부터 2년 이내에 현금화될 것으로 예상되는 자산
② 사용의 제한이 없는 현금및현금성자산
③ 기업의 정상적인 영업주기 내에 실현될 것으로 예상되거나 판매목적 또는 소비목적으로 보유하고 있는 자산
④ 단기매매목적으로 보유하고 있는 자산

# 연/습/문/제 답안

## 분개연습

| | | | | | | |
|---|---|---|---|---|---|---|
| [1] | (차) | 보통예금 | 86,000 | (대) | 이자수익 | 100,000 |
| | | 선납세금 | 14,000 | | | |
| [2] | (차) | 보통예금 | 750,000 | (대) | 이자수익 | 1,000,000 |
| | | 선납세금 | 250,000 | | | |
| [3] | (차) | 선 급 금(정민상사) | 7,000,000 | (대) | 당좌예금 | 7,000,000 |
| [4] | (차) | 선 납 세 금 | 24,000,000 | (대) | 현 금 | 24,000,000 |
| [5] | (차) | 소모품 | 1,000,000 | (대) | 소모품비(판) | 1,000,000 |
| [6] | (차) | 여비교통비(제) | 166,000 | (대) | 가지급금(이익동) | 150,000 |
| | | | | | 현 금 | 16,000 |
| [7] | (차) | 보통예금 | 258,000 | (대) | 이자수익 | 300,000 |
| | | 선납세금 | 42,000 | | | |

☞**선납세금 : 300,000원×14%＝42,000원**

| | | | | | | |
|---|---|---|---|---|---|---|
| [8] | (차) | 미수수익((주)상훈상사) | 27,000,000 | (대) | 이자수익 | 27,000,000 |

☞**이자수익 : 300,000,000원×12%×9개월/12개월＝27,000,000원**

| | | | | | | |
|---|---|---|---|---|---|---|
| [9] | (차) | 선급비용 | 400,000 | (대) | 보험료(판) | 400,000 |
| [10] | (차) | 여비교통비(제) | 560,000 | (대) | 전 도 금 | 500,000 |
| | | | | | 보통예금 | 60,000 |

☞**전도금은 임시계정과목이다. 가지급금처럼 회계처리하면 된다.**

| | | | | | | |
|---|---|---|---|---|---|---|
| [11] | (차) | 가수금 | 3,000,000 | (대) | 선수금((주)대부) | 1,000,000 |
| | | | | | 외상매출금((주)대부) | 2,000,000 |

## 객관식

| 1 | 2 | 3 | 4 | 5 | 6 | 7 | 8 | 9 |
|---|---|---|---|---|---|---|---|---|
| ④ | ③ | ③ | ② | ④ | ① | ④ | ④ | ① |

[풀이 - 객관식]

01. 지급어음과 외상매입금은 매입채무계정으로, 타인발행수표와 우편환증서는 현금및현금성자산 계정으로, 받을어음과 외상매출금은 매출채권계정으로 처리한다. 당좌자산은 타인발행수표, 외상매출금, 받을어음, 우편환증서로 총 80,000,000원이다.

02. **• 발생 : 미수수익, 미지급비용** **• 이연 : 선수수익, 선급비용**

03. 오류회계처리 (차) 현금등 ××× (대) 매출액(수익) ×××
정당한회계처리 (차) 현금등 ××× (대) 선수금(부채) ×××
부채의 과소계상, 수익의 과대계상된다.

04. 수익의 이연 : 선수수익 비용의 이연 : 선급비용

05. **대차평균의 원리에 따라 자산과 이익은 비례관계**이다. 즉 자산이 과대계상되면 당기순손익이 과대계상되고, 자산이 과소계상되면 당기순손익이 과소계상된다. **선급비용, 미수수익 모두 자산이므로 당기순이익이 과대계상**된다.

06.

| | | | | | |
|---|---|---|---|---|---|
| ① (차) 선급비용 | 100,000 | (대) 보험료 | 100,000 | → | 비용의 이연 |
| ② (차) 임대료 | 100,000 | (대) 선수수익 | 100,000 | → | 수익의 이연 |
| ③ (차) 미수수익 | 100,000 | (대) 이자수익 | 100,000 | → | 수익의 발생 |
| ④ (차) 이자비용 | 100,000 | (대) 미지급비용 | 100,000 | → | 비용의 발생 |

07.

| | | | |
|---|---|---|---|
| 구입시 : (차) 소모품 | 600,000원 | (대) 현금 | 600,000원 |
| 결산시 : (차) 소모품비(사용액) | 350,000원 | (대) 소모품 | 350,000원 |

08. 현금및현금성자산(280,000원) = 보통예금(170,000원) + 자기앞수표(110,000원)
매출채권(230,000원) = 외상매출금(130,000원) + 받을어음(100,000원)
매입채무(330,000원) = 외상매입금(180,000원) + 지급어음(150,000원)
유동부채(450,000원) = 외상매입금(180,000원) + 지급어음(150,000원) + 미지급금(120,000원)

09. **보고기간 종료일로부터 1년 이내**, 현금화 또는 실현될 것으로 예상되는 자산이 유동자산이다.

## 2. 재고자산

기업이 영업활동과정에서 판매 또는 제품의 생산을 위해서 보유하고 있는 자산이다. 재고자산으로 분류되기 위해서는 영업활동과정에서 판매를 목적으로 소유하고 있어야 한다. 예를 들어 TV제조회사가 있는데 TV를 회의실에 사용하고 있다면 비품으로 분류되나 판매를 위하여 제품창고에 있다면 재고자산으로 분류한다.

또한 재고자산은 판매목적으로 보유하고 있는 자산이므로 정상적인 영업주기내에 판매될 것으로 예상되므로 유동자산으로 분류한다.

### (1) 재고자산의 분류

① 상　품 : 정상적인 영업활동과정에서 판매를 목적으로 구입한 상품

② 제　품 : 판매목적으로 제조한 생산품

③ 반제품 : 자가제조한 중간제품과 부분품으로 <u>**판매가 가능한 것**</u>

④ 재공품 : 제품의 제조를 위하여 제조과정에 있는 것

⑤ 원(부)재료 : 제품을 제조하고 가공할 목적으로 구입한 원료, 재료, 부재료 등

⑥ 저장품 : 소모품, 수선용 부분품 및 기타 저장품 등

⑦ 미착(상)품 : 운송중에 있어서 아직 도착하지 않은 원재료(상품)를 말한다.

### (2) 재고자산의 취득원가 결정

자산의 취득원가에는 그 자산을 취득하여 사용하기 까지 투입되는 모든 비용을 포함한다. 따라서 재고자산의 취득원가에는 재고자산을 취득하여 사용하기까지 소요된 모든 지출액(매입부대비용)을 포함한다.

**취득원가 = 매입가액 + 매입부대비용 – 매입환출 – 매입에누리 – 매입할인 등**

① 매입부대비용

재고자산을 매입할 때 매입가액 이외에 추가적으로 발생하는 비용을 말한다.

**매입운임, 매입수수료, 매입 시 보험료, 하역비 그리고 만약 해외로부터 수입 시 수입관세 및 통관수수료** 등 이렇게 매입부대비용을 매입시점에 비용으로 처리하지 않고 재고자산의 취득원가에 가산하는 것은 수익비용대응원칙에 따른 것이다.

☞ 수입관세 : 상품 등을 수입시 자국의 산업보호 등을 위하여 국가에서 부과하는 세금
통관수수료 : 상품 등을 수입시 수입신고를 하여야 하는바 이에 따른 수수료를 말한다.

② 매입환출과 매입에누리

구매한 재고자산에 하자(불량, 수량부족 등)가 발생하여 매입한 재고자산을 판매처에 반품하는 것을 매입환출이라 하고 상기 사유로 인하여 가격을 할인해 주는 경우를 매입에누리라 한다.

③ 매입할인

구매자가 외상매입금을 조기에 지급한 경우 판매자가 가격을 할인해 주는 것을 말한다.

■ 매출환입, 매출에누리, 매출할인

매출환입이란 판매한 재고자산에 하자가 발생하여 매입자로부터 반품을 받은 것을 말하고 매출에누리란 이러한 하자에 대하여 매입자에게 가격을 할인하여 주는 것을 말한다.

매출할인은 외상으로 판매한 매출채권을 매입자가 조기에 대금을 지불하는 경우 외상대금의 일부를 할인해 주는 것을 말한다.

외상거래에 있어서 매출할인의 조건을 보면 다음과 같다.

(2/10, n/30)의 조건으로 계약을 체결했다면 거래일로부터 10일 이내에 대금을 회수하는 경우 대금의 2%를 할인해주고 30일 이내에 대금회수를 완료해야 한다는 조건이다.

| 구 분 | | 판매자 | | 구매자 | |
|---|---|---|---|---|---|
| | | 총매출액 | 100 | 총매입액 | 100 |
| 하 자 발 생 | 반 품 시 | (−)매출환입 | (5) | (−)매입환출 | (5) |
| | 가 격 에 누 리 | (−)매출에누리 | (10) | (−)매입에누리 | (10) |
| 조 기 결 제 에 따 른 할 인 | | (−)매출할인 | (10) | (−)매입할인 | (10) |
| 운임(운반비) | | 운반비 | 판관비 | (+)부대비용(운임) | 5 |
| | | 순매출액 | 75 | 순매입액 | 80 |

손익계산서상 매출액 ↑ (순매출액)

재고자산 취득가액 ↑ (순매입액)

## <예제 2 - 15> 재고자산

㈜백두와 거래상대방(㈜청계)의 거래내역을 각각 분개하시오. 부가가치세는 고려하지마세요.

1. 3월 15일 ㈜청계(제조업)에서 원재료 100,000원(개당 10,000원)을 외상매입하고 운반비 2,000원은 배달업체에 자기앞수표로 지급하다. ㈜청계는 제품매출에 해당한다.
2. 3월 20일 ㈜청계에서 구입한 원재료 중 1개가 불량품이 발생하여 반품하다.
3. 3월 25일 ㈜청계의 외상매입금에 대하여 조기결제하여 1%의 할인을 받고 잔액은 보통예금으로 계좌이체하다.

**해답**

| | | | | | |
|---|---|---|---|---|---|
| 1. | ㈜백두 | (차) 원 재 료 | 102,000원 | (대) 외상매입금<br>현 금 | 100,000원<br>2,000원 |
| | ㈜청계 | (차) 외상매출금 | 100,000원 | (대) 제 품 매 출 | 100,000원 |
| 2. | ㈜백두 | (차) 외상매입금 | 10,000원 | (대) 매 입 환 출 | 10,000원 |
| | | **☞ (차) 원 재 료** | **△ 10,000원** | **(대) 외상매입금** | **△ 10,000원도 가능** |
| | ㈜청계 | (차) 매 출 환 입 | 10,000원 | (대) 외상매출금 | 10,000원 |
| | | **☞ (차) 외상매출금** | **△ 10,000원** | **(대) 제품매출** | **△ 10,000원도 가능** |
| 3. | ㈜백두 | (차) 외상매입금 | 90,000원 | (대) 매 입 할 인<br>보 통 예 금 | 900원*1<br>89,100원 |
| | ㈜청계 | (차) 보 통 예 금<br>매 출 할 인 | 89,100원<br>900원 | (대) 외상매출금 | 90,000원 |
| | *1. 매입(매출)할인 : 90,000원 × 1% | | | | |

### (3) 기말재고자산의 귀속여부(기말재고자산의 범위)

재무상태표의 기말재고자산에 포함될 항목에는 회사의 창고에 보관하고 있는 재고자산과 비록 창고에 없더라도 회사의 기말재고자산으로 포함될 항목(미착품, 위탁품, 시용품 등)이 있다.

따라서 회사의 재고자산이 판매되었다면 수익을 인식하여야 한다.

① 미착상품(운송중인 상품)

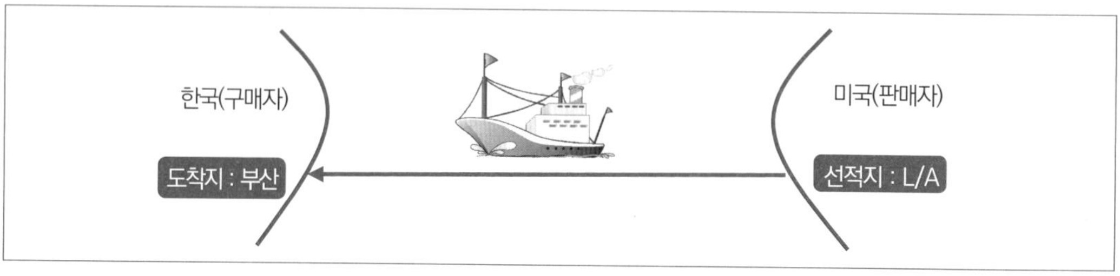


미착상품이란 상품을 주문하였으나 운송 중에 있어 아직 도착하지 않는 상품을 말한다. 이 경우 **원재료라면 미착품이란 계정을 사용**한다. 만약 운송도중에 화재로 인하여 배가 침몰하였을 경우에 누구에게 법적책임이 있을까? 따라서 구매자와 판매자는 협상을 통하여 두 가지 조건(선적지인도조건과 도착지인도조건)으로 계약한다.

㉠ 선적지인도조건

선적시점(또는 기적시점)에 소유권이 구매자에게 이전되는 조건이다. 따라서 미착상품은 **매입자의 재고자산**에 포함하여야 한다.

㉡ 도착지인도조건

구매자가 상품을 인수하는 시점에 소유권이 구매자에게 이전되는 조건이다. 따라서 미착상품은 **판매자의 재고자산**에 포함하여야 하고 구매자의 재고자산에 포함되지 않는다. 이 경우 구매자가 대금을 지급한 경우 계약금에 해당되므로 도착시점까지 선급금계정으로 회계처리하여야 한다.

② 위탁품(적송품)

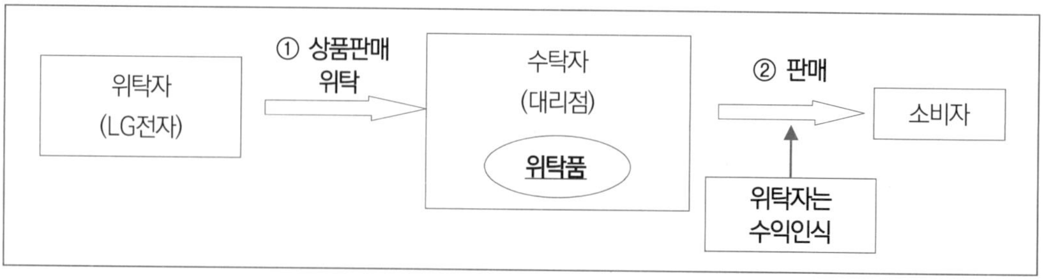

회사(위탁자)의 상품을 타인(수탁자)에게 위탁해서 판매할 때 수탁자에 보관되어 있는 상품을 말한다. 이 경우 위탁상품에 대한 소유권은 위탁자의 재고자산에 포함하여야 하고 **수탁자가 고객에게 판매한 시점에서 위탁자는 수익을 인식**하고 재고자산에서 제외시켜야 한다.

③ 시송품(시용품)

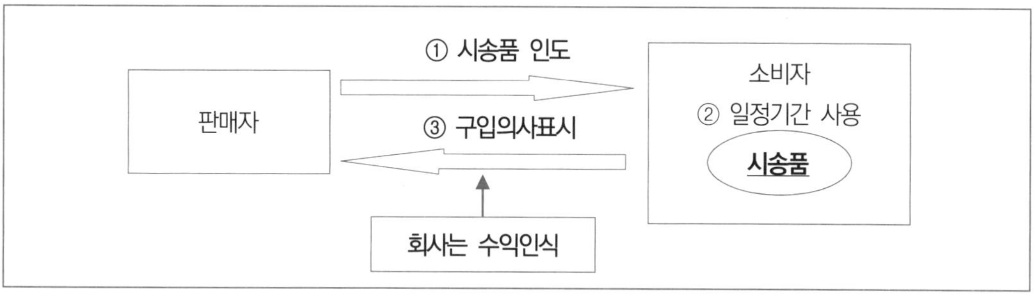


소비자가 일정한 기간 동안 사용해보고 구매를 결정하는 상품을 시송품이라 한다. 따라서 소비자가 매입의사를 표시하기 전까지 판매회사의 소유이므로 재고자산에 포함하고 **소비자가 매입의사를 표시한 날에 회사는 수익을 인식하고** 재고자산에서 제외시켜야 한다.

④ 반품률이 높은 재고자산

반품률이 높은 재고를 판매한 경우에는 과거의 경험 등에 의해 반품률의 합리적 추정가능성여부에 따라 재고자산 포함여부를 결정한다.

㉠ **합리적 추정이 가능**한 경우 : 재고자산을 판매한 것으로 보아 판매회사의 재고자산에서 제외한다.

㉡ **합리적 추정이 불가능**한 경우 : **구매자가 인수를 수락하거나 반품기간이 종료되는 시점**까지 판매회사의 재고자산에 포함한다.

⑤ 할부판매

할부판매란 고객에게 재화 등을 인도 후 대금을 나중에 수령하는 방식을 말하는 것으로 대금회수여부와 무관하게 **재화를 인도하는 시점에 판매한 것**으로 보아 재고자산에서 제외한다.

### (4) 재고자산의 금액 결정

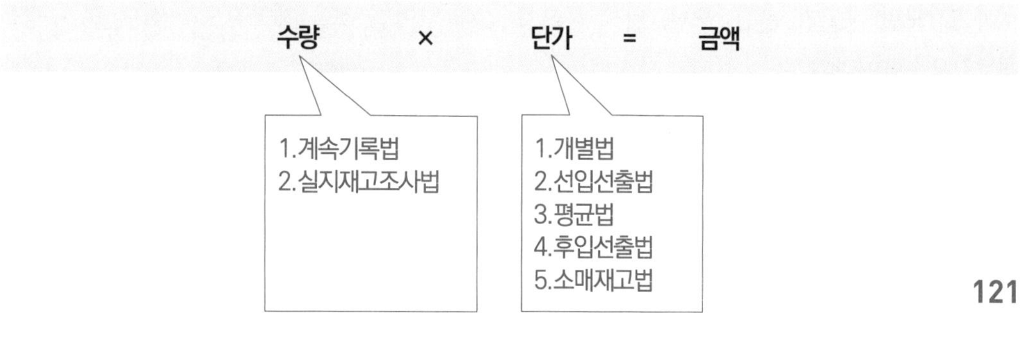

1) 재고수량의 결정방법

① 계속기록법

상품의 매입 또는 판매가 있을 때마다 내역(수량, 단가)을 기록함으로써 당기의 매출수량과 기말재고 수량을 결정하는 방법이다.

**기초재고수량 + 당기매입수량 - 당기매출수량 = 기말재고수량**

즉, 계속기록법을 사용하면 기말재고수량은 장부상의 재고이고 창고 상에 몇 개의 재고가 남아 있는지 알 수 없다.

② 실지재고조사법

기말 창고에 실제 남아있는 상품의 수량을 카운트해서 당기 매출수량을 파악하는 방법이다.

**기초재고수량 + 당기매입수량 - 기말재고수량 = 당기매출수량**

즉, 실지재고조사법을 사용하면 당기매출수량이 모두 판매된 것인지 정확하지가 않다. 만일 도난이나 파손으로 발생한 수량이 있다면 이러한 수량이 매출수량에 포함되는 단점이 있다.

③ 상호방법 비교

재 고 자 산

| | | | | |
|---|---|---|---|---|
| 기초 | 1,000개 | 매출수량 | ① 9,000개 | ② 10,000개 |
| 구입 | 10,000개 | | ↓ | ↑ |
| | | 기말재고 | ② 2,000개 | ① 1,000개 |
| 계(판매가능수량) | 11,000개 | | 계속기록법 | 실지재고 조사법 |

**계속기록법을 적용하면 매출수량이 정확하게 계산되고, 실지재고조사법을 적용하면 기말재고 자산 수량이 정확하게 계산된다.**

재고감모란 재고가 분실, 도난, 마모 등으로 인해 없어진 것을 재고감모라 하며 그 수량을 재고감모수량이라 한다.

**재고감모수량 = 계속기록법하의 기말재고수량 - 실지재고조사법하의 기말재고수량**

따라서 **계속기록법과 재고조사법을 병행하여 사용하는 것이 일반적이며, 이 경우 매출수량과 감모수량을 정확하게 파악할 수 있다.**

④ 재고자산 감모손실(수량부족분)

재고자산의 감모손실은 **정상감모와 비정상감모**로 구분한다.

정상적인 감모란 재고자산을 보관하는 중에 발생하는 증발, 훼손 등으로 불가피하게 발생하는 것이고, 비정상적인 감모란 사고, 도난 등에 의해 발생한 것으로 부주의가 없었다면 회피할 수 있는 것을 말한다.

**정상적인 감모는 원가성이 있는 감모로 보아 매출원가에 가산하고, 비정상적인 감모손실은 원가성이 없다고 판단하여 영업외비용(재고자산감모손실)**으로 처리한다.

2) 원가흐름의 가정(기말재고단가의 결정)

기말재고금액은 재고수량에 재고의 단위당 원가로 결정된다.

따라서 기말재고수량에 적용할 단가를 어느 단가로 사용할지 문제가 된다.

이론적으로 재고자산에 꼬리표(가격표)를 붙여 일일이 확인하는 방법(개별법)이 가장 정확한 방법이지만 재고자산의 종류가 다양하고 구입과 판매가 빈번한 재고자산의 특성상 개별법으로 적용하기에는 시간과 비용이 많이 든다.

그래서 재고자산의 실제물량흐름과 관계없이 일정한 가정을 통하여 매출원가와 기말재고로 배분하는데, 개별법, 선입선출법, 후입선출법, 평균법, 소매재고법이 인정된다.

① 개별법

재고자산이 판매되는 시점마다 판매된 재고자산의 단가를 정확히 파악하여 기록하는 방법으로 **가장 정확한 원가배분방법**이다. 이 배분방법은 재고자산이 고가이거나 거래가 빈번하지 않는 경우(보석, 골동품 등) 적용되어 왔으나, 기술의 발달로 바코드에 의한 재고자산의 관리가 가능하게 되어 대기업 등에서 적용하고 있다.

② 선입선출법(FIFO－first in, first out)

실제물량흐름과 관계없이 먼저 구입한 재고자산이 먼저 판매된 것으로 가정하는 방법이다. 대부분의 기업은 먼저 구입한 재고자산을 먼저 판매하는 것이 일반적이며, **재고자산의 진부화가 빠른 기업은 선입선출법을 적용**한다.

③ 후입선출법(LIFO－Last in, first out)

실제물량흐름과 관계없이 나중에 구입한 재고자산이 먼저 판매된 것으로 가정하는 방법이다. 대부분의 기업에서의 **실제물량흐름과 거의 불일치되고 일부 특수업종**에서 볼 수 있다. 고물상, 석탄야적장 등을 예로 들 수 있다.

④ 평균법

실제물량흐름과 관계없이 재고자산의 원가를 평균하여 그 평균단가를 기준으로 배분하는 방법이다. 평균법에는 재고자산의 출고시마다 **단가를 계속 기록하는 방법(계속기록법)인 이동평균법(평균단가가 입고시마다 변경)과 기말에 재고단가를 일괄하여 계산하고 기록(실지재고조사법)하는 방법인 총평균법(하나의 평균단가)**이 있다.

⑤ 소매재고법(매출가격환원법)

대형할인점의 경우 다양한 종류의 재고자산을 구매하고 판매량도 대량이다. 이런 경우에 재고자산의 취득단가를 각각 계산하는 것이 매우 어렵다. 따라서 기말재고의 매출가격에 원가율을 곱해서 기말재고를 추정하는 방법이 소매재고법이다. 일반적으로 **유통업에서만 인정하는 방법**이다.

■ 상품T계정 이해

상 품

| | | | | |
|---|---|---|---|---|
| ⓐ전기이월(기초) | | 1,000,000 | ⓒ매출원가 | 8,000,000 |
| **ⓑ순매입액** | **매입액** | **10,000,000** | | |
| | **매입운임** | **30,000** | | |
| | **매입환출** | **(10,000)** | | |
| | **매입에누리등** | **(20,000)** | ⓓ차기이월(기말) | 3,000,000 |
| **계** | | **11,000,000** | 계 | 11,000,000 |

**판매가능상품 = 판매가능재고**

**상품매출원가 = 기초상품재고액 + 당기상품매입액 – 기말상품재고액**

ⓐ 전기이월(기초) : 전년도로부터 이월된 금액으로서 전기재무상태표의 상품금액이다.

ⓑ 순매입액 등 : **상품 총매입액중 매입환출, 매입에누리, 매입할인을 차감한 금액을 말한다.**

| | | | | | |
|---|---|---|---|---|---|
| (차) | 상 품 | 10,000,000 | (대) | 현 금 등 | 10,000,000 |

ⓒ 매출원가 : 상품을 판매하고 상품의 원가를 비용인식한 금액을 말한다.

| | | | | | |
|---|---|---|---|---|---|
| (차) | 상품매출원가 | 8,000,000 | (대) | 상 품 | 8,000,000 |

ⓓ 차기이월(기말) : 창고에 남아 있는 상품금액으로 재무상태표 상품계정에 집계되고, 차기의 기초상품금액이 된다.

⑥ 각방법의 비교

1번째 구입원가가 10원, 2번째 구입원가가 20원, 3번째 구입원가가 30원이고 2개가 개당 50원에 판매되었다고 가정하고, 각 방법에 의하여 매출원가, 매출이익, 기말재고가액, 법인세를 비교하면 다음과 같다.

물가가 상승하는 경우

| | | 선입선출법 | | 평균법 | | 후입선출법 |
|---|---|---|---|---|---|---|
| 구입순서<br>1.10원<br>2.20원<br>3.30원 | 매출액(2개) | 100원(50×2개) | | 100원 | | 100원 |
| | 매출원가(2개) | 30원(10+20) | < | 40원(20×2개) | < | 50원(30+20) |
| | **매출이익<br>(당기순이익)<br>(법인세)** | 70원 | > | 60원 | > | 50원 |
| | **기말재고** | 30원 | > | 20원 | > | 10원 |

자산 ∝ 이익
(대차평균의 원리)

**〈크기 비교 : 물가상승시〉**

언제나 중앙

| | 선입선출법 | 평균법(이동, 총) | 후입선출법 |
|---|---|---|---|
| 기말재고, 이익, 법인세 | > | > | > |
| 매출원가 | < | < | < |

☞ 물가하락시 반대로 생각하시면 됩니다.

**〈선입선출법과 후입선출법 비교〉**

| | 선입선출법 | 후입선출법 |
|---|---|---|
| 특징 | • **물량흐름과 원가흐름이 대체적으로 일치**<br>• 기말재고자산을 현행원가로 표시<br>• **수익과 비용 대응이 부적절** | • **물량흐름과 원가흐름이 불일치**<br>• 기말재고자산이 과소평가<br>• **수익과 비용의 적절한 대응** |

## <예제 2 - 16> 원가흐름의 가정

㈜백두의 매입과 매출에 관한 자료이다. 선입선출법, (총)평균법, 후입선출법에 의한 매출원가와 기말재고금액을 계산하시오.

| 일자 | 구분 | 입고 | | 출고 | | 재고수량 |
|---|---|---|---|---|---|---|
| | | 수량 | 단가 | 수량 | 단가 | |
| 1.01 | 기초재고 | 30 | 100 | | | 30 |
| 1.11 | 상품매입 | 70 | 150 | | | 100 |
| 1.25 | 상품판매 | | | 80 | 300 | 20 |

**해답**

판매가능재고 = 30개 × 100원 + 70개 × 150원 = 13,500원

| 구 분 | 매출액 (A) | 판매가능재고 | | 매출이익 (A – B) |
|---|---|---|---|---|
| | | 매출원가(B) | 기말재고 | |
| 선입선출법 | 24,000원*1 | 10,500원*2 | 3,000원 | 13,500원 |
| 평 균 법(총) | | 10,800원*3 | 2,700원 | 13,200원 |
| 후입선출법 | | 11,500원*4 | 2,000원 | 12,500원 |

*1. 80개 × 300원

*2. 30개 × 100원 + 50개 × 150원

*3. 80개 × [(30 × 100 + 70 × 150)/100개]

*4. 70개 × 150원 + 10개 × 100원

상　품(선입선출법)

| | | | | | |
|---|---|---|---|---|---|
| 기초(1.1) | 30개×@100 | ❶3,000 | 매출원가 | 30개×@100 | 3,000 |
| | | | | 50개×@150 | 7,500 |
| | | ❷ | | | |
| 매입 | 70개×@150 | 10,500 | 차월이월(1.31) | 20개×@150 | 3,000 |
| 계 | | 13,500 | 계 | | 13,500 |

판매가능상품 = 판매가능재고

상　품(후입선출법)

| | | | | | |
|---|---|---|---|---|---|
| 기초(1.1) | 30개×@100 | 3,000 | ❷매출원가 | 70개×@150 | 10,500 |
| | | | | 10개×@100 | 1,000 |
| | | | ❶ | | |
| 매입 | 70개×@150 | 10,500 | 차월이월(1.31) | 20개×@100 | 2,000 |
| 계 | | 13,500 | 계 | | 13,500 |

상 품(총평균법)

| | | | | | |
|---|---|---|---|---|---|
| 기초(1.1) | 30개×@100 | 3,000 | 매출원가 | 80개×@135 | 10,800 |
| | | 평균단가 | | | |
| 매입 | 70개×@150 | 10,500 | 차월이월(1.31) | 20개×@135 | 2,700 |
| 계 | *100개 @135* | 13,500 | 계 | | 13,500 |

### (5) 재고자산의 기말평가(저가법)

재고자산은 기업이 낮은 가액으로 구입 또는 제조하여 이를 취득원가보다 높은 가격으로 판매함으로써 기업의 이익을 얻고자 하는 자산이고, 기업 대부분의 이익활동은 재고자산으로부터 시작된다. 그러나 재고자산은 품질저하, 진부화, 유행경과 등으로 취득원가보다 하락할 수 있다.

기업회계기준에서는 기말재고자산을 공정가액으로 평가하도록 되어 있는데, 저가법에 의하여 평가를 하여야 한다.

**저가법이란 취득원가와 공정가액을 비교하여 낮은 가액으로 평가하는 방법이다.**

즉, 기말에 공정가액이 취득원가보다 높은 경우에는 **취득원가로 평가하고,** 공정가액이 취득원가보다 낮은 경우에는 **공정가액으로 평가한다.**

따라서 재고자산 가격이 하락하면 즉시 손실을 인식하지만 재고자산 가격이 당초 취득원가보다 높아진 경우에는 평가하지 아니하고 이를 판매 시에 이익으로 기록한다.

**[저가법]**

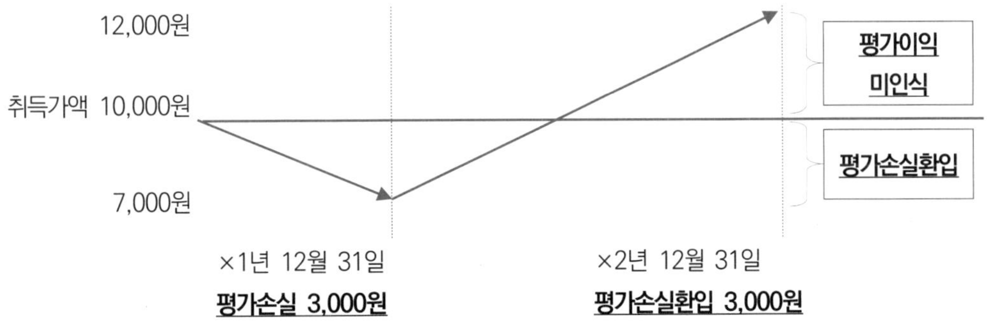

① 적용방법

재고자산을 평가하는 방법에는 **종목별, 조별, 총계기준**이 있다.

종목별기준은 재고자산의 개별항목별로 평가하는 것으로 기업회계기준에서 인정하는 재고자산 평가 원칙이다.

예외적으로 **재고자산들이 서로 유사하거나 관련 있는 경우에는 조별기준으로도 적용할 수 있으나 총계기준은 인정되지 않는다.**

② 재고자산의 공정가액

㉠ **원재료 : 현행대체원가**(원재료의 현행원가 : 매입시 소요되는 금액)
다만, 원재료의 경우 완성될 제품의 원가이상으로 판매될 것으로 예상되는 경우에는 그 생산에 투입하기 위해 보유하는 원재료에 대해서는 저가법을 적용하지 않는다.

㉡ **상품, 제품, 재공품 등 : 순실현가능가치**(추정판매가액 - 추정판매비)

③ 재고자산평가 회계처리

| | | | | |
|---|---|---|---|---|
| 가격하락시 : | (차) 재고자산평가손실<br>(매출원가가산) | ××× | (대) 재고자산평가충당금[*1] | ××× |
| 가격회복시 : | (차) 재고자산평가충당금 | ××× | (대) 재고자산평가충당금환입[*2]<br>(매출원가차감) | ××× |

***1. 재고자산의 차감적 평가계정**
***2. 당초 평가손실 인식액까지만 환입**

부분 재무상태표

(주)백두 20×1. 12.31.

| | | | |
|---|---|---|---|
| 재 고 자 산 | 1,000,000 | | |
| **재고자산평가충당금** | **(300,000)** | **700,000** | |

④ 재고자산감모손실과 평가손실간의 관계

사례 : 감모수량 : 20개(정상감모 : 15개, 비정상감모 : 5개)

| | 수량 | 단가 |
|---|---|---|
| 장부상 | 100개 | 1,000원 |
| 실 제 | 80개 | 800원 |

■ <u>**선 감모손실 인식 후 평가손실 인식**</u>

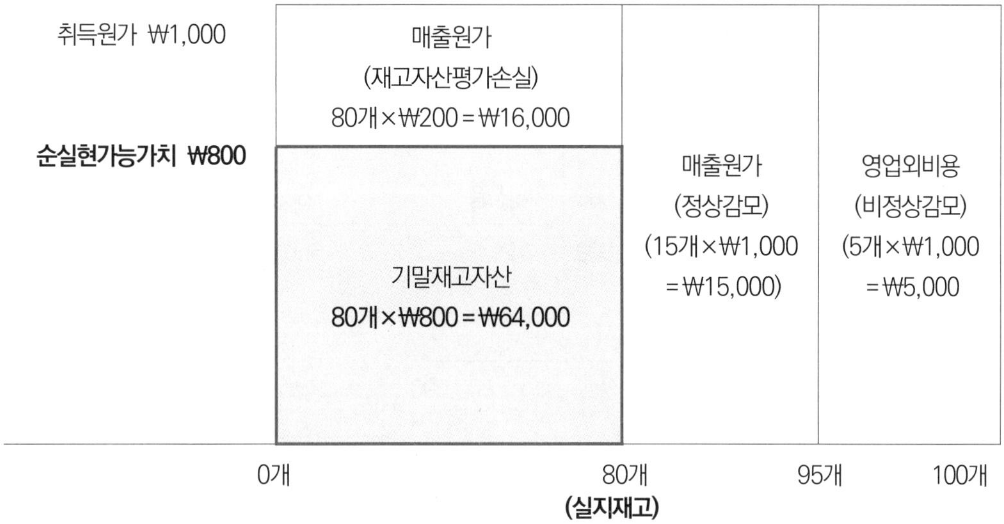


〈비정상감모분회계처리〉

**(차) 재고자산감모손실(영업외비용) 5,000원 (대) 재고자산(타계정대체) 5,000원**

## <예제 2 - 17> 재고자산

다음 자료에서 매출원가 그리고 매출총이익은 얼마인가?

| | | | |
|---|---|---|---|
| • 당기총매입액 | 500,000원 | • 당기매출액 | 800,000원 |
| • 기초상품재고액 | 200,000원 | • 매입에누리 | 30,000원 |
| • 매입환출 | 40,000원 | • 감모손실(비정상) | 20,000원 |
| • 매입운임 | 20,000원 | • 기말상품재고액 | 50,000원 |

**해답**

**상 품**

| | | | |
|---|---|---|---|
| 기초상품 | 200,000 | 매출원가 | 580,000 |
| 총매입액 | 500,000 | 감모손실(비정상) | 20,000 |
| 매입에누리와환출 | (70,000) | | |
| 매입운임 | 20,000 | **기말상품** | **50,000** |
| 계 | 650,000 | 계 | 650,000 |

**손익계산서**

| | |
|---|---|
| Ⅰ. 매 출 액 | 800,000 |
| Ⅱ. 매 출 원 가 | 580,000 |
| **Ⅲ. 총매출이익(Ⅰ－Ⅱ)** | 220,000 |

## 분식회계

자산이나 이익을 실제보다 과대하게 하여 재무제표상의 수치를 고의로 왜곡시켜 주주와 채권자들에게 허위 정보를 제공하여 그들에게 손해를 끼치는 것이다.

1. 재고자산의 과대계상
2. 매출액 및 매출채권의 과대계상
3. 대손충당금의 과소계상 등이 주로 이용되고 있다.

**특히 재고자산은 이동성이 용이하여, 재고자산의 과대계상을 통하여 분식회계에 자주 이용된다.**

**재고자산**

| | | | | |
|---|---|---|---|---|
| 기초재고 | 매출원가 | ⇩ | 과소계상 | ➡ 이익과대 |
| 당기매입 | 기말재고 | ⇧ | 과대계상 | |
| 계 | 계 | | | |

# 연/습/문/제

## 분개연습

**[1]** 지난달에 구입하여 보관 중인 원재료(원가 200,000원, 시가 300,000원)를 회사 소모품으로 사용하고자 대체하였다(소모품은 자산으로 회계처리할 것).

**[2]** 인천세관으로부터 수입한 원재료에 대한 통관수수료 160,000원을 현금지급하였다(취득원가로 회계처리 할 것).

**[3]** 창고에 보관 중인 제품 3,000,000원이 화재로 인하여 소실되었다. 당 회사는 화재보험에 가입되어 있지 않다.

**[4]** 보유 중인 제품 300,000원(원가)을 공장직원들의 복리를 위하여 공장 내 직원식당에 설치하였다.

**[5]** 당사에서 생산한 제품(원가 5,000,000원, 시가 6,500,000원)을 관할 구청에 불우이웃돕기목적으로 기탁하였다(적요입력할 것).

**[6]** 원재료의 일부를 공장의 기계장치를 수리하는데 사용하였다. 금액은 300,000원이다(수익적지출로 처리할 것).

**[7]** 중국에서 수입한 원재료 20톤을 인천항에서 공장까지 운송하고 운송료 1,200,000원과 이체수수료 2,000원을 당사 보통예금계좌에서 지급하였다.

[8] ㈜까치로부터 부재료를 5,000,000원에 매입하고 대금의 10%는 현금으로 지급하고, 나머지는 외상으로 하였다. 부가가치세는 고려하지 않는다.

[9] 매출거래처 호평산업의 제품 외상대금 6,400,000원을 회수하면서 약정기일보다 10일 빠르게 회수되어 2%를 할인해 주고, 대금은 당좌예금계좌로 입금되었다.

[10] 기말재고조사 결과 제품재고 1,000,000원이 부족하여 확인한 결과 매출거래처에 기업업무추진비으로 제공된 것이다(적요에 타계정으로 대체액을 사용할 것).

[11] 수입한 원재료에 대해 관세 2,000,000원, 통관 수수료 300,000원을 현금으로 지출하였다.

[12] 현재 선적이 완료되어 운송 중인 원재료 20,000,000원이 있으며, 이에 대한 전표처리가 누락되어 있음을 발견하였다. 당 원재료의 수입계약은 AmaZon과의 선적지 인도조건이며 대금은 도착 후 1개월 이내에 지급하기로 하였다.

## 객관식

01. 다음은 재고자산의 원가배분에 관한 내용이다. 선입선출법의 특징이 아닌 것은?

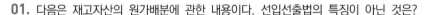

① 일반적인 물량흐름은 먼저 매입한 것이 먼저 판매되므로 물량흐름과 원가흐름이 일치한다.
② 기말재고는 최근에 구입한 것이므로 기말재고자산은 공정가액에 가깝게 보고된다.
③ 물가상승시 현재의 매출수익에 오래된 원가가 대응되므로 수익·비용대응이 잘 이루어 지지 않는다.
④ 이익을 가장 적게 계상하므로 가장 보수적인 평가방법이다.

02. 다음은 기말재고자산에 포함될 항목의 결정에 대한 설명이다. 가장 틀린 것은?

① 적송품은 수탁자가 판매한 경우 위탁자의 재고자산에서 제외한다.
② 시송품은 매입자가 매입의사표시를 한 경우 판매자의 재고자산에서 제외한다.
③ 할부판매상품은 인도기준으로 매출을 인식하므로 대금회수와 관계없이 인도시점에서 판매자의 재고자산에서 제외한다.
④ 미착품이 도착지인도조건인 경우 도착시점에서 판매자의 재고자산에 포함한다.

**03.** 다음 중 재고자산의 취득원가에 포함시켜야 하는 항목으로 가장 적절한 것은?

① 판매수수료
② 판매시의 운송비용
③ 재고자산 매입시 수입관세
④ 인수 후 판매까지의 보관료

**04.** 재고자산과 관련한 다음 설명 중 가장 옳지 않은 것은?

① 재고자산의 판매와 관련된 비용은 재고자산의 원가에 포함한다.
② 소매재고법은 실제원가가 아닌 추정에 의한 원가결정방법으로 주로 유통업에서 사용한다.
③ 재고자산의 감모손실은 주로 수량의 감소에 기인한다.
④ 재고자산의 평가손실은 시가의 하락에 기인한다.

**05.** 다음은 재고자산에 대한 설명이다. 틀린 것은?

① 재고자산은 취득원가를 재무상태표가액으로 한다.
② 재고자산의 시가가 취득원가보다 높은 경우에는 시가를 재무상태표가액으로 한다.
③ 재고자산의 취득원가는 매입원가 또는 제조원가를 말한다.
④ 재고자산의 매입원가는 매입가액에 취득과정에서 정상적으로 발생한 부대비용을 가산한 금액이다.

**06.** 재고자산 평가방법에 대하여 잘못 설명한 것은?

① 개별법은 실제수익과 실제원가가 대응되어 이론적으로 가장 우수하다고 할 수 있으나 실무에서 적용하는데는 어려움이 있다.
② 재고수량이 동일할 때 물가가 지속적으로 상승하는 경우에는 선입선출법을 적용하면 다른 평가방법을 적용하는 경우보다 상대적으로 이익이 크게 표시된다.
③ 이동평균법은 매입거래가 발생할 때마다 단가를 재산정해야 하는 번거로움이 있다.
④ 후입선출법은 일반적인 물량흐름과 일치한다.

**07.** 다음 중 재고자산을 기말 장부금액에 포함할 것인지의 여부를 설명한 것으로 틀린 것은?

① 미착상품 : 선적지인도조건인 경우에는 상품이 선적된 시점에 소유권이 매입자에게 이전되기 때문에 미착상품은 매입자의 재고자산에 포함한다.
② 적송품 : 수탁자가 제3자에게 판매하기 전까지는 위탁자의 재고자산에 포함한다.
③ 반품률이 높은 재고자산 : 반품률을 합리적으로 추정할 수 없을 경우에는 구매자가 상품의 인수를 수락하거나 반품기간이 종료된 시점까지는 판매자의 재고자산에 포함한다.
④ 할부판매상품 : 대금이 모두 회수되지 않은 경우 상품의 판매시점에 판매자의 재고자산에 포함한다.

**08.** 다음 중 재고자산의 원가에 대한 설명으로 옳지 않은 것은?

① 매입원가는 매입가액에 취득과정에서 정상적으로 발생한 부대비용을 가산한 금액이다.

② 제조원가는 보고기간 종료일까지 제조과정에서 발생한 직접재료비, 직접노무비, 제조와 관련된 변동제조간접비 및 고정제조간접비의 체계적인 배부액을 포함한다.

③ 매입원가에서 매입과 관련된 에누리는 차감하나 할인은 차감하지 않는다.

④ 제조원가 중 비정상적으로 낭비된 부분은 원가에 포함될 수 없다.

**09.** 다음의 항목 중에서 기말재고자산에 포함되지 않는 항목은?

① 수탁자에게 판매를 위탁하기 위하여 발송한 상품

② 도착지 인도기준에 의하여 운송중인 매입상품

③ 소비자가 구입의사를 표시하기 전에 시용판매된 제품

④ 선적지 인도기준에 의하여 운송중인 매입상품

**10.** 전년도에 비하여 당해연도의 물가가 상승하였으며 재고자산의 수량이 일정하게 유지되는 경우 당해연도의 손익계산서에 반영되는 매출원가의 크기가 올바른 것은?

① 선입선출법>후입선출법>평 균 법 ② 선입선출법>평 균 법>후입선출법

③ 후입선출법>평 균 법>선입선출법 ④ 후입선출법>선입선출법>평 균 법

**11.** 물가가 상승하는 시기에 있어 재고자산의 기초재고수량과 기말재고수량이 같을 경우에, 매출원가, 당기순이익과 법인세비용을 가장 높게 하는 재고자산 원가결정방법으로 묶어진 것은?

| | 매출원가 | 당기순이익 | 법인세비용 |
|---|---|---|---|
| ① | 선입선출법 | 평 균 법 | 평 균 법 |
| ② | 후입선출법 | 선입선출법 | 선입선출법 |
| ③ | 평 균 법 | 후입선출법 | 후입선출법 |
| ④ | 선입선출법 | 선입선출법 | 선입선출법 |

**12.** 다음 중 당기말의 장부상 재고금액이 실제 재고금액보다 큰 경우 발생할 수 있는 상황으로 옳은 것은? (단, 당기와 차기에 매출총이익이 발생한 경우로 한정한다.)

① 당기 매출원가가 과대계상된다.

② 차기 매출원가가 과소 또는 과대계상될지 알 수 없다.

③ 당기 매출총이익이 과대계상된다.

④ 차기 매출총이익이 과소 또는 과대계상될지 알 수 없다.

**13.** 다음 중 재고자산의 기말평가시 저가법을 적용하는 경우, 그 내용으로 맞는 것은?

① 재고자산평가손실은 판매비와관리비로 분류한다.
② 재고자산평가충당금은 비유동부채로 분류한다.
③ 재고자산평가충당금환입은 영업외수익으로 분류한다.
④ 재고자산평가충당금은 해당 재고자산에서 차감하는 형식으로 기재한다.

**14.** 다음 중 재고자산의 기말평가시 저가법을 적용하는 경우, 그 내용으로 틀린 것은?

① 가격하락시 : (차) 재고자산평가손실 ××× (대) 재고자산평가충당금 ×××
② 가격회복시 : (차) 재고자산평가충당금 ××× (대) 재고자산평가충당금환입 ×××
③ 재고자산평가충당금환입은 영업외수익으로 분류한다.
④ 재고자산평가충당금은 해당 재고자산에서 차감하는 형식으로 기재한다.

## 주관식

**01.** 다음은 장비상사의 제1기(1.1.~12.31.)재고자산 내역이다. 이를 통하여 이동평균법에 의한 기말재고자산의 단가를 계산하면 얼마인가?

| 일 자 | 적 요 | 수 량 | 단 가 |
|---|---|---|---|
| 1월 4일 | 매입 | 200 | 1,000원 |
| 3월 6일 | 매출 | 100 | 1,200원 |
| 5월 7일 | 매입 | 200 | 1,300원 |
| 7월 10일 | 매입 | 300 | 1,100원 |

**02.** 제품의 장부상 재고수량은 200개이나 실지재고조사 결과 190개인 것으로 판명되었다. 개당 원가 200원이고 시가가 180원일 경우 제품 감모손실은?

**03.** 다음 주어진 자료로 매출원가를 계산하면 얼마인가?

- 기초상품재고액 : 100,000원
- 기말상품재고액 : 150,000원
- 판매가능상품액 : 530,000원

**04.** 다음 자료를 이용하여 매출총이익을 계산하면 얼마인가?

| | | | |
|---|---|---|---|
| • 매출액 | 200,000원 | • 기말재고액 | 5,000원 |
| • 매출에누리 | 30,000원 | • 매출할인 | 20,000원 |
| • 매입할인 | 5,000원 | • 타계정으로 대체 | 20,000원 |
| • 매입액 | 150,000원 | • 매입환출 | 10,000원 |

**05.** 다음 자료를 이용하여 순매출액을 계산하면?

| | | | |
|---|---|---|---|
| • 총매출액 | 2,000,000원 | • 매출할인 | 100,000원 |
| • 매출에누리 | 100,000원 | • 매출환입 | 100,000원 |
| • 매출운임 | 100,000원 | | |

**06.** 다음 주어진 재고자산 자료를 가지고 매출원가를 계산하면 얼마인가?

| | | | |
|---|---|---|---|
| • 기초재고액 : | 300,000원 | • 당기총매입액 : | 1,200,000원 |
| • 기말재고액 : | 200,000원 | • 매출환입 : | 50,000원 |
| • 매입환출 : | 80,000원 | • 매입에누리 : | 100,000원 |

**07.** 다음은 청솔상회의 재고자산과 관련된 문제이다. 선입선출법에 의하여 평가할 경우 매출총이익은 얼마인가?(다른 원가는 없다고 가정한다.)

| 일 자 | 매입매출구분 | 수 량 | 단 가 |
|---|---|---|---|
| 10월 1일 | 기초재고 | 10개 | 개당 100원 |
| 10월 8일 | 매 입 | 30개 | 개당 110원 |
| 10월 15일 | 매 출 | 25개 | 개당 140원 |
| 10월 30일 | 매 입 | 15개 | 개당 120원 |

**08.** 다음은 ㈜마포의 제7기 재고자산 관련 자료이다. 총평균법에 의한 기말재고자산 계산시의 단가를 구하시오.

| 일 자 | 적 요 | 수 량 | 단 가 |
|---|---|---|---|
| 1월 1일 | 기초재고 | 10개 | 100원 |
| 1월 14일 | 매입 | 30개 | 120원 |
| 9월 29일 | 매출 | 20개 | 140원 |
| 10월 17일 | 매입 | 10개 | 110원 |

**09.** 다음 항목 중 기말재고자산에 포함될 항목을 모두 더하면 얼마인가?

- 장기할부조건으로 판매한 재화 : 3,000원
- 시용판매용으로 고객에게 제공한 재화(구매자의 매입의사표시 없음) : 100,000원
- 위탁판매용으로 수탁자에게 제공한 재화 중 수탁자가 현재 보관중인 재화 : 10,000원
- 목적지 인도조건으로 판매한 운송중인 재화 : 20,000원

**10.** 물가가 지속적으로 상승하는 경우로서 재고자산의 수량이 일정하게 유지된다면 매출총이익이 가장 크게 나타나는 재고자산평가방법은 무엇인가?

**11.** 다음 설명은 재고자산의 단가 결정방법 중 어느 것에 해당하는가?

이 방법은 실제물량흐름과 방향이 일치하고 기말재고액이 최근의 가격, 즉 시가인 현행원가를 나타내는 장점이 있는 반면, 현행수익과 과거원가가 대응되므로 수익비용 대응이 적절하게 이루어지지 않는 단점이 있다.

**12.** 물가가 지속적으로 상승하는 경우에 기초재고수량과 기말재고수량이 동일하게 유지된다면 매출총이익을 가장 낮게 평가하는 재고자산평가방법은 무엇인가?

# 연/습/문/제 답안

## 분개연습

| | | | | | |
|---|---|---|---|---|---|
| [1] | (차) 소 모 품 | 200,000 | (대) 원재료(타계정대체) | 200,000 |

☞소모품은 자산, 소모품비는 비용이고, 또한 원재료는 장부가액으로 회계처리하여야 한다.

| | | | | |
|---|---|---|---|---|
| [2] | (차) 원 재 료 | 160,000 | (대) 현 금 | 160,000 |

☞통관 수수료란 관세사 등이 수출입 통관을 진행시 통관 업무를 진행하며 받는 수수료로서 원재료 취득 부대비용에 해당한다.

| | | | | |
|---|---|---|---|---|
| [3] | (차) 재해손실 | 3,000,000 | (대) 제 품(타계정대체) | 3,000,000 |
| [4] | (차) 복리후생비(제) | 300,000 | (대) 제 품(타계정대체) | 300,000 |
| [5] | (차) 기부금 | 5,000,000 | (대) 제 품(타계정대체) | 5,000,000 |
| [6] | (차) 수선비(제) | 300,000 | (대) 원재료(타계정대체) | 300,000 |
| [7] | (차) 원재료 | 1,202,000 | (대) 보통예금 | 1,202,000 |

☞원재료 수입과정에서 발생한 대금의 이체수수료를 원재료의 취득과정에 직접 관련된 지출로 보아 원재료로 처리한다. 확정답안에는 이체수수료(판)를 수수료비용으로 하였는데, 위의 답안이 이론적으로나 실무적으로 타당하다.

| | | | | |
|---|---|---|---|---|
| [8] | (차) 부 재 료 | 5,000,000 | (대) 현 금 | 500,000 |
| | | | 외상매입금((주)까치) | 4,500,000 |

☞문제에서 부재료로 주어졌으므로, 원재료로 회계처리해서는 안된다. 부재료는 원재료에 부가되는 재료로 보면 된다. 생선요리시 생선이 원재료라고 한다면 양념을 부재료로 보면 된다.

| | | | | |
|---|---|---|---|---|
| [9] | (차) 당좌예금 | 6,272,000 | (대) 외상매출금(호평산업) | 6,400,000 |
| | 매출할인(제품매출) | 128,000 | | |

☞ 매출할인에는 상품매출과 제품매출에 대한 할인을 별도 구분한다.

| | | | | | | |
|---|---|---|---|---|---|---|
| [10] | (차) | 기업업무추진비(판) | 1,000,000 | (대) | 제품(타계정대체) | 1,000,000 |
| [11] | (차) | 원재료 또는 미착품 | 2,300,000 | (대) | 현 금 | 2,300,000 |
| [12] | (차) | 미착품 또는 원재료 | 20,000,000 | (대) | 외상매입금(AmaZon) | 20,000,000 |

## 객관식

| 1 | 2 | 3 | 4 | 5 | 6 | 7 | 8 | 9 | 10 | 11 | 12 | 13 | 14 | |
|---|---|---|---|---|---|---|---|---|---|---|---|---|---|---|
| ④ | ④ | ③ | ① | ② | ④ | ④ | ③ | ② | ③ | ② | ③ | ④ | ③ | |

[풀이 - 객관식]

**01.** 후입선출법의 특징이다.

**02.** 미착품의 도착지인도조건인 경우 도착시점에서 매입자의 재고자산에 포함한다.

**03.** 취득원가는 사용시점(취득시점) 이전에 구입과 직접 관련된 비용을 포함한다.

**04.** 재고자산의 판매와 관련된 비용은 판매비와 관리비로 인식한다.

**05.** 재고자산은 취득원가를 재무상태표가액으로 한다. 다만, **시가가 취득원가보다 낮은 경우에는 시가를 재무상태표가액**으로 한다.

**06.** **후입선출법은 일반적으로 물량흐름과 반대**이다.

**07.** 할부판매상품 : 재고자산을 고객에게 인도하고 대금의 회수는 미래에 분할하여 회수하기로 한 경우 대금이 모두 회수되지 않았다고 하더라도 **상품의 판매시점에서 판매자의 재고자산에서 제외**한다.

**08.** 재고자산의 매입원가는 매입금액에 매입운임, 하역료 및 보험료 등 취득과정에서 정상적으로 발생한 부대원가를 가산한 금액이다. 매입과 관련된 할인, 에누리 및 기타 유사한 항목은 매입원가에서 차감한다.

**09.** 도착지 인도기준에 의하여 운송중인 상품은 아직 미도착 상태이므로 판매자의 재고자산에 해당한다.

**10.** **언제나 평균법은 선입선출법과 후입선출법 사이에 있어야 한다.**
물가가 상승시 매출원가가 가장 큰 것은 후입선출법이다.

**11.** **평균법은 언제나 선입선출법과 후입선출법 사이**에 있어야 하므로, ①③은 답이 될 수 없다. 그리고 법인세 비용은 이익과 같은 방향으로 나타나야 한다. 법인세는 법인의 소득에 대하여 부과하는 세금이기 때문이다. 또한 이익과 비용(매출원가)은 역의 관계이다.

**12.** **자산과 이익은 비례관계**이다. 따라서 **장부상 재고가 과대계상된 경우 매출이익이 과대계상**된다.
① 당기 매출원가가 과소계상된다. ② 차기 매출원가가 과대계상된다.
④ 차기 매출총이익이 과소계상된다.

**13.** ①③ **재고자산평가손실은 매출원가에 가산**하고 **재고자산평가충당금환입은 매출원가에서 차감**한다.
② **재고자산평가충당금은 재고자산을 차감하는 평가계정항목**이다.

14. 재고자산평가충당금환입은 매출원가에서 차감한다. 재고자산은 이를 판매하여 수익을 인식한 기간에 매출원가로 인식한다. 재고자산의 시가가 장부금액 이하로 하락하여 발생한 평가손실은, 재고자산의 차감계정으로 표시하고 매출원가에 가산한다. 시가는 매 회계기간말에 추정한다. 저가법의 적용에 따른 평가손실을 초래했던 상황이 해소되어 새로운 시가가 장부금액보다 상승한 경우에는, **최초의 장부금액을 초과하지 않는 범위 내에서 평가손실을 환입**한다. 재고자산평가손실의 환입은 매출원가에서 차감한다.

## 주관식

| | | | | | |
|---|---|---|---|---|---|
| 1 | 1,150원 | 2 | 2,000원 | 3 | 380,000원 |
| 4 | 40,000원 | 5 | 1,700,000원 | 6 | 1,120,000원 |
| 7 | 850원 | 8 | 114원 | 9 | 130,000원 |
| 10 | 선입선출법 | 11 | 선입선출법 | 12 | 후입선출법 |

[풀이 - 주관식]

01. 1월 4일 매입 중 100개는 3월 6일에 판매되었으므로 기말재고에 1월 4일분 100개, 5월 7일분 200개, 7월 10일분 300개로 구성된다.

기말재고자산단가(이동평균법)

=(100개×1,000원+200개×1,300원+300개×1,100원)/600개=1,150원

02. **감모손실을 먼저 인식하고 평가손실을 인식**한다.

- 감모손실 : 감모수량×취득원가=(200개 - 190개)×200원=2,000원
- 평가손실 : 실지재고수량×(취득원가 - 시가)=190개×(200원 - 180원) = 3,800원

03.

상 품

| | | | |
|---|---|---|---|
| 기초상품 | | **매출원가(?)** | **380,000** |
| 순매입액 | | 기말상품 | 150,000 |
| **계** | 530,000 | 계 | 530,000 |

(판매가능상품액)

**04.** 순매출액 = 매출액 - 매출할인 - 매출에누리 = 200,000원 - 20,000원 - 30,000원 = 150,000원

상 품

| | | | |
|---|---|---|---|
| 기초상품 | 0 | **매출원가** | **110,000** |
| 총매입액 | 150,000 | | |
| 매입환출 | (10,000) | 타계정대체 | 20,000 |
| 매입할인 | (5,000) | 기말상품 | 5,000 |
| 계 | 135,000 | 계 | 135,000 |

매출총이익 = 순매출액 - 매출원가 = 150,000원 - 110,000원 = 40,000원

☞**타계정대체거래 : 상품매매기업에서의 원가흐름은 상품 → 상품매출원가로 이루어져 있는데, 상품을 판매목적 이외로 사용하는 경우(복리후생비 등) 타계정대체액이라 한다.**

**05.** 매출할인, 매출에누리, 매출환입은 매출액의 차감항목이며 매출운임은 별도의 비용으로 계상된다. 따라서 순매출액 = 2,000,000원 - 100,000원 - 100,000원 - 100,000원 = 1,700,000원

**06.**

재고자산

| | | | |
|---|---|---|---|
| 기초재고 | 300,000 | **매출원가** | **1,120,000** |
| 총매입액 | 1,200,000 | | |
| 매입환출, 에누리 | (180,000) | 기말재고 | 200,000 |
| 계 | 1,320,000 | 계 | 1,320,000 |

**07.** 매 출 액 = 25개 × 140원 = 3,500원

매출원가 = 10개(10.01) × 100원 + 15개(10.085) × 110원 = 2,650원

매출총이익 = 매출액(3,500) - 매출원가(2,650) = 850원

**08.**

상 품

| | | | | |
|---|---|---|---|---|
| 기 초 | 10개 | @100 | 1,000 | 매출원가 |
| 순매입액 | 30개 | @120 | 3,600 | |
| | 10개 | @110 | 1,100 | 기 말 |
| 계 | ***50개*** | ***@114*** | 5,700 | 계 |

단위당 단가(총평균법) = 5,700원 ÷ 50개 = 114원

**09.**

| | 수익인식 | 기말재고 |
|---|---|---|
| 장기할부판매 | ○(인도시점) | × |
| 시용판매(매입의사 표시없음) | ×(매입의사 표시) | ○(100,000) |
| 위탁판매(수탁자 보관) | ×(수탁자 판매) | ○(10,000) |
| 목적지 인도조건 판매(운송중) | ×(목적지 도착시) | ○(20,000) |

**10.12.** 물가가 상승하는 경우에는 선입선출법이 매출원가를 가장 적게 계상하므로 매출총이익도 가장 크게 나타난다. 반대로 후입선출법은 매출원가를 가장 크게 계상하고 매출총이익도 가장 낮게 평가한다.

## 제2절 비유동자산

1년 이내에 현금화되는 자산을 유동자산이라 하는데, 유동자산 외의 자산을 비유동자산으로 구분한다. 비유동자산은 다시 투자자산, 유형자산, 무형자산, 기타비유동자산으로 구분한다.

### 1. 투자자산

기업은 영업활동을 통해서 창출된 수익 중 여유자금에 대하여 더 높은 수익을 얻기 위해서 예금이나 유가증권, 부동산에 투자한다. 이러한 자산을 투자자산이라 한다.

즉, 기업이 정상적인 영업활동과는 관계없이 투자를 목적(시세차익)으로 보유하는 자산을 투자사산이라 한다.

#### (1) 분류

① 장기금융상품 : 정기예적금등 재무상태표일(결산일)로부터 만기가 1년 이내에 도래하지 않는 것을 말한다. 정기예적금 중 **비유동자산에 해당하는 계정과목은 장기성예금을 선택**하면 된다.

② 유가증권(매도가능증권, 만기보유증권) : 보고기간말로부터 만기가 1년 이후에 도래하는 것은 투자자산으로 분류한다.

③ **투자부동산 : 투자목적 또는 비영업용으로 소유하는 토지나 건물**을 말한다.

④ 장기대여금 : 대여금 중 만기가 1년 이내에 도래하지 않는 것

**〈자산의 구분 : 부동산 취득시〉**

| 취득목적 | 구 분 |
|---|---|
| **판매목적** | 재고자산(상품) |
| **영업목적** | 유형자산(토지, 건물) |
| **투자목적** | 투자자산(투자부동산) |

#### (2) 유가증권의 회계처리

① 취득원가 : 매입가액에 취득부대비용을 합한 금액으로 한다. 다만 **단기매매증권의 경우에는 매입가액을 취득가액**으로 한다.

### ② 보유시 과실(수익)에 대한 회계처리

| | 이자 또는 배당금 수취시 | |
|---|---|---|
| ㉠ 채무증권 | 이자수익으로 처리 | |
| ㉡ 지분증권 | 현금배당 | 배당금수익 |
| | ***<u>주식배당</u>*** | ***<u>회계처리는 하지 않고 수량과 단가를 새로이 계산한다.</u>*** |

### ③ 유가증권의 기말평가

| | 평가액 | 평가손익 |
|---|---|---|
| ㉠ 단기매매증권 | 공정가액 | 영업외손익 |
| ㉡ 매도가능증권 | 공정가액 | 자본(기타포괄손익누계액) |
| | 원가법 | - |
| ㉢ 만기보유증권 | 평가하지 않음<br>(장부가액 : 상각후원가[*1]) | - |

*1. **만기보유증권은 상각후원가법으로 평가한다.** 상각후 원가법이란 취득원가와 액면가액이 다른 경우 그 차액을 상환기간동안 취득원가에 가감하여 만기일의 장부금액을 액면가액에 일치시키는 방법이다. 이때 액면가액과의 차액은 유효이자율법을 적용하여 상환기간에 걸쳐 배분한다(부채의 사채편 참고).

### ④ 유가증권의 처분

유가증권(매도가능증권) 처분시 처분가액과 처분당시 장부가액(매도가능증권의 장부가액과 기타포괄손익누계액을 가감하면 매도가능증권의 취득가액이 된다)을 비교하여 이를 당기손익에 반영한다. 또한 <u>**처분시 발생하는 증권거래 수수료나 증권거래세 등의 부대비용은 처분가액에서 차감하여 회계처리**</u>한다.

### ⑤ 유가증권의 재분류(보유목적변경)

유가증권의 보유의도와 보유능력에 변화가 있어 재분류가 필요한 경우에는 다음과 같이 처리한다.

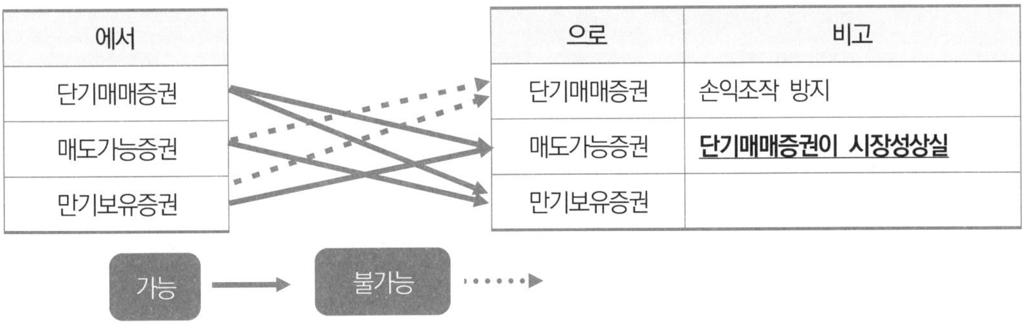

## <예제 2 - 18> 매도가능증권과 단기매매증권

㈜백두의 다음 거래를 단기매매증권, 매도가능증권인 경우 각각 분개하고, 매도가능증권일 경우 부분재무상태표를 작성하시오.

1. 20×1년 10월 1일 ㈜한라의 주식 100주를 주당 8,000원과 매입수수료 10,000원을 현금지급하다(㈜한라의 주식은 시장성이 있고, 장기적인 투자수익을 목적으로 취득하다).
2. 20×1년 12월 31일 ㈜한라의 주식의 공정가액은 주당 9,000원이다.
3. 20×2년 3월 31일 ㈜한라로부터 주당 100원의 배당금을 현금수취하다.
4. 20×2년 7월 31일 ㈜한라의 주식 50주를 주당 7,000원에 처분하고 증권거래세 등 수수료 10,000원을 차감한 금액이 당사 보통예금 계좌에 입금되다.

**해답**

| | 매도가능증권 | 단기매매증권 |
|---|---|---|
| 1. | (차) 매도가능증권 810,000<br>(대) 현 금 810,000 | (차) 단기매매증권 800,000<br>수수료비용(영) 10,000<br>(대) 현 금 810,000 |
| 2. | (차) 매도가능증권 90,000<br>(대) 매도가능증권평가익[*1] 90,000<br>(자본 - 기타포괄손익누계액) | (차) 단기매매증권 100,000<br>(대) 단기매매증권평가익[*2] 100,000<br>(영업외수익) |
| | *1. 평가손익 = 100주×9,000원(공정가액) - 100주×8,100원(장부가액)<br>*2. 평가손익 = 100주×9,000원(공정가액) - 100주×8,000원(장부가액) | |
| 3. | (차) 현 금 10,000<br>(대) 배당금수익 10,000 | 좌동 |
| 4. | (차) 보 통 예 금 340,000<br>매도가능증권평가익[*1] 45,000<br>매도가능증권처분손[*2] 65,000<br>(영업외비용)<br>(대) 매도가능증권 450,000 | (차) 보 통 예 금 340,000<br>단기매매증권처분손[*3] 110,000<br>(영업외비용)<br>(대) 단기매매증권 450,000 |
| | ***1. 90,000원(매도가능증권평가익)/100주×50주**<br>***2. 처분손익 = 처분가액(340,000) - 취득가액(50주×8,100) = △ 65,000원(손실)**<br>***3. 처분손익 = 처분가액(340,000) - 장부가액(50주×9,000) = △110,000원(손실)** | |

**부분재무상태표**

㈜백두　　　　20×1년 12월 31일 현재　　　　단위 : 원

| 자 산 | 금 액 | 부채 및 자본 | 금 액 |
|---|---|---|---|
| Ⅱ. 비유동자산 | | 자본 | |
| 1. 투자자산 | | Ⅳ. 기타포괄손익누계액 | |
| - 매도가능증권 | 900,000 | - 매도가능증권평가익 | 90,000 |

☞ 매도가능증권의 취득가액(100주) = 900,000(장부가액) - 90,000(평가익) = 810,000원

**부분재무상태표**

㈜백두　　　　20×2년 7월 31일 현재　　　　단위 : 원

| 자 산 | 금 액 | 부채 및 자본 | 금 액 |
|---|---|---|---|
| Ⅱ. 비유동자산 | | 자본 | |
| 1. 투자자산 | | Ⅳ. 기타포괄손익누계액 | |
| - 매도가능증권 | 450,000 | - 매도가능증권평가익 | 45,000 |

☞ 매도가능증권의 취득가액(50주) = 450,000(장부가액) - 45,000(평가익) = 405,000원

**〈단기매매증권과 매도가능증권〉**

| | 단기매매증권 | 매도가능증권 |
|---|---|---|
| 의　　의 | 단기간 시세차익목적 | 언제 매도할지 모름 |
| **취득가액** | **매입가액** | **매입가액 + 취득부대비용** |
| 기말평가 | 공정가액 | 공정가액(공정가액이 없는 경우 원가법) |
| | **미실현보유손익 : 실현됐다고 가정<br>(영업외손익 - 단기매매증권평가손익)** | **미실현보유손익<br>(자본 - 기타포괄손익누계액)** |
| **처분손익** | **처분가액 - 장부가액** | **처분가액 - 취득가액** |

**매도가능증권의 취득가액 = 장부가액 - 평가이익 + 평가손실**

# 연/습/문/제

## 분개연습

**[1]** ㈜부동산개발로부터 투자목적으로 토지를 300,000,000원에 구입하고, 현금으로 100,000,000원, 나머지는 약속어음을 발행하여 교부하였다. 또한 당일 취득세 10,000,000원은 현금 납부하였다.

**[2]** 장기투자목적으로 토지를 38,000,000원에 취득하고 대금은 당좌수표를 발행하여 지급하였다.

**[3]** 당좌거래개설보증금 8,300,000원을 현금 입금하여 국민은행 당좌거래를 개설하고 당좌수표용지와 약속어음용지를 교부받았다.

☞ 당좌거래개설보증금 : 당좌예금 계좌 개설시 보증금으로 사용이 제한된 예금입니다.

**[4]** 공장 건물을 신축하기 위해 외부로부터 취득한 토지 50,000,000원에 대해 건물 신축을 포기하게 되어, 토지의 보유목적을 지가상승을 목적으로 하는 투자자산으로 변경하였다.

**[5]** ㈜서울에서 발행한 채권(만기는 20x3년 3월 31일이고, 시장성은 없다) 10,000,000원을 만기까지 보유할 목적으로 당좌수표를 발행하여 취득하였다. 단, 채권을 취득하는 과정에서 발생한 수수료 50,000원은 현금으로 지급하였다.

**[6]** 기말 현재 당사가 장기투자목적으로 보유한 매도가능증권의 ㈜각각오의 주식의 취득원가, 전년도말 및 당해연도말 공정가액은 다음과 같다.

| 주식명 | 계정과목 | 전전기 취득원가 | 20x0년 12월 31일 공정가액 | 20x1년 12월 31일 공정가액 |
|---|---|---|---|---|
| ㈜각각오 | 매도가능증권 | 5,000,000원 | 4,000,000원 | 6,600,000원 |

**[7]** 회사가 보유하고 있던 매도가능증권(투자자산)을 다음과 같은 조건으로 처분하고 대금은 보통예금으로 회수하였다(단, 전기의 기말평가는 일반기업회계기준에 따라 처리하였다).

| 취득가액 | 20x0년 말 공정가치 | 처분가액 | 비고 |
|---|---|---|---|
| 24,000,000원 | 28,000,000원 | 29,000,000원 | 시장성이 있다. |

## 객관식

**01.** 매도가능증권의 평가에 대한 설명 중 가장 옳지 않는 것은?

① 매도가능증권평가손익은 영업외손익으로 손익계산서에 반영된다.
② 장부가액이 공정가액보다 높을 경우에는 매도가능증권평가손실로 계상한다.
③ 단기매매증권이나 만기보유증권으로 분류되지 않는 유가증권에 대한 평가이다
④ 시장성있는 매도가능증권은 장부상 금액을 공정가액에 일치시켜야 한다.

**02.** 다음 중 유가증권의 취득원가와 평가에 대한 설명으로 가장 옳지 않은 것은?

① 단기매매증권의 취득원가는 취득을 위하여 제공한 대가의 시장가격에 취득 시 발생한 부대비용을 포함한 가액으로 측정한다.
② 매도가능증권평가손익은 기타포괄손익누계액으로 재무상태표에 반영된다.
③ 유가증권 처분시 발생하는 증권거래 수수료 등의 부대비용은 처분가액에서 차감하여 회계처리한다.
④ 만기보유증권은 기말에 상각후 원가법으로 평가한다.

**03.** 다음은 유가증권의 취득원가와 평가에 대한 설명이다. 틀린 것은?

① 유가증권의 취득원가는 유가증권 취득을 위하여 제공한 대가의 시장가격에 취득부대비용을 포함한 가액으로 측정한다.(단, 단기매매증권의 경우 매입가격으로 한다)
② 제공한 대가의 시장가격이 없는 경우에는 취득한 유가증권의 시장가격으로 취득원가를 측정한다.
③ 제공한 대가와 취득한 유가증권 모두 시장가격이 없는 경우에는 공정가액을 추정하여 취득원가를 측정한다.
④ 단기매매증권과 매도가능증권은 취득가액으로 평가한다.

**04.** 다음 중 유가증권의 후속측정에 대해 바르게 설명하지 않은 것은?

① 단기매매증권과 매도가능증권은 원칙적으로 공정가치로 평가한다.
② 매도가능증권 중 시장성이 없는 지분증권의 공정가치를 신뢰성있게 측정할 수 없는 경우에는 취득원가로 평가한다.
③ 만기보유증권을 상각후원가로 측정할 때에는 장부금액과 만기액면금액의 차이를 상환기간에 걸쳐 유효이자율법에 의하여 상각하여 취득원가와 이자수익에 가감한다.
④ 만기보유증권은 공정가치와 상각후원가 중 선택하여 평가한다.

**05.** 유가증권의 취득과 관련된 직접 거래원가에 관한 설명이다. 틀린 것은?

① 기타의 금융부채로 분류하는 경우에는 공정가치에 가산
② 만기보유증권으로 분류하는 경우에는 공정가치에 가산
③ 매도가능증권으로 분류하는 경우에는 공정가치에 가산
④ 단기매매증권으로 분류하는 경우에는 공정가치에 가산

**06.** 다음 중 유가증권에 대한 설명으로 틀린 것은?

① 단기매매증권과 매도가능증권은 원칙적으로 공정가치로 평가한다.
② 매도가능증권은 보유목적에 따라 유동자산이나 투자자산으로 분류된다.
③ 단기매매증권과 매도가능증권의 미실현보유이익은 당기순이익항목으로 처리한다.
④ 단기매매증권이 시장성을 상실한 경우에는 매도가능증권으로 분류하여야 한다.

**07.** 현행 일반기업회계기준서상 유가증권에 대한 설명 중 틀린 것은?

① 채무증권은 취득할 경우 만기보유증권, 단기매매증권 및 매도가능증권으로 분류한다.
② 단기매매증권 및 만기보유증권은 원칙적으로 공정가치로 평가한다.
③ 단기매매증권이 시장성을 상실한 경우에는 매도가능증권으로 분류하여야 한다.
④ 채무증권을 만기까지 보유할 적극적인 의도와 능력이 있는 경우에는 만기보유증권 으로 분류한다.

**08.** 다음 괄호 안에 들어갈 내용을 순서대로 적은 것으로 옳은 것은?

( )에 대한 미실현보유손익은 당기손익항목으로 처리한다. ( )에 대한 미실현보유손익은 기타포괄손익누계액으로 처리한다.

① 단기매매증권, 만기보유증권
② 단기매매증권, 매도가능증권
③ 매도가능증권, 만기보유증권
④ 매도가능증권, 지분법적용투자주식

**09.** 다음의 계정과목 중 미실현이익에 해당하는 것은?

① 배당금수익
② 외환차익
③ 매도가능증권처분이익
④ 단기매매증권평가이익

**10.** 다음 중 재무상태표의 기타포괄손익누계액(자본계정)에 해당하는 항목은?

① 단기매매증권처분이익
② 매도가능증권평가이익
③ 단기매매증권평가이익
④ 매도가능증권처분이익

**11.** 다음 중 결산 평가시 시장가격을 이용하지 않는 것은?

① 단기매매증권 ② 상품 ③ 제품 ④ 만기보유증권

**12.** 다음 빈칸 안에 들어갈 내용으로 알맞은 것은?

| 구 분 | 계 정 | 재무제표 |
|---|---|---|
| 단기매매증권평가손실(이익) | ( 가 ) | 손익계산서 |
| 매도가능증권평가손실(이익) | 기타포괄손익누계액 | ( 나 ) |

① (가) 영업외비용(수익) (나) 손익계산서
② (가) 자본조정 (나) 현금흐름표
③ (가) 영업외비용(수익) (나) 재무상태표
④ (가) 자본조정 (나) 재무상태표

**13.** 다음 중 유가증권의 취득원가와 평가에 대한 설명으로 가장 옳지 않은 것은?

① 단기매매증권의 취득원가는 취득을 위하여 제공한 대가의 시장가격에 취득 시 발생한 부대비용을 포함한 가액으로 측정한다.

② 매도가능증권평가손익은 기타포괄손익누계액으로 재무상태표에 반영된다.

③ 유가증권 처분시 발생하는 증권거래 수수료 등의 부대비용은 처분가액에서 차감하여 회계처리한다.

④ 만기보유증권은 기말에 상각후 원가법으로 평가한다.

**14.** 다음 중 유가증권에 대한 설명으로 옳은 것은?

① 단기매매증권이 시장성을 상실한 경우에는 매도가능증권으로 분류하여야 한다.

② 단기매매증권, 매도가능증권, 만기보유증권은 원칙적으로 공정가치로 평가한다.

③ 단기매매증권과 매도가능증권의 미실현보유이익은 당기순이익항목으로 처리한다.

④ 만기가 확정된 채무증권으로서 상환금액이 확정되었거나 확정이 가능한 채무증권을 만기까지 보유할 적극적인 의도와 능력이 있는 경우에는 매도가능증권으로 분류한다.

**15.** 다음 거래를 회계처리함에 있어서 사용되지 않는 계정과목은?

| |
|---|
| 비업무용 토지(장부금액 6,000,000원)를 7,000,000원에 ㈜세무에 처분하고, 처분대금 50%는 ㈜세무가 발행한 당좌수표로, 나머지는 ㈜세무가 발행한 약속어음을 받다. |

① 투자부동산 ② 받을어음 ③ 미수금 ④ 현금

**16.** 다음의 유가증권 관련 거래가 ㈜한세의 당기순이익에 미치는 영향으로 옳은 것은?

| |
|---|
| ㈜한세는 20x1년 10월 1일 ㈜한공의 주식을 주당 20,000원에 100주를 취득하고 매도가능증권으로 분류하였다. 주식 취득 시 20,000원의 수수료가 발생했으며, 20x1년 말 현재 동 주식의 공정가치는 주당 22,000원이다. |

① 당기순이익 0원 증가 ② 당기순이익 20,000원 감소

③ 당기순이익 180,000원 증가 ④ 당기순이익 200,000원 증가

**17.** 시장성 있는 ㈜진성의 주식 10주를 장기투자 목적으로 1주당 50,000원에 매입하고 거래수수료 5,000원을 포함하여 보통예금으로 결제하였다. 기말 공정가치는 1주당 52,000원이다. 일반기업회계기준에 따라 회계처리 하는 경우 다음 중 맞는 것은?

① 매도가능증권의 취득가액은 500,000원이다.
② 매도가능증권의 취득시점 분개는 아래와 같다.
(차) 매도가능증권 505,000원 (대) 보통예금 505,000원
③ 매도가능증권평가이익은 20,000원이다.
④ 매도가능증권평가손익은 당기손익에 반영한다.

## 주관식

**01.** 다음 ㈜세무의 매도가능증권 거래로 인한 처분손익을 구하시오.

> ㈜세무는 20x1년 1월 16일에 ㈜회계의 주식 100주를 주당 10,000원에 취득(매도가능증권으로 회계처리함)하고, 취득 관련 수수료비용 20,000원을 포함하여 현금을 지급하였다. 그리고 다음날인 1월 17일에 ㈜회계의 주식 50주를 주당 9,000원에 현금 처분하였다.

# 연/습/문/제 답안

## 분개연습

| | | | | | | |
|---|---|---|---|---|---|---|
| [1] | (차) | 투자부동산 | 310,000,000 | (대) | 현 금 | 110,000,000 |
| | | | | | 미지급금((주)부동산개발) | 200,000,000 |
| [2] | (차) | 투자부동산 | 38,000,000 | (대) | 당좌예금 | 38,000,000 |
| [3] | (차) | 특정현금과예금 | 8,300,000 | (대) | 현 금 | 8,300,000 |
| [4] | (차) | 투자부동산 | 50,000,000 | (대) | 토 지 | 50,000,000 |
| [5] | (차) | 만기보유증권(투자) | 10,050,000 | (대) | 당좌예금 | 10,000,000 |
| | | | | | 현 금 | 50,000 |

☞ **보고기간말로부터 만기가 1년 이후이므로 투자자산 중 만기보유증권으로, 그리고 취득부대비용은 유가증권의 취득가액에 가산한다.**

| | | | | | | |
|---|---|---|---|---|---|---|
| [6] | (차) | 매도가능증권(투자) | 2,600,000 | (대) | 매도가능증권평가손실 | 1,000,000 |
| | | | | | 매도가능증권평가이익 | 1,600,000 |

☞ 매도가능증권 평가손익

| | 취득가액 | 공정가액 | 평가이익 | 평가손실 |
|---|---|---|---|---|
| 전기 | 5,000,000 | 4,000,000 | | 1,000,000 |
| 당기 | | 6,600,000 | +1,600,000 | △1,000,000 |
| 계 | | | 1,600,000 | 0 |

| | | | | | | |
|---|---|---|---|---|---|---|
| [7] | (차) | 보통예금 | 29,000,000 | (대) | 매도가능증권(투자) | 28,000,000 |
| | | 매도가능증권평가이익 | 4,000,000 | | 매도가능증권처분이익 | 5,000,000 |

☞ 매도가능증권처분손익 = 처분가액(29,000,000) − 취득가액(24,000,000) = 5,000,000원(이익)

## 객관식

| 1 | 2 | 3 | 4 | 5 | 6 | 7 | 8 | 9 | 10 | 11 | 12 | 13 | 14 | 15 |
|---|---|---|---|---|---|---|---|---|---|---|---|---|---|---|
| ① | ① | ④ | ④ | ④ | ③ | ② | ② | ④ | ② | ④ | ③ | ① | ① | ② |
| **16** | **17** | | | | | | | | | | | | | |
| ① | ② | | | | | | | | | | | | | |

[풀이 - 객관식]

01. **매도가능증권평가손익은 자본(기타포괄손익누계액)으로 분류**되므로 재무상태표에 반영된다.

02. 단기매매증권의 취득 시 발생한 부대비용은 영업외비용으로 처리한다.

03. 단기매매증권과 매도가능증권은 기말에 공정가액으로 평가한다.

04. **만기보유증권은 상각후 원가로 평가한다.**

05. **금융자산이나 금융부채는 최초인식시 공정가치로 측정한다.** 다만, 최초인식 이후 공정가치로 측정하고 공정가치의 변동을 당기손익으로 인식하는 금융자산이나 금융부채(예 : 단기매매증권, 파생상품)가 아닌 경우 당해 금융자산(금융부채)의 취득(발행)과 직접 관련되는 거래원가는 최초인식하는 공정가치에 가산(차감)한다.

06. **매도가능증권에 대한 미실현보유손익은 자본의 기타포괄손익누계액**으로 처리한다.

07. 단기매매증권 및 매도가능증권이 원칙적으로 공정가치로 평가하고, **만기보유증권은 상각후 원가**로 측정한다.

08. 단기매매증권에 대한 미실현보유손익은 당기손익항목으로 처리한다. 매도가능증권에 대한 미실현보유손익은 기타포괄손익누계액으로 처리하고, 당해 유가증권에 대한 **기타포괄손익누계액은 그 유가증권을 처분하거나 손상차손을 인식하는 시점에 일괄하여 당기손익에 반영**한다.

09. 단기매매증권평가이익은 유가증권 보유시 보고기간 종료일의 현재의 공정가액(시가)로 평가시 발생하는 이익으로 실현되지 않은 이익에 해당한다.

11. 만기보유증권은 상각후원가로 평가하여 재무상태표에 표시한다. 만기보유증권을 상각후원가로 측정할 때에는 **장부금액과 만기액면금액의 차이를 상환기간에 걸쳐 유효이자율법에 의하여 상각**하여 취득원가와 이자수익에 가감한다.

12. 결산일 현재 공정가치로 평가할 때 장부가액과의 차액은 단기매매증권은 영업외손익(손익계산서 계정), 매도가능증권은 기타포괄손익누계액(재무상태표 계정)으로 반영한다.

13. 단기매매증권의 취득 시 발생한 부대비용은 영업외비용으로 처리한다.

14. ② 단기매매증권, 매도가능증권은 원칙적으로 공정가치로 평가하고, 만기보유증권은 상각후원가로 평가한다.
    ③ 단기매매증권에 대한 미실현보유손익은 당기손익항목으로 처리하나, 매도가능증권에 대한 미실현보유이익은 기타포괄손익누계액으로 처리한다.

④ **만기가 확정된 채무증권**으로서 상환금액이 확정되었거나 확정이 가능한 채무증권을 **만기까지 보유할 적극적인 의도와 능력**이 있는 경우에는 만기보유증권으로 분류한다.

15. 재고자산 외 자산을 처분하면서 상대방이 발행한 약속어음을 받는 경우, 비매출채권에 해당되기 때문에 약속어음의 수취는 '미수금'으로 처리해야 한다. 또한 타인이 발행한 당좌수표는 '현금'으로 처리해야 한다.

| | | | |
|---|---|---|---|
| (차) 현 금 | 3,500,000원 | (대) 투자부동산 | 6,000,000원 |
| 미 수 금 | 3,500,000원 | 투자자산처분이익 | 1,000,000원 |

16. **매도가능증권 취득 관련 비용은 매도가능증권의 취득원가에 가산**하며, **평가차익은 기타포괄손익누계액(자본)에 반영**된다. 따라서 당기순이익에 영향을 미치지 않는다.

17. ① 매도가능증권의 취득부대비용은 매도가능증권의 취득원가로 처리한다.
③ 매도가능증권 평가이익 = 공정가액(520,000) - 취득가액(505,000) = 15,000원
④ **매도가능증권평가손익은 자본(기타포괄손익누계액)으로 인식**한다.

## 주관식

**01** 60,000원(처분손실)

[풀이 - 주관식]

01. 취득가액 = 100주 × 10,000원 + 20,000원(수수료비용) = 1,020,000원 → 주당 10,200원
매도가능증권의 처분손익 = 처분가액 - 취득가액 = 50주 × [9,000원 - 10,200원] = △60,000원(손실)

| | | | | |
|---|---|---|---|---|
| 1월 16일 | (차) 매도가능증권 | 1,020,000 | (대) 현 금 | 1,020,000 |
| 1월 17일 | (차) 현 금 | 450,000 | (대) 매도가능증권 | 510,000 |
| | 매도가능증권처분손실 | 60,000 | | |

## 2. 유형자산

유형자산이란 재화나 용역의 생산이나 제공 또는 판매·관리 활동에 사용할 목적으로 보유하는 물리적 실체가 있는 자산이다.

즉, **① 물리적 실체가 있어야 한다.**

**② 1년을 초과 하여 사용할 것으로 예상되는 자산이다.**

**③ 기업의 영업활동 목적에 사용하여야 할 자산이다.**

위의 세 가지 조건을 충족하면 유형자산으로 분류한다.

### (1) 종류

① 토지

영업활동에 사용하고 있는 대지, 임야, 전·답을 말한다.

또한 토지는 가치가 하락하지 않으므로 **감가상각대상자산이 아니다.**

투자목적으로 보유하고 있는 토지는 투자부동산(투자자산)으로 분류하고, 부동산매매업자가 매매목적으로 보유한 토지는 재고자산으로 분류한다.

② 건물

사옥이나 공장, 창고 등 회사의 영업목적으로 보유하고 있는 자산을 말한다. 투자목적으로 보유하고 있는 건물은 투자부동산으로 분류하고, 부동산매매업자가 매매목적으로 보유한 건물, 상가 등은 재고자산으로 분류한다.

③ 구축물

건물이외 구조물을 말하며, 교량, 갱도, 정원설비 등이 포함된다.

④ 기계장치

제조업의 경우 가장 기본적인 자산으로서 제품을 생산하기 위한 각종 기계설비 등을 말한다.

⑤ 차량운반구

영업활동을 위해 사용하는 승용차, 트럭, 버스 등을 말한다.

⑥ 건설중인 자산

유형자산을 건설하기 위하여 발생된 원가를 집계하는 임시계정으로서 유형자산이 완성되어 영업에 사용될 때 건설중인 자산의 금액을 해당 유형자산 계정과목으로 대체한다.

건설중인자산은 미완성상태의 자산으로서 **아직 사용하지 않으므로 감가상각대상자산이 아니다.**

⑦ 비품

사무용 비품으로 책상, 의자, 복사기, 컴퓨터 등을 말한다.

### (2) 유형자산의 인식기준

유형자산의 정의를 충족하고, 그 자산으로부터 발생하는 **미래 경제적 효익이 기업에 유입될 가능성이 매우 높고 취득원가를 신뢰성있게 측정할 수 있을 때** 인식한다.

### (3) 유형자산의 취득원가

유형자산을 취득하여 회사가 영업목적으로 사용하기 전까지 소요되는 모든 부대비용을 포함한다. 당연히 매입 시 할인 받은 경우(매입할인)는 차감한다.

**취득원가 = 매입가액 + 취득부대비용 – 매입할인 등**

구입대금에 유형자산이 **본래의 기능을 수행하기까지 발생한 모든 부대비용을 포함**한다. 부대비용에는 설치장소 준비를 위한 지출, 운송비, 설치비, 설계와 관련하여 전문가에게 지급하는 수수료, 시운전비, 취득세 등 유형자산의 취득과 직접 관련되는 제세공과금 등이 포함된다.

☞ **시운전비 : 자동차나 기계 따위를 새로 만들어서 사용하기 전에 시험 삼아 운전할 때 드는 비용**

**자산의 취득 및 보유에 따른 세금**

1. 취득세 : 부동산 및 차량 등 과세물건의 취득에 대하여 그 취득자에게 과세하는 지방세
2. 등록면허세 : 재산권 등의 설정 사항 등을 공부에 등록하는 자에게 과세하는 지방세
3. 재산세 : 매년 부동산등을 소유한 자에게 매년 부과하는 지방세
4. 자동차세 : 차량의 보유에 대해서 매년 부과하는 지방세

| 지방세 | 부과시점 | 회계처리 |
|---|---|---|
| 취득세/등록면허세 | 취득시점에 한번 | 자산(토지, 건물, 차량운반구) |
| 재산세 | 매년 | 비용(세금과공과) |
| 자동차세 | 매년 | 비용(세금과공과) |

### (4) 유형자산 취득 이후의 지출

기업이 유형자산을 취득하여 사용하는 기간 중에 해당 유형자산과 관련하여 각종 수선·유지를 위한 지출이 발생한다. 이 경우 기업회계기준에서는 자본적지출과 수익적지출로 분류하여 회계처리한다.

| | 자본적지출 | 수익적지출 |
|---|---|---|
| **정 의** | **① 미래의 경제적 효익을 증가시키거나**<br>**② 내용연수를 연장시키는 지출** | **자본적지출 이외** |
| 회계처리 | 해당 자산가액 | **수선비등 비용처리** |
| 예 | (중앙)냉난방장치설치, 건축물의 증축, 엘리베이터의 설치, 자동차 엔진교체 등 | 부속품의 교체, 건물의 도색, 건물의 유리교체, 자동차 타이어·배터리 교체, 에어컨 수리 등 |

### <예제 2 - 19> 유형자산

㈜백두의 다음 거래를 분개하시오. 다음의 자산은 영업목적으로 취득하였다.

1. 10월 1일 공장용 건물을 1,000,000원에 취득하고 다음달에 지급하기로 하다. 매입 시 공인중개사 수수료 10,000원과 취득세 20,000원을 현금지급하다.
2. 10월 3일 기계장치를 2,000,000원 구입하고 대금은 만기가 3개월인 어음을 발행하여 주고, 시운전비 10,000원은 현금으로 지급하다.
3. 10월 31일 공장 제품창고를 건설하기로 하고 공사비 3,000,000원을 현금 지급하다.
4. 11월 1일 공장용 건물의 외벽에 도색공사비와 파손된 유리를 교체하기 위하여 4,000,000원의 현금을 지급하다.
5. 11월 5일 본사 사옥의 건물의 에스컬레이터와 냉난방시설을 위한 공사비 5,000,000원을 현금지급하다(자본적지출로 처리하세요).
6. 11월 15일 공장 제품창고(3번 문제)의 공사비 6,000,000원을 현금 지출하고 공사를 완료하고, 취득세 200,000원을 현금지급하다.

해답

| | | | | |
|---|---|---|---|---|
| 1. | (차) 건 물 | 1,030,000 | (대) 미지급금<br>현 금 | 1,000,000<br>30,000 |
| 2. | (차) 기 계 장 치 | 2,010,000 | (대) 미 지 급 금<br>현 금 | 2,000,000<br>10,000 |
| 3. | (차) 건설중인자산 | 3,000,000 | (대) 현 금 | 3,000,000 |
| 4. | (차) 수 선 비 | 4,000,000 | (대) 현 금 | 4,000,000 |
| 5. | (차) 건 물 | 5,000,000 | (대) 현 금 | 5,000,000 |
| 6. | (차) 건설중인자산<br>(차) 건 물 | 6,000,000<br>9,200,000 | (대) 현 금<br>(대) 건설중인자산<br>현 금 | 6,000,000<br>9,000,000<br>200,000 |

### (5) 유형자산의 감가상각

감가란 자산의 가치감소를 뜻하는 것이며, 유형자산의 감가상각이란 해당 유형자산의 **취득원가를 효익을 제공받은 기간(내용연수)동안 체계적 · 합리적으로 비용 배분**하는 것을 의미한다.

① 감가상각의 3요소

㉠ **취득원가**

유형자산의 취득원가는 매입가액과 그 부대비용을 말한다.

㉡ **잔존가액**

유형자산의 경제적 효익이 끝나는 기간에 자산을 폐기하거나 처분할 때 획득될 것으로 추정되는 금액을 말한다. 여기에서 **(취득원가 - 잔존가치)를 감가상각대상금액**이라고 한다. 그리고 **잔존가치가 유의적(의미가 있다)인 경우 매보고기간말에 재검토한다.**

㉢ **추정내용연수**

유형자산이 영업활동에 사용될 것으로 기대되는 기간을 의미한다.

여기서 내용연수란 유형자산의 물리적 사용연수를 의미하는 것이 아니라, 기업이 수익획득과정에서 사용될 것으로 기대되는 기간으로 **경제적 내용연수**를 의미한다.

② 감가상각방법

㉠ 정액법

시간의 경과에 따라 감가상각대상금액(취득가액 - 잔존가치)을 경제적 내용연수 동안 매년 균등하게 비용으로 인식하는 방법이다.

**감가상각비 = (취득가액 – 잔존가치)/내용연수**

정액법은 계산이 단순하고 사용하기 간편해서 실무에서 가장 많이 사용하는 방법이다.

㉡ 정률법

일반적으로 유형자산의 취득 초기에는 수선유지비가 적게 발생하고 사용기간이 경과할수록 수선유지비가 많이 발생한다.

즉, 취득초기에는 자산의 효율성이 높아 수선비가 적게 발생되며, 취득 후반기에는 자산의 효율성이 떨어지고 수선비가 많이 발생한다.

따라서, 정률법은 취득 초기에 감가상각비를 많이 계상하고 후기에는 감가상각비를 적게 계상함으로써 수익 · 비용대응원칙에 부합된 방법이다.

**감가상각비 = 장부가액(취득가액 – 기초감가상각누계액) × 상각율**

$$상각율 = 1 - \sqrt[n]{\frac{잔존가치}{취득가액}} \quad (n : 내용년수)$$

㉢ 연수합계법

정률법과 마찬가지로 상각비가 체감하는 방법이며 아래와 같이 감가상각비를 계산한다.

**감가상각비 = (취득가액 – 잔존가치) × 잔여내용연수/내용연수의 합계**

내용연수가 4년인 자산의 내용연수 합계는 4+3+2+1=10년이 된다.

내용연수의 합계 = $\frac{n(n+1)}{2}$ 로 계산된다. 즉 4년일 경우 4×5/2=10년이 된다.

또한 잔여내용연수란 전체 내용연수에서 경과된 내용연수를 차감한 것으로서 내용연수가 4년인 경우 2차 연도의 잔여내용연수는 3년이 된다.

㉣ 생산량비례법

생산량비례법은 생산 또는 채굴량에 비례하여 가치가 소멸하는 유형자산에 적용하는 방법이다.

**감가상각비 = (취득가액 – 잔존가치) × 당기생산량/총생산가능량(추정생산량)**

㉤ 각 방법 하의 감가상각비 계산

취득가액을 1,000,000원 잔존가치를 100,000원으로 추정하고 추정 내용연수를 3년이라 가정하면 다음과 같이 감가상각비가 계산된다.

**〈정액법〉**

연간감가상각비 = (1,000,000 - 100,000)/3년

| 연도 | 감가상각비 | 감가상각누계액 (A) | 기말장부가액 (취득가액 - A) |
|---|---|---|---|
| 취득시(연초) | | | 1,000,000 |
| 1차년도 | 300,000 | 300,000 | 700,000 |
| 2차년도 | 300,000 | 600,000 | 400,000 |
| 3차년도 | 300,000 | 900,000 | 100,000 |

**〈정률법〉**

$$\text{상각율} = 1 - \sqrt[n]{\frac{\text{잔존가치}}{\text{취득가액}}} = 53.6\%$$

| 연도 | 감가상각비 계산근거 [장부가액(B)×상각율] | 감가상각비 | 감가상각누계액 (A) | 기말장부가액(B) (취득가액 - A) |
|---|---|---|---|---|
| 취득시(연초) | | | | 1,000,000 |
| 1차년도 | 1,000,000×0.536 | 536,000 | 536,000 | 464,000 |
| 2차년도 | 464,000×0.536 | 248,704 | 784,704 | 215,296 |
| 3차년도 | 215,296×0.536 | 115,296*1 | 900,000 | 100,000 |

*1. 단수차이 조정

**〈연수합계법〉**

내용년수의 합계 = 3+2+1 = 6년

| 연도 | 감가상각비 계산근거 | 감가상각비 | 감가상각누계액 (A) | 기말장부가액 (취득가액 - A) |
|---|---|---|---|---|
| 취득시(연초) | | | | 1,000,000 |
| 1차년도 | (1,000,000 - 100,000)×3/6년 | 450,000 | 450,000 | 550,000 |
| 2차년도 | (1,000,000 - 100,000)×2/6년 | 300,000 | 750,000 | 250,000 |
| 3차년도 | (1,000,000 - 100,000)×1/6년 | 150,000 | 900,000 | 100,000 |

〈상각방법에 따른 감가상각비〉

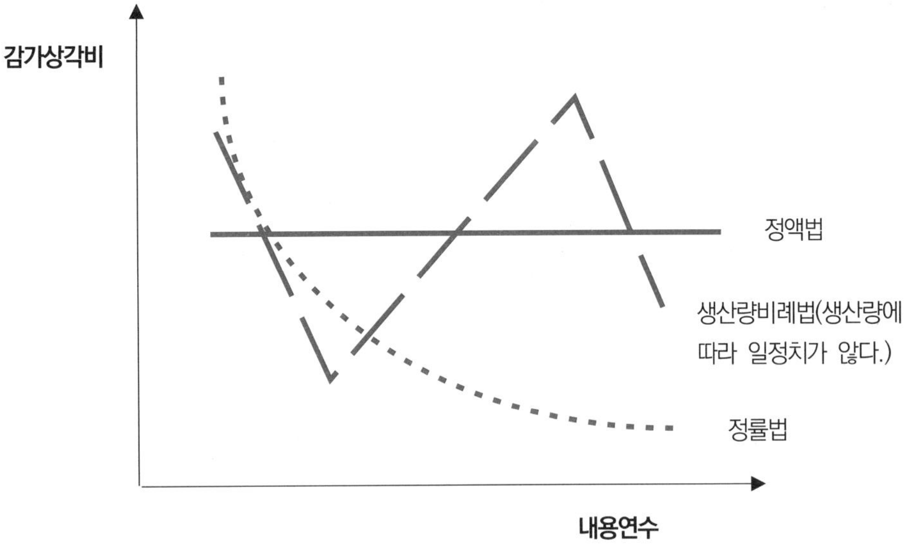


〈정액법 VS 연수합계법 VS 정률법〉

| | 정액법 | 연수합계법 | 정률법 |
|---|---|---|---|
| 이론적 근거 | **감가상각대상액법** | | **장부가액법** |
| 계산식 | **(취득가액－잔존가치)÷내용연수** | **(취득가액－잔존가치)×잔여내용연수/내용연수합계** | **(취득가액－감가상각누계액)×상각율** |
| 초기 감가상각비 | **정률법>내용연수합계법>정액법** | | |
| 초기 장부가액(취득가액－감가상각누계액) | 정액법>내용연수합계법>정률법 | | |

### (6) 유형자산의 회계처리와 재무상태표 표시

감가상각에 대해서 회계처리방법에는 직접상각법(해당 자산을 직접 차감하는 방법)과 간접상각법이 있는데, **기업회계기준에서는 간접상각법을 인정**하고 있다.

㈜ 백두의 20x1년 1월 1일 취득한 기계장치(취득가액 1,000,000원 ; 추정내용연수 3년 ; 잔존가치 100,000원 : 정액법)가 있다고 가정하자.

**부분 재무상태표(취득시)**

(주)백두 20×1. 1. 1

| | | |
|---|---|---|
| 기계장치 | 1,000,000 | |

12월 31일 감가상각비는 300,000원이 계산된다.

직접상각법으로 회계처리하면 다음과 같고, 기말재무제표는 다음과 같이 표시된다.

(차) 감가상각비 300,000원 (대) 기계장치 300,000원

**부분 재무상태표(직접상각법)**

(주)백두 20×1. 12.31

| | | |
|---|---|---|
| 기계장치 | 700,000 | |

간접상각법은 감가상각누계액이란 계정으로 회계처리하고, 감가상각누계액은 해당 자산을 차감하는 계정이다.

(차) 감가상각비 300,000원 (대) 감가상각누계액(기계차감) 300,000원

**부분 재무상태표(간접상각법)**

(주)백두 20×1. 12.31

| | | | |
|---|---|---|---|
| 기계장치 | 1,000,000 | | |
| **감가상각누계액** | **(300,000)** | **700,000** | |

기계장치의 장부가액

이러한 간접상각법은

재무상태표상에서 **유형자산의 취득원가, 감가상각누계액, 장부가액을 모두 파악할 수 있는 장점**이 있다. 또한 기중에 유형자산을 취득시에 감가상각은 **월할상각**하게 되어 있다.

### (7) 유형자산의 처분

유형자산을 처분시 처분가액과 장부가액을 비교해서 처분가액이 장부금액보다 많은 경우에는 유형자산처분이익(영업외수익)으로 반대로 처분가액이 장부금액보다 적은 경우에는 유형자산처분손실(영업외비용)로 회계처리한다. 이 경우 **해당 자산의 취득가액과 감가상각누계액을 전액 제거**하는 회계처리를 하여야 한다.

**부분재무상태표**

| | | |
|---|---|---|
| - 기계장치 | 1,000,000 | |
| 감가상각누계액 | (300,000) | 700,000 |

위의 기계장치를 800,000원에 처분하였다면 다음과 같이 회계처리한다.

| | | | |
|---|---|---|---|
| (차) 감가상각누계액 | 300,000원 | (대) 기 계 장 치 | 1,000,000원 |
| 현 금 | 800,000원 | 유형자산처분이익 | 100,000원 |

여기서 기계장치의 장부가액(취득가액 - 감가상각누계액) 700,000원을 800,000원에 처분하였으므로 유형자산처분이익 100,000원이 계산된다.

**〈유형자산 처분손익〉**

| | |
|---|---|
| 처분가액〉장부가액(취득가액 - 감가상각누계액) | 유형자산처분이익 |
| 처분가액〈장부가액 | 유형자산처분손실 |

## <예제 2 - 20> 감가상각 및 유형자산처분

㈜백두의 다음 거래를 분개하시오.

1. 20×1년 10월 1일 기계장치A를 1,000,000원에 취득하고 다음 달에 지급하기로 하다. 설치비 100,000원은 현금지급하다
2. 20×1년 12월 31일 기계장치A의 내용년수 5년, 잔존가치 100,000원으로 추정하고 정액법으로 감가상각하다.
3. 20×2년 6월 30일 기계장치A를 1,000,000원에 현금처분하다.
4. 20×2년 12월 31일 년초에 취득한 차량B(취득가액 2,000,000원)에 대해서 감가상각비를 계상하다(내용년수 5년, 잔존가치 0원, 정률법, 상각율 40%라 가정한다).
5. 20×3년 12월 31일 차량B에 대해서 감가상각비를 계상하다.

**해답**

| | | | | |
|---|---|---|---|---|
| 1. | (차) 기 계 장 치 | 1,100,000 | (대) 미 지 급 금<br>현 금 | 1,000,000<br>100,000 |
| 2. | (차) 감가상각비<br>*1. (1,100,000 - 100,000)/5년×3개월(10.1~12.31)/12개월<br>☞ **감가상각은 월할상각해야 한다.** | 50,000*1 | (대) 감가상각누계액(기계) | 50,000 |

| | |
|---|---|
| 3. | (차) 감가상각비 100,000[*1] (대) 감가상각누계액(기계) 100,000<br>*1. (1,100,000 - 100,000)/5년×6개월(1.1~6.30)/12개월 |
| | (차) 감가상각누계액(기계) 150,000 (대) 기 계 장 치 1,100,000<br>현 금 1,000,000 유형자산처분이익 50,000[*1]<br>*1. 처분손익 = 처분가액 (1,000,000) - 장부가액(1,100,000 - 150,000) = +50,000(이익) |
| 4. | (차) 감가상각비 800,000원[*1] (대) 감가상각누계액(차량) 800,000<br>*1. 1차년도 감가상각비 = 2,000,000×40% = 800,000원 |
| 5. | (차) 감가상각비 480,000원[*1] (대) 감가상각누계액(차량) 480,000<br>*1. 2차년도 감가상각비 = <u>(2,000,000 - 800,000)</u>×40% = 480,000원<br>장부가액(취득가액 - 기초감가상각누계액) |

(8) 특수한 경우의 취득가액

① **국공채 등을 불가피하게 매입하는 경우**

**채권의 매입가액과 현재가치와의 차액은 유형자산의 취득가액으로 한다.**

예를 들어 차량을 구입시 의무적으로 매입하는 채권이 있는데, 채권(단기간 시체차익 목적이라 가정)을 액면가액 1,000,000원(현재가치 800,000원으로 가정)에 구입시 매입가액과 현재가치와의 차액 200,000원은 차량의 취득가액을 구성한다.

회계처리는 다음과 같다.

| | | | |
|---|---|---|---|
| (차) 단기매매증권 | 800,000원 | (대) 현 금 | 1,000,000원 |
| 차량운반구 | 200,000원 | | |

② 일괄취득

여러 종류의 유형자산을 동시에 구입하고 대금을 일괄 지급한 경우를 말한다. 이 경우 자산의 취득원가는 **개별자산들의 상대적 공정가치에 비례하여 안분한 금액**으로 한다.

예를 들어 토지와 건물을 일괄 취득한 경우 토지와 건물의 상대적 공정가치에 비례하여 매입가액을 안분하여 취득원가로 계산한다. 그러나 토지만 사용할 목적으로 토지와 건물을 일괄하여 취득 후 철거한 경우 토지만을 사용할 목적으로 취득하였기 때문에 일괄 취득가액과 철거비용은 토지의 취득원가로 회계처리하여야 한다.

〈철거비용〉

| | 타인 소유 건물취득 후 철거 | 자가 사용 건물 철거시 |
|---|---|---|
| 목적 | 토지 사용목적 | 건물 가치 상실 |
| 회계처리 | **토지의 취득원가** | **영업외비용(유형자산처분손실)** |
| 폐자재매각수입 | 토지 또는 유형자산처분손실에서 차감한다. | |

## <예제 2 - 21> 철거비용

㈜백두의 다음 거래를 분개하시오. 다음의 자산은 영업목적으로 취득하였다.

1. 10월 1일 토지와 건물(취득가액 100,000원)을 현금 취득하여, 건물을 철거하고 철거비용 10,000원을 현금지급하다.
2. 10월 3일 새로운 건물을 신축하기 위하여 사용 중이던 건물(취득가액 200,000원 감가상각누계액 150,000원)을 철거하고 철거비용 10,000원을 현금지급하다.

**해답**

| | | | | |
|---|---|---|---|---|
| 1. | (차) 토 지 | 110,000 | (대) 현 금 | 110,000 |
| 2. | (차) 감가상각누계액 | 150,000 | (대) 건 물 | 200,000 |
| | 유형자산처분손실 | 60,000 | 현 금 | 10,000 |
| | ☞처분손익 = 처분가액(0) − [장부가액(200,000 − 150,000) + 철거비용(10,000)] = △60,000원(손실) | | | |

### ③ 자가건설

기업이 영업활동에 사용하기 위하여 유형자산을 자체적으로 제작·건설하는 경우가 있다. 이때 취득원가는 유형자산의 제작에 투입된 재료비·노무비·경비 등의 지출액을 건설중인자산으로 처리하였다가 완성시 해당 유형자산의 본계정으로 대체한다.

### ④ 무상취득

유형자산을 주주나 국가 등으로부터 무상으로 취득한 경우에는 **취득한 자산의 공정가치를 취득원가로 하고 이를 자산수증익(영업외수익)으로 처리**한다.

### ⑤ 현물출자

현물출자란 기업이 유형자산을 취득하면서 그 대가로 회사의 주식을 발행하여 지급하는 경우를 말한다. **유형자산의 취득원가는 취득한 자산의 공정가치로 한다. 다만 유형자산의 공정가치를 신뢰성있게 측정할 수 없다면 발행하는 주식의 공정가치를 취득원가로 한다.**

⑥ 교환취득

㉠ 동종자산간 교환(장부가액법)

교환으로 받은 자산의 취득원가는 교환시 제공한 자산의 장부가액으로 한다. 따라서 **교환손익(유형자산처분손익)이 발생하지 않는다.**

㉡ 이종자산간 교환(공정가액법)

다른 종류의 자산과 교환하여 새로운 유형자산을 취득하는 경우 유형자산의 취득원가는 교환을 위하여 제공한 자산의 공정가치로 하고, 이때 **교환손익(장부가액과 공정가치의 차액)은 유형자산처분손익으로 인식한다.**

**〈교환취득〉**

| | 동종자산 | 이종자산 |
|---|---|---|
| 회계처리 | 장부가액법 | 공정가액법 |
| 취득원가 | 제공한 자산의 장부가액 | 제공한 자산의 공정가액*1 |
| **교환손익** | **인식하지 않음** | **인식(유형자산처분손익)** |

*1. 불확실시 교환으로 취득한 자산의 공정가치로 할 수 있다. 자산의 교환에 현금수수시 현금수수액을 반영하여 취득원가를 결정한다.
이종자산 간의 교환시 신자산의 가액＝제공한 자산의 공정가액+현금지급액－현금수취액

## <예제 2 - 22> 교환취득

㈜백두의 다음 거래를 분개하시오. 다음의 자산은 영업목적으로 취득하였다.

1. 10월 1일 사용 중이던 기계A(취득가액 100,000원, 감가상각누계액 40,000원)를 토지와 교환하였다. 교환시 기계의 공정가치는 110,000원이다.
2. 10월 3일 사용 중이던 기계B(취득가액 200,000원, 감가상각누계액 40,000원)와 같은 종류의 C기계와 교환하였다. 교환시 기계B의 공정가치는 110,000원이다.

해답

| | | | | |
|---|---|---|---|---|
| 1. (이종자산)<br>(1+2) | (차) 감가상각누계액<br>토 지 | 40,000<br>110,000 | (대) 기계장치(A)<br>유형자산처분이익 | 100,000<br>50,000 |
| | ☞처분손익 = 처분가액(110,000) - 장부가액(100,000 - 40,000) = 50,000원(이익) | | | |
| | 〈1.공정가치(110,000원)로 처분〉 | | | |
| | (차) 감가상각누계액<br>현 금 | 40,000<br>110,000 | (대) 기계장치(A)<br>유형자산처분이익 | 100,000<br>50,000 |
| | 〈2.유형자산 취득〉 | | | |
| | (차) 토 지 | 110,000 | (대) 현 금 | 110,000 |
| 2. (동종자산) | (차) 감가상각누계액<br>기계장치(C) | 40,000<br>160,000 | (대) 기계장치(B) | 200,000 |

⑦ 장기연불구입

자산의 매매에 있어서 당사자간의 개별약관에 의하여 그 대금을 2회 이상 분할하여 월부 · 연부 등에 따라 결제하는 조건으로 성립되는 거래형태를 말하는데, **미래현금 유출액의 현재가치를** 취득원가로 한다.

⑧ 정부보조금(국고보조금)

자산 취득 시 국가로부터 보조금(상환의무가 없는 경우)을 수령한 경우 **자산의 취득가액에서 차감하여 표시한다.**

⑨ 차입원가(금융비용 자본화)

차입원가란 유형자산 등의 건설에 필요한 자금의 원천이 외부로부터의 차입금으로 이루어질 때, 차입과 관련하여 발생하는 이자 등을 말합니다

**차입원가는 기간비용(이자비용)으로 처리함을 원칙**으로 한다. 다만 유형자산 등의 취득을 위한 자금에 차입금이 포함된다면 이러한 차입금에 대한 차입원가(이자비용등)는 취득에 소요되는 원가로 회계처리할 수 있다.

# 연/습/문/제

### 분개연습

**[1]** 사용중인 창고건물(취득가액 50,000,000원, 감가상각누계액 40,000,000원)을 새로 신축하기 위해 철거하였으며, 철거용역업체에 철거비용 2,000,000원을 보통예금에서 지급하였다.

**[2]** 사용중인 기계장치(취득원가 : 30,000,000원, 감가상각누계액 : 15,000,000원)를 동일업종인 거래처의 유사한 용도로 사용하던 기계장치(장부가액 : 18,000,000원, 공정가액 : 20,000,000원)와 교환하였다. 교환되는 기계장치 상호간의 공정가액은 동일하다.

**[3]** 안전작업을 위하여 공장간 교량을 설치하고 시공사 ㈜다리건설에 5,500,000원을 당좌수표로 발행하여 결제하였다.

**[4]** 대전에 제2공장을 신축하기 위하여 건물이 세워져 있는 (주)오산공업의 토지를 8,000,000원에 구입하고 대금은 당좌수표를 발행하여 지급하였다. 또한 건물의 철거비용 1,000,000원과 토지 정지비용 800,000원을 당좌수표를 발행하여 지급하였다.

**[5]** 회사가 소유하고 있는 오토바이(취득원가 1,000,000원, 감가상각누계액 550,000원)는 한 대밖에 없으며 해당 오토바이는 금일 사고로 폐기처분하였다.

**[6]** 동성상회로부터 사옥건축용 토지를 100,000,000원에 매입하고, 토지대금 중 30,000,000원은 당좌수표를 발행하여 결제하고, 나머지는 외상으로 하였다. 토지매입에 따른 취득세 1,000,000원은 보통예금에서 인출하여 지급하였다.

**[7]** 공장신축을 위한 차입금의 이자비용 1,000,000원을 10월 1일에 보통예금 계좌에서 이체하였다. 공장의 착공일은 전년도 12월 1일이며, 완공일은 금년도 10월 31일이다(단, 차입금의 이자비용은 자본화한다).

**[8]** 업무용 승용차를 구입하면서 다음과 같은 금액을 구매대행회사에 전액 현금으로 지급하다. 회사는 차량구입시 필수적으로 매입하는 지역개발채권을 만기까지 보유하기로 하였다.

- 차 량 가 액 : 18,500,000원
- 취득세및등록면허세 : 500,000원
- 지역개발채권매입액 : 500,000원(만기 2050년 5월 18일)

**[9]** (주)한국자동차로부터 업무용 승용차를 구입하는 과정에서 취득해야 하는 공채를 현금 200,000원(액면금액)에 구입하였다. 단, 공채의 현재가치는 160,000원이며 회사는 이를 단기매매증권으로 처리하고 있다.

**[10]** 재작년 7월 1일에 기계장치를 취득하였다. 기계장치 취득 후 2년이 지난 현재 주요수선 및 설비증설을 위한 자본적지출로 6,000,000원을 현금지출하였다.

## 객관식

**01.** 다음은 유형자산 취득시 회계처리를 설명한 것이다. 옳지 않는 것은?

① 유형자산에 대한 차입원가는 취득원가에 포함할 수 있다.
② 무상으로 증여받은 건물은 취득원가를 계상하지 않는다.
③ 교환으로 취득한 토지의 가액은 공정가액을 취득원가로 한다.
④ 유형자산 취득시 그 대가로 주식을 발행하는 경우 주식의 발행가액을 그 유형자산의 취득원가로 한다.

**02.** 다음은 유형자산의 자본적지출을 수익적지출로 처리한 경우에 대한 설명이다. 맞는 것은?

① 당기순이익이 증가한다. ② 자본이 감소한다.
③ 자기자본이 증가한다. ④ 이익잉여금이 증가한다.

**03.** 유형자산을 취득한 후에 추가의 지출이 발생하는 경우 처리하는 성격이 다른 하나는?

① 파손된 유리 등의 교체비용 ② 사용 용도를 변경하기 위한 비용
③ 엘리베이터, 냉난방 장치 설치비 ④ 개량, 증설, 확장 등을 위한 비용

**04.** 다음 중 유형자산에 대한 설명으로 틀린 것은?

① 취득원가에는 자산을 사용할 수 있도록 준비하는데 직접 관련되는 지출 등을 포함한다.
② 자산의 수선·유지를 위한 지출은 감가상각을 통하여 비용처리한다.
③ 감가상각비는 제조와 관련된 경우에는 관련 자산의 제조원가로, 그 밖의 경우에는 판매비와 관리비로 처리한다.
④ 자산 취득에 사용한 국고보조금은 취득원가에서 차감하는 형식으로 표시한다.

**05.** 수선비를 비용처리 하지 않고 유형자산의 가액을 증가시킨 경우 해당연도의 상황으로 맞는 것은?

① 당기순이익이 증가한다. ② 자산의 장부가액이 과소계상된다.
③ 자기자본이 과소계상된다. ④ 자본의 총액이 과소계상된다.

**06.** 유형자산의 취득원가 결정에 관한 사항 중 틀린 것은?

① 토지 취득시 납부한 토지관련 등록세는 토지의 취득원가이다.
② 기계장치 구입시 발생한 설치비는 기계장치 취득원가이다.
③ 3대의 기계를 일괄구입시 각 기계의 취득원가는 각 기계의 시가를 기준으로 안분계산한다.
④ 무상으로 증여받은 비품은 취득원가를 계상하지 않는다.

**07.** 다음 중 재무제표상 자산의 차감항목으로 표시되지 않는 것은?

① 상환의무가 없는 국고보조금 ② 감가상각누계액
③ 대손충당금 ④ 단기매매증권평가손실

**08.** 보유하고 있던 기계장치를 장부가액보다 더 높은 금액을 받고 처분하였다. 이 거래로 인한 영향은?

① 자산과 부채의 감소 ② 자산의 증가와 부채의 감소
③ 자산의 증가와 자본의 증가 ④ 부채의 감소와 자본의 증가

**09.** 다음 중 취득원가에 포함되지 않는 것은?

① 수입한 기계장치의 시운전비
② 토지 구입시 중개수수료
③ 상품을 수입해 오는 과정에서 가입한 당사 부담의 운송보험료
④ 건물 구입후 가입한 화재보험료

**10.** 유형자산의 감가상각과 관련한 다음 설명 중 가장 옳지 않은 것은?

① 감가상각대상금액은 취득원가에서 잔존가치를 차감하여 결정한다.
② 감가상각의 주목적은 취득원가의 배분에 있다.
③ 감가상각비는 다른 자산의 제조와 관련된 경우 관련자산의 제조원가로 계상한다.
④ 정률법은 내용연수동안 감가상각비를 매 기간 동일하게 계산하는 방법이다.

**11.** 다음은 유형자산의 취득원가와 관련된 내용이다. 틀린 것은?

① 유형자산은 최초 취득원가로 측정한다.
② 현물출자, 증여, 기타 무상으로 취득한 자산은 공정가치를 취득원가로 한다.
③ 취득원가는 구입원가 또는 경영진이 의도하는 방식으로 자산을 가동하는데 필요한 장소와 상태에 이르게 하는데 지출된 직접원가와 간접원가를 포함한다.
④ 유형자산이 정상적으로 작동되는지 여부를 시험하는 과정에서 발생하는 원가도 취득원가에 포함한다.

**12.** 다음 중 유형자산에 대한 설명 중 잘못된 것은?

① 동일한 업종 내에서 유사한 용도로 사용되고 공정가액이 비슷한 동종자산과의 교환으로 유형자산을 취득하는 경우 당해 자산의 취득원가는 교환으로 제공한 자산의 공정가액으로 한다.
② 현물출자, 증여, 기타 무상으로 취득한 유형자산의 가액은 공정가액을 취득원가로 한다.
③ 건물을 신축하기 위하여 사용중인 기존 건물을 철거하는 경우 그 건물의 장부가액은 제거하여 처분손실로 반영하고, 철거비용은 전액 당기비용으로 처리한다.
④ 유형자산의 취득과 관련하여 국·공채 등을 불가피하게 매입하는 경우 당해 채권의 매입가액과 기업회계기준에 따라 평가한 현재가치와의 차액은 유형자산의 취득원가로 구성된다.

**13.** 유형자산의 감가상각방법 중 정액법, 정률법 및 연수합계법 각각에 의한 1차년도말 계상된 감가상각비가 큰 금액부터 나열한 것은?

| | |
|---|---|
| • 기계장치 취득원가 : 1,000,000원(1월 1일 취득) | • 내용연수 : 5년 |
| • 잔존가치 : 취득원가의 10% | • 정률법 상각률 : 0.4 |

① 정률법>정액법>연수합계법
② 정률법>연수합계법>정액법
③ 연수합계법>정률법>정액법
④ 연수합계법>정액법>정률법

**14.** 유형자산의 감가상각과 관련한 다음 설명 중 가장 옳지 않은 것은?

① 연수합계법은 자산의 내용연수 동안 동일한 금액의 감가상각비를 계상하는 방법이다.
② 감가상각의 주목적은 원가의 합리적이고 체계적인 배분에 있다.
③ 감가상각비가 제조와 관련된 경우 재고자산의 원가를 구성한다.
④ 유형자산의 잔존가치가 유의적인 경우 매 보고기간 말에 재검토한다.

## 주관식

**01.** 다음 자료를 보고 정률법으로 감가상각할 경우 2차 회계연도에 계상될 감가상각비를 구하시오.

| | |
|---|---|
| • 취득원가 : 10,000,000원 | • 잔존가치 : 1,000,000원 |
| • 내용연수 : 5년 | • 상각율 : 0.45(가정) |

**02.** 12월 결산법인인 (주)새날은 6월 30일 보유하고 있던 기계장치(공정가액 2,500,000원)를 (주)푸드의 차량운반구(장부가액 1,500,000원)와 교환하고 현금 500,000원을 수령하였다. (주)새날의 손익계산서에 계상될 차량운반구에 대한 감가상각비는 얼마인가?(차량운반구 내용년수 5년, 정액법, 월할상각, 잔존가액 : 0)

**03.** (주)세원은 20x0년 7월 18일 구입하여 사용 중인 기계장치를 20x1년 6월 1일 37,000,000원에 처분하였다. 당기분에 대한 감가상각 후 처분시점의 감가상각누계액은 8,000,000원이며, 처분이익 5,000,000원이 발생하였다. 내용연수 5년, 정액법으로 월할상각하였다고 가정할 경우 기계장치의 취득원가는?

**04.** 다음 자료를 이용하여 유형자산에 대한 감가상각을 실시하는 경우 연수합계법에 의한 3차년도말 현재의 장부금액(장부가액)을 구하시오.

| | |
|---|---|
| • 기계장치 취득원가 : 50,000,000원(1월 1일 취득) | • 내용연수 : 5년 |
| • 잔존가치 : 취득원가의 10% | • 정률법 상각률 : 0.45 |

**05.** ㈜무릉은 공장신축을 위해 다음과 같이 토지를 구입하였다. 토지계정에 기록되어야 할 취득원가는 얼마인가?

| | | | |
|---|---|---|---|
| • 구입가액 : | 50,000,000원 | • 구입관련 법률자문비용 : | 3,000,000원 |
| • 토지위 구건물 철거비용 : | 1,500,000원 | • 구건물 철거후 잡수익 : | 500,000원 |

# 연/습/문/제 답안

## 분개연습

| | | | | | | |
|---|---|---|---|---|---|---|
| [1] | (차) | 감가상각누계액(건물) | 40,000,000 | (대) | 건 물 | 50,000,000 |
| | | 유형자산처분손실 | 12,000,000 | | 보통예금 | 2,000,000 |

☞ 처분손익 = 처분가액(0) – [장부가액(50,000,000 – 40,000,000)+철거비용(2,000,000)] = △12,000,000원(손실)

| | | | | | | |
|---|---|---|---|---|---|---|
| [2] | (차) | 기계장치(신) | 15,000,000 | (대) | 기계장치(구) | 30,000,000 |
| | | 감가상각누계액(기계) | 15,000,000 | | | |
| [3] | (차) | 구 축 물 | 5,500,000 | (대) | 당좌예금 | 5,500,000 |
| [4] | (차) | 토 지 | 9,800,000 | (대) | 당좌예금 | 9,800,000 |
| [5] | (차) | 감가상각누계액(차량) | 550,000 | (대) | 차량운반구 | 1,000,000 |
| | | 유형자산처분손실 | 450,000 | | | |

☞ 처분손익 = 처분가액(0) – 장부가액(1,000,000 – 450,000) = △550,000원(손실)

| | | | | | | |
|---|---|---|---|---|---|---|
| [6] | (차) | 토 지 | 101,000,000 | (대) | 당좌예금 | 30,000,000 |
| | | | | | 미지급금(동성상회) | 70,000,000 |
| | | | | | 보통예금 | 1,000,000 |
| [7] | (차) | 건설중인자산 | 1,000,000 | (대) | 보통예금 | 1,000,000 |
| [8] | (차) | 차량운반구 | 19,000,000 | (대) | 현 금 | 19,500,000 |
| | | 만기보유증권(투) | 500,000 | | | |
| [9] | (차) | 차량운반구 | 40,000 | (대) | 현 금 | 200,000 |
| | | 단기매매증권 | 160,000 | | | |

☞ 유형자산 취득시 구입하는 공채에 대해서 구입가액(액면가액)과 현재가치와의 차액은 유형자산의 취득원가로 처리하고, 유가증권은 보유목적에 따라 회계처리한다.

[10] (차) 기계장치 6,000,000 (대) 현 금 6,000,000

## 객관식

| 1 | 2 | 3 | 4 | 5 | 6 | 7 | 8 | 9 | 10 | 11 | 12 | 13 | 14 |
|---|---|---|---|---|---|---|---|---|---|---|---|---|---|
| ② | ② | ① | ② | ① | ④ | ④ | ③ | ④ | ④ | ③ | ① | ② | ① |

[풀이 - 객관식]

**01.** **무상으로 증여**받은 유형자산은 **공정가치로 취득원가를 계상**한다.
**02.** 비용증가 → 이익감소 → 자본감소
**03.** 파손된 유리 등의 교체비용은 수익적지출(수선비)이고 나머지는 자본적지출에 해당된다.
**04.** 유형자산의 수선 · 유지를 위한 지출은 해당 자산으로부터 당초 예상 되었던 성능수준을 회복하거나 유지하기 위한 것이므로 일반적으로 발생한 기간의 비용으로 인식한다.
**05.** **자산과 이익은 비례관계**이다. 따라서 **자산을 증가시킨 경우 자본(당기순이익)이 증가**한다.
**06.** 무상으로 증여받은 유형자산은 공정가치로 취득원가를 계상한다.
**07.** 단기매매증권평가손실은 손익항목이다.
**08.** 장부가액보다 높은 금액을 받고 처분했으므로 자산이 증가되고 증가된 금액 만큼 자본(당기순이익)이 증가한다.
**09.** 자산의 취득가액은 취득시점까지 발생한 부대비용을 가산한다. 자산 취득 후 지출한 비용은 자본적지출 또는 수익적지출(화재보험료)로 회계처리 한다.
**10.** 유형자산의 감가상각방법에는 정액법, 체감잔액법(예를 들면, 정률법 등), 연수합계법, 생산량비례법 등이 있다. 정액법은 자산의 내용연수 동안 일정액의 감가상각액을 인식하는 방법이다. 체감잔액법과 연수합계법은 자산의 내용연수 동안 감가상각액이 매기간 감소하는 방법이다. 생산량비례법은 자산의 예상조업도 혹은 예상생산량에 근거하여 감가상각액을 인식하는 방법이다. 감가상각방법은 해당 자산으로부터 예상되는 미래경제적효익의 소멸형태에 따라 선택하고, 소멸형태가 변하지 않는 한 매기 계속 적용한다.
**11.** **유형자산을 취득하는데 직접 관련된 원가만 포함**한다.
**12.** 동종교환은 **제공한 자산의 장부가액을 유형자산의 취득가액**으로 한다.
**13.** •1차년도말 감가상각비 정률법 = (1,000,000 - 0) × 0.4 = 400,000원
•1차년도말 감가상각비 연수합계법 = (1,000,000 - 100,000) × 5/15 = 300,000원
•1차년도말 감가상각비 정액법 = (1,000,000 - 100,000) × 1/5 = 180,000원
**14.** 연수합계법은 내용연수동안 감가상각액이 매 기간 감소하는 방법이다.

## 주관식

| | | | | | |
|---|---|---|---|---|---|
| 1 | 2,475,000원 | 2 | 200,000원 | 3 | 40,000,000원 |
| 4 | 14,000,000원 | 5 | 54,000,000원 | | |

[풀이 - 주관식]

**01.** 정률법의 감가상각비 = 장부가액(취득가액 - 감가상각누계액) × 상각율로 구한다.

- 1차 연도 감가상각비 10,000,000원 × 0.45 = 4,500,000원
- 2차 연도 감가상각비 (10,000,000원 - 4,500,000원) × 0.45 = 2,475,000원

**02.** 이종자산간의 교환시 신자산의 가액 = 제공한 자산의 공정가액(2,500,000) - 현금수령(500,000)
= 2,000,000원

감가상각비 = 2,000,000원/5년 × 6개월/12개월 = 200,000원

| | | | | |
|---|---|---|---|---|
| 〈1.공정가치(2,500,000원)로 처분〉 | | | | |
| (차) 현　　금 | 2,500,000 | (대) 기계장치(A) | XXX | |
| | | 유형자산처분이익 | XXX | |
| 〈2.차량운반구 취득〉 | | | | |
| (차) 차량운반구 | 2,000,000 | (대) 현　　금 | 2,500,000 | |
| 현　　금 | 500,000 | | | |
| **〈이종자산간 교환 1+2〉** | | | | |
| **(차) 차량운반구** | **2,000,000** | **(대) 기계장치** | **XXX** | |
| **현　　금** | **500,000** | **유형자산처분이익** | **XXX** | |

**03.** 처분가액(37,000,000) - 장부가액 = 처분손익(5,000,000원)

장부가액(32,000,000) = 취득가액(?) - 감가상각누계액(8,000,000)

∴ 취득가액 = 40,000,000원

**04.** 연수합계법의 감가상각대상금액 = 취득가액 - 잔존가치 = 50,000,000 × 90% = 45,000,000

| 연도 | 감가상각비 계산근거 | 감가상각비 | 감가상각누계액 |
|---|---|---|---|
| 1차년도 | 45,000,000×5년/15년 | 15,000,000 | 15,000,000 |
| 2차년도 | 45,000,000×4년/15년 | 12,000,000 | 27,000,000 |
| 3차년도 | 45,000,000×3년/15년 | 9,000,000 | 36,000,000 |

장부가액 = 취득가액 - 감가상각누계액 = 50,000,000 - 36,000,000 = 14,000,000원

**05.** 취득원가(54,000,000원) = 구입가액(50,000,000원) + 법률자문비용(3,000,000원)
\+ 철거비용(1,500,000원) - 철거후 잡수익(500,000원)

## 3. 무형자산

무형자산이란 재화의 생산이나 용역의 제공, 타인에 대한 임대 또는 관리에 사용할 목적으로 기업이 보유하고 있으며, 물리적 형체가 없지만 식별가능하고 기업이 통제하고 있으며 미래 경제적 효익이 있는 **비화폐성자산**을 말한다.

즉, ① **물리적 실체가 없지만 식별가능하고,**

② **기업이 통제하고 있으며**

③ **미래 경제적 효익이 있는 자산**을 말한다.

위의 세 가지 조건을 충족하면 무형자산으로 분류한다.

☞ 화폐성 항목 : 미래에 확정되었거나 결정가능할 수 있는 **화폐단위의 수량으로 받을 권리 또는 지급할 의무가 있는 자산과 부채**를 말한다(예 : 예금, 매출채권, 매입채무, 대여금, 차입금 등).

☞ 비화폐성 항목 : 화폐성 이외의 자산과 부채를 말한다(예 : 선급금, 재고자산, 유무형자산, 선수금 등).

### (1) 종류

#### ① 영업권

영업권이란 기업의 우수한 종업원, 고도의 경영능력, 영업상 또는 제조상의 비법, 양호한 노사관계, 우수한 인재나 자원의 확보 등으로 미래에 그 기업에 경제적 이익으로 공헌하리라고 기대되는 초과 수익력이 있는 경우 그 미래의 초과수익력을 말한다.

**영업권이 자산으로 인식되기 위해서는 외부구입영업권이어야 하고, 내부창설 영업권의 자산계상은 인정하지 않는다.** 왜냐하면 내부창설영업권은 그 자산의 취득원가를 신뢰성 있게 측정할 수 없고, 자산의 식별이 불가능하기 때문이다.

따라서 다른 기업을 취득·인수·합병할 경우에 취득한 순자산의 공정가액을 초과하는 경우 그 차액을 외부구입영업권이라 하는데 기업회계기준에서는 외부구입영업권만 인정한다.

#### ② 내부적으로 창출된 무형자산(개발비)

개발비란 신제품, 신기술 등의 개발과 관련하여 발생한 비용(소프트웨어의 자체 개발과 관련된 비용을 포함)으로 개별적으로 식별가능하고 미래의 경제적 효익을 기대할 수 있는 것을 말한다. 개발비는 연구개발활동에 투입된 지출 중에서 무형자산의 인식요건에 부합하면 자산으로 계상한다는 의미이며, 법률상의 권리는 아니다. 또한 개발비와 유사한 지출로서 연구비가 있는데, 연구비란 새로운 과학적 지식을 얻고자 하는 활동, 제품 등에 대한 여러 가지 대체안을 탐색하는 활동에 지출하는 비용을 말한다.

이러한 연구비는 미래 경제적 효익이 불투명하기 때문에 발생 즉시 판매비와 관리비로 당기 비용 처리한다.

기업의 내부개발프로젝트를 연구 · 개발단계, 생산단계로 구분하여 회계처리를 보면 다음과 같다.

**〈연구 · 개발 및 생산단계〉**

연구단계 ⟹ **개발단계** ⟹ 생산단계

- 연구단계: 발생시점 비용(연구비) 처리 (판매비와 관리비)
- **개발단계**
  - 무형자산 인식조건을 충족시 개발비로 무형자산 계상
  - 요건을 미충족시 경상연구개발비의 과목으로 발생시점에 비용처리 (판매비와 관리비)
- 생산단계: **무형자산상각비**
  - **제조관련**: 제조경비
  - **제조와미관련**: 판관비

③ 산업재산권

일정기간 독점적 · 배타적으로 이용할 수 있는 권리로서 특허권 · 실용신안권 · 상표권 등을 말한다.

☞ 특허권 : 새로 발명한 것(창작물)을 일정기간 독점적으로 소유 또는 이용할 수 있는 권리
실용신안권 : 산업상 이용할 수 있는 물품 등에 대한 고안으로서 법에 따라 출원하여 부여받은 권리
상표권 : 타 상품과 식별하기 사용하는 기호등을 상표라 하는데 이를 독점적으로 사용할 수 있는 권리

④ 라이선스

특허권자가 자신의 권리를 사용하고자 하는 특허사용자와 계약하여 권리실시를 허용하는 계약을 말한다.

⑤ 소프트웨어

컴퓨터 프로그램과 그와 관련된 문서들을 총칭하며, 자산인식요건을 충족하는 소프트웨어를 구입하여 사용하는 경우의 구입대가를 말한다.

그러나 컴퓨터를 구입시 부수되는 OS는 별도의 소프트웨어라는 무형자산으로 인식하는 것이 아니라, 컴퓨터의 취득부대비용으로 인식하여 유형자산으로 회계처리한다.

⑥ 기타 : 프랜차이즈, 저작권, 임차권리금 등이 있다.

☞ 프랜차이즈 : 제조업자 등이 자기의 상호등을 사용케하여 독립적인 소매점을 가맹점을 하여 하는 영업활동을 하게 하는 것
임차권리금 : 임차인이 상가를 다른 세입자에게 매도함으로써 포기해야 하는 시설비와 영업권을 말한다.

### (2) 무형자산의 취득원가

매입가액에 취득 부대비용을 가산하여 무형자산의 취득원가로 하고, 일반적으로 유형자산의 취득원가와 동일하나, 내부적으로 창출된 무형자산의 취득원가는 그 자산의 창출, 제조, 사용 준비에 직접 관련된 지출과 **합리적이고 일관성 있게 배부된 간접 지출을 모두 포함**한다.

### (3) 무형자산의 상각

① 상각대상금액

**무형자산의 잔존가치는 원칙적으로 "0"로 한다.** 그러므로 취득원가가 무형자산의 상각대상금액이 된다.

② 내용연수

**무형자산의 내용연수(상각기간)는 독점적 · 배타적인 권리를 부여하고 있는 관계법령이나 계약에 정해진 경우를 제외하고는 20년을 초과할 수 없다.** 또한, 상각시점은 무형자산이 **사용가능한 시점부터 상각**하도록 하고 있다.

③ 상각방법

유형자산과 마찬가지로 정액법, 정률법, 생산량비례법 등 기업회계기준이 정하는 방법 중에서 기업이 합리적인 방법을 선택하여 상각한다.

그러나 **합리적인 상각방법을 정할 수 없는 경우에는 정액법을 사용하도록 하고 있다.**

④ 무형자산상각비

**무형자산상각비 = [취득가액 – 0(잔존가치는 원칙적으로 "0")]/내용연수**
**= 미상각잔액(장부가액)/잔여내용연수**

### (4) 재무제표 표시

유형자산은 감가상각이라고 표현하는데, 무형자산은 상각이라고 표현하며 유형자산과 달리 상각누계액 계정을 별도로 설정하지 않고 직접 차감하는 방법(직접상각법)을 사용할 수 있다.

일반적으로 유형자산은 간접상각법을 무형자산은 직접상각법을 사용한다.

| | | | |
|---|---|---|---|
| (차) 무형자산상각비<br>(제조원가/판관비) | ××× | (대) 무 형 자 산<br>(또는 상각누계액) | ××× |

〈부분재무상태표 – 직접상각법〉

| | |
|---|---|
| – 개발비 | 1,000,000 |

장부가액
(미상각잔액)

## <예제 2 - 23> 무형자산

㈜백두의 다음 거래를 분개하시오.

1. 20×1년 10월 1일 고려대학에 의뢰한 신제품개발에 따른 용역비 10,000,000원을 보통예금에서 이체하여 지급하다. 본 용역은 자산요건을 충족한다.
2. 20×1년 12월 31일 현재 특허권 미상각잔액이 4,500,000원이 있다. 특허권은 2년간 상각하였고, 회사는 특허권 상각에 대해서 사용가능시점부터 5년간 직접 상각한다.

**해답**

| | | | | |
|---|---|---|---|---|
| 1. | (차) 개 발 비 | 10,000,000원 | (대) 보통예금 | 10,000,000원 |
| 2. | (차) 무형자산상각비 | 1,500,000원*1 | (대) 특 허 권 | 1,500,000원 |
| | *1. 당기 상각비 = 미상각잔액(4,500,000)/잔여내용연수(5 – 2) = 1,500,000원 | | | |

〈유형자산 VS 무형자산〉

| | 유형자산 | 무형자산 |
|---|---|---|
| 취득가액 | 매입가액 + 부대비용 | 좌동(간접지출도 포함가능) |
| 잔존가액 | 처분시 예상되는 순현금유입액 | **원칙적으로 "0"** |
| 내용년수 | 경제적 내용연수 | 좌동<br>**원칙 : 20년 초과 불가** |
| 상각방법 | 정액법, 정률법, 내용연수합계법, 생산량비례법등 | 좌동<br>**다만 합리적인 상각방법이 없는 경우 "정액법"** |
| 재무제표 표시 | 간접상각법 | **직접상각법, 간접상각법 가능** |

## 4. 기타비유동자산

비유동자산 중 투자자산 및 유형자산, 무형자산에 속하지 않는 자산을 의미한다.

### (1) 임차보증금(vs임대보증금)

타인소유의 부동산이나 동산을 사용하기 위하여 임대차계약을 체결하는 경우에 월세 등을 지급하는 조건으로 임차인이 임대인에게 지급하는 보증금을 말한다.

### (2) 전세권

전세금을 지급하고 타인의 부동산을 그 용도에 따라 사용, 수익하는 권리이다.

### (3) 장기매출채권

유동자산에 속하지 아니하는 일반적 상거래에서 발생한 장기의 외상매출금 및 받을어음을 말한다.

### (4) 부도어음과수표

어음소지인이 어음대금 청구시 어음금액의 지급을 거절당한 경우 어음의 부도라 하고, 지급이 거절된 어음을 부도어음이라 한다. 어음이 부도되면 어음소지인은 어음발행자에게 어음금액을 청구할 수 있으며, 이때 어음소지인은 어음금액과 법정이자, 공증인에 의한 지급거절증서 작성비용 등을 청구한다.

☞공증인 : 당사자의 촉탁에 따라 법률행위나 그 밖의 개인적인 권리에 관한 사실에 대한 공정증서의 작성 등의 사무를 처리하는 자를 말하는데, 변호사 등 일정 자격을 가진 자 중 법무부장관이 임명한다.

회사는 관리목적상 정상적인 어음과 구분하기 위하여 **부도어음과수표계정(청구비용 등 포함)을 사용하고, 추후 회수가능성을 판단하여 대손처리한다.**

### (5) 기타 이외에 이연법인세자산, 장기미수금 등이 있다.

# 연/습/문/제

## 분개연습

**[1]** 본점 이전을 위하여 한성빌딩 101호를 임차하기로 하였으며 임차보증금 30,000,000원을 보통예금 통장에서 송금하였다.

**[2]** 서울대학에 의뢰한 신제품 개발에 따른 연구용역비 12,000,000원을 보통예금에서 폰뱅킹 이체하여 지급하다(무형자산으로 처리할 것).

**[3]** 4월 10일에 제품을 매출하고 (주)암석으로부터 수취한 어음 5,000,000원이 부도처리되었다는 것을 7월 10일에 국민은행으로부터 통보받았다.

**[4]** 창고 임차보증금에 대한 계약금 2,000,000원을 상화빌딩에 자기앞수표로 지급하였다. 계약기간은 1년간이다.

**[5]** 영업점을 이전하면서 임대인(대성빌딩)으로부터 임차보증금 중 임차료 미지급액 6,000,000원을 차감한 나머지 194,000,000원을 보통예금으로 반환받았다(미지급비용 계정과목을 사용하시오).

**[6]** 무형자산으로 처리된 개발비의 당기 무형자산상각액은 12,000,000원이다(단, 판매관리비로 처리하고 직접법으로 상각함).

**[7]** 당사의 신제품 개발을 위해 보통예금에서 인출된 개발비 2,000,000원에 대하여 자산계정을 사용하여 회계처

리하시오.

**[8]** 무형자산에 대한 당기 상각비는 다음과 같다. 무형자산 상각에 대한 회계처리를 하시오.

| | |
|---|---|
| • 개발비 3,000,000원 | • 특허권 2,000,000원 |

**[9]** 전자제품수리부서의 사무용기기 임차에 따른 보증금으로 5,000,000원을 (주)제룩스에 당좌수표로 지급하였다.

**[10]** 영업권은 20x0년 1월 1일 10,000,000원에 취득하여 사용해 왔다. 회사는 무형자산의 내용연수를 5년으로 하고 있다.

**[11]** 결산일 현재 무형자산인 영업권(취득가액 : ?, 내용연수 : 5년, 상각방법 : 정액법)의 전기 말 (20x0년 12월 31일) 상각 후 미상각잔액은 15,000,000원이다. 영업권은 전전기 1월 1일에 취득하였으며 매년 법정상각범위액을 전부 무형자산상각비로 인식하였다. 당해연도 영업권의 무형자산상각비를 인식하시오(단, 무형자산은 직접 상각하고, 판매비와 관리비로 처리함).

## 객관식

**01.** 무형자산과 관련된 다음의 설명 중 옳지 않은 것은?

① 개발비는 개발단계에서 발생하여 미래 경제적 효익을 창출할 것이 기대되는 자산이다.
② 무형자산의 취득원가는 매입금액에 직접부대비용을 가산한다.
③ 무형자산을 직접 차감하여 상각하는 경우 무형자산상각비 계정을 사용한다.
④ 영업활동에 사용할 목적으로 보유하는 자산으로 물리적 실체가 있는 경우 무형자산으로 분류된다.

**02.** 다음은 무형자산에 관한 설명이다. 잘못된 것은?

① 무형자산의 상각방법은 자산의 경제적 효익이 소비되는 행태를 반영한 합리적인 방법이어야 한다.
② 무형자산의 상각방법에는 정액법, 체감잔액법(정률법 등), 연수합계법, 생산량비례법 등이 있다.
③ 무형자산의 합리적인 상각방법을 정할 수 없는 경우에는 정률법을 사용한다.
④ 무형자산의 상각이 다른 자산의 제조와 관련된 경우에는 관련 자산의 제조원가로, 그밖의 경우에는 판매비와 관리비로 계상한다.

**03.** 다음 중 기업회계기준상 무형자산에 해당하지 않는 것은?

① 광업권 ② 영업권 ③ 전세권 ④ 특허권

**04.** 다음 항목들 중에서 무형자산으로 인식할 수 없는 것은?

① 향후 5억원의 가치창출이 확실한 개발단계에 2억원을 지출하여 성공한 경우
② 내부창출한 상표권으로서 기말시점에 회사 자체적으로 평가한 금액이 1억원인 경우
③ 통신기술과 관련한 특허권을 출원하는 데 1억원을 지급한 경우
④ 12억원인 저작권을 현금으로 취득한 경우

**05.** 다음 중 무형자산에 대한 설명으로 옳지 않은 것은?

① 무형자산을 최초로 인식할 때에는 원가로 측정한다.
② 내부적으로 창출한 무형자산의 창출과정은 연구단계와 개발단계로 구분한다.
③ 무형자산의 상각기간은 독점적, 배타적인 권리를 부여하고 있는 관계 법령이나 계약에 정해진 경우를 제외하고는 20년을 초과할 수 없다.
④ 무형자산을 창출하기 위한 과정을 연구단계와 개발단계로 구분할 수 없는 경우에는 모두 개발단계에서 발생한 것으로 본다.

**06.** 다음은 무형자산과 관련된 내용이다. 가장 올바르지 못한 것은?

① 물리적 형체가 없지만 식별할 수 있다.
② 기업이 통제하고 있어야 한다.
③ 무형자산에는 어업권, 산업재산권, 선수금, 영업권 등이 있다.
④ 미래에 경제적 효익이 있는 비화폐성 자산이다.

**07.** 다음 중 일반기업회계기준상 무형자산으로 계상할 수 없는 것은?

① 합병 등으로 인하여 유상으로 취득한 영업권
② 기업의 프로젝트 연구단계에서 발생하여 지출한 연구비
③ 일정한 광구에서 부존하는 광물을 독점적 · 배타적으로 채굴하여 취득할 수 있는 광업권
④ 일정기간동안 독점적 · 배타적으로 이용할 수 있는 산업재산권

**08.** 다음 항목 중 재무상태표상 기타비유동자산에 속하는 계정과목은?

① 만기보유증권 ② 투자부동산
③ 임차보증금 ④ 지분법적용투자주식

**09.** 다음 중 무형자산의 회계처리에 대한 설명으로 틀린 것은?

① 무형자산을 최초로 인식할 때에는 공정가치로 측정한다.
② 다른 종류의 무형자산이나 다른 자산과의 교환으로 무형자산을 취득하는 경우에는 무형자산의 원가를 교환으로 제공한 자산의 공정가치로 측정한다.
③ 무형자산을 창출하기 위한 내부 프로젝트를 연구단계와 개발단계로 구분할 수 없는 경우에는 그 프로젝트에서 발생한 지출은 모두 연구단계에서 발생한 것으로 본다.
④ 무형자산의 잔존가치는 없는 것을 원칙으로 한다.

**10.** 다음 중 재무상태표의 자산분류상 올바른 항목으로 짝지어진 것은?

① 유동자산 : 단기투자자산, 투자자산 : 임차보증금
② 투자자산 : 장기대여금, 유형자산 : 건설중인자산
③ 투자자산 : 투자부동산, 기타비유동자산 : 지분법적용투자주식
④ 유동자산 : 선급비용, 투자자산 : 장기미수금

**11.** 다음은 무형자산에 대한 일반기업회계기준의 규정이다. 이 중 가장 잘못된 설명은?

① 영업권, 산업재산권, 개발비, 소프트웨어 등이 포함된다.
② 상각대상금액은 그 자산의 추정 내용연수 동안 체계적인 방법을 사용하여 비용으로 배분하여야 한다.
③ 물리적 형체는 없지만 식별가능하고 기업이 통제하고 있으며 미래 경제적 효익이 있는 화폐성자산이다.
④ 상각기간은 관계 법령이나 계약에 정해진 경우를 제외하고는 20년을 초과할 수 없다.

**12.** 다음 중 무형자산에 대한 설명으로 옳지 않은 것은?

① 내부적으로 창출하여 계상한 영업권은 인정하지 않는다.
② 무형자산 상각 시 잔존가치는 원칙적으로 0원인 것으로 한다.
③ 장기간에 걸쳐 영업 활동에 사용할 목적으로 보유하는 물리적 형체가 없는 자산이다.
④ 무형자산의 상각은 취득 시점부터 시작한다.

## 주관식

**01.** 다음 중 기업회계기준상 무형자산에 해당되는 항목을 모두 고루시오.

| | | |
|---|---|---|
| a. 특허권 | b. 개발비 | c. 연구비 |
| d. 개업비 | e. 상표권 | f. 창업비 |

**02.** 다음 중 무형자산에 해당하는 것을 모두 고르시오.

| | | |
|---|---|---|
| a. 특허권 | b. 내부적으로 창출된 영업권 | c. 컴퓨터소프트웨어 |
| d 상표권 | e. 임차권리금 | f. 경상개발비 |

**03.** 무형자산을 합리적인 방법으로 상각방법을 정할 수 없는 경우에는 어떤 상각방법을 사용하는가?

**04.** 다음은 ㈜희망이 무형자산을 창출하기 위해 지출한 내부 프로젝트의 경비 항목이다. 이 항목들에 대하여 연구단계와 개발단계를 구분할 수 없는 경우, 무형자산으로 인식할 수 있는 금액은 얼마인가?

| | | | |
|---|---|---|---|
| • 관련자료 구입비 : | 3,000,000원 | • 창출관련 행정수수료 : | 1,200,000원 |
| • 인건비 : | 6,500,000원 | • 기타 창출경비 : | 800,000원 |

# 연/습/문/제 답안

## 분개연습

| | | | | | | |
|---|---|---|---|---|---|---|
| [1] | (차) | 임차보증금(한성빌딩) | 30,000,000 | (대) | 보통예금 | 30,000,000 |
| [2] | (차) | 개 발 비 | 12,000,000 | (대) | 보통예금 | 12,000,000 |
| [3] | (차) | 부도어음과수표((주)암석) | 5,000,000 | (대) | 받을어음((주)암석) | 5,000,000 |

☞ 부도가 났다고 대손처리하면 안된다. 부도났다고 모든 매출채권이 회수가 불가능하지 않으므로 우선적으로 비유동자산으로 분류하고 추후 대손시 대손처리하면 된다.

| | | | | | | |
|---|---|---|---|---|---|---|
| [4] | (차) | 선 급 금(상화빌딩) | 2,000,000 | (대) | 현 금 | 2,000,000 |
| [5] | (차) | 보통예금 | 194,000,000 | (대) | 임차보증금(대성빌딩) | 200,000,000 |
| | | 미지급비용(대성빌딩) | 6,000,000 | | | |
| [6] | (차) | 무형자산상각비(판) | 12,000,000 | (대) | 개발비 | 12,000,000 |
| [7] | (차) | 개 발 비 | 2,000,000 | (대) | 보통예금 | 2,000,000 |
| [8] | (차) | 무형자산상각비(판) | 5,000,000 | (대) | 개발비 | 3,000,000 |
| | | | | | 특허권 | 2,000,000 |
| [9] | (차) | 임차보증금((주)제록스) | 5,000,000 | (대) | 당좌예금 | 5,000,000 |
| [10] | (차) | 무형자산상각비(판) | 2,000,000 | (대) | 영업권 | 2,000,000 |

☞ 상각비 = 취득가액(10,000,000)/내용연수(5년) = 2,000,000원

| | | | | | | |
|---|---|---|---|---|---|---|
| [11] | (차) | 무형자산상각비(판) | 5,000,000 | (대) | 영업권 | 5,000,000 |

☞ 상각비 = 장부가액(15,000,000)/잔여내용연수(5년 – 2년) = 5,000,000원

## 객관식

| 1 | 2 | 3 | 4 | 5 | 6 | 7 | 8 | 9 | 10 | 11 | 12 |
|---|---|---|---|---|---|---|---|---|---|---|---|
| ④ | ③ | ③ | ② | ④ | ③ | ② | ③ | ① | ② | ③ | ④ |

[풀이 - 객관식]

01. 무형자산은 **물리적 실체가 없는 자산**이다.

02. 무형자산의 경우 **합리적인 상각법을 정할 수 없는 경우 정액법**을 사용한다.

03. 전세권은 비유동자산 중 기타비유동자산에 해당한다.

04. 내부창출한 상표권은 신뢰성 있는 측정이 아니므로 자산으로 인식할 수 없다.

05. 무형자산을 창출하기 위한 내부 프로젝트를 **연구단계와 개발단계로 구분할 수 없는 경우**에는 그 프로젝트에서 발생한 지출은 모두 **연구단계에서 발생한 것**으로 본다.

06. 선수금은 유동부채계정이다.

07. 기업의 연구개발활동 중 연구단계에서 발생하여 지출한 연구비는 당기비용으로 처리한다.

09. 무형자산을 **최초로 인식할 때에는 원가로 측정**한다.

10. 단기투자자산, 선급비용은 유동자산이며, 장기대여금, 투자부동산, 지분법적용투자주식은 투자자산이고, 건설중인자산은 유형자산이며, 임차보증금, 장기미수금은 기타비유동자산이다.

11. 무형자산은 **물리적 형체는 없지만 식별가능하고 기업이 통제**하고 있으며 **미래 경제적 효익**이 있는 **비화폐성자산**이다.

12. 무형자산의 상각은 **사용 가능한 시점부터 시작**한다.

## 주관식

| | | | | | |
|---|---|---|---|---|---|
| 1 | a, b, e | 2 | a,c,d,e | 3 | 정액법 |
| 4 | 0원 | | | | |

**01.** 연구비, 개업비, 창업비는 당기 비용화한다.

**02.** 산업재산권(특허권, 실용신안권, 의장권, 상표권, 상호권 및 상품명 포함), 컴퓨터소프트웨어, 임차권리금이 무형자산에 해당된다. 내부적으로 창출된 영업권은 미래경제적효익을 창출하기 위하여 발생한 지출이라도 자산 인식기준을 충족하지 못하므로 무형자산으로 인식할 수 없다. 경상개발비는 당기비용으로 처리한다.

**03.** 합리적인 상각방법을 정할 수 없는 경우에는 정액법을 사용한다.

**04.** 무형자산을 창출하기 위한 내부 프로젝트를 **연구단계와 개발단계로 구분할 수 없는 경우**에는 그 프로젝트에서 발생한 지출은 **모두 연구단계에서 발생한 것**으로 본다.

Chapter

# 계정과목별 이해 (부채)

# 3

로그인 전산회계 1급

Login

**NCS회계 - 3** 전표관리 – 전표작성하기/증빙서류 관리하기

자금관리 – 현금시재/법인카드 관리하기

**NCS세무 - 2** 전표처리

부채는

① 과거 거래나 사건의 결과로서

② 현재 기업이 부담하고

③ 그 이행에 대하여 회사의 경제적 가치의 유출이 예상되는 의무이다.

부채는 원칙적으로 1년 기준에 의하여 유동부채와 비유동부채로 구분된다.

## 제1절 유동부채

재무상태표일로부터 만기가 1년 이내에 도래하는 부채를 유동부채라 하고, 그 이외는 비유동부채라 한다.

### 1. 종 류

#### (1) 매입채무 - 외상매입금과 지급어음(VS 매출채권 - 외상매출금과 받을어음)

회사의 영업활동과 관련(상거래)하여 발생한 채무를 말한다.

### (2) 미지급금(VS 미수금)

상거래 이외의 거래에서 발생한 채무로서 1년 이내에 지급할 것

### (3) 단기차입금(VS 단기대여금)

금융기관으로부터 1년 이내에 상환할 차입금(금융기관으로부터 당좌차월액 포함)

### (4) 미지급비용(VS 미수수익)

발생주의에 따라 당기에 발생된 비용으로서 지급되지 아니한 것

### (5) 선수수익(VS 선급비용)

대금은 수령하였으나 수익실현시점이 차기 이후에 속하는 수익

### (6) 선수금(VS 선급금)

상거래에서 미리 계약금의 명목으로 선수한 금액

### (7) 예수금(VS 선납세금)

일반적인 상거래 이외에서 발생하는 현금 지급액 중 일부를 일시적으로 보관하였다가 바로 제 3자(국가 등)에게 지급해야 하는 금액

### (8) 부가세예수금(VS 부가세대급금)

부가가치세 과세대상 재화나 용역을 공급하고 공급받는 자로부터 거래징수한 부가가치세액을 말한다.

### (9) 미지급세금

국가나 지방자치단체에 납부해야 할 세금

### (10) 미지급배당금

주주총회에서 현금 배당 결의시 미지급된 배당액을 말한다.

### (11) 유동성장기부채

비유동부채 중 결산일 현재 1년 이내에 상환하여야 할 금액

## 2. 매입채무(VS 매출채권)

상품이나 원재료를 외상으로 매입(상거래)한 경우 나중에 지급해야 하는 의무를 말한다. 이렇게 상품대금을 구두로 지급약속을 하는 경우에는 외상매입금을 쓰지만, 매입자 측에서 대금지급조건으로 어음을 발행하는 경우 지급어음이라는 계정을 사용한다. 회사에서는 관리목적상 외상매입금과 지급어음이라는 계정으로 기중에 회계처리 하지만, 기업회계기준에서는 재무상태표에 공시할 때에는 매입채무로 통합 표시하도록 하고 있다.

## 3. 미지급금(VS 미수금)

회사의 상거래 이외의 활동에서 발생한 지급 의무로 결산일로부터 1년 이내에 상환해야 하는 부채를 말한다.

즉, 유형자산의 구입을 외상으로 매입하는 과정에서 발생된 단기채무와 비용발생시 외상으로 하는 경우 미지급금으로 분류한다.

또한 **회사가 상거래 이외의 활동에서 어음을 제공하였다 하더라도 지급어음 계정을 사용해서는 안되고 미지급금계정을 사용**해야 한다.

## 4. 단기차입금(VS 단기대여금)

차용증서에 의하여 금전을 빌리고 상환기한이 1년 이내인 채무를 단기차입금이라 한다. 주로 기업이 금융기관 등에서 자금을 빌리고 1년 이내 갚아야 되는 금액을 말한다. 그리고 기업이 당좌거래를 하고 있다면 당좌차월에 대해서도 기말에 단기차입금으로 계상하여야 한다.

### <예제 3 - 1> 단기차입금

㈜백두의 다음 거래를 분개하시오.

1. 10월 3일 국민은행으로부터 10,000,000원을 현금 차입하였다.(만기 1년 이내)
2. 12월 31일 국민은행으로부터 차입한 금액에 대하여 이자 200,000원을 현금 지급하다.
3. 12월 31일 신한은행의 당좌예금 잔액을 조회하니 (-)3,000,000원이다. ㈜백두는 신한은행과 당좌차월 약정을 체결하고 있다.

**해답**

| | | | | |
|---|---|---|---|---|
| 1. | (차) 현　　금 | 10,000,000 | (대) 단기차입금 | 10,000,000 |
| 2. | (차) 이 자 비 용 | 200,000 | (대) 현　　금 | 200,000 |
| 3. | (차) 당 좌 예 금 | 3,000,000 | (대) 단기차입금 | 3,000,000 |
| | 〈기중에 당좌차월 계정사용시〉 | | | |
| | (차) 당좌차월 | 3,000,000 | (대) 단기차입금 | 3,000,000 |

## 5. 미지급비용(VS 미수수익)

당기에 속하는 비용으로서 미지급된 것을 말한다. 대표적인 항목에는 미지급급여, 미지급이자, 미지급임차료 등이 있고 이를 총괄하여 미지급비용으로 계상한다. 해당 비용을 차변에 비용의 증가로, 미지급분에 해당하는 비용을 부채의 증가로 표시한다.

**참고**

**미지급금 VS 미지급비용**

1. 미지급금 : 타인과의 거래에서 구입한 재화 등에 대하여 아직 대가를 지급하지 않고 있는 금액 중 **일반적인 상거래 이외**에서 발생한 채무를 말한다.
2. 미지급비용 : 당기에 비용이 발생했으나 아직 지급기일이 도래하지 않아 지급되지 않는 비용을 말한다.

즉 미지급금은 채무가 확정된 것이고, 미지급비용은 아직 지급일(계약상 약정일등)이 도래하지 않아 채무가 확정되지 않았을 때 씁니다.
쉽게 생각하시면 미지급금은 확정부채이고 미지급비용은 아직 진행 중인 미확정부채로 생각하시면 큰 무리가 없습니다.

## 6. 선수수익(VS 선급비용)

당기에 수익으로서 이미 대가로 받은 금액 중 차기 이후에 속하는 부분에 대해서는 선수수익으로 부채로 계상하여야 한다.

선급비용에서 언급했지만 다시 한번 복습해보자.

예를 들어 10월 1일에 회사가 1년치 임대료를 240,000원 현금으로 수령하였다고 가정하자.

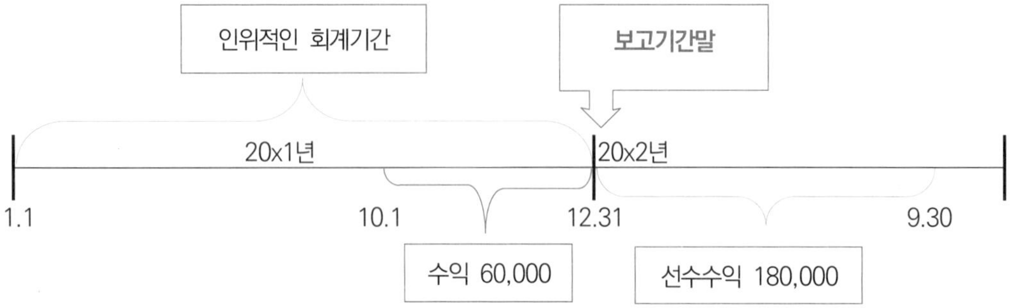


그러므로 재무상태표에는 선수수익(180,000원)과 손익계산서에는 영업외수익 임대료(60,000원)이 표시되어야 한다.

| | 수취시점에 전액 수익계상 | 수취시점에 전액 부채계상 |
|---|---|---|
| 10.01 | (차) 현　　금　240,000<br>(대) 임 대 료　240,000 | (차) 현　　금　240,000<br>(대) 선수수익　240,000 |
| 12.31 | (차) 임 대 료　180,000<br>(대) 선수수익　180,000 | (차) 선수수익　60,000<br>(대) 임 대 료　60,000 |
| 재무제표 | 손익계산서 : 임대료(x1.10.1~x1.12.31)　60,000 | |
| | 재무상태표 : 선수수익(x2.1. 1~x2.9.30)　180,000 | |

그러나 실무적으로는 임대료 수취시점에 금년도 수익과 내년도 수익을 구분 계산하여 인식하면, 12월 31일에 결산정리분개를 할 필요가 없다.

| | | | |
|---|---|---|---|
| (차) 현　　금 | 240,0000원 | (대) 선 수 수 익 | 180,000원 |
| | | 임 대 료 | 60,000원 |

## 7. 선수금(VS 선급금)

기업 간의 거래에 있어서 상품 등을 매매할 때 거래의 이행을 명확하게 하기 위하여 계약금을 수수하는 경우가 있는데 상품거래금액에 일부를 미리 받은 경우 선수금으로 처리한다.

선수금은 아직 상품 등을 인도하지 않았으므로 매출로 기록하지 않고 회사의 상품 등을 매입자에게 인도할 의무가 존재하므로 부채로 인식하여야 한다.

## 8. 예수금

기업이 거래처나 종업원이 제3자(주로 국가 등)에게 납부해야 할 금액을 일시적으로 보관하였다가 제 3자에게 지급해야 하는 금액을 말한다.

예를 들면, 기업이 종업원에게 급여 지급 시 종업원이 국가에 납부해야 할 소득세, 국민연금, 건강보험료 등을 차감하여 지급하고 이렇게 예수한(차감한) 금액은 기업이 종업원을 대신하여 해당 기관(세무서 등)에 납부할 때 사용하는 계정이다.

이때 국민연금과 건강보험료는 종업원(50%)과 사업주(50%)가 반반씩 부담한다.

**[원천징수]**

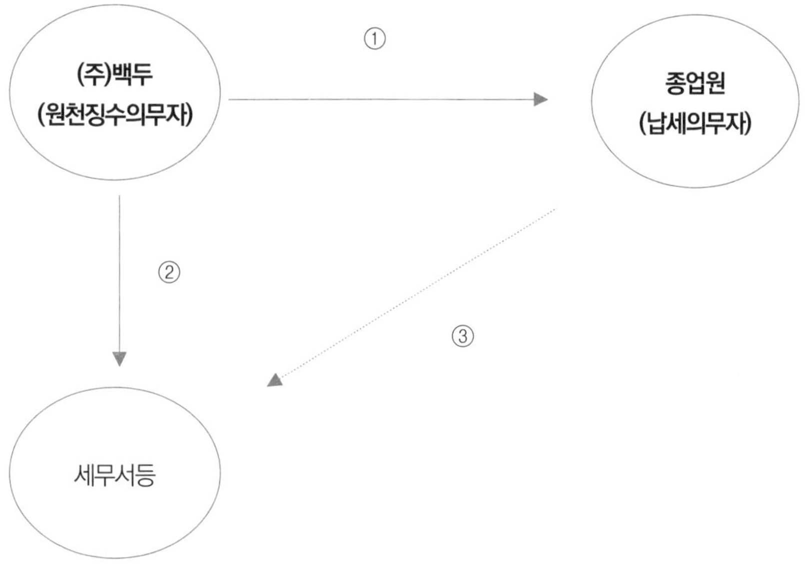


① ㈜백두가 종업원에게 급여 2,000,000원을 지급시 소득세, 지방소득세와 국민연금, 건강보험료, 고용보험료를 차감한 1,800,000원을 지급한다.
② ㈜백두은 다음달 종업원으로부터 예수한 소득세 등을 관할관청에 납부한다.
③ 이러한 예수금(소득세등)은 실질적으로 종업원이 납부한 것이다.

☞소득세 : 개인의 1년간 소득에 부과하는 세금
지방소득세 : 소득세 납세의무가 있는 개인 등에 대하여 지방자치단체가 부과하는 지방세(일반적으로 소득세의 10%이다)
국민연금 : 근로자등 가입자가 나이가 들어 퇴직하거나 질병 등으로 인해 소득이 없을 경우 일정한 소득으로 노후를 보장해 주는 사회보장제도
건강보험 : 질병 등으로 인해 발생한 고액의 진료비로 가계에 과도한 부담이 되는 것을 방지하기 위하여, 국민들이 평소에 보험료를 내고 보험자인 국민건강보험공단이 이를 관리・운영하다가 필요시 보험급여를 제공함으로써 국민 상호간 위험을 분담하고 필요한 의료서비스를 받을 수 있도록 하는 사회보장제도
고용보험 : 근로자가 실직할 경우를 대비하기 위하여 실직근로자의 생활안정과 재취업을 대비하기 위한 사회보험

## <예제 3 - 2> 예수금

㈜백두의 다음 거래를 분개하시오.

1. 10월 25일 종업원 급여 1,000,000원 지급하면서 소득세(지방소득세 포함) 10,000원, 국민연금 9,000원 건강보험료 8,000원을 차감한 973,000원을 현금지급하다.
2. 10월 27일 회계관련 교육을 진행하면서 김세무사에게 강사료 2,000,000원을 지급하면서 소득세 60,000원과 지방소득세 6,000원을 원천징수하고 차액은 보통예금에서 계좌이체하다. 강사료는 교육훈련비로 처리하기로 한다.
3. 11월 10일 세무서와 지방자치단체에 소득세(지방소득세 포함) 76,000원, 종업원 부담분과 사업주 부담분을 국민연금공단에 18,000원, 건강보험공단에 16,000원을 현금 납부하다.

**해답**

| | | | | |
|---|---|---|---|---|
| 1. | (차) 급 여 | 1,000,000 | (대) 현 금<br>예 수 금 | 973,000<br>27,000 |
| 2. | (차) 교육훈련비(판) | 2,000,000 | (대) 예 수 금<br>보통예금 | 66,000<br>1,934,000 |
| 3. | (차) 예 수 금(세무서 등)<br>예 수 금(국민연금공단)<br>세금과공과<br>예 수 금(건강보험공단)<br>복리후생비 | 76,000<br>9,000<br>9,000<br>8,000<br>8,000 | (대) 현 금 | 110,000 |

## 9. 부가세예수금(VS 부가세대급금)

부가가치세 과세대상 재화나 용역을 공급하고 공급받는 자로부터 거래 징수한 부가가치세액을 말하는 것으로, 부가가치세 신고시 부가세 예수금계정금액에서 부가세대급금계정을 차감한 금액이 부가가치세 신고시 납부 또는 환급세액이 된다.

## 10. 미지급세금

기업도 이익이 발생하면 개인과 마찬가지로 국가에 세금(법인세)을 납부하게 된다. 일반적으로 법인세는 회계기간말로부터 3개월 이내에 납부하게 되어 있다. 그러므로 유동부채로 회계처리하여야 한다. 또한 미지급세금대신 보다 명확하게 하기 위해서 미지급법인세라는 계정과목을 사용하기도 한다.

## 11. 유동성장기부채

일반적으로 장기차입금의 이자율은 단기차입금의 이자율보다 더 높다. 기업회계기준에서는 이러한 차입금을 구분하기 위해서 장기차입금으로 계정 처리한 금액 중 **상환기일이 1년 이내에 도래하는 금액을 단기차입금과 구분표시하기 위해서 유동성장기부채라는 계정으로 재분류하여야 한다.**

## 12. 미지급배당금

배당결의일 현재 미지급된 현금배당액을 말한다.

## 13. 가수금(VS 가지급금)

현금 등을 수취하였으나 계정과목이나 금액이 미확정 되었을 경우 임시적으로 처리하는 계정과목이다.

기업회계기준의 재무상태표 작성 기준을 보면 이러한 가계정은 재무상태표에 나타내지 말아야 하므로 그 계정의 내역을 밝혀내어 해당 계정과목으로 재무상태표에 표시하여야 한다.

# 연/습/문/제

## 분개연습

**[1]** 생산라인에 필요한 외국기술서적의 번역을 의뢰한 프리랜서에게 번역비 1,000,000원에서 원천징수세액 33,000원을 차감한 금액을 자기앞수표로 지급하였다(수수료비용으로 회계처리할 것).

**[2]** 대한은행으로부터 차입한 단기차입금 30,000,000원을 상환함과 동시에 이자 3,000,000원(미지급비용 1,500,000원 포함)을 보통예금에서 이체하여 지급하였다.

**[3]** 새로 구축한 생산라인에 대한 교육을 생산부서에서 실시하였다. 강의는 외부강사를 초빙하였고 강사료는 2,000,000원으로 세금 66,000원을 원천징수 후 1,934,000원을 현금지급하였다.

**[4]** 원재료 매입처 영주시계의 외상매입금 10,000,000원에 대하여 약정에 따라 300,000원을 할인받고 잔액은 현금으로 지급하였다.

**[5]** 가수금 1,000,000원의 내역을 확인한 결과 (주)용인전자에 대한 거래로 300,000원은 제품을 매출하기로 하고 받은 계약금이며, 700,000원은 기존에 외상대금 중 일부를 회수한 것이다.

**[6]** 영업부사원들의 사기진작을 위하여 인근 '놀부식당'에서 회식을 하고 식사대금 270,000원을 외상으로 하였다.

**[7]** 다음과 같이 산출된 급여를 보통예금에서 직원의 보통예금계좌로 이체 지급하다.

| 구 분 | 관리직 | 생산직 | 합 계 |
|---|---|---|---|
| 급 여 총 액 | 2,800,000원 | 3,600,000원 | 6,400,000원 |
| 소 득 세 | 114,700원 | 231,740원 | 346,440원 |
| 지 방 소 득 세 | 11,470원 | 23,170원 | 34,640원 |
| 국 민 연 금 | 126,000원 | 162,000원 | 288,000원 |
| 건 강 보 험 | 66,780원 | 85,860원 | 152,640원 |
| 고 용 보 험 | 12,600원 | 16,200원 | 28,800원 |
| 공 제 액 | 331,550원 | 518,970원 | 850,520원 |
| 차 인 지 급 액 | 2,468,450원 | 3,081,030원 | 5,549,480원 |

**[8]** 거래처 세흥상사㈜로부터 현금 6,000,000원을 차입하고 약속어음(만기 1년 이내)을 발행하여 교부하였다.

☞ 금융어음(융통어음) : 상품을 주고받는 것과 같이 실물의 이전이 있는 것이 아니라, 현금의 대여 · 차입처럼 자금만 주고받는 과정에서 발행되는 어음이므로 공어음이라고도 한다.

**[9]** 8월 1일 일시적으로 건물 중 일부를 임대(임대기간 20x1년 9월 1일 ~ 20x2년 8월 31일)하면서 1년분 임대료 6,000,000원을 현금으로 받고 선수수익으로 회계처리하였다. 월할 계산하여 기말수정분개를 하시오.

**[10]** 거래처인 (주)용산전자의 외상매입금 55,000,000원 중 33,000,000원은 당좌수표로 지급하고, 나머지 금액은 면제받았다.

**[11]** 지난달 도시가스공사에 대한 가스수도료 54,000원(미지급비용)을 보통예금에서 이체지급하였다.

**[12]** 성일기업에 대한 외상매출금 2,700,000원과 외상매입금 3,800,000원을 상계처리하고 나머지 잔액은 당좌수표를 발행하여 성일기업에 지급하였다.

[13] 제조부서의 당월 상여금을 예수금(소득세 등)을 제외하고 보통예금계좌에서 이체하다(상여금 총액은 15,000,000원이고, 이 중 예수금은 1,000,000원이다).

[14] 다음과 같이 9월분 건강보험료를 보통예금으로 납부하였다.

- 회사부담분 : 300,000원(영업부직원), 500,000원(생산부직원)
- 종업원부담분 : 800,000원(급여지급 시 이 금액을 차감하고 지급함)
- 회사부담분의 건강보험료는 복리후생비로 회계처리한다.

[15] 제조공장 운영을 위하여 시민은행으로부터 95,000,000원을 차입(상환일 : 내년 6월 30일)하면서 수수료비용(제조경비로 처리할 것) 150,000원을 차감한 잔액인 94,850,000원이 보통예금으로 입금되었다.

## 객관식

01. 다음 중 부채에 대한 설명으로 가장 옳지 않은 것은?

① 부채는 과거의 거래나 사건의 결과로 현재 기업실체가 부담하고 있고 미래에 자원의 유출 또는 사용이 예상되는 의무이다.
② 유동성장기부채는 유동부채로 분류한다.
③ 부채는 1년을 기준으로 유동부채와 비유동부채로 분류한다.
④ 정상적인 영업주기 내에 소멸할 것으로 예상되는 매입채무와 미지급비용 등이 보고기간 종료일로부터 1년 이내에 결제되지 않으면 비유동부채로 분류한다.

02. 다음은 기업에서 납부하는 각종 세금이다. 일반적으로 회계처리 하는 계정과목이 틀리게 연결된 것은?

① 종업원의 급여 지급 시 원천징수한 근로소득세 - 예수금계정
② 건물의 취득 시 납부한 취득세 - 건물계정
③ 회사에서 보유하고 있는 차량에 대한 자동차세 - 차량운반구계정
④ 법인기업의 소득에 대하여 부과되는 법인세 - 법인세비용계정 또는 법인세등계정

**03.** 다음 중 은행과의 약정에 의해 당좌예금잔액을 초과하여 당좌수표를 발행하였을 때 대변에 기입하여야 하는 계정과목으로 가장 적절한 것은?

① 선수금　② 단기대여금　③ 단기차입금　④ 지급어음

**04.** 다음 중에서 기업회계기준서상 유동부채에 해당하지 않는 것은?

① 예수금　② 외상매입금　③ 사채　④ 선수금

**05.** 다음 중 부채에 대한 설명으로 틀린 것은?

① 미지급금 중 재무상태표일로부터 만기가 1년 이내에 도래하는 것은 유동부채로 표시한다.
② 재무상태표일로부터 차입기간이 1년 이상인 경우에는 장기차입금계정을 사용하여 표시한다.
③ 가수금은 영구적으로 사용하는 부채계정으로서 결산시에도 재무제표에 표시된다.
④ 상품을 인도하기 전에 상품대금의 일부를 미리 받았을 때에는 선수금계정의 대변에 기입한다.

**06.** (주)흑룡상사는 거래처와 제품 판매계약을 체결하면서 계약금 명목으로 수령한 2,000,000원에 대하여 이를 수령한 시점에서 미리 제품매출로 회계처리하였다. 이러한 회계처리로 인한 효과로 가장 올바른 것은?

① 자산 과대계상　② 비용 과대계상　③ 자본 과소계상　④ 부채 과소계상

**07.** 결산시 미지급이자를 계상하지 않은 경우 당기 재무제표에 미치는 영향으로 틀린 것은?

① 자본이 과소계상　② 순이익이 과대계상
③ 비용이 과소계상　④ 부채가 과소계상

## 주관식

**01.** (주)경기의 재무상태표에 계상될 외상매입금은 얼마인가?

가. 당기중 외상매입대금 지급액 : 500,000원　　나. 기초 외상매입금 : 300,000원
다. 당기 외상매입액 : 700,000원

**02.** 다음 자료에 의하여 기말외상매입금잔액를 계산하면 얼마인가?

- 기초상품재고액 : 500,000원
- 기말상품재고액 : 600,000원
- 기중상품매출 : 1,500,000원
- 매출총이익률 : 30%
- 기초외상매입금 : 400,000원
- 기중 외상매입금 지급 : 1,200,000원

단, 상품매입은 전부 외상이다.

**03.** 다음 중 유동부채에 해당하는 금액을 모두 합하면 얼마인가?

- 외상매입금 : 50,000원
- 장기차입금 : 1,000,000원(유동성장기부채 200,000원 포함)
- 단기차입금 : 200,000원
- 미지급비용 : 70,000원
- 선 수 금 : 90,000원
- 퇴직급여충당부채 : 80,000원

**04.** 다음 자료를 이용하여 외상매입금의 기초잔액을 계산하시오.

- 외상매입금 지급액 : 5,000,000원
- 기말외상매입금 : 400,000원
- 외상순매입액 : 4,000,000원
- 외상총매입액 : 4,200,000원

# 연/습/문/제 답안

## 분개연습

| | | | | | | |
|---|---|---|---|---|---|---|
| [1] | (차) | 수수료비용(제) | 1,000,000 | (대) | 현 금 | 967,000 |
| | | | | | 예 수 금 | 33,000 |

| | | | | | | |
|---|---|---|---|---|---|---|
| [2] | (차) | 단기차입금(대한은행) | 30,000,000 | (대) | 보통예금 | 33,000,000 |
| | | 미지급비용(대한은행) | 1,500,000 | | | |
| | | 이자비용 | 1,500,000 | | | |

☞ 미지급비용 설정 : (차) 이자비용 1,500,000 (대) 미지급비용 1,500,000

| | | | | | | |
|---|---|---|---|---|---|---|
| [3] | (차) | 교육훈련비(제) | 2,000,000 | (대) | 현 금 | 1,934,000 |
| | | | | | 예 수 금 | 66,000 |

| | | | | | | |
|---|---|---|---|---|---|---|
| [4] | (차) | 외상매입금(영주시계) | 10,000,000 | (대) | 매입할인(원재료) | 300,000 |
| | | | | | 현 금 | 9,700,000 |

| | | | | | | |
|---|---|---|---|---|---|---|
| [5] | (차) | 가 수 금 | 1,000,000 | (대) | 선 수 금((주)용인전자)) | 300,000 |
| | | | | | 외상매출금((주)용인전자)) | 700,000 |

| | | | | | | |
|---|---|---|---|---|---|---|
| [6] | (차) | 복리후생비(판) | 270,000 | (대) | 미지급금(놀부식당) | 270,000 |

| | | | | | | |
|---|---|---|---|---|---|---|
| [7] | (차) | 급 여(판) | 2,800,000 | (대) | 예 수 금 | 850,520 |
| | | 임 금(제) | 3,600,000 | | 보통예금 | 5,549,480 |

☞ 회계프로그램에서는 생산과 관련된 직원의 급여를 임금이라는 계정을 사용한다.

| | | | | | | |
|---|---|---|---|---|---|---|
| [8] | (차) | 현 금 | 6,000,000 | (대) | 단기차입금(세흥상사) | 6,000,000 |

| | | | | | | |
|---|---|---|---|---|---|---|
| [9] | (차) | 선수수익 | 2,000,000 | (대) | 임대료(수입임대료) | 2,000,000 |

☞ 당기수익 = 6,000,000 × 4개월(9.1~12.31)/12개월

| | | | | | |
|---|---|---|---|---|---|
| [10] | (차) 외상매입금((주)용산전자) | 55,000,000 | (대) | 당좌예금 | 33,000,000 |
| | | | | 채무면제익(영·수) | 22,000,000 |
| [11] | (차) 미지급비용(도시가스공사) | 54,000 | (대) | 보통예금 | 54,000 |
| [12] | (차) 외상매입금 (성일기업) | 3,800,000 | (대) | 외상매출금(성일기업) | 2,700,000 |
| | | | | 당좌예금 | 1,100,000 |
| [13] | (차) 상여금(제) | 15,000,000 | (대) | 예수금 | 1,000,000 |
| | | | | 보통예금 | 14,000,000 |
| [14] | (차) 복리후생비(판) | 300,000 | (대) | 보통예금 | 1,600,000 |
| | 복리후생비(제) | 500,000 | | | |
| | 예수금 | 800,000 | | | |
| [15] | (차) 보통예금 | 94,850,000 | (대) | 단기차입금(시민은행) | 95,000,000 |
| | 수수료비용(제) | 150,000 | | | |

## 객관식

| 1 | 2 | 3 | 4 | 5 | 6 | 7 |
|---|---|---|---|---|---|---|
| ④ | ③ | ③ | ③ | ③ | ④ | ① |

[풀이 - 객관식]

**01.** 부채는 1년을 기준으로 유동부채와 비유동부채로 분류한다. 다만, **정상적인 영업주기 내에 소멸할 것**으로 예상되는 매입채무와 미지급비용 등은 **보고기간종료일로부터 1년 이내에 결제되지 않더라도 유동부채로 분류한다.** 이 경우 유동부채로 분류한 금액 중 1년 이내에 결제되지 않을 금액을 주석으로 기재한다.

**02.** 자동차세는 세금과공과계정에 기입한다.

**03.** 당좌예금 잔액을 초과하여 수표를 발행한 경우 은행으로부터의 단기적인 차입에 해당하므로 단기차입금계정에 기입하여야 한다.

**04.** 사채는 비유동부채에 해당한다.

**05.** 가수금계정은 일시적으로 사용하는 부채계정으로 결산시에는 그 계정의 내역을 밝혀내어 확정계정과목으로 재무제표에 표시한다.

**06.** 선수수익(부채) 과소계상 및 매출 및 이익(자본) 과대계상

| | | | | | |
|---|---|---|---|---|---|
| 잘못된 회계처리 | (차) 현 금 | 2,000,000 | (대) 제품매출(수익) | 2,000,000 |
| 올바른 회계처리 | (차) 현 금 | 2,000,000 | (대) 선수수익(부채) | 2,000,000 |

**07.** 누락된 회계처리

(차) 이자비용(비용) xxx (대) 미지급이자(부채) xxx

비용이 과소, 부채가 과소, 순이익이 과대, 자본이 과대계상된다.

## 주관식

| | | | | | |
|---|---|---|---|---|---|
| 1 | 500,000원 | 2 | 350,000원 | 3 | 610,000원 |
| 4 | 1,400,000원 | | | | |

[풀이 - 주관식]

**01.**

외상매입금

| | | | |
|---|---|---|---|
| 지급액 | 500,000 | 기초 | 300,000 |
| ***기 말(?)*** | ***500,000*** | 외상매입액 | 700,000 |
| 계 | 1,000,000 | 계 | 1,000,000 |

**02.** 매출원가율 = 1 - 매출총이익(30%) = 70%, 매출원가 = 매출액(1,500,000) × 매출원가율(70%)

상 품

| | | | |
|---|---|---|---|
| 기 초 | 500,000 | 매출원가 | 1,050,000 |
| 당기매입액 | 1,150,000 | 기 말 | 600,000 |
| 계 | 1,650,000 | 계 | 1,650,000 |

외상매입금

| | | | |
|---|---|---|---|
| 지 급 | 1,200,000 | 기 초 | 400,000 |
| ***기 말(?)*** | ***350,000*** | 당기매입액 | 1,150,000 |
| 계 | 1,550,000 | 계 | 1,550,000 |

**03.** 외상매입금 50,000원 + 유동성장기부채 200,000원 + 단기차입금 200,000원 + 미지급비용 70,000원 + 선수금 90,000원 = 610,000원

**04.**

외상매입금

| | | | |
|---|---|---|---|
| 지급액 | 5,000,000 | ***기 초(?)*** | ***1,400,000*** |
| 기 말 | 400,000 | **순매입액** | 4,000,000 |
| 계 | 5,400,000 | 계 | 5,400,000 |

## 제2절 비유동부채

부채 중 보고기간말로부터 만기가 1년 이후에 도래하는 부채를 비유동부채라 한다.

### 1. 종류

#### (1) 장기차입금

지급기일이 재무상태표일로부터 1년 이후에 도래하는 차입금

#### (2) 퇴직급여충당부채

종업원이 퇴직할 때 회사가 지급해야 할 충당부채

#### (3) 사채

회사가 자금을 조달하기 위하여 일반 대중에게 발행하는 채권

#### (4) 임대보증금

### 2. 장기차입금

실질적으로 이자를 부담하는 차입금으로서 만기가 재무상태표일로부터 1년 이후에 도래하는 것을 말한다.

또한 장기차입금 중 만기가 **재무상태표일로부터 1년 이내에 도래 시 유동성장기부채라는 계정과목으로 하여 유동성 대체**를 하여야 한다.

#### <예제 3 - 3> 장기차입금

㈜백두의 다음 거래를 분개하시오.

1. 20×1년 10월 1일 국민은행으로부터 10,000,000원(이자율10%,만기가 2년)을 현금차입하다.
2. 20×1년 12월 31일 당기분 이자발생액을 월할 계산하여 회계처리하다.
3. 20×2년 10월 1일 국민은행에게 1년분 이자를 현금지급하다.
4. 20×2년 12월 31일 당기 분 이자발생액을 월할 계산하여 회계처리하고, 만기가 1년 이내인 차입금을 유동성 대체하다.
5. 20×3년 10월 1일 국민은행 차입금 전액과 이자를 현금 상환하다.

해답

| | | | | |
|---|---|---|---|---|
| 1. | (차) 현 금 | 10,000,000 | (대) 장기차입금 | 10,000,000 |
| 2. | (차) 이 자 비 용 | 250,000 | (대) 미지급비용 | 250,000 |
| | ☞ 이자비용(10.1~12.31) = 10,000,000×10%×3개월/12개월 | | | |
| 3. | (차) 미지급비용<br>이 자 비 용 | 250,000<br>750,000 | (대) 현 금 | 1,000,000 |
| | ☞ 이자비용(1.1~9.30) = 10,000,000×10%×9개월/12개월 | | | |
| 4. | (차) 이 자 비 용 | 250,000 | (대) 미지급비용 | 250,000 |
| | (차) 장기차입금 | 10,000,000 | (대) 유동성장기부채 | 10,000,000 |
| 5. | (차) 유동성장기부채 | 10,000,000 | (대) 현 금 | 10,000,000 |
| | (차) 미지급비용<br>이 자 비 용 | 250,000<br>750,000 | (대) 현 금 | 1,000,000 |

## 3. 충당부채와 우발부채

부채란 과거사건에 의하여 발생하였으며, 경제적 자원이 유출될 것으로 예상되는 현재 의무를 말한다.

즉, 확정부채는 ① 지출시기와 ② 지출금액이 확정된 것을 말하나, **충당부채나 우발부채는 ① 또는 ②가 불확실한 부채**를 말한다.

충당부채는 다음의 3가지 요건을 충족 시 충당부채로 인식하고, 미 충족 시 우발부채로 분류한다.

① 과거사건이나 거래의 결과로 인하여 현재 의무(법적의무)가 존재

② 당해 의무를 이행하기 위하여 자원이 유출될 가능성이 매우 높다

③ 그 의무의 이행에 소요되는 금액을 신뢰성 있게 추정할 수 있어야 한다.

**충당부채는 재무제표 본문에 표시하고 우발부채는 주석에 표시하여야 한다.**

〈충당부채와 우발부채〉

| 금액추정 / 유출가능성 | **신뢰성 있게 추정가능** | 신뢰성 있게 추정불가능 |
|---|---|---|
| **매우 높음** | **충당부채로 인식** | 우발부채-주석공시 |
| 어느 정도 있음 | 우발부채-주석공시 | |
| 거의 없음 | 공시하지 않음 | |

## 4. 퇴직급여충당부채

퇴직금은 종업원이 입사 시부터 퇴직 시까지 근로를 제공한 대가로 퇴직할 때 일시에 지급받는 급여를 말한다.

근로자퇴직급여보장법에 의하면 기업은 계속 근로기간 1년에 대하여 30일분 이상의 평균임금을 퇴직금으로 지급하여야 한다.

즉 퇴직금은 평균임금×근속년수의 계산구조를 가진다.

또한 발생주의에 따라 퇴직금을 지급 시 전액 비용으로 처리하면 안되고 근로를 제공한 각 회계연도의 비용으로 처리하여야 한다.

**퇴직급여추계액이란 결산일 현재 전 임직원이 퇴사할 경우 지급하여야 할 퇴직금 예상액**을 말하는데 회사는 퇴직급여추계액 전액을 부채로 인식하여야 한다.

퇴직급여충당부채

| | | | |
|---|---|---|---|
| 지 급 액 | 1,000,000 | 기초잔액 | 20,000,000 |
| 기말잔액 | 25,000,000 | 설정액(퇴직급여) | 6,000,000 |
| 계 | 26,000,000 | 계 | 26,000,000 |

퇴직급여추계액 (→ 기말잔액 25,000,000)

**당기 퇴직급여 = 퇴직급여추계액 - 설정 전 퇴직급여충당부채 잔액**

**= 퇴직급여추계액 - [퇴직급여충당부채기초잔액 - 당기 퇴직금지급액]**

회계처리는 대손충당금설정처럼 보고기간말 마다 퇴직급여추계액을 부채로 인식하여야 하고 부족분은 보충법으로 비용처리하면 된다.

## <예제 3 - 4> 퇴직급여충당부채

㈜백두의 다음 거래를 분개하시오.

20×1년 1월  1일 기초 퇴직급여충당부채 잔액은 20,000,000원(생산직 : 10,000,000원, 관리직 : 10,000,000원)이다.

1. 20×1년 1월 31일 홍길동(생산직)이 퇴사하여 퇴직금 1,000,000원을 현금지급하다.
2. 20×1년 12월 31일 전 임직원이 퇴직한다고 가정할 경우 퇴직급여추계액은 25,000,000원(생산직 : 16,000,000원, 관리직 : 9,000,000원)이다.

**해답**

| | | | | |
|---|---|---|---|---|
| 1. | (차) 퇴직급여충당부채 | 1,000,000 | (대) 현　　금 | 1,000,000 |
| 2. | (차) 퇴 직 급 여(제) | 7,000,000 | (대) 퇴직급여충당부채 | 6,000,000 |
| | | | 퇴직급여충당부채환입(판) | 1,000,000 |

| | 기말퇴직급여추계액(A) | 설정전퇴충잔액(B) | 기말 설정퇴직급여(A - B) |
|---|---|---|---|
| 생산직 | 16,000,000 | 9,000,000[*1] | 7,000,000 |
| 관리직 | 9,000,000 | 10,000,000 | △1,000,000 |

*1. 설정전퇴중잔액 = 기초잔액(10,000,000) - 당기퇴직금지급액(1,000,000) = 9,000,000

퇴직급여충당부채

| | | | |
|---|---|---|---|
| 지 급 액 | 1,000,000 | 기초잔액 | 20,000,000 |
| 기말잔액 | 25,000,000 | 설 정 액(퇴직급여) | 6,000,000 |
| 계 | 26,000,000 | 계 | 26,000,000 |

퇴직급여추계액

[퇴직연금]

종업원 등의 퇴직 등을 퇴직급여의 지급사유로 하고 종업원을 수급자로 하는 연금으로서 법인이 퇴직연금사업자(보험회사 등)에게 납부하는 것을 퇴직연금이라 한다. 퇴직연금은 **<u>운용책임을 누가 지느냐에 따라서 확정기여형과 확정급여형으로 분류</u>**된다.

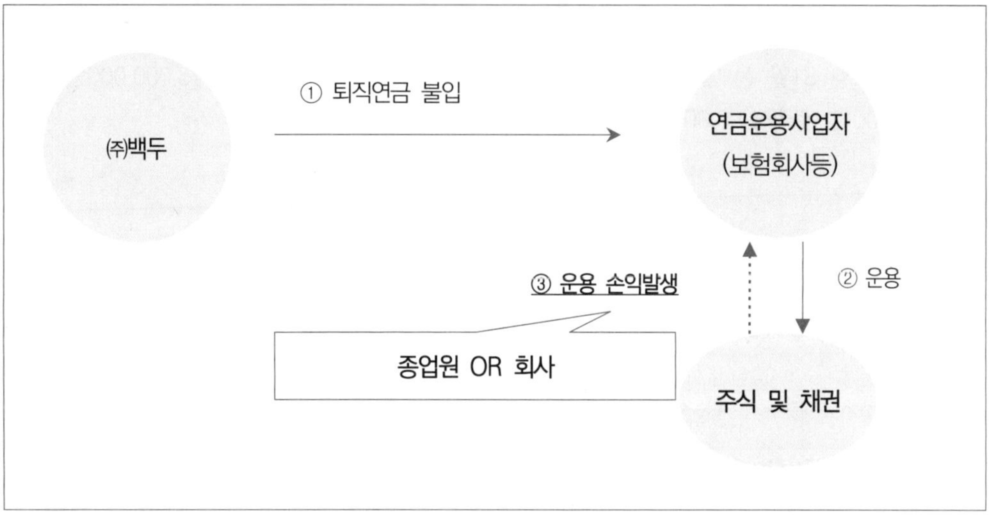


퇴직연금의 회계처리를 요약하면 다음과 같다.

| | 확정기여형 | 확정급여형 |
|---|---|---|
| **운용책임** | **종업원 등** | **회사** |
| 설정 | - | (차) 퇴직급여 ×××<br>(대) 퇴직급여충당부채 ××× |
| 납부시 | (차) 퇴직급여 ×××<br>(대) 현 금 ××× | (차) **<u>퇴직연금운용자산</u>** ×××<br>**<u>(퇴직급여충당부채 차감)</u>**<br>(대) 현 금 ××× |
| 운용수익 | 회계처리 없음 | (차) 퇴직연금운용자산 ×××<br>(대) 이자수익(운용수익) ××× |

## 5. 사채(VS 만기보유증권, 매도가능증권, 단기매매증권)

사채란 기업이 회사의 의무를 나타내는 유가증권을 발행해주고 일반투자자들로부터 거액의 자금을 조달하는 방법이다.

장기차입금은 금융기관으로부터 빌리는 것이 일반적이지만, 사채는 작은 단위로 나누어 발행할 수 있기 때문에 일반투자자로부터 널리 자금을 조달할 수 있다는 장점이 있다.

기업이 일반인들에게 자금을 조달하는 방법에는 주식을 발행하는 방법과 사채를 발행하는 방법이 있다.

### (1) 사채가격 결정요인

① **액면가액** : 만기일에 상환하기로 기재한 금액

② **액면이자율(표시이자율)** : 발행회사에서 사채의 액면가액에 대해 지급하기로 약정한 이자율

③ **이자지급일 및 만기일**

이러한 것이 결정되면 사채를 발행한 회사는 사채투자자에게 미래에 지급할 현금의무(상환의무)가 확정된다.

예를 들어 20×1년 1월 1일 액면가액 1,000,000원, 액면이자율 8%, 만기 3년, 이자지급일이 매년 12월 31일인 경우 다음과 같이 현금을 지급할 의무가 사채발행회사에게 있다.

☞ 액면금액 : 주식이나 회사채의 권면에 기재된 금액을 말한다.

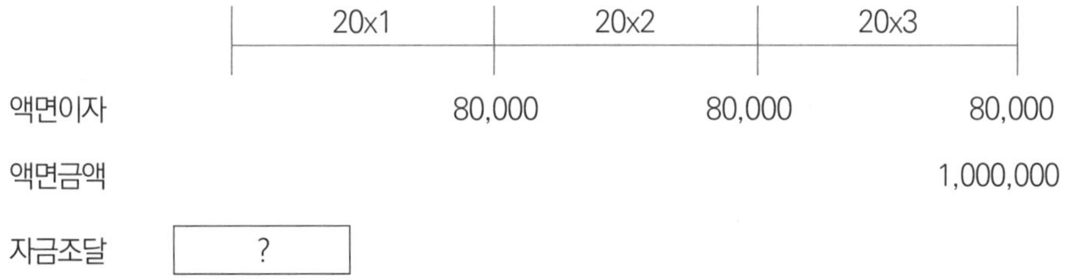


위와 같이 사채발행회사가 지급해야 할 현금의무를 나타내고 일반 대중으로부터 거액의 장기자금을 조달하는 것이다.

자금조달시 신용도가 높은 회사는 투자자들로부터 큰 호응도가 있어 경쟁적으로 서로 이 사채에 투자하려 할 것이고, 이 경우 사채의 가격은 액면가액보다 더 높아진다. 이와 같이 사채의 발행가격이 액면가액보다 높은 경우를 사채의 할증발행이라 한다.

반대로 신용도가 낮은 회사는 투자자들로부터 외면을 받을 것이고, 이 경우 회사는 투자자들을 유치하기 위하여 사채의 가격을 낮추어 발행하게 되며, 이러한 경우 사채의 발행가격이 액면가액보다 낮아지며 이를 사채의 할인발행이라 한다.

이렇게 사채가 시장에서 거래되는 이자율을 시장이자율(≒유효이자율)이라 하고 신용도가 높은 회사는 낮은 이자율만 부담해도 투자자들이 사채를 구입할 것이고 신용도가 낮은 회사는 높은 이자율을 부담해야만 사람들이 사채를 구입할 것이다.

**시장이자율 = 무위험이자율[*1] + 신용가산이자율(risk premium)**

*1. 위험이 전혀 내포되지 않는 순수한 투자의 기대수익율로서 국채 등의 이자율로 보시면 된다.

즉 **시장이자율과 회사의 신용도는 반비례관계를 갖는다.**

(2) 사채의 발행

액면가액

① 액면발행 : 사채의 발행가액과 액면가액이 같은 경우를 말한다.

| | | | | |
|---|---|---|---|---|
| (차) 현 금 | 1,000,000 | (대) 사 채 | | 1,000,000 |

액면가액

② 할인발행 : 사채의 발행가액이 액면가액 보다 적은 경우를 말한다.

| | | | | |
|---|---|---|---|---|
| (차) 현 금 | 900,000 | (대) 사 채 | | 1,000,000 |
| 사채할인발행차금 | 100,000 | | | |

그리고 이를 사채 발행시점의 재무상태표를 보면 다음과 같다.

부분재무상태표

㈜백두 20X1.1.01

| | | | |
|---|---|---|---|
| | 사 채 | 1,000,000 | |
| | 사채할인발행차금 | (100,000) | 900,000 |

↑ 사채 장부가액

이러한 사채할인발행차금은 **유효이자율법으로 상각**하는데,

| | | | |
|---|---|---|---|
| (차) 이자비용 | XXX | (대) 현금(액면이자지급액) | XXX |
| | | 사채할인발행차금 | XXX |

사채발행기간동안 **이자비용을 증가시키는 역할**을 한다.

액면가액

③ 할증발행 : 사채의 발행가액이 액면가액보다 큰 경우를 말한다.

| | | | |
|---|---|---|---|
| (차) 현　　금 | 1,100,000 | (대) 사　채 | 1,000,000 |
| | | 사채할증발행차금 | 100,000 |

그리고 이를 사채 발행시점의 재무상태표를 보면 다음과 같다.

**부분재무상태표**

㈜백두　　　　　　　　　　　　　　　　　　　　　　20X1.1.01

| | | | |
|---|---|---|---|
| | 사　채 | 1,000,000 | |
| | 사채할증발행차금 | 100,000 | 1,100,000 |

사채 장부가액

이러한 사채할증발행차금은 **유효이자율법으로 상각**하는데,

| | | | |
|---|---|---|---|
| (차) 이자비용 | XXX | (대) 현금(액면이자지급액) | XXX |
| 사채할증발행차금 | XXX | | |

사채발행기간동안 **이자비용을 감소시키는 역할**을 한다.

사채에 대해서 요약해 보면 다음과 같다.

| | | | |
|---|---|---|---|
| 발　행 | 액면발행 | 액면가액 = 발행가액 | 액면이자율 = 시장이자율 |
| | 할인발행 | 액면가액 〉 발행가액 | 액면이자율 〈 시장이자율 |
| | 할증발행 | 액면가액 〈 발행가액 | 액면이자율 〉 시장이자율 |
| 회계처리 | 할인발행 | (차) 예금등 ×××<br>사채할인발행차금 ×××<br>(선급이자성격) | (대) 사　채 ××× |
| | 할증발행 | (차) 예금등 ××× | (대) 사　채 ×××<br>사채할증발행차금 ×××<br>(선수이자성격) |

### (3) 사채발행비

사채발행비란 사채발행과 관련하여 직접 발생한 사채발행수수료 등(인쇄비, 제세공과금 등)을 말하는데 **사채발행가액에서 직접 차감한다.**

### (4) 상각

기업회계기준에서는 **사채할인발행차금과 사채할증발행차금을 유효이자율법에 따라 상각**한다. 이러한 발행차금은 사채발행기간 동안 이자비용을 증가시키거나 감소시킨다. 그러나 **상각(환입)액은 할인발행이나 할증발행에 관계없이 사채발행기간 동안 매년 증가한다.**

**[사채장부가액과 사채발행차금상각(환입)액]**

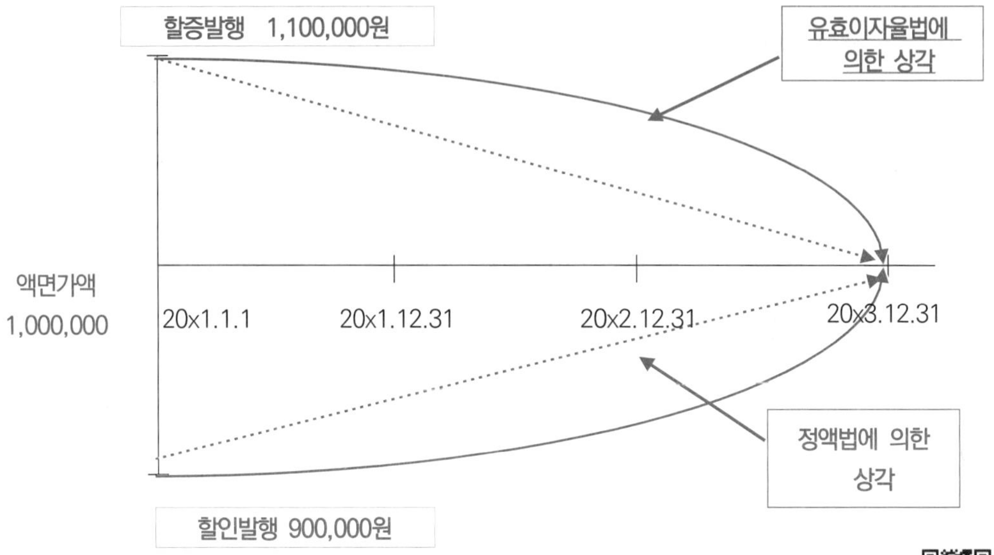


| 발행유형 | 사채장부가액 | 사채발행차금상각 | 총사채이자<br>(손익계산서이자비용) |
|---|---|---|---|
| 액면발행(1,000,000) | 동일 | 0 | 액면이자 |
| 할인발행(900,000) | 매년증가 | **매년증가** | 매년증가(액면이자 + 할인차금) |
| 할증발행(1,100,000) | 매년감소 | | 매년감소(액면이자 − 할증차금) |

사채할인(할증)발행차금은 **유효이자율법으로 상각(환입)**하고 그 금액을 사채이자에 가감한다. 이 경우 **사채할인(할증)발행차금 상각액은 할인발행이건 할증발행이건 매년 증가한다.**

〈자산 · 부채의 차감 및 가산항목〉

| | 자산 | 부채 |
|---|---|---|
| 차감항목 | **대손충당금(채권)**<br>**재고자산평가충당금(재고자산)**<br>**감가상각누계액(유형자산)**<br>**현재가치할인차금*1(자산)** | **사채할인발행차금(사채)**<br>**퇴직연금운용자산(퇴직급여충당부채)**<br>–<br>**현재가치할인차금*1(부채)** |
| **가산항목** | – | **사채할증발행차금(사채)** |

*1. 장기성 채권(채무)의 미래에 수취(지급)할 명목가액을 유효이자율로 할인한 현재가치와의 차액을 말한다.
현재가치할인차금＝채권(채무)의 명목가액－채권(채무)의 현재가치

# 연/습/문/제

## 분개연습

**[1]** ㈜덕산과 사무실 임대차계약을 맺고 임대보증금 15,000,000원 중 5,000,000원은 (주)덕산발행 당좌수표로 받고 나머지는 월말에 지급받기로 하였다.

**[2]** 당사는 기업회계기준에 의하여 퇴직급여충당부채를 설정하고 있으며, 기말 현재 퇴직급여추계액 및 당기 퇴직급여충당부채 설정 전의 퇴직급여충당부채 잔액은 다음과 같다. 결산시 회계처리를 하시오.

| 부 서 | 퇴직급여추계액 | 퇴직급여충당부채잔액 |
|---|---|---|
| 생산부 | 30,000,000원 | 25,000,000원 |
| 관리부 | 50,000,000원 | 39,000,000원 |

**[3]** 생산직원 나이직씨가 개인적인 이유로 퇴직하여 다음과 같이 퇴직금을 지급하였다. 현재 당사는 퇴직금을 지급하기 위한 퇴직급여충당부채가 충분하다.

| 내 역 | 금액 및 비고 |
|---|---|
| 퇴직급여 | 30,000,000원 |
| 퇴직관련세금(소득세 및 지방소득세) | 1,000,000원 |
| 차감지급액 | 29,000,000원 |
| 지급방법 | 당사 보통예금에서 지급 |

**[4]** 보고기간말 현재 우리은행으로부터 차입한 장기차입금(100,000,000원, 만기가 내년)이 있다. 동 차입금은 만기에 상환할 예정이다.

**[5]** 사채 액면 총액 6,000,000원, 상환기한 5년, 발행가액은 5,800,000원으로 발행하고 납입금은 보통예금하다. 그리고 사채발행비 100,000원은 현금으로 지급하다.

**[6]** 전기말 회사가 발행한 사채의 장부가액은 950,000원이었고 회사가 사용하는 유효이자율은 10%이며 액면이자는 매년말 80,000원씩 지급하며, 당기 사채할인발행차금 상각액은 15,000원이다. 회사는 12월 31일 할인발행된 사채의 이자를 현금으로 지급하였다.

**[7]** 다음과 같은 조건의 사채를 발행하고 수취한 금액은 당좌예금에 입금하였다.

| | |
|---|---|
| • 액면가액 : 100,000,000원 | • 만기 : 3년 |
| • 약정이자율 : 액면가액의 5% | • 발행가액 : 96,300,000원 |
| • 이자지급기준일 : 12월 31일 | |

**[8]** 영업부 직원에 대하여 확정기여형 퇴직연금에 가입하고 10,000,000원을 보통예금에서 지급하였다. 이 금액에는 연금운용에 대한 수수료 500,000원이 포함되어 있다.

**[9]** 회사는 전 임직원 퇴직금 지급 보장을 위해 확정급여형(DB) 퇴직연금에 가입하고 6월분 퇴직연금 5,000,000원을 보통예금에서 납부하였다.

**[10]** 영업부 임직원의 안정적인 퇴직금 지급을 위해 제일금융에 확정급여형(DB) 퇴직연금에 가입하고, 9,500,000원을 당사 보통예금 계좌에서 이체하였다. 이 금액 중 100,000원은 운용에 따른 수수료비용이다.

**[11]** 영업부서의 사원이 퇴직하여 퇴직연금 5,000,000원을 확정급여형(DB) 퇴직연금에서 지급하였다. (단, 퇴직급여충당부채 감소로 회계처리하기로 한다.) (3점)

## 객관식

**01.** 다음 중 기업회계기준서상 충당부채를 부채로 인식하기 위한 요건이다. 틀린 것은?

① 우발부채도 충당부채와 동일하게 부채로 인식하여야 한다.
② 과거사건이나 거래의 결과로 현재의무가 존재해야 한다.
③ 당해 의무를 이행하기 위하여 자원이 유출될 가능성이 매우 높아야 한다.
④ 그 의무 이행에 소요되는 금액을 신뢰성 있게 추정할 수 있어야 한다.

**02.** 다음 중 사채에 대한 설명으로 틀린 것은?

① 사채발행비용은 사채의 발행가액에서 차감한다.
② 유효이자율법 적용시 사채할증발행차금 상각액은 매년 증가한다.
③ 유효이자율법 적용시 사채할인발행차금 상각액은 매년 감소한다.
④ 사채할인발행차금은 당해 사채의 액면가액에서 차감하는 형식으로 기재한다.

**03.** (주)서원은 6월 1일 은행으로부터 30,000,000원(상환기간2년, 이자율12%)을 차입하여 단기투자 목적으로 삼성전자(주) 주식을 매입하였다. 주가가 상승하여 10월 10일 일부를 처분하였다. 이와 관련하여 당기 재무제표에 나타나지 않는 계정과목은?

① 단기매매증권　　② 단기매매증권처분이익
③ 이자비용　　④ 단기차입금

**04.** 다음 중 유동부채와 비유동부채의 분류가 올바르게 짝지어진 것은?

| | 유동부채 | 비유동부채 | | 유동부채 | 비유동부채 |
|---|---|---|---|---|---|
| ① | 미지급비용 | 미지급법인세 | ② | 퇴직급여충당부채 | 선수수익 |
| ③ | 선수수익 | 퇴직급여충당부채 | ④ | 매입채무 | 미지급법인세 |

**05.** 다음 중 재무상태표에 관련 자산 · 부채에서 차감하는 형식으로 표시되는 것이 아닌 것은?

① 퇴직급여충당부채　　② 퇴직연금운용자산
③ 감가상각누계액　　④ 대손충당금

**06.** 다음 중 재무상태표에서 해당 자산이나 부채의 차감적 평가항목이 아닌 것은 어느 것인가?

① 감가상각누계액 ② 퇴직급여충당부채
③ 대손충당금 ④ 사채할인발행차금

**07.** 다음 중 재무상태표의 자산 및 부채계정의 차감적인 평가항목이 아닌 것은?

① 사채할증발행차금 ② 재고자산평가충당금
③ 대손충당금 ④ 감가상각누계액

**08.** 다음 중 사채에 대한 설명으로 틀린 것은?

① 유효이자율법 적용 시 사채할인발행차금 상각액은 매년 감소한다.
② 사채할인발행차금은 당해 사채의 액면가액에서 차감하는 형식으로 기재한다.
③ 인쇄비, 수수료등 사채발행비용은 사채의 발행가액에서 차감한다.
④ 사채할인발행차금은 유효이자율법으로 상각하고 그 금액을 사채이자에 포함한다.

**09.** 다음 중 충당부채, 우발부채 및 우발자산에 관련된 내용으로 틀린 것은?

① 충당부채를 인식하기 위해서는 과거사건이나 거래의 결과로 현재의무가 존재하여야 한다.
② 충당부채를 인식하기 위해서는 당해 의무를 이행하기 위하여 자원이 유출될 가능성이 매우 높고, 그 의무의 이행에 소요되는 금액을 신뢰성 있게 추정할 수 있어야 한다.
③ 우발자산은 자산으로 인식하지 아니하고 자원의 유입가능성이 매우 높은 경우에만 주석에 기재한다.
④ 우발부채도 충당부채와 동일하게 재무상태표에 부채로 인식한다.

**10.** 다음 중 재무상태표상의 비유동부채로 맞는 것은?

① 퇴직급여충당부채
② 외상매입금
③ 유동성장기부채
④ 단기차입금

**11.** 다음은 퇴직급여충당부채와 결산정리 사항이다. 20X1년말 재무상태표에 계상할 퇴직급여충당부채와 손익계산서에 인식되는 퇴직급여는 얼마인가?

퇴직급여충당부채

| | | | |
|---|---|---|---|
| 7/15 현금 | 1,000,000원 | 1/1 전기이월 | 2,000,000원 |

〈결산정리 사항〉

20X1년 말 현재 전 종업원이 일시에 퇴직할 경우 지급하여야 할 퇴직금은 4,000,000원이다.

| | 퇴직급여충당부채 | 퇴직급여 | | 퇴직급여충당부채 | 퇴직급여 |
|---|---|---|---|---|---|
| ① | 4,000,000원 | 3,000,000원 | ② | 4,000,000원 | 2,000,000원 |
| ③ | 6,000,000원 | 3,000,000원 | ④ | 6,000,000원 | 2,000,000원 |

# 연/습/문/제 답안

## 분개연습

| | | | | | | |
|---|---|---|---|---|---|---|
| [1] | (차) | 현 금 | 5,000,000 | (대) | 임대보증금(㈜덕산) | 15,000,000 |
| | | 미 수 금(㈜덕산) | 10,000,000 | | | |
| [2] | (차) | 퇴직급여(제) | 5,000,000 | (대) | 퇴직급여충당부채 | 16,000,000 |
| | | 퇴직급여(판) | 11,000,000 | | | |
| [3] | (차) | 퇴직급여충당부채 | 30,000,000 | (대) | 예 수 금 | 1,000,000 |
| | | | | | 보통예금 | 29,000,000 |
| [4] | (차) | 장기차입금(우리은행) | 100,000,000 | (대) | 유동성장기부채(우리은행) | 100,000,000 |
| [5] | (차) | 보통예금 | 5,800,000 | (대) | 사 채 | 6,000,000 |
| | | 사채할인발행차금 | 300,000 | | 현 금 | 100,000 |
| [6] | (차) | 이자비용 | 95,000 | (대) | 현 금 | 80,000 |
| | | | | | 사채할인발행차금 | 15,000 |

☞ 사채할인발행차금상각액은 이자비용을 증가시키고 사채할증발행차금은 이자비용을 감소시킨다.

| | | | | | | |
|---|---|---|---|---|---|---|
| [7] | (차) | 당좌예금 | 96,300,000 | (대) | 사 채 | 100,000,000 |
| | | 사채할인발행차금 | 3,700,000 | | | |
| [8] | (차) | 퇴직급여(판) | 9,500,000 | (대) | 보통예금 | 10,000,000 |
| | | 수수료비용(판) | 500,000 | | | |

☞ 확정기여형이므로 비용(퇴직급여)으로 처리하고, 확정급여형일 경우 부채 차감항목(퇴직연금운용자산)으로 처리한다.

| | | | | | | |
|---|---|---|---|---|---|---|
| [9] | (차) | 퇴직연금운용자산 | 5,000,000 | (대) | 보통예금 | 5,000,000 |

☞ 퇴직연금운용자산도 채권에 해당한다. 따라서 운용사업자가 있는 경우에 반드시 거래처를 입력해야 한다.

| | | | | | | |
|---|---|---|---|---|---|---|
| [10] | (차) | 퇴직연금운용자산(제일금융) | 9,400,000 | (대) | 보통예금 | 9,500,000 |
| | | 수수료비용(판) | 100,000 | | | |

## 객관식

| 1 | 2 | 3 | 4 | 5 | 6 | 7 | 8 | 9 | 10 | 11 | | | | |
|---|---|---|---|---|---|---|---|---|---|---|---|---|---|---|
| ① | ③ | ④ | ③ | ① | ② | ① | ① | ④ | ① | ① | | | | |

[풀이 - 이론]

**01.** **충당부채는 재무제표 본문**에 표시하고, **우발부채는 주석**에 표시한다.

**02.** **유효이자율법 적용시 사채할증발행차금 상각액과 사채할인발행차금 상각액 모두 매년 증가**한다.

**03.** 장기차입금 계정이 나타난다.

**04.** 미지급비용, 미지급법인세, 선수수익, 매입채무는 모두 유동부채이며, 퇴직급여충당부채는 비유동부채이다.

**05~07.**

| | 자산 | 부채 |
|---|---|---|
| 차감항목 | 대손충당금(채권)<br>재고자산평가충당금(재고자산)<br>감가상각누계액(유형자산)<br>현재가치할인차금(자산) | 사채할인발행차금(사채)<br>퇴직연금운용자산(퇴직급여충당부채)<br>–<br>현재가치할인차금(부채) |
| **가산항목** | – | **사채할증발행차금(사채)** |

**08.** 유효이자율법 적용 시 사채할증발행차금 상각액, 사채할인발행차금 상각액 모두 매년 증가한다.

**09.** 우발부채는 부채로 인식하지 아니한다. 의무를 이행하기 위해 자원이 유출될 가능성이 아주 낮지 않는 한, **우발부채를 주석에 기재**한다.

**11.** 재무상태표에 계상될 퇴직급여충당부채는 20X1년 말 전 종업원이 일시에 퇴직할 경우 지급하여야 할 퇴직급여 추계액 4,000,000원이다.

퇴직급여충당부채

| | | | |
|---|---|---|---|
| 퇴사 | 1,000,000 | 기초 | 2,000,000 |
| *기말* | *4,000,000* | *설정(퇴직급여)* | *3,000,000* |
| 계 | 5,000,000 | 계 | 5,000,000 |

Chapter

# 계정과목별 이해 (자본)

# 4

로그인 전산회계 1급

Login

**NCS회계 - 3** 전표관리 – 전표작성하기/증빙서류 관리하기

**NCS세무 - 2** 전표처리

## 제1절 자본의 성격 및 분류

기업은 크게 두 가지 원천으로 자금을 조달하여, 기업의 자산을 구성한다.
부채는 타인자본으로서 채권자 지분이고, 자본은 자기자본으로서 소유주 지분이다.

**자산 = 부채(채권자지분) + 자본(소유주지분)**
**자산 - 부채 = 자본(순자산)**

자본은 다음과 같이 분류한다.

| | | | | |
|---|---|---|---|---|
| 1. 자본금 | 기업이 발행한 총발행주식수에 주식 1주당 액면가액을 곱하여 계산하고, **보통주자본금과 우선주자본금은 구분표시한다.** | | | |
| 2. 자본잉여금 | 영업활동 이외 자본거래(주주와의 자본거래)에서 발생한 잉여금으로서 **주식발행초과금과 기타자본잉여금으로 구분표시한다.** | | | |
| | **주식발행초과금** | **감자차익** | **자기주식처분익** | – |
| 3. 자본조정 | 자본거래 중 자본금, 자본잉여금에 포함되지 않지만 자본항목에 가산되거나 차감되는 임시적인 항목으로서, **자기주식은 별도항목으로 구분하여 표시한다.** | | | |
| | **주식할인발행차금** | **감자차손** | **자기주식처분손** | 자기주식 |

| | | |
|---|---|---|
| 4. 기타포괄손익누계액 | 손익거래 중 손익계산서에 포함되지 않는 손익으로 **미실현손익** | |
| 5. 이익잉여금 | 영업활동에 의해 발생한 순이익 중 주주에게 배당하지 않고 회사 내에 유보시킨 부분 | |
| | **(1) 기처분이익잉여금** | ㉠ **법정적립금** ㉡ **임의적립금** |
| | **(2) 미처분이익잉여금** | |

**당기순손익(손익계산서) → 미처분이익잉여금(재무상태표) → (주주총회)기처분이익잉여금**

## 제2절 자본금

주식회사의 자본금은 상법의 규정에 따라 발행주식총수에 주당액면금액을 곱한 금액으로 법정자본금이라 한다. 상법에서는 무액면주식도 허용된다.

**자본금 = 발행주식총수 × 주당액면금액**

### 1. 자본금의 종류

자본금은 **보통주 자본금과 우선주 자본금**으로 나뉘는데 이익배당의 보장여부와 의결권의 존재여부에 따라 구분한다.

보통주란 이익 및 잔여재산분배 등에 있어서 표준이 되는 주식을 말한다.

보통 주식회사가 한 종류의 주식만 발행한 경우에는 그 주식 모두가 보통주가 된다.

보통주는 지분비율에 비례하는 의결권을 행사 할 수 있고, 또한 이익배당을 받을 권리가 있다.

우선주는 보통주에 비하여 이익배당 등 특정사항에 대해 보통주보다 우선권이 주어지는 주식으로서 일반적으로 주주총회에서의 의결권은 없다.

## 2. 주식의 발행(자본금의 증가)

회사 설립 후에 사업 확장 또는 부채의 상환을 위하여 자금이 필요할 때 주식을 추가로 발행하여 자금을 조달하는데, 이것을 신주발행 또는 유상증자라 한다.

이 경우 자본금이 증가하는 동시에 자산도 증가하게 되므로 이를 실질적 증자라고 한다.

주식발행은 주식의 액면가액과 발행가액의 차이에 따라 액면발행, 할인발행, 할증발행으로 나누어진다.

여기서 **발행가액은 주식대금납입액에서 신주발행비 등을 차감한 후의 금액**으로 계산된다.

신주발행비란 주식 발행 시 각종 발행 수수료 및 제세공과금, 인쇄비 등을 말한다.

**(1) 액면발행 : 발행가액과 액면가액이 일치하는 것**

**(2) 할증발행 : 주식발행가액이 액면가액보다 초과하여 주식을 발행하는 것을 말하고 이때 초과금액은 주식발행초과금(자본잉여금)으로 회계처리한다.**

**(3) 할인발행 : 주식발행가액이 액면가액보다 미달하게 주식을 발행하는 것을 말하고, 이때 미달금액은 주식할인발행차금(자본조정)으로 회계처리한다.**

### <예제 4 - 1> 주식발행1

㈜백두는 액면가액 10,000원인 주식 1,000주를 신주발행하면서 현금 납입받다. 주당 발행가액이 10,000원, 12,000원, 9,000원일 경우 분개하시오. 각각의 사항은 별개의 거래로 본다.

**해답**

| | | | | |
|---|---|---|---|---|
| 1. 액면발행<br>(발행가액 : 10,000원) | (차) 현 금 | 10,000,000 | (대) 자본금 | 10,000,000 |
| 2. 할증발행<br>(발행가액 : 12,000원) | (차) 현 금 | 12,000,000 | (대) 자본금<br>주식발행초과금<br>(자본잉여금) | 10,000,000<br>2,000,000 |
| 3. 할인발행<br>(발행가액 : 9,000원) | (차) 현 금<br>주식할인발행차금<br>(자본조정) | 9,000,000<br>1,000,000 | (대) 자본금 | 10,000,000 |

항상 자본금 = 발행주식총수 × 주당액면금액

## <예제 4 - 2> 현물출자

㈜백두는 액면가액 10,000원인 주식 1,000주를 발행하고 토지(공정가액 25,000,000원)를 취득하다.

**해답**

| | | | | |
|---|---|---|---|---|
| 현물출자 | (차) 토 지 | 25,000,000 | (대) 자본금 | 10,000,000 |
| | | | 주식발행초과금 | 15,000,000 |

☞ 현물출자 : 기업이 주식을 발행하여 교부하고 유형자산을 취득하는 경우를 말한다. 이 경우 유형자산의 취득가액은 취득자산의 공정가치(시가)로 하며, 불분명시 발행 주식의 공정가치로 한다.

### 3. 무상증자

무상증자란 자본잉여금이나 이익잉여금 중 배당이 불가능한 법정적립금을 자본에 전입함에 따라 자본금을 증가시키는 것을 말한다. 이러한 무상증자는 자본잉여금 또는 이익잉여금을 자본금계정으로 대체하는 것에 불과하므로 회사의 자본구성만 변경될 뿐 기업의 순자산에는 아무런 변동이 없다. 따라서 투자자인 주주는 아무런 지분율 변동이 없고 소유주식수만 증가한다**(∴ 주주가 무상주 수령시 아무런 회계처리를 하지 않는다)**.

**[무상증자와 주식배당]**

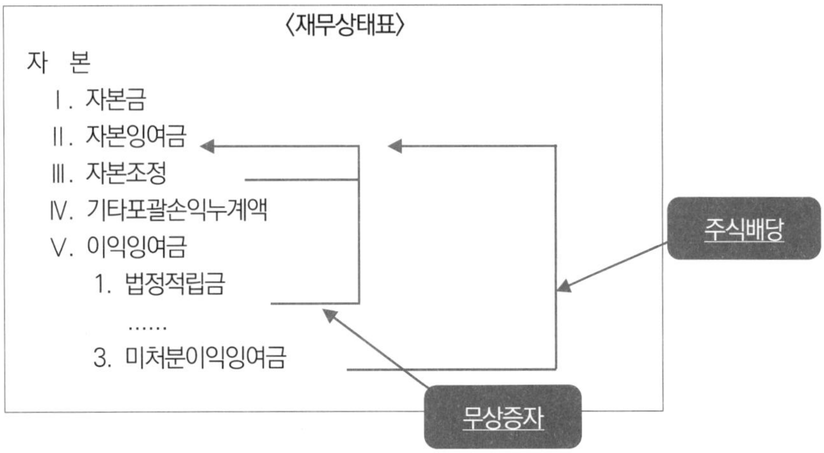


*자본총계는 불변*

## <예제 4 - 3> 무상증자

㈜백두의 다음 거래를 분개하시오.

주식발행초과금을 재원으로 하여 무상증자를 결의하고 신주 100주(액면가액 10,000원/주당)를 발행하여 주주에게 무상교부하다.

**해답**

| | | | | |
|---|---|---|---|---|
| 무상증자 | (차) 주식발행초과금 | 1,000,000 | (대) 자 본 금 | 1,000,000 |

## 4. 자본금의 감소

### (1) 유상감자(실질적 감자)

회사의 사업규모 축소 등으로 인하여 자본금이 과잉된 때 이미 발행한 주식을 매입하고, 주식대금을 주주에게 지급함으로써 실질적으로 회사의 자산이 감소하는 것을 말한다.

### (2) 무상감자(형식적 감자)

결손금이란 기업의 경영활동결과로 순자산이 감소한 경우 그 금액을 말한다.

회사의 결손금이 누적되어 있고 향후 영업실적이 호전될 기미가 없는 경우 회사의 자본금을 감소시켜 누적된 결손금을 보전(결손을 보충하여 채움이라는 표현인데, 결손금을 없앤다는 것으로 이해하면 됨)하는 것을 무상감자라 한다.

형식적 감자의 경우 자본금만 감소할 뿐 회사의 순자산에는 아무런 변동이 없다.

## <예제 4 - 4> 자본금 감소

1. ㈜백두는 액면가액 10,000원인 주식 100주를 현금매입하여 소각하다.
   주당 매입가액이 주당 8,000원, 12,000원일 경우 분개하시오.
   각각의 사항은 별개의 거래로 본다.
2. ㈜결손은 누적된 결손금에 대해서 무상감자하기로 하다. 감자주식수는 1,000주(액면가액 10,000원)

해답

1. 유상감자

| | | | | |
|---|---|---|---|---|
| ① 매입가액 8,000원 | (차) 자 본 금 | 1,000,000 | (대) 현 금<br>감자차익<br>(자본잉여금) | 800,000<br>200,000 |
| ② 매입가액 12,000원 | (차) 자 본 금<br>감자차손<br>(자본조정) | 1,000,000<br>200,000 | (대) 현 금 | 1,200,000 |

2. 무상감자

| | | | |
|---|---|---|---|
| (차) 자본금 | 10,000,000 | (대) 미처리결손금 | 10,000,000 |

〈감자〉

| | | 주식수 | 자본금 | 순자산(자본) |
|---|---|---|---|---|
| 실질적감자<br>(유상) | (차) 자본금 XX<br>(대) 현금 등 XX | 감소 | 감소 | 감소 |
| 형식적감자<br>(무상) | (차) 자본금 XX<br>(대) 결손금 XX | 감소 | 감소 | 변동없음 |

## 제3절 자본잉여금

자본잉여금은 주식의 발행 등 회사의 영업활동 이외의 자본거래(주주와의 자본거래)로 인하여 발생한 잉여금을 말하고, 자본잉여금은 자본금으로의 전입(무상증자)이나 이월결손금의 보전에만 사용할 수 있다.

### 1. 주식발행초과금 : 주식발행시 할증발행의 경우 액면가액을 초과하는 금액 말한다.

### 2. 감자차익

자본금을 감소시킬 경우 자본금의 감소액 보다 주식의 매입가액이 적거나 이월 결손금 보전액이 적으면 발생된다.

### 3. 자기주식처분익

자기주식이란 자기가 발행한 주식을 회사가 소유하게 되는 경우 그 해당 주식을 말한다. 상법에서는 회사의 명의와 계산으로 ① 거래소에서 시세가 있는 주식의 경우에는 거래소에서 취득하는 방법, ② 주식수에 따라 균등한 조건으로 취득하는 방법으로서 배당가능익의 범위 내에서 자기주식을 취득할 수 있다. 또한 상법에서는 특정목적에 의한 자기주식을 취득할 수 있다.

자기주식을 취득할 경우 그 취득원가를 자본조정항목으로 하여 분류하고, 자본에서 차감하는 형식으로 보고한다.

자기주식을 일시 보유목적으로 취득하고, 매각할 경우 매각이익이 발생하였다면 자기주식처분이익으로 하여 손익계산서에 반영하지 않고 자본잉여금으로 분류한다.

반대로 매각손실이 발생하였다면, **자기주식처분이익계정 잔액을 먼저 상계하고, 남은 금액은 자본조정항목인 자기주식처분손실로 분류**한다.

#### <예제 4 - 5> 자기주식

㈜백두의 다음 거래를 분개하시오.

1. 3월 1일 자기주식 100주(액면가 10,000원)를 주당 12,000원에 현금매입하다.
2. 3월 15일 위의 자기주식 중 10주를 주당 15,000원에 현금처분하다.
2. 3월 31일 위의 자기주식 중 20주를 주당 8,000원에 현금처분하다.

**해답**

| | | | | |
|---|---|---|---|---|
| 1. | (차) 자기주식(자본조정) | 1,200,000 | (대) 현　　금 | 1,200,000 |
| 2. | (차) 현　　금 | 150,000 | (대) 자기주식(자본조정)<br>자기주식처분이익(자본잉여금) | 120,000<br>30,000 |
| | ☞ 처분손익 = 처분가액(10주×15,000) - 장부가액(10주×12,000) = 30,000원(이익) | | | |
| 3. | (차) 현　　금<br>자기주식처분이익*1<br>자기주식처분손실(자본조정) | 160,000<br>30,000<br>50,000 | (대) 자기주식 | 240,000 |
| | ☞ 처분손익 = 처분가액(20주×8,000) - 장부가액(20주×12,000) = △80,000원(손실)<br>*1. 자기주식처분이익(30,000)과 처분손실은 먼저 상계하여 회계처리한다. | | | |

부분 재무상태표

| ㈜백두 | | 20X1.03.31 |
|---|---|---|
| | 자본잉여금 | |
| | 1. 자기주식처분이익 | 0 |
| | 자본조정 | |
| | 1.자기주식 | (840,000) |
| | 2.자기주식처분손실 | ( 50,000) |

## 제4절 자본조정

자본조정은 자본거래에 해당하지만 자본금, 자본잉여금 이외의 항목으로서 임시적 성격의 항목이라고 할 수 있다.

### 1. 주식할인발행차금

신주를 할인발행한 경우 발행가액이 액면가액에 미달한 경우 미달한 금액을 말한다. 주식할인발행차금은 자본에서 차감하여 표시되고, **주식할인발행차금은 주식발행초과금과 우선상계하고** 잔액이 남을 경우 주식발행연도부터 3년 이내의 기간에 매기 균등액을 이익잉여금의 처분을 통하여 상각한다.

### 2. 감자차손

유상감자를 할 때 소각된 주식의 액면가액보다 주주에게 더 많은 금액을 지급한 경우 초과액을 말한다. 감자차손은 발생시점에 이미 계상되어 있는 **감자차익과 우선 상계하고** 남은 잔액은 감자차손으로 처리한다. 그리고 감자차손은 이익잉여금의 처분과정에서 미처분이익잉여금과 상계한다.

### 3. 자기주식, 자기주식처분손실

자기주식처분손실의 잔액이 발생하면 이익잉여금의 처분과정에서 미처분이익잉여금과 상계한다.

## 4. 미교부주식배당금

이익잉여금처분계산서의 주식배당액을 말하며, 주주총회 후 주식교부시에 자본금으로 대체된다.

〈자본잉여금과 자본조정〉

| | 자본잉여금 | 자본조정 |
|---|---|---|
| 신주발행 | 주식발행초과금 | 주식할인발행차금 |
| 자본금감소(감자) | 감자차익 | 감자차손 |
| 자기주식 | 자기주식처분이익<br>- | 자기주식처분손실<br>자기주식 |

**자본잉여금(주식발행초과금)은 발생시점에 이미 계상되어 있는 자본조정(주식할인발행차금)을 우선 상계하고, 남은 잔액은 자본잉여금(주식발행초과금)으로 계상한다. 또한 반대의 경우도 마찬가지로 회계처리한다. 즉 순액을 재무상태표 자본에 표시한다.**

### <예제 4 - 6> 주식발행2

㈜백두의 다음거래를 분개하시오.

1. 3월 1일 유상증자를 실시하고(액면가액 5,000원, 발행가액 8,000원 발행주식수 5,000주) 보통예금계좌로 입금하다. 또한 신주발행비 5,000,000원은 현금지급하다.
2. 7월 1일 유상증자를 실시하고(액면가액 5,000원, 발행가액 3,000원 발행주식수 10,000주) 보통예금계좌로 입금하다. 또한 신주발행비 7,000,000원은 현금지급하다.

해답

| | (차) | | (대) | |
|---|---|---|---|---|
| 1. | (차) 보통예금 | 40,000,000 | (대) 자 본 금 | 25,000,000 |
| | | | 현 금 | 5,000,000 |
| | | | 주식발행초과금 | 10,000,000 |
| | ☞ 자본금 = 발행주식수(5,000) × 액면가액(5,000) = 25,000,000원<br>발행가액 = 발행주식수(5,000) × 발행가액(8,000) - 신주발행비(5,000,000) = 35,000,000원<br>발행가액(35,000,000) - 자본금(25,000,000) = 10,000,000원(할증발행) | | | |
| 2. | (차) 보통예금 | 30,000,000 | (대) 자 본 금 | 50,000,000 |
| | 주식발행초과금[*1] | 10,000,000 | 현 금 | 7,000,000 |
| | 주식할인발행차금 | 17,000,000 | | |
| | ☞ 자본금 = 발행주식수(10,000) × 액면가액(5,000) = 50,000,000원<br>발행가액 = 발행주식수(10,000) × 발행가액(3,000) - 신주발행비(7,000,000) = 23,000,000원<br>발행가액(23,000,000) - 자본금(50,000,000) = △27,000,000원(할인발행)<br>***1. 주식발행초과금과 주식할인발행차금은 먼저 상계하여 회계처리한다.** | | | |

## 제5절 기타포괄손익누계액

포괄손익이란 주주와의 자본거래를 제외한 모든 거래나 사건에서 인식한 자본의 변동을 말한다. 기타포괄손익은 순자산의 증감을 가져오는 거래 가운데 미실현손익(잠재적 손익)으로 분류되어 손익계산서에 계상되지 못하는 항목으로 언젠가 이익잉여금으로 흘러갈 요소이다. 여기서 당기발생 **미실현손익**(기타포괄손익)은 포괄손익계산서에 반영되고 그 누계액(기타포괄손익누계액)은 재무상태표에 계상된다.

즉 기타포괄손익누계액이란 손익거래 중 손익계산서에 포함되지 않는 손익의 잔액으로서 **매도가능증권평가손익, 해외사업환산손익, 재평가잉여금 등**이 있다.

**기타포괄손익누계액은 미실현손익**으로서 **기타포괄손익이 실현될 때(매도가능증권의 경우 처분시) 당기순손익(영업외수익, 영업외비용)에 포함**되게 된다.

**포괄손익계산서의 포괄손익 = 손익계산서의 당기순손익 + 기타포괄손익**

**〈자본(순자산) 변동원인〉**

| | | |
|---|---|---|
| 자본거래<br>(주주와의 거래) | 자본금 | |
| | 자본잉여금 | 주식발행초과금, 감자차익, 자기주식처분이익 |
| | 자본조정 | 주식할인발행차금, 감자차손, 자기주식처분손실, 자기주식 등 |
| 손익거래<br>(포괄손익거래) | 기타포괄손익 | 재평가잉여금, 매도가능증권평가손익 등 |
| | 당기손익<br>(→ 이익잉여금) | 수익 : 매출액, 영업외수익 |
| | | 비용 : 매출원가, 판관비, 영업외비용, 법인세비용 |

# 연/습/문/제

## 분개연습

**[1]** 주식 10,000주(액면가액 5,000원)를 주당 4,000원에 발행하고 납입금은 전액 국민은행 보통예금 계좌에 입금되었다. 신주발행비 2,000,000원은 전액 현금으로 지급하였다.

**[2]** 보유중인 자기주식을 처분하였다. 장부가액은 12,340,000원(10,000주, 1,234원/주)으로 처분가액은 11,000,000원(10,000주,1,100원/주)이었다. 처분대금은 보통예금 계좌에 입금되었다. 단, 자기주식처분이익계정의 잔액이 500,000원 있다. 또한 처분수수료는 없는 것으로 가정한다.

**[3]** 이사회의 승인을 얻어 매입처 LT전자(주)에 지급하여야 할 외상매입금 중 일부인 12,000,000원을 당사에 출자전환하고 신주 2,000주(액면가액 5,000원)를 교부하였다. 신주교부에 따른 제비용은 없다고 가정한다.

**[4]** 이사회의 결의로 신주 20,000주(액면 @5,000원)를 주당 7,000원에 발행하였다. 주식발행에 따른 수수료 12,000,000원을 제외한 대금잔액은 전액 당사의 보통 예금계좌에 입금되었다.

**[5]** 신주 1,000주를 발행하여 기계장치를 구입하였다. 주당 액면가액은 5,000원이며 발행시점의 공정가액은 주당 6,000원이다.

**[6]** 당기 중 유상증자(현금납입)를 2회 실시하였으며, 7월 20일 거래에서 주식발행초과금으로 회계처리하였다. 8월 26일 할인발행에 대하여 회계처리하시오.

- 주당 액면금액 : 5,000원
- 7월 20일 유상증자 : 주당 발행가액 10,000원, 발행주식수 5,000주
- 8월 26일 유상증자 : 주당 발행가액 4,000원, 발행주식수 5,000주

**[7]** 이익준비금 2,000,000원을 자본전입하기로 이사회 결의하였다. 이사회 결의일에 자본전입에 대한 회계처리 하시오.

**[8]** 10월 25일 보유 중인 자기주식 1,000주(액면가 주당 @1,000원, 장부가 주당 @1,240원) 전량을 1,200,000원에 처분하고 처분대금 전액이 당일에 보통예금으로 입금되었다(단, 자기주식처분이익 및 자기주식처분손실계정의 잔액은 없음).

**[9]** 1주당 액면금액이 5,000원인 보통주를 주당 6,000원씩 1,000주를 발행하고 대금은 현금으로 받았다. 주식발행비로 200,000원을 현금 지급하였다(기존 주식할인발행차금 300,000원이 존재함).

**[10]** 회사가 발행한 주식 1,000주를 주당 5,000원에 현금을 지급하고 매입하여 소각하였다(단, 주식의 액면금액은 주당 10,000원이며, 소각 전 감자차익 혹은 감자차손은 없다).

## 객관식

**01.** 자본금이 100,000,000원인 회사가 이월결손금 18,000,000원을 보전하기 위하여 유통 중인 주식 중 1/5에 해당하는 부분을 무상 소각하였다. 이 경우 분개에서 사용하여야 할 자본항목과 금액 중 옳은 것은?

① 감자차손 2,000,000원　② 주식발행초과금 2,000,000원
③ 감자차익 2,000,000원　④ 합병차익 2,000,000원

**02.** 다음 중 기업회계기준상 기타포괄손익누계액 항목이 아닌 것은?

① 매도가능증권평가손익　② 해외사업환산손익
③ 현금흐름위험회피 파생상품평가손익　④ 자기주식처분손실

**03.** (주)피제이전자는 주식 1,000주(1주당 액면가액 1,000원)를 1주당 1,500원에 증자하면서 주식발행관련 제비용으로 100,000원을 지출하였다. 이에 대한 결과로 올바른 것은?

① 주식발행초과금 400,000원 증가　② 자본금 1,400,000원 증가
③ 주식발행초과금 500,000원 증가　④ 자본금 1,500,000원 증가

**04.** 다음은 재무상태표 항목의 구분과 통합표시에 대한 설명이다. 가장 틀린 것은?

① 중요한 항목은 재무상태표 본문에 별도 항목으로 구분하여 표시한다.
② 현금및현금성자산은 별도 항목으로 구분하여 표시한다.
③ 자본잉여금은 법정적립금, 임의적립금으로 구분하여 표시한다.
④ 자본금은 보통주자본금과 우선주자본금으로 구분하여 표시한다.

**05.** 재무상태표상의 자본금에 대한 설명 중 가장 올바른 것은?

① 자본금은 할인발행 혹은 할증발행에 따라 표시되는 금액이 다르다.
② 자본금은 보통주자본금, 우선주자본금 그리고 기타자본금으로 구분된다.
③ 자본금은 총납입금액에서 주식발행에 따른 제비용을 차감하여 표시된다.
④ 자본금은 반드시 발행주식수×1주당 액면가액으로 표시된다.

**06.** 다음 중 자산의 증감도 없고, 자본의 증감도 없는 경우는?

① 유상증자　　② 무상증자
③ 주식의 할인발행　　④ 주식의 할증발행

**07.** (주)세원은 20x1년 중에 보통주 10,000주(1주당 액면가액 1,000원)를 1주당 500원에 발행하였다. 20x0년 기말 재무상태표상 자본상황이 다음과 같을 경우, 20x1년 기말 재무상태표에 표시되는 자본상황으로 올바른 것은?

| | |
|---|---|
| • 자본금 90,000,000원 | • 주식발행초과금 10,000,000원 |

① 자본금 95,000,000원　　② 주식발행초과금 5,000,000원
③ 주식할인발행차금 5,000,000원　　④ 총자본 100,000,000원

**08.** 자본에 대한 설명 중 잘못된 것은?

① 자본금은 우선주자본금과 보통주자본금으로 구분하며, 발행주식수×주당 발행가액으로 표시된다.
② 잉여금은 자본잉여금과 이익잉여금으로 구분 표시한다.
③ 주식의 발행은 할증발행, 액면발행 및 할인발행이 있으며, 어떠한 발행을 하여도 자본금은 동일하다.
④ 자본은 자본금 · 자본잉여금 · 이익잉여금 · 자본조정 및 기타포괄손익누계액으로 구분 표시한다.

**09.** 자본의 분류에 대한 다음 설명 중 잘못된 것은?

① 자본금은 법정자본금으로 한다.
② 주식발행초과금, 자기주식처분이익, 주식할인발행차금은 모두 자본잉여금에 해당한다.
③ 자본조정은 당해 항목의 성격으로 보아 자본거래에 해당하나 최종 납입된 자본으로 볼 수 없거나 자본의 가감 성격으로 자본금이나 자본잉여금으로 분류할 수 없는 항목이다.
④ 자본잉여금은 증자나 감자 등 주주와의 거래에서 발생하여 자본을 증가시키는 잉여금이다.

**10.** 다음 내용과 같은 기준으로 분류되는 계정과목은 무엇인가?

| |
|---|
| 자본거래에서 발생하며, 자본금이나 자본잉여금으로 분류할 수 없는 항목으로 감자차손, 자기주식, 자기주식처분손실 등이 여기에 해당한다. |

① 주식할인발행차금　　② 임의적립금　　③ 주식발행초과금　　④ 이익준비금

**11.** 다음 중 자본에 대한 설명으로 옳지 않은 것은?

① 자본금은 발행한 주식의 액면금액에 발행주식수를 곱하여 결정된다.
② 자본은 기업의 소유주인 주주의 몫으로 자산에서 채권자의 지분인 부채를 차감한 것이다.
③ 기타포괄손익누계액은 미실현손익의 성격을 가진 항목으로 당기순이익에 반영된다.
④ 이익잉여금은 법정적립금, 임의적립금 및 미처분이익잉여금으로 구분표시 한다.

## 주관식

**01.** (주)해성의 1월 1일 자본금은 10,000,000원(주식수10,000주, 액면가 1,000원)이다. 20×1년 6월 1일 주당 1,100원에 5,000주를 유상증자하였다. 기말자본금은 얼마인가?

**02.** 다음 자료를 바탕으로 자본잉여금의 금액을 계산하면?(단, 계정과목별 연관성은 전혀 없다.)

| | | | |
|---|---|---|---|
| • 감자차익 : | 500,000원 | • 이익준비금 : | 100,000원 |
| • 사업확장적립금 : | 300,000원 | • 주식발행초과금 : | 400,000원 |
| • 자기주식처분이익 : | 300,000원 | • 자기주식처분손실 : | 100,000원 |
| • 감자차손 : | 250,000원 | • 주식할인발행차금 : | 150,000원 |

**03.** 다음 중 자본잉여금으로 분류하는 항목을 모두 고르시오.

가. 주식을 할증발행하는 경우에 발행금액이 액면금액을 초과하는 부분
나. 자기주식을 처분하는 경우 취득원가를 초과하여 처분할 때 발생하는 이익
다. 주식 발행금액이 액면금액에 미달하는 경우 그 미달하는 금액
라. 상법규정에 따라 적립된 법정적립금

**04.** ㈜재무는 자기주식 200주(1주당 액면가액 5,000원)를 1주당 7,000원에 매입하여 소각하였다. 소각일 현재 자본잉여금에 감차차익 200,000원을 계상하고 있는 경우 주식소각 후 재무상태표상에 계상되는 감자차손익은 얼마인가?

# 연/습/문/제 답안

## 분개연습

| | | | | | |
|---|---|---|---|---|---|
| [1] | (차) 보통예금 | 40,000,000 | (대) | 자 본 금 | 50,000,000 |
| | 주식할인발행차금 | 12,000,000 | | 현 금 | 2,000,000 |

| | | | | | |
|---|---|---|---|---|---|
| [2] | (차) 보통예금 | 11,000,000 | (대) | 자기주식 | 12,340,000 |
| | 자기주식처분이익 | 500,000 | | | |
| | 자기주식처분손실 | 840,000 | | | |

☞ 자기주식처분손실 발생시 이미 계상되어 있는 자기주식처분익과 먼저 상계한다.

| | | | | | |
|---|---|---|---|---|---|
| [3] | (차) 외상매입금 | 12,000,000 | (대) | 자 본 금 | 10,000,000 |
| | (LT전자(주)) | | | 주식발행초과금 | 2,000,000 |

| | | | | | |
|---|---|---|---|---|---|
| [4] | (차) 보통예금 | 128,000,000 | (대) | 자 본 금 | 100,000,000 |
| | | | | 주식발행초과금 | 28,000,000 |

| | | | | | |
|---|---|---|---|---|---|
| [5] | (차) 기계장치 | 6,000,000 | (대) | 자 본 금 | 5,000,000 |
| | | | | 주식발행초과금 | 1,000,000 |

☞ 자본금 = 발행주식수(1,000) × 액면가액(5,000) = 5,000,000원  
발행가액 = 발행주식수(1,000) × 발행가액(6,000) = 6,000,000원  
발행가액(6,000,000) – 자본금(5,000,000) = 1,000,000원(할증발행)

| | | | | | |
|---|---|---|---|---|---|
| [6] | (차) 현 금 | 20,000,000 | (대) | 자 본 금 | 25,000,000 |
| | 주식발행초과금 | 5,000,000 | | | |

☞ 7월 20일 회계처리

| | | | | |
|---|---|---|---|---|
| (차) 현 금 | 50,000,000 | (대) | 자 본 금 | 25,000,000 |
| | | | 주식발행초과금 | 25,000,000 |

| | | | | | |
|---|---|---|---|---|---|
| [7] | (차) 이익준비금 | 2,000,000 | (대) | 자 본 금 | 2,000,000 |

| | | | | | |
|---|---|---|---|---|---|
| [8] | (차) 보통예금 | 1,200,000 | (대) | 자기주식 | 1,240,000 |
| | 자기주식처분손실 | 40,000 | | | |

☞ 처분손익 = 처분가액 – 장부가액 = 1,200,000 – 1,000주 × @1,240 = △40,000원(처분손실)

[9] (차) 현 금 5,800,000 (대) 자본금 5,000,000
주식발행초과금 500,000
주식할인발행차금 300,000

☞ 발행가액 = 1,000주 × 6,000 - 200,000(주식발행비) = 5,800,000원
발행가액(5,800,000) - 액면가액(1,000주 × 5,000) = 800,000원(할증발행) → 할인차금 300,000원 우선상계

[10] (차) 자본금 10,000,000 (대) 현금 5,000,000
감자차익 5,000,000

☞ 감자 = 감자대가(1,000주 × 5,000) - 액면가(1,000주 × 10,000원) = △5,000,000원(차익)

## 객관식

| 1 | 2 | 3 | 4 | 5 | 6 | 7 | 8 | 9 | 10 | 11 |
|---|---|---|---|---|---|---|---|---|---|---|
| ③ | ④ | ① | ③ | ④ | ② | ② | ① | ② | ① | ③ |

[풀이 - 객관식]

01. 자본금 감소액 = 100,000,000 × 1/5 = 20,000,000원
(차) 자 본 금 20,000,000 (대) 미처리결손금 18,000,000
감 자 차 익 2,000,000

02. **기타포괄손익누계액의 특징은 미실현손익**이다.

03. 주식발행초과금은 **주식발행가액(신주발행비를 차감한 후의 가액을 말한다)이 액면가액을 초과**하는 경우 그 초과하는 금액으로 한다. 1,000주×(1,500원 - 1,000원) - 100,000원 = 400,000원

04. 자본잉여금은 **주식발행초과금과 기타자본잉여금으로 구분**하여 표시한다.

05. 자본금은 반드시 발행주식수에 1주당 액면가액을 곱한 금액으로 기록된다. 자본금은 **보통주자본금과 우선주자본금으로 구분표시**한다.

06. 무상증자는 동일한 금액의 자본 감소와 자본 증가를 가져오므로, 자산의 증감도 없고, 자본의 증감도 없다.
(예) (차) 주식발행초과금 100,000원 (대) 자 본 금 100,000원

07. 신주발행시 회계처리 : 주식할인발행차금은 주식발행초과금(자본잉여금)과 우선 상계한다.
(차) 보통예금 5,000,000원 (대) 자 본 금 10,000,000원
주식발행초과금 5,000,000원

| 20x1기초자본 | | 증 감 | 20x1기말자본 | |
|---|---|---|---|---|
| 자본금 | 90,000,000 | +10,000,000 | 자본금 | 100,000,000 |
| 자본잉여금 | 10,000,000 | △5,000,000 | 자본잉여금 | 5,000,000 |
| 자본총계 | 100,000,000 | | 자본총계 | 105,000,000 |

08. 자본금은 우선주와 보통주자본금으로 구분하며, **발행주식수×주당 액면가액**으로 표시된다.

09. **주식할인발행차금은 자본조정**이다.

10. 자본조정에 대한 설명이며, 자기주식, 주식할인발행차금, 감자차손, 자기주식처분손실 등이 있다.
임의적립금 : 이익잉여금, 주식발행초과금 : 자본잉여금, 이익준비금 : 이익잉여금
11. 기타포괄손익누계액은 자산을 공정가치로 평가할 때 발생하는 **미실현손익의 성격을 가진 항목**으로 손익계산서의 당기순이익에 반영되지 않고, **재무상태표에 반영**된다.

### 주관식

| | | | | | |
|---|---|---|---|---|---|
| 1 | 15,000,000원 | 2 | 1,200,000원 | 3 | 가, 나 |
| 4 | 감자차손 200,000원 | 5 | | | |

[풀이 - 주관식]

01. 자본금은 액면가액(1,000원)×발행주식수(15,000주)로 계상된다.
02. 자본잉여금은 감자차익과 주식발행초과금, 자기주식처분이익이 속한다.
03. 가.주식발행초과금 나.자기주식처분이익 다.주식할인발행차금 라.이익잉여금 - 이익준비금
04. 감자차손 = [취득가액(7,000) - 액면가액(5,000)] × 200주 - 감자차익(200,000) = 200,000원
**기인식된 감자차익 200,000원을 상계**하고 감자차손은 200,000원만 인식한다.

## 제6절 이익잉여금

이익잉여금은 회사의 영업활동의 결과로 벌어들인 이익 중 사외에 유출되지 않고 사내에 남아 있는 부분을 원천으로 하는 잉여금을 말한다.

이익잉여금을 증가시키는 것은 이익창출 활동결과인 당기순이익이며 이익잉여금을 감소시키는 것은 이익창출 활동결과인 당기순손실과 주주들에 배당금을 지급하는 경우이다.

이익잉여금은 기처분이익잉여금(법정적립금과 임의적립금) 및 미처분이익잉여금으로 분류한다.

### 1. 법정적립금

상법이나 그 외의 법률규정에 따라 이익잉여금 중에서 일정금액을 적립하는 것을 말하는 것으로 강제적 성격을 가지고 있어 법적요건을 갖추게 되면, 무조건 적립하여야 한다.

이것은 유보된 이익잉여금 만큼 현금배당을 제한함으로써 기업의 자금 유출을 막아 기업의 재무구조를 탄탄하게 하여 채권자를 보호할 목적이다.

#### (1) 이익준비금

대표적인 법정적립금으로서 주식회사는 상법의 규정에 따라 **"회사는 자본금의 1/2에 달할 때까지 매기 결산시 금전에 의한 이익배당액의 1/10이상의 금액을 이익준비금으로 적립하여야 한다."** 라고 규정하고 있다.

이러한 이익준비금은 결손금을 보전하거나 자본금으로 전입(무상증자)할 수 있다.

> **참고**
>
> **법정준비금**
>
> 상법에서는 법정준비금을 그 재원에 따라 **이익준비금과 자본준비금으로 구분하는데 자본거래에서 발생한 잉여금(기업회계기준상 자본잉여금을 의미한다)**을 자본준비금으로 적립하여야 한다. 또한 회사는 적립된 자본준비금 및 이익준비금의 총액이 자본금의 1.5배를 초과하는 경우에는 주주총회의 결의에 따라 준비금을 배당 등의 용도로 사용할 수 있게 하였다.

#### (2) 기타법정적립금

상법이외 법령에 따라 이익금의 일부를 적립하여야 되는 경우가 있다.

이 적립금 역시 결손보전과 자본금으로의 전입 목적으로만 사용가능하다.

## 2. 임의적립금

회사의 정관이나 주주총회의 결의에 의해 임의로 적립된 금액으로서 기업이 자발적으로 적립한 적립금으로서 법정적립금과 성격은 다르지만 이 역시 현금배당을 간접적으로 제한함으로써 기업의 재무구조를 개선하거나 미래투자자금을 확보한다는 점은 동일하다. 임의적립금은 기업이 해당 목적을 실현한 후에 다시 주주들에게 현금배당할 수 있다. 이것을 임의적립금의 이입이라 표현한다.

임의적립금의 예를 들면 사업확장적립금, 감채기금적립금 등이 있다.

## 3. 미처분이익잉여금(미처리결손금)

기업이 벌어들인 이익 중 배당이나 다른 잉여금으로 처분되지 않고 남아 있는 이익잉여금을 말한다. 미처분이익잉여금은 주주총회시 결의에 의해 처분이 이루어지는데 주주총회는 결산일이 지난 뒤(3개월 이내)에 열리기 때문에 이익잉여금 처분전의 잔액이 당기 재무상태표에 표시된다.

결손금이란 수익보다 비용이 많은 경우로서 당기순손실을 의미한다. 이러한 결손금은 기존의 잉여금으로 보전된다.

**〈적립과 이입〉**

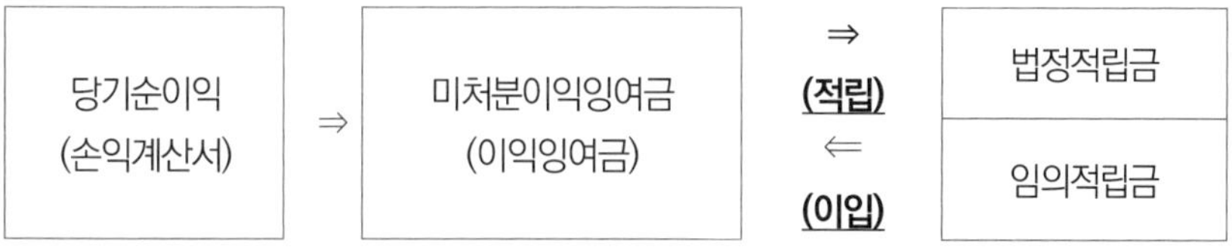


∴미처분이익잉여금을 적립금(법정, 임의)으로 적립하거나, 임의적립금을 다시 미처분이익잉여금으로 이입할 경우 이익잉여금이나 자본총계에 영향이 없다.

# 제7절 이익잉여금의 처분

## 1. 이익잉여금 처분계산서

이익잉여금처분계산서는 이익잉여금의 변동내용을 보고하는 양식으로서 정기주주총회에서 이익잉여금 처분에 대하여 주주들로부터 승인을 받아야 한다.

정기주주총회는 회계연도가 끝난 뒤(3개월 이내) 다음 해 초에 개최되고, 이 때 재무제표가 확정된다. 따라서, 회계연도말 재무상태표에는 처분하기전의 이익잉여금으로 표시된다.

**이익잉여금처분계산서**

제 2 기 20×1년 1월 1일부터 20×1년 12월 31일까지

처분예정일 20×2년 2월 28일 → 주주총회일

(주) 백두 단위 : 원

| 과 목 | 금 액 |
|---|---|
| Ⅰ.미 처 분 이 익 잉 여 금 | → 재무상태표상 "미처분이익잉여금" |
| 1. 전기이월미처분이익잉여금 | |
| 2. 당기순이익 | |
| …… | |
| Ⅱ.임의적립금등 이입액 | ← 임의적립금에서 미처분이익잉여금으로 들어옴 |
| 1. XX 적립금 | |
| Ⅲ.이익잉여금처분액 | → 주주총회에서 처분예정 |
| 1. 법정적립금(이익준비금) | |
| 2. 기타법정적립금 | |
| 3. 배당금 | |
| 가. 현금배당 | |
| 나. 주식배당 | |
| 4. 임의적립금 | |
| Ⅳ.차기이월미처분이익잉여금(Ⅰ+Ⅱ－Ⅲ) | |

## 2. 재무상태표와 이익잉여금 처분계산서의 관계

| ------- 〈재무상태표〉 | 20x1.12.31.현재 |
|---|---|
| 자 본 | |
| Ⅰ. 자본금 | |
| Ⅱ. 자본잉여금 | |
| Ⅲ. 자본조정 | |
| Ⅳ.기타포괄손익누계액 | |
| Ⅴ. 이익잉여금 | |
| 1. 법정적립금 | |
| 2. 기타법정적립금 | |
| ...... | |
| 3. 미처분이익잉여금 | 5,000,000 |

| ------- 〈이익잉여금처분계산서〉 | 20x2.2.28 |
|---|---|
| Ⅰ. 미처분이익잉여금 | 5,000,000 |
| 1. 전기이월미처분이익잉여금 | 1,000,000 |
| 2. 당기순이익 | 4,000,000 |
| **Ⅱ. 임의적립금등 이입액** | **1,000,000** |
| **Ⅲ. 이익잉여금처분액** | **4,000,000** |
| Ⅳ. 차기이월미처분이익잉여금 | 2,000,000 |
| **(Ⅰ+Ⅱ - Ⅲ)** | |

20x2.12.31 현재 재무상태표 전기이월미처분이익잉여금

## 3. 배당금

회사의 이익을 주주에게 배당하는 방법에는 **현금배당과 주식배당 그리고 현물배당**이 있다. 이러한 배당은 주주총회 결의에 의해서 확정된다.

배당에 관한 회계처리는 다음과 같은 시점이 있는데 이것을 먼저 이해하자!

- 배당기준일 : 배당을 받을 권리는 주주에게 있다. 즉 주주를 확정하는 날로서 일반적으로 회계연도 말일(보고기간말)이다.
- 배당선언일 : 주주총회일(또는 이사회결의일)로서 배당결의를 공식적으로 한 날을 의미한다.
- 배당지급일 : 배당기준일에 주주로서 확정된 주주에게 실제로 배당금을 지급하는 날이다.

회계기간이 1월 1일부터 12월 31일까지라고 한다면 배당기준일은 12월 31일이고 주주총회(배당선언일)는 3개월 이내 개최하여야 한다.

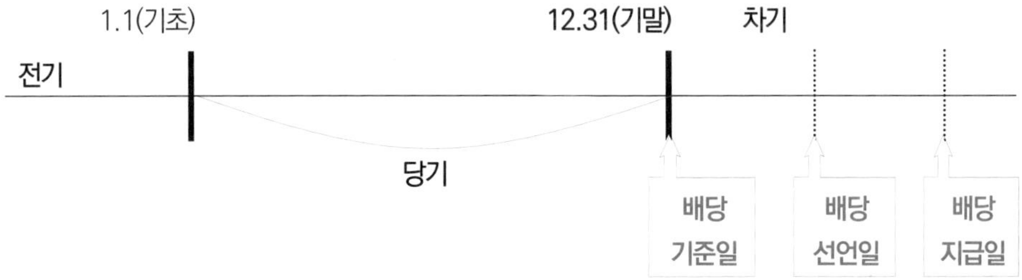

### (1) 현금배당

해당 배당금을 주주에게 현금으로 배당하는 것을 말한다.
이 경우 회사의 순자산은 감소하고 자본도 감소하게 된다.

### (2) 주식배당

주주의 지분율에 비례하여 신주를 발행하여 배당하는 것을 말한다.
주식배당은 기업 자금의 외부유출을 막고 동시에 이익배당의 효과도 갖는다.
**또한 현금배당과는 반대로 회사의 자산과 자본에는 아무런 변화가 없다. 따라서 투자자는 아무런 회계처리를 하지 않는 것이다.**

| | 현금배당 | 주식배당 |
|---|---|---|
| 배당선언일 | (차) 이월이익잉여금 ×××<br>(미처분이익잉여금)<br>(대) 미지급배당금 ×××<br>(유동부채) | (차) 이월이익잉여금 ×××<br>(미처분이익잉여금)<br>(대) 미교부주식배당금 ×××<br>(자본조정) |
| | (투자자)<br>(차) 미수금 ×××<br>(대) 배당금수익 ××× | (투자자)<br>- 회계처리없음 - |
| 배당지급일 | (차) 미지급배당금 ×××<br>(대) 현 금 ××× | (차) 미교부주식배당금 ×××<br>(대) 자본금 ××× |
| **재무상태** | **-주식발행회사의 최종분개** | |
| | **(차) 이월이익잉여금(자본) ×××**<br>**(대) 현 금(자산) ×××** | **(차) 이월이익잉여금(자본) ×××**<br>**(대) 자 본 금(자본) ×××** |
| | **순자산의 유출** | **재무상태에 아무런 변화가 없다.** |

## <예제 4 - 7> 이익잉여금의 처분

㈜백두(피투자회사)와 ㈜청계(투자회사)의 다음 거래를 분개하시오. ㈜백두는 ㈜청계가 100% 투자한 회사라 가정한다.

1. 3월 1일 주주총회에서 다음 내용으로 미처분이익잉여금의 처분을 결의하다.

| | | | |
|---|---|---|---|
| 현금배당 | 1,000,000 | 주식배당 | 2,000,000 |
| 이익준비금 | 100,000 | 사업확장적립금 | 3,000,000 |

2. 3월 10일 현금배당금 1,000,000원을 현금 지급하다.
3. 3월 15일 주주총회에서 결의한 주식배당에 대해서 주식을 발행하여 지급하다.

**해답**

| | | | | | |
|---|---|---|---|---|---|
| 1. | ㈜백두 | (차) 이월이익잉여금<br>(미처분이익잉여금) | 6,100,000 | (대) 이익준비금<br>미지급배당금<br>미교부주식배당금<br>사업확장적립금 | 100,000<br>1,000,000<br>2,000,000<br>3,000,000 |
| | ㈜청계 | (차) 미 수 금 | 1,000,000 | (대) 배당금수익 | 1,000,000 |
| | | ☞ **현금배당만 회계처리하고, 주식배당은 회계처리하지 않는다.** | | | |
| 2. | ㈜백두 | (차) 미지급배당금 | 1,000,000 | (대) 현 금 | 1,000,000 |
| | ㈜청계 | (차) 현 금 | 1,000,000 | (대) 미 수 금 | 1,000,000 |
| 3. | ㈜백두 | (차) 미교부주식배당금 | 2,000,000 | (대) 자 본 금 | 2,000,000 |
| | ㈜청계 | ☞ 주식배당은 회계처리하지 않고 주식수와 단가를 재계산한다. | | | |

# 연/습/문/제

## 분개연습

**[1]** 금년 3월 10일에 열린 주주총회에서 결의한 주식배당 20,000,000원에 대해 주식배정을 실시하였다. 단, 원천징수세액은 없는 것으로 한다.

**[2]** 지난달에 주주총회에서 결의한 중간배당금 30,000,000원을 현금으로 지급하였다(원천징수는 없는 것으로 가정함).

**[3]** 20×1년 주주총회에서 결의된 '20×0년(전년도)이익처분'사항에서 다음의 내용이 회계처리되어 있지 않음을 발견하였다.

- 보통주 1주당 0.2주의 주식배당을 실시한다.
- 보통주 1주당 액면금액이 5,000원이고 발행주식수가 20,000주이다.
- 주식배당은 결의 즉시 분배되었다.

**[4]** 회사는 10월 01일 개최된 이사회에서 현금배당 80,000원의 중간배당을 결의하였다(단, 이익준비금은 고려하지 않는 것으로 한다)

**[5]** 임시주주총회에서 6월 29일 결의하고 미지급한 중간배당금 10,000,000원에 대하여 원천징수세액 1,540,000원을 제외한 금액을 보통예금 계좌에서 지급하였다.

## 객관식

**01.** 다음 중 자본의 분류와 해당 계정과목의 연결이 올바르지 않은 것은?

① 자본금 : 보통주자본금, 우선주자본금
② 자본잉여금 : 주식발행초과금, 자기주식처분이익
③ 자본조정 : 감자차익, 감자차손
④ 이익잉여금 : 이익준비금, 임의적립금

**02.** 다음의 회계거래 중에서 자본총액에 변화가 없는 것은?

① 주식을 할인발행하다.
② 이익준비금을 계상하다.
③ 당기순손실이 발생하다.
④ 주식을 할증발행 하다.

**03.** 다음 중 이익잉여금 항목에 해당하지 않는 것은?

① 이익준비금
② 임의적립금
③ 주식발행초과금
④ 미처분이익잉여금

**04.** 다음 보기 중 이익잉여금으로 분류하는 항목을 모두 고른 것은?

〈 보 기 〉

ㄱ. 현금배당액의 1/10 이상의 금액을 자본금의 2분의 1에 달할 때까지 적립해야 하는 금액
ㄴ. 액면을 초과하여 주식을 발행한 때 그 액면을 초과하는 금액
ㄷ. 감자를 행한 후 주주에게 반환되지 않고 불입자본으로 남아있는 금액

① ㄱ
② ㄴ
③ ㄱ, ㄷ
④ ㄴ, ㄷ

**05.** 주식 발행회사가 이익배당을 주식으로 하는 경우(주식배당) 배당 후 상태변화로 가장 옳지 않은 것은?

① 배당 후 이익잉여금은 증가한다.
② 배당 후 자본금은 증가한다.
③ 배당 후 총자본은 불변이다.
④ 배당 후 발행주식수는 증가한다.

**06.** 이익잉여금처분계산서에서 확인할 수 없는 항목은 무엇인가?

① 기타법정적립금 ② 배당금
③ 주식할인발행차금 ④ 당기순이익

**07.** 다음은 자본의 분류와 그에 속하는 계정과목을 연결한 것이다. 틀린 것은?

① 자본금 - 보통주자본금 ② 자본잉여금 - 주식발행초과금
③ 자본조정 - 자기주식 ④ 이익잉여금 - 주식할인발행차금

**08.** 다음 중 주식회사의 자본 구성 요소에 관한 설명으로 바르게 짝지은 것은?

> ㉠은 1주의 액면금액에 발행한 주식수를 곱한 금액이다.
> ㉡은 영업활동과 직접적인 관계가 없는 자본거래에서 생긴 잉여금이다.
> ㉢은 회사의 영업활동 결과로 발생한 순이익을 원천으로 하는 잉여금이다.

| | ㉠ | ㉡ | ㉢ | | ㉠ | ㉡ | ㉢ |
|---|---|---|---|---|---|---|---|
| ① | 적립금 | 자본잉여금 | 이익잉여금 | ② | 자본금 | 자본잉여금 | 이익잉여금 |
| ③ | 자본금 | 이익잉여금 | 자본잉여금 | ④ | 적립금 | 이익잉여금 | 자본잉여금 |

**09.** 이익잉여금을 자본금에 전입하였을 경우 다음 설명 중 올바른 것은?

① 자본총액이 증가한다. ② 자본총액이 감소한다.
③ 자본금이 증가한다. ④ 자본금이 감소한다.

**10.** 다음 중 자본에 대한 내용으로 옳지 않은 것은?

① 현물출자로 인한 주식의 발행금액은 제공받은 현물의 공정가치이다.
② 기말 재무상태표상 미처분이익잉여금은 당기 이익잉여금의 처분사항이 반영된 후의 금액이다.
③ 주식배당과 무상증자는 순자산의 증가가 발생하지 않는다.
④ 주식발행초과금은 주식의 발행가액이 액면가액을 초과하는 경우 그 초과금액을 말한다.

11. 다음 중 주주총회에서 현금배당이 결의된 이후 실제 현금으로 현금배당이 지급된 시점의 거래요소 결합관계로 옳은 것은?

| 차변 | 대변 | 차변 | 대변 |
|---|---|---|---|
| ① 자본의 감소 | 자본의 증가 | ② 부채의 감소 | 자산의 감소 |
| ③ 자산의 증가 | 수익의 발생 | ④ 자본의 감소 | 자산의 감소 |

12. 다음 중 자본에 대한 설명으로 옳지 않은 것은?

① 이익잉여금을 자본 전입하는 주식배당 시, 자본금은 증가하고 이익잉여금은 감소한다.
② 주식발행초과금은 주식의 발행가액이 액면가액을 초과하는 경우 그 초과 금액을 말한다.
③ 기말 재무상태표상 미처분이익잉여금은 당기 이익잉여금의 처분사항이 반영되기 전 금액이다.
④ 주식배당과 무상증자는 순자산의 증가가 발생한다.

13. 다음의 회계거래 중에서 자본총액에 변동이 없는 것은?

① 유상증자를 실시하다.
② 현금배당을 주주총회에서 결의하다.
③ 발행주식 중 일부를 유상으로 소각하다.
④ 결의했던 현금배당을 지급하다.

## 주관식

01. (주)수원기업은 결산시 회사자본의 구성내용이 자본금 50,000,000원, 자본잉여금 3,000,000원, 이익준비금 700,000원이었고, 당해 연도의 당기순이익은 500,000원이었다. 현금배당을 300,000원을 할 경우 이익준비금으로 적립해야 할 최소 금액은 얼마인가?

02. 자본금 10,000,000원인 회사가 현금배당(자본금의 10%)과 주식배당(자본금의 10%)을 각각 실시하는 경우, 이 회사가 적립해야 할 이익준비금의 최소 금액은 얼마인가?(현재 재무상태표상 이익준비금 잔액은 500,000원이다)

# 연/습/문/제 답안

분개연습

| | | | | | |
|---|---|---|---|---|---|
| [1] | (차) 미교부주식배당금 (자본조정) | 20,000,000 | (대) | 자 본 금 | 20,000,000 |
| [2] | (차) 미지급배당금 (유동부채) | 30,000,000 | (대) | 현 금 | 30,000,000 |
| [3] | (차) 이월이익잉여금 | 20,000,000 | (대) | 자 본 금 | 20,000,000 |

☞ **주주들에게 무상으로 분배해야 할 주식 수 : 20,000주×0.2=4,000주**
**자본금으로 전입되는 금액 : 4,000주×5,000원=20,000,000원**

| | | | | | |
|---|---|---|---|---|---|
| [4] | (차) 이월이익잉여금 or 중간배당금 | 80,000 | (대) | 미지급배당금 | 80,000 |
| [5] | (차) 미지급배당금 | 10,000,000 | (대) | 예수금 | 1,540,000 |
| | | | | 보통예금 | 8,460,000 |

☞ **결의시점 : (차) 중간배당금 10,000,000 (대) 미지급배당금 10,000,000**

객관식

| 1 | 2 | 3 | 4 | 5 | 6 | 7 | 8 | 9 | 10 | 11 | 12 | 13 | | |
|---|---|---|---|---|---|---|---|---|---|---|---|---|---|---|
| ③ | ② | ③ | ① | ① | ③ | ④ | ② | ③ | ② | ② | ④ | ④ | | |

[풀이 - 객관식]

**01.** 감자차익은 자본잉여금에 해당한다.

**02.** 이익준비금의 계상은 자본총액에 변화가 없다.

**04.** ㄱ 이익준비금은 이익잉여금으로, ㄴ 주식발행초과금, ㄷ 감자차익은 자본잉여금으로 분류한다.

**05.** (차) 이월이익잉여금 ××× (대) 자본금 ×××

총자본은 불변이고, 이익잉여금은 감소한다.

**06.** **주식할인발행차금은 자본조정항목**으로 재무상태표에서 확인할 수 있다. 이익잉여금처분계산서에서 확인할 수 있는 항목은 주식할인발행차금 상각액(잉여금처분사항)이다.

**07.** 주식할인발행차금은 자본조정항목이다.

**08.** ㉠은 자본금이고, ㉡은 자본잉여금이고, ㉢은 이익잉여금이다.

**09.** **이익잉여금을 자본금에 전입**하는 경우 **자본총액에는 변화가 없으며 단지 자본금만 증가**한다.

**10.** 당기 이익잉여금의 처분사항은 차기 주주총회의 처분결의가 있은 후에 회계처리되므로 **기말 재무상태표상 미처분이익잉여금은 당기 이익잉여금의 처분사항이 반영되기 전의 금액**이다.

**11.** 현금배당이 결의된 시점 분개 :

(차) 이익잉여금 ××× (대) 미지급배당금(부채) ×××

현금배당이 지급된 시점 분개 :

(차) 미지급배당금 ××× (대) 현 금 ×××

**12.** 주식배당 : (차) 이월이익잉여금 xxx (대) 자본금 xxx

무상증자 : (차) 자본잉여금 또는 이익잉여금 xxx (대) 자본금 xxx

→ 주식배당과 무상증자는 순자산의 증가가 발생하지 않는다.

**13.**

| | | | | | |
|---|---|---|---|---|---|
| ① (차) 현금 | XXX | (대) 자본금 | XXX⇒자본증가 |
| ② (차) 이월이익잉여금 | XXX | (대) 미지급배당금 | XXX⇒자본감소 |
| ③ (차) 자본금 | XXX | (대) 현 금 | XXX⇒자본감소 |
| ④ (차) 미지급배당금 | XXX | (대) 현 금 | XXX⇒자본불변 |

## 주관식

| 1 | 30,000원 | 2 | 100,000원 | |
|---|---|---|---|---|

[풀이 - 주관식]

**01.** 회사는 그 자본금(50,000,000)의 2분의 1에 달할 때(25,000,000)까지 매결산기의 **금전에 의한 이익배당액의 10분의 1이상의 금액을 이익준비금으로 적립**하여야 한다. 따라서 30,000원임.

**02.** 이익준비금 최소 적립액 = 현금배당액의 10%

= 10,000,000(자본금) × 10%(배당율) × 10%(적립률) = 100,000원

☞ 이익준비금 적립한도 = 자본금(10,000,000)의 50% = 5,000,000원

Chapter

# 계정과목별 이해 (수익 · 비용) 5

로그인 전산회계 1급

Login

NCS회계 - 3 전표관리 – 전표작성하기/증빙서류 관리하기

NCS세무 - 2 전표처리

## 제1절 수익 및 비용의 의의

수익과 비용은 기업의 경영활동 과정에서 반드시 발생한다. 따라서 기업은 이러한 수익과 비용이 귀속되는 회계기간을 결정해야 하는데, 앞에서 전술한 바와 같이 원칙적으로 발생주의에 따라 수익과 비용을 인식하는데, 기업회계기준에서는 구체적인 수익과 비용인식기준을 명기하고 있다.

### 1. 수익의 의의

수익은 기업의 경영활동을 통해 재화의 판매, 용역제공 등의 대가로 발생하는 자산의 증가 또는 부채의 감소에 따라 자본이 증가하는 것을 말한다.

수익은 주된 영업활동으로 창출된 수익과 주된 영업활동 이외의 부수적인 거래나 사건으로 발생한 차익으로 분류한다.

### (1) 수익

회사의 주된 영업활동과 관련하여 발생하는 것으로 기업회계기준서는 매출액으로 표현하고 있다. 매출액은 회사의 업종에 따라 차이가 발생한다.

은행업일 경우 매출액은 이자수익이 되고, 제조업일 경우 원재료를 가공하여 제품을 만들어 팔았을 경우 제품의 판매가액, 도소매업일 경우 상품을 구입하여 상품을 판매했을 경우 상품의 판매가액, 부동산임대업일 경우 부동산의 임대에서 발생되는 임대료가 매출액이 된다.

### (2) 차익

회사의 주된 영업활동 이외의 부수적인 거래나 사건으로 발생한 순자산의 증가로서 기업회계기준에서는 유형자산처분이익, 단기매매증권처분이익 등이 있는데 이를 총괄하여 영업외수익으로 표현한다.

## 2. 비용의 의의

비용은 기업이 경영활동을 통해 재화의 판매, 용역제공 등의 대가로 발생하는 자산의 유출이나 부채의 증가에 따라 자본이 감소하는 것을 말한다.

비용은 회사의 주된 영업활동과정에서 발생되는 비용과 영업활동 이외의 부수적인 거래나 사건으로 발생하는 차손으로 분류한다.

### (1) 비용

회사의 주된 영업활동과 관련하여 발생하는 것으로 기업회계기준서는 매출원가와 판매비와 관리비가 있다.

### (2) 차손

회사의 주된 영업활동 이외의 부수적인 거래나 사건으로 발생한 순자산의 감소로서 기업회계기준에서는 유형자산처분손실, 단기매매증권처분손실 등이 있는데 이를 총괄하여 영업외비용으로 표현한다.

### (3) 비용의 분류

① 매출원가 : 상품, 제품 등의 매출액에 대응하는 원가

② 판매비와 관리비 : 회사의 영업활동과정에서 발생하는 판매 및 회사의 유지 · 관리에 관련된 비용

③ 영업외비용 : 영업활동 이외의 부수적인 거래나 사건으로 발생하는 비용

④ 법인세비용 : 기업이 당기에 벌어들인 소득에 대하여 부과되는 세금

## 제2절 수익인식기준

수익은 아래의 요건이 충족되는 시점에 수익으로 인식하는데 이를 실현주의라 한다.

첫번째 요건은 **수익획득과정이 완료 되었거나 실질적으로 거의 완료**되어야 한다.

두번째 요건은 이러한 **수익금액을 신뢰성 있게 측정할 수 있고, 경제적 효익의 유입가능성**이 매우 높아야 한다.

### 1. 수익의 인식시점(매출의 인식시점)

수익인식시점은 기업마다(업종별) 상이하지만 일반적으로 제조업의 경우에는 원재료를 구입하여 제품을 제조하고, 이를 판매하고 최종적으로 대금을 회수하는 과정을 거친다.

〈수익획득과정과 수익인식과정〉

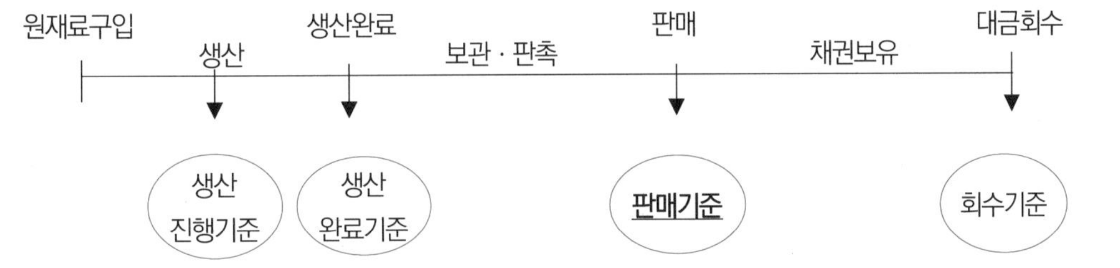


수익획득과정 중 위의 수익 실현조건을 충족시키는 사건을 판매라 할 수 있다.

즉 **제품, 상품 등을 판매할 경우 수익획득과정이 완료됨과 동시에 구매자로부터 유입되는 기대현금액과 현금청구권이 발생**한다.

따라서 대부분의 기업은 **판매시점 또는 인도시점에 수익을 인식하는 것이 일반적**이다.

재화의 판매로 인한 수익은 다음 조건이 모두 충족될 때 인식한다.

1. 재화의 소유에 따른 **유의적(중대한)인 위험과 보상이 구매자에게 이전**된다.
2. 판매자는 판매한 재화에 대하여 소유권이 있을 때 **통상적으로 행사하는 정도의 관리나 효과적인 통제를 할 수 없다.**
3. 수익금액을 신뢰성있게 측정할 수 있고, 경제적 효익의 유입 가능성이 매우 높다.
4. 거래와 관련하여 발생했거나 **발생할 원가를 신뢰성있게 측정할 수 있다.**
   만약 이러한 비용을 신뢰성 있게 측정할 수 없다면 수익으로 인식하지 못하고 부채(선수금)로 인식한다.

## 2. 구체적 사례

### (1) 진행기준(생산기준)

수익을 용역제공기간(생산기간)중에 인식하는 것으로서 **작업진행율(보통 원가 투입비율)에 따라 기간별로 수익을 나누어 인식**한다.

진행기준에 따라 수익을 인식하는 경우로는 **용역의 제공 계약, 건설형 공사계약(예약매출)** 등이 있다.

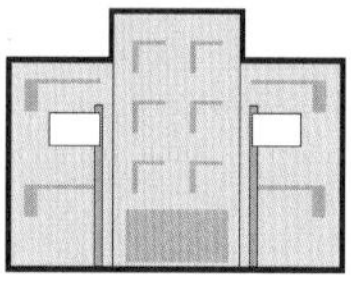

〈건물 공사 100억 수주 : 2년간 공사〉

| | 작업진행율 | 수익인식 |
|---|---|---|
| 1차년도 | 40% | 40억 |
| 2차년도 | 60% | 60억 |

### (2) 판매기준

수익을 판매시점에 인식하는 것을 말하는데, 판매시점이란 **재화를 인도하는 시점**을 뜻한다.

일반적인 상거래에 있어서 판매시점은 상품을 구매자에게 인도하는 시점이다.

기업회계기준에서 수익은 "상품, 제품을 판매하여 인도하는 시점에 실현되는 것으로 한다."라고 규정되어 있어 판매기준이 원칙적인 수익인식기준이라 할 수 있다.

상품권은 주로 백화점 등에서 발행되는 일종의 유가증권이다. 따라서 상품권의 판매만으로 수익이 실현된 것으로 볼 수 없고, **상품권 판매시 선수금으로 처리하고,** 추후상품권과 재화를 교환시 수익으로 인식한다.

① 재화나 용역간의 교환

**성격과 가치가 유사한 재화나 용역간의 교환은 수익을 발생시키는 거래로 보지 않는다.** 정유회사간에 특정지역의 수요를 적시에 충족시키기 위해 재고자산을 교환하는 경우가 있다.

그러나 **성격과 가치가 상이한 재화나 용역간의 교환은 수익으로 인식**하여야 한다.

② 위탁매출

자기(위탁자)의 상품을 대리점과 같은 타인(수탁자)에게 위탁하여 판매하는 것을 말한다. 기업회계기준에서는 위탁판매의 경우 **"수탁자가 적송품을 판매한 날에 수익을 인식"**하도록 하고 있다.

③ 시용판매

시용판매란 회사가 고객에게 상품을 일정기간동안 사용해 보게 한 후 매입여부를 결정하게 하는 판매방법의 하나로 고객이 매입의사를 표시하는 경우 매출이 확정되는 것을 말한다. 기업회계기준에서는 시용판매의 경우 **매입자가 매입의사표시를 한 날에 수익을 인식**하도록 규정하고 있다.

④ 반품조건부 판매

㉠ **합리적 추정이 가능**한 경우 : 재고자산을 판매한 것으로 보아 수익을 인식한다.

㉡ **합리적 추정이 불가능**한 경우 : **구매자가 인수를 수락하거나 반품기간이 종료되는 시점에 수익을 인식**한다.

⑤ 할부판매 : 대금회수여부와 무관하게 **재화를 인도하는 시점에 수익을 인식한다.**

## <예제 5 - 1> 상품권 판매

㈜백두의 다음 거래를 분개하시오.

1. 3월 1일 회사는 제품을 교환할 수 있는 상품권(1장당 100,000원) 10장을 일반인들에게 현금 판매하다.
2. 3월 10일 홍길동은 상품권 1장과 ㈜백두의 제품(판매가 130,000원)과 교환하면서 차액은 현금으로 수취하다.

**해답**

| | | | | |
|---|---|---|---|---|
| 1. | (차) 현 금 | 1,000,000 | (대) 선 수 금 | 1,000,000 |
| 2. | (차) 선수금<br>현 금 | 100,000<br>30,000 | (대) 제품매출 | 130,000 |

**〈수익인식기준요약〉**

| | | |
|---|---|---|
| 1. 일반매출 | | 판매기준(=인도기준) |
| 2. 용역매출, 예약매출 | | 진행기준 |
| 3. 재화나 용역의 교환 | 동종 | 수익으로 인식하지 않는다. |
| | 이종 | 판매기준 |
| 4. 위탁매출 | | 판매기준(수탁자 판매일) |
| 5. 시용매출 | | 판매기준(매입의사 표시일) |
| 6. 반품조건부판매 | | 반품가능성을 합리적 추정이 가능한 경우 수익인식 |
| 7. 할부판매 | | 재화의 인도시점 |

## 제3절 비용인식기준

비용의 인식이란 비용이 어느 회계기간에 귀속되는가를 결정하는 것이다.

비용도 수익과 마찬가지로 기업의 경영활동 전 과정을 통해서 발생하므로 회사의 순자산이 감소할 때마다 인식해야 한다.

그러나 현실적으로 이 논리를 적용하기에는 어려움이 있어, 비용은 수익이 인식되는 시점에서 비용을 인식하는데 이것을 수익·비용대응의 원칙이라 한다.

즉, 비용은 수익·비용대응원칙에 따라 수익을 인식한 회계기간에 대응해서 인식한다.

### 1. 직접대응

비용이 관련 수익과 직접적인 인과관계를 파악할 수 있는 것으로 매출과 관련된 상품의 구입원가와 제품의 제조원가는 상품(제품)이 판매되는 시점에 매출원가로 비용을 인식하므로 대표적인 직응의 예이다.

매출과 관련된 **판매수수료, 매출운임** 등도 직응의 예이다

### 2. 간접대응

① 체계적 합리적 배분

특정한 수익과 직접 관련은 없지만 일정기간 동안 수익창출과정에 사용된 자산으로 수익창출기간 동안 배분하는 것을 말한다.

유형자산에 대한 **감가상각비, 무형자산에 대한 무형자산상각비** 등이 이에 속한다.

② 기간비용

특정한 수익과 직접 관련이 없고 해당 비용이 미래 경제적 효익의 가능성이 불확실한 경우에 발생즉시 비용으로 인식하는 것을 말한다. **광고선전비**가 대표적인 예이다.

# 제4절 매출액과 매출원가

## 1. 매출액

기업의 주요 영업활동과 관련하여 재화나 용역을 제공함에 따라 발생하는 대표적인 수익이다. 손익계산서에는 이러한 순매출액이 기재된다.

**(순)매출액 = 총매출액 − 매출환입 및 에누리 − 매출할인**

## 2. 매출원가

상품, 제품 등의 매출액에 직접 대응되는 원가로서 일정기간 중에 판매된 상품이나 제품 등에 배분된 매입원가 또는 제조원가를 매출원가라 한다.

판매업의 경우 매출원가는 기초상품재고액과 당기상품매입액의 합계액에서 기말상품재고액을 차감하여 계산하고, 제조업의 경우 매출원가는 기초제품재고액과 당기제품제조원가와의 합계액에서 기말제품재고액을 차감하는 형식으로 기재한다.

| 판 매 업 | | | 제 조 업 | | |
|---|---|---|---|---|---|
| Ⅰ. 매 출 액 | | ×××| Ⅰ. 매 출 액 | | ××× |
| Ⅱ. 매 출 원 가(1+2−3) | | ××× | Ⅱ. 매 출 원 가(1+2−3) | | ××× |
| 1. 기초상품재고액 | ××× | | 1. 기초제품재고액 | ××× | |
| 2. 당기상품매입액 | ××× | | 2. 당기제품제조원가 | ××× | |
| 3. 기말상품재고액 | (×××) | | 3. 기말제품재고액 | (×××) | |
| Ⅲ. 매출총이익(Ⅰ−Ⅱ) | | ××× | Ⅲ. 매출총이익(Ⅰ−Ⅱ) | | ××× |

**당기상품매입액 = 총매입액 − 매입에누리와 환출 − 매입할인**

**당기제품제조원가 = 기초재공품가액+당기총제조비용 − 기말재공품가액**

당기 제품제조원가는 재료비와 노무비 그리고 제조경비로 구성되는데 재료비를 제외한 노무비, 제조경비는 제품제조를 위하여 투입된 경비를 말하며, 이러한 비용 외에 본사의 영업활동이나 관리업무를 위한 경비는 판매비와 관리비계정으로 대체된다.

## 제5절 제조경비/판매비와 관리비

판매비와 관리비란 상품, 제품과 용역의 판매활동 또는 기업의 관리와 유지활동에서 발생하는 비용으로서 매출원가에 속하지 아니하는 모든 영업비용을 말한다.

판매비와 관리비는 당해 비용을 표시하는 적절한 항목으로 구분하여 표시하거나 일괄하여 표시할 수 있다.

**아래의 비용이 제품 제조와 관련되어 있는 경우에는 제조경비로 처리한다.**

제조경비로 처리시 제품원가를 구성하고 이는 매출액에 대응되는 매출원가가 된다.

### 1. 급여

판매 및 관리부문에 종사하는 종업원에 대한 정기적인 급료와 임금, 상여금(**전산회계 시험에서 상여는 상여금이란 별도 계정을 사용하여야 한다**)과 관련된 모든 수당을 말한다.

그리고 **일용직(일용근로자)의 경우 잡급이라는 계정**을 사용하기도 한다.

급여지급 시에는 급여에서 공제하는 세금(소득세와 지방소득세)과 국민연금, 건강보험료, 고용보험료 등이 있는데 이들 공제항목은 예수금계정을 사용하다가 통상적으로 다음 달에 국가 등에 납부한다.

공장에서 **생산직 직원에게 지급되는 급여는 임금이라는 별도의 계정**을 사용하기도 한다.

### 2. 퇴직급여

판매 및 관리업무에 종사하는 종업원의 퇴직급여충당부채전입액을 말하며, 종업원이 퇴직시 지급되는 퇴직금은 먼저 퇴직급여충당부채와 상계하고, 동 충당부채 잔액이 부족시 퇴직급여인 비용으로 회계처리한다.

### 3. 복리후생비

판매 및 관리업무에 종사하는 종업원들에 대한 복리비와 후생비로서 법정복리비, 복리시설부담금, 건강보험료(사용자부담분), 기타 사회통념상 타당하다고 인정되는 장례비, 경조비, 위로금 등을 말한다.

## 4. 여비교통비

판매 및 관리업무에 종사하는 종업원들에게 지급하는 출장비, 시내교통비 등을 말한다.

## 5. 통신비

판매 및 관리업무에서 발생한 전신료, 전화료, 우편료, 인터넷 사용료 등과 그 유지비로서 통신을 위해 직접 소요된 비용을 말한다.

## 6. 수도광열비

판매 및 관리업무에서 발생한 수도료, 전기료, 유류비, 가스비 등을 말한다.

그리고 공장에서 발생한 전기료는 전력비 계정을, 수도료, 가스비, 유류비는 가스수도료라는 별도의 제조경비계정을 사용하기도 한다.

| | 제조경비 | 판관비 |
|---|---|---|
| 가스료, 수도료, 유류비 | 가스수도료 | 수도광열비 |
| 전기요금 | 전력비 | |

## 7. 세금과공과

기업이 부담하는 국세, 지방세와 국가 또는 지방자치단체가 부과하는 공과금, 벌금, 과태료, 과징금 등을 말한다. 또한 조합 또는 법정단체의 공과금(상공회의소회비, 조합회비) 등도 포함한다.

## 8. 임차료

부동산이나 동산(차량리스료 포함)을 임차하고 그 소유자에게 지급하는 비용을 말한다.

## 9. 차량유지비

판매 및 관리에 사용하는 차량에 대한 유지비용으로 유류대, 주차비, 차량수리비 등을 말한다.

## 10. 운반비

상품판매시 운반에 소요되는 비용을 판매자가 부담시 사용한다.

그러나 상품매입시 운반비를 부담한 경우에는 상품의 취득부대비용으로 처리한다.

## 11. 소모품비

판매 및 관리업무에 사용하는 소모성 비품 구입에 관한 비용으로 사무용품, 기타 소모자재 등이 있다.

## 12. 교육훈련비

판매 및 관리업무 임직원의 직무능력 향상을 위한 교육 및 훈련에 대한 비용을 말한다.

## 13. 도서인쇄비

판매 및 관리업무용 도서구입비 및 인쇄와 관련된 비용을 말한다.

## 14. 수수료비용

판매 및 관리업무에서 제공받은 용역의 대가를 지불할 때 사용하는 비용을 말한다.

## 15. 기업업무추진비

판매 및 관리업무 시 거래처에 대한 업무추진비용으로 거래처에 대한 경조금, 선물대, 기밀비 등을 포함한다.

> ☞ **세법개정시 접대비의 명칭이 기업업무추진비로 변경되었습니다. 그러나 세법이 변경됐지만, 회계에서는 별도 언급이 없습니다. Kc-Lep(전산 프로그램)에서는 기업업무추진비로 Smart-A에서는 접대비라는 계정을 사용합니다.**

## 16. 보험료

판매 및 관리업무용 부동산에 대한 화재 및 손해보험 등의 보험료를 말한다.

### 17. 수선비

판매 및 관리업무용 건물, 비품 등의 수선비를 말한다.

### 18. 광고선전비

제품의 판매촉진활동과 관련된 비용을 말한다.

### 19. 감가상각비

유형자산의 취득원가를 기간손익에 반영하기 위하여 내용연수동안 배분한 금액을 말한다.

### 20. 대손상각비

회수가 불가능한 채권과 대손추산액을 처리하는 비용을 말한다.

### 21. 건물관리비

건물관리비, 보수비, 청소비, 건물소독비를 지급시 발생하는 비용을 말한다.

### 22. 연구비

연구활동을 수행하는 과정에서 발생하는 비용을 말한다.

### 23. 경상개발비

개발활동과 관련하여 경상적으로 발생하는 비용을 말한다.

### 24. 잡비

이상 열거한 판매비와 관리비에 해당하는 비용 이외에 발생빈도나 금액적 중요성이 없는 비용을 말한다.

## 제6절 영업외손익

회사의 주된 영업활동 이외의 보조적 또는 부수적인 활동에서 발생하는 수익(영업외수익)과 비용(영업외비용)을 말한다.

### 1. 이자수익(VS이자비용)

이자수익은 금융업이외의 판매업, 제조업 등을 영위하는 기업이 일시적인 유휴자금을 대여한 경우나 은행에 예·적금을 가입한 경우에 발생한 이자 및 국공채등에서 발생하는 이자 등을 포함하고, 이자비용은 타인자본을 사용하였을 경우에 이에 대한 대가로서 차입금에 대한 이자 및 회사채이자 등을 말한다.

회계기말에 이자수익(이자비용)이 발생한 경우에 발생기간에 따라 정확하게 이자수익(이자비용)을 인식하여야 한다.

### 2. 배당금수익

주식이나 출자금 등에서 발생하는 이익 또는 잉여금의 분배로 받는 현금배당금액을 말한다.

만약 **주식으로 배당을 받았을 경우 별도의 회계처리는 하지 않고, 수량과 단가를 새로이 계산하고,** 해당 주식의 평가나 처분시에 새로 산출된 수량과 단가를 반영하여 회계처리한다.

### 3. 임대료

부동산 또는 동산을 타인에게 임대하고 일정기간마다 사용대가로 받는 임대료, 지대, 집세 및 사용료를 말한다. 회사가 부동산임대업을 주업으로 하는 경우에는 임대료수입이 매출액이 되지만, 이외의 업종에서는 영업외수익으로 계상하여야 한다.

반대로 **임차료는 영업관련비용으로서 판매비와 관리비(제조와 관련되어 있을 경우 제조경비)로 회계처리**한다.

### 4. 단기매매증권평가이익(VS단기매매증권평가손실)

단기매매증권은 결산일 현재 공정가액으로 평가하여야 한다.

공정가액이 장부가액보다 큰 경우에 그 차액을 영업외수익으로 계상하여야 하고, 공정가액이 장부가액보다 적은 경우에는 그 차액을 영업외비용으로 회계처리한다.

## 5. 단기매매증권처분이익(VS단기매매증권처분손실)

단기매매증권을 처분하는 경우에 장부가액보다 높은 가액으로 처분하는 경우에 그 차액을 영업외수익으로, 낮은 가액으로 처분한 경우에는 영업외비용으로 회계처리한다. 여기서 주의할 점은 처분가액은 각종 처분시 수수료를 차감한 금액을 말한다.

## 6. 외환차익(VS외환차손)

외화로 표시된 자산 · 부채를 회수 · 상환시 발생하는 차익/차손을 말한다.

외화자산을 회수시 장부가액보다 원화 회수액이 많은 경우와 외화부채를 상환시 장부가액보다 원화상환액이 적을 경우 그 차액은 영업외수익으로 계상하고, 반대의 경우에는 영업외비용으로 회계처리한다.

## 7. 외화환산이익(VS외환환산손실)

결산일에 외화자산 · 외화부채를 기말 환율로 평가해야 하는 경우 환율의 변동으로 인하여 발생하는 환산이익과 환산손실을 말한다.

**외환차손익은 외환 거래시마다 발생하나, 외화환산손익은 결산일에 외화자산 · 부채의 평가시에만 나타난다.**

### <예제 5 - 2> 외환차손익/외화환산손익

㈜백두의 다음 거래를 분개하시오.

1. 20×1년 10월 1일 미국 ABC은행으로부터 $10,000(환율 1,100원/$, 이자율 10%, 만기 6개월)를 현금차입하다.
2. 20×1년 11월 15일 일본 JPT사에 상품 $5,000(환율 1,150원/$)을 외상매출하다.
3. 20×1년 12월 31일 미국ABC은행으로부터 차입한 $10,000에 대하여 기간 경과분 이자($250)를 계상하다. 단기차입금과 외상매출금에 대하여 기말환율(1,200원/$)로 평가하다.
4. 20×2년 1월 31일 일본 JPT사의 외상매출금이 보통예금계좌에 입금되다(환율 1,100원/$).

해답

| | | | | |
|---|---|---|---|---|
| 1. | (차) 현 금 | 11,000,000 | (대) 단기차입금 | 11,000,000 |
| 2. | (차) 외상매출금 | 5,750,000 | (대) 상 품 매 출 | 5,750,000 |
| 3. | (차) 이 자 비 용 | 300,000 | (대) 미지급비용 | 300,000 |
| | (차) 외화환산손실<br>외상매출금 | 1,000,000*1<br>250,000 | (대) 단기차입금<br>외화환산이익2* | 1,000,000<br>250,000 |
| | *1.환산손익(부채)=공정가액($10,000×1,200)−장부가액($10,000×1,100원)=1,000,000원(손실)<br>*2.환산손익(자산)=공정가액($5,000×1,200)−장부가액($5,000×1,150원)=250,000원(이익) | | | |
| 4. | (차) 보 통 예 금<br>외 환 차 손 | 5,500,000<br>500,000 | (대) 외상매출금 | 6,000,000 |
| | ☞ 외환차손익(자산)=회수가액($5,000×1,100)−장부가액($5,000×1,200원)=△500,000원(손실) | | | |

## 8. 유형자산처분이익(VS유형자산처분손실)

유형자산을 장부가액보다 높은 가액으로 처분하는 경우에는 영업외수익, 반대의 경우에는 영업외비용으로 회계처리한다.

## 9. 자산수증이익

회사가 주주, 채권자 등 타인으로부터 무상으로 자산을 증여받은 경우에 발생하는 이익을 말한다. 여기서 자산의 취득가액은 해당 자산의 공정가액으로 계상한다.

## 10. 채무면제이익

회사가 주주, 채권자 등 타인으로부터 채무를 면제받았을 경우 발생하는 이익을 말한다.

## 11. 잡이익(VS 잡손실)

금액적으로 중요하지 않거나 그 항목이 구체적으로 밝혀지지 않는 수익과 손실을 말한다.

## 12. 대손충당금 환입(VS 기타의 대손상각비)

기타의 대손상각비는 매출채권 이외의 채권(미수금, 대여금 등)에 대한 대손상각비를 처리하는 계정을 말한다. 대손충당금환입은 대손추산액(기말대손충당금)보다 설정 전 대손충당금 잔액이 많은 경우 사용하는 계정이다.

(차) 대손충당금(미수금, 대여금 등) ××× (대) 대손충당금환입(영업외수익) ×××

## 13. 재고자산감모손실

재고자산의 수량부족으로 인한 손실 중 **비정상적인 감모분**을 말한다.

## 14. 기부금

상대방에게 아무런 대가없이 기증하는 금전, 기타의 재산가액을 말한다.

기부금은 업무와 무관하게 지출되지만, 기업업무추진비은 업무와 관련하여 지출한다는 점에서 차이가 있다.

## 15. 재해손실(VS 보험차익)

재해손실이란 천재지변 또는 돌발적인 사건(도난 등)으로 재고자산이나 유형자산이 입은 손실액을 말하는데 회사는 이러한 재해를 대비하여 보험에 가입하기도 한다.

이 경우 **화재시와 보험금 수령을 별개의 사건으로 회계처리한다. 즉 화재시 재해손실로 보험금 수령시 보험차익(보험수익)으로 회계처리한다(총액주의).**

### <예제 5 - 3> 재해손실 및 보험차익

다음은 ㈜백두의 거래내역이다. 다음의 거래를 분개하시오.

1. 3월 15일 공장건물(취득가액 10,000,000원, 감가상각누계액 3,000,000원)이 화재로 소실되어 (주)한국화재에 보험료를 청구하다(당기의 감가상각비는 고려하지 않는다).
2. 3월 31일 공장건물 화재에 대하여 (주)한국화재에서 보험금액 8,000,000원을 지급하겠다는 통보를 받았다.

**해답**

| | | | | |
|---|---|---|---|---|
| 1. | (차) 감가상각누계액<br>재해손실 | 3,000,000원<br>7,000,000원 | (대) 건　　물 | 10,000,000원 |
| 2. | (차) 미 수 금(한국화재) | 8,000,000원 | (대) 보험차익* | 8,000,000원 |
| | * 재해손실과 보상금은 별개의 회계사건으로 본다. | | | |

## 16. 전기오류수정이익(VS 전기오류수정손실)

오류로 인하여 전기 이전의 손익이 잘못되었을 경우에 전기오류수정이익(전기오류수정손실)이라는 계정과목으로 하여 당기 영업외손익으로 처리하도록 규정하고 있다. 그러나 오류가 전기 재무제표의 신뢰성을 심각하게 손상시킬 수 있는 중대한 오류의 경우에는 오류로 인한 영향을 미처분이익잉여금에 반영하고 전기재무제표를 수정하여야 한다.

# 제7절 법인세비용

회사는 회계기간에 발생한 이익, 즉 법인의 소득에 대하여 세금을 납부해야 하는데 이에 대한 세금을 법인세라 한다. 법인세비용은 회사의 영업활동의 결과인 회계기간에 벌어들인 소득에 대하여 부과되는 세금이므로 동일한 회계기간에 기간비용으로 인식하여야 한다.

법인세의 회계처리는 결산일 현재 소득에 대하여 법인세 비용을 산출하고, 기 원천징수 또는 중간예납분(선납세금)을 대체하고 차액분만 미지급세금으로 회계처리하고 익년도 3월말까지 관할 세무서에 신고 납부한다.

결산시에는 다음과 같이 회계처리한다.

| | | | |
|---|---|---|---|
| (차) 법인세비용 | ××× | (대) 선납세금 | ××× |
| | | 미지급세금 | ××× |

다음연도 법인세납부 시에는 다음과 같이 회계처리한다.

| | | | |
|---|---|---|---|
| (차) 미지급세금 | ××× | (대) 현　금 | ××× |

# 연/습/문/제

## 분개연습

**[1]** 거래처인 (주)우일상사에 대한 외상매출금(제품매출액) 3,000,000원이 약정기일보다 30일 빠르게 회수되어 2%의 할인을 해주고 잔액은 현금으로 받았다.

**[2]** 8월분 국민카드 매출대금 2,500,000원에서 수수료 3%를 제외하고 당사의 보통 예금계좌에 입금되었다. 단, 카드매출대금은 외상매출금계정으로 처리하고 있다.

**[3]** 본사 영업사원에 대하여 새로이 명함을 인쇄하여 배부하였다. 대금 90,000원은 현금으로 지급하였다.

**[4]** 출장갔던 영업부사원 홍길동이 돌아와 다음과 같이 여비정산을 하였다. 출장시 500,000원을 지급하고 가지급금 계정으로 회계처리하였으며 여비 잔액 47,000원은 현금으로 수취하였다.

| | | | |
|---|---|---|---|
| 여비 | 70,000원 | 숙박비 | 250,000원 |
| 식대 | 100,000원 | 기타 | 33,000원 |
| 합계 | 453,000원 | | |

**[5]** 당사는 분기별로 평가하여 목표생산량을 초과달성할 경우 분기의 다음달에 상여금을 지급하기로 하였다. 20X1년 2/4분기 목표생산량을 10%초과 달성하여 7월 30일 생산직 직원에게 5,000,000원의 상여금을 현금으로 지급(원천징수는 고려하지 아니함)하였다.

[6] 한국전력에 사무실 전기요금 135,000원과 공장생산라인의 전기요금 1,200,000원을 현금으로 납부하다.

[7] 당사가 속한 가방협회에 협회비 130,000원을 현금으로 지급하였다.

[8] 공장에서 사용하는 트럭 자동차세 2,000,000원을 현금으로 납부하였다.

[9] 마케팅부서에서 사용할 경영전략과 관련된 서적을 교보문고에서 12,000원에 현금으로 구입하였다.

[10] 당사의 제품선전을 위한 광고에 사용할 제품사진을 촬영하고 ㈜삼수기획에 대금 5,000,000원 중 2,500,000원을 당좌수표를 발행하여 지급하고 잔액은 다음 달 24일 지급하기로 하였다.

[11] 서울상회로부터 공장노무자 작업복을 구입하고 대금 645,000원을 현금으로 결제하였다(비용으로 계상할 것).

[12] (주)미래에 대한 외상매출금 3,000,000원이 있음을 발견하였다. 그러나 (주)미래는 전기에 파산하여 동 금액이 회수 불가능한 것으로 판명되었다. 그 금액이 중요하지 않아 전기재무제표는 수정하지 않는다.

[13] 거래처인 (주)저스트원의 미지급금 25,000,000원 중 23,000,000원은 당좌수표로 지급하고, 나머지 2,000,000원은 면제받았다.

[14] 보유 중인 (주)한성의 주식에 대하여 중간배당금 1,000,000원을 보통예금계좌로 송금받았다.

[15] 당사는 경영부진으로 누적된 결손금의 보전을 위하여 대주주로부터 자기앞수표 1억원을 증여받았다.

**[16]** 상품을 보관하는 창고에서 화재가 발생하여 장부가액 2,000,000원의 상품이 소실되었다(당 회사는 화재보험에 가입되어 있지 않다).

**[17]** 수해 이재민을 위한 성금 1,000,000원을 자선단체에 현금으로 지출하였다.

**[18]** 7월 17일에 발생한 화재로 인하여 소실된 제품(원가 10,000,000원)에 대한 보험금 7,000,000원을 보험회사로부터 보통예금계좌로 입금받았다(당사는 삼현화재에 화재보험이 가입되어 있다).

**[19]** 구글에 수출(선적일자 6월 25일)한 제품 외상매출금이 보통예금 계좌에 원화로 환전되어 입금되었다.

- 외상매출금 : 3,000달러
- 6월 25일 환율 : 1,200원/달러
- 8월 26일 환율 : 1,300원/달러

**[20]** 영업부 행정업무 지원을 위한 일용직근로자 2명을 채용하고 당일 일당인 200,000원(1인당 일당 100,000원)을 보통예금에서 지급하였다.

**[21]** 판매부서 사무실로 사용하기 위해 입주해 있는 ㈜오피스텔의 관리실로부터 7월분 관리비 30,000원을 보통예금에서 바로 지급하였다.

## 객관식

**01.** 기업회계기준서상 수익에 대한 내용으로 올바르지 않은 것은?

① 경제적효익의 유입가능성이 매우 높고, 그 효익을 신뢰성 있게 측정할 수 있을 때 인식한다.
② 판매대가의 공정가액으로 측정하며, 매출에누리 · 할인 · 환입은 차감한다.
③ 성격과 가치가 상이한 재화나 용역간의 교환 시 교환으로 제공한 재화나 용역의 공정가액으로 수익을 측정하는 것이 원칙이다.
④ 성격과 가치가 유사한 재화나 용역간의 교환 시 제공한 재화나 용역의 공정가액으로 수익을 측정하는 것이 원칙이다.

**02.** 재화의 판매에 대한 수익인식기준으로 틀린 것은?

① 비용금액을 신뢰성 있게 측정할 수 있다.
② 경제적 효익의 유입 가능성이 매우 높다.
③ 재화의 소유에 따른 유의적인 위험과 보상이 구매자에게 이전된다.
④ 거래와 관련하여 발생했거나 발생할 원가를 신뢰성 있게 측정할 수 있다.

**03.** 다음 중 기업회계기준에 의한 수익인식기준으로 올바른 것은?

① 위탁판매 - 수탁자에게 상품을 인도한 날
② 상품권판매 - 상품권을 회수한 날
③ 정기간행물(가액이 매기간 동일) 판매 - 구독금액을 일시에 수령한 날
④ 할부판매 - 매회 할부금을 회수하는 날

**04.** 상품권 500,000원을 소비자에게 현금으로 판매하면서 상품권 판매시점에서 상품매출로 회계처리하였을 경우 나타난 효과로 가장 올바른 것은?

① 자본 과소계상　　② 자산 과소계상
③ 수익 과소계상　　④ 부채 과소계상

**05.** 다음 중 특정 수익에 직접 관련되어 발생하지는 않지만 일정기간 동안 수익창출활동에 기여할 것으로 판단하여 합리적이고 체계적으로 일정한 기간에 배분하는 원가 또는 비용은 무엇인가?

① 판매수수료 ② 광고선전비
③ 감가상각비 ④ 매출원가

**06.** 다음 중 회사의 영업이익에 영향을 주는 거래는 어느 것인가?

① 매출채권을 조기회수하면서 1%의 할인혜택을 주었다.
② 단기매매증권평가손실을 인식하였다.
③ 보험차익을 계상하였다.
④ 원가성이 없는 재고자산감모손실을 계상하였다.

**07.** 다음 중 기업회계기준에 의한 매출의 수익인식시기로 틀린 것은?

① 용역매출 및 예약매출 : 진행기준
② 상품 및 제품매출 : 판매기준(인도한 날)
③ 시용매출 : 매입자가 매입의사를 표시한 날
④ 위탁매출 : 수탁자가 위탁품을 넘겨 받은 날

**08.** 다음 중 일반기업회계기준에 의한 수익인식기준으로 틀린 것은?

① 위탁판매 : 수탁자가 제3자에게 판매한 시점
② 반품조건부판매(시용판매) : 구매자가 인수를 수락한 시점 또는 반품기간의 종료시점
③ 상품권판매 : 상품권을 판매한 날
④ 할부판매 : 재화가 인도되는 시점

**09.** 다음 중 각 거래 형태별 수익 인식 시점으로 옳은 것은?

① 상품권 발행 : 상품권을 판매한 시점
② 시용판매 : 고객에게 제품을 인도한 시점
③ 공연입장료 : 입장권을 판매하는 시점
④ 주문개발 소프트웨어 : 진행기준으로 인식

## 주관식

**01.** 외국에 제품을 수출하기 위해 수출업자에게 제품을 200,000원에 외상매출하면서 30일 이내에 대금을 지급하면 5%를 할인해 주기로 하였다. 실제로 30일 이내에 대금을 받았다면 기업회계 기준상 매출액은 얼마인가?

**02.** 다음 자료를 이용하여 영업이익을 계산하면 얼마인가?

| | | | |
|---|---|---|---|
| • 매출총이익 | 100,000원 | • 기업업무추진비 | 10,000원 |
| • 이자비용 | 10,000원 | • 기부금 | 10,000원 |
| • 매출채권에 대한 대손상각비 10,000원 | | | |

**03.** 당기초에 영업활동을 개시한 (주)회계는 상품의 매출원가에 30%의 이익을 가산하여 외상판매하고 있다. 당기중 상품 총매입액이 800,000원, 기말상품재고액이 250,000원, 당기중 현금회수액이 400,000원이라면 기말에 미회수된 매출채권잔액은 얼마인가?

**04.** 다음 손익계산서 항목 중 영업이익 계산과정에서 포함되지 않는 금액의 합계액은?

| | | | |
|---|---|---|---|
| • 매출원가 | 1,000원 | • 복리후생비 | 500원 |
| • 이자비용 | 300원 | • 기업업무추진비 | 100원 |
| • 기부금 | 50원 | • 단기매매증권평가손실 | 10원 |

**05.** 도매업을 영위하는 ㈜전자의 비용관련 자료이다. 다음 중 영업외비용 합계액은 얼마인가?

- 광고선전비 : 1,000,000원
- 감가상각비 : 1,000,000원
- 재고자산감모손실(비정상적 발생) : 1,000,000원
- 기부금 : 1,000,000원

**06.** "주주나 제3자 등으로부터 현금이나 기타 재산을 무상으로 증여받을 경우 생기는 이익"이 설명하고 있는 계정과목을 적으시오.

# 연/습/문/제 답안

### 분개연습

| | | | | | | |
|---|---|---|---|---|---|---|
| [1] | (차) | 현 금 | 2,940,000 | (대) | 외상매출금(우일상사) | 3,000,000 |
| | | 매출할인(제품매출) | 60,000 | | | |
| [2] | (차) | 보통예금 | 2,425,000 | (대) | 외상매출금(국민카드) | 2,500,000 |
| | | 수수료비용(판) | 75,000 | | | |
| [3] | (차) | 도서인쇄비(판) | 90,000 | (대) | 현 금 | 90,000 |
| [4] | (차) | 여비교통비(판) | 453,000 | (대) | 가지급금(홍길동) | 500,000 |
| | | 현 금 | 47,000 | | | |
| [5] | (차) | 상여금(제) | 5,000,000 | (대) | 현 금 | 5,000,000 |

☞ 출제당시에는 임금도 정답처리하였으나, 2014년에는 상여금만 정답처리하였다.

| | | | | | | |
|---|---|---|---|---|---|---|
| [6] | (차) | 수도광열비(판) | 135,000 | (대) | 현 금 | 1,335,000 |
| | | 전 력 비(제) | 1,200,000 | | | |
| [7] | (차) | 세금과공과(판) | 130,000 | (대) | 현 금 | 130,000 |
| [8] | (차) | 세금과공과(제) | 2,000,000 | (대) | 현 금 | 2,000,000 |
| [9] | (차) | 도서인쇄비(판) | 12,000 | (대) | 현 금 | 12,000 |
| [10] | (차) | 광고선전비(판) | 5,000,000 | (대) | 당좌예금 | 2,500,000 |
| | | | | | 미지급금(삼수기획) | 2,500,000 |
| [11] | (차) | 복리후생비(제) | 645,000 | (대) | 현 금 | 645,000 |

| | | | | | |
|---|---|---|---|---|---|
| [12] | (차) 전기오류수정손실<br>(영업외비용) | 3,000,000 | (대) | 외상매출금<br>((주)미래) | 3,000,000 |

☞ 전기회계처리누락
(차) 대손상각비(판관비) 3,000,000 (대) 외상매출금 3,000,000
따라서 중대한 오류가 아니므로 당기에는 전액 영업외손익으로 처리한다.

| | | | | | |
|---|---|---|---|---|---|
| [13] | (차) 미지급금<br>((주)저스트원) | 25,000,000 | (대) | 당좌예금<br>채무면제이익 | 23,000,000<br>2,000,000 |
| [14] | (차) 보통예금 | 1,000,000 | (대) | 배당금수익 | 1,000,000 |
| [15] | (차) 현 금 | 100,000,000 | (대) | 자산수증이익 | 100,000,000 |
| [16] | (차) 재해손실 | 2,000,000 | (대) | 상 품<br>(적요 : 8번 타계정으로대체입력) | 2,000,000 |
| [17] | (차) 기 부 금 | 1,000,000 | (대) | 현 금 | 1,000,000 |
| [18] | (차) 보통예금 | 7,000,000 | (대) | 보험차익<br>(보험금수익) | 7,000,000 |

☞ 7월 17일 재해시 회계처리
(차) 재해손실 10,000,000 (대) 제품(타계정대체) 10,000,000

| | | | | | |
|---|---|---|---|---|---|
| [19] | (차) 보통예금 | 3,900,000 | (대) | 외상매출금(구글)<br>외환차익 | 3,600,000<br>300,000 |

☞ 선적시 회계처리
(차) 외상매출금 3,600,000 (대) 제품매출 3,600,000
외환차손익(자산) = 회수가액($3,000 × 1,300) – 장부가액($3,000 × 1,200) = 300,000원(이익)

| | | | | | |
|---|---|---|---|---|---|
| [20] | (차) 잡 급(판) | 200,000 | (대) | 보통예금 | 200,000 |
| [21] | (차) 건물관리비(판) | 30,000 | (대) | 보통예금 | 30,000 |

## 객관식

| 1 | 2 | 3 | 4 | 5 | 6 | 7 | 8 | 9 | | | | | | |
|---|---|---|---|---|---|---|---|---|---|---|---|---|---|---|
| ④ | ① | ② | ④ | ③ | ① | ④ | ③ | ④ | | | | | | |

[풀이 - 객관식]

01. **성격과 가치가 유사한 재화나 용역간의 교환은 수익을 발생시키는 거래로 보지 않는다.**

02. 재화의 판매로 인한 수익은 다음 조건이 모두 충족될 때 인식한다.

(1) 재화의 소유에 따른 **유의적인 위험과 보상이 구매자에게 이전**된다.

(2) 판매자는 판매한 재화에 대하여 소유권이 있을 때 통상적으로 행사하는 정도의 관리나 **효과적인 통제를 할 수 없다.**

(3) **수익금액을 신뢰성 있게 측정**할 수 있다.

(4) **경제적 효익의 유입 가능성이 매우 높다.**

(5) 거래와 관련하여 발생했거나 **발생할 원가를 신뢰성 있게 측정할 수** 있다.

03. 위탁판매 - 수탁자가 소비자에게 상품을 판매한 날

**정기간행물(가액이 매기간 동일) 판매 - 구독기간에 걸쳐 정액법**으로 인식

**할부판매 - 재화가 인도되는 날**

04. 상품권을 판매하였을 경우에는 수익으로 처리하지 않고, 부채(선수금)로 처리하여야 함에도 불구하고 상품매출(수익)로 회계처리 하였으므로 부채가 과소계상되고 수익(자본)은 과대계상하게 된다. 단, 자산은 변함이 없다.

05. 비용 인식은 직접대응과 합리적이고 체계적인 방법, 당기비용 처리방법으로 인식한다. **합리적이고 체계적인 방법의 대표적인 비용이 감가상각비**이다.

06. 매출할인은 총매출액에서 차감하므로 매출이익과 영업이익이 줄어든다.

나머지는 영업외손익 거래이므로 영업이익에 영향을 미치지 않는다.

07. 위탁매출의 경우에는 수탁자가 위탁품을 판매한 시점에 매출을 인식한다.

08. 상품권매출수익은 상품권을 판매시 선수금 등으로 처리한 후, **상품권을 회수할 때(물품 등을 제공하거나 판매한 때)를 수익인식시기**로 한다.

09. • 상품권을 발행한 경우 상품권을 회수하고 **재화를 인도하는 시점**에 수익을 인식한다.

• 시용판매는 **고객이 구매의사를 표시한 시점**에 수익을 인식한다.

• 공연입장료는 **행사가 개최되는 시점**에 수익을 인식한다.

## 주관식

| | | | | | |
|---|---|---|---|---|---|
| 1 | 190,000원 | 2 | 80,000원 | 3 | 315,000원 |
| 4 | 360원 | 5 | 2,000,000원 | 6 | 자산수증이익 |

[풀이 - 주관식]

01. 매출액은 총매출액에서 매출에누리와환출 및 매출할인을 차감한 금액으로 한다.
매출액 = 200,000원 - 200,000원 × 5% = 190,000원

02. 영업이익은 매출총이익에서 판매비와관리비를 차감하여 산출한다. 매출채권에 대한 대손상각비와 기업업무추진비이 판매비와관리비에 해당하므로 100,000원 - 10,000원 - 10,000원 = 80,000원이다.

03. **당기 초에 영업을 개시하였다는 것은 기초재고자산과 기초 매출채권 금액이 "0"라는 것을 암시**한다.

상 품

| | | | |
|---|---|---|---|
| 기 초 | 0 | 매출원가 | 550,000 |
| 당기매입액 | 800,000 | 기 말 | 250,000 |

매출액(외상) = 550,000 × 130% = 715,000

매출채권

| | | | |
|---|---|---|---|
| 기 초 | 0 | 현금회수 | 400,000 |
| 외상매출액 | 715,000 | ***기 말*** | ***315,000*** |

04. 영업외비용인 이자비용(300원), 기부금(50원)과 단기매매증권평가손실(10원)은 해당되지 않는다.

05. 광고선전비와 감가상각비는 판매비와관리비에 해당하고, 재고자산감모손실(비정상적 발생)과 기부금은 영업외비용이다.

# 재무상태표 주요 계정과목(전산회계1급/세무2급)

## Ⅰ. 자산

| | | | |
|---|---|---|---|
| 1. 유동 자산 | 1. 당좌자산 | 현금 | 지폐와 주화 타인발행수표, 우편환, 배당금지급통지표, 만기도래어음, 만기도래 국공채이자표 |
| | | 당좌예금 | 당좌수표를 발행할 수 있는 은행 예금 |
| | | 보통예금 | 요구불예금 |
| | | 정기예적금 | 만기가 1년 이내 도래하는 저축성예금 등 |
| | | **단기매매증권** | 단기간 내의 매매차익을 목적으로 매입한 유가증권 |
| | | **외상매출금** | **상거래(제품, 상품)**시 외상으로 판매한 경우의 채권 |
| | | 받을어음 | **상거래(제품, 상품)**시 외상으로 판매하고 받은 어음 |
| | | 단기대여금 | 차용증서를 받고 금전을 빌려준 경우의 채권 |
| | | **미수수익** | 발생주의에 따라 수익의 당기 기간경과분에 대한 수익으로서 미수취한 것 |
| | | 미수금 | **일반적인 상거래 이외의** 유형자산 등의 매각거래에서 발생한 채권 |
| | | ***(대손충당금)*** | 미래에 발생할 대손에 대비하여 미리 비용을 인식하는 것 |
| | | 소모품 | 소모성비품(내용년수가 1년 미만)등 구입시 자산으로 처리한 것 |
| | | 선급금 | 상품 · 원재료 등의 구입조건으로 미리 지급하는 금액이나 **계약금** |
| | | **선급비용** | 발생주의에 따라 당기에 지급한 비용 중 차기비용으로 자산으로 처리할 금액 |
| | | **가지급금** | 현금 지출이 있으나 계정과목이 미확정인 것 |
| | | 부가세대급금 | 물품 등의 구입시에 부담한 부가가치세로서 매입세액공제가 가능한 것 |
| | | 선납세금 | 법인세 중간예납세액과 원천징수된 세액 |

| | | | |
|---|---|---|---|
| 1. 유동자산 | 2. 재고자산 | 상품 | 판매목적으로 외부에서 구입한 물품(도·소매업) |
| | | 제품 | 제조과정이 완료된 후 판매를 위해 보관하고 있는 것(제조업) |
| | | 반제품 | 자가제조한 중간제품과 부분품 등으로 **판매가 가능한 것** |
| | | 원재료 | 제품을 제조하기 위하여 구입한 주원료 |
| | | **(매입환출)** | 매입한 상품이나 원재료를 반품하는 경우 |
| | | **(매입에누리)** | 매입 후 하자나 결함 때문에 가격을 에누리받은 경우 |
| | | **(매입할인)** | 외상대금을 조기 결제시 판매자가 외상대금을 할인하는 경우 |
| | | **미착품** | 상품·원재료 등을 주문하였으나 운송 중, 통관 중으로서 **도착하지 않은 경우** |
| | | 재공품 | 제조과정이 완료되지 않아 아직 제품으로 대체되지 않은 재고자산 |
| | | 저장품 | 소모품, 수선용 부분품 및 기타 저장품 |
| 2. 비유동자산 | 1. 투자자산 | 장기성예금 | 만기가 1년 이후에 도래하는 정기예금, 정기적금 등 금융상품 |
| | | 매도가능증권 | 단기매매증권이나 만기보유증권으로 분류되지 아니하는 유가증권 |
| | | 만기보유증권 | 만기가 확정된 채무증권으로서 만기까지 보유할 의도와 능력이 있는 유가증권 |
| | | 투자부동산 | 영업활동과 무관하게 **투자목적(시세차익)**으로 보유하고 있는 토지나 건물 |
| | | 장기대여금 | 대여금 중 만기가 1년 이내에 도래하지 않는 것 |
| | 2. 유형자산 | 토지 | 영업용(업무용)으로 사용하기 위한 대지 등 |
| | | 건물 | 영업용(업무용)으로 사용하는 건물 및 기타의 건물 부속설비 등 |
| | | 기계장치 | 제품 등을 생산하기 위한 기계 및 장치 |
| | | 차량운반구 | 회사의 영업활동을 위해 사용되는 승용차, 트럭 등 |
| | | 비품 | 기업에서 사용하는 일반적인 용품으로서 내용년수가 1년 이상인 것 |
| | | **(감가상각누계액)** | 취득원가를 합리적으로 비용 배분하는 것의 누적액 |
| | | **건설중인자산** | 유형자산을 건설하기 위해 지출한 금액으로서 아직 건설완료가 되지 않은 임시계정 |

| | | | |
|---|---|---|---|
| 2. 비유동 자산 | 3. 무형자산 | 영업권 | 영업상의 권리 또는 권리금(외부구입영업권만 인정) |
| | | 산업재산권 | 일정기간 동안 독점적, 배타적으로 이용할 수 있는 권리(특허권, 실용신안권, 상표권 등) |
| | | 개발비 | 신기술개발과 관련된 비용으로 미래 경제적 효익을 기대할 수 있는 금액 |
| | | 소프트웨어 | 컴퓨터 프로그램으로서 MS오피스, 한글2010 등 |
| | 4. 기타 비유동 자산 | 임차보증금 | 공장, 사무실, 기계, 차량 등의 임차시 보증금액으로서 채권임 |
| | | 전세권 | 전세금을 지급하고서 타인의 부동산을 그의 용도에 좇아 사용. 수익하는 권리로서 물권 |
| | | 장기매출채권 | 외상매출금 중 회수기간이 1년 이상인 채권 |
| | | 부도어음과수표 | 지급이 거절된 어음으로서 추후 대손여부를 판단하여 대손처리한다. |

## Ⅱ. 부채

| | | |
|---|---|---|
| 1. 유동 부채 | 외상매입금 | **상품이나 원재료**를 외상으로 매입한 경우의 채무 |
| | 지급어음 | **상품이나 원재료**를 외상으로 매입시 지급한 어음채무 |
| | 미지급금 | **상거래 이외**(유형자산 등)의 물건을 구입한 경우의 채무 |
| | 예수금 | 일반적 상거래 이외에서 발생한 일시적 예수금액(소득세, 국민연금, 건강보험료 등) |
| | 부가세예수금 | 매출시 매입자로 부터 거래징수한 부가가치세로서 세무서에 납부할 예정임 |
| | 가수금 | 현금 등 입금이 있었으나 내역이 불분명한 것으로서 처리하는 임시계정 |
| | 선수금 | 상품매출, 제품매출에 대한 **계약금으로 미리 받은 금액** |
| | 단기차입금 | 1년 이내에 도래하는 금융거래에 의한 채무 |
| | 미지급세금 | 미지급법인세 및 미지급세금 등 |
| | **미지급비용** | 기간 경과분 비용(이자비용, 임차료 등)중 아직 지급되지 않은 것 |
| | **선수수익** | 수익 중 당기의 것이 아니고 차기 이후로 귀속되는 수익 |
| | **유동성장기부채** | 만기 1년 이상 **장기차입금 중 만기가 1년 이내에 도래하는 차입금** |

| | | |
|---|---|---|
| 2. 비유동 부채 | 사채 | 기업이 자금조달을 위해 직접 발행하는 채권 |
| | 장기차입금 | 상환기간이 1년을 초과하는 차입금 |
| | 임대보증금 | 부동산이나 동산을 임대하고 받는 보증금 |
| | 퇴직급여충당부채 | 임직원이 퇴직할 때 지급하게 될 퇴직금에 대비하여 부채로 설정 |
| | ***(퇴직연금운용자산)*** | 종업원의 퇴직금을 위해 사외에 예치한 금액 |

## Ⅲ. 자본

| | | |
|---|---|---|
| **1. 자본금** | 보통주자본금 | 상법상 법정자본금**(액면가액×발행주식수)** |
| **2. 자본 잉여금** | 주식발행초과금 | 액면을 초과하여 주식발행시 그 액면을 초과하는 금액(= 발행가액 〉 액면가액) |
| | 감자차익 | 자본금 감소시 주주에게 반환되지 않고 불입자본으로 남아 있는 부분(= 감자대가 〈 액면가액) |
| | 자기주식처분익 | 자기주식을 처분하였을 때 취득원가를 초과하여 발생한 이익 |
| **3. 자본 조정** | 주식할인발행차금 | 액면을 미달하게 주식발행시 그 액면에 미달하는 금액(= 액면가액 〉 발행가액) |
| | 감자차손 | 자본금 감소시 주주에게 감소된 자본금이 감자대가에 미달된 경우(= 감자대가 〉 액면가액) |
| | 자기주식 | 회사가 발행한 자기회사 주식을 매입한 경우 당해 주식을 말함 |
| | 자기주식처분손실 | 자기주식을 처분시 발생하는 손실 |
| **4. 기타 포괄손익 누계액** | 매도가능증권평가손익 | 매도가능증권을 공정가액으로 평가해서 발생하는 평가손익 |
| | 해외사업환산손익 | 해외지점, 사무소의 외화자산·부채를 원화로 환산하는 경우 발생하는 환산손익 |
| **5. 이익 잉여금** | 이익준비금 | 상법에 의해 **금전배당액의 1/10이상**을 적립하는 금액 |
| | 기타법정적립금 | 상법이외의 법령규정에 의하여 적립된 유보이익(재무구조개선적립금 등) |
| | 임의적립금 | 회사의 정관이나 주주총회의 결의로 임의로 적립된 금액 |
| | 미처분이익잉여금 | 주주총회에서 이익잉여금 처분하기 전의 금액 |

# 손익계산서 주요 계정과목(전산회계1급/세무2급)

## Ⅰ. 수익

| | | |
|---|---|---|
| **1. 매출** | 매출(제품,상품) | 상품, 제품 등의 판매 또는 용역의 제공으로 인하여 실현된 금액 |
| | **(매출환입)** | 매출된 상품이나 제품이 반품되는 경우 |
| | **(매출에누리)** | 매출 후 하자나 결함 때문에 가격을 에누리 하는 경우 |
| | **(매출할인)** | 외상대금을 조기 결제시 판매자가 외상대금을 할인하는 경우 |
| **3. 영업외 수익** | 이자수익 | 적금, 예금 등에 대해 지급받은 이자 |
| | 배당금수익 | 보유한 주식에 대한 현금배당금 |
| | 임대료 | 부동산을 임대하여 사용하게 하고 받는 대가 |
| | 단기매매증권평가익 | 단기매매증권을 기말에 평가했을 때 발생하는 이익 |
| | **××××처분익** | 유가증권, 유형자산 등을 장부가액이상으로 처분하였을 때 생기는 이익 |
| | 외환차익 | 외화채권 · 채무의 발생시와 결제시의 환율변동으로 생기는 이익 |
| | 외화환산이익 | 외환채권 · 채무의 기말평가시 생기는 이익 |
| | 자산수증이익 | 현금이나 기타재산을 무상으로 받았을 때 생기는 이익 |
| | 채무면제이익 | 채무를 면제받아 생기는 이익 |
| | 보험차익(보험수익) | 보험의 만기 또는 재해로 인하여 납입한 보험금을 수령시 수령 총액 |
| | 잡이익 | 금액적으로 중요성이 없는 것으로서 일시적이고 소액인 것 |

## Ⅱ. 비용

| | | |
|---|---|---|
| 1. 매출원가 | | 상품 및 제품 등의 판매 등으로 인한 매출액에 직접 대응되는 원가 |
| 2. 제조경비(판관비) | 급여 | 정기적인 급료와 임금, 상여금과 제수당을 말한다. |
| | 퇴직급여 | 퇴직급여충당부채 전입액을 말한다. |
| | 복리후생비 | 일·숙직비, 직원회식비, 현물식대, 경조사비, 피복비, 건강보험료의 회사부담금 |
| | 여비교통비 | 출장비, 시내교통비 등 |
| | 통신비 | 전화료, 우편료, 인터넷 사용료 등 |
| | 수도광열비 | 수도요금, 전기료(제조경비 : 가스수도료), 난방유, 가스요금 등 |
| | 세금과공과 | 재산세, 자동차세, 일반협회비, 인지대금, 벌금, 과태료 등 |
| | 임차료 | 부동산이나 동산을 임차하고 임대인에게 지급하는 비용 |
| | 차량유지비 | 차량에 대한 유지비용으로 유류대, 주차비, 차량수리비 등 |
| | 소모품비 | 소모성 비품 구입에 대한 비용으로서 사무용품, 기타소모자재 등 |
| | 교육훈련비 | 임직원의 직무능력향상을 위한 교육 및 훈련에 대한 비용 |
| | 도서인쇄비 | 도서구입 및 인쇄와 관련된 비용 |
| | 수수료비용 | 제공받은 용역의 대가를 지불할 때 사용하거나 각종 수수료 등 |
| | 기업업무추진비 | 거래처에 대한 선물구입비, 경조사비, 식대 등을 지급한 경우 |
| | 광고선전비(판) | 제품의 판매촉진활동과 관련된 비용 |
| | 감가상각비 | 유형자산의 취득원가를 내용년수에 따라 합리적으로 배분하는 비용 |
| | 대손상각비(판) | 회수가 불가능한 채권을 합리적이고 객관적인 기준으로 추정하여 비용으로 인식하는 것 |
| | 대손충당금환입(판) | 대손추산액 〈 기설정대손충당금으로서 충당금 환입시 |
| | 퇴직급여충당부채환입 | 퇴직급여추계액 〈 기설정 퇴직급여충당부채로서 충당부채 환입시 |

| | | |
|---|---|---|
| **3. 영업외 비용** | 매출채권처분손실 | 매출채권(받을어음)을 금융회사 등에 매각시 발생하는 손실 |
| | **××자산평가손실** | 기말에 자산을 평가시 공정가액이 장부가액보다 낮을 경우 인식 |
| | **××자산처분손실** | 자산 처분시 처분가액이 장부가액보다 낮을 경우 인식 |
| | 외화환산손실 | 외환채권 · 채무의 기말평가시 생기는 이익 |
| | 외환차손 | 외화채권 · 채무의 발생시와 결제시의 환율변동으로 생기는 손실 |
| | 기부금 | 대가성 없이 무상으로 기증하는 금전, 기타의 재산가액<br>(불우이웃돕기성금, 수재의연금 등) |
| | 기타의 대손상각비 | **상거래 이외**(대여금, 미수금)에서 발생하는 대손상각비 |
| | 재고자산감모손실 | 기말재고자산 실사 시 수량부족분**(비정상적)**에 대하여 손실을 인식하는 것 |
| | 재해손실 | 화재, 수해, 지진 등 자연적 재해로 인해 발생하는 손실 |
| | 잡손실 | 금액적으로 중요성이 없는 것으로서 일시적이고 소액인 것 |
| **4. 법인세비용** | | 회사가 일정한 회계기간 동안 벌어들인 소득에 대해 부과되는 세금(법인세+지방소득세) |

Chapter

# 결산 및 재무제표 작성 6

Login

로그인 전산회계 1급

**NCS회계 - 4** 결산관리 – 결산분개/장부마감/재무제표 작성하기

**NCS세무 - 2** 결산관리

## 제1절 결산의 의의 및 절차

결산이란 회계연도 종료 후에 해당연도의 회계처리를 마감하여, 그 결과인 재무제표를 작성하는 일련의 절차를 말한다. 결산의 절차는 다음의 순서로 수행한다.

| | |
|---|---|
| 1. 예비절차 | 1. 수정전시산표의 작성<br>2. 결산수정분개<br>3. 수정후시산표의 작성 |
| 2. 본 절차 | 4. 계정의 마감(**손익계정 ⇨ 집합손익계정 ⇨ 재무상태계정 순**) |
| 3. 결산보고서 | 5. 재무제표의 작성<br>**(제조원가명세서 ⇨ 손익계산서 ⇨ 이익잉여금처분계산서 ⇨ 재무상태표순)** |

## 제2절 시산표

시산표란 회계거래가 총계정원장상의 각 계정에 정확하게 전기되었는지를 검토하기 위하여 회계연도 중에 사용한 모든 계정의 총액 잔액을 하나의 표에 작성하는 서식을 말한다.

대차평균의 원리에 의하여 분개하고 총계정원장에 정확하게 전기를 하였다면 시산표에도 대차평균의 원리에 따라 대차가 일치되어야 한다.

그런데 시산표의 차변의 합계와 대변의 합계가 일치하지 않았다면 분개에서부터 시작하여 총계정원장에 전기하는 과정 중 어디에선가 오류가 발생되었음을 의미한다.

이처럼 시산표의 작성목적은 거래를 분개하고 전기하는 과정에서 누락하거나 오류기입을 발견해서 수정하는 것이다.

시산표의 목적 ① **분개와 전기의 금액적인 오류 파악**
② 회사의 개략적인 재무상태나 경영성과 파악

합계잔액시산표

제×기 : 20×1년 12월 31일 현재

| 차 변 | | 계정과목 | 대 변 | |
|---|---|---|---|---|
| 잔 액 | 합 계 | | 합 계 | 잔 액 |
| **12,000,000** | 20,000,000 | 자산계정<br>- 현　금 | 8,000,000 | |
| | 5,000,000 | 부채계정<br>- 외상매입금 | 10,000,000 | **5,000,000** |
| | | 자본계정 | | |
| | | 수익계정 | | |
| | | 비용계정 | | |
| ×××××× | | 계 | | ×××××× |

**기말자산 = 기말부채 + 기말자본( = 기초자본 + 당기순손익)**

**기말자산 = 기말부채 + 기초자본 + 총수익 − 총비용**

**기말자산 + 총비용 = 기말부채 + 기초자본 + 총수익**

## 제3절 결산수정분개

### 1. 결산수정분개의 의의

회계연도별로 기업의 재무상태와 경영성과를 정확하게 산출하기 위해서는 기말에 2 이상의 회계기간에 영향을 미치는 거래에 대하여 각 회계연도별로 정확한 금액을 귀속시키기 위한 수정분개가 필요하다.

이처럼 회계연도 종료시점(결산일)에서 자산, 부채, 자본의 현재금액과 당해 연도에 발생한 수익, 비용금액을 확정하기 위하여 회계연도 종료 후에 반영하는 분개를 기말수정분개 또는 결산수정분개라 한다.

**회사의 재무상태나 경영성과 ≠ 회사 장부 ⇒ 일치시키는 작업**

결산수정분개의 목적은 다음과 같다.

① 일상의 거래 기록과정에서 적정하게 구분하지 못한 회계기간별 수익과 비용을 발생주의 회계원칙에 따라 적정하게 수정하고

② 결산일 현재 재무상태와 경영성과를 적정하게 표시하기 위해서 자산과 부채를 정확하게 평가한다.

### 2. 결산수정분개의 유형

| 유 형 | 수 정 분 개 내 용 | | |
|---|---|---|---|
| 1. 매출원가의 계산 | 재고자산실사 → 재고자산의 평가 → 매출원가의 계산 순으로 한다. | | |
| 2. 손익의 결산정리 (발생주의) | 이연 | 선급비용 | 당기에 지출한 비용 중 차기 이후의 비용 |
| | | 선수수익 | 당기에 수취한 수익 중 차기 이후의 수익 |
| | 발생 | 미수수익 | 당기에 발생하였는데 대금을 받지 못한 경우 당기의 수익 발생분 |
| | | 미지급비용 | 당기에 발생하였는데 대금을 지급하지 않는 경우 당기의 비용 발생분 |

<table>
<tr><th>유 형</th><th colspan="2">수 정 분 개 내 용</th></tr>
<tr><td rowspan="5">3. 자산 · 부채의 평가</td><td>유가증권의 평가</td><td>유가증권의 장부가액을 결산일 공정가액으로 평가</td></tr>
<tr><td>대손충당금 설정</td><td>채권에 대해서 회수가능가액으로 평가하여 보충법에 따라 대손상각비 인식</td></tr>
<tr><td>재고자산의 평가</td><td>감모와 재고자산의 가격하락을 반영</td></tr>
<tr><td>퇴직급여충당부채 설정</td><td>결산일 퇴직급여추계액을 계산하고 당기 퇴직급여 비용 인식</td></tr>
<tr><td>외화자산 · 부채의 평가</td><td>결산일 현재 외화자산 · 부채에 대하여 기말 환율로 평가하여 당기 손익을 인식하는 절차</td></tr>
<tr><td>4. 자산원가의 배분</td><td colspan="2">유 · 무형자산의 취득원가를 합리적인 기간 동안 나누어 비용으로 인식하는 절차</td></tr>
<tr><td>5. 유동성대체</td><td colspan="2">비유동자산(비유동부채)의 만기가 1년 이내에 도래하는 경우 유동자산(유동부채)로 분류 변경하는 것</td></tr>
<tr><td>6. 법인세등 계상</td><td colspan="2">결산일에 당기의 법인세 비용을 정확하게 산출하여 비용으로 계상</td></tr>
<tr><td>7. 기타</td><td colspan="2">소모품(소모품비)의 수정분개<br>가지급금 · 가수금, 전도금 등의 미결산항목정리</td></tr>
</table>

## 3. 계정과목별 결산수정분개

### (1) 매출원가의 산정

상품매매거래는 기중에 수시로 발생하기 때문에 상품매출액과 구입액에 대하여 관련 증빙(세금계산서 등)으로 확인할 수 있으나 대부분의 중소기업들은 당기 판매분에 대하여 매출원가를 수시로 기록하지 않는다.

이러한 기업들은 기말에 상품재고액을 실사하여 일괄적으로 매출원가를 산출하게 된다.

**상 기 업 : 상품매출원가 = 기초상품재고액 + 당기매입액 – 기말상품재고액**
**제조기업 : 제품매출원가 = 기초제품재고액 + 당기제품제조원가 – 기말제품재고액**

### (2) 손익의 결산정리(손익의 발생, 손익의 이연)

기업회계기준은 발생주의에 의하여 기간손익을 계산하기 때문에 기중에 현금주의로 회계 처리한 사항은 결산일에 발생주의로 수정분개 하여야 하는데 이를 손익의 결산정리라고 한다.

| | 먼저 | 적기(적시) | 나중 |
|---|---|---|---|
| 현금유입 | 선수수익<br>(부채) | **수 익** | 미수수익<br>(자산) |
| | | | |
| 현금유출 | 선급비용<br>(자산) | **비 용** | 미지급비용<br>(부채) |
| | 이연 | | 발생 |
| | | **현 금 주 의** | |
| | **발 생 주 의** | | |

### (3) 자산의 평가

① 유가증권의 평가

유가증권 중 주식(상장주식)은 가격변동이 심하기 때문에 취득당시의 가격과 결산일 현재의 시가가 달라지게 된다. 이렇게 달라진 금액은 재무상태표와 손익계산서에 반드시 반영하여야 한다.

**단기매매증권은 단기간 시세차익을 목적으로 하기 때문에 변동손익을 손익계산서의 영업외손익에 반영하나, 매도가능증권은 매각시점이 명확하지 않으므로 변동손익을 미실현손익으로 보아 재무상태표의 자본(기타포괄손익누계액)에 반영하고 추후 매각시 처분손익을 해당연도의 영업외손익으로 인식한다.**

② 채권의 평가

결산일에 모든 채권에 대하여 회수가능성을 판단하고, 회수불가능하다고 판단하는 채권에 대하여 대손충당금을 설정하여야 한다.

**당기대손상각비 = 기말채권의 잔액 × 대손추정율 − 결산전 대손충당금**

또한 매출채권(외상매출금, 받을어음)의 대손상각비는 회사의 주된 영업과 관련되어 있으므로 판매비와 관리비인 **"대손상각비"**로 처리하고, 기타의 채권(미수금, 대여금 등)은 회사의 주된 영업과 관련이 없으므로 **영업외비용인 "기타의대손상각비"**로 회계처리한다.

③ 재고자산의 평가

매출원가를 계산하기 위해서는 기말재고액을 계산하여야 하는데, 먼저 기말재고실사를 통해서 재고자산의 감모수량을 파악한 후, 재고자산의 진부화, 부패, 파손 등으로 인하여 재고자산의 가치가 감소한 경우 기말 순실현가능가액으로 평가하여야 한다.

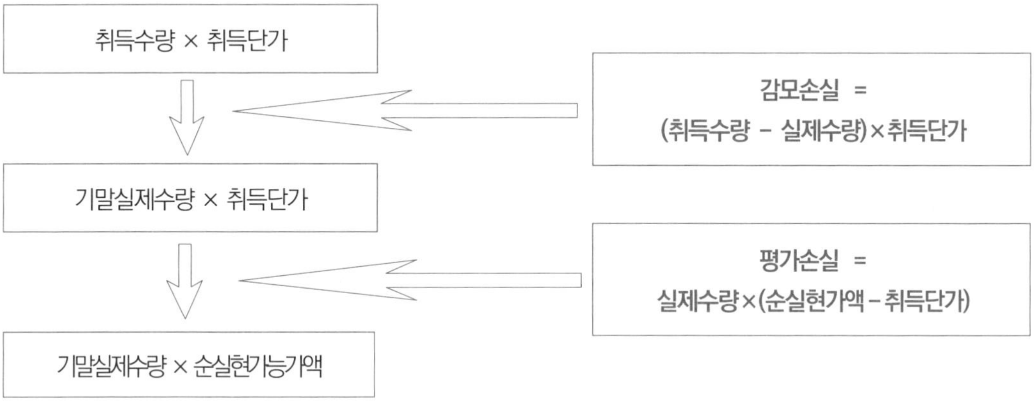


기업회계기준에서는 재고자산감모손실이 정상적으로 발생하는 경우에는 매출원가에 가산하고, **비정상적으로 발생하는 경우에는 영업외비용으로 회계처리**한다.

④ 퇴직급여충당부채의 설정

기말 현재 전임직원이 퇴사할 경우 지급해야할 퇴직금을 퇴직급여추계액이라 하는데 이는 회사의 충당부채에 해당한다. 따라서 회사는 부족한 퇴직급여충당부채를 당기 비용으로 인식하여야 한다.

**당기 퇴직급여 = 퇴직급여추계액 - 결산전 퇴직급여충당부채**
**(= 기초퇴직급여충당부채 - 당기퇴직금지급액)**

⑤ 외화자산 · 부채의 평가

기업이 외화자산을 보유하고 있거나 외화부채를 가지고 있다면, 환율은 매일 매일 변동하므로 기업의 자산과 부채도 환율변동에 따라 변동된다.

기업회계기준에서는 화폐성 외화자산·부채를 결산일 현재 환율을 적용하여 환산하고 그에 따른 차손익을 외화환산손익으로 인식하여야 한다.

만약, 외화자산을 보유하고 있다면 환율이 상승하는 경우 기업의 자산이 증가하지만 반대로 외화부채를 보유하고 있다면 기업의 부채가 증가한다.

여기서 화폐성자산에는 매출채권, 대여금 등이 있고, 화폐성부채에는 매입채무, 차입금 등이 있다.

### (4) 자산원가의 배분

유형자산과 무형자산은 회사의 영업활동에 장기적으로 사용하기 위하여 보유하는 자산이다. 이러한 자산은 한 회계기간 이상에 걸쳐 효익을 제공하는 것이다.

즉 수익발생과는 명확한 인과관계를 알 수 없지만 일정기간(내용연수) 동안 수익 창출활동에 기여할 것으로 판단되면 그 해당기간에 걸쳐 합리적이고 체계적인 방법으로 배분하여야 한다.

따라서 감가상각비와 무형자산상각비는 수익·비용 대응의 원칙에 따라 당기에 비용을 인식하는 것을 말한다.

### <예제 6 - 1> 수정후 당기순이익

㈜백두는 결산시 당기순이익이 1,000,000원으로 계상되었으나, 다음과 같이 누락된 결산정리 사항이 발견되었다. 이를 수정한 후 정확한 당기순이익을 계산하시오.

- 보험료 선급분 계상 누락 : 50,000원
- 이자 미수분의 계상 누락 : 60,000원
- 건물 임차료 미지급분 계상 누락 : 70,000원
- 차량운반구 감가상각비 과소계상액 : 80,000원

**해답**

| | | | | | |
|---|---|---|---|---|---|
| 1. 수정전 당기순이익 | 1,000,000 | | | | |
| ① 보험료 선급분 | 50,000 | (차) 선급비용 | xx | (대) 보 험 료 | xx |
| ② 이자 미수분 | 60,000 | (차) 미수수익 | xx | (대) 이자수익 | xx |
| ③ 임차료미지급분 | -70,000 | (차) 임 차 료 | xx | (대) 미지급비용 | xx |
| ④ 감가상각비 과소계상액 | -80,000 | (차) 감가상각비 | xx | (대) 감가상각누계액 | xx |
| 2. 수정후 당기순이익 | 960,000 | | | | |

## 제4절 장부마감

회계장부는 회계연도별로 구분하여 작성한다.

회계연도가 종료되면 당해 회계연도 중에 작성된 회계장부는 모든 거래를 기록한 후 별도로 보관하여야 한다. 이때 회계장부의 작성을 완료하기 위해서는 당해 연도에 기록된 총계정원장상의 모든 계정과목에 대해 차변금액과 대변금액을 일치시켜 장부를 마감한다.

손익계산서의 손익계정(수익과 비용)은 최종적으로 재무상태표의 이익잉여금계정에 그 결과를 대체하고 소멸하는 임시계정이므로 회계연도가 끝나면 잔액을 "0"으로 만든다. 반면에 재무상태표 계정(자산, 부채, 자본)은 회계연도가 끝나더라도 계정잔액이 소멸하지 않고, 다음 회계기간에 이월되는 영구적 계정이다.

**손익계정 → 집합손익계정 → 재무상태표계정**

## 제5절 재무제표작성

손익계산서를 작성하여 당기순이익을 확정시킨 후, 당기순이익을 이익잉여금처분계산서에 반영하면 처분전 미처분이익잉여금 금액을 구한다. 처분전 미처분이익잉여금이 재무상태표의 이익잉여금에 최종적으로 반영하면 재무제표가 확정된다.

**〈제조기업의 재무제표확정순서〉**

**제조원가명세서 → 손익계산서 → 이익잉여금처분계산서 → 재무상태표**

## 제6절 회계정보조회

회계상 거래에 대해서 분개를 하고, 이러한 분개를 전기하고, 최종적으로 재무제표를 작성한다. 회사는 이러한 각종 회계정보를 활용하여 경영정보를 분석한다.

| 회계의 순환과정 | 산출되는 경영정보 |
|---|---|
| 1. 거래 | |
| 2. 분개 | 분개장 |
| 3. 전기 | 일계표(월계표), 현금출납장, 총계정원장, 거래처원장 |
| 4. 시산표 | 합계잔액시산표 |
| 5. 재무제표 | 손익계산서, 재무상태표 |

### 1. 일계표 및 월계표

하루동안에 발생한 거래들은 전표에 기록되고, 이러한 전표를 합한 것을 일계표라하고, 일계표는 하루의 거래 결과가 요약된 표이다. 월계표는 전표를 월단위로 합한 것을 말한다.

**[일계표 및 월계표]**

| 차변 | | | 계정과목 | 대변 | | |
|---|---|---|---|---|---|---|
| 계 | ❸대체 | ❶현금 | | ❷현금 | ❸대체 | 계 |
| 1,000,000 | | 1,000,000 | 보통예금 | | | |
| | | | | | | |
| - | - | - | 상품매출 | 5,000,000 | 9,000,000 | 14,000,000 |

❶ 현금은 출금전표의 합계액을 의미한다.
보통예금의 현금거래란 다음의 거래를 의미한다.
(차) 보통예금 1,000,000원 (대) 현 금 1,000,000원

❷ 현금은 입금전표의 합계액이고, ❸ 대체는 대체거래의 합계액을 의미한다.
상품매출의 현금거래는
(차) 현 금 5,000,000원 (대) 상품매출 5,000,000원
상품매출의 대체거래는
(차) 외상매출금, 받을어음 등 9,000,000원 (대) 상품매출 9,000,000원
을 의미한다.

## <예제 6 - 2> 일계표(월계표)

(주)백두의 3월 월계표를 조회한 결과이다.

일계표 | 월계표

조회기간 : 년 03 월 ~ 년 03 월

| 차변 | | | 계정과목 | 대변 | | |
|---|---|---|---|---|---|---|
| 계 | 대체 | 현금 | | 현금 | 대체 | 계 |
| 268,000,000 | 268,000,000 | | 1.유동자산 | 50,000,000 | 5,000,000 | 55,000,000 |
| 268,000,000 | 268,000,000 | | <당좌자산> | 50,000,000 | 5,000,000 | 55,000,000 |
| 113,000,000 | 113,000,000 | | 외상매출금 | 50,000,000 | | 50,000,000 |
| 155,000,000 | 155,000,000 | | 받을어음 | | 5,000,000 | 5,000,000 |
| 20,000,000 | | 20,000,000 | 2.비유동자산 | | | |
| 20,000,000 | | 20,000,000 | <투자자산> | | | |
| 20,000,000 | | 20,000,000 | 장기대여금 | | | |
| | | | 3.유동부채 | | 15,000,000 | 15,000,000 |
| | | | 미지급금 | | 15,000,000 | 15,000,000 |
| | | | 4.매출 | | 263,000,000 | 263,000,000 |
| | | | 상품매출 | | 263,000,000 | 263,000,000 |
| 174,550,000 | 15,000,000 | 159,550,000 | 5.판매비및일반관리비 | | | |
| 20,000,000 | | 20,000,000 | 급여 | | | |
| 50,000,000 | | 50,000,000 | 퇴직급여 | | | |
| 15,000,000 | | 15,000,000 | 복리후생비 | | | |
| 5,550,000 | | 5,550,000 | 접대비 | | | |
| 15,000,000 | 15,000,000 | | 수도광열비 | | | |
| 10,000,000 | | 10,000,000 | 임차료 | | | |
| 14,000,000 | | 14,000,000 | 차량유지비 | | | |
| 20,000,000 | | 20,000,000 | 소모품비 | | | |
| 25,000,000 | | 25,000,000 | 수수료비용 | | | |
| 462,550,000 | 283,000,000 | 179,550,000 | 금월소계 | 50,000,000 | 283,000,000 | 333,000,000 |
| 93,734,000 | | 93,734,000 | 금월잔고/전월잔고 | 223,284,000 | | 223,284,000 |
| 556,284,000 | 283,000,000 | 273,284,000 | 합계 | 273,284,000 | 283,000,000 | 556,284,000 |

1. 3월 판매비와 관리비중 가장 많은 금액이 발생한 계정과목은 무엇인가?
2. 3월 판매비와 관리비의 현금 지출액은 얼마인가?
3. 3월 수도광열비의 대체거래액은 얼마인가?

**해답**

1. 퇴직급여 2. 159,550,000원 3. 15,000,000원

일계표 | 월계표

조회기간 : 년 03 월 ~ 년 03 월

| 차변 | | | 계정과목 | 대변 | | |
|---|---|---|---|---|---|---|
| 계 | 대체 | 현금 | | 현금 | 대체 | 계 |
| 268,000,000 | 268,000,000 | | 1.유동자산 | 50,000,000 | 5,000,000 | 55,000,000 |
| 268,000,000 | 268,000,000 | | <당좌자산> | 50,000,000 | 5,000,000 | 55,000,000 |
| 113,000,000 | 113,000,000 | | 외상매출금 | 50,000,000 | | 50,000,000 |
| 155,000,000 | 155,000,000 | | 받을어음 | | 5,000,000 | 5,000,000 |
| 20,000,000 | | 20,000,000 | 2.비유동자산 | | | |
| 20,000,000 | | 20,000,000 | <투자자산> | | | |
| 20,000,000 | | 20,000,000 | 장기대여금 | | | |
| | | | 3.유동부채 | | 15,000,000 | 15,000,000 |
| | | | 미지급금 | | 15,000,000 | 15,000,000 |
| | | | 4.매출 | | 263,000,000 | 263,000,000 |
| | | | 상품매출 | | 263,000,000 | 263,000,000 |
| 174,550,000 | 15,000,000 | 159,550,000 [2] | 5.판매비및일반관리비 | | | |
| 20,000,000 | | 20,000,000 | 급여 | | | |
| 50,000,000 | | 50,000,000 | 퇴직급여 [1] | | | |
| 15,000,000 | | 15,000,000 | 복리후생비 | | | |
| 5,550,000 | | 5,550,000 | 접대비 | | | |
| 15,000,000 | 15,000,000 [3] | | 수도광열비 | | | |
| 10,000,000 | | 10,000,000 | 임차료 | | | |
| 14,000,000 | | 14,000,000 | 차량유지비 | | | |
| 20,000,000 | | 20,000,000 | 소모품비 | | | |
| 25,000,000 | | 25,000,000 | 수수료비용 | | | |
| 462,550,000 | 283,000,000 | 179,550,000 | 금월소계 | 50,000,000 | 283,000,000 | 333,000,000 |
| 93,734,000 | | 93,734,000 | 금월잔고/전월잔고 | 223,284,000 | | 223,284,000 |
| 556,284,000 | 283,000,000 | 273,284,000 | 합계 | 273,284,000 | 283,000,000 | 556,284,000 |

## 2. 현금출납장

현금의 입금과 출금 그리고 잔액을 기록하는 보조장부로서 일자별로 조회할 수 있다.

### <예제 6 - 3> 현금출납장

(주)백두의 1월 20일 현금출납장을 조회한 결과이다.

기 간 년 1 월 20 일 ~ 년 1 월 20 일

| 일자 | 코드 | 적 요 | 코드 | 거 래 처 | 입 금 | 출 금 | 잔 액 |
|---|---|---|---|---|---|---|---|
| | | [전 일 이 월] | | | 33,847,000 | | 33,847,000 |
| 01-20 | 2 | 물품매각 관련 현금입금 | | | 39,000,000 | | |
| 01-20 | 1 | 전화료및 전신료 납부 | | | | 480,000 | |
| 01-20 | 2 | 직원식대및차대 지급 | | | | 450,000 | |
| 01-20 | 1 | 상하수도요금 납부 | | | | 200,000 | |
| 01-20 | 1 | 소모자재대 지급 | | | | 250,000 | 71,467,000 |
| | | [월 계] | | | 39,000,000 | 1,380,000 | |
| | | [누 계] | | | 78,000,000 | 6,533,000 | |

1. 1월 20일 현금 잔액은 얼마인가?
2. 1월 20일 출금 금액은 얼마인가?
3. 1월 20일 현금 증가액은 얼마인가?

**해답**

1. 71,467,000원 2. 1,380,000원
3. 37,620,000원[입금계(39,000,000) - 출금계(1,380,000)] 또는 [당일잔액(71,467,000) - 전일잔액(33,847,000)]

기 간 년 1 월 20 일 ~ 년 1 월 20 일

| 일자 | 코드 | 적 요 | 코드 | 거 래 처 | 입 금 | 출 금 | 잔 액 |
|---|---|---|---|---|---|---|---|
| | | [전 일 이 월] | | | 33,847,000 | | 33,847,000 |
| 01-20 | 2 | 물품매각 관련 현금입금 | | | 39,000,000 | | |
| 01-20 | 1 | 전화료및 전신료 납부 | | | | 480,000 | |
| 01-20 | 2 | 직원식대및차대 지급 | | | | 450,000 | |
| 01-20 | 1 | 상하수도요금 납부 | | | | 200,000 | |
| 01-20 | 1 | 소모자재대 지급 | | | | 250,000 | 71,467,000 |
| | | [월 계] | | | 39,000,000 | 1,380,000 | |
| | | [누 계] | | | 78,000,000 | 6,533,000 | |

## 3. 총계정원장

모든 거래는 분개된 후 해당 계정에 전기된다. 이러한 계정들이 모여 있는 장부를 총계정원장이라 하고 간략하게 원장이라고도 한다.

### <예제 6 - 4> 총계정원장

(주)백두의 총계정원장(20x1.1.1~20x1.12.31)중 외상매출금을 조회한 결과이다.

기 간 : 년 01 월 01 일 ~ 년 12 월 31 일
계정과목 0101 현금 ~ 0999 소득세등

| 코드 | 계 정 과 목 |
|---|---|
| 0101 | 현금 |
| 0102 | 당좌예금 |
| 0103 | 보통예금 |
| 0108 | 외상매출금 |
| 0109 | 대손충당금 |
| 0110 | 받을어음 |
| 0111 | 대손충당금 |
| 0114 | 단기대여금 |
| 0120 | 미수금 |
| 0134 | 가지급금 |
| 0141 | 현금과부족 |
| 0146 | 상품 |
| 0179 | 장기대여금 |
| 0202 | 건물 |
| 0203 | 감가상각누계액 |

| 일자 | 차 변 | 대 변 | 잔 액 |
|---|---|---|---|
| [전기이월] | 9,500,000 | | 9,500,000 |
| /01 | 3,600,000 | | 13,100,000 |
| /02 | 229,000,000 | 18,800,000 | 223,300,000 |
| /03 | 113,000,000 | 50,000,000 | 286,300,000 |
| /04 | 75,000,000 | 13,500,000 | 347,800,000 |
| /05 | 136,000,000 | 10,000,000 | 473,800,000 |
| /06 | | 25,000,000 | 448,800,000 |
| /07 | | | 448,800,000 |
| /08 | | | 448,800,000 |
| /09 | 1,000,000 | | 449,800,000 |
| /10 | | 950,000 | 448,850,000 |
| /11 | | | 448,850,000 |
| /12 | -1,000,000 | -950,000 | 448,800,000 |
| 합 계 | 566,100,000 | 117,300,000 | |

1. 상반기(1~6월)중 외상매출금의 잔액이 가장 큰 달은 언제이고 금액은 얼마인가?
2. 3월달 외상매출금의 회수금액은 얼마인가?
3. 상반기(1~6월)중 외상매출이 가장 많이 발생한 달은 언제이고 금액은 얼마인가?

**해답**

1. 5월, 473,800,000원 2. 50,000,000원(3월 대변금액)
3. 2월, 229,000,000원(2월 차변금액)

기 간 : 년 01 월 01 일 ~ 년 12 월 31 일
계정과목 0101 현금 ~ 0999 소득세등

| 코드 | 계 정 과 목 |
|---|---|
| 0101 | 현금 |
| 0102 | 당좌예금 |
| 0103 | 보통예금 |
| 0108 | 외상매출금 |
| 0109 | 대손충당금 |
| 0110 | 받을어음 |
| 0111 | 대손충당금 |
| 0114 | 단기대여금 |
| 0120 | 미수금 |
| 0134 | 가지급금 |
| 0141 | 현금과부족 |
| 0146 | 상품 |
| 0179 | 장기대여금 |
| 0202 | 건물 |
| 0203 | 감가상각누계액 |

| 일자 | 차 변 | 대 변 | 잔 액 |
|---|---|---|---|
| [전기이월] | 9,500,000 | | 9,500,000 |
| /01 | 3,600,000 | | 13,100,000 |
| /02 | 3 229,000,000 | 18,800,000 | 223,300,000 |
| /03 | 113,000,000 | 2 50,000,000 | 286,300,000 |
| /04 | 75,000,000 | 13,500,000 | 347,800,000 |
| /05 | 136,000,000 | 10,000,000 | 1 473,800,000 |
| /06 | | 25,000,000 | 448,800,000 |
| /07 | | | 448,800,000 |
| /08 | | | 448,800,000 |
| /09 | 1,000,000 | | 449,800,000 |
| /10 | | 950,000 | 448,850,000 |
| /11 | | | 448,850,000 |
| /12 | -1,000,000 | -950,000 | 448,800,000 |
| 합 계 | 566,100,000 | 117,300,000 | |

## 4. 계정별원장

특정계정(현금계정 제외)에 대하여 일자별로 상세하게 기재되어 있는 것을 계정별원장이라고 한다.

### <예제 6 - 5> 계정별원장

(주)백두의 3월 외상매출금의 계정별원장을 조회한 결과이다.

기 간 년 3 월 1 일 ~ 년 3 월 31 일
계정과목 0108 외상매출금 ~ 0108 외상매출금

| 코드 | 계 정 과 목 | 일자 | 적 요 | 코드 | 거 래 처 | 차 변 | 대 변 | 잔 액 |
|---|---|---|---|---|---|---|---|---|
| 0108 | 외상매출금 | | [전 월 이 월] | | | 242,100,000 | 18,800,000 | 223,300,000 |
| | | 03-03 | | 00210 | 캐릭터문구 | 35,000,000 | | 258,300,000 |
| | | 03-06 | | 00211 | 영일문구 | 28,000,000 | | 286,300,000 |
| | | 03-15 | | 00610 | 짱문구 | 50,000,000 | | 336,300,000 |
| | | 03-15 | | 00213 | 솔로몬문구 | | 50,000,000 | 286,300,000 |
| | | | [월 계] | | | 113,000,000 | 50,000,000 | |
| | | | [누 계] | | | 355,100,000 | 68,800,000 | |

1. 3월 외상매출금액은 얼마인가?
2. 3월 외상매출금 중 회수한 금액은 얼마인가?
3. 3월 외상매출금 잔액은 얼마인가?

**해답**

1. 113,000,000원(차변 월계) 2. 50,000,000원(대변 월계) 3. 286,300,000원

기 간 년 3 월 1 일 ~ 년 3 월 31 일
계정과목 0108 외상매출금 ~ 0108 외상매출금

| 코드 | 계 정 과 목 | 일자 | 적 요 | 코드 | 거 래 처 | 차 변 | 대 변 | 잔 액 |
|---|---|---|---|---|---|---|---|---|
| 0108 | 외상매출금 | | [전 월 이 월] | | | 242,100,000 | 18,800,000 | 223,300,000 |
| | | 03-03 | | 00210 | 캐릭터문구 | 35,000,000 | | 258,300,000 |
| | | 03-06 | | 00211 | 영일문구 | 28,000,000 | | 286,300,000 |
| | | 03-15 | | 00610 | 짱문구 | 50,000,000 | | 336,300,000 |
| | | 03-15 | | 00213 | 솔로몬문구 | | 50,000,000 | 286,300,000 |
| | | | [월 계] | | | 113,000,000 | 50,000,000 | |
| | | | [누 계] | | | 355,100,000 | 68,800,000 | |

1, 2 3

## 5. 거래처원장

채권, 채무에 대하여 특정거래처의 거래내용과 잔액을 관리하는 보조원장이다.

### <예제 6 - 6> 거래처원장

(주)백두의 3월 외상매출금의 거래처원장(모든 거래처)을 조회한 결과이다.

기 간 년 3 월 1 일 ~ 년 3 월 31 일 계정과목 0108 외상매출금 잔액 0

거래처분류 ~ 거 래 처 00102 (주)수원캐릭터 ~ 00669 국민카드

| 코드 | 거 래 처 | 등록번호 | 대표자명 | 전월이월 | 차 변 | 대 변 | 잔 액 |
|---|---|---|---|---|---|---|---|
| 00205 | 오피스문구 | 236-43-17937 | 김상진 | 4,000,000 | | | 4,000,000 |
| 00209 | 하늘상사 | 120-25-34675 | 임하늘 | 4,000,000 | | | 4,000,000 |
| 00210 | 캐릭터문구 | 130-02-31754 | 송재일 | 25,000,000 | 35,000,000 | | 60,000,000 |
| 00211 | 영일문구 | 203-23-30209 | 이명동 | 5,300,000 | 28,000,000 | | 33,300,000 |
| 00213 | 솔로몬문구 | 120-23-33158 | 임녀수 | 185,000,000 | | 50,000,000 | 135,000,000 |
| 00610 | 짱문구 | 605-10-25862 | 허지수 | | 50,000,000 | | 50,000,000 |

1. 3월말 현재 외상매출금 잔액이 가장 많은 거래처와 금액은 얼마인가?
2. 3월 솔로몬문구로부터 회수한 외상매출금 금액은 얼마인가?
3. 3월말 현재 캐릭터문구의 외상매출금 잔액은 얼마인가?

**해답**

1. 솔로몬문구, 135,000,000원(잔액 비교)
2. 50,000,000원(솔로몬문구 대변)
3. 60,000,000원

기 간 년 3 월 1 일 ~ 년 3 월 31 일 계정과목 0108 외상매출금 잔액 0

거래처분류 ~ 거 래 처 00102 (주)수원캐릭터 ~ 00669 국민카드

| 코드 | 거 래 처 | 등록번호 | 대표자명 | 전월이월 | 차 변 | 대 변 | 잔 액 |
|---|---|---|---|---|---|---|---|
| 00205 | 오피스문구 | 236-43-17937 | 김상진 | 4,000,000 | | | 4,000,000 |
| 00209 | 하늘상사 | 120-25-34675 | 임하늘 | 4,000,000 | | | 4,000,000 |
| 00210 | 캐릭터문구 | 130-02-31754 | 송재일 | 25,000,000 | 35,000,000 | | 60,000,000 (3) |
| 00211 | 영일문구 | 203-23-30209 | 이명동 | 5,300,000 | 28,000,000 | | 33,300,000 |
| 00213 | 솔로몬문구 | 120-23-33158 | 임녀수 | 185,000,000 | | 50,000,000 (2) | 135,000,000 (1) |
| 00610 | 짱문구 | 605-10-25862 | 허지수 | | 50,000,000 | | 50,000,000 |

## 6. 합계잔액시산표

합계잔액시산표는 각 계정별로 차변과 대변의 합계와 잔액을 표시한다. 자산, 부채, 자본, 수익, 비용 순으로 조회된다.

### <예제 6 - 7> 합계잔액시산표

(주)백두의 3월달 합계잔액시산표를 조회한 결과이다.

기간 : 년 03 월 31 일

관리용 | 제출용 | 표준용

| 차변 잔액 | 차변 합계 | 계정과목 | 대변 합계 | 대변 잔액 |
|---|---|---|---|---|
| 633,534,000 | 942,400,000 | 1.유동자산 | 309,054,000 | 188,000 |
| 567,534,000 | 876,400,000 | <당좌자산> | 309,054,000 | 188,000 |
| 93,734,000 | 327,800,000 | 현금 | 234,066,000 | |
| 20,500,000 | 20,500,000 | 당좌예금 | | |
| 6,000,000 | 7,000,000 | 보통예금 | 1,000,000 | |
| 286,300,000 | 355,100,000 | 외상매출금 | 68,800,000 | |
| | | 대손충당금 | 123,000 | 123,000 |
| 156,500,000 | 161,500,000 | 받을어음 | 5,000,000 | |
| | | 대손충당금 | 65,000 | 65,000 |
| 2,500,000 | 2,500,000 | 단기대여금 | | |
| 2,000,000 | 2,000,000 | 미수금 | | |
| 66,000,000 | 66,000,000 | <재고자산> | | |
| 66,000,000 | 66,000,000 | 상품 | | |
| 99,500,000 | 99,500,000 | 2.비유동자산 | 6,800,000 | 6,800,000 |
| 20,000,000 | 20,000,000 | <투자자산> | | |
| 20,000,000 | 20,000,000 | 장기대여금 | | |
| 79,500,000 | 79,500,000 | <유형자산> | 6,800,000 | 6,800,000 |
| 50,000,000 | 50,000,000 | 건물 | | |
| | | 감가상각누계액 | 1,000,000 | 1,000,000 |
| 22,000,000 | 22,000,000 | 차량운반구 | | |
| | | 감가상각누계액 | 4,000,000 | 4,000,000 |
| 7,500,000 | 7,500,000 | 비품 | | |

1. 3월말 현재 외상매출금은 얼마인가?
2. 3월말 현재 받을어음의 장부가액은 얼마인가?
3. 1~3월 회수한 외상매출금은 얼마인가?

**해답**

1. 286,300,000원(외상매출금 잔액)
2. 156,435,000원[받을어음 잔액(156,500,000) – 대손충당금잔액(65,000)]
3. 68,800,000원(외상매출금 대변 합계)

기간 : 년 03 월 31 일

관리용 | 제출용 | 표준용

| 차변 잔액 | 차변 합계 | 계정과목 | 대변 합계 | 대변 잔액 |
|---|---|---|---|---|
| 633,534,000 | 942,400,000 | 1.유동자산 | 309,054,000 | 188,000 |
| 567,534,000 | 876,400,000 | <당좌자산> | 309,054,000 | 188,000 |
| 93,734,000 | 327,800,000 | 현금 | 234,066,000 | |
| 20,500,000 | 20,500,000 | 당좌예금 | | |
| 6,000,000 | 7,000,000 | 보통예금 | 1,000,000 | |
| 1 286,300,000 | 355,100,000 | 외상매출금 | 68,800,000 3 | |
| | | 대손충당금 | 123,000 | 123,000 |
| 156,500,000 | 161,500,000 | 받을어음 | 5,000,000 | |
| | | 대손충당금 | 65,000 | 65,000 |
| 2,500,000 | 2,500,000 | 단기대여금 | | |

2

## 7. 손익계산서 및 재무상태표

재무제표는 전기와 당기를 비교하는 형식으로 작성하여야 한다. 당기 3월을 조회하면 전기와 비교하는 형식의 재무제표가 생성된다.

만약 조회 월을 3월로 하면 다음과 같은 비교하는 형식의 재무제표가 생성된다.

| | 당 기 | 전 기 |
|---|---|---|
| 손익계산서(일정기간) | 2025.1.1.~2025.3.31(3개월간) | 2024.1.1.~2024.12.31(1년간) |
| 재무상태표(일정시점) | 2025.3.31 현재 | 2024.12.31. 현재 |

### <예제 6 - 8> 손익계산서

(주)백두의 3월말 손익계산서를 조회한 결과이다.

관리용 | 제출용 | 표준용

| 과 목 | 제 5(당)기 1월1일 ~ 3월31일 금액 | | 제 4(전)기 1월1일 ~ 12월31일 금액 | |
|---|---|---|---|---|
| Ⅰ.매출액 | | 741,600,000 | | 105,600,000 |
| 상품매출 | 741,600,000 | | 105,600,000 | |
| Ⅱ.매출원가 | | 66,000,000 | | 49,300,000 |
| 상품매출원가 | | 66,000,000 | | 49,300,000 |
| 기초상품재고액 | 9,000,000 | | 3,300,000 | |
| 당기상품매입액 | 57,000,000 | | 55,000,000 | |
| 기말상품재고액 | | | 9,000,000 | |
| Ⅲ.매출총이익 | | 675,600,000 | | 56,300,000 |
| Ⅳ.판매비와관리비 | | 229,066,000 | | 23,430,000 |
| 급여 | 52,500,000 | | 13,600,000 | |
| 퇴직급여 | 50,000,000 | | | |
| 복리후생비 | 18,600,000 | | 3,500,000 | |
| 여비교통비 | 350,000 | | 800,000 | |
| 접대비 | 11,725,000 | | 860,000 | |
| 통신비 | 480,000 | | 720,000 | |
| 수도광열비 | 15,200,000 | | 735,000 | |
| 세금과공과 | 1,500,000 | | | |
| 감가상각비 | | | 1,045,000 | |
| 임차료 | 10,000,000 | | | |
| 수선비 | 558,000 | | | |
| 보험료 | 800,000 | | | |
| 차량유지비 | 16,500,000 | | 1,900,000 | |
| 소모품비 | 21,103,000 | | | |
| 수수료비용 | 29,750,000 | | | |
| 대손상각비 | | | 270,000 | |
| Ⅴ.영업이익 | | 446,534,000 | | 32,870,000 |
| Ⅵ.영업외수익 | | | | 1,450,000 |
| 이자수익 | | | 500,000 | |
| 유형자산처분이익 | | | 950,000 | |
| Ⅶ.영업외비용 | | | | 615,000 |
| 이자비용 | | | 115,000 | |
| 기부금 | | | 500,000 | |
| Ⅷ.법인세차감전이익 | | 446,534,000 | | 33,705,000 |
| Ⅸ.법인세등 | | | | 6,000,000 |
| 법인세비용 | | | 6,000,000 | |
| Ⅹ.당기순이익 | | 446,534,000 | | 27,705,000 |

1. 3월말까지 매출액은 전년대비 얼마나 증가하였나?
2. 3월말까지 판매비와 관리비중 가장 많이 발생한 계정과목은 무엇이고, 금액은 얼마인가?
3. 3월말까지 영업이익은 전년대비 얼마나 증가하였나?

## 해답

1. 636,000,000원[당기1~3월 매출액(741,600,000) – 전기매출액(105,600,000)]
2. 급여, 52,500,000원
3. 413,664,000원[당기1~3월 영업이익(446,534,000) – 전기영업이익(32,870,000)]

관리용 | 제출용 | 표준용

| 과 목 | 제 5(당)기 1월1일 ~ 3월31일 | | 제 4(전)기 1월1일 ~ 12월31일 | |
|---|---|---|---|---|
| | 금액 | | 금액 | |
| Ⅰ.매출액 | | 741,600,000 | | 105,600,000 |
| 상품매출 | 741,600,000 | | 105,600,000 | |
| Ⅱ.매출원가 | | 66,000,000 | | 49,300,000 |
| 상품매출원가 | | 66,000,000 | | 49,300,000 |
| 기초상품재고액 | 9,000,000 | | 3,300,000 | |
| 당기상품매입액 | 57,000,000 | | 55,000,000 | |
| 기말상품재고액 | | | 9,000,000 | |
| Ⅲ.매출총이익 | | 675,600,000 | | 56,300,000 |
| Ⅳ.판매비와관리비 | | 229,066,000 | | 23,430,000 |
| 급여 | 52,500,000 | | 13,600,000 | |
| 퇴직급여 | 50,000,000 | | | |
| 복리후생비 | 18,600,000 | | 3,500,000 | |
| 여비교통비 | 350,000 | | 800,000 | |
| 접대비 | 11,725,000 | | 860,000 | |
| 통신비 | 480,000 | | 720,000 | |
| 수도광열비 | 15,200,000 | | 735,000 | |
| 세금과공과 | 1,500,000 | | | |
| 감가상각비 | | | 1,045,000 | |
| 임차료 | 10,000,000 | | | |
| 수선비 | 558,000 | | | |
| 보험료 | 800,000 | | | |
| 차량유지비 | 16,500,000 | | 1,900,000 | |
| 소모품비 | 21,103,000 | | | |
| 수수료비용 | 29,750,000 | | | |
| 대손상각비 | | | 270,000 | |
| Ⅴ.영업이익 | | 446,534,000 | | 32,870,000 |
| Ⅵ.영업외수익 | | | | 1,450,000 |
| 이자수익 | | | 500,000 | |
| 유형자산처분이익 | | | 950,000 | |
| Ⅶ.영업외비용 | | | | 615,000 |
| 이자비용 | | | 115,000 | |
| 기부금 | | | 500,000 | |
| Ⅷ.법인세차감전이익 | | 446,534,000 | | 33,705,000 |
| Ⅸ.법인세등 | | | | 6,000,000 |
| 법인세비용 | | | 6,000,000 | |
| Ⅹ.당기순이익 | | 446,534,000 | | 27,705,000 |

## <예제 6 - 9> 재무상태표

(주)백두의 3월말 재무상태표를 조회한 결과이다.

기간 : 　년 03 월

관리용 | 제출용 | 표준용

| 과 목 | 제 4(당)기 년1월1일 ~ 년3월31일 금액 | | 제 3(전)기 : 년1월1일 ~ 년12월31일 금액 | |
|---|---|---|---|---|
| 자산 | | | | |
| Ⅰ.유동자산 | | 633,346,000 | | 68,812,000 |
| ① 당좌자산 | | 567,346,000 | | 59,812,000 |
| 현금 | | 93,734,000 | | 13,000,000 |
| 당좌예금 | | 20,500,000 | | 20,500,000 |
| 보통예금 | | 6,000,000 | | 6,000,000 |
| 외상매출금 | 286,300,000 | | 9,500,000 | |
| 대손충당금 | 123,000 | 286,177,000 | 123,000 | 9,377,000 |
| 받을어음 | 156,500,000 | | 6,500,000 | |
| 대손충당금 | 65,000 | 156,435,000 | 65,000 | 6,435,000 |
| 단기대여금 | | 2,500,000 | | 2,500,000 |
| 미수금 | | 2,000,000 | | 2,000,000 |
| ② 재고자산 | | 66,000,000 | | 9,000,000 |
| 상품 | | 66,000,000 | | 9,000,000 |
| Ⅱ.비유동자산 | | 92,700,000 | | 72,700,000 |
| ① 투자자산 | | 20,000,000 | | |
| 장기대여금 | | 20,000,000 | | |
| ② 유형자산 | | 72,700,000 | | 72,700,000 |
| 건물 | 50,000,000 | | 50,000,000 | |
| 감가상각누계액 | 1,000,000 | 49,000,000 | 1,000,000 | 49,000,000 |
| 차량운반구 | 22,000,000 | | 22,000,000 | |
| 감가상각누계액 | 4,000,000 | 18,000,000 | 4,000,000 | 18,000,000 |
| 비품 | 7,500,000 | | 7,500,000 | |
| 감가상각누계액 | 1,800,000 | 5,700,000 | 1,800,000 | 5,700,000 |
| ③ 무형자산 | | | | |
| ④ 기타비유동자산 | | | | |
| 자산총계 | | 726,046,000 | | 141,512,000 |
| 부채 | | | | |
| Ⅰ.유동부채 | | 113,000,000 | | 41,000,000 |
| 외상매입금 | | 69,600,000 | | 12,600,000 |
| 지급어음 | | 9,800,000 | | 9,800,000 |
| 미지급금 | | 18,600,000 | | 3,600,000 |
| 단기차입금 | | 15,000,000 | | 15,000,000 |

1. 3월말 현재 받을어음의 장부가액은 얼마인가?
2. 3월말 현재 건물의 장부가액은 얼마인가?
3. 3월말 현재 외상매입금은 전년말대비 얼마나 증가하였나?

## 해답

1. 156,435,000원[장부가액은 대손충당금을 차감한 금액]
2. 49,000,000원[장부가액은 감가상각누계액을 차감한 금액]
3. 57,000,000원[3월말 현재(69,600,000) - 전기말(12,600,000)]

기간 : 년 03 월

관리용 | 제출용 | 표준용

| 과 목 | 제 4(당)기 년1월1일 ~ 년3월31일 금액 | | 제 3(전)기 : 년1월1일 ~ 년12월31일 금액 | |
|---|---|---|---|---|
| 자산 | | | | |
| Ⅰ.유동자산 | | 633,346,000 | | 68,812,000 |
| ① 당좌자산 | | 567,346,000 | | 59,812,000 |
| 현금 | Col:2 Row:2 | 93,734,000 | | 13,000,000 |
| 당좌예금 | | 20,500,000 | | 20,500,000 |
| 보통예금 | | 6,000,000 | | 6,000,000 |
| 외상매출금 | 286,300,000 | | 9,500,000 | |
| 대손충당금 | 123,000 | 286,177,000 | 123,000 | 9,377,000 |
| 받을어음 | 156,500,000 | | 6,500,000 | |
| 대손충당금 | 65,000 | [1] 156,435,000 | 65,000 | 6,435,000 |
| 단기대여금 | | 2,500,000 | | 2,500,000 |
| 미수금 | | 2,000,000 | | 2,000,000 |
| ② 재고자산 | | 66,000,000 | | 9,000,000 |
| 상품 | | 66,000,000 | | 9,000,000 |
| Ⅱ.비유동자산 | | 92,700,000 | | 72,700,000 |
| ① 투자자산 | | 20,000,000 | | |
| 장기대여금 | | 20,000,000 | | |
| ② 유형자산 | | 72,700,000 | | 72,700,000 |
| 건물 | 50,000,000 | | 50,000,000 | |
| 감가상각누계액 | 1,000,000 | [2] 49,000,000 | 1,000,000 | 49,000,000 |
| 차량운반구 | 22,000,000 | | 22,000,000 | |
| 감가상각누계액 | 4,000,000 | 18,000,000 | 4,000,000 | 18,000,000 |
| 비품 | 7,500,000 | | 7,500,000 | |
| 감가상각누계액 | 1,800,000 | 5,700,000 | 1,800,000 | 5,700,000 |
| ③ 무형자산 | | | | |
| ④ 기타비유동자산 | | | | |
| 자산총계 | | 726,046,000 | | 141,512,000 |
| 부채 | | | | |
| Ⅰ.유동부채 | | 113,000,000 | | 41,000,000 |
| 외상매입금 | | 69,600,000 | | 12,600,000 |
| 지급어음 | | 9,800,000 | | 9,800,000 |
| 미지급금 | [3] | 18,600,000 | | 3,600,000 |
| 단기차입금 | | 15,000,000 | | 15,000,000 |

# 연/습/문/제

## 분개연습

**[1]** 3월 1일에 (주)한국산업은 아래의 보험료를 지급하고, 전액 선급비용계정으로 회계처리하였다. 12월 31일 결산분개를 하시오.

> • 보 험 회 사 : (주)동해화재보험
> • 보험가입대상 : 회계팀에서 사용하는 컴퓨터 및 서버
> • 보험적용기간 : 당해년도 3월 1일 ~ 차년도 2월 말
> • 보험금납입액 : 6,000,000원　　　• 월할 계산한다.

**[2]** 영업부에서는 계속적으로 소모품 구입시 전액 소모품비로 비용화하여 계상하고 결산시 미사용분을 자산으로 계상한다. 결산시 영업부서로부터 미사용분으로 소모품 2,000,000원을 통보받았다.

**[3]** 월간기술지를 생산부서에서 1년 정기구독(정기구독비용 600,000원은 10월 1일에 전액 선지급하였음)하고 전액 선급비용으로 회계처리하였다. 결산시 회계처리하시오(월할계산으로 할 것).

**[4]** 거래은행인 (주)하나은행에 예금된 정기예금에 대하여 당기분 경과이자를 인식하다(예금금액 100,000,000원, 만기 3년, 가입일 4월 1일, 연이자율 10%, 월할계산할 것).

**[5]** 당사는 이자비용 선지급시 전부를 당기비용으로 계상한 후 기말결산시 차기분은 선급비용으로 대체하고 있다. 당사의 10월 17일자로 회계처리한 이자비용 8,500,000원 중 당기에 속하는 이자분은 4,000,000원이다.

[6] 9월 1일 일시적으로 건물 중 일부를 임대(임대기간 1년)하면서 1년분 임대료 6,000,000원을 현금으로 받고 선수수익으로 회계처리하였다. 월할 계산하여 기말수정분개를 하시오.

[7] 다음의 감가상각비를 결산시에 반영한다.

| 계정과목 | 구분 | 금액 |
|---|---|---|
| 건물 | 제조경비 | 8,000,000원 |
| 차량운반구 | 판매비와 관리비 | 2,300,000원 |
| | 제조경비 | 3,500,000원 |
| 비품 | 제조경비 | 940,000원 |

[8] 당해연도 12월분 영업부 급여 2,000,000원이 기장 누락되어 있다. 12월분 급여는 차년도 1월 16일에 지급하기로 되어 있다.

[9] 법인세 차감전 이익에 의하여 추산한 법인세 등 총예상액은 8,500,000원이다(중간예납세액은 500,000원이라 가정한다).

[10] 단기차입금 중에는 외화단기차입금 9,900,000원(미화 $9,000)이 포함되어 있다(보고기간말 현재 적용환율 : 미화 1$당 1,200원).

[11] 전기말 재무상태표에 계상되어 있는 개발비 40,000,000원은 5년간 상각하며 전년도부터 상각하였다. 당해년도말 무형자산상각을 분개하라.

## 객관식

**01.** 다음 중 시산표등식으로 맞는 것은?

① 기말자산+총비용=기말부채+기말자본+총수익
② 기말자산+총비용=기말부채+기초자본+총수익
③ 기말자산+총비용=기말부채+기초자본+총수익-순손실
④ 기말자산+총비용+순이익=기말부채+기초자본+총수익

**02.** 다음 중 제조기업의 재무제표를 작성하는 순서로 가장 올바른 것은?

| | |
|---|---|
| ㉠ 제조원가명세서 | ㉡ 손익계산서 |
| ㉢ 이익잉여금처분계산서 | ㉣ 재무상태표 |

① ㉠ → ㉢ → ㉣ → ㉡　　② ㉡ → ㉢ → ㉣ → ㉠
③ ㉠ → ㉡ → ㉢ → ㉣　　④ ㉢ → ㉣ → ㉠ → ㉡

**03.** 다음 중 시산표에서 발견할 수 없는 오류가 아닌 것은?

① 대차 양편에 틀린 금액을 같이 전기
② 대차 반대로 전기한 금액
③ 전기를 누락하거나 이중전기
④ 대차 어느 한 쪽의 전기를 누락

**04.** 다음 중 합계잔액시산표에서 발견할 수 있는 오류는?

① 동일한 금액을 차변과 대변에 반대로 전기한 경우
② 차변과 대변의 전기를 동시에 누락한 경우
③ 차변과 대변에 틀린 금액을 똑같이 전기한 경우
④ 차변만 이중으로 전기한 경우

**05.** 다음 중 집합손익계정에 대한 설명으로 틀린 것은?

① 수익계정의 잔액을 손익계정의 대변에 대체한다.
② 비용계정의 잔액을 손익계정의 차변에 대체한다.
③ 수익과 비용계정은 잔액을 손익계정에 대체한 후에는 잔액이 0(영)이 된다.
④ 손익계정의 잔액을 당기순이익(또는 당기순손실)계정에 대체한다.

## 주관식

**01.** 다음 자료에 의한 매출총이익은 얼마인가?

| | | | |
|---|---|---|---|
| • 총매출액 | 35,000,000원 | • 총매입액 | 18,000,000원 |
| • 매입할인 | 300,000원 | • 이자비용 | 200,000원 |
| • 매입에누리와환출 | 250,000원 | • 복리후생비 | 1,000,000원 |
| • 매출에누리와환입 | 200,000원 | • 매출할인 | 200,000원 |
| • 기초상품재고액 | 500,000원 | • 기말상품재고액 | 450,000원 |

**02.** 결산과정에서 시산표를 작성하였는데, 차변합계는 491,200원이고 대변합계는 588,200원이었다. 다음과 같은 오류만 있다고 가정한다면 시산표의 올바른 합계금액은 얼마인가?

- 당기 중 소모품비로 지급한 45,500원을 복리후생비로 기입하였다.
- 미수금 23,500원을 대변에 잘못 기록하였다.
- 상품재고 50,000원이 누락되었다.

**03.** (주)경기의 4월 기말재고액이 기초재고액 보다 200,000원 증가되었고, 4월 매출액은 2,700,000원으로 매출원가의 20% 이익을 가산한 금액이라 한다면, 당기 매입금액은?

**04.** 보고기간 종료일에 ㈜희망의 결산시 당기순이익이 100,000원이었다. 다음과 같은 오류가 포함되었을 경우, 수정 후 당기순이익은 얼마인가?

- 감자차익 과소계상액 : 10,000원
- 매도가능증권평가손실 과대계상액 : 20,000원
- 이자비용 과대계상액 : 15,000원
- 단기투자자산처분이익 과대계상액 : 25,000원

**05.** 다음 합계잔액시산표상 A, B, C에 들어갈 금액의 합은?

| 차 변 | | 계정과목 | 대 변 | |
|---|---|---|---|---|
| 잔 액(원) | 합 계(원) | | 합 계(원) | 잔 액(원) |
| 10,000 | (A) | 현 금 | 240,000 | |
| 20,000 | (B) | 외 상 매 출 금 | 310,000 | |
| | 110,000 | 외 상 매 입 금 | (C) | 10,000 |
| | | 자 본 금 | 500,000 | 500,000 |
| 250,000 | 250,000 | 여 비 교 통 비 | | |
| | | 이 자 수 익 | 110,000 | 110,000 |

**06.** 다음 자료를 이용하여 법인세비용차감전순이익을 계산하면 얼마인가?

- 매출액 : 300,000,000원
- 매출원가 : 210,000,000원
- 기업업무추진비 : 25,000,000원
- 광고비 : 15,000,000원
- 기부금 : 10,000,000원
- 법인세비용 : 3,000,000원
- 수수료비용(매도가능증권 구입시 지출) : 1,200,000원
- 단기매매증권처분이익 : 2,430,000원

# 연/습/문/제 답안

## 분개연습

[1] (차) 보 험 료(판) 5,000,000 (대) 선급비용 5,000,000

☞ 3월 1일 회계처리 (차) 선급비용 6,000,000 (대) 현 금 6,000,000
당해연도 비용(보험료) : 6,000,000×10개월/12개월=5,000,000원

[2] (차) 소 모 품 2,000,000 (대) 소모품비(판) 2,000,000

☞ 구입시 회계처리 (차) 소모품비 ××× (대) 현 금 ×××

[3] (차) 도서인쇄비(제) 150,000 (대) 선급비용 150,000

☞ 10월 1일 회계처리 (차) 선급비용 600,000 (대) 현 금 600,000
당해연도 비용(도서인쇄비) : 600,000×3개월/12개월=150,000원

[4] (차) 미수수익 7,500,000 (대) 이자수익 7,500,000

☞ 경과이자=100,000,000×10%×9개월/12개월=7,500,000원

[5] (차) 선급비용 4,500,000 (대) 이자비용 4,500,000

[6] (차) 선수수익 2,000,000 (대) 임 대 료 2,000,000

☞ 9월 1일 회계처리 (차) 현 금 6,000,000 (대) 선수수익 6,000,000
당해연도 수익(임대료) : 6,000,000×4개월/12개월=2,000,000원

[7] (차) 감가상각비(판) 2,300,000 (대) 감가상각누계액(건물) 8,000,000
감가상각비(제) 12,440,000 감가상각누계액(차량) 5,800,000
감가상각누계액(비품) 940,000

[8] (차) 급 여(판) 2,000,000 (대) 미지급비용 2,000,000

[9] (차) 법인세등 8,500,000 (대) 선납세금 500,000
미지급세금 8,000,000

[10] (차) 외화환산손실 900,000 (대) 단기차입금 900,000

☞ 외화환산손익(부채)=공정가액($9,000×1,200)－장부가액(9,900,000)=+900,000원(손실)

[11] (차) 무형자산상각비 10,000,000 (대) 개 발 비 10,000,000

☞ 상각비 = 미상각잔액(40,000,000)/잔여내용연수(5 - 1) = 10,000,000원/년

## 객관식

| 1 | 2 | 3 | 4 | 5 |
|---|---|---|---|---|
| ② | ③ | ④ | ④ | ④ |

[풀이 - 객관식]

02. 제조기업의 재무제표작성은 제조원가명세서의 당기제품제조원가가 산출되고, 손익계산서의 당기순손익이 결정되고, 이익잉여금의 미처분이익잉여금이 결정되고 최종적으로 재무상태표가 작성된다.

03. 시산표의 오류는 **차변합계액과 대변합계액이 다른 경우 발견**할 수 있다.
대차 어느 한 쪽의 전기를 누락한 경우에는 차변과 대변의 합계금액이 일치하지 않기 때문에 발견할 수 있는 오류이고, 나머지는 차변과 대변의 합계액이 차이가 없으므로 시산표에서 발견할 수 없다.

04. 합계잔액시산표는 **차변과 대변의 금액 기재오류만 발견**할 수 있다.

05. 손익계정의 잔액을 자본계정(미처분이익잉여금 또는 미처리결손금)에 대체한다.

## 주관식

| | | | | | |
|---|---|---|---|---|---|
| 1 | 17,100,000원 | 2 | 564,700원 | 3 | 2,450,000원 |
| 4 | 90,000원 | 5 | 700,000원 | 6 | 42,430,000원 |

[풀이 - 주관식]

01. 순매출액 = 총매출액(35,000,000) - 매출에누리와환입(200,000) - 매출할인(200,000) = 34,600,000원
순매입액 = 총매입액(18,000,000) - 매입할인(300,000) - 매입에누리외(250,000) = 17,450,000원

상 품

| | | | |
|---|---|---|---|
| 기초상품 | 500,000 | **매출원가(?)** | **17,500,000** |
| 순매입액 | 17,450,000 | 기말상품 | 450,000 |
| 계 | 17,950,000 | 계 | 17,950,000 |

매출총이익 = 순매출액(34,600,000) - 매출원가(17,450,000) = 17,100,000원

02. 소모품비를 복리후생비로 계정오류한 것은 시산표 합계금액에 영향을 미치지 않는다. 미수금잔액을 차변에 기입해야하는데 대변에 기입했으므로, 차변에 더하고 대변에서 빼주면 된다. 상품 기말잔액이 누락되었으므로 차변에 그 금액을 더 해주면 된다.

시산표

| | | | |
|---|---|---|---|
| 수정전 | 491,200원 | 수정전 | 588,200원 |
| 미수금 | 23,500원 | 미수금 | -23,500원 |
| 상품 | 50,000원 | | |
| 수정후 | 564,700원 | 수정후 | 564,700원 |

03.

재고자산

| | | | |
|---|---|---|---|
| 기초상품 | 0 | **매출원가** | **2,700,000/120%** |
| *매 입 액(?)* | *2,450,000* | 기말상품 | 200,000 |
| 계 | 2,450,000 | 계 | 2,450,000 |

04. 감자차익은 자본잉여금에 매도가능증권평가손실은 기타포괄손익누계액에 속하여 당기순이익에 영향을 미치지 않는다.

| | | |
|---|---|---|
| 1. 수정전 당기순이익 | 100,000 | |
| ① 이자비용 과대계상 | 15,000 | 비용과대 |
| ② 단기투자자산처분익 과대계상 | -25,000 | 수익과대 |
| 2. 수정후 당기순이익 | 90,000 | |

05. 250,000원(A)+330,000원(B)+120,000원(C)=700,000원

06.

| 손익계산서 | | |
|---|---|---|
| 1.(순)매출액 | 300,000,000 | |
| 2.매출원가 | 210,000,000 | |
| 3.매출이익(1-2) | 90,000,000 | |
| 4.판관비 | 40,000,000 | 기업업무추진비, 광고비<br>☞ 매도가능증권구입시 수수료비용은 자산의 취득가액 |
| 5.영업이익(3-4) | 50,000,000 | |
| 6.영업외수익 | 2,430,000 | 단기매매증권처분익 |
| 7.영업외비용 | 10,000,000 | 기부금 |
| *8.법인세비용차감전순이익* | *42,430,000* | |

Chapter

# 재무회계 개념체계 (일반기업회계기준) 7



재무회계 개념체계란 재무보고의 목적과 기초개념을 체계화함으로써 일관성 있는 기업회계기준을 제정케 하고, 재무제표의 성격 등에 관한 기본적 토대를 제공한다.

**개념체계와 일반기업회계기준이 상충될 경우에는 일반기업회계기준이 개념체계보다 우선한다.**

## 1. 기본구조

| | |
|---|---|
| 재무보고의 목적 | 정보이용자들의 의사결정에 유용한 정보 제공 |
| ↓ | |
| **회계정보의 질적특성** | 의사결정에 유용한 정보가 되기 위하여 회계정보가 갖추어야 할 특성 |
| ↓ | |
| 재 무 제 표 | 기업실체의 외부정보이용자에게 기업실체에 관한 재무적 정보를 전달하는 핵심적 보고수단 |
| ↓ | |
| 재무제표 기본 요소의 인식 및 측정 | 회계상의 거래나 사건을 화폐액으로 측정하여 재무제표에 공식적으로 보고하는 과정 |

## 2. 회계정보의 질적 특성

회계정보의 질적특성이란 회계정보가 유용한 정보가 되기 위해 갖추어야 할 주요 속성을 말하는데 이해가능성, 목적적합성, 신뢰성 및 비교가능성이 있다.

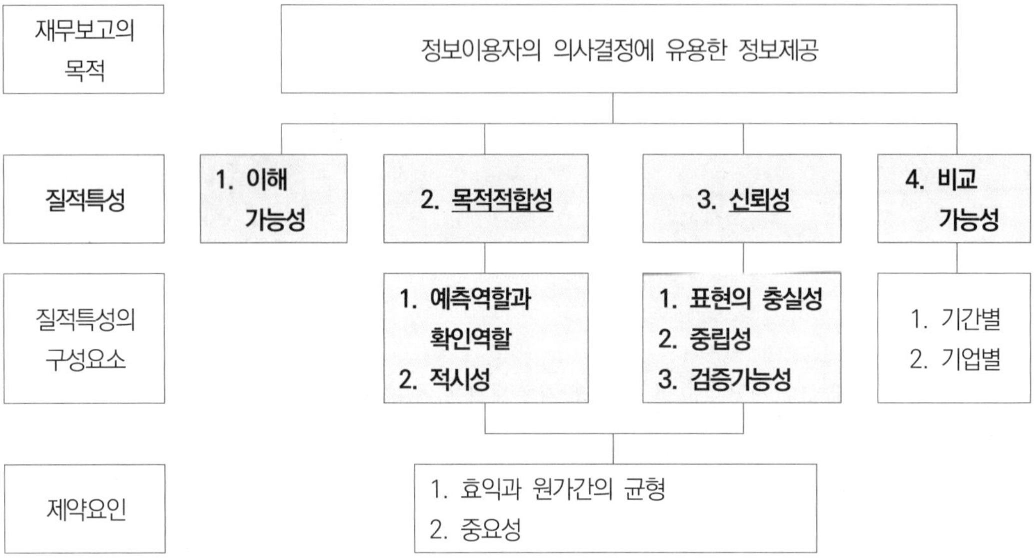


### (1) 이해가능성

회계정보는 궁극적으로 회계정보이용자에게 유용한 정보가 되어야 하고, 동시에 이러한 정보는 이용자에게 이해가능한 형태로 제공되어야 한다.

### (2) 주요질적특성

회계정보의 질적 특성 중 **가장 중요한 질적특성은 목적적합성과 신뢰성이다.**

① 목적적합성

목적적합한 정보란 이용자가 과거, 현재 또는 미래의 사건을 평가하거나 과거의 평가를 확인 또는 수정하도록 도와주어 경제적 의사결정에 영향을 미치는 정보를 말한다.

㉠ 예측역할(예측가치)과 확인역할(피드백가치)

예측역할이란 **정보이용자가 기업의 미래 재무상태, 경영성과, 현금흐름 등을 예측하는 경우에 그 정보가 활용될 수 있는지 여부**를 말하고, 확인역할이란 **회계정보를 이용하여 예측했던 기대치(재무상태나 경영성과 등)를 확인하거나 수정**함으로써 의사결정에 영향을 미칠 수 있는지의 여부를 말한다.

㉡ 적시성

정보가 지체되면 그 정보는 목적적합성을 상실할 수 있다. 따라서 경영자는 적시성 있는 보고와 신뢰성 있는 정보 제공의 장점에 대한 상대적 균형을 고려할 필요가 있다.

② 신뢰성

회계정보가 유용하기 위해서는 신뢰할 수 있는 정보여야 한다는 속성이다.

㉠ 표현의 충실성

기업의 재무상태나 경영성과를 초래하는 사건에 대해서 충실하게 표현되어야 한다는 속성이다. 표현의 충실성을 확보하기 위해서는 회계처리되는 대상이 되는 거래나 사건의 형식보다는 그 경제적 실질에 따라 회계처리하여야 한다.

㉡ 검증가능성

다수의 독립적인 측정자가 동일한 경제적 사건이나 거래에 대하여 동일한 측정방법을 적용한다면 유사한 결론에 도달할 수 있어야 함을 의미한다.

㉢ 중립성

회계정보가 신뢰성을 갖기 위해서는 한쪽에 치우침 없이 중립적이어야 한다는 속성으로 회계정보가 특정이용자에게 치우치거나 편견을 내포해서는 안된다는 것을 의미한다.

☞ **보수주의**

불확실한 상황에서 추정이 필요한 경우, **자산이나 수익이 과대평가되지 않고 부채나 비용이 과소평가되지 않도록** 상당한 정도의 주의를 기울이는 것을 말한다.
이러한 보수주의는 논리적 일관성이 결여되어 있다.

③ 질적특성간의 균형

**목적적합성과 신뢰성간의 상충관계**를 고려하여, 이러한 질적특성간에 적절한 균형을 이루는 것을 목표로 하여야 한다.

**〈목적적합성과 신뢰성이 상충관계 예시〉**

| | 목적적합성 高 | 신뢰성 高 |
|---|---|---|
| **자산측정** | 공정가치 | 역사적원가(원가법) |
| **손익인식** | 발생주의 | 현금주의 |
| **수익인식** | 진행기준 | 완성기준 |
| **재무보고** | 중간보고서(반기,분기) | 연차보고서 |

### (3) 비교가능성

기업의 재무상태, 경영성과 등의 과거 추세분석과 기업 간의 상대적 평가를 위하여 회계정보는 **기간별 비교가능성(일관성)과 기업간 비교가능성(통일성)**을 가지고 있어야 한다는 속성이다.

기간별 비교가능성은 기업의 재무제표를 다른 기간의 재무제표와 비교할 수 있는 속성을 말하는 것이고, 기업별 비교가능성은 동종산업의 다른 기업과 유사한 정보와 비교할 수 있는 속성을 말한다.

### (4) 회계정보의 제약요인

① 효익과 원가간의 균형

회계정보가 정보제공에 소요되는 비용이 효익을 초과한다면 그러한 정보제공은 정당화될 수 없다.

② 중요성

**특정회계정보가 정보이용자의 의사결정에 영향을 미치는 정도**를 말한다.

특정정보가 생략되거나 잘못 표시될 경우 정보이용자의 판단이나 의사결정에 영향을 미칠 수 있다면 그 정보는 중요한 것이다. 이러한 정보는 **금액의 대소로 판단하지 않고** 정보이용자의 의사결정에 영향을 미치면 중요한 정보가 되는 것이다. 예를 들어 어느 기업의 소모품비와 같은 소액의 비용을 자산으로 처리하지 않고 발생즉시 비용으로 처리하는 것은 정보이용자 관점에서 별로 중요하지 않기 때문에 당기 비용화 하는 것이다.

## 3. 재무제표의 기본가정

재무제표의 기본가정이란 재무제표를 작성하는데 있어서 기본 전제를 말한다.

### (1) 기업실체의 가정

"기업은 주주나 경영자와는 별개로 존재하는 하나의 독립된 실체이다"라는 가정이다.

### (2) 계속기업의 가능성

재무제표를 작성시 계속기업으로서의 존속가능성을 평가하여야 한다. **역사적 원가주의의 근간이 된다.**

### (3) 기간별보고의 가정

인위적인 단위(회계기간)로 분할하여 각 기간별로 재무제표를 작성하는 것을 말한다.

# 연/습/문/제

## 객관식

**01.** 회사가 소모품을 구입하면서 이를 모두 당기의 비용으로 회계처리하였을 경우 다음 중 어떤 회계개념을 고려한 것인가? 단, 금액의 대소관계를 고려하지 않음.

① 보수주의 ② 수익비용의 대응 ③ 편리성 ④ 계속성

**02.** 재무제표의 질적 특성(회계정보의 질적 특성)간 균형에 대한 설명 중 잘못된 것은?

① 신뢰성과 목적적합성은 서로 상충관계가 발생될 수 있다.
② 수익 인식과 관련하여 완성기준을 적용하면 목적적합성은 향상되는 반면 신뢰성은 저하될 수 있다.
③ 자산 평가와 관련하여 현행원가를 적용하면 목적적합성은 향상되는 반면 신뢰성은 저하될 수 있다.
④ 회계정보의 보고와 관련하여 중간보고의 경우 목적적합성은 향상되는 반면 신뢰성은 저하될 수 있다.

**03.** 다음 중 회계정보의 질적특성에 대한 설명으로 틀린 것은?

① 목적적합성에는 예측가치, 피드백가치, 적시성이 있다.
② 신뢰성에는 표현의 충실성, 검증가능성, 중립성이 있다.
③ 예측가치는 정보이용자의 당초 기대치를 확인 또는 수정할 수 있는 것을 말한다.
④ 중립성은 회계정보가 신뢰성을 갖기 위해서는 편의 없이 중립적이어야 함을 말한다.

**04.** 다음 중 역사적원가주의와 가장 관련성이 적은 것은?

① 회계정보의 목적적합성과 신뢰성을 모두 높일 수 있다.
② 기업이 계속하여 존재할 것이라는 가정 하에 정당화되고 있다.
③ 취득 후에 그 가치가 변동하더라도 역사적원가는 그대로 유지된다.
④ 객관적이고 검증 가능한 회계정보를 생산하는데 도움이 된다.

**05.** 회계정보의 질적특성 중 하나인 신뢰성은 회계정보에 대한 오류나 편견 없이 객관적이고 검증가능하며 나타내고자 하는 바를 충실하게 표현해야 하는 정보의 특성을 말한다. 다음 중 회계정보가 신뢰성을 갖기 위해서 필요한 요건이 아닌 것은?

① 표현의 충실성 ② 중립성
③ 적시성 ④ 검증가능성

**06.** 회계정보가 유용하기 위해 갖추어야 할 다음의 속성 중 가장 중요한 질적 특성으로만 나열한 것은?

① 목적적합성, 신뢰성 ② 피드백 가치, 예측가치
③ 비교가능성, 표현의 충실성 ④ 검증가능성, 중립성

**07.** 다음은 재무회계개념체계에 대한 설명이다. 회계정보의 질적 특성인 목적적합성과 신뢰성 중 목적적합성을 갖기 위해서 필요한 요건이 아닌 것은?

① 예측가치 ② 피드백가치 ③ 적시성 ④ 중립성

## 주관식

**01.** 주식시장에 상장되어 있는 두 회사 중 한 회사에 투자하기 위해 두 회사의 회계정보를 비교하고자 하는 경우 회계정보가 갖추어야 할 속성을 적으시오.

**02.** 다음은 재무회계개념체계에 대한 설명이다. 회계정보의 질적특성 중 무엇에 대한 설명인가?

| |
|---|
| 회계정보가 기업실체의 재무상태, 경영성과, 순현금흐름, 자본변동 등에 대한 정보이용자의 당초 기대치(예측치)를 확인 또는 수정하게 함으로써 의사결정에 영향을 미칠 수 있는 능력을 말한다. |

**03.** 회계순환과정에 있어 기말결산정리를 하게 되는 근거가 되는 가정을 적으시오.

**04.** 회사는 미래에도 계속적으로 정상적인 영업활동을 영위할 것이라는 전제하에 역사적 원가주의의 근간이 되는 회계의 기본가정은?

**05.** 다음은 재무회계개념체계에 대한 설명이다. 회계의 기본가정(공준) 중 무엇에 대한 설명인가?

| |
|---|
| 기업실체는 그 경영활동을 청산하거나 중대하게 축소시킬 의도가 없을 뿐 아니라 청산이 요구되는 상황도 없다고 가정된다. |

**06.** 다음은 재무회계개념체계에 대한 설명이다. 회계정보의 질적 특성 중 무엇에 대한 설명인가?

| |
|---|
| 정보이용자가 기업실체의 미래 재무 상태, 경영 성과, 순현금흐름 등을 예상하는데 그 정보가 활용될 수 있는 능력을 의미한다. 예를 들어, 반기 재무제표에 의해 발표되는 반기 이익은 올해의 연간 이익을 예상하는데 활용될 수 있다. |

# 연/습/문/제 답안

객관식

| 1 | 2 | 3 | 4 | 5 | 6 | 7 | | | | | | | | |
|---|---|---|---|---|---|---|---|---|---|---|---|---|---|---|
| ① | ② | ③ | ① | ③ | ① | ④ | | | | | | | | |

[풀이 - 객관식]

02. 완성기준을 적용하면 **신뢰성은 향상되나, 목적적합성은 저하될 수 있음.**

03. 정보이용자의 당초 기대치를 확인 또는 수정할 수 있는 것은 피드백가치(확인역할)에 대한 설명이다.

04. **역사적원가주의**는 일반적으로 **신뢰성은 제고되나 목적적합성은 저하**될 수 있다.

05. 신뢰성을 위한 질적특성에는 표현의 충실성, 중립성, 검증가능성이 있다. 적시성은 목적적합성을 위한 질적특성이다.

06. 회계정보가 갖추어야 할 가장 중요한 질적특성은 목적적합성과 신뢰성이다.

07. **목적적합성 : 예측가치, 피드백가치, 적시성**
**신뢰성 : 표현의 충실성, 중립성, 검증가능성**

### 주관식

| | | | | | |
|---|---|---|---|---|---|
| 1 | 비교가능성 | 2 | 피드백가치(확인역할) | 3 | 기간별 보고의 가정 |
| 4 | 계속기업의 가정 | 5 | 계속기업의 가정 | 6 | 예측가치 |

[풀이 - 객관식]

01. 비교가능성은 회계정보가 특정기업의 회계정보를 일정기간과 다른 기간 간에 비교할 수 있게 하고, 특정기업의 회계정보를 다른 기업의 회계정보와 비교할 수 있게 하는 속성을 의미한다.

03. 기간별 보고의 가정이란 기업실체의 존속기간을 일정한 기간 단위로 분할하여 각 기간별로 재무제표를 작성하는 것을 말한다. 따라서 기말에 발생주의에 따라 결산정리를 하게 된다.

04.~05. 계속기업의 가정이란 기업실체는 그 목적과 의무를 이행하기에 충분할 정도로 장기간 존속한다고 가정하는 것을 말한다.

Chapter

# 8 최종분개



Login

전산회계 1급을 합격하기 위해서는 분개가 핵심입니다. 그리고 회계를 잘하기 위해서는 이론이 핵심입니다.
최종 분개연습(40문제)에서 30문제 이상을 맞혀야 합니다.
만약 맞힌 문제가 30문제 미만이면 다시 이론을 공부하십시오.

1. 단기 매매차익을 목적으로 상장회사인 (주)로그인의 주식 100주를 주당 10,000원(액면가액 5,000원)에 구입하고 매입수수료 50,000원을 포함하여 당사의 보통예금계좌에서 인터넷뱅킹으로 지급하였다.

2. 단기간의 매매차익을 목적으로 총액 1,000,000원에 구입한 상장회사 (주)로그인의 주식 100 중 80주를 주당 8,000원에 처분하였으며 처분시 증권거래세등 수수료 20,000원을 제외한 처분대금은 국민은행 보통예금에 입금되다.

3. 당기말 결산시 장부상 현금보다 실제현금이 부족하여 현금과부족계정으로 처리한 금액 300,000원 중 200,000원은 영업사원의 기업업무추진비 누락분으로 밝혀졌고 나머지 금액은 결산일까지 밝혀지지 않았다.

4. 기말 국민은행의 당좌예금을 조회하니 기말잔액이 △4,000,000원으로 확인되었다. 당사와 국민은행은 당좌차월계약이 체결되었고 한도 10,000,000원이다. 기말 결산수정분개를 하시오.

5. 거래처인 로그인에 1년 이내 회수목적(이자율 5%)으로 5,000,000원을 대여하기로 하여 선이자(100,000원)를 차감한 2,900,000원은 보통예금에서 지급하였고, 나머지 2,000,000원은 로그인에 대한 외상매출금을 대여금으로 전환하기로 약정하였다.

6. 영업활동자금의 원활한 운용을 위하여 로그인상사에서 받은 받을어음 6,000,000원을 국민은행에서 할인하고 대금은 할인료 400,000원을 제외한 전액을 당사 당좌예금으로 송금받았다(매각거래로 회계처리할 것).

7. 로그인상사에 상품 문구류 7,000,000원을 매출하고 대금은 동점발행 어음(만기일 1개월)으로 받다. 매출시 발생한 운임 100,000원은 당점이 부담하기로 하고 현금으로 지급하였다.

8. 로그인상회로부터 상품판매대금으로 받은 약속어음 8,000,000원이 만기가 되어, 국민은행으로부터 추심수수료 100,000원을 차감하고 잔액이 보통예금 통장으로 입금되다.

9. 외상매출금과 받을어음 및 단기대여금에 대하여 다음 금액을 대손충당금으로 추가 설정하시오. 회사는 제조기업이고 자금대여는 일시 우발적인 것이다.

| |
|---|
| • 외상매출금 : 3,000,000원 • 받을어음 : △4,000,000원 • 단기대여금 : 2,000,000원 |

10. 회사는 8월 10일 비씨카드매출분 매출대금 10,000,000원 중 수수료 3%를 제외하고 당사의 보통예금계좌로 입금되었다.

11. 보통예금계좌에서 1,000,000원의 이자수익이 발생하였으며, 원천징수법인세(140,000원)를 제외한 나머지 금액이 보통예금계좌로 입금되었다.

12. 10월 1일 (주)로그인에 20,000,000원을 차기 9월 30일 까지 1년간 대여하고, 연 12%의 이자를 내년 9월 30일 수취하기로 계약을 체결하였다. 기간 경과분에 대한 이자를 결산서상에 반영하시오(이자는 월할 계산하시오.)

13. 월간기술지를 생산부서에서 1년 정기구독(정기구독기간 10월 1일부터 1년 간, 정기구독비용 1,200,000원은 10월 1일에 전액 선지급하였음)하고 전액 도서인쇄비(제)로 회계처리하였다. 월할 계산으로 하여 기말 수정분개를 하시오.

14. 출장갔던 생산직사원 로그인이 복귀하여 5월 2일에 가지급금으로 처리하였던 출장비 400,000원을 정산하고, 정산 후 초과지출분에 대해서 40,000원을 현금으로 회수하였다.

15. 보유중인 제품 5,000,000원이 화재로 인하여 소실되었다. 회사는 화재보험에 가입되어 있지 않다.

16. 로그인씨로부터 장기투자목적으로 토지를 취득하면서 5,000,000원은 당좌수표를 발행하여 지급하고, 나머지 1,000,000원은 1개월 후에 지급하기로 하였다. 또한 이전등기 하면서 취득세 및 등록세 200,000원을 현금으로 지급하였다

17. 국민은행과 당좌거래개설 계약을 체결하고, 보증금 7,000,000원을 현금입금하였다.

18. 영업부 업무용 승용차를 구입하면서 다음과 같은 금액을 구매대행회사에 전액 현금으로 지급하다. 회사는 차량구입시 필수적으로 매입하는 지역개발채권을 만기까지 보유하기로 하였다.

- 차량가액 : 8,000,000원
- 취득세 및 등록세 : 200,000원
- 지역개발채권매입액 : 300,000원
  (만기 2030년 5월 31일이고, 취득당시 공정가치는 200,000원이라 가정한다.)

19. ㈜로그인에서 발행한 채권(만기는 2030년 3월 31일이고, 시장성은 없다) 9,000,000원을 만기까지 보유할 목적으로 당좌수표를 발행하여 취득하였다.
단, 채권을 취득하는 과정에서 발생한 수수료 100,000원은 현금으로 지급하였다.
만기보유증권의 현재가치는 고려하지 않기로 가정한다.

20. 원재료 운송용 트럭(취득가액 20,000,000원, 처분시 감가상각누계액 16,000,000원)을 거래처 (주)로그인에 5,000,000원에 처분하였다. 대금은 한달 후에 받기로 하였다. 부가가치세는 고려하지 않는다.

21. 사용중인 제품창고건물(취득가액 21,000,000원, 감가상각누계액 19,000,000원)을 새로 신축하기 위해 철거하였으며, 철거용역업체에 철거비용 1,000,000원을 보통예금에서 지급하였다

22. 제품창고를 신축하기 위하여 ㈜로그인의 건물을 20,000,000원에 구입하여 철거하고 대금은 당좌수표를 발행하여 지급하였다. 또한 건물의 철거비용 3,000,000원과 토지정지비용 2,000,000원은 로그인용역에 현금지급하다.

23. 공장신축을 위한 차입금 10억원에 대한 이자비용 23,000,000원을 보통예금 계좌에서 이체하였다. 공장의 착공일은 전기 12월 1일이며, 완공일은 차기 10월 31일이다(단, 차입금의 이자비용은 자본화한다).

24. 전월에 제품을 매출하고 (주)로그인으로부터 수취한 어음 4,000,000원이 부도처리되었다는 것을 국민은행으로부터 통보받았다.

25. 공장을 이전하면서 임대인(로그인빌딩)으로부터 임차보증금 중 전월 임차료 미지급액 5,000,000원을 차감한 나머지 20,000,000원을 보통예금으로 반환받았다.

-전월 회계처리

| | | | |
|---|---|---|---|
| (차) 임차료(제) | 5,000,000원 | (대) 미지급금(로그인빌딩) | 5,000,000원 |

26. 국민은행으로 차입한 단기차입금 26,000,000원을 상환함과 동시에 이자비용 4,000,000원을 보통예금에서 이체하여 지급하였다. 이자비용에는 전기에 비용인식하여 미지급비용으로 회계처리한 금액 1,000,000원이 포함되어 있다.

27. 다음과 같이 산출된 급여를 보통예금에서 직원의 보통예금계좌로 이체 지급하다.

| 구 분 | 관리직 | 생산직 | 합 계 |
|---|---|---|---|
| 급여총액 | 2,000,000원 | 7,000,000원 | 9,000,000원 |
| 소 득 세 | 100,000원 | 200,000원 | 300,000원 |
| 지방소득세 | 10,000원 | 20,000원 | 30,000원 |
| 국민연금 | 120,000원 | 200,000원 | 320,000원 |
| 건강보험 | 60,000원 | 100,000원 | 160,000원 |
| 고용보험 | 10,000원 | 30,000원 | 40,000원 |
| 공 제 액 | 300,000원 | 550,000원 | 850,000원 |
| 차인지급액 | 1,700,000원 | 6,450,000원 | 8,150,000원 |

28. 27번문제에서 원천징수한 국민연금 640,000원을 현금납부하다. 국민연금은 사업주와 종업원이 50 : 50을 부담한다.

29. 9월 1일 일시적으로 건물 중 일부를 임대(임대기간 1년 : 당기 9월 1일~차기 8월 31일)하면서 1년분 임대료 6,000,000원을 현금으로 받고 임대료로 회계처리하였다. 월할 계산하여 기말수정분개를 하시오.

30. 당사는 기업회계기준에 의하여 퇴직급여충당부채를 설정하고 있으며, 기말 현재 퇴직급여추계액 및 당기 퇴직급여충당부채 설정 전의 퇴직급여충당부채 잔액은 다음과 같다. 결산시 회계처리를 하시오.

| 부 서 | 퇴직급여추계액 | 설정전퇴직급여충당부채잔액 |
|---|---|---|
| 생산부 | 30,000,000원 | 25,000,000원 |
| 관리부 | 50,000,000원 | 40,000,000원 |

31. 확정기여형(DC) 퇴직연금에 가입하고 10,000,000원을 보통예금계좌에서 지급하였다. 이 금액에는 연금운용에 대한 수수료 500,000원이 포함되어 있다.

| 부 서 | 퇴직연금 납부액 | 운용수수료 |
|---|---|---|
| 생산부 | 6,000,000원 | 300,000원 |
| 관리부 | 4,000,000원 | 200,000원 |

32. 3년전 7월 1일 국민은행으로부터 차입한 장기차입금 32,000,000원은 내년도 6월 30일에 만기가 도래하고, 회사는 이를 상환할 계획이다. 기말수정분개를 하시오.

33. 다음과 같은 조건의 사채를 발행하고 수취한 금액은 당좌예금에 입금하였다.

| | |
|---|---|
| • 액면가액 : 30,000,000원 | • 만기 : 3년 |
| • 약정이자율 : 액면가액의 5% | • 발행가액 : 28,000,000원 |
| • 사채발행시 각종 수수료 200,000원은 현금지급하다. | |

34. 주식 1,000주(액면가액 5,000원)를 주당 7,000원에 발행하고 납입금은 전액 국민은행 보통예금 계좌에 입금되었다. 신주발행시 각종 수수료 500,000원을 현금으로 지급하다. 신주발행시 합계잔액시산표를 조회하니 주식할인발행차금 잔액 800,000원이 있는 것이 확인되다.

35. 주주총회에서 결의된 '이익처분'사항에 대해 결의시점에서 회계처리하시오.

- 보통주 1주당 0.2주의 주식배당을 실시한다.
- 보통주 1주당 액면금액이 5,000원이고 총발행주식수가 20,000주이다.
- 주식배당은 결의 후 10일 이내 분배될 예정이다.

36. 거래처인 (주)로그인의 상품매출에 대한 외상매출금 36,000,000원이 보통예금 계좌에 입금되었으며, 이는 판매당시 조기회수약정에 따라 500,000원이 할인된 금액이다.

37. 제품을 제조하는 공장에서 발생한 8월분 수도요금 300,000원과 전기요금 700,000원을 현금납부하다.

38. 구글에 수출(선적일자 6월 25일)한 제품 외상매출금 $10,000가 8월 26일 보통예금 계좌에 원화로 환전되어 입금되었다.

| | |
|---|---|
| • 6월 25일 환율 : 1,200원/달러 | • 8월 26일 환율 : 1,300원/달러 |

39. 장기차입금 중에는 LOGIN사의 외화장기차입금 12,000,000원(미화 $10,000)이 포함되어 있다(보고기간종료일 현재 매매기준율 : 미화 1$당 1,300원). 기말 결산분개를 하시오.

40. 재무상태표에 계상되어 있는 특허권은 9,000,000원은 10년간 상각하며, 전년도부터 상각하였다. 당기 결산시 결산분개를 하시오.

# 최/종/분/개 답안

| | | | | | | |
|---|---|---|---|---|---|---|
| 1. | (차) | 단기매매증권 | 1,000,000 | (대) | 보통예금 | 1,050,000 |
| | | 수수료비용(영 · 비) | 50,000 | | | |

| | | | | | | |
|---|---|---|---|---|---|---|
| 2. | (차) | 보통예금 | 620,000 | (대) | 단기매매증권 | 800,000 |
| | | 단기매매증권처분손실 | 180,000 | | | |

☞단기매매증권의 처분손익 = 처분가액(처분수수료 차감) − 장부가액
= (80주×8,000원 − 20,000원) − 1,000,000×80주/100주 = 180,000원

| | | | | | | |
|---|---|---|---|---|---|---|
| 3. | (차) | 기업업무추진비(판) | 200,000 | (대) | 현금과부족 | 300,000 |
| | | 잡손실 | 100,000 | | | |

☞실제 현금이 부족하다고 하였으므로 현금과부족 계정은 차변에 있고 이러한 현금과부족은 결산 재무상태표에 표시되어서는 안된다. 원인불명분에 대하여 잡손실로 처리한다.

| | | | | | | |
|---|---|---|---|---|---|---|
| 4. | (차) | 당좌예금 | 4,000,000 | (대) | 단기차입금(국민은행) | 4,000,000 |

☞(−)잔액은 은행으로부터 단기차입한 것으로서 기말에 단기차입금으로 계정대체하여야 한다.

| | | | | | | |
|---|---|---|---|---|---|---|
| 5. | (차) | 단기대여금(로그인) | 5,000,000 | (대) | 보통예금 | 2,900,000 |
| | | | | | 이자수익 | 100,000 |
| | | | | | 외상매출금(로그인) | 2,000,000 |

| | | | | | | |
|---|---|---|---|---|---|---|
| 6. | (차) | 당좌예금 | 5,600,000 | (대) | 받을어음(로그인상사) | 6,000,000 |
| | | 매출채권처분손실 | 400,000 | | | |

| | | | | | | |
|---|---|---|---|---|---|---|
| 7. | (차) | 받을어음(로그인상사) | 7,000,000 | (대) | 상품매출 | 7,000,000 |
| | | 운반비(판) | 100,000 | | 현 금 | 100,000 |

| | | | | | | |
|---|---|---|---|---|---|---|
| 8. | (차) | 수수료비용(판) | 100,000 | (대) | 받을어음(로그인상회) | 8,000,000 |
| | | 보통예금 | 7,900,000 | | | |

| | | | | | | |
|---|---|---|---|---|---|---|
| 9. | (차) | 대손상각비(판) | 3,000,000 | (대) | 대손충당금(외상) | 3,000,000 |
| | | 대손충당금(받을) | 4,000,000 | | 대손충당금환입(판) | 4,000,000 |
| | | 기타의대손상각비(영 · 비) | 2,000,000 | | 대손충당금(단기대여금) | 2,000,000 |

☞**대손충당금환입(판)은 손익계산서에 부(−)의 금액으로 표시되어야 하고, 기타채권에 대손상각비는 영업외비용으로 처리한다.**

| | | | | | | |
|---|---|---|---|---|---|---|
| 10. | (차) | 보통예금 | 9,700,000 | (대) | 외상매출금(비씨카드) | 10,000,000 |
| | | 수수료비용(판) | 300,000 | | | |

| | | | | | | |
|---|---|---|---|---|---|---|
| 11. | (차) | 보통예금 | 860,000 | (대) | 이자수익 | 1,000,000 |
| | | 선납세금 | 140,000 | | | |

| | | | | | | |
|---|---|---|---|---|---|---|
| 12. | (차) | 미수수익((주)로그인) | 600,000 | (대) | 이자수익 | 600,000 |

☞**이자수익 : 20,000,000원×12%×3개월/12개월=600,000원**

| | | | | | | |
|---|---|---|---|---|---|---|
| 13. | (차) | 선급비용 | 900,000 | (대) | 도서인쇄비(제) | 900,000 |

☞**기간미경과액(선급비용) : 1,200,000원×9개월/12개월=900,000원**

| | | | | | | |
|---|---|---|---|---|---|---|
| 14. | (차) | 여비교통비(제) | 360,000 | (대) | 가지급금(로그인) | 400,000 |
| | | 현금 | 40,000 | | | |

| | | | | | | |
|---|---|---|---|---|---|---|
| 15. | (차) | 재해손실 | 5,000,000 | (대) | 제품(타계정대체) | 5,000,000 |

| | | | | | | |
|---|---|---|---|---|---|---|
| 16. | (차) | 투자부동산 | 6,200,000 | (대) | 당좌예금 | 5,000,000 |
| | | | | | 미지급금(로그인) | 1,000,000 |
| | | | | | 현금 | 200,000 |

| | | | | | | |
|---|---|---|---|---|---|---|
| 17. | (차) | 특정현금과예금 | 7,000,000 | (대) | 현금 | 7,000,000 |

| | | | | | | |
|---|---|---|---|---|---|---|
| 18. | (차) | 차량운반구 | 8,300,000 | (대) | 현금 | 8,500,000 |
| | | 만기보유증권 | 200,000 | | | |

☞**차량구입시 불가피하게 구입하게된 채권의 매입가액과 공정가치의 차이는 차량의 취득가액을 구성한다.**

| | | | | | | |
|---|---|---|---|---|---|---|
| 19. | (차) | 만기보유증권 | 9,100,000 | (대) | 당좌예금 | 9,000,000 |
| | | | | | 현 금 | 100,000 |

| | | | | | |
|---|---|---|---|---|---|
| 20. | (차) 감가상각누계액(차량) | 16,000,000 | (대) 차량운반구 | 20,000,000 |
| | 미수금((주)로그인) | 5,000,000 | 유형자산처분이익 | 1,000,000 |

☞ **처분손익 = 처분가액 − 장부가액 = 5,000,000 − (20,000,000 − 16,000,000) = 1,000,000(처분이익)**

| | | | | |
|---|---|---|---|---|
| 21. | (차) 감가상각누계액(건물) | 19,000,000 | (대) 건물 | 21,000,000 |
| | 유형자산처분손실 | 3,000,000 | 보통예금 | 1,000,000 |

☞ **처분손익 = 처분가액(0) − 장부가액(21,000,000 − 19,000,000) − 철거비용(1,000,000) = △3,000,000(손실)**

| | | | | |
|---|---|---|---|---|
| 22. | (차) 토지 | 25,000,000 | (대) 당좌예금 | 20,000,000 |
| | | | 현 금 | 5,000,000 |
| 23. | (차) 건설중인자산 | 23,000,000 | (대) 보통예금 | 23,000,000 |
| 24. | (차) 부도어음과수표((주)로그인) | 4,000,000 | (대) 받을어음((주)로그인) | 4,000,000 |
| 25. | (차) 보통예금 | 20,000,000 | (대) 임차보증금(로그인빌딩) | 25,000,000 |
| | 미지급금(로그인빌딩) | 5,000,000 | | |
| 26. | (차) 단기차입금(국민은행) | 26,000,000 | (대) 보통예금 | 30,000,000 |
| | 미지급비용 | 1,000,000 | | |
| | 이자비용 | 3,000,000 | | |
| 27. | (차) 급여(판) | 2,000,000 | (대) 예수금 | 850,000 |
| | 임금(제) | 7,000,000 | 보통예금 | 8,150,000 |
| 28. | (차) 예수금 | 320,000 | (대) 현금 | 640,000 |
| | 세금과공과(판) | 120,000 | | |
| | 세금과공과(제) | 200,000 | | |
| 29. | (차) 임 대 료 | 4,000,000 | (대) 선수수익 | 4,000,000 |

☞ **선수수익 = 6,000,000/12개월 × 8개월 = 4,000,000원**

| | | | | |
|---|---|---|---|---|
| 30. | (차) 퇴직급여(제) | 5,000,000 | (대) 퇴직급여충당부채 | 15,000,000 |
| | 퇴직급여(판) | 10,000,000 | | |

| | | | | | | |
|---|---|---|---|---|---|---|
| 31. | (차) | 퇴직급여(제) | 5,700,000 | (대) | 보통예금 | 10,000,000 |
| | | 수수료비용(제) | 300,000 | | | |
| | | 퇴직급여(판) | 3,800,000 | | | |
| | | 수수료비용(판) | 200,000 | | | |
| 32. | (차) | 장기차입금(국민은행) | 32,000,000 | (대) | 유동성장기부채(국민은행) | 32,000,000 |
| 33. | (차) | 당좌예금 | 28,000,000 | (대) | 사 채 | 30,000,000 |
| | | 사채할인발행차금 | 2,200,000 | | 현 금 | 200,000 |
| 34. | (차) | 보통예금 | 7,000,000 | (대) | 자본금 | 5,000,000 |
| | | | | | 현 금 | 500,000 |
| | | | | | 주식할인발행차금 | 800,000 |
| | | | | | 주식발행초과금 | 700,000 |

☞주식할인발행차금(자본조정)을 먼저 상계하고 나머지는 주식발행초과금(자본잉여금)으로 계상한다.

| | | | | | | |
|---|---|---|---|---|---|---|
| 35. | (차) | 이월이익잉여금 | 20,000,000 | (대) | 미교부주식배당금 | 20,000,000 |

☞주주들에게 분배해야 할 주식 수 : 20,000주×0.2=4,000주
자본금으로 전입되는 금액 : 4,000주×5,000원=20,000,000원

| | | | | | | |
|---|---|---|---|---|---|---|
| 36. | (차) | 보통예금 | 36,000,000 | (대) | 외상매출금((주)로그인) | 36,500,000 |
| | | 매출할인(상품매출) | 500,000 | | | |
| 37. | (차) | 가스수도료(제) | 300,000 | (대) | 현 금 | 1,000,000 |
| | | 전력비(제) | 700,000 | | | |
| 38. | (차) | 보통예금 | 13,000,000 | (대) | 외상매출금 | 12,000,000 |
| | | | | | 외환차익 | 1,000,000 |
| 39. | (차) | 외화환산손실 | 1,000,000 | (대) | 장기차입금(LOGIN) | 1,000,000 |
| 40. | (차) | 무형자산상각비 | 1,000,000 | (대) | 특허권 | 1,000,000 |

☞무형자산상각비=취득가액/내용연수=미상각잔액(장부가액)/잔여내용연수=9,000,000/(10년−1년)

# 보론 – 비영리회계

**NCS회계 - 4** 비영리회계 – 대상판단/비영리회계 처리하기/비영리회계보고서 작성하기

**전산회계시험에서는 출제가 되지 않으나 비영리회계를 이해하는데 참고하시기 바랍니다.**

## Ⅰ. 의의

비영리회계는 영리를 목적으로 하지 않는 소비경제주체인 비영리기관, 즉 중앙정부, 지방자치단체, 종교단체, 학교, 사회복지법인(고아원 등), 병원 등에서 이용되는 회계를 말한다.

## Ⅱ. 비영리법인

비영리법인이란 학술, 종교, 자선, 기예, 사교, 기타 영리 아닌 사업을 목적으로 하는 사단 또는 재단으로서 주무관청의 허가를 얻어 설립한 법인을 말한다.(민법 제32조) 영리법인과 비영리법인의 구분기준은 영리활동성의 유무라기보다는 사업활동결과 얻은 이윤이나 잔여재산을 그 귀속자에게 분배하는냐의 여부이다. 즉 영리법인은 해산시 잔여 재산을 정관에 지정된 자에게 귀속하는 것이나, 비영리법인은 그 법인의 목적에 유사한 목적을 위하여 재산이 처분되거나 국고에 귀속된다. 비영리법인에는 사립학교법에 의한 학교법인, 의료법인, 사회복지법인 등이 있다. 비영리법인도 부대사업을 할 수 있는 바 비영리법인의 본질에 반하지 아니하는 범위 내에서 수익사업이 가능하다.

## Ⅲ. 비영리법인의 특징

1. 이윤추구를 목적으로 하지 아니한다.
2. 사적으로 소유할 수 있는 지분이 없다.
3. 자본이나 잉여금처분의 개념이 없다.
4. 자본조달과 실체의 유지는 사회적 요구에 의하여 이루어진다.
5. 공익법인이 출연받은 재산은 고유목적사업에 사용하는 것을 조건으로 증여세를 과세하지 않는다.
6. 사업목적별 기금회계(일반회계와 특별회계의 분리)로 분리 운영한다.
7. 비영리법인의 수익사업은 영리법인과 동등한 법인세법의 적용(납세의무)을 받으나, 과세소득의 범위에는 차이가 있다.

## Ⅳ. 우리나라 비영리법인의 회계체계

우리나라는 비영리법인이 일반적으로 적용하는 회계처리준칙 등이 갖추어져 있지 않고, 다만 비영리법인의 종류별에 의하여 회계규칙 등이 적용되고 있다. 또한 일반적으로 기업회계기준을 준용하고 있다. 또한 비영리법인의 회계, 특히 비수익사업회계는 고유목적사업의 달성도를 측정하기 위한 정보를 제공하는 것을 목적으로 한다. 또한 비영리법인 회계는 비영리법인의 의결기관 승인, 감독기관에의 보고, 납세의무 이행 등의 업무와 관련되는 점도 중시된다.

| 비영리법인 | 근거법률 | 회계기준 규칙 |
| --- | --- | --- |
| 학교법인(사립) | 사립학교법 | 사학기관 재무회계규칙 |
| 학교법인(공립) | 초중등교육법 | 국립 유치원 및 초중등하교 회계 규칙 |
| 사회복지기관 | 사회복지사업법 | 사회복지법인 및 사회복지시설 재무회계규칙 |
| 의료기관 | | 의료기관 회계기준 준칙 |

## Ⅴ. 비영리법인의 재무제표

### 1. 재무상태표

비영리법인의 자산, 부채 및 순자산에 대한 정보를 제공한다.

### 2. 운영성과표

비영리법인에서 손익계산서를 운영성과표로 불린다. 운영성과표의 목적은 순자산의 변화를 초래하는 거래와 사건의 영향 및 상호 관계, 각종 활동을 말한다.

| | | |
| --- | --- | --- |
| 사업수익 | 고유목적 사업수익 | 기부금, 등록금수익, 회비수익 등 |
| | 수익사업수익 | 수익사업을 영위함에 따라 유입되는 수입 |
| 사업비용 | 고유목적사업비용 | 사업수행비용, 일반관리비 등 |
| | 수익사업비용 | 수익사업의 수행을 위하여 발생하는 비용 |

### 3. 현금흐름표

비영리법인의 일정기간에 걸쳐 현금의 유입과 유출에 대한 정보를 표시하는 보고서로서 사업활동, 투자활동 및 재무활동현금으로 구분하여 표시한다.

## Ⅵ. 수익사업과 비수익사업의 구분경리

비영리법인이 수익사업을 영위하는 때에는 자산, 부채 및 손익을 당해 수익사업에 속하는 것과 비수익사업에 속하는 것을 각각 별개의 회계로 구분하여 경리하여야 한다.

### 1. 수익사업 구분경리의 원칙과 방법

① 자산, 부채 및 수익, 비용의 구분 경리하여야 한다.
② 수익사업과 비수익사업간의 내부거래가 발생시 제 3자간의 거래와 같이 인식하여 한다.

### 2. 손익의 계산

① 수익사업과 비수익사업에서 각각 발생한 개별손익은 수익사업에 속하는 것과 비수익 사업에 속하는 것을 각각 독립된 계정과목에 의하여 구분 경리하여야 한다.
② 공통수익과 공통비용은 매출액 등으로 안분계산하여 구분 계산한다.

# Part II

# 원가회계

Chapter

# 원가의 기초개념 1

로그인 전산회계 1급

NCS회계 - 3 원가계산 – 원가요소관리하기

## 제1절 원가회계의 의의

### 1. 기본개념

제조기업 등이 제품에 대한 원가정보를 얻기 위하여 제품 또는 용역의 생산에 소비한 원가자료를 인식·측정하여 기록, 계산, 집계하는 회계시스템의 한 분야이다.

원가회계는, 제조 기업, 매매업, 금융업, 보험업, 창고업, 운송업 기타 서비스업 등 모든 업종에 적용할 수 있다.

즉, 원가회계란 외부보고를 위한 ① 재무제표의 작성(재무 회계측면) 및 ② 경제적 실체의 내부정보이용자인 경영자에게 제품원가계산 및 관리적 의사결정에 유용한 각종 원가정보를 제공하기 위하여 기업실체의 생산활동 및 영업활동에 관련된 원가정보를 확인하고 집계하며 분류하여 전달하는 서비스 활동이다.

### 2. 원가회계의 목적

① 재무제표 작성에 필요한 원가정보의 제공

② 원가관리에 필요한 원가정보의 제공

③ 의사결정에 필요한 원가정보의 제공

### 3. 원가회계의 특징

① 재무제표의 작성에 필요한 원가를 집계하고 반영한다.
즉 손익계산서의 제품매출원가를 결정하기 위하여 제품생산에 소비된 원가를 집계하고, **재무상태표에 표시되는 재공품과 제품 등 재고자산의 가액을 결정**한다.

② 회사의 각 부문별 책임자(영업, 생산, 재무)들에게 원가관리에 필요한 원가자료를 제공한다.

③ 회사의 **경영계획 및 통제, 의사결정에 필요한 원가 자료를 제공**한다.

④ 원가회계에서는 **여러 가지 목적에 다양한 원가가 사용**된다.

## 제2절 원가의 개념과 분류

### 1. 원가의 개념

원가란 재화나 용역을 얻기 위하여 희생된 경제적 가치의 소비액을 의미한다.

즉, 제조기업이 제품 및 용역을 생산하기 위하여 사용한 모든 원재료, 노동력, 생산설비, 각종 비용 등의 소비액을 말한다.

### 2. 원가의 분류

#### (1) 발생형태에 따른 분류(재료비, 노무비, 경비)

원가는 그 발생형태에 따라 재료비 · 노무비 · 경비로 분류한다.
이는 원가 중 가장 기본적인 것으로서 제조원가의 3요소라고도 한다.

① 재료비

제품제조를 위해 소비된 주요재료비, 보조재료비, 부분품 및 각종 소모품비를 모두 포함한다.

② 노무비

제품제조에 관련된 종업원의 임금, 급료, 각종 제수당 및 퇴직금 등 일체의 인건비를 포함한다.

③ 경비

위 ①, ② 이외에 제품제조와 관련하여 발생한 비용을 총칭하는 개념으로 감가상각비, 공장임차료, 전력비, 수도광열비 등이 있다.

### (2) 제품과의 관련성에 따른 분류(추적 가능성에 따른 분류)

① 직접비

특정제품의 제조에만 소비되어 특정제품에 직접 추적하여 부과할 수 있는 명확한 인과관계(원인과 결과)가 있는 원가로 직접재료비, 직접노무비, 직접경비가 있다.

② 간접비

여러 제품의 제조를 위하여 공통적으로 소비되어 특정제품과의 인과관계를 파악할 수 없는 원가로서 간접재료비, 간접노무비, 간접경비가 있다.

원가는 추적을 하면 제품과의 인과관계를 파악할 수 있는 게 대부분이나, 시간과 경제성을 고려하여 직접재료비와 직접노무비를 제외한 모든 원가를 간접비로 분류한다.

### (3) 원가행태(모양)에 따른 분류(고정비 VS 변동비)

원가행태란 조업도수준이 변화함에 따라 총원가발생액이 일정한 형태로 변화할 때 그 변화형태를 말한다.

여기서 조업도란 기업의 경영활동수준을 말하며, 상황에 따라 생산량 · 판매량 · 직접노동시간 · 기계작업시간 등과 같은 여러 가지 지표에 의하여 측정될 수 있다.

① 변동비 (variable costs)

㉠ 순수변동비

변동비라 하면 순수변동비를 말하는데 순수변동비란 제품 제조수량 증감(조업도 등의 증감)에 따라 원가발생 총액이 비례적 일정하게 나타난다. 변동비에는 직접재료비 등이 있다. 단, **단위당 변동비는 생산량의 증감에 관계없이 일정**하다.

여기서 **단위당 변동비는 1개당 변동비(총변동비/조업도)**를 의미한다.

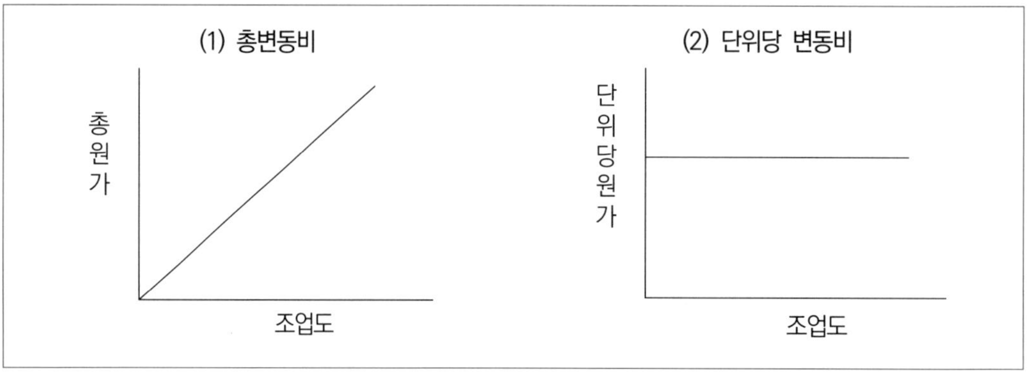

㉡ 준변동비(혼합원가)

변동비와 고정비가 혼합된 원가를 말하는 것으로서 조업도의 변화와 관계없이 일정액의 고정비와 단위당 일정비율로 증가하는 변동비 두 부분으로 구성된 원가를 말한다. 준변동비에는 기본요금과 단위당 요금으로 산출되는 전기료, 전화요금 등이 있다.

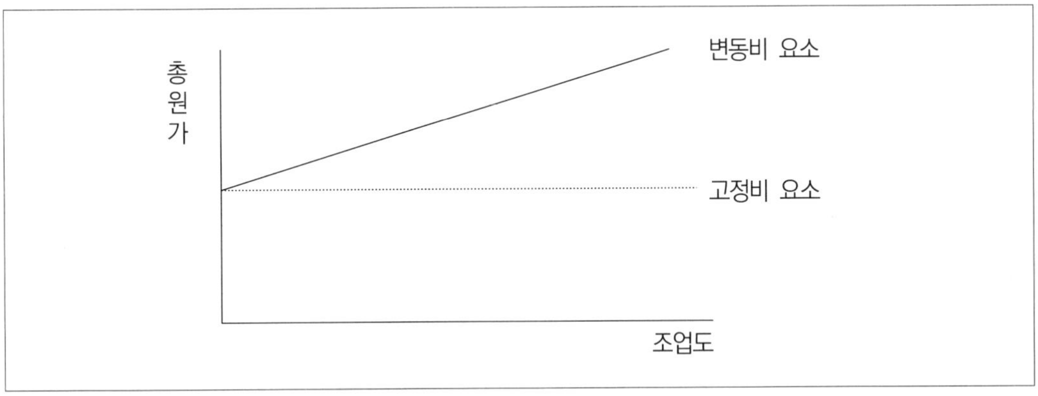


② 고정비 (fixed costs)

㉠ 순수고정비

고정비라 하면 순수고정비를 말하는데, 제품 제조수량의 증감(조업도 등의 증감)에 관계없이 그 총액이 항상 일정하게 발생 하는 원가를 말한다.

고정비에는 감가상각비, 보험료, 임차료 등이 있다.

단, **단위당 고정비는 생산량의 증감에 반비례하여 감소한다.**

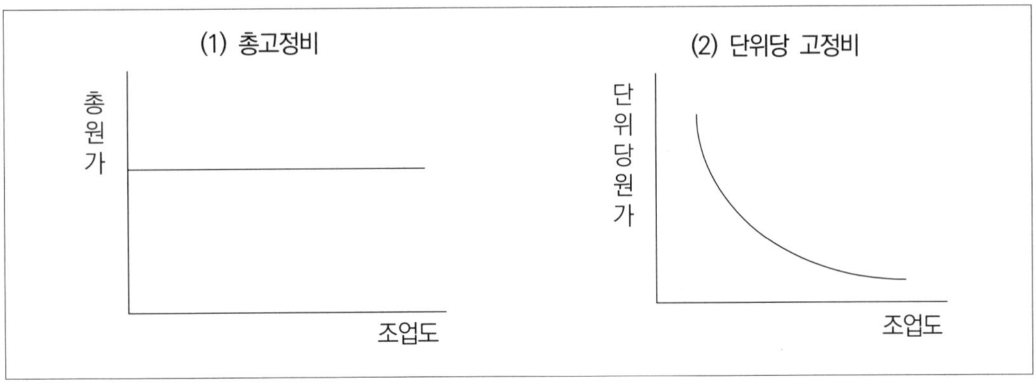

㉡ 준고정원가(계단원가)

특정 범위의 조업도 구간(관련범위)에서는 원가 발생액이 변동 없이 일정한 금액으로 고정되어 있으나, 조업도 수준이 그 관련범위를 벗어나면 일정액만큼 증가 또는 감소하는 원가를 말한다. 계단형의 원가형태를 지니므로 계단원가라고도 한다.

예를 들면 생산량을 증가시키기 위하여 추가 구입한 생산설비, 택시요금, 스마트폰요금 등이 있다.

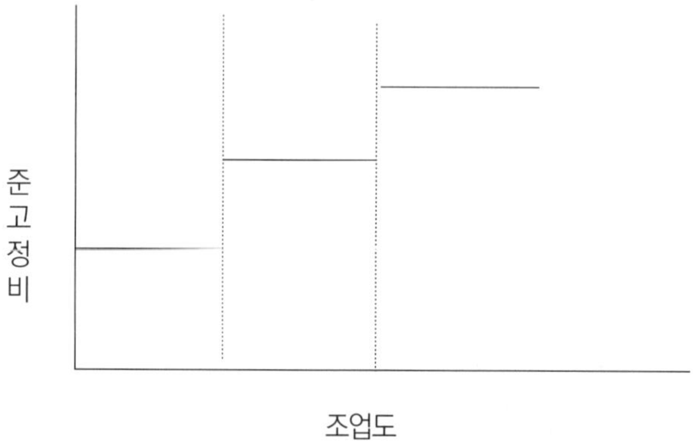


(4) 제조활동에 따른 분류(제조원가와 VS 비제조원가)

① 제조원가

제품의 제조활동과정에서 발생하는 원가를 제조원가라고 하는데, **<u>직접재료비, 직접노무비, 제조간접비를 제조원가 3요소</u>**라고 한다.

㉠ 직접재료비 : 원재료의 원가로서 특정제품에 직접적으로 쉽게 추적하여 부과할 수 있는 재료비를 말한다.

㉡ 직접노무비 : 제품 제조과정에서 투입된 노동력에 대한 대가 중 특정 제품에 직접 추적할 수 있는 노무비를 말한다.

㉢ 제조간접비 : 직접재료비와 직접노무비를 제외한 모든 제조원가를 말하는데 **<u>간접재료비, 간접노무비, 간접경비</u>**를 포함한다.

② 비제조원가

기업의 제조활동과 관계없이 제품의 판매활동과 관리 활동에서 발생되는 모든 원가로서 판매비와 관리비가 비제조원가에 해당한다.

**〈원가의 분류〉**

| | 발생형태에 따른 분류 | 추적가능성에 따른 분류 | 제조원가 3요소 | 원가행태에 따른 분류 | 제품이 김밥일 경우 |
|---|---|---|---|---|---|
| 제조원가 | 재료비 | 직접재료비 | 직접재료비 | 변동제조원가 | 김, 밥, 단무지, 시금치 등 |
| | | 간접재료비 | - | | 깨소금, 참기름 등 |
| | 노무비 | 직접노무비 | 직접노무비 | 변동제조원가 | 주방장 인건비 |
| | | 간접노무비 | - | | 주방보조 인건비 |
| | 제조경비 | 직접경비[*1] | 제조간접비[*1] | 변동제조원가 | 임차료, 감가상각비, 전기요금, 가스요금 등 |
| | | 간접경비 | | 고정제조원가 | |
| 비제조원가 | 판매비와 관리비 | | | | |

*1. 직접경비는 일반적으로 제조간접비에서 제외되는 것이 원칙이다.

■ 기본원가와 가공원가

제조원가중 직접재료비와 직접노무비를 기초원가(기본원가)라 하고 직접노무비와 제조간접비를 가공원가라고 한다.

<table>
<tr><td></td><td><u>제조원가 3요소<br>(총제조원가)</u></td><td></td></tr>
<tr><td rowspan="2"><u>기초원가<br>(기본원가)</u></td><td><u>직접재료비</u></td><td></td></tr>
<tr><td><u>직접노무비</u></td><td rowspan="2"><u>가공원가(가공비)</u>[*1]</td></tr>
<tr><td></td><td><u>제조간접비</u></td></tr>
</table>

*1. 직접경비는 가공원가에 포함된다.

### (5) 자산화 여부에 따른 분류(제품원가 VS 기간원가)

① 제품원가(재고가능원가)

제품을 생산할 때 재고자산에 배부되는 모든 원가를 제품원가라 한다.

제품원가는 일단 재고자산(제품)으로 계상되었다가 제품이 판매될 때 제품매출원가라는 비용계정으로 대체된다.

② 기간원가(재고불능원가)

제품생산과 관련 없는 원가를 기간원가라 하고, 기간원가는 항상 발생된 기간에 비용으로 처리한다. 판매비와 관리비가 기간원가에 속한다.

### (6) 의사결정에 따른 분류

① 관련원가와 비관련원가

관련원가란 의사결정에 미치는 원가로서 여러 대안 사이에 차이가 나는 미래원가를 말한다. 이와 반대로 비관련원가는 의사결정에 영향을 미치지 않는 원가로서 여러 대안사이에 차이가 없는 원가를 말한다.

② 매몰원가

과거의 의사결정의 결과로 **이미 발생된 원가로서 현재의 의사결정에는 아무런 영향을 미치지 못하는 원가**로서, 비관련원가에 해당한다.

③ 기회비용

여러 가지 대안 중 의사결정시 어느 한 대안을 선택하면 다른 대안은 포기할 수밖에 없다면, 이 때 **포기해야 하는 대안에서 얻을 수 있는 순현금유입액이 기회비용**이다.

## <예제 1 - 1> 매몰원가 및 기회비용

㈜백두는 기계장치(취득가액 10,000,000원 감가상각누계액 2,000,000원)를 처분하려고 한다. 이 기계는 바로 5,000,000원에 외부에 판매할 수 있으나, 3,000,000원의 재작업 후 판매하면 10,000,000원을 받을 수 있다.

1. 의사결정에 영향을 미치지 못하는 매몰원가는 얼마인가?
2. 재작업 후 판매시 기회비용은 얼마인가?

**해답**

1. 매몰원가 : 8,000,000원
   기계를 취득 후 감가상각한 현재의 장부가액 8,000,000원은 현재의 의사결정에 영향을 미칠 수 없기 때문이다.

2. 재작업 후 판매 시 기회비용 : 5,000,000원

| | 대안(가) - 즉시 판매 | 대안(나) - 재작업후 판매 |
|---|---|---|
| 현금유입(A) | 5,000,000 | 10,000,000 |
| 현금유출(B) | - | 3,000,000 |
| **순현금유입액(A - B)** | **5,000,000** | **7,000,000** |
| **기회비용** | 대안(나)를 선택 시 대안(가)를 포기해야 하므로 기회비용은 대안(가)의 순현금유입액을 말한다. | |

**〈원가의 구성〉**

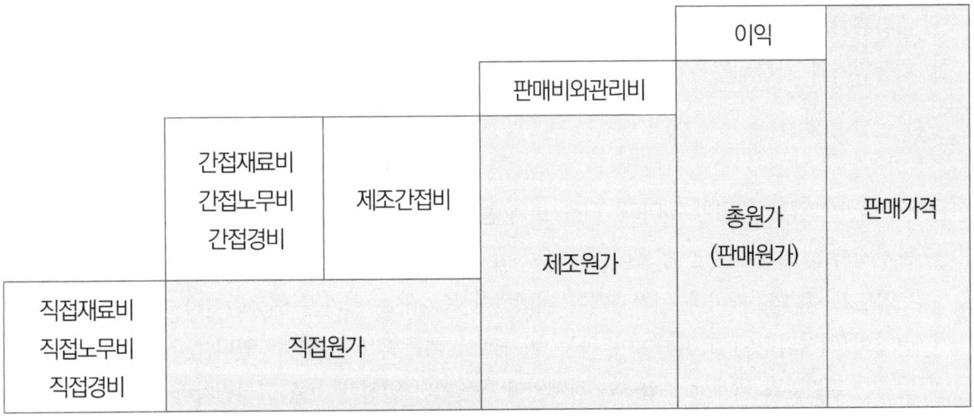

# 연/습/문/제

## 객관식

**01.** 다음 중에서 원가회계 목적과 관련이 가장 적은 것은?

① 재무제표의 작성에 유용한 원가정보를 제공한다.
② 원가통제에 대한 유용한 원가정보를 제공한다.
③ 경영자에게 경영의사결정에 유용한 원가정보를 제공한다.
④ 투자자에게 합리적인 의사결정에 관한 정보제공을 목적으로 한다.

**02.** 다음 중 제조원가로 분류할 수 없는 것은?

① 공장건물의 재산세
② 제품에 대한 광고선전비
③ 공장기계의 감가상각비
④ 공장근로자 회사부담분 국민연금

**03.** 다음 중 원가를 원가행태에 따라 구분한 것은?

① 변동원가와 고정원가
② 직접원가와 간접원가
③ 제품원가와 기간원가
④ 사전원가와 사후원가

**04.** 원가에 대한 분류를 설명한 것이다. 다음 보기 중 가장 틀린 것은?

① 특정제품과 직접적으로 추적이 가능한 원가를 직접원가라 한다.
② 조업도가 증가할 때마다 원가총액이 비례하여 증가하는 원가를 변동원가라 한다.
③ 현재의 의사결정에 고려하여야 하는 원가로서 매몰원가를 들 수 있다.
④ 일정한 관련범위 내에서 조업도와 관계없이 총원가가 일정한 것을 고정원가라 한다.

**05.** 원가에 대한 다음의 설명 중 틀린 것은?

① 직접재료비, 직접노무비는 기초원가에 해당한다.
② 제품생산량이 증가함에 따라 단위당 고정비는 감소한다.
③ 변동비총액은 조업도에 비례하여 증가하게 된다.
④ 매몰원가는 현재의 의사결정에 반드시 고려되어야 한다.

**06.** (주)서울은 기계장치 1대를 매월 100,000원에 임차하여 사용하고 있으며, 기계장치의 월 최대 생산량은 1,000단위이다. 당월 수주물량이 1,500단위여서 추가로 1대의 기계장치를 임차하기로 하였다. 이 기계장치에 대한 임차료의 원가행태는 무엇인가?

① 고정원가 ② 준고정원가 ③ 변동원가 ④ 준변동원가

**07.** 제조부문에서 발생하는 노무비에 대한 설명으로 옳지 않은 것은?

① 직접비와 간접비로 나뉜다.
② 직접노무비는 기초원가와 가공원가 모두에 해당한다.
③ 간접노무비는 제조간접비에 반영된다.
④ 발생된 노무비 중 미지급된 노무비는 원가에 반영되지 않는다.

**08.** 조업도의 감소에 따른 고정비 및 변동비와 관련한 원가행태를 틀리게 나타낸 것은?

① 총고정비는 일정하다. ② 단위당 고정비는 감소한다.
③ 총변동비는 감소한다. ④ 단위당 변동비는 일정하다.

**09.** 다음 중 직접원가에 해당되는 것은?

① 간접재료비 ② 공장수위 등의 급료
③ 동력용 연료 ④ 특정제품의 설계비

**10.** 원가에 대한 다음 설명 중 가장 옳지 않은 것은?

① 준고정원가는 관련조업도 내에서 일정하게 발생하는 원가를 말한다.
② 직접재료비와 직접노무비를 기초원가라 한다.
③ 간접원가란 특정한 원가집적대상에 직접 추적할 수 없는 원가를 말한다.
④ 제품생산량이 증가함에 따라 관련 범위 내에서 제품단위당 고정원가는 일정하다.

**11.** 의사결정과 관련된 설명이다. 틀린 것은?

① 관련원가는 특정의사결정과 직접적으로 관련이 있는 원가로서 고려중인 대안들 간의 차이가 있는 미래원가이다.
② 비관련원가는 특정의사결정과 관련이 없는 원가이다.
③ 매몰원가는 과거 의사결정의 결과로 이미 발생된 원가이다.
④ 기회비용은 특정대안을 채택할 때 포기해야 하는 대안이 여러 개일 경우 이들 대안들의 효익 중 가장 작은 것이다.

**12.** (주)재량의 전년도 책 생산량 5,000권(최대생산가능량 : 10,000권)에 대한 원가 일부자료는 아래와 같다.

| | | | |
|---|---|---|---|
| 가. 공장 임차료 | 20,000,000원 | 나. 운송차량 자동차세 | 600,000원 |
| 다. 공장화재보험료 | 1,000,000원 | 라. 책 표지 특수용지 | 10,000,000원 |

당해년도 책 생산량은 8,000권으로 예상되는데 당해년도에도 동일하게 발생할 것으로 예상되는 것을 모두 고르시오.

① 가　　② 가, 나, 라　　③ 가, 나, 다　　④ 가, 나, 다, 라

**13.** 다음 중 원가행태를 나타낸 표로 올바른 것은?

①
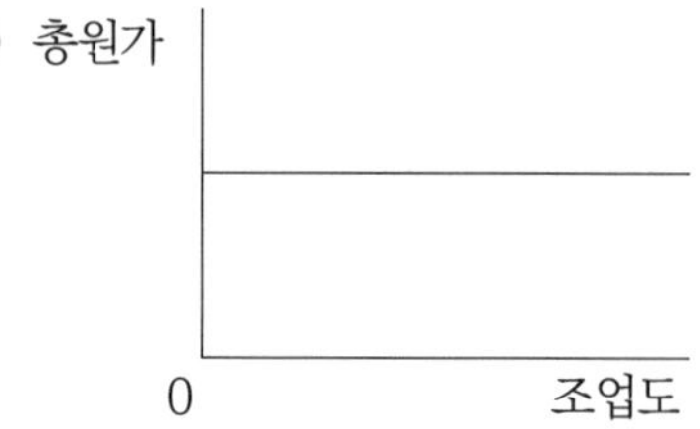

〈변동원가〉

②
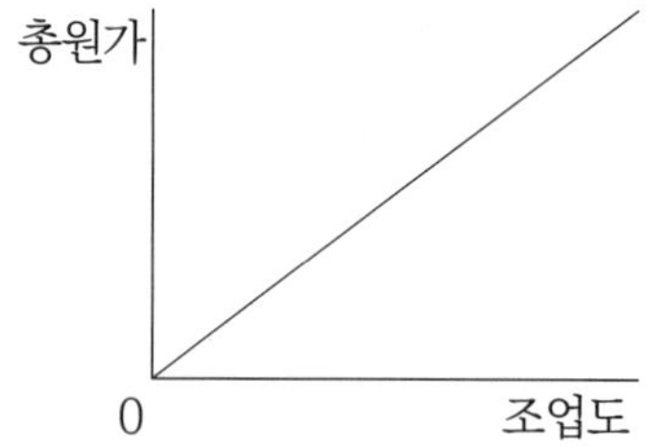

〈고정원가〉

③

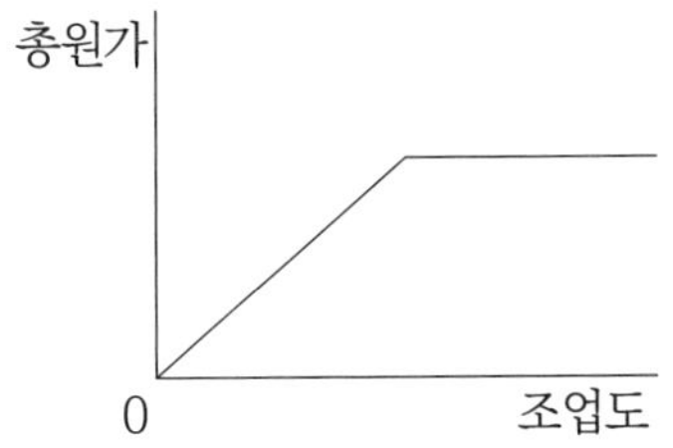


〈준변동원가〉

④

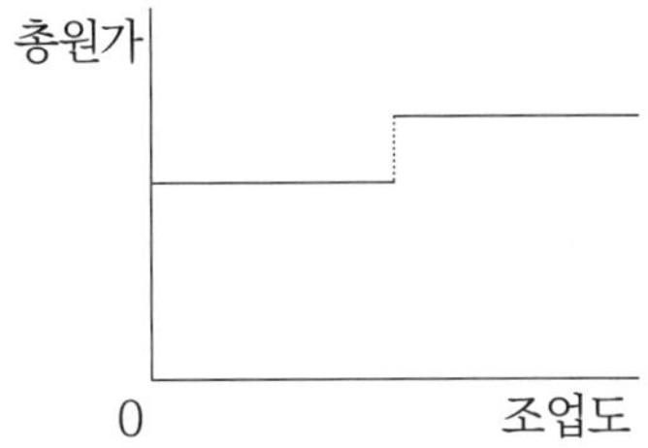


〈준고정원가〉

**14.** 다음 그래프의 원가행태를 모두 만족하는 원가는 무엇인가?

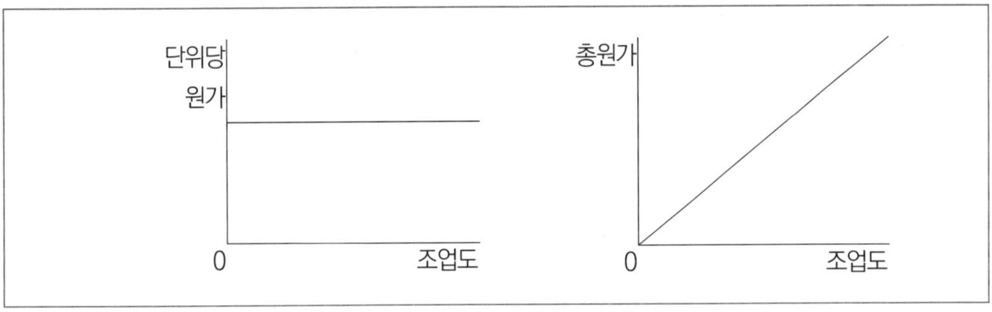


① 직접재료비
② 관련범위 내의 제조간접비
③ 계단원가
④ 공장건물 감가상각비

**15.** ㈜한세는 제품 A의 공손품(불량품) 10개를 보유하고 있다. 이 공손품의 생산에는 단위당 직접재료비 1,000원, 단위당 변동가공원가 1,200원, 단위당 고정원가 800원이 투입되었다. 정상적인 제품 A의 판매가격은 5,000원이다. 공손품을 외부에 단위당 3,500원에 판매한다면 단위당 운반비 300원이 발생한다고 한다. 다음 중 매몰원가가 아닌 것은?

① 단위당 직접재료비 1,000원
② 단위당 변동가공원가 1,200원
③ 단위당 고정원가 800원
④ 단위당 운반비 300원

## 주관식

**01.** 다음 자료에 의하여 제조간접비를 계산하면 얼마인가?

| | |
|---|---|
| • 당기총제조원가 : 600,000원 | • 직접비(기본원가) : 300,000원 |
| • 가공원가 : 500,000원 | |

**02.** 다음 원가자료를 이용하여 가공원가를 계산하면?

| | | | |
|---|---|---|---|
| • 직접재료비 | 100,000원 | • 간접재료비 | 2,000원 |
| • 직접노무비 | 70,000원 | • 간접노무비 | 3,000원 |
| • 직접경비 | 90,000원 | • 간접경비 | 4,000원 |

**03.** 공장에 설치하여 사용하던 기계가 고장이 나서 처분하려고 한다. 취득원가는 1,000,000원이며 고장시점까지의 감가상각누계액은 200,000원이다. 동 기계를 바로 처분하는 경우 500,000원을 받을 수 있으며 100,000원의 수리비를 들여 수리하는 경우 700,000원을 받을 수 있다. 이때 매몰원가는 얼마인가?

**04.** 다음 자료에서 기초원가와 가공비(가공원가) 양쪽 모두에 해당하는 금액은 얼마인가?

| | |
|---|---|
| • 직 접 재 료 비 : 300,000원 | • 직 접 노 무 비 : 400,000원 |
| • 변동제조간접비 : 200,000원 | • 고정제조간접비 : 150,000원 |

**05.** (주)세창의 당기 직접재료비는 50,000원이고, 제조간접비는 45,000원이다. (주)세창의 직접노무비는 가공비의 20%에 해당하는 경우, 당기의 직접노무비는 얼마인가?

# 연/습/문/제 답안

## 객관식

| 1 | 2 | 3 | 4 | 5 | 6 | 7 | 8 | 9 | 10 | 11 | 12 | 13 | 14 | 15 |
|---|---|---|---|---|---|---|---|---|---|---|---|---|---|---|
| ④ | ② | ① | ③ | ④ | ② | ④ | ② | ④ | ④ | ④ | ③ | ④ | ① | ④ |

[풀이 - 객관식]

**01.** 재무회계의 의의에 관련된 내용이다.

**02.** 제품에 대한 광고선전비는 판매비와 관리비로 분류한다.

**04.** **매몰원가는 의사결정시 고려하지 않는 이미 발생한 원가**이다.

**05.** 매몰원가는 과거의 의사결정의 결과로 이미 발생된 원가로 현재의 의사결정에는 아무런 영향을 미치지 못하는 원가를 말한다.

**06.** 준고정원가(계단원가)란 특정범위의 조업도구간(관련범위)에서는 원가발생이 변동 없이 일정한 금액으로 고정되어 있으나, 조업도 수준이 그 관련범위를 벗어나면 일정액만큼 증가 또는 감소하는 원가를 말한다.

**07.** 발생된 노무비라면 미지급되었더라도 원가에 포함한다.

**08.** **조업도가 감소하는 경우 단위당 고정비는 증가**한다.

**09.** ① 간접재료비 ② 공장수위 등의 급료 ③ 동력용 연료는 간접원가임

**10.** 제품생산량이 증가함에 따라 제품단위당 고정원가는 감소한다.

**11.** 기회비용은 특정대안을 채택할 때 포기해야 하는 대안이 여러 개일 경우 이들 **대안들의 효익 중 가장 큰 것**이다.

**12.** 가, 나, 다는 생산량과 관계없이 발생하는 고정비이다.

**13.** ① (총)고정원가 ② (총)변동원가 ③-④ 준고정원가(계단원가)

- 준고정원가는 조업도와 무관하게 총원가가 일정하게 유지되다가, 일정조업도 이후 총원가가 증가한 후에 다시 일정하게 유지된다.

**14.** 변동비에 대한 그래프로서 직접재료비와 직접노무비 등이 있다.

**15.** ①②③번은 과거의 의사결정으로 이미 발생한 원가로서 의사결정에 영향을 미치지 않는 매몰원가이다.

## 주관식

| | | | | | |
|---|---|---|---|---|---|
| 1 | 300,000원 | 2 | 169,000원 | 3 | 800,000원 |
| 4 | 400,000원 | 5 | 11,250원 | | |

[풀이 - 주관식]

**01.** 당기총제조원가 = 직접재료비 + 직접노무비 + 제조간접비 = 600,000원
직접비(기본원가) = 직접재료비 + 직접노무비 = 300,000원
따라서 제조간접비는 300,000원이 된다.

**02.** 가공원가 = 직접노무비 + 제조간접비 = 70,000원(직접노무비) + 2,000원(간접재료비) + 3,000원(간접노무비) + 90,000원(직접경비) + 4,000원(간접경비) = 169,000원
☞ 직접경비는 가공원가에 포함된다.

**03.** 기계의 장부가액인 800,000원은 기계의 처분여부와는 관련이 없는 매몰원가이다.

**04.** 직접노무비는 기초원가와 가공비(가공원가) 양쪽 모두에 해당된다.

**05.** 가공비 = 직접노무비 + 제조간접비
직접노무비 = (직접노무비 + 제조간접비) × 0.2
직접노무비 = (직접노무비 + 45,000원) × 0.2
위 식을 직접노무비에 대하여 풀면, 직접노무비 = 11,250원

# 제3절 원가의 흐름

## 1. 제조기업의 원가흐름

제조기업은 원재료, 노동력, 생산설비 및 기타 용역 등 생산요소를 외부에서 구입한 후 이를 투입하여 제품을 생산(제조활동)하고, 생산된 제품을 판매하여 이익을 창출하므로 제조 활동은 제조기업의 주요 활동이 된다.

제조원가란 제품을 제조하는 과정에서 발생하는 모든 원가를 의미하며, 직접재료원가, 직접노무비, 제조간접비로 구성되는데, 이는 재공품 계정에 집계되며 제품이 완성시 완성된 제품의 제조원가는 제품계정으로 대체된다.

〈제조기업의 원가흐름〉

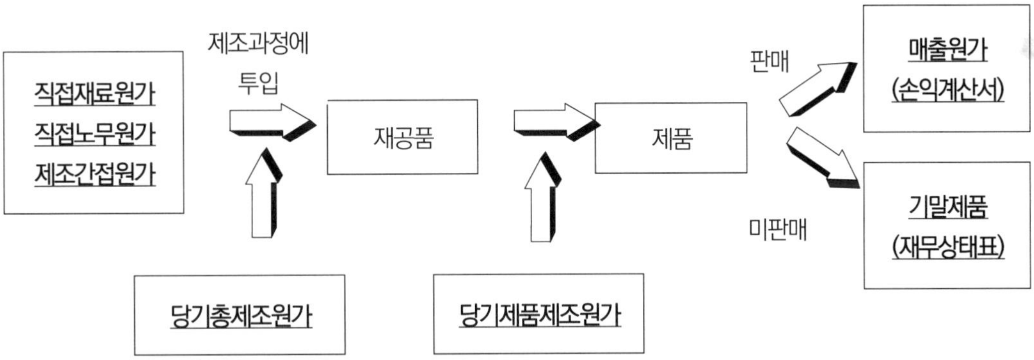


## 2. 당기총제조원가

당기 중에 발생된 모든 제조원가를 의미하는데, **직접재료비, 직접노무비, 제조간접비**를 말한다.

### (1) 원재료계정

제품을 생산하기 위하여 투입된 재료의 원가를 재료비라고 하며, 추적가능성에 따라 직접재료비와 간접재료비로 구분된다.

원재료의 사용액 중 직접재료비는 재공품계정 차변으로 대체되고, 간접재료비는 제조간접비계정 차변으로 대체된다.

원재료

| | | | | |
|---|---|---|---|---|
| 기초재고 | XXX | 사용(투입,소비) | | |
| | | -직접재료비 | XXX | → 재공품계정 차변으로 대체 |
| | | -간접재료비 | XXX | → 제조간접비계정 차변으로 대체 |
| 구입 | XXX | 기말재고 | XXX | → 재무상태표상 원재료 |
| 합계 | XXX | 합계 | XXX | |

### (2) 노무비계정

제품을 생산하기 위하여 투입된 노동력의 대가를 노무비라고 하며, 추적가능성에 따라 직접노무비와 간접노무비로 구분된다.

직접노무비는 재공품계정 차변으로 대체되고, 간접노무비는 제조간접비계정 차변으로 대체된다.

노무비

| | | | | |
|---|---|---|---|---|
| 당기발생액 | XXX | 직접노무비 | XXX | → 재공품계정 차변으로 대체 |
| | | 간접노무비 | XXX | → 제조간접비계정 차변으로 대체 |
| 합계 | XXX | 합계 | XXX | |

**노무비(경비)당기발생액 = ①당기지급액 - ②전기미지급액 - ③당기선급액+④당기미지급액 +⑤전기선급액**

| | | | | |
|---|---|---|---|---|
| ① 당기지급액 | (차) 노 무 비(경비)<br>② 미지급비용(전기)<br>③ 선급비용(당기) | XXX<br>XXX<br>XXX | (대) 현 금 | XXX |
| 당기발생미지급분 | (차) 노 무 비(경비) | XXX | (대) ④ 미지급비용(당기) | XXX |
| 전기선급분 | (차) 노 무 비(경비) | XXX | (대) ⑤ 선급비용(전기) | XXX |

### (3) 제조간접비계정

직접재료비, 직접노무비 이외에 제품제조에 소비된 원가를 제조간접비라고 하는데, 간접재료비, 간접노무비, 간접경비가 제조간접비 계정에 집계된 후 기말에 재공품 계정 차변으로 대체된다.

제조간접비

| | | | | |
|---|---|---|---|---|
| 간접재료비 | XXX | 배부액 | XXX | ⇨ 재공품계정 차변으로 대체 |
| 간접노무비 | XXX | | | |
| 간접경비 | XXX | | | |
| 합계 | XXX | 합계 | XXX | |

## 3. 재공품

재공품이란 제조과정이 완료되지 않고 아직 공정에 있는 상태의 재고자산을 말한다.

당기총제조원가가 재공품계정 차변에 투입되고 당기에 제품이 완성되었을 때에는 완성된 제품의 원가(당기제품제조원가)를 재공품계정의 대변에서 제품계정으로 대체된다.

**당기총제조원가 = 직접재료비+직접노무비 + 제조간접비**

재공품

| | | | | |
|---|---|---|---|---|
| 기초재공품 | XXX | 당기제품제조원가 | XXX | ⇨ 제품계정 차변으로 대체 |
| 직접재료비 | XXX | | | |
| 직접노무비 | XXX | | | |
| 제조간접비 | XXX | 기말재공품 | XXX | ⇨ 재무상태표상의 재공품 |
| 합계 | XXX | 합계 | XXX | |

**당기제품제조원가 = 기초재공품원가 + 당기총제조원가 − 기말재공품원가**

## 4. 제품

제품계정은 완성된 제품을 처리하는 계정이다.

제품이 완성되면 재공품계정의 당기제품제조원가를 제품계정 차변에 대체시키고, 제품이 판매되면 판매된 제품의 원가(매출원가)를 제품계정의 대변에서 매출원가계정의 차변으로 대체된다.

**제 품**

| | | | | |
|---|---|---|---|---|
| 기초제품 | XXX | 매출원가 | XXX | ⇨ 매출원가계정 차변으로 대체 |
| 당기제품제조원가 | XXX | 기말제품 | XXX | ⇨ 재무상태표상의 제품 |
| 합계 | XXX | 합계 | XXX | |

**매출원가 = 기초제품재고액 + 당기제품제조원가 − 기말제품재고액**

## 5. 제조기업의 원가흐름 요약

1. 원재료

| | | | |
|---|---|---|---|
| 기초재고 | XXX | 직접재료비 | XXX |
| 구입 | XXX | 기말 | XXX |

2. 노무비

| | | | |
|---|---|---|---|
| 당기발생액 | XXX | 직접노무비 | XXX |

3. 제조간접비

| | | | |
|---|---|---|---|
| 간접재료비 | XXX | 배부액 | XXX |
| 간접노무비 | XXX | | |
| 간접경비 | XXX | | |

**당기총제조원가** **당기제품제조원가**

4.재공품

| | | | |
|---|---|---|---|
| 기초재고 | XXX | 제품 | XXX |
| 직접재료비 | XXX | | |
| 직접노무비 | XXX | | |
| 제조간접비 | XXX | 기말재고 | XXX |
| 계 | | 계 | |

5. 제 품

| | | | |
|---|---|---|---|
| 기초재고 | XXX | 매출원가 | XXX |
| 제품 | XXX | 기말재고 | XXX |
| 계 | | 계 | |

## 6. 제조기업의 회계처리 요약(참고)

| | | | | | |
|---|---|---|---|---|---|
| 1. 재료비 | 1. 원재료 구입 | (차) 원 재 료 | XXX | (대) 현 금 등 | XXX |
| | 2. 직접재료비 투입 | (차) 재 공 품 | XXX | (대) 원 재 료 | XXX |
| 2. 노무비 | 1. 직접노무비 발생 | (차) 노 무 비 | XXX | (대) 현 금 등 | XXX |
| | 2. 직접노무비의 재공품대체 | (차) 재 공 품 | XXX | (대) 노 무 비 | XXX |
| 3. 제조간접비 | 1. 제조간접비 집계 | (차) 제조간접비 | XXX | (대) 간접재료비외 | XXX |
| | 2. 제조간접비의 재공품대체 | (차) 재 공 품 | XXX | (대) 제조간접비 | XXX |
| 4. 재공품과 제품 | 1. 당기총제조원가 집계 | (차) 재 공 품 | XXX | (대) 원 재 료 | XXX |
| | | | | 노 무 비 | XXX |
| | | | | 제조간접비 | XXX |
| | 2. 제품의 완성 | (차) 제 품 | XXX | (대) 재 공 품 | XXX |
| | 3. 제품의 판매 | (차) 매출원가 | XXX | (대) 제 품 | XXX |

## 7. 제조원가명세서

제조원가명세서는 제조기업의 당기제품제조원가 계산을 나타내는 명세서로서 **원재료계정과 재공품계정 변동사항**이 모두 표시되어 있다.

그러나 **제품계정의 변동사항은 손익계산서**에 표시된다.

**제조원가명세서**

| | | |
|---|---|---|
| Ⅰ. 직접재료비 | | XXX |
| 1. 기초원재료 재고액 | XXX | |
| 2. 당기원재료 매입액 | XXX | |
| 3. 기말원재료 재고액 | (XXX) | |
| Ⅱ. 직접노무비 | | XXX |
| Ⅲ. 제조간접비 | | XXX |
| Ⅳ. 당기총제조원가 | | XXX |
| Ⅴ. 기초재공품재고액 | | XXX |
| Ⅵ. 합계 | | XXX |
| Ⅶ. 기말재공품재고액 | | (XXX) |
| Ⅷ. 당기제품제조원가 | | XXX |

손익계산서

| | | |
|---|---|---|
| Ⅰ. 매출액 | | XXX |
| Ⅱ. 매출원가 | | XXX |
| 1. 기초제품재고액 | XXX | |
| 2. 당기제품제조원가 | XXX | |
| 3. 기말제품재고액 | (XXX) | |
| Ⅲ. 매출총이익 | | XXX |
| Ⅳ. 판매비와관리비 | | XXX |
| Ⅴ. 영업이익 | | XXX |
| . | | . |
| . | | . |
| Ⅵ. 당기순이익 | | XXX |

**제조원가명세서(당기제품제조원가) : 원재료+재공품 T계정**

**손익계산서(매출원가) : 제품 T계정**

## <예제 1 - 2> 원가의 흐름

㈜ 백두의 20×1년 회계자료가 다음과 같을 때 물음에 답하시오.

| | 기초재고 | 기말재고 |
|---|---|---|
| 원재료 | 100,000 | 150,000 |
| 재공품 | 150,000 | 100,000 |
| 제 품 | 100,000 | 120,000 |
| 원재료구입액 | 800,000 | |
| 직접노무비 | 350,000 | |
| 제조간접비 | 400,000 | |

1. 직접원가

2. 기초원가

3. 가공원가

4. 당기총제조원가

5. 당기제품제조원가

6. 매출원가

**해답**

원재료

| | | | |
|---|---|---|---|
| 기초 | 100,000 | **직접재료비** | **750,000** |
| 구입 | 800,000 | 기말 | 150,000 |
| 계 | 900,000 | 계 | 900,000 |

1. 직접원가 = 직접재료비(750,000) + 직접노무비(350,000) = 1,100,000원
2. 기초원가 = 직접재료비(750,000) + 직접노무비(350,000) = 1,100,000원
3. 가공원가 = 직접노무비(350,000) + 제조간접비(400,000) = 750,000원
4. 당기총제조원가 = 직접재료비(750,000) + 직접노무비(350,000) + 제조간접비(400,000)
   = 기초원가(1,100,000) + 제조간접비(400,000)
   = 직접재료비(750,000) + 가공원가(750,000) = 1,500,000원

원재료

| | | | |
|---|---|---|---|
| 기초 | 100,000 | 직접재료비 | 750,000 |
| 구입 | 800,000 | 기말 | 150,000 |
| 계 | 900,000 | 계 | 900,000 |

재공품

| | | | |
|---|---|---|---|
| 기초재고 | 150,000 | 5.당기제품제조원가 | 1,550,000 |
| 직접재료비 | 750,000 | | |
| 직접노무비 | 350,000 | | |
| 제조간접비 | 400,000 | 기말재고 | 100,000 |
| 계 | 1,650,000 | 계 | 1,650,000 |

제 품

| | | | |
|---|---|---|---|
| 기초재고 | 100,000 | **6.매출원가** | **1,530,000** |
| 당기제품제조원가 | 1,550,000 | 기말재고 | 120,000 |
| 계 | 1,650,000 | 계 | 1,650,000 |

# 연/습/문/제

### 객관식

**01.** 직접재료비가 증가하더라도 영향을 받지 않는 항목은?

① 재공품 ② 제품 ③ 매출원가 ④ 제조간접비

**02.** 다음 중 재공품계정의 대변에 기입되는 사항은?

① 제조간접비 배부액 ② 직접재료비 소비액
③ 당기 제품제조원가 ④ 재공품 전기이월액

**03.** 다음 중 원가집계계정의 흐름으로 가장 맞는 것은?

① 당기총제조비용은 제품계정 차변으로 대체
② 당기제품제조원가는 재공품계정 차변으로 대체
③ 당기매출원가는 상품매출원가계정 차변으로 대체
④ 당기재료비소비액은 재료비계정 차변으로 대체

**04.** 기말재공품재고를 잘못 계산하여 수정할 경우 그 금액이 달라지지 않는 것은? 단, 기말제품재고는 선입선출법으로 평가한다.

① 당기총제조원가 ② 당기제품제조원가
③ 매출원가 ④ 기말제품재고

**05.** 다음 중 제조원가명세서에 포함되지 않는 항목은?

① 당기제조경비 ② 당기제품제조원가
③ 매출원가 ④ 당기총제조원가

**06.** 제조원가명세서에 대한 다음 설명 중 가장 옳지 않은 것은?

① 제조원가명세서만 보면 매출원가를 계산할 수 있다.
② 상품매매기업에서는 작성하지 않아도 된다.
③ 제조원가명세서에서 당기총제조비용을 알 수 있다.
④ 재공품계정의 변동사항이 나타난다.

## 주관식

**01.** 다음은 (주)대건의 원가계산에 관한 자료이다. 기말재공품 원가는 얼마인가?

| | |
|---|---|
| • 당기총제조원가 : 1,500,000원 | • 기초재공품 재고액 : 200,000원 |
| • 기초제품 재고액 : 300,000원 | • 기말제품 재고액 : 180,000원 |
| • 매출원가 : 1,620,000원 | |

**02.** 다음 자료에 의하면 당기총제조원가는 얼마인가?

| | | | |
|---|---|---|---|
| • 기본원가 | 650,000원 | • 공장임차료 | 50,000원 |
| • 직접노무비 | 150,000원 | • 공장전력비 | 30,000원 |
| • 기계감가상각비 | 100,000원 | • 기말재공품재고액 | 200,000원 |

**03.** 다음 자료에 의하여 당기제품매출원가를 계산하면 얼마인가?

| | | | |
|---|---|---|---|
| • 기초재공품재고액 : | 300,000원 | • 당기총제조비용 : | 1,000,000원 |
| • 기말재공품재고액 : | 400,000원 | • 기초제품재고액 : | 200,000원 |
| • 기말제품재고액 : | 300,000원 | • 판매가능재고액 : | 1,100,000원 |

**04.** 다음의 자료를 근거로 매출원가를 계산하면 얼마인가?

| | | | |
|---|---|---|---|
| ㉠ 당기총제조비용 | 3,000,000원 | ㉡ 기초재공품재고액 | 200,000원 |
| ㉢ 기말재공품재고액 | 150,000원 | ㉣ 기초제품재고액 | 400,000원 |
| ㉤ 기말제품재고액 | 500,000원 | | |

**05.** 제조원가와 관련된 자료가 다음과 같을 때 기초 재공품은 얼마인가?

| | | | |
|---|---|---|---|
| • 직접재료비 | 480,000원 | • 직접노무비 | 320,000원 |
| • 제조간접비 | 190,000원 | • 기말재공품 | 150,000원 |
| • 당기제품제조원가 | 1,080,000원 | | |

**06.** 다음은 (주)부산실업의 제조원가와 관련한 자료이다. 당기제품제조원가는 얼마인가?

| | | | |
|---|---|---|---|
| • 기초재공품 | 100,000원 | • 직접재료비 | 600,000원 |
| • 가공비 | 1,000,000원 | • 직접노무비 | 600,000원 |
| • 기말재공품 | 250,000원 | • 간접재료비 | 200,000원 |
| • 간접노무비 | 100,000원 | | |

**07.** 다음 자료에 의한 (주)씨엘의 직접노무비는 얼마인가?

| | | | |
|---|---|---|---|
| • 기초원재료 | 100,000원 | • 당기매입원재료 | 600,000원 |
| • 기말원재료 | 200,000원 | • 제조간접비 | 1,500,000원 |
| • 기초재공품 | 1,000,000원 | • 기말재공품 | 500,000원 |
| • 당기제품제조원가 | 4,000,000원 | | |

**08.** 당기제품제조원가는 850,000원이다. 다음 주어진 자료에 의하여 기말재공품원가를 계산하면 얼마인가?

| | |
|---|---|
| • 직 접 재 료 비 : 200,000원 | • 직 접 노 무 비 : 300,000원 |
| • 변동제조간접비 : 300,000원 | • 고정제조간접비 : 100,000원 |
| • 기 초 재 공 품 : 250,000원 | • 기 말 재 공 품 : ? |
| • 기 초 제 품 : 500,000원 | • 기 말 제 품 : 400,000원 |

**09.** 여범제조(주)의 기말재공품계정은 기초재공품에 비하여 400,000원 증가하였다. 또한, 재공품 공정에 투입한 직접재료비와 직접노무비, 제조간접비의 비율이 1 : 2 : 3이었다. 여범제조(주)의 당기제품제조원가가 800,000원이라면, 재공품에 투입한 직접노무비는 얼마인가?

**10.** 기말재공품은 기초재공품에 비해 500,000원 증가하였으며, 제조과정에서 직접재료비가 차지하는 비율은 60%이다. 당기제품제조원가가 1,500,000원이라면, 당기총제조원가에 투입한 가공원가는 얼마인가?

**11.** 수도광열비에 대한 자료가 다음과 같다. 당월의 수도광열비 소비액은 얼마인가?

| | | | |
|---|---|---|---|
| • 당월지급액 | 5,000원 | • 당월미지급액 | 4,000원 |
| • 당월선급액 | 3,000원 | • 전월선급액 | 2,000원 |
| • 전월미지급액 | 1,000원 | | |

# 연/습/문/제 답안

객관식

| 1 | 2 | 3 | 4 | 5 | 6 |
|---|---|---|---|---|---|
| ④ | ③ | ④ | ① | ③ | ① |

[풀이 - 객관식]

01. **직접재료비가 증가하거나 감소**하면 **재공품과 당기제품제조원가는 직접적인 영향**을 받고, **제품과 매출원가는 간접적인 영향**을 받는다.

02. 

**재공품**

| | | | |
|---|---|---|---|
| 기초재고 | xxx | **당기제품제조원가** | xxx |
| 당기총제조원가 | xxx | 기말재고 | xxx |
| 계 | xxx | 계 | xxx |

03. ① 당기총제조비용은 재공품계정 차변으로 대체
② 당기제품제조원가는 제품계정 차변으로 대체
③ 당기매출원가는 제품매출원가계정 차변으로 대체

04. 기말재공품재고를 수정하면 당기제품제조원가가 직접적으로 영향을 받고 매출원가나 기말제품재고는 간접적인 영향을 받는다.

05. **제조원가명세서에는 원재료계정과 재공품계정**으로 이루어진다. 제품계정은 손익계산서에 나타나므로 매출원가는 제조원가명세서에 나타나지 않는다.

06. 매출원가는 손익계산서에서 알 수 있다.

## 주관식

| | | | | | |
|---|---|---|---|---|---|
| 1 | 200,000원 | 2 | 830,000원 | 3 | 800,000원 |
| 4 | 2,950,000원 | 5 | 240,000원 | 6 | 1,450,000원 |
| 7 | 1,500,000원 | 8 | 300,000원 | 9 | 400,000원 |
| 10 | 800,000원 | 11 | 7,000원 | | |

[풀이 - 주관식]

**01.**

**재공품**

| | | | |
|---|---|---|---|
| 기초재고 | 200,000 | 당기제품제조원가 | 1,500,000 |
| 당기총제조원가 | 1,500,000 | **기말재고(?)** | **200,000** |
| 계 | 1,700,000 | 계 | 1,700,000 |

**제 품**

| | | | |
|---|---|---|---|
| 기초재고 | 300,000 | 매출원가 | 1,620,000 |
| 제 품 | 1,500,000 | 기말재고 | 180,000 |
| 계 | 1,800,000 | 계 | 1,800,000 |

**02.** 기본원가 = 직접재료비 + 직접노무비

650,000원 = 직접재료비 + 150,000원　　∴직접재료비 = 500,000원

제조간접비 = 공장임차료(50,000) + 감가상각비(100,000) + 전력비(30,0000 = 180,000원

당기총제조원가 = 직접재료비(500,000) + 직접노무비(150,000) + 제조간접비(180,000)

= 830,000원

**03.**

**제 품**

| | | | |
|---|---|---|---|
| 기초재고 | 200,000 | ***매출원가 (?)*** | ***800,000*** |
| 당기제품제조원가 | | 기말재고 | 300,000 |
| **계** | **1,100,000** | 계 | 1,100,000 |

(1,100,000: 판매가능재고)

**04.**

**재공품**

| | | | |
|---|---|---|---|
| 기초재고 | 200,000 | 당기제품제조원가 | 3,050,000 |
| 당기총제조원가 | 3,000,000 | 기말재고 | 150,000 |
| 계 | 3,200,000 | 계 | 3,200,000 |

**제 품**

| | | | |
|---|---|---|---|
| 기초재고 | 400,000 | *매출원가(?)* | *2,950,000* |
| 제품 | 3,050,000 | 기말재고 | 500,000 |
| 계 | 3,450,000 | 계 | 3,450,000 |

05.

**재공품**

| | | | |
|---|---|---|---|
| *기초재고(?)* | *240,000* | 당기제품제조원가 | 1,080,000 |
| 직접재료비 | 480,000 | | |
| 직접노무비 | 320,000 | | |
| 제조간접비 | 190,000 | 기말재고 | 150,000 |
| 계 | 1,230,000 | 계 | 1,230,000 |

06. 가공비 = 직접노무비 + 제조간접비 = 1,000,000원

**재공품**

| | | | |
|---|---|---|---|
| 기초재고 | 100,000 | *당기제품제조원가(?)* | *1,450,000* |
| 직접재료비 | 600,000 | | |
| 가공비 | 1,000,000 | 기말재고 | 250,000 |
| 계 | 1,700,000 | 계 | 1,700,000 |

07.

**원재료**

| | | | |
|---|---|---|---|
| 기초재고 | 100,000 | *직접재료비(?)* | *500,000* |
| 매입 | 600,000 | 기말재고 | 200,000 |
| 계 | 700,000 | 계 | 700,000 |

**재공품**

| | | | |
|---|---|---|---|
| 기초재고 | 1,000,000 | 당기제품제조원가 | 4,000,000 |
| 직접재료비 | 500,000 | | |
| *직접노무비(?)* | *1,500,000* | | |
| 제조간접비 | 1,500,000 | 기말재고 | 500,000 |
| 계 | 4,500,000 | 계 | 4,500,000 |

08.

재공품

| | | | |
|---|---|---|---|
| 기초재고 | 250,000 | 당기제품제조원가 | 850,000 |
| 직접재료비 | 200,000 | | |
| 직접노무비 | 300,000 | | |
| 변동제조간접비 | 300,000 | | |
| 고정제조간접비 | 100,000 | *기말재고(?)* | *300,000* |
| 계 | 1,150,000 | 계 | 1,150,000 |

09.

재공품

| | | | |
|---|---|---|---|
| 기초재고 | 0 | 당기제품제조원가 | 800,000 |
| 직접재료비 | 1A | | |
| 직접노무비 | 2A | | |
| 제조간접비 | 3A | 기말재고 | +400,000 |
| 계 | 6A | 계 | 1,200,000 |

6A = 1,200,000원　　따라서 A = 200,000원

직접노무비 = 2A = 400,000원

10.

제　품

| | | | |
|---|---|---|---|
| 기초재고 | 0 | 당기제품제조원가 | 1,500,000 |
| **당기총제조원가** | **2,000,000** | **기말재고** | **+500,000** |
| 계 | 2,000,000 | 계 | 2,000,000 |

직접재료비 = 총제조원가 × 60%

가공원가(직접노무비 + 제조간접비) = 총제조원가 × (1 - 60%) = 2,000,000 × 40% = 800,000원

11. 당월지급액(5,000) + 당월미지급액(4,000) - 당월선급액(3,000) + 전월선급액(2,000) - 전월미지급액(1,000) = 7,000원

| | | | | |
|---|---|---|---|---|
| ① 당기지급액 | (차) ***수도광열비***<br>② 미지급비용(전월)<br>③ 선급비용(당월) | ***1,000***<br>1,000<br>3,000 | (대) 현　　금 | 5,000 |
| 당기발생미지급분 | (차) ***수도광열비*** | ***4,000*** | (대) ④ 미지급비용(당월) | 4,000 |
| 전기선급분 | (차) ***수도광열비*** | ***2,000*** | (대) ⑤ 선급비용(전월) | 2,000 |

Chapter 2

# 원가계산

로그인 전산회계 1급

NCS회계 - 3 원가계산 – 원가배부/원가계산(4)

## 제1절 원가계산의 절차와 종류

### 1. 원가계산의 절차

원가계산이란 제품생산에 투입된 가치를 제품 단위당 배부, 계산, 집계하는 절차를 말한다.

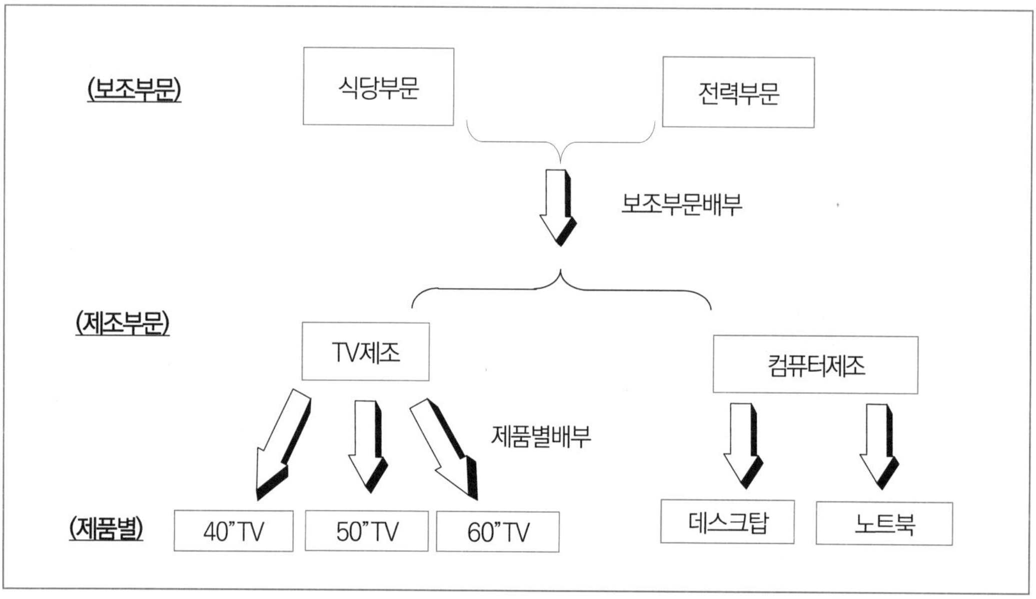

제조기업에서 제품제조원가는 최종적으로 제품별 원가(40"TV, 50"TV 등)을 산출하는 것이 목표이고, 공장 내에서 발생되는 모든 원가를 최종적으로 제품별로 집계하는 것이 원가계산이다.

즉 원가계산의 절차는 다음과 같다.

<u>**1단계 : 요소별 원가계산**</u>(전술한 바와 같이 직접재료비, 직접노무비, 제조간접비의 개별 계산을 의미한다)

<u>**2단계 : 부문별 원가계산**</u>

<u>**3단계 : 제품별 원가계산**</u>

## 2. 원가계산의 종류

① 원가측정에 따른 분류

제품원가계산시 실제 발생액으로 원가계산을 하느냐, 추정에 의한 원가계산을 하느냐에 따라 실제원가, 정상원가, 표준원가로 나뉜다.

| | 실제원가계산 | 정상(예정)원가계산 | 표준원가계산 |
|---|---|---|---|
| 직접재료비 | 실제원가 | 실제원가 | 표준원가 |
| 직접노무비 | 실제원가 | 실제원가 | 표준원가 |
| 제조간접비 | **실제원가** | **예정배부액** | 표준배부액 |

② 생산형태에 따른 분류

| | 개별원가계산 | 종합원가계산 |
|---|---|---|
| 생산형태 | 주문생산 | 대량연속생산 |

③ 원가계산범위에 따른 분류

<table>
<tr><th colspan="2"></th><th>전부원가계산</th><th>변동원가계산</th></tr>
<tr><td colspan="2">직접재료비</td><td rowspan="4"><u>제품원가</u></td><td rowspan="3"><u>제품원가</u></td></tr>
<tr><td colspan="2">직접노무비</td></tr>
<tr><td rowspan="2">제조간접비</td><td>변동제조간접비</td></tr>
<tr><td>고정제조간접비</td><td>기간비용</td></tr>
</table>

## 제2절 원가배분과 부문별원가계산

### 1. 원가부문과 원가배부

#### (1) 원가부문

일반적으로 원가부문은 원가요소를 분류 · 집계하는 계산상의 구분으로서 일반적으로 제조부문과 보조부문으로 구분한다.

① 제조부문 : 제품의 제조활동을 직접 수행하는 부문을 말한다.

② 보조부문 : 제조부문에 대하여 간접적으로 지원하는 부문을 말한다.

#### (2) 원가추적

직접원가를 특정원가 대상(제품, 제조부문, 보조부문 등)에 직접 부과하는 것을 말하고 만약 직접 부과하지 못하는 간접원가는 배부기준에 따라 부문별로 배분한다.

#### (3) 원가배부(원가배분)

원가집합(직접추적할 수 없는 간접원가들이 집계된 것)의 간접원가를 합리적인 배부기준에 따라 원가대상에 대응시키는 과정으로서 다음과 같은 배부기준이 있다.

① **인과관계기준**

원가발생이라는 결과를 야기시킨 원인에 따라 원가를 배분하는 것으로서 **가장 합리적인 배분방법**이다.

② 부담능력기준

발생된 간접비를 부담할 수 있는 능력(예 매출이나 이익이 많이 나는 부문)에 따라 원가를 배분하는 방법이다.

③ 수혜기준

원가대상이 경제적 효익을 받은 경우 제공받은 효익의 크기에 비례하여 원가를 배분하는 방법이다.

④ 기타

공정성과 형평성기준이 있으나 매우 포괄적이고 애매모호한 기준이다.

## 2. 부문별 원가계산

### (1) 절차

| | |
|---|---|
| 제1단계 | 부문직접비를 각 부문에 부과 |
| 제2단계 | 부문간접비를 일정한 배부기준에 따라 각 부문에 배부 |
| 제3단계 | 보조부문비를 일정한 배부기준에 따라 제조부문에 배부 |
| 제4단계 | 제조부문비를 각 제품에 부과 |

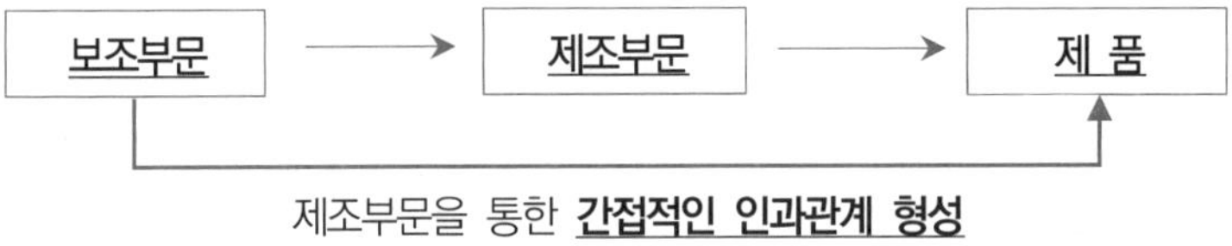


### (2) 부문간접비(공통원가)의 배부기준

부문간접비는 여러 부문 또는 공장전체에 공통적으로 발생하기 때문에 합리적인 배부기준(인과관계)에 의하여 배부하여야 한다.

| 부문공통비 | 배부기준 |
|---|---|
| **건물감가상각비** | **<u>점유면적</u>** |
| 전력비 | 전력사용량 |
| 임차료, 재산세, 건물보험료 | 점유면적 |
| 수선유지비 | 수선작업시간 |

### (3) 보조부문원가를 제조부문에 배분

부문간접비를 보조부문과 제조부문에 배부한 후에는 보조부문원가를 제조부문에 배부해야 한다.

① 보조부문원가의 배부기준 : 인과관계에 따라 제조부문에 배부

| 보조부문원가 | 배부기준 |
|---|---|
| 공장인사관리부문 | 종업원수 |
| 전력부문 | 전력사용량 |
| 용수부문 | 용수 소비량 |
| 식당부문 | 종업원수 |
| 구매부문 | 주문횟수/주문금액 |

② 보조부문원가의 배부방법(보조부문간 용역수수관계 고려)

보조부문간에 용역을 서로 주고 받은 경우에는 보조부문원가의 배부가 복잡해진다.

이러한 경우 보조부문간의 용역수수관계를 어느 정도 고려하나에 따라 직접배부법, 단계배부법, 상호배부법으로 나눈다.

다만, **어느 방법에 의하든 배부 전·후의 제조간접비 총액은 항상 일정하다.**

㉠ 직접배부법

**보조부문간의 용역수수관계를 전혀 고려하지 않고 제조부문에 직접 배부하는 방법이다.**

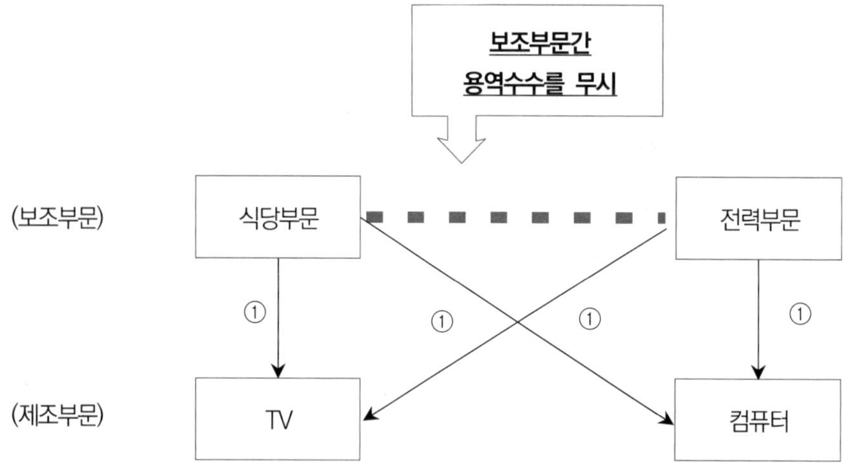


㉡ 단계배부법

**보조부문간의 배부순서를 정하고 단계적으로 다른 보조부문과 제조부문에 배부하는 방법**이다.

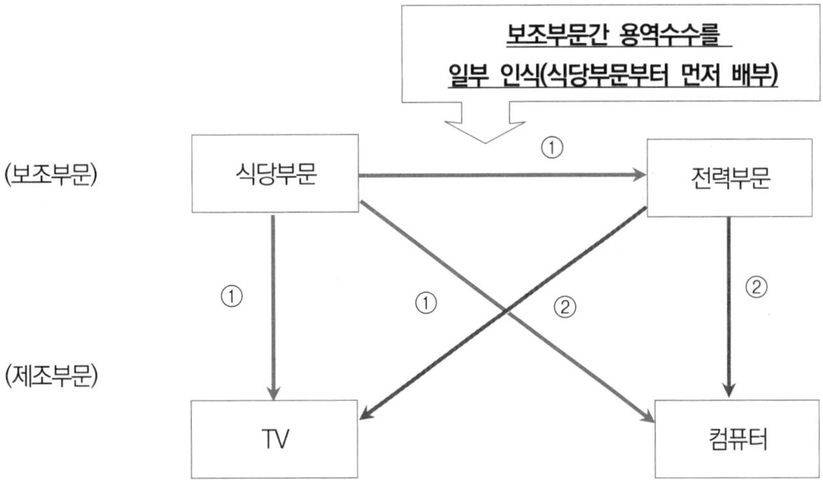


㉢ 상호배부법

보조부문간의 **용역수수관계를 완전하게 고려하는 방법으로 가장 정확한 방법**이나 가장 복잡하다. 또한 용역수수관계를 전부 인식하므로 배부순서는 고려하지 않는다.

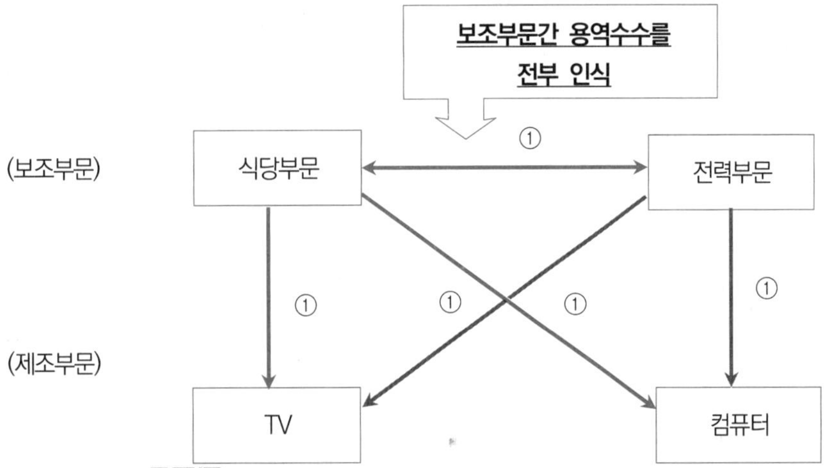


㉣ 각 방법 비교

| 구 분 | 직접배부법 | 단계배부법 | 상호배부법 |
|---|---|---|---|
| **보조부문간 용역수수관계** | 전혀 인식하지 않음 | 일부만 인식 | 전부인식 |
| **장점** | 간편 | – | 정확 |
| **단점** | 부정확 | – | 복잡 |

## <예제 2 - 1> 직접배부법

다음은 보조부문원가에 관한 자료이다. 보조부문의 제조간접비를 다른 보조부문에 배부하지 않고 제조부문에만 직접 배부할 경우 보조부문원가를 배부하시오.

| 사용부문 / 제공부문 | 보조부문 | | 제조부문 | |
|---|---|---|---|---|
| | 수선부문 | 동력부문 | 조립부문 | 절단부문 |
| 수선부문 | | 50% | 20% | 30% |
| 동력부문 | 20% | | 40% | 40% |
| 제조간접비 | 100,000 | 150,000 | 200,000 | 250,000 |

### 해답

| 사용부문 / 제공부문 | 보조부문 | | 제조부문 | |
|---|---|---|---|---|
| | 수선부문 | 동력부문 | 조립부문 | 절단부문 |
| 배부전원가 | 100,000 | 150,000 | 200,000 | 250,000 |
| 수선부문(0 : 20% : 30%) | (100,000) | – | 40,000[*1] | 60,000[*2] |
| 동력부문(0 : 40% : 40%) | – | (150,000) | 75,000[*3] | 75,000[*4] |
| 배부후 원가(제조간접비) | – | – | 315,000 | 385,000 |

*1. 100,000×20%/[20%+30%]=40,000
*2. 100,000−40,000=60,000
*3. 150,000×40%/[40%+40%]=75,000
*4. 150,000−75,000=75,000

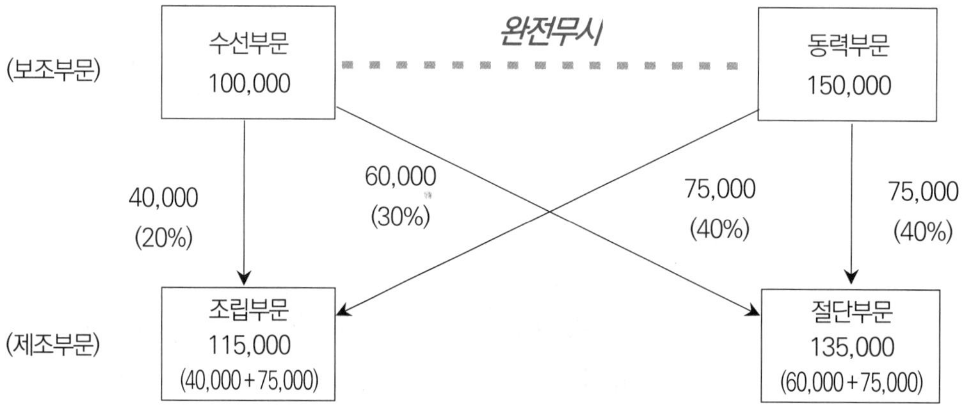

③ 보조부문원가의 배부방법(보조부문원가의 행태별 배부)

보조부문의 원가를 변동비와 고정비로 구분하여 배부하는가의 여부에 따라 단일배부율법과 이중배부율법으로 나눌 수 있다.

㉠ 단일배부율법

보조부문원가를 변동비와 고정비로 구분하지 않고 하나의 배부기준을 적용하여 배부하는 방법이다.

㉡ 이중배부율법

보조부문원가를 변동비와 고정비로 구분하여 각각 다른 배부기준을 적용하는 방법이다.

• **변동비 : 실제사용량** • **고정비 : 최대사용가능량**

보조부문의 변동비는 제조부문의 실제사용량에 비례하여 발생하는 원가이고 보조부문의 고정비(대부분 감가상각비)는 대부분 다른 부문이 최대로 용역을 사용할 경우를 대비하여 설비투자를 하므로 최대사용가능량을 기준으로 배부하는 것이 합리적이다.

④ 보조부문원가 배부방법(용역수수 고려)과 행태별 배부방법과의 관계

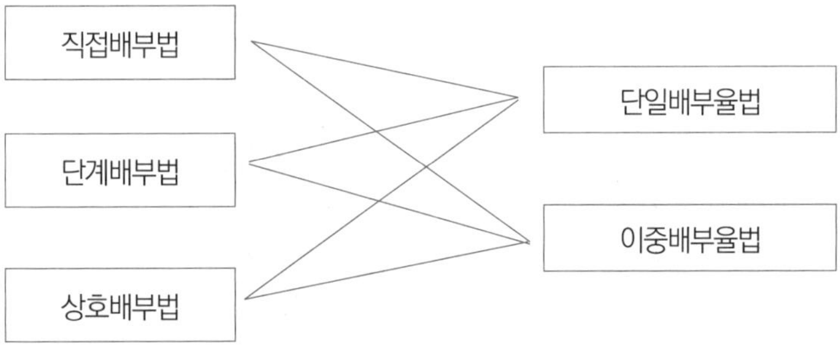


서로 결합하여 여섯 가지 방법이 있을 수 있다.

# 연/습/문/제

## 객관식

**01.** 다음 중 일반적인 제조기업의 원가계산흐름을 바르게 설명한 것은?

① 부문별 원가계산 → 요소별 원가계산 → 제품별 원가계산
② 부문별 원가계산 → 제품별 원가계산 → 요소별 원가계산
③ 요소별 원가계산 → 부문별 원가계산 → 제품별 원가계산
④ 요소별 원가계산 → 제품별 원가계산 → 부문별 원가계산

**02.** (주)대한상사는 상반기 영업실적이 좋아 기업 전사원에게 복리후생비를 지급하려 한다. 이 기업은 기업 본사부서 뿐만 아니라 공장 지점, 영업소에도 전사원에게 균등하게 복리후생비를 지급하려고 한다. 기업 전체의 복리후생비를 각 본사와 지사에 배부하기 위한 기준으로 가장 적합한 것은?

① 각 지사의 전력소비량
② 각 지사의 연료소비량
③ 각 지사의 면적
④ 각 지사의 종업원 수

**03.** 보조부문비를 제조부문에 배부하는 방법에 대한 설명 중 틀린 것은?

① 직접배부법은 보조부문 상호간의 용역수수를 전혀 고려하지 않는 방법이다.
② 단계배부법은 보조부문 상호간의 용역수수를 일부 고려하는 방법이다.
③ 상호배부법은 보조부문 상호간의 용역수수를 완전히 고려하는 방법이다.
④ 계산의 정확성은 직접배부법 〉 단계배부법 〉 상호배부법 순으로 나타난다.

**04.** 다음은 보조부문원가를 배분하는 방법과 설명이다. 잘못 연결된 것은?

① 보조부분원가를 다른 보조부문에는 배분하지 않고 제조부문에만 배분하는 방법 - 직접배분법
② 보조부문원가를 배분순서에 따라 순차적으로 다른 보조부문과 제조부문에 배분하는 방법 - 단계배분법
③ 보조부문 상호간의 용역수수관계를 완전히 인식하여 보조부문원가를 다른 보조부문과 제조부문에 배분하는 방법 - 상호배분법
④ 보조부문원가를 변동원가와 고정원가로 구분하여 각각 다른 배분기준을 적용하여 배분하는 방법 - 단일배분율법

**05.** 보조부문비의 배부방법 중 단계배부법에 대한 설명으로 틀린 것은?

① 보조부문 상호간의 용역수수를 완전히 고려하는 방법이다.
② 보조무문의 배부순서를 합리적으로 결정하는 것이 매우 중요하다.
③ 보조부문의 배부순서에 따라 배부액이 달라질 수 있다.
④ 최초 배부되는 부문의 경우 자신을 제외한 다른 모든 부문에 배부된다.

**06.** 다음의 보조부문비의 배부방법 중 정확도가 높은 방법부터 올바르게 배열한 것은?

① 직접배부법 〉상호배부법 〉단계배부법
② 직접배부법 〉단계배부법 〉상호배부법
③ 상호배부법 〉단계배부법 〉직접배부법
④ 단계배부법 〉상호배부법 〉직접배부법

**07.** 보조부문비를 제조부문에 배분하는 방법 중 보조부문 상호간의 용역수수관계가 중요하지 않는 경우에 가장 시간과 비용을 절약할 수 있는 원가배분 방법은?

① 직접배분법　② 단계배분법　③ 상호배분법　④ 간접배분법

**08.** 다음은 보조부문비와 관련된 설명이다. 가장 틀린 것은?

① 이중배분율법에 직접배분법, 단계배분법, 상호배분법을 적용할 수 없다.
② 원가행태에 의한 배분방법으로 단일배분율법과 이중배분율법이 있다.
③ 상호배분법은 보조부문비를 용역수수관계에 따라 다른 보조부문과 제조부문에 배부하는 방법이다.
④ 이중배분율법은 원가행태에 따라 배부기준을 달리 적용한다.

**09.** 원가계산 방법에 대한 설명 중 틀린 것은?

① 실제원가계산은 직접재료비, 직접노무비, 제조간접비를 실제원가로 측정하는 방법이다.
② 정상원가계산은 직접재료비는 실제원가로 측정하고, 직접노무비와 제조간접비를 합한 가공원가는 예정배부율에 의해 결정된 금액으로 측정하는 방법이다.
③ 표준원가계산은 직접재료비, 직접노무비, 제조간접비를 표준원가로 측정하는 방법이다.
④ 원가의 집계방식에 따라 제품원가를 개별 작업별로 구분하여 집계하는 개별원가계산과 제조공정별로 집계하는 종합원가계산으로 구분할 수 있다.

**10.** 원가회계와 관련하여 다음 설명 중 가장 적절치 않은 것은 어느 것인가?

① 제품원가에 고정제조간접비를 포함하는지의 여부에 따라 전부원가계산과 종합원가계산으로 구분된다.
② 제품생산의 형태에 따라 개별원가계산과 종합원가계산으로 구분된다.
③ 원가는 제품과의 관련성(추적가능성)에 따라 직접비와 간접비로 구분된다.
④ 원가는 조업도의 증감에 따라 원가총액이 변동하는 변동비와 일정한 고정비로 분류할 수 있다.

**11.** 다음 중 보조부문의 원가를 용역수수관계를 고려하여 배분하는 방법으로 묶어진 것은?

| | | |
|---|---|---|
| A. 단계배부법 | B. 상호배부법 | C. 직접배부법 |

① A, C　　② B, C　　③ A, B　　④ A, B, C

## 주관식

**01.** (주)세원은 A, B 제조부문과 X, Y의 보조부문이 있다. 각 부문의 용역수수관계와 제조간접비 발생원가가 다음과 같다. 직접배부법에 의해 보조부문의 제조간접비를 배부한다면 B제조부문의 총제조간접비는 얼마인가?

| | 보조부문 | | 제조부문 | | |
|---|---|---|---|---|---|
| | X | Y | A | B | 합 계 |
| 자기부문발생액 | 150,000원 | 250,000원 | 300,000원 | 200,000원 | 900,000원 |
| [제공한 횟수] | | | | | |
| X | | 200회 | 300회 | 700회 | 1,200회 |
| Y | 500회 | - | 500회 | 1,500회 | 2,500회 |

**02.** (주)한우물은 단계배부법을 이용하여 보조부문 제조간접비를 제조부문에 배부하고자 한다. 각 부문별 원가발생액과 보조부문의 용역공급이 다음과 같을 경우 수선부문에서 절단부문으로 배부될 제조간접비는 얼마인가?(단, 전력부문부터 배부한다고 가정함)

| 구 분 | 제조부문 | | 보조부문 | |
|---|---|---|---|---|
| | 조립부문 | 절단부문 | 전력부문 | 수선부문 |
| 자기부문 제조간접비 | 200,000원 | 400,000원 | 200,000원 | 360,000원 |
| 전력부문 동력공급(kw) | 300 | 100 | - | 100 |
| 수선부문 수선공급(시간) | 10 | 40 | 50 | - |

# 연/습/문/제 답안

객관식

| 1 | 2 | 3 | 4 | 5 | 6 | 7 | 8 | 9 | 10 | 11 |
|---|---|---|---|---|---|---|---|---|---|---|
| ③ | ④ | ④ | ④ | ① | ③ | ① | ① | ② | ① | ③ |

[풀이 - 이론]

01. **원가계산의 최종목표는 제품별원가계산**이다.

02. 복리후생비를 배부하려면 종업원수가 배부기준으로 가장 적당하다.

03. **계산의 정확성은 직접배부법<단계배부법<상호배부법** 순으로 나타난다.

04. 보조부문원가를 변동원가와 고정원가로 구분하여 각각 다른 배분기준을 적용하여 배분하는 방법(이중배분율법)

05. 보조부문 상호간의 용역수수를 **완전히 고려하는 방법은 상호배부법**이다.

06. 직접배부법 : 보조부문상호간 용역수수 완전무시
   ➡ 간단, 정확성 · 신뢰도 가장 낮음
   단계배부법 : 직접배부법과 상호배부법의 절충
   상호배부법 : 보조부문상호간 용역수수 완전인식
   ➡ 복잡, 정확도 · 신뢰도 가장 높음

08. 이중배분율법도 단일배분율법과 같이 직접배분법, 단계배분법, 상호배분법을 적용할 수 있다.

09. 정상원가계산의 경우 직접재료비와 직접노무비를 실제원가로 측정하고 제조간접비는 예정배부액으로 산정하는 원가계산방법이다.

10. 제품원가에 **고정제조간접비를 포함하는지의 여부**에 따라 **전부원가계산과 변동원가계산으로 구분**된다.

11. **직접배부법만 보조부문 상호간의 용역수수를 완전히 무시하고 배분하는 방법**이다.

## 주관식

| 1 | 492,500원 | 2 | 320,000원 |
|---|---|---|---|

[풀이 - 계산]

**01.** X 부문 배부액(105,000원) = 150,000원 × (700회/1,000회)
Y 부문 배부액(187,500원) = 250,000원 × (1,500회/2,000회)
B 부문 총제조간접비(492,500원) = 200,000원 + 105,000원 + 187,500원

**02.** **단계배부법은 전산세무1급에서 나오던 문제였습니다.**
보조부문에 대해서 순서를 정해서 배부하는 방법이 단계배부법입니다.
이해가 안되시면 건너뛰시고 전산세무1급 공부할때 하셔도 됩니다.

| | 보조부문 | | 제조부문 | |
|---|---|---|---|---|
| | 전력 | 수선 | 조립 | 절단 |
| 배분전 원가 | 200,000 | 360,000 | 200,000 | 400,000 |
| 전력(20% : 60% : 20%) | (200,000) | 40,000 | 120,000 | 40,000 |
| **수선(0 : 10% : 40%)** | - | (400,000) | 80,000 | ***320,000*** |
| 보조부문 배부후 원가 | | | 400,000 | 760,000 |

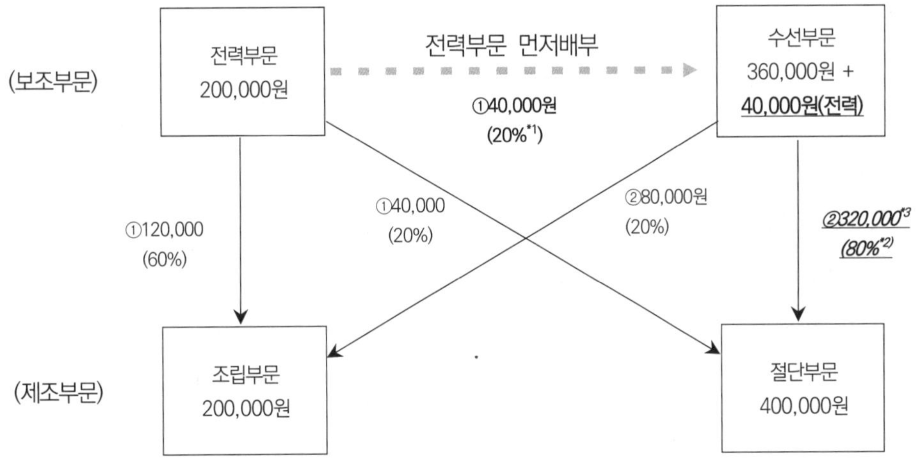


*1. 100kw/(100 + 300 + 100)kw = 20%
*2. 40시간/(10 + 40)시간 = 80%
*3. (360,000 + 40,000) × 80% = 320,000

Chapter

# 3 개별원가계산



NCS회계 - 3 원가계산 – 원가배부/원가계산(4)

## 제1절 의의와 절차

### 1. 개별원가계산의 의의

원가계산은 생산형태에 따라 2가지 원가계산으로 분류한다.

| | 개별원가계산 | 종합원가계산 |
|---|---|---|
| 생산형태 | 주문생산 | 대량연속생산 |
| 업종 | 조선업, 건설업 | 자동차제조업, 정유업 |

개별원가계산이란 고객의 주문이나 특별한 수요에 따라 종류와 규격이 상이한 제품을 개별적으로 생산하는 형태로 조선업, 건축업, 인쇄업 등의 경영형태에서 사용된다.

또한 제품을 생산하는 제조기업뿐만 아니라 고객의 요구에 따라 작업내용을 명확히 구분할 수 있는 회계법인, 병원 등 서비스업체에서도 적용될 수 있다.

기업이 고객으로부터 주문을 받으면 제조부문은 생산현장에 고객이 요구한 제품을 생산할 것을 지시하는 제조지시서를 보내고, 이 제조지시서에 의해 개별 작업이 시작되며, 작업에 투입되는 원가가 개별작업별로 작업원가표에 집계된다.

따라서 개별원가계산에서는 개별작업별로 원가를 집계하므로 **제조직접비(직접재료비, 직접노무비)와 제조간접비의 구분이 중요**하다.

## 2. 개별원가계산의 절차

① 개별작업에 대한 제조직접비(직접노무비, 직접재료비)를 직접부과
② 개별작업에 대한 제조간접비 집계
③ 제조간접비 배부기준율 설정
④ 배부기준율(공장전체,부문별)에 따라 제조간접비의 배분

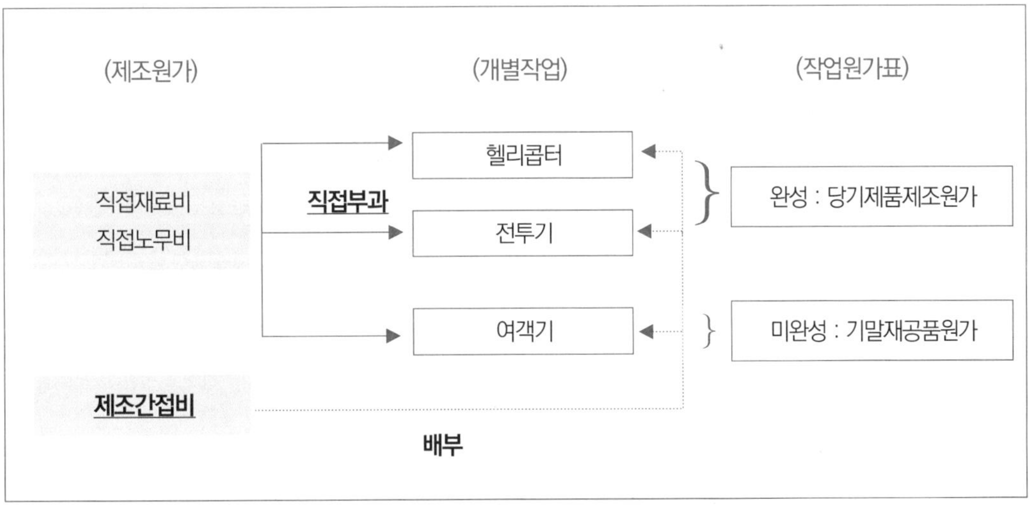


## 제2절 제조간접비의 배부

제조간접비는 원가의 특성상 제품에 직접 추적이 불가능한 원가이다. 따라서 제조간접비를 제품원가에 배부하기 위해서는 일정한 배부절차를 통해서 간접적으로 배부해야 한다.

제조부문이 여러 개 존재할 경우에는 제조부문별로 각기 다른 배부기준을 적용할 수도 있고 공장전체에 하나의 배부기준을 적용할 수도 있다.

## 1. 공장전체 제조간접비배부율

공장전체에 하나의 배부기준을 적용하는 방법이다.

**공장전체 제조간접비 배부율 = 공장전체 제조간접비/공장전체 배부기준 합계**
**제조간접비 배부액 = 공장전체 배부기준 × 배부율**

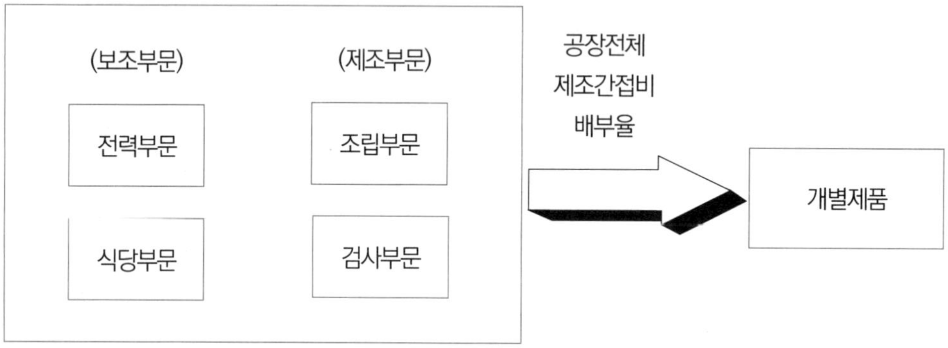


## 2. 부문별 제조간접비 배부율

부문별로 다른 배부율을 적용하여 제조간접비를 배부하는 방법이다.

**부문별 제조간접비 배부율 = 부문별 제조간접비/부문별 배부기준 합계**
**제조간접비 배부액 = 부문별 배부기준 × 부문별배부율**

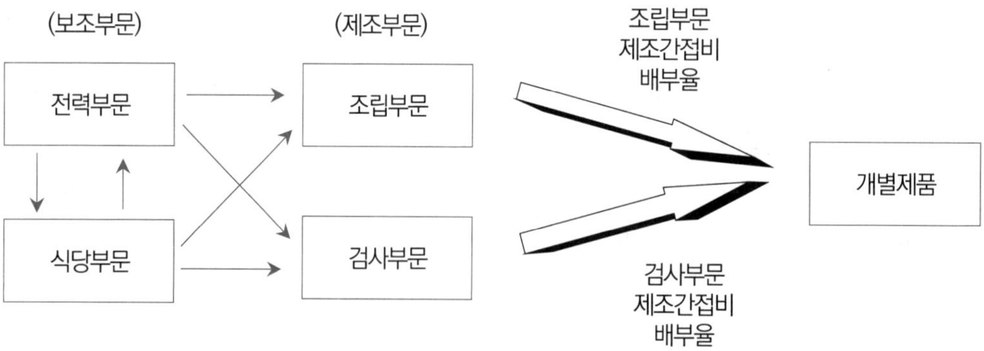

## 제3절 실제개별원가계산 VS 정상개별원가계산

실제개별원가계산은 실제제조간접비 배부율을 사용하여 제조간접비를 구하는 것이고, 정상(예정)개별원가계산은 예정제조간접비 배부율을 사용하여 제조간접비를 구하는 것이다.

| | 실제개별원가계산 | 정상개별원가계산 |
|---|---|---|
| 직접재료비 | 실제발생액 | 실제발생액 |
| 직접노무비 | 실제발생액 | 실제발생액 |
| **제조간접비** | **실제발생액**<br>**(실제조업도×실제배부율)** | **예정배부액**<br>**(실제조업도×예정배부율)** |

### 1. 실제개별원가계산

개별작업에 직접재료비와 직접노무비를 실제원가로 추적·부과하고 제조간접비를 실제배부율에 의하여 각 개별작업에 배부하는 원가계산방법으로 실제원가를 바탕으로 원가를 계산한다.

> **① 제조간접비 실제배부율＝실제제조간접비 합계/실제조업도**
> **② 제조간접비 배부액＝개별작업의 실제조업도×제조간접비 실제배부율**

실제개별원가 계산은 다음과 같은 문제가 있다.

① 실제제조간접비가 기말에 집계되므로 원가계산이 기말까지 지체되므로 **원가계산이 지연되고,** 이로 인하여 결산도 지연된다.

② 조업도가 월별·계절별로 차이가 나면 **제품단위당 원가가 월별·계절별로 달라진다.**

이러한 문제점을 극복하기 위하여 정상개별원가가 도입되었다.

## <예제 3 - 1> 실제개별원가계산

㈜ 백두는 #101(헬리콥터), #102(전투기), #103(여객기)이 작업 중에 있으며, 이들과 관련하여 발생된 원가 및 자료는 다음과 같다.

| | #101 | #102 | #103 | 합계 |
|---|---|---|---|---|
| 직접재료비 | 500,000원 | 600,000원 | 900,000원 | 2,000,000원 |
| 직접노무비 | 700,000원 | 600,000원 | 700,000원 | 2,000,000원 |
| 기계작업시간 | 100시간 | 200시간 | 200시간 | 500시간 |
| 직접노동시간 | 400시간 | 300시간 | 300시간 | 1,000시간 |

공장 전체 제조간접비 발생액은 3,000,000원 인데, ① 기계작업시간 기준 ② 직접노동시간을 기준으로 각 작업에 배부되는 제조간접비를 구하시오.

**해답**

1. 제조간접비 실제배부율

   ① 기계작업시간 기준 : 실제제조간접비합계/실제기계작업시간합계
   =3,000,000원/500시간=6,000원/기계작업시간

   ② 직접노동시간 기준 : 실제제조간접비합계/실제직접노동시간합계
   =3,000,000원/1,000시간=3,000원/직접노동시간

2. 제조간접비 실제배부액

   ① 기계작업시간 기준

   → 제조간접비 실제배부액=실제조업도×실제배부율(6,000/기계작업시간)

| | #101 | #102 | #103 | 합계 |
|---|---|---|---|---|
| 직접재료비 | 500,000원 | 600,000원 | 900,000원 | 2,000,000원 |
| 직접노무비 | 700,000원 | 600,000원 | 700,000원 | 2,000,000원 |
| 제조간접비 | 600,000원<br>(100시간×6,000) ↑ | 1,200,000원<br>(200시간×6,000) ↑ | 1,200,000원<br>(200시간×6,000) ↑ | **3,000,000원**<br>배부 |
| 기계작업시간<br>(실제조업도) | 100시간 | 200시간 | 200시간 | 500시간 |

② 직접노동시간 기준

→ 제조간접비 실제배부액 = 실제조업도 × 실제배부율(3,000/직접노동시간)

| | #101 | #102 | #103 | 합계 |
|---|---|---|---|---|
| 직접재료비 | 500,000원 | 600,000원 | 900,000원 | 2,000,000원 |
| 직접노무비 | 700,000원 | 600,000원 | 700,000원 | 2,000,000원 |
| 제조간접비<br>(실제배부액) | 1,200,000원<br>(400시간×3,000) | 900,000원<br>(300시간×3,000) | 900,000원<br>(300시간×3,000) | **3,000,000원**<br>배부 |
| 직접노동시간<br>(실제조업도) | 400시간 | 300시간 | 300시간 | 1,000시간 |

## 2. 정상개별원가계산

### (1) 의의

정상개별원가계산은 실제개별원가계산의 문제점(**①원가계산지연 ②제품단위당 원가 변동**)을 극복 하고자 제조간접비를 **예정(추정)배부하는 원가계산**이다.

연초에 연간 제조간접비 예산과 연간 예정조업도를 예측하여, 예정배부율을 구하고 기중에 실제 조업도와 예정배부율을 이용하여 제조간접비를 먼저 배부하여 제품원가 계산을 하고, 추후 실제 발생 제조간접비를 집계한다.

그러면 예정배부 제조간접비와 실제 발생 제조간접비가 차이가 발생하는데 이를 제조간접비 배부차이라고 한다.

**〈정상원가 계산절차〉**

1. **기초에 예정배부율 산출**
   **제조간접비 예정배부율 = 제조간접비 예산액/예정조업도(기준조업도)**
2. **기중에 실제 조업도에 따라 배부**
   ① **제조간접비 예정배부액 = 개별작업의 실제조업도 × 제조간접비 예정배부율**
   ② 제조간접비 실제발생액 집계
   ③ 제조간접비 배부차이 집계
3. **기말에 제조간접비 배부차이를 조정**

## (2) 제조간접비 배부차이에 대한 회계처리

### 1) 제조간접비 배부차이

제조간접비 예정배부율을 이용하여 제조간접비를 예정배부하는 경우, 제조간접비 실제발생액과 예정배부액간에 차이가 발생하는데 이를 제조간접비 배부차이라고 한다.

**제조간접비 배부차이 = 실제발생액 – 예정배부액**

**<과대배부와 과소배부>**

1. 과대배부 : 실제발생액<예정배부액

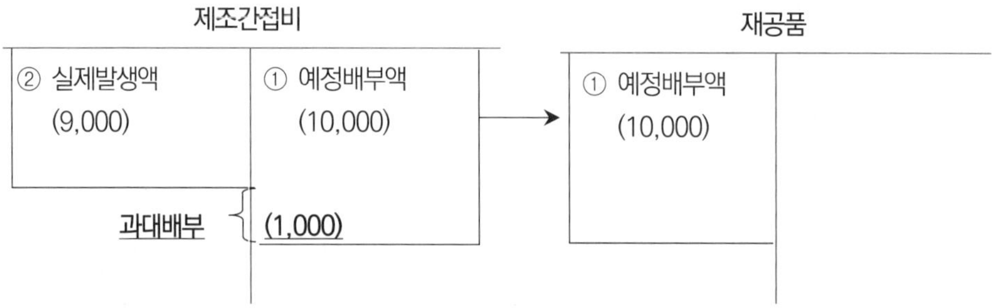


2. 과소배부 : 실제발생액>예정배부액

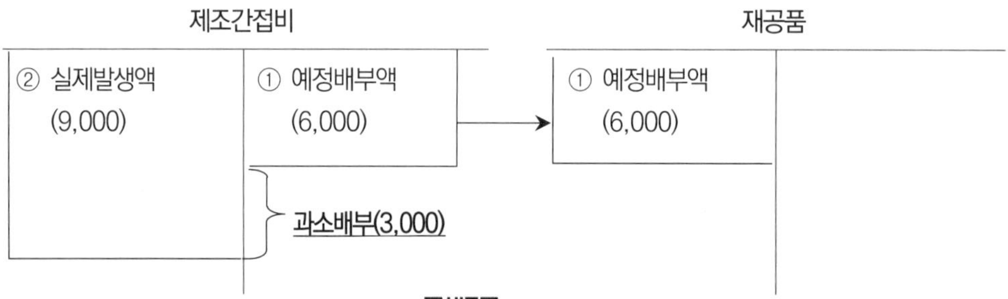


## (2) 제조간접비 배부차이 처리방법

재무제표는 실제원가계산에 의하여 작성되어야 하므로 기중에 예정 배부된 제조간접비는 실제치가 아니므로 **기말에 재공품, 제품, 매출원가에 포함된 예정제조간접비를 실제발생액으로 조정하여야 한다.**

① 무배분법(재고자산에 배분하지 아니하는 방법)

㉠ 매출원가조정법

㉡ 영업외손익조정법

두 가지 방법은 제조간접비 배부차이를 전액 매출원가 또는 영업외손익에서 가감조정하는 방법이다.

| | | | |
|---|---|---|---|
| 과소배부시 : | | | |
| (차) 매출원가 또는 영업외비용 | ××× | (대) 제조간접비(배부차이) | ××× |

| | | | |
|---|---|---|---|
| 과대배부시 : | | | |
| (차) 제조간접비(배부차이) | ××× | (대) 매출원가 또는 영업외수익 | ××× |

② 비례배분법(재고자산에 배분하는 방법)

㉠ 총원가기준 비례배분법

**기말재공품, 기말제품, 매출원가의 총원가(기말잔액) 비율**에 따라 배부차이를 배부하는 방법

㉡ 원가요소별(제조간접비)비례배분법

**기말재공품, 기말제품, 매출원가에 포함된 제조간접비 비율**에 따라 배부차이를 배부하는 방법 이 경우 가장 정확한 방법으로 차이 조정 후 기말재공품, 기말제품, 매출원가의 금액은 실제원가계산에 의한 금액과 정확히 일치한다.

## <예제 3 - 2> 정상개별원가계산

㈜ 백두는 #101(헬리콥터), #102(전투기), #103(여객기)가 작업 중에 있으며, 이들과 관련하여 발생된 원가 및 자료는 다음과 같다.

| | #101 | #102 | #103 | 합계 |
|---|---|---|---|---|
| 직접재료비 | 500,000원 | 600,000원 | 900,000원 | 2,000,000원 |
| 직접노무비 | 700,000원 | 600,000원 | 700,000원 | 2,000,000원 |
| 기계작업시간 | 100시간 | 200시간 | 200시간 | 500시간 |
| 직접노동시간 | 400시간 | 300시간 | 300시간 | 1,000시간 |

정상개별원가계산에 의하여 원가계산을 한다. 연초에 연간제조간접비를 3,355,000원과 연간기계시간 기준을 550시간으로 예상하였다. 이 경우 각 작업에 배부되는 예정제조간접비를 구하시오. 또한 공장 전체 제조간접비 발생액이 3,000,000원으로 집계되었는데, 배부차이에 대해서 매출원가조정법으로 회계처리하시오.

**해답**

1. 제조간접비 예정배부율

   기계작업시간 기준 : 제조간접비예산/예정 기계작업시간(예정조업도)

   =3,355,000원/550시간=6,100원/기계작업시간

2. 제조간접비 예정배부액

| | #101 | #102 | #103 | 합계 |
|---|---|---|---|---|
| 직접재료비 | 500,000원 | 600,000원 | 900,000원 | 2,000,000원 |
| 직접노무비 | 700,000원 | 600,000원 | 700,000원 | 2,000,000원 |
| 제조간접비<br>(예정배부액) | 610,000원<br>(100시간×6,100) | 1,220,000원<br>(200시간×6,100) | 1,220,000원<br>(200시간×6,100) | **①3,050,000원**<br>**(예정배부액)** |
| | **①실제조업도×예정배부율** | | | |
| 기계작업시간<br>(실제조업도) | 100시간 | 200시간 | 200시간 | 500시간 |

3. 배부차이 : 50,000원 과대배부

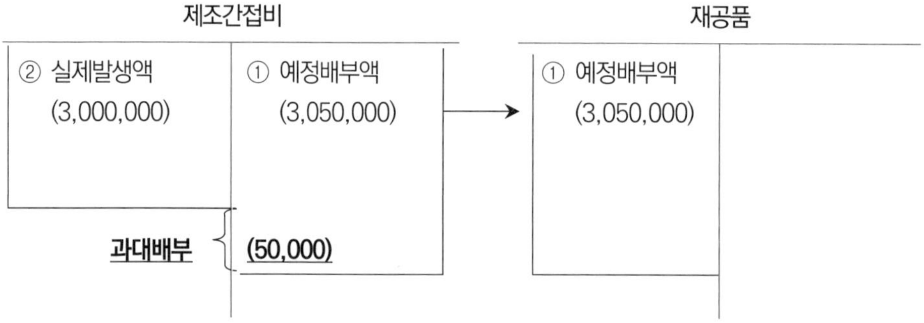


4. 배부차이에 대한 회계처리

   (차) 제조간접비(배부차이) 50,000원 (대) 매출원가 50,000원

# 연/습/문/제

## 객관식

**01.** 개별원가계산에 대한 내용으로 옳지 않은 것은?

① 주문생산업종에 적합하다.

② 개별원가표에 의해 제조간접비를 부과한다.

③ 제품별로 손익분석 및 계산이 어렵다.

④ 제조간접비의 배분이 가장 중요한 과제이다.

**02.** 정상개별원가계산의 방법에 의하여 제조간접비를 예정배부할 경우 예정배부액은 어떤 산식에 의하여 계산하여야 하는가?

① 실제배부율×배부기준의 실제발생량 ② 실제배부율×배부기준의 예정발생량

③ 예정배부율×배부기준의 실제발생량 ④ 예정배부율×배부기준의 예정발생량

**03.** 개별원가계산시 실제제조간접비 배부율 및 배부액과 예정제조간접비 배부율 및 배부액을 산정하는 산식 중 올바르지 않은 것은?

① 실제제조간접비배부율 = 실제제조간접비 합계액/실제조업도(실제 배부기준)

② 예정제조간접비배부율 = 예정제조간접비 합계액/예정조업도(예정 배부기준)

③ 실제제조간접비배부액 = 개별제품등의 실제조업도(실제 배분기준)×제조간접비 실제배부율

④ 예정제조간접비배부액 = 개별제품등의 예정조업도(예정 배분기준)×제조간접비 예정배부율

**04.** 개별원가계산제도에 있어 각 작업별 직접재료비, 직접노무비, 제조간접비가 집계, 기록되는 장소는?

① 작업원가표 ② 제조지시서 ③ 세금계산서 ④ 매입주문서

**05.** 다음 내용의 개별원가계산 절차를 순서대로 바르게 나열한 것은?

| |
|---|
| 가. 개별작업과 관련하여 발생한 제조간접원가를 파악한다. |
| 나. 제조간접원가를 원가대상에 배부하기 위해 배부기준을 선정해야 한다. |
| 다. 원가계산대상이 되는 개별작업을 파악하고, 개별작업에 대한 직접원가를 계산한다. |
| 라. 원가배부 기준에 따라 제조간접원가배부율을 계산하여 제조간접원가를 배부한다. |

① 가 → 나 → 다 → 라 ② 다 → 가 → 나 → 라
③ 다 → 라 → 나 → 가 ④ 가 → 다 → 나 → 라

**06.** 다음 중 개별원가계산을 주로 사용하는 업종이 아닌 것은?

① 항공기제조업 ② 건설업 ③ 화학공업 ④ 조선업

**07.** 개별원가계산에 대한 다음 설명 중 가장 적합하지 않은 것은?

① 주문식 맞춤 생산방식에 적합한 원가계산 방법이다.
② 제조간접원가의 작업별, 제품별 배부계산이 중요하다.
③ 공정별로 규격화된 제품의 원가계산에 적합한 방법이다.
④ 다품종 소량생산에 적합하며 주로 건설업, 조선업 등에서 사용된다.

**08.** 다음 중 개별원가계산에 대한 설명으로 틀린 것은?

① 개별원가계산은 시장생산 형태보다 주문생산 형태에 적합하다.
② 개별원가계산은 다품종 제품생산에 적합하다.
③ 개별원가계산은 개별작업별로 구분하여 집계한다.
④ 개별원가계산은 제조간접비의 제품별 직접 추적이 가능하다.

## 주관식

**01.** (주)크로바는 제조간접비를 직접노무시간을 기준으로 배부하고 있다. 당해 제조간접비 배부차이는 100,000원이 과대배부 되었다. 당기말 현재 실제제조간접비발생액은 500,000원이고, 실제직접노무시간이 20,000시간일 경우 예정배부율은 얼마인가?

**02.** (주)동부는 제조간접비를 직접노무시간으로 배부하고 있다. 당해연도초 제조간접비 예상금액은 600,000원, 예상직접노무시간은 20,000시간이다. 당기말 현재 실제제조간접비발생액은 400,000원이고 실제직접노무시간이 15,000시간일 경우 제조간접비 배부차이는 얼마인가?

**03.** 직접작업시간법으로 계산한 제조지시서#101의 제조간접비 예정배부액은 얼마인가?

(1) 연간 예정제조간접비총액 : 100,000원
(2) 연간 예정직접작업시간 : 1,000시간
(3) 제조지시서별 실제작업시간 : #101 – 500시간, #201 – 300시간

**04.** (주)대한산업은 직접노무비를 기준으로 제조간접비를 배부한다. 다음 자료에 의하여 갑제품에 배부되어야 할 제조간접비를 계산하면 얼마인가?

- 제조간접비 총액 : 700,000원
- 직접노무비 총액 : 500,000원
- 갑제품 직접노무비 : 300,000원
- 을제품 직접노무비 : 200,000원

**05.** (주)알파항공기의 작업내용이다. 항공기 제작과 관련하여 5월 중에 발생한 원가자료는 다음과 같다. B항공기의 당기총제조원가는 얼마인가?

| | A항공기 | B항공기 | C항공기 | 합 계 |
|---|---|---|---|---|
| 직접재료비 | 30,000원 | 30,000원 | 40,000원 | 100,000원 |
| 직접노무비 | 60,000원 | 40,000원 | 100,000원 | 200,000원 |

• 5월 중에 제조간접비 발생액은 160,000원이다. 회사는 직접노무비를 기준으로 제조간접비를 배부한다.

**06.** 한국전자는 제조간접비를 직접노무시간을 기준으로 예정배부하고 있다. 당해 연도 초의 예상직접노무시간은 70,000시간이다. 당기 말 현재 실제제조간접비 발생액이 2,150,000원이고 실제 직접노무시간이 75,000시간일 때 제조간접비 배부차이가 250,000원 과대배부된 경우 당해 연도초의 제조간접비 예상액은 얼마였는가?

**07.** 개별원가계산을 하고 있는 세원제약의 4월의 제조지시서와 원가자료는 다음과 같다.

| | 제조지시서 | |
|---|---|---|
| | #101 | #102 |
| 생 산 량 | 1,000단위 | 1,000단위 |
| 직 접 노 동 시 간 | 600시간 | 600시간 |
| 직 접 재 료 비 | 1,350,000원 | 1,110,000원 |
| 직 접 노 무 비 | 2,880,000원 | 2,460,000원 |

4월의 실제 제조간접비 총액은 4,000,000원이고, 제조간접비는 직접노동시간당 2,700원의 배부율로 예정배부되며, 제조지시서 #101은 4월중 완성되었고, #102는 미완성상태이다. 4월말 생산된 제품의 단위당 원가는 얼마인가?

# 연/습/문/제 답안

객관식

| 1 | 2 | 3 | 4 | 5 | 6 | 7 | 8 | | | | | | | |
|---|---|---|---|---|---|---|---|---|---|---|---|---|---|---|
| ③ | ③ | ④ | ① | ② | ③ | ③ | ④ | | | | | | | |

[풀이 - 객관식]

**01.** 개별원가계산은 각 개별작업별로 원가를 집계하여 제품별 원가계산을 하는 방법이기 때문에 **제품별로 손익분석 및 계산이 용이**하다.

**02.** 정상개별원가계산에서 제조간접비는 **배부기준의 실제발생량에 예정배부율**을 곱하여 제품의 원가를 계산한다.

**03.** 예정제조간접비배부액 = 개별제품등의 **실제조업도(실제 배분기준) × 제조간접비 예정배부율**

**04.** 개별원가계산에서 원가를 집계 계산하는 장소는 작업원가표이다.

**06.** 화학공업은 종합원가계산을 주로 사용한다.

**07.** 공정별로 규격화된 제품의 원가계산에는 종합원가계산제도가 적합한 방법이다.

**08.** 개별원가계산은 **제조간접비의 제품별 직접 추적이 불가능하기에 작업별로 배부**한다.

## 주관식

| | | | | | |
|---|---|---|---|---|---|
| 1 | 30원/시간당 | 2 | 과대배부 50,000원 | 3 | 50,000원 |
| 4 | 420,000원 | 5 | 102,000원 | 6 | 2,240,000원 |
| 7 | 5,850원 | | | | |

[풀이 - 계산]

**01.**

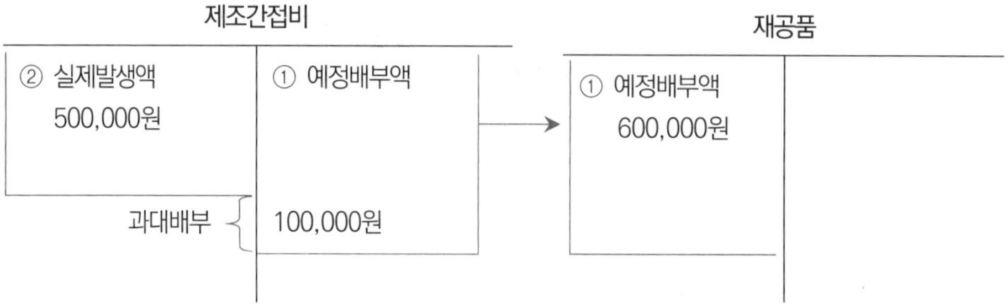


예정배부액 600,000원 = 실제직접노무시간(20,000시간) × 예정배부율

∴ 예정배부율 = 30원/시간당

**02.** 예정배부율 = 제조간접비예산액/예정조업도 = 600,000원/20,000시간 = 30원/시간

예정배부액 = 15,000시간 × 30원/시간 = 450,000원

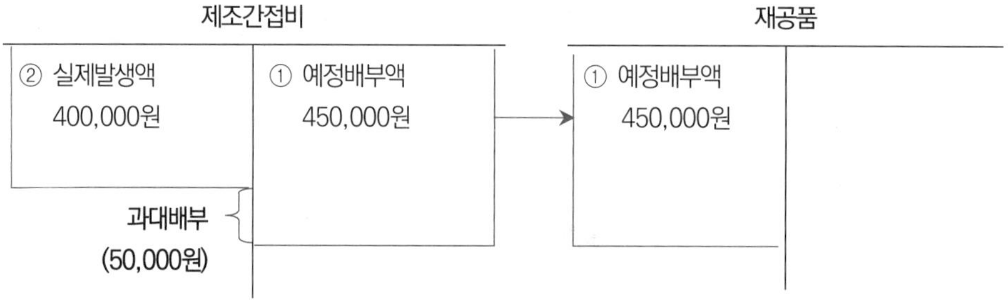


**03.** 예정배부율 : 100,000원 ÷ 1,000시간 = 100원/직접작업시간당

예정배부액 : 100원 × 500시간 = 50,000원

**04.** 제조간접비 실제배부율 = 제조간접비 총액(700,000) ÷ 직접노무비총액(500,000) = 1.4원/직접노무비

제조간접비 실제배부액(갑제품) = 실제조업도(300,000) × 실제배부율(1.4) = 420,000원

**05.** 제조간접비 실제배부율 = 제조간접비(160,000)/총직접노무비(200,000) = 0.8원/직접노무비

제조간접비 실제배부액(B) = 실제조업도(40,000) × 실제조업도(0.8) = 32,000원

당기총제조원가 = 직접재료비(30,000) + 직접노무비(40,000) + 제조간접비(32,000) = 102,000원

**06.**

제조간접비

| | |
|---|---|
| ② 실제발생액<br>2,150,000원 | ① 예정배부액 |
| 과대배부 | 250,000원 |

예정배부액 = 실제발생액 + 과대배부액
= 2,400,000원

제조간접비 예정배부율 = 예정배부액(2,400,000) ÷ 실제조업도( 75,000) = 32원/직접노무시간

제조간접비 예상액(예산액) = 예정조업도(70,000) × 예정배부율(32) = 2,240,000원

**07.** 제조간접비 배부액(#101) = 실제조업도(600) × 예정배부율(2,700) = 1,620,000원

제품제조원가(#101) = 접재료비(1,350,000) + 직접노무비(2,880,000) + 제조간접비(1,620,000)
= 5,850,000원

제품 단위당 원가(#101) = 제품제조원가(5,850,000)/생산량(1,000단위) = 5,850원

Chapter 4

# 종합원가계산



**NCS회계 - 4** 원가계산 – 원가계산/원가정보활용

## 제1절 의의와 절차

### 1. 종합계산의 의의

종합원가계산이란 단일 종류의 제품을 **연속적으로 대량 생산**하는 경우에 적용되는 원가계산형태로서, 종류와 성격이 동일한 제품을 연속적으로 대량 생산하는 경영형태(소품종 대량생산)에 적합한 원가계산방법으로 전자제조업 · 화학업 · 제지업 · 철강업 · 정유업 등의 업종에서 주로 이용되고 있다.

종합원가계산은 **공정별로 원가계산**을 하는데 흐름은 다음과 같다.

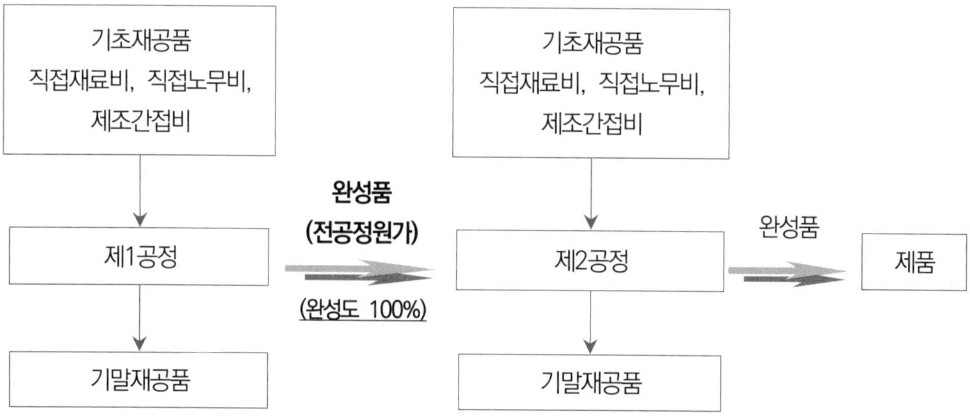

**재공품(1공정)**

| | | | |
|---|---|---|---|
| 기초재고 | XXX | 완 성 품 | XXX |
| 직접재료비 | XXX | | |
| 직접노무비 | XXX | | |
| 제조간접비 | XXX | | |
| | | 기말재고 | XXX |
| 계 | | 계 | |

**재공품(2공정)**

| | | | |
|---|---|---|---|
| 기초재고 | XXX | 제 품 | XXX |
| 전공정원가 | XXX | | |
| 직접재료비 | XXX | | |
| 직접노무비 | XXX | | |
| 제조간접비 | XXX | 기말재고 | XXX |
| 계 | | 계 | |

## 2. 종합원가계산의 종류

① 단순종합원가계산(단일공정종합원가계산)

단일제품, 단일공정을 통하여 연속적으로 생산하는 형태의 원가계산방법이다(예 : 얼음제조업).

② 공정별종합원가계산

동일 종류의 제품을 두 개 이상의 제조공정을 거쳐 연속적으로 대량생산하고 있는 경영에서 사용되는 원가계산방법이다(제지업, 제당업 등).

③ 조별종합원가계산

단일 종류가 아닌 여러 종류의 제품을 연속적으로 대량생산하는 경우에 제품의 종류마다 조를 설정하여 조별로 종합원가계산을 하는 방법이다(통조림제조, 자동차제조).

④ 등급별종합원가계산

동일한 공정에서 동일한 재료를 사용하여 계속적으로 동일한 종류의 제품을 생산하나 품질, 모양, 크기, 무게 등이 서로 다른 제품을 생산하는 기업에서 사용하는 원가계산방법이다(예 : 양조업, 제화업, 정유업).

## 3. 종합원가계산의 절차

**〈1단계〉 물량흐름파악**

**〈2단계〉 완성품환산량 계산**

**〈3단계〉 배분할 원가 요약(원가요소별로 기초재공품원가와 당기발생원가의 파악)**

**〈4단계〉 완성품환산량당 단위당 원가계산**

**〈5단계〉 완성품원가와 기말재공품원가 계산**

## 제2절 완성품환산량

종합원가계산에서는 완성품환산량을 기준으로 원가를 완성품과 기말재공품에 배부하게 된다. 여기서 완성품환산량이란 각 공정에서 수행한 총작업량을 완성품 기준으로 변형하는 경우에 환산되는 완성품의 수량을 의미한다. 즉 공정에서 수행한 작업량을 완성품 기준으로 변형한 가상적인 수치가 완성품 환산량이다.

**완성품환산량 = 수량 × 완성도(진척도)**

완성도는 원가요소별(주로 재료비, 가공비)로 파악되어야 함

예를 들어

기초재공품이 100개 당기 투입(착수)수량이 200개 인데, 기말에 완성품이 250개 기말재공품이 50개로서 기말재공품의 완성도가 50% 가정하자.

| 재 공 품 | | | | 완성도 | 완성품환산량 |
|---|---|---|---|---|---|
| 기초재공품<br>당기투입 | 100개<br>200개 | 완성품<br>기말재공품 | 250개<br>50개 | 100%<br>50% | 250개(250개×100%)<br>25개(50개×50%) |
| 계 | 300개 | 계 | 300개 | | 275개 |

## 제3절 평균법과 선입선출법(원가흐름의 가정)

### 1. 평균법

기초재공품(전기의 기말재공품)의 완성도를 무시하고 당기에 착수한 것으로 가정하여 기초재공품원가와 당기투입원가를 구별하지 않고 완성품과 기말재공품에 배부하는 방법이다.

재공품(평균법)

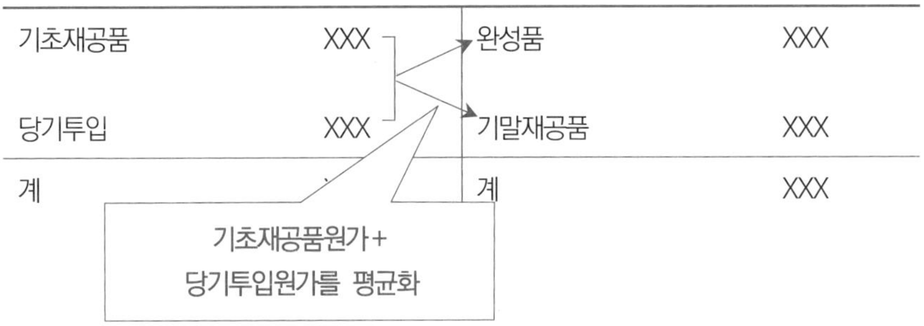


## 2. 선입선출법

기초재공품부터 먼저 완성시키고 난 후에 당기 투입 분을 완성시킨다는 가정하에 원가계산하는 방법이다. 선입선출법이 실제 물량흐름에 충실한 방법이다.

재공품(선입선출법)

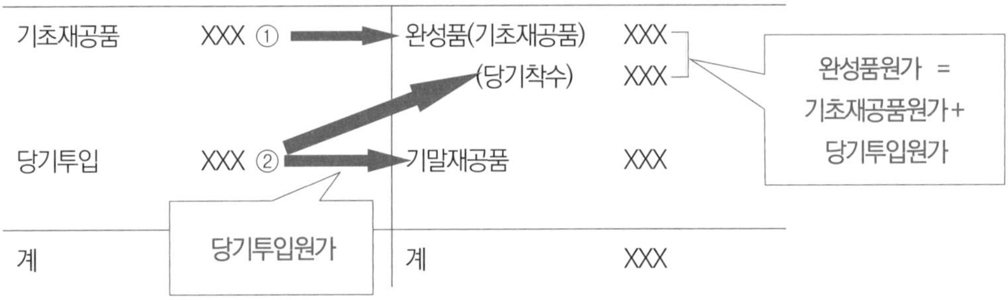


### <예제 4 - 1> 평균법과 선입선출법

1. 기초재공품 : 1,000개(가공비 진척도 40%)
2. 당기투입량 : 7,000개
3. 기말재공품 : 2,000개(가공비진척도 25%)
4. **재료비는 공정초에 투입되고 가공비는 공정전반에 걸쳐 균등하게 발생한다.**

평균법과 선입선출법에 의하여 완성품 환산량을 계산하시오.

**해답**

〈선입선출법과 평균법의 물량흐름〉

**재료비와 가공비로 나누는 이유는 투입시점이 다르기 때문에 구분한다.**

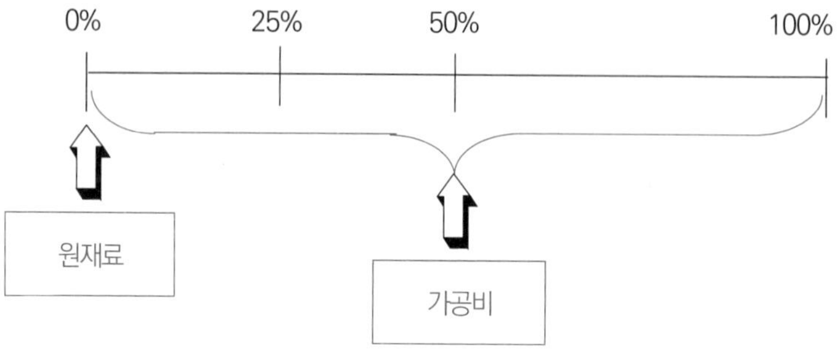


1. 평균법 : **기초재공품은 당기에 착수한 것으로 가정한다.**

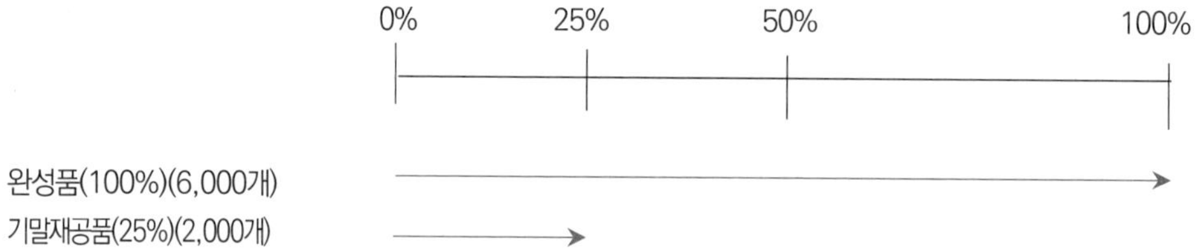


2. 평균법에 의한 완성품환산량

| 〈1단계〉물량흐름파악 | | | | 〈2단계〉완성품환산량 계산 | |
|---|---|---|---|---|---|
| 평균법 | | | | 재료비 | 가공비 |
| 기초재공품 | 1,000(40%) | 완성품 | 6,000(100%) | 6,000 | 6,000 |
| 당기투입 | 7,000 | 기말재공품 | 2,000(25%) | 2,000 | 500 |
| 계 | 8,000 | 계 | 8,000 | **8,000** | **6,500** |

3. 선입선출법 : **완성품을 기초재공품과 당기투입 완성분으로 나누어 계산한다.**

∴ 완성품

- **기초재공품(60%)(1,000개)** →
- 당기투입완성(100%)(5,000개) →

∴ 기말재공품(25%)(2,000개) →

4. 선입선출법에 의한 완성품환산량

| 〈1단계〉물량흐름파악 | | | | 〈2단계〉완성품환산량 계산 | |
|---|---|---|---|---|---|
| 선입선출법 | | | | 재료비 | 가공비 |
| <u>기초재공품</u> | <u>1,000(40%)</u> | 완성품 | 6,000 | | |
| | | <u>기초재공품</u> | <u>1,000(60%)</u> | 0 | 600 |
| | | <u>당기투입분</u> | <u>5,000(100%)</u> | 5,000 | 5,000 |
| 당기투입 | 7,000 | 기말재공품 | 2,000(25%) | 2,000 | 500 |
| 계 | 8,000 | 계 | 8,000 | **7,000** | **6,100** |
| | | <u>**평균법 – 선입선출법**</u> | | <u>**1,000**</u> | <u>**400**</u> |

선입선출법과 평균법의 수량차이는 <u>**기초재공품의 완성품 환산량차이다.**</u>

<u>**기초재공품의 완성품 환산량**</u> : 재료비 1,000×100%(완성도) = 1,000개
가공비 1,000× 40%(완성도) = 400개

if 0,
선입선출법 = 평균법

**완성품환산량(평균법) = 완성품환산량(선입선출법) + 기초재공품의 완성품 환산량**

## 제4절 공손

### 1. 기본개념

지금까지 100% 생산효율을 가정하여 종합원가계산을 살펴보았으나, 일반적으로 공정 특성상 일정량의 불량품이 발생한다.

공손품은 즉 **정상품에 비하여 품질이나 규격이 미달되는 불합격품**을 말한다.

공손이 발생한 경우 공손품원가를 어떻게 처리할 것인가의 문제가 발생되는데 정확한 제품원가계산을 위하여 공손을 인식하여 원가계산을 할 수도 있고, 정확성은 떨어지나 계산의 편의를 위하여 공손을 인식하지 않을 수도 있다.

**작업폐물(SCRAP)이란 투입된 원재료로부터 발생하는 찌꺼기나 조각을 말하며, 판매가치가 상대적으로 작은 것**을 말한다. 예를 들어 옷을 만들 때 들어가는 원단 중 남는 원단조각을 말한다.

〈공손의 흐름〉

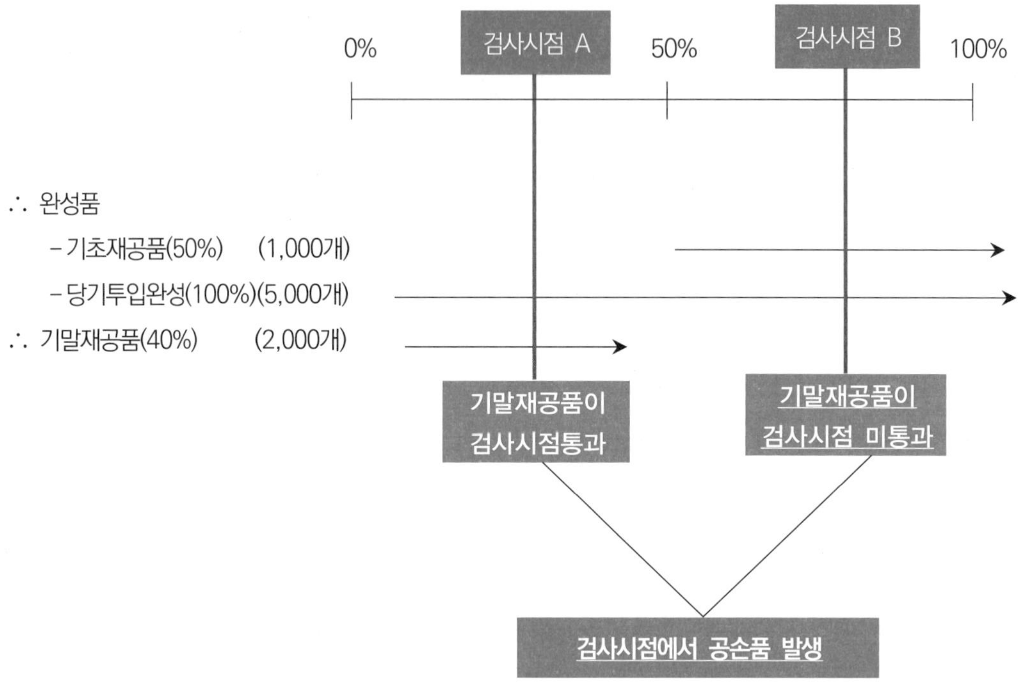


## 2. 정상공손과 비정상공손

① 정상공손

정상공손은 생산과정에서 어쩔 수 없이 발생하는 공손을 말하는 것으로 이것은 기업이 통제할 수 없는 공손이다.

이러한 정상공손원가는 정상품(완성품)원가와 기말재공품에 가산하여야 한다.

공정에서 정상품과 공손품의 판단은 검사시점에서 한다.

만약 하자가 발생하였다면 검사시점에서 공손품으로 분류하고, 하자가 없다고 판단하면 정상품으로 분류한다.

따라서 **정상공손원가는 기말재공품이 검사시점을 통과하였으면 완성품과 기말재공품에 배분하고 기말재공품이 검사시점을 미통과하였으면 완성품에만 배분한다.**

② 비정상공손

비정상공손은 갑작스런 정전, 기계 고장, 작업자의 부주의로 발생하는데, 제조활동을 효율적으로 수행하면 방지할 수 있는 통제가능한 공손으로서 **비정상공손원가는 영업외비용으로 처리**한다.

〈공손품 회계처리〉

| | | | |
|---|---|---|---|
| 정상공손원가 | 제조원가 | 기말재공품이 검사시점 통과 | 완성품과 기말재공품에 배부 |
| | | 기말재공품이 검사시점 미통과 | 완성품에만 배부 |
| 비정상공손원가 | 영업외비용 | | |

## 제5절 개별원가계산과 종합원가계산의 비교

| 구 분 | 개별(작업별)원가계산 | 종합원가계산 |
|---|---|---|
| 적용생산형태 | **주문생산**<br>(다품종소량생산) | **대량연속생산**<br>(소품종대량생산) |
| 업 종 | 조선업, 건설업, 항공기제조업 | 자동차, 전자제품, 정유업 |
| **원 가 계 산** | **작업별원가계산**<br>**(제조지시서, 작업원가표)** | **공정별원가계산**<br>**(제조원가보고서)** |
| 특 징 | 1. **정확한 원가계산**<br>2. 시간과 비용이 과다<br>(직 · 간접비 구분)<br>3. **핵심과제 : 제조간접비 배부** | 1. **지나친 단순화로 정확도가 떨어진다.**<br>2. 시간과 비용이 절약<br>(투입시점에 따라 원가구분)<br>3. **핵심과제 : 완성품환산량** |

# 연/습/문/제

## 객관식

**01.** 다음은 종합원가계산에서 원가를 기말재공품과 완성품에 배부하기 위한 절차이다. 올바른 순서는?

| | |
|---|---|
| ⓐ 완성품환산량 단위당 원가의 계산 | ⓑ 완성품과 기말재공품의 원가계산 |
| ⓒ 물량흐름의 파악 | ⓓ 배부될 원가의 요약 |
| ⓔ 완성품환산량의 계산 | |

① ⓔ-ⓐ-ⓒ-ⓓ-ⓑ
② ⓒ-ⓔ-ⓓ-ⓐ-ⓑ
③ ⓓ-ⓔ-ⓐ-ⓒ-ⓑ
④ ⓓ-ⓒ-ⓔ-ⓐ-ⓑ

**02.** 다음 중 종합원가계산의 특징이 아닌 것은?

① 작업원가표 작성
② 제조공정별로 원가집계
③ 제조원가보고서 작성
④ 동종제품을 대량으로 생산하는 기업

**03.** 종합원가계산을 사용해야 하는 경우는?

① 동종의 유사제품을 대량 생산하는 경우
② 주문을 받고 그 주문내역에 따라 생산하는 경우
③ 다양한 품질의 제품이 한 개씩 생산되는 경우
④ 제조지시서별로 원가를 구분, 집계하여 계산하려고 하는 경우

**04.** 석유화학산업, 제지업, 시멘트제조업, 식품가공업 등과 같이 표준화된 작업공정을 통해 주로 동종제품을 대량생산하는 제조환경에서 사용하는 생산형태에 따른 원가계산방법은?

① 개별원가계산 ② 표준원가계산
③ 종합원가계산 ④ 실제원가계산

**05.** 종합원가계산하에서는 원가흐름 또는 물량흐름에 대해 어떤 가정을 하느냐에 따라완성품환산량이 다르게 계산된다. 다음 중 평균법에 대한 설명으로 틀린 것은?

① 전기와 당기발생원가를 구분하지 않고 모두 당기발생원가로 가정하여 계산한다.
② 계산방법이 상대적으로 간편하다.
③ 원가통제 등에 보다 더 유용한 정보를 제공한다.
④ 완성품환산량 단위당 원가는 총원가를 기준으로 계산된다.

**06.** 다음 중 종합원가계산에서 재료비와 가공비의 완성도에 관계없이 완성품환산량의 완성도가 항상 가장 높은 것은 무엇인가?

① 가공비 ② 직접노무원가
③ 전공정원가 ④ 직접재료원가

**07.** 다음 중 공손에 대한 회계처리 중 틀린 것은?

① 공손이 정상적인가 아니면 비정상적인가를 고려하여야 한다.
② 정상적 공손은 제품원가의 일부를 구성한다.
③ 공손은 어떠한 경우에나 원가로 산입하지 않고 영업외비용으로 처리한다.
④ 공손의 비중이 적은 경우에는 공손을 무시한 채 회계처리하는 경우도 있다.

**08.** 선입선출법에 따른 종합원가계산에 관한 다음 설명 중 가장 옳지 않은 것은?

① 먼저 제조착수된 것이 먼저 완성된다고 가정한다.
② 기초재공품이 없는 경우 제조원가는 평균법과 동일하게 계산된다.
③ 완성품환산량은 당기 작업량을 의미한다.
④ 전기의 성과를 고려하지 않으므로 계획과 통제 및 성과평가목적에는 부합하지 않는다.

**09.** 다음은 개별원가계산과 종합원가계산에 대한 설명이다. 다음 중 가장 틀린 것은?

① 제분업, 시멘트생산업 등은 종합원가계산에 적합하다.
② 작업원가표를 작성하는 것은 개별원가계산이다.
③ 다품종소량생산의 형태는 개별원가계산을 적용한다.
④ 종합원가계산은 개별원가계산에 비해 제조간접비배부문제가 중요하다.

**10.** 개별원가계산과 종합원가계산의 차이점을 설명한 것 중 틀린 것은?

① 개별원가계산은 다품종 소량주문 생산, 종합원가계산은 동종제품 대량 생산하는업종에 적합하다.
② 개별원가계산은 각 작업별로 원가를 집계하나 종합원가계산은 공정별로 원가를집계한다.
③ 개별원가계산은 제조지시서별로 개별원가계산표를 작성하며, 종합원가계산은 공정별로 제조원가보고서를 작성한다.
④ 개별원가계산은 완성품환산량을 기준으로 원가를 완성품과 기말재공품에 배부하며, 종합원가계산은 작업원가표에 의해 원가를 배부한다.

**11.** 종합원가계산방법과 개별원가계산방법에 대한 내용으로 올바르게 연결된 것은?

| | 구분 | 종합원가계산방법 | 개별원가계산방법 |
|---|---|---|---|
| ① | 핵심과제 | 제조간접비 배분 | 완성품환산량 계산 |
| ② | 업 종 | 조선업 | 통조림제조업 |
| ③ | 원가집계 | 공정 및 부문별 집계 | 개별작업별 집계 |
| ④ | 장 점 | 정확한 원가계산 | 경제성 및 편리함 |

**12.** 종합원가계산은 원가흐름에 대한 가정에 따라 완성품환산량에 차이가 있다. 이에 관한 설명 중 옳지 않은 것은?

① 평균법은 기초재공품원가와 당기투입원가를 구분하지 않고 모두 당기 발생원가로 가정한다.
② 선입선출법은 기초재공품부터 먼저 완성되고 난 후, 당기 투입분을 완성시킨다고 가정한다.
③ 기초재공품이 없을 경우 선입선출법과 평균법의 완성품환산량은 동일하다.
④ 재료비의 경우 공정초에 투입된다고 가정할 경우와 공정 전반에 걸쳐 균등하게 발생한다고 가정할 경우에 기말재공품의 완성품환산량은 차이가 없다.

**13.** 다음 중 종합원가계산에 대한 설명으로 옳지 않은 것은?

① 동종 제품의 연속 대량생산에 적합한 원가계산방식이다.

② 선입선출법에 의한 원가계산은 평균법에 의한 원가계산보다 간단하여 정확성이 떨어진다.

③ 원가흐름 또는 물량흐름의 가정을 어떻게 하느냐에 따라 완성품환산량은 다르게 계산된다.

④ 기초재공품이 없는 경우 제조원가는 평균법과 선입선출법 중 어느 것을 적용해도 동일하다.

## 주관식

**01.** 다음 자료를 보고 평균법에 의한 재료비의 완성품환산량을 계산하면 얼마인가?

- 기초재공품 : 12,000단위 (완성도 : 60%)
- 기말재공품 : 24,000단위 (완성도 : 40%)
- 착 수 량 : 32,000단위
- 완성품수량 : 20,000단위
- 원재료와 가공비는 공정전반에 걸쳐 균등하게 발생한다.

**02.** (주)전진은 평균법에 의한 종합원가계산을 하고 있다. 재료비는 공정시작 시점에서 전량 투입되며, 가공원가는 공정 전반에 걸쳐 고르게 투입된다. 다음 자료를 통하여 완성품환산량(재료비, 가공비)은?

- 기초재공품 : 0개
- 착수수량 : 500개
- 완성수량 : 400개
- 기말재공품 : 100개(완성도 50%)

**03.** 종합원가계산을 이용하는 기업의 가공비 완성품환산량을 계산하면 얼마인가?

- 기초재공품 : 2,000개(완성도 30%)
- 당기착수량 : 8,000개
- 당기완성품 : 7,000개
- 기말재공품 : 3,000개(완성도 30%)
- 재료는 공정초에 전량 투입되고, 가공비는 공정전반에 걸쳐 균등하게 투입된다.
- 원가흐름에 대한 가정으로 선입선출법을 사용하고 있다.

**04.** 기초재공품은 20,000개(완성도 20%), 당기완성품 수량은 170,000개, 기말재공품은 10,000개(완성도 40%)이다. 평균법과 선입선출법의 가공비에 대한 완성품환산량의 차이는 얼마인가? 단, 재료는 공정초에 전량 투입되고, 가공비는 공정전반에 걸쳐 균등하게 투입된다.

**05.** 평균법으로 종합원가계산을 하고 있다. 기말재공품 200개에 대하여 재료비는 공정초기에 모두 투입되고, 가공비는 제조 진행에 따라 80%를 투입하고 있다. 만일 완성품 환산량 단위당 재료비와 가공비가 각각 380원, 140원이라면, 기말재공품의 원가는 얼마인가?

**06.** 당사는 선입선출법으로 종합원가계산을 하고 있다. 다음 자료에 따라 계산하는 경우 기말재공품의 원가는 얼마인가?

- 완성품환산량 단위당 재료비 : 350원
- 완성품환산량 단위당 가공비 : 200원
- 기말재공품 수량 : 300개(재료비는 공정초기에 모두 투입되고, 가공비는 80%를 투입)

# 연/습/문/제 답안

객관식

| 1 | 2 | 3 | 4 | 5 | 6 | 7 | 8 | 9 | 10 | 11 | 12 | 13 | | |
|---|---|---|---|---|---|---|---|---|---|---|---|---|---|---|
| ② | ① | ① | ③ | ③ | ③ | ③ | ④ | ④ | ④ | ③ | ④ | ② | | |

[풀이 - 객관식]

02. 작업원가표 작성은 개별원가계산을 위한 서류이다.

05. 전기와 당기발생원가를 각각 구분하여 완성품환산량을 계산하기 때문에 보다 **정확한 원가계산이 가능**하고 **원가통제 등에 더 유용한 정보**를 제공하는 **물량흐름의 가정은 선입선출법**이다.

06. 전공정원가는 전공정에서 원가가 모두 발생하였기 때문에 100%로 계산된다. 따라서 완성도에 관계없이 항상 완성품환산량의 완성도가 항상 가장 높은 것은 전공정원가이다.

07. **비정상적 공손은 영업외비용**으로 처리한다.

08. 선입선출법은 당기작업량과 당기투입원가에 중점을 맞추고 있으므로 계획과 통제 및 제조부문의 성과평가에도 유용한 정보를 제공할 수 있다.

09. 개별원가계산은 다품종소량생산으로 여러 제품에 대한 제조간접비배부가 중요하다. 종합원가계산은 동일제품의 대량생산으로 제조간접비의 배부는 개별원가계산에 비해 중요치 않다.

10. 종합원가계산은 완성품환산량을 기준으로 원가를 완성품과 기말재공품에 배부하며, 개별원가계산은 작업원가표에 의해 원가를 배부한다.

11.

| 구분 | 종합원가계산 | 개별원가계산 |
|---|---|---|
| 핵심과제 | 완성품환산량 계산 | 제조간접비 배분 |
| 업 종 | 통조림제조업 | 조선업 |
| 원가집계 | 공정 및 부문별 집계 | 개별작업별 집계 |
| 장 점 | 경제성 및 편리함 | 정확한 원가계산 |

12. 재료비의 경우 공정초에 전량 투입될지, 공정 전반에 걸쳐 균등하게 투입될지에 따라 당기완성품과 기말재공품의 완성품환산량은 차이가 발생한다.

13. 평균법에 의한 원가계산과 다르게 선입선출법에 의한 원가계산은 당기완성품을 전기착수분과 당기착수분을 구분하여 계산하기 때문에 복잡하지만 당기투입원가에 대한 당기완성품환산량으로 나누어 단위당 원가를 계산하기 때문에 평균법에 비해 정확하다.

## 주관식

| | | | | | |
|---|---|---|---|---|---|
| 1 | 29,600단위 | 2 | 재료비 : 500개<br>가공비 : 450개 | 3 | 7,300개 |
| 4 | 4,000개 | 5 | 98,400원 | 6 | 153,000원 |

[풀이 - 주관식]

01.

| 평균법 | | | 재료비, 가공비 |
|---|---|---|---|
| | 완성품 | 20,000(100%) | 20,000 |
| | 기말재공품 | 24,000(40%) | 9,600 |
| | 계 | 44,000 | ***29,600*** |

02.

| 평균법 | | | 재료비 | 가공비 |
|---|---|---|---|---|
| | 완성품 | 400 | 400 | 400 |
| | 기말재공품 | 100 (50%) | 100 | 50 |
| | 계 | 500 | ***500*** | ***450*** |

03.

| 선입선출법 | | | 재료비 | 가공비 |
|---|---|---|---|---|
| | 완성품 | | | |
| | 기초재공품 | 2,000 (70%) | 0 | 1,400 |
| | 당기착수 | 5,000 (100%) | 5,000 | 5,000 |
| | 기말재공품 | 3,000 (30%) | 3,000 | 900 |
| | 계 | 10,000 | 8,000 | ***7,300*** |

04. **평균법과 선입선출법의 차이는 기초재공품의 완성품환산량 차이**임.

기초재공품 20,000개×20%(가공비완성도) = 4,000개

05.

| 평균법 | | | 재료비 | 가공비 |
|---|---|---|---|---|
| | | | | |
| | 기말재공품 | 200개(80%) | 200개 | 160개 |
| | 계 | | | |
| 단위당 원가 | | | @380원 | @140원 |

기말재공품원가 = 200개×@380원 + 160개×@140원 = 98,400원

**06.** <1단계> **물량흐름파악(선입선출법)** <2단계> **완성품환산량 계산**

| 선입선출법 | | | 재료비 | 가공비 |
|---|---|---|---|---|
| | 완성품 | | | |
| | <u>–기초재공품</u> | | | |
| | –당기투입분 | | | |
| | 기말재공품 | 300(80%) | 300 | 240 |
| | 계 | | | |

<3단계> **원가요약(당기투입원가)**

<4단계> **완성품환산량당 단위원가** @350 @200

<5단계> **완성품원가와 기말재공품원가계산**

－기말재공품원가＝300개×@350원＋240개×@200원＝153,000원

# Part III

# 부가가치세

Chapter

# 부가가치세의 기본개념

1

로그인 전산회계 1급

NCS세무 - 3 부가가치세 신고

## 제1절 조세의 기본개념

### 1. 조세의 의의

조세란 국가/지방자치단체(과세주체)가 경비충당을 위한 재정수입을 목적으로 법률에 규정된 과세요건을 충족한 모든 자에게 직접적 반대급부없이 부과하는 금전을 말한다.

### 2. 조세의 분류

| 구 분 | | 내 용 |
|---|---|---|
| 1. 조세부과주체 | 국세 | 국가가 국민에게 부과하는 조세<br>예) 법인세, 소득세, 부가가치세 등 |
| | 지방세 | 지방자치단체가 국민에게 부과하는 조세<br>예) 취득세, 재산세, 자동차세 등 |
| 2. 사용용도지정 | 목적세 | 조세의 용도가 특별히 지정되어 있는 조세<br>예) 농어촌특별세, 교육세 등<br>☞**농어촌특별세 : 농 · 어업의 경쟁력 강화와 농어촌의 산업기반시설의 확충에 필요한 재원에 충당하기 위하여 과세하는 세금**<br>**교육세 : 교육을 수행하는데 필요한 경비를 조달할 목적으로 징수하는 조세** |

| 구 분 | | 내 용 |
|---|---|---|
| 2. 사용용도지정 | 보통세 | 조세의 용도가 특별히 지정되어 있지 않는 조세<br>예) 대부분의 조세 |
| 3. 담세자와 납세의무자가 동일한지 여부 | 직접세 | 조세를 부담하는 자(담세자)와 납부하는 자(납세자)가 동일한 조세<br>예) 법인세, 소득세, 상속세, 증여세 등<br>☞**상속세 : 사망을 원인으로 그 재산이 가족 등에게 무상으로 이전되는 경우 상속재산에 부과하는 세금**<br>**증여세 : 재산을 무상으로 받은 경우에 당해 증여받은 재산에 대하여 부과되는 세금** |
| | 간접세 | 조세를 부담하는 자와 조세를 납부하는 자가 동일하지 아니한 조세<br>예) 부가가치세, 개별소비세, 주세 등<br>☞**개별소비세 : 특정물품(주로 사치품)이나 특정장소(골프장 등)의 입장 및 특정장소에서의 영업행위에 대하여 부과하는 세금**<br>**주세 : 주류에 붙이는 세금** |
| 4. 납세의무자의 인적사항 고려여부 | 인세 | 납세의무자의 담세능력(인적사항)을 고려하여 부과하는 조세<br>예) 법인세, 소득세, 상속세, 증여세 등 |
| | 물세 | 납세의무자의 담세능력을 고려하지 않고 수익 또는 재산 그 자체에 대하여 부과하는 조세<br>예) 부가가치세, 재산세, 자동차세 |

## 3. 조세의 이해

### (1) 납세의무자

세법에 의하여 조세를 납부할 의무가 있는 자를 말한다.

### (2) 납세자

납세의무자와 세법에 따라 국세를 징수하여 납부할 의무를 지는 자(원천징수의무자)를 말한다.

### (3) 과세대상(세원)

국민에게 부과 · 징수하는 세금의 대상되는 소득 · 재산 등을 말한다.

소득세는 개인의 소득이, 법인세는 법인의 소득이, 부가가치세는 재화 또는 용역의 공급이 과세대상이 된다.

### (4) 과세기간

과세표준을 계산하기 위한 시간적 단위를 말한다.

### (5) 과세표준

세액산출의 기초가 되는 과세대상의 수량 또는 금액이 된다.

### (6) 세율

세금으로 부과 · 징수하기 위하여 세법에서 규정하고 있는 율을 말하며, 과세표준에 세율을 곱하여 산출된 금액을 산출세액이라고 한다.

## 제2절 부가가치세의 의의

### 1. 부가가치란?

부가가치란 재화 또는 용역이 생산되거나 유통되는 각각의 거래단계에서 새로이 창출된 가치의 증가분을 말한다. 이러한 부가가치를 과세대상으로 하는 조세를 부가가치세라 한다.

즉 기업의 매출액에서 매입액을 차감하면, 그 기업의 부가가치가 된다.

그러한 부가가치에 세율을 곱하면 부가가치세가 된다.

**부가가치 = 매출액 – 매입액**

맥주회사 제품의 생산과 유통흐름을 보면 다음과 같다.

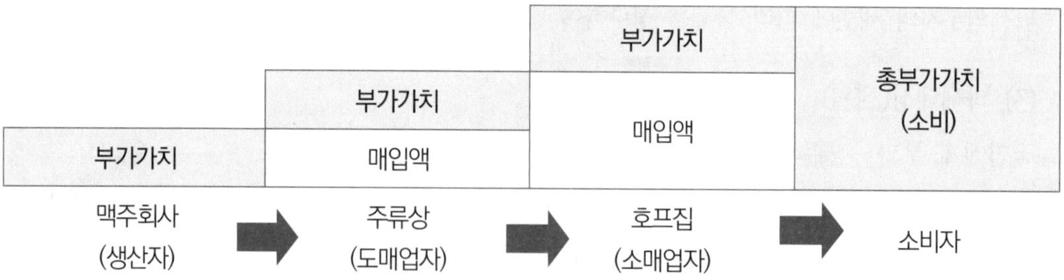

## 2. 부가가치세

**부가가치를 과세대상으로 하는 조세를 부가가치세**라 한다.

부가가치세 세율은 10%로 규정하고 있으며, 또한 예외적으로 0%도 있다.

부가가치세 = 부가가치 × 10%(세율)
= (매출액 − 매입액) × 10% ← 전단계거래액공제법
= 매출액 × 10% − 매입액 × 10%
= 매출세액 − 매입세액 ← **전단계세액공제법**

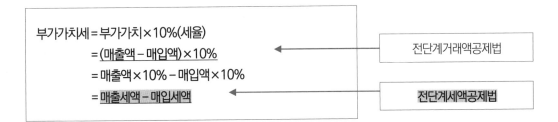

즉 부가가치세는 매출세액에서 매입세액을 차감하여 계산한다.

우리나라는 전단계세액공제법을 채택하고 있으며, 매입세액은 매입시 교부받은 세금계산서 등에 의하여 확인되는 매입세액만을 공제하여 준다.

## 3. 부가가치의 흐름(전단계세액공제법)

불일치 → 간접세

| | 사업자(납세의무자) | ≠ | | 소비자 (담세자) |
|---|---|---|---|---|
| | 맥주회사 | **주류상** | 호프집 | |
| 부가가치 | 10,000 | **5,000** | 3,000 | **18,000(소비)** |
| 공급가액 | 10,000 | **15,000** | 18,000 | |
| 매출세액(A) | 1,000* | **1,500*** | 1,800* | |
| 매입세액(B) | 0 | **1,000** | 1,500 | |
| 납부세액(A − B) | 1,000 | **500** | 300 | **1,800(부담)** |

납부 납부 납부

(사업장 관할세무서장)

* 공급자가 공급받는 자로부터 거래징수하고 세금계산서를 교부

[주류상의 회계처리]

| | | | | | | |
|---|---|---|---|---|---|---|
| ① 맥주 구입시 | (차) | 상 품<br>**부가세대급금**<br>**(매입세액)** | 10,000<br>1,000 | (대) | 현 금 | 11,000 |
| ② 맥주 판매시 | (차) | 현 금 | 16,500 | (대) | 상품매출<br>**부가세예수금**<br>**(매출세액)** | 15,000<br>1,500 |
| ③ 부가가치세 납부시 | (차) | 부가세예수금 | 1,500 | (대) | 부가세대급금<br>현 금 | 1,000<br>500 |

사업자가 부가가치세가 과세되는 재화나 용역을 공급 시 판매가액(공급가액)과 그에 대한 부가가치세(판매가액의 10%)를 공급받는 자에게 거래징수한다. 여기서 판매가액은 매출이라는 수익계정으로 회계처리하고 부가가치세는 관할세무서에 납부해야 하므로 부가세예수금(유동부채)이라는 계정으로 회계처리 한다. 이러한 부가세예수금은 나중에 부가가치세 신고 시 관할 세무서에 납부하면 된다. 반대로 공급받는 자가 부담한 매입세액은 나중에 부가가치세 신고 시 돌려받으므로(매출세액에서 차감) 부가세대급금(유동자산)으로 회계처리 한다.

### <예제 1 - 1> 부가가치세 회계처리

㈜백두와 거래상대방(㈜청계, ㈜설악)의 다음 거래를 분개하시오.

1. 8월 1일 ㈜청계로부터 원재료 10,000,000원(부가가치세 별도)을 현금구입하고, 전자세금계산서를 수취하다. ㈜청계는 제품매출에 해당한다.
2. 9월 1일 현대자동차로부터 영업목적으로 화물차를 현금 20,000,000원(부가가치세 별도)에 구입하고 전자세금계산서를 수취하다.
3. 9월 25일 ㈜설악에 제품을 50,000,000원(부가가치세별도) 외상판매하고 전자세금계산서를 발급하다. ㈜설악은 판매목적으로 구입하다.
4. 9월 30일 2기 예정부가가치세 신고분에 대하여 부가가치세 예수금과 대급금을 상계처리하고 잔액을 10월 25일 납부할 예정이다.
5. 10월 25일 ㈜백두는 관할세무서에 부가가치세를 현금납부하다.

**해답**

| | | | | | |
|---|---|---|---|---|---|
| 1. | ㈜백두<br>(공급받는자) | (차) 원 재 료<br>부가세대급금 | 10,000,000<br>1,000,000 | (대) 현 금 | 11,000,000 |
| | ㈜청계<br>(공급자) | (차) 현 금 | 11,000,000 | (대) 제 품 매 출<br>부가세예수금 | 10,000,000<br>1,000,000 |
| 2. ㈜백두<br>(공급받는자) | | (차) 차량운반구<br>부가세대급금 | 20,000,000<br>2,000,000 | (대) 현 금 | 22,000,000 |
| 3. | ㈜백두<br>(공급자) | (차) 외상매출금 | 55,000,000 | (대) 제 품 매 출<br>부가세예수금 | 50,000,000<br>5,000,000 |
| | ㈜설악<br>(공급받는자) | (차) 상 품<br>부가세대급금 | 50,000,000<br>5,000,000 | (대) 외상매입금 | 55,000,000 |
| 4. ㈜백두<br>(납세의무자) | | (차) 부가세예수금 | 5,000,000 | (대) 부가세대급금<br>미지급세금 | 3,000,000<br>2,000,000 |
| | | 1. 매출세액(부가세예수금) = 5,000,000<br>2. 매입세액(부가세대급금) = (1,000,000 + 2,000,000) = 3,000,000<br>3. 납부할세액 = 1 − 2 = 2,000,000 | | | |
| 5. ㈜백두 | | (차) 미지급세금 | 2,000,000 | (대) 현 금 | 2,000,000 |

## 4. 현행 부가가치세의 특징

| 구 분 | 내 용 |
|---|---|
| **일반소비세** | 원칙적으로 모든 재화 또는 용역의 공급에 대하여 모두 과세하는 일반소비세이다.<br>(특정 재화 등 개별소비세) |
| **소비형 부가가치세** | 소비지출에 해당하는 부가가치만을 과세대상으로 하고, 투자지출(자본재구입)에 해당하는 부가가치에 대해서는 과세하지 아니하는 소비형 부가가치세제를 채택하고 있다. |
| **전단계 세액공제법** | 부가가치세법은 전단계세액공제법을 채택하고 있으므로 과세대상을 부가가치가 아니라 거래(즉 재화 또는 용역의 공급과 재화의 수입)간의 매출과 매입의 차이에 과세하는 것으로 규정하고 있다. |
| **간접세** | 납세의무자는 부가가치세법상 사업자 등이고 담세자는 최종소비자이다. |

| 구 분 | 내 용 |
|---|---|
| **소비지국과세 원칙(영세율)** | 현행 부가가치세법에서는 국가 간의 이중과세를 조정하기 위하여 소비지국과세원칙을 채택하고 있다(VS 생산지국 과세원칙). |
| **면세제도 도입** | 현행 부가가치세법에서는 **세부담의 역진성을 완화**하기 위하여 특정 재화 또는 용역의 공급에 대해서는 부가가치세 과세대상에서 제외시키는 면세제도를 두고 있다.<br>☞ **세부담 역진성 : 소득이 낮은 사람이 세부담을 더 많이 지는 것을 의미한다.** |
| **다단계거래세** | 부가가치세는 재화와 용역의 생산과정에서 소비과정에 이르는 모든 유통단계에서 각 단계마다 과세하는 다단계 거래세이다. |

**〈소비지국 과세원칙〉**

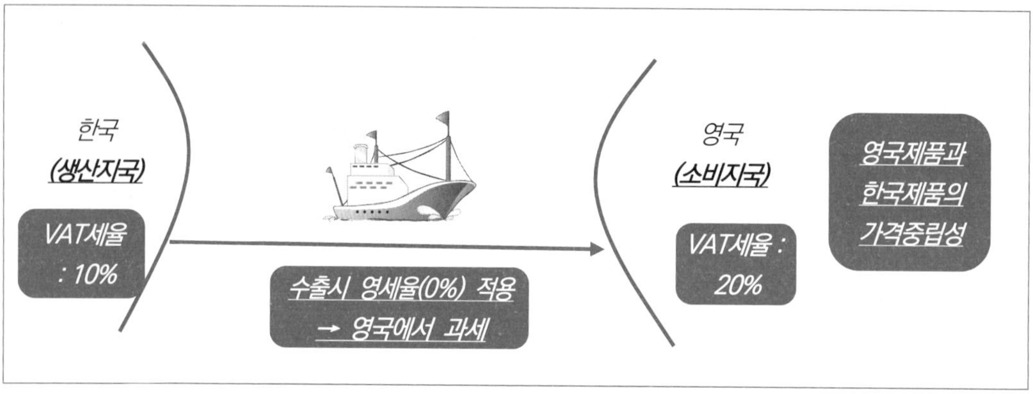


재화의 생산지에서 과세하지 않고 소비지에서 과세(부가가치세)하는 것을 말하는 것으로서 이렇게 되면 생산지(한국 10%)와 소비지(영국 20%)의 세율이 달라도 소비지에서만 과세하므로 영국 내에서 영국제품과 한국제품간의 가격의 중립성을 확보하게 된다. 또한 수입하는 재화에 대해서도 한국에서 10%의 부가가치세를 세관장이 징수하게 된다.

# 제3절 납세의무자

## 1. 납세의무자의 개요

부가가치세의 납세의무자는 사업자이고, 부가가치세의 부담은 최종소비자가 진다.

## 2. 사업자

### (1) 사업자의 개념

부가가치세법상 납세의무자는 사업자이다. 즉 사업자란 **영리목적의 유무에 불구(국가나 지방자치단체 등도 포함)하고** 사업상 독립적으로 재화 또는 용역을 공급하는 자이다.

① **<u>계속 반복적으로 재화나 용역을 공급</u>**한다.

② **<u>사업이 독립성(인적, 물적)</u>**이 있어야 한다.

### (2) 사업자의 분류

| 유 형 | | 구 분 기 준 | 부가가치세 계산구조 | 증빙발급 |
|---|---|---|---|---|
| 부가가치세법 | 일반과세자 | ① 법인사업자 | 매출세액 – 매입세액 | **<u>세금계산서</u>** |
| | | ② 개인사업자 | | |
| | 간이과세자 | 개인사업자로서 직전 1역년의 공급대가가 1억4백만원에 미달하는 자 | 공급대가*1 × 부가가치율 × 10% | 세금계산서*2 또는 영수증 |
| 소득세법 | 면세사업자 | 부가가치세법상 사업자가 아니고 소득세법(법인세법)상 사업자임. | 납세의무 없음 | **<u>계산서</u>** |

*1. 공급대가 = 공급가액 + 부가가치세액

*2. 직전연도 공급대가 합계액의 4,800만원 이상의 간이과세자는 세금계산서를 발급해야 한다.

## 제4절 납세지(사업장별 과세원칙)

### 1. 납세지의 개념

납세지란 관할세무서를 결정하는 기준이 되는 장소를 말하며, 부가기치세법상 납세지는 사업장별로 판정한다. 사업자는 각 사업장별로 다음과 같은 납세의무의 이행을 하여야 한다.

① 사업자등록

② 세금계산서의 발급 및 수취

③ 과세표준 및 세액의 계산

④ 신고 · 납부 · 환급

⑤ 결정 · 경정 및 징수

☞ 결정 : 법인이 무신고시 과세관청이 납세의무를 확정하는 것
경정 : 법인이 신고한 금액에 오류가 있어 과세관청이 재확정하는 것

### 2. 사업장

(1) 사업장의 범위 : **업종별 특성을 이해하세요.**

| 구 분 | 사 업 장 |
|---|---|
| 광업 | 광업사무소의 소재지 |
| **제조업** | **최종제품을 완성하는 장소** |
| **건설업 · 운수업과 부동산매매업** | ① 법인 : **당해 법인의 등기부상 소재지**<br>② 개인 : **업무를 총괄하는 장소** |
| **부동산임대업** | **당해 부동산의 등기부상의 소재지** |
| 수자원개발사업 | 그 사업에 관한 업무를 총괄하는 장소 |
| **무인자동판매기를 통한 사업** | 그 사업에 관한 **업무를 총괄하는 장소** |
| 비거주자 · 외국법인 | 국내사업장 |
| 기타 | 사업장 외의 장소도 사업자의 신청에 의하여 사업장으로 등록할 수 있다.<br>다만, 무인자동판매기를 통한 사업의 경우에는 그러하지 아니하다. |

### (2) 특수한 경우의 사업장 여부

| | |
|---|---|
| 직 매 장 | 사업자가 자기의 사업과 관련하여 생산 또는 취득한 재화를 직접 판매하기 위하여 특별히 판매시설을 갖춘 장소를 직매장이라 하고, **직매장은 사업장에 해당한다.** |
| 하 치 장 | 재화의 보관, 관리시설만을 갖춘 장소로서 사업자가 설치신고를 한 장소를 하치장이라 하며 **이러한 하치장은 사업장에 해당하지 않음** |
| 임시사업장 | 기존사업장이 있는 사업자가 그 사업장 이외에 각종 경기대회·박람회·기타 이와 유사한 행사가 개최되는 장소에서 임시로 개설한 사업장을 말한다. 기존사업장에 포함된다. |

## 3. 사업장별과세원칙의 예외 : 주사업장 총괄납부, 사업자단위과세제도

| 구 분 | 주사업장총괄납부 | 사업자단위과세 |
|---|---|---|
| 주사업장 또는 사업자단위 과세사업장 | -법인 : 본점 또는 지점<br>-개인 : 주사무소 | -법인 : 본점<br>-개인 : 주사무소 |
| 효 력 | -**총괄납부** | -**총괄신고·납부**<br>-**사업자등록, 세금계산서 발급, 결정 등** |
| | **-판매목적 타사업장 반출에 대한 공급의제 배제** | |
| 신청 및 포기 | -계속사업자의 경우 과세기간 개시 20일 전(승인사항이 아니다) | |

# 제5절 과세기간

## 1. 과세기간

과세기간이란 과세표준과 세액계산에 기초가 되는 일정기간을 말한다. 부가가치세법상 과세기간은 원칙적으로 제1기(1.1~6.30), 제2기(7.1~12.31)로 나누어져 있다.

사업자는 **과세기간 종료일(폐업하는 경우에는 폐업일이 속하는 달의 말일)로부터 25일 이내에 과세기간의 과세표준과 세액을 신고·납부**를 해야 하는데 이를 확정신고납부라고 한다.

| 구 분 | 과 세 기 간 |
|---|---|
| 과 세 사 업 자 | (제1기) 1월 1일부터 6월 30일까지<br>(제2기) 7월 1일부터 12월 31일까지 |
| 간 이 과 세 자 | (제1기) 1월 1일부터 12월 31일까지 |
| 신 규 사 업 자 | ① 신규사업자의 경우 : 사업개시일*1 ~ 당해 과세기간의 종료일<br>② 사업개시 전 등록의 경우 : 등록일(등록신청일) ~ 당해 과세기간의 종료일 |
| 폐 업 자 | ① 폐업자의 경우 : 당해 과세기간 개시일 ~ 폐업일**(폐업일이 속하는 달의 다음달 25일까지 신고납부)**<br>② 사업개시 전에 등록한 후 사업을 미개시한 경우 : 등록일(등록신청일) ~ 사실상 그 사업을 개시하지 아니하게 되는 날 |

*1. 사업개시일

| 제조업 | 제조장별로 재화의 제조를 개시하는 날 |
|---|---|
| 광 업 | 사업장별로 광물의 채취·채광을 개시하는 날 |
| 기 타 | 재화 또는 용역의 공급을 개시하는 날 |

## 2. 예정신고기간

부가가치세법은 각 과세기간마다 예정신고기간을 설정하여 사업자에게 예정신고기간에 대한 과세표준과 세액을 **예정신고기한이 종료되는 날로부터 25일 이내에 신고·납부**하도록 하여야 하는데 이를 예정신고납부라 한다.

| 구 분 | 예정신고기간 |
|---|---|
| 과세사업자 | (제1기) 1월 1일부터 3월 31일 까지<br>(제2기) 7월 1일부터 9월 30일 까지 |
| 신규사업자<br>(법인) | 1) 신규사업자의 경우 : 사업개시일 ~ 예정신고기간 종료일<br>2) 사업개시 전 등록의 경우 : 등록일(등록신청일) ~ 예정신고기간의 종료일 |

**〈예정신고기간 및 과세기간〉**

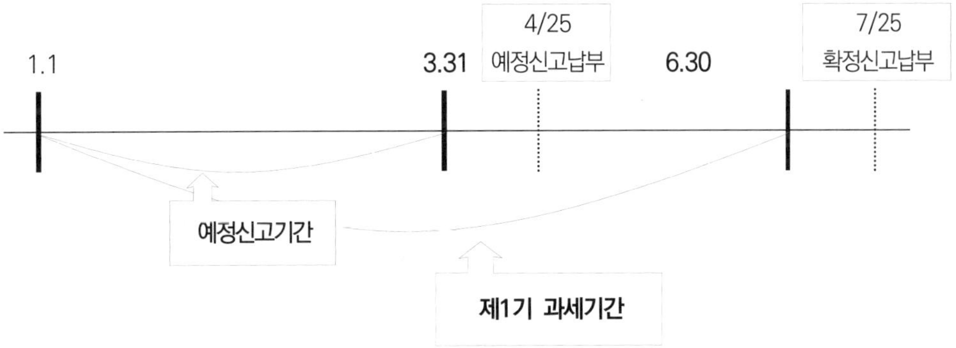


2기도 분기별로 신고 · 납부하여야 한다.

## 제6절 사업자등록

### 1. 사업자등록의 개념

사업자등록이란 부가가치세법상 납세의무자에 해당하는 사업자 및 그에 관련되는 사업내용을 관할세무관서의 대장에 수록하는 것을 말한다. 이는 사업자의 인적사항 등 과세자료를 파악하는데 적합한 사항을 신고하면 대장에 등재되고 사업자등록번호를 부여받게 된다.

### 2. 사업자등록의 신청

사업자등록을 하고자 하는 자는 사업장마다 **사업개시일로부터 20일 이내**에 사업자등록신청서에 다음의 서류를 첨부하여 사업장 관할세무서장에게 등록하여야 한다.

| 구 분 | 첨부서류 | 예 외 |
|---|---|---|
| 법 인 | 법인 등기부등본 | 사업개시 전 등록 : 법인설립 등기 전에 등록시 발기인의 주민등록등본 |
| 법령에 의하여 허가를 받거나 등록 또는 신고를 하여야 하는 사업의 경우 | 사업허가증사본 · 사업등록증사본 또는 신고필사본 | 사업개시 전 등록 : 사업허가신청서 사본, 사업등록신청서 사본, 사업계획서 |
| 사업장을 임차한 경우 | 임대차계약서사본 | |

## 3. 사업자등록의 사후관리

### (1) 사업자등록증의 정정신고 및 재교부

사업자가 다음에 해당하는 경우에는 지체 없이 사업자등록정정신고서에 사업자등록증 및 임차한 상가건물의 해당 부분의 도면(임대차의 목적물 또는 그 면적의 변경이 있거나 상가건물의 일부분을 임차 갱신하는 경우에 한함)을 첨부하여 관할세무서장에게 제출하며, 사업자등록의 정정신고를 받은 세무서장은 법정기한 내에 경정내용을 확인하고 사업자등록증의 기재사항을 정정하여 등록증을 재교부한다.

| 사업자등록 정정사유 | 재교부기한 |
|---|---|
| ∴ 상호를 변경하는 때 | 당일 |
| ∴ 법인 또는 국세기본법에 의하여 법인으로 보는 단체 외의 단체 중 소득세법상 1거주자로 보는 단체의 대표자를 변경하는 때<br>☞국세기본법 : 국세에 관한 기본적인 사항과 공통적인 사항 및 위법이나 부당한 국세처분에 대한 불복 절차를 규정한 국세에 관한 기본법. | 2일 이내 |
| ∴ **상속(증여는 폐업사유임)**으로 인하여 사업자의 명의가 변경되는 때 | |
| ∴ 임대인, 임대차 목적물 · 그 면적, 보증금, 차임 또는 임대차기간의 변경이 있거나 새로이 상가건물을 임차한 때 | |
| ∴ 사업의 종류에 변동이 있는 때 | |
| ∴ 사업장(사업자 단위 신고 · 납부의 경우에 종된사업장 포함)을 이전하는 때 | |
| ∴ 공동사업자의 구성원 또는 출자지분의 변경이 있는 때 | |
| ∴ 사업자 단위 신고 · 납부의 승인을 얻은 자가 총괄사업장을 이전 또는 변경하는 때 | |

〈상속 및 증여〉

· 사망시 상속 : 정정사유

· <u>생존시 증여 : 아버지는 폐업, 아들은 신규사업등록</u>

### (2) 휴업 · 폐업 등의 신고

사업자가 휴업 또는 폐업하거나 사업개시 전에 등록한 자가 사실상 사업을 개시하지 아니하게 되는 때에는 휴업(폐업)신고서에 사업자등록증과 주무관청에 폐업신고를 한 사실을 확인할 수 있는 서류의 사본을 첨부하여 관할세무서장에게 제출한다.

# 연/습/문/제

## 분개연습

[1] 독도소프트(주)에서 ERP시스템 소프트웨어 용역을 공급받고, 전자세금계산서와 22,000,000원(부가가치세 포함)를 수취하였다. 대금은 다음달 지급하기로 하다. 단, 계정과목은 무형자산 항목으로 처리하고, 당해 용역은 완료되었다.

[2] (주)씨엘에게 제품 10,000,000원(부가가치세 별도)을 판매하고 전자세금계산서를 발행하였다. 판매대금 중 2,000,000원은 (주)씨엘의 선수금과 상계하고, 5,000,000원은 (주)씨엘이 발행한 어음으로, 잔액은 자기앞수표로 받았다.

[3] 당사는 거래처인 ㈜성심으로부터 내년 여름을 대비하여 사무실용 에어컨(3대, 대당 2,000,000원, 부가가치세 별도)을 매입하였다. 전자세금계산서를 교부받고 대금은 매출처인 (주)진흥으로부터 받은 약속어음으로 절반을 지급하였고, 나머지 절반은 당사가 발행한 약속어음을 지급하였다.

[4] 상록빌딩에서 당월의 본사 임차료에 대한 공급가액 500,000원(부가가치세 별도)의 전자세금계산서를 교부받고 보통예금 계좌에서 송금하였다.

[5] 제품운반용 트럭이 사고로 인하여 명성공업사로부터 엔진을 교체하였다. 이는 자본적지출에 해당하는 것으로 엔진교체비 5,000,000원(부가가치세 별도)을 당좌수표로 지급하고 전자세금계산서를 교부받았다.

**[6]** 공장에서 사용하던 기계를 봉담정밀(주)에게 20,000,000원(부가가치세 별도)에 매각하고 대금 15,000,000원을 자기앞수표로 받고 잔액은 2달 후에 받기로 하고 전자세금계산서를 교부하였다. 기계의 취득원가는 25,000,000원, 감가상각누계액은 6,000,000원이었다.

**[7]** 송탄가구(주)와의 임가공용역 계약에 의하여 제작 의뢰했던 제품을 납품받았다. 임가공비 (공급가액 4,000,000원, 부가가치세 400,000원)에 대해서 전자세금계산서를 교부받았고 대금은 3,000,000원은 당사 거래은행인 국민은행 보통예금 계좌에서 이체 되었고, 잔액은 다음 달에 지급하기로 하다.

☞ 임가공 : 재화의 주요 자재를 전혀 부담하지 않고 타인의 의뢰한 바에 따라 재화를 단순히 가공해 주는 것으로 회계에서는 외주가공비로 회계처리한다.

**[8]** 거래처인 (주)베네치아로부터 원재료(2,000개, @5,000, 부가가치세 별도)를 매입하고 전자세금계산서를 교부받았다. 대금 중 3,000,000원은 거래처 (주)로마로부터 받은 동사발행의 약속어음으로 지급하였으며, 잔액은 외상으로 하였다.

**[9]** 2기 예정 부가가치세 신고분에 대한 부가가치세 예수금 31,000,000원과 부가가치세 대급금 19,600,000원을 상계처리하고 잔액을 10월 25일 납부할 예정이다. 9월 30일 기준으로 적절한 회계처리를 하시오.(미지급세금 계정을 사용할 것)

**[10]** 1기 확정신고에 대한 부가가치세 14,548,060원(납부지연가산세 포함)을 보통예금에서 납부하다(6월 30일 부가가치세의 미지급세금은 14,274,000원이며, 납부지연가산세 274,060원은 판매관리비의 세금과공과로 처리할 것).

## 객관식

**01.** 우리나라 부가가치세의 특징과 관련이 없는 것은?

① 국세　　② 직접세

③ 소비지국 과세원칙　　④ 전단계세액공제법

**02.** 다음 중 사업자등록의 정정사유가 아닌 것은?

① 상호를 변경하는 때
② 사업의 종류에 변경이 있는 때
③ 사업장을 이전할 때
④ 증여로 인하여 사업자의 명의가 변경되는 때

**03.** 홍길동은 일반과세사업자로 9월 1일에 사업을 시작하여 당일 사업자등록 신청을 하였다. 홍길동의 부가가치세법상 제2기 과세기간은?

① 1월 1일 ~ 12월 31일
② 9월 1일 ~ 12월 31일
③ 1월 1일 ~ 9월 1일
④ 7월 1일 ~ 12월 31일

**04.** 납세의무자가 납부해야할 세액산출의 기초가 되는 과세대상의 수량 또는 가액을 무엇이라 하는가?

① 과세표준 ② 매입액 ③ 납부세액 ④ 환급

**05.** 다음은 부가가치세법상의 사업장의 범위에 대한 설명이다. 틀린 것은?

① 광업에 있어서는 광업사무소의 소재지
② 제조업에 있어서는 최종제품을 완성하는 장소
③ 건설업에 있어서는 사업자가 법인인 경우에는 그 법인의 등기부상의 소재지
④ 부동산임대업에 있어서는 사업자가 법인인 경우에는 그 법인의 등기부상의 소재지

**06.** 다음은 사업장의 범위를 업종별기준으로 설명한 것이다. 다음 중 가장 틀린 것은?

① 무인자동판매기에 의한 사업 : 무인자동판매기의 설치장소
② 부동산매매업 : 법인은 법인의 등기부상 소재지
③ 사업장을 설치하지 않은 경우 : 사업자의 주소 또는 거소
④ 비거주자와 외국법인 : 국내사업장 소재지

**07.** 다음 중 현행 부가가치세법에 대한 설명으로 가장 틀린 것은?

① 부가가치세는 사업장마다 신고 및 납부하는 것이 원칙이다.
② 주사업장 총괄납부시 주사업장은 법인의 경우 지점도 가능하다.
③ 사업자 등록사항의 변동이 발생한 때에는 지체없이 등록정정신고를 하여야 한다.
④ 사업자단위과세사업자의 경우에도 사업자등록은 사업장별로 각각 하여야 한다.

**08.** 다음 중 부가가치세법에 대한 설명으로 옳지 않는 것은?

① 현행 부가가치세는 일반소비세이면서 간접세에 해당된다.
② 면세제도의 궁극적인 목적은 부가가치세의 역진성을 완화하는 것이다.
③ 현행 부가가치세는 전단계거래액공제법을 채택하고 있다.
④ 소비지국과세원칙을 채택하고 있어 수출재화 등에 영세율이 적용된다.

**09.** 다음 중 부가가치세법상 사업자등록의 정정사유가 아닌 것은?

① 사업의 종류를 변경 또는 추가하는 때
② 사업장을 이전하는 때
③ 법인의 대표자를 변경하는 때
④ 개인이 대표자를 변경하는 때

**10.** 부가가치세법상 사업자등록에 대한 설명으로 틀린 것은?

① 사업자는 사업개시일부터 20일 이내에 사업장 관할 세무서장에게 사업자등록을 신청하여야 한다.
② 사업자등록의 신청은 사업장 관할 세무서장이 아닌 다른 관할 세무서장에게도 신청할 수 있다.
③ 신규로 사업을 시작하려는 자는 사업 개시일 이후에만 사업자등록을 신청해야한다.
④ 사업자는 휴업 또는 폐업을 하거나 등록사항이 변경되면 지체없이 사업장 관할 세무서장에게 신고하여야 한다.

**11.** 다음 중 부가가치세 신고·납세지에 대한 설명으로 가장 적절하지 않은 것은?

① 부가가치세는 원칙적으로 사업장마다 신고·납부하여야 한다.
② 재화 또는 용역의 공급이 이루어지는 장소, 즉 사업장을 기준으로 납세지를 정하고 있다.
③ 2 이상의 사업장이 있는 경우 신청 없이 주된 사업장에서 총괄하여 납부할 수 있다.
④ 사업자단위과세사업자는 사업자등록도 본점 등의 등록번호로 단일화하고, 세금계산서도 하나의 사업자등록번호로 발급한다.

# 연/습/문/제 답안

### 분개연습

| | | | | | | |
|---|---|---|---|---|---|---|
| [1] | (차) | 소프트웨어 | 20,000,000 | (대) | 미지급금(독도소프트(주)) | 22,000,000 |
| | | 부가세대급금 | 2,000,000 | | | |

| | | | | | | |
|---|---|---|---|---|---|---|
| [2] | (차) | 선 수 금((주)씨엘) | 2,000,000 | (대) | 제품매출 | 10,000,000 |
| | | 받을어음((주)씨엘) | 5,000,000 | | 부가세예수금 | 1,000,000 |
| | | 현 금 | 4,000,000 | | | |

| | | | | | | |
|---|---|---|---|---|---|---|
| [3] | (차) | 비 품 | 6,000,000 | (대) | 받을어음((주)진흥) | 3,300,000 |
| | | 부가세대급금 | 600,000 | | 미지급금((주)성심) | 3,300,000 |

☞당사 발행 약속어음은 상거래가 아니므로 미지급금으로 처리한다.

| | | | | | | |
|---|---|---|---|---|---|---|
| [4] | (차) | 임차료(판) | 500,000 | (대) | 보통예금 | 550,000 |
| | | 부가세대급금 | 50,000 | | | |

| | | | | | | |
|---|---|---|---|---|---|---|
| [5] | (차) | 차량운반구 | 5,000,000 | (대) | 당좌예금 | 5,500,000 |
| | | 부가세대급금 | 500,000 | | | |

| | | | | | | |
|---|---|---|---|---|---|---|
| [6] | (차) | 현 금 | 15,000,000 | (대) | 기계장치 | 25,000,000 |
| | | 감가상각누계액(기계) | 6,000,000 | | 부가세예수금 | 2,000,000 |
| | | 미 수 금(봉담정밀(주)) | 7,000,000 | | 유형자산처분익 | 1,000,000 |

☞공급받는자에게 공급가액과 부가가치세를 합한 공급대가(22,000,000원)를 거래징수한다.
처분손익 = 처분가액(공급가액) – 장부가액 = 20,000,000 – [25,000,000 – 6,000,000] = 1,000,000

| | | | | | | |
|---|---|---|---|---|---|---|
| [7] | (차) | 외주가공비(제) | 4,000,000 | (대) | 보통예금 | 3,000,000 |
| | | 부가세대급금 | 400,000 | | 미지급금(송탄가구(주)) | 1,400,000 |

☞ 외주가공비 : 사업자가 외부 생산자에게 원재료 등을 공급하고 가공을 위탁한 후 그 대가로 지급하는 비용

| | | | | | |
|---|---|---|---|---|---|
| [8] | (차) 원 재 료(제) | 10,000,000 | (대) | 받을어음((주)로마) | 3,000,000 |
| | 부가세대급금 | 1,000,000 | | 외상매입금((주)베네치아) | 8,000,000 |
| [9] | (차) 부가세예수금 | 31,000,000 | (대) | 부가세대급금 | 19,600,000 |
| | | | | 미지급세금 | 11,400,000 |
| [10] | (차) 미지급세금 | 14,274,000 | (대) | 보통예금 | 14,548,060 |
| | 세금과공과(판) | 274,060 | | | |

## 객관식

| 1 | 2 | 3 | 4 | 5 | 6 | 7 | 8 | 9 | 10 | 11 | | | | |
|---|---|---|---|---|---|---|---|---|---|---|---|---|---|---|
| ② | ④ | ② | ① | ④ | ① | ④ | ③ | ④ | ③ | ③ | | | | |

[풀이 - 객관식]

01. 부가가치세의 **납세의무자는 사업자**이나, **실질적인 담세자는 최종소비자**가 되는 간접세이다.
02. **증여로 인하여 사업자의 명의가 변경**되는 경우에는 **정정사유가 아닌 폐업사유**가 된다.
03. 신규사업자의 최초 과세기간은 **사업개시일로부터 당해 과세기간의 종료일까지**이다.
04. 세액을 계산하는 데 있어 그 기초가 되는 과세대상의 수량 또는 가액을 과세표준이라 한다.
05. 부동산임대업에 있어서는 그 부동산의 등기부상의 소재지를 사업장으로 한다.
06. **무인자동판매기에 의한 사업 : 그 사업에 관한 업무총괄장소**
07. 사업자단위과세사업자의 경우에는 사업장별로 사업자등록을 하지 아니하고, 사업자의 본점 또는 주사무소에서 사업자등록을 한다.
08. 부가가치세는 전단계세액공제법을 채택하고 있다.
09. 법인의 대표자 변경은 정정사유가 되나, 개인사업자의 변경은 폐업사유(신규등록사유)에 해당한다.
10. 사업자는 사업장마다 대통령령으로 정하는 바에 따라 사업 개시일부터 20일 이내에 사업장 관할 세무서장에게 사업자등록을 신청하여야 한다. 다만, 신규로 사업을 시작하려는 자는 사업 개시일 이전이라도 사업자등록을 신청할 수 있다.
11. 2 이상의 사업장이 있는 경우 주사업장총괄납부 신청을 하여야 **주된 사업장에서 총괄하여 납부**할 수 있다.

Chapter

# 2 과세거래



NCS세무 - 3 부가가치세 신고

## 제1절 과세거래의 개념

부가가치세법상 과세대상, 즉 과세거래는 다음과 같이 규정하고 있다.

① **재화의 공급** ② **용역의 공급** ③ **재화의 수입**

그러나 실제로 부가가치세법에서는 면세제도를 두고 있어 면세되는 재화ㆍ용역에 대해서는 부가가치세를 과세하지 않고 있다.

| 구 분 | 납세의무자 | 과세ㆍ면세구분 | 부가가치세 과세여부 |
|---|---|---|---|
| 재화ㆍ용역의 공급 | 사 업 자 | 과세 재화ㆍ용역 | ○ |
| | | 면세 재화ㆍ용역 | × |
| 재화의 수입 | 사업자 또는 **개인** | 과세 재화 | ○ |
| | | 면세 재화 | × |

## 제2절 재화의 공급

### 1. 재화의 개념

재화란 재산적 가치가 있는 모든 유체물과 무체물을 말한다. 다만, 유체물 중 그 자체가 소비의 대상이 되지 아니하는 수표 · 어음 · 주식 · 채권 등의 유가증권은 재화에 포함되지 아니한다.

| 구 분 | 구 체 적 범 위 |
|---|---|
| 유체물 | 상품, 제품, 원료, 기계, 건물과 기타 모든 유형적 물건 |
| 무체물 | 가스, 전기, 동력, 열, 기타 관리할 수 있는 자연력 또는 특허권, 실용신안권, 어업권 등 재산적 가치가 있는 유체물 이외의 모든 것. |

### 2. 공급의 범위

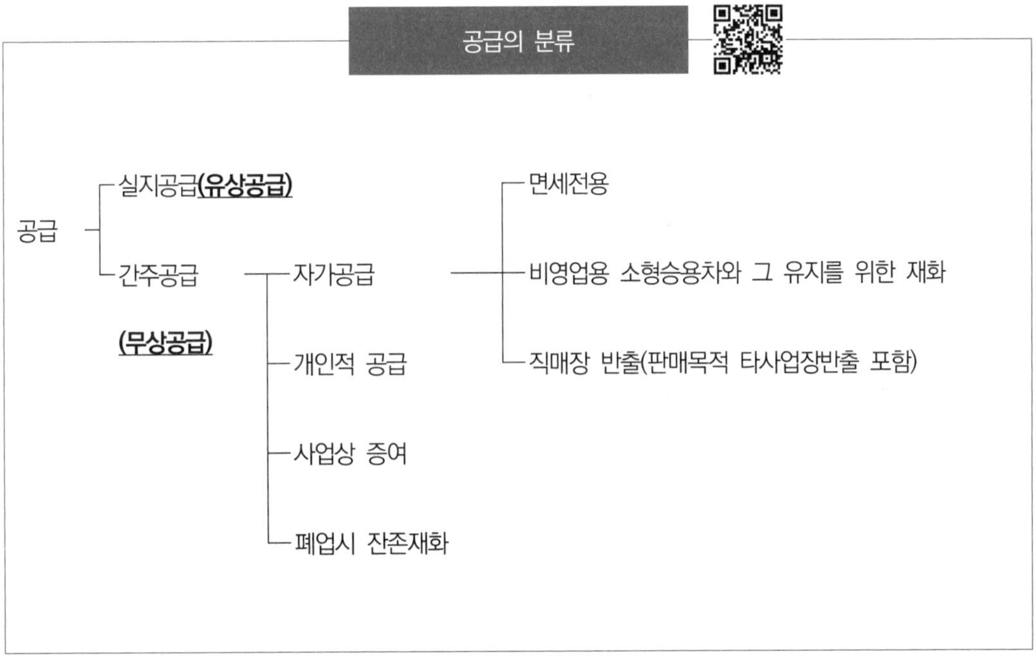

### (1) 재화의 실지공급

| 구 분 | 내 용 |
|---|---|
| 계약상의 원인 | ① 매매계약 : 현금판매 · 외상판매 · 할부판매 · 장기할부판매 · 조건부 및 기한부판매 · 위탁판매 기타 매매계약에 의하여 재화를 인도 · 양도하는 것 |
| | ② **가공계약** : 자기가 주요자재의 전부 · 일부를 부담하고 상대방으로부터 인도받은 재화에 공작을 가하여 새로운 재화를 만드는 가공계약에 의하여 재화를 인도하는 것 |
| | ③ 교환계약 : 재화의 인도대가로서 다른 재화를 인도받거나 용역을 제공받는 교환계약에 의하여 재화를 인도 · 양도하는 것 |
| | ④ 현물출자 등 : 기타 계약상의 원인에 의하여 재화를 인도 · 양도하는 것 |
| 법률상의 원인 | 경매 · 수용 기타 법률상 원인에 의하여 재화를 인도 · 양도하는 것<br>***소정법률에 따른 공매 · 경매 및 일정한 수용은 재화의 공급으로 보지 않는다.** |

### (2) 재화의 공급으로 보지 아니하는 경우

#### ① 담보제공

질권 · 저당권 등의 목적으로 동산 · 부동산 · 부동산상의 권리를 제공하는 것은 재화의 공급으로 보지 아니한다. 다만, 재화가 채무불이행 등의 사유로 사업용자산인 담보물이 인도되는 경우에는 재화의 공급으로 본다.

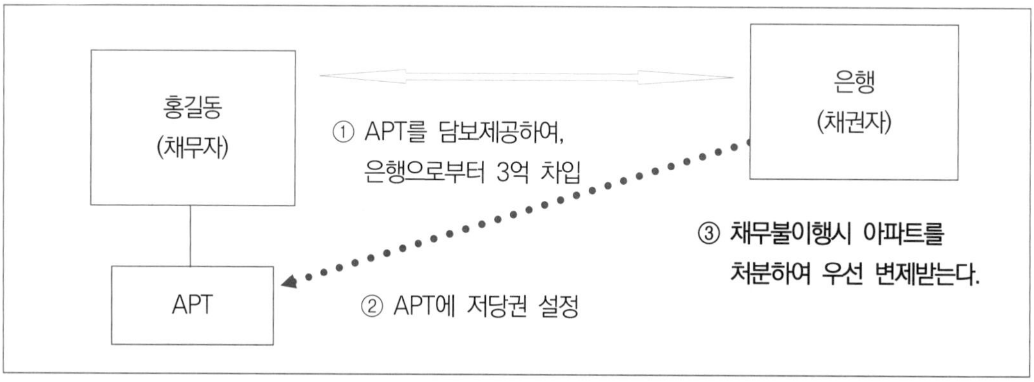


☞질권 : 채권자가 채무자 등으로부터 받은 물건(재산권)에 대하여 변제할 때 까지 수중에 두고 변제가 없는 경우 그 물건에서 우선하여 변제받을 수 있는 담보물권

저당권 : 채무자가 점유를 이전하지 않고 채무의 담보로 제공한 목적물(부동산)을 채무자가 변제가 없는 경우 그 목적물에 대하여 다른 채권자보다 우선변제를 받을 수 있는 담보물권

② 사업을 포괄적으로 양도하는 경우

사업장별로 그 사업에 관한 모든 권리와 의무를 포괄적으로 승계시키는 사업의 양도는 재화의 공급으로 보지 않는다.

다음의 예에서 개인사업체를 3억(부가세 별도)에 포괄적 양도했다고 가정하자.

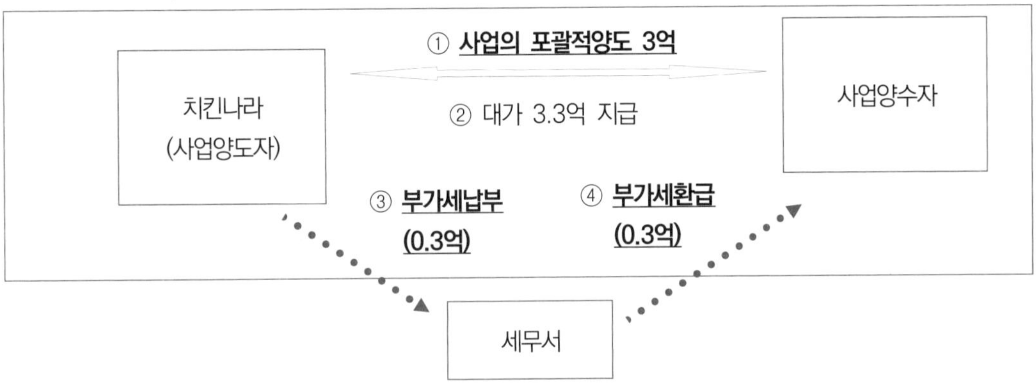


| | 사업 양도자 | 사업양수자 |
|---|---|---|
| 매출세액(A) | 30,000,0000 | 0 |
| 매입세액(B) | 0 | 30,000,000 |
| 납부(환급)세액(A－B) | 납부세액 30,000,000 | 환급세액 △30,000,000 |

징수세액 "0"

결국 거래징수의 실익도 없고 사업자의 편의 및 자금부담완화를 위해서 사업의 포괄적양도는 재화의 공급으로 보지 않는다.

③ 조세를 물납하는 경우

사업자가 사업용 자산을 상속세 및 증여세법, 지방세법 및 종합부동산세법의 규정에 의하여 물납을 하는 것은 재화의 공급으로 보지 않는다.

④ 공매 및 강제경매하는 경우

국세징수법에 의한 공매, 민사집행법의 강제경매에 의하여 재화를 인도·양도하는 것은 재화의 공급으로 보지 않는다.

☞강제경매 : 채권자 등이 법원에 신청하여 채무자 소유의 부동산을 압류하고 경매하여 채무변제에 충당하는 것
공　　매 : 공기관에 의해 소유자의 의사에 반하여 강제적으로 압류한 재산이나 물건 따위를 일반인에게 공개하여 매매하는 것

#### ⑤ 수용시 받는 대가

도시 및 주거환경정비법, 공익사업을 위한 토지 등의 취득 및 보상에 관한 법률등에 따른 수용절차에 있어서 수용대상인 재화의 소유자가 그 재화에 대한 대가를 받는 경우에는 재화의 공급으로 보지 아니한다.

☞수용 : 국가가 개인의 재산을 공공의 목적을 위하여 강제적으로 소유권을 취득하는 것

#### ⑥ 일정요건 충족시 신탁재산[*1]의 소유권 이전

*1. 수탁자가 위탁자로부터 이전 받아 신탁목적에 따라 관리하고 처분할 수 있는 재산

### (3) 재화의 간주공급(무상공급)

간주 또는 의제란 본질이 다른 것을 일정한 법률적 취급에 있어 동일한 효과를 부여하는 것을 말한다. '간주한다', '의제한다', '본다'는 표현은 모두 같은 의미이다.

즉 간주공급이란 본래 재화의 공급에 해당하지 않는 일정한 사건들을 재화의 공급으로 의제하고 있다.

#### ① 자가공급

㉠ 면세사업에 전용

과세사업과 관련하여 생산 또는 취득한 재화를 면세사업을 위하여 직접사용·소비하는 경우에는 재화의 공급으로 본다. 다만 처음부터 매입세액이 공제되지 않은 것은 과세되는 재화의 공급으로 보지 않는다.

**〈과세사업자와 면세사업자〉**

| | | 과세사업자 | 면세사업자 |
|---|---|---|---|
| 납부세액 | 매출세액 | 과세표준×10% | 납세의무가 없으므로"0" |
| | 매입세액(세금계산서 수취) | **매입세액공제** | **매입세액불공제** |
| 거래증빙서류 발급 | | 세금계산서 | 계산서 |

■ 계산서 : 면세사업자가 소득세법 또는 법인세법에 의해 면세 재화와 역무를 제공하고 상호간에 거래내역을 명확히 하기 위해 작성하는 서면을 말하는데, **공급가액만 있고 부가가치세액은 없다.**

**〈면세전용〉**

(주)서울고속 = 과세사업(우등 고속버스) + 면세사업(시외버스) ➡ 겸영사업자

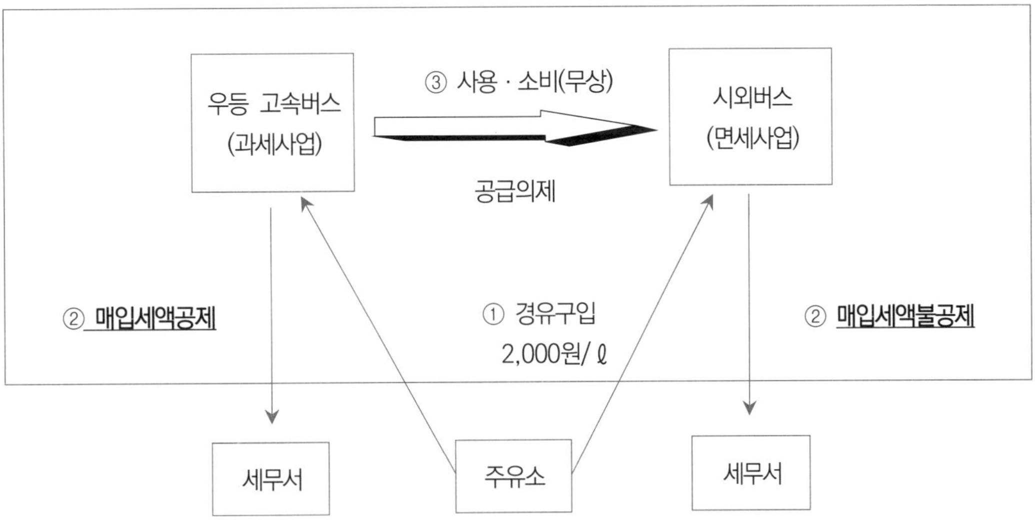


- 차량용 경유(공급가액 2,000원, 부가가치세 별도)를 매입하고 차량유지비로 처리시

| | 우등 고속버스(과세사업) | 시외버스(면세사업) |
|---|---|---|
| 회계처리 | (차) 차량유지비 2,000원<br>**부가세대급금** **200원** | (차) 차량유지비 2,200원 |
| | (대) 현 금 2,200원 | (대) 현 금 2,200원 |

즉 과세사업에서는 매입세액을 공제받았으므로, 과세사업용으로 구입한 과세재화를 면세전용시 매입세액 공제받은 것에 대해서 부가가치세를 징수하겠다는 것이 법의 취지다.

ⓛ 비영업용 소형승용차 또는 그 유지에의 전용

과세사업과 관련하여 생산 또는 취득한 재화를 비영업용 소형승용차로 사용하거나 그 유지를 위한 재화로 사용·소비하는 것은 재화의 공급으로 본다. 다만, 당초 매입세액이 공제되지 아니한 것은 재화의 공급으로 보지 아니한다.

**〈비영업용 소형승용자동차 또는 그 유지에의 전용〉**

〈(주) 현대자동차〉

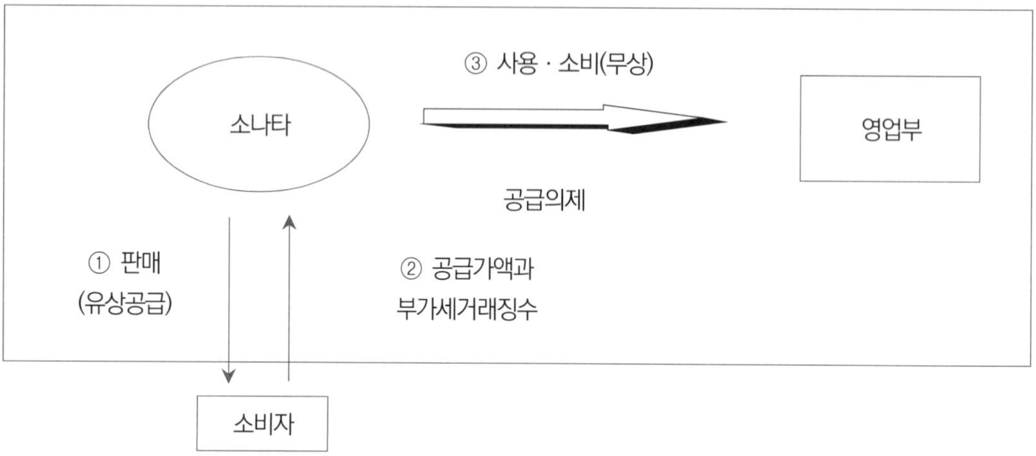


| 구 분 | 소형승용차 및 그 유지를 위한 재화 · 용역의 구입시 |
|---|---|
| 영업용(택시업) 또는 판매용(자동차대리점) | 매입세액공제 |
| **비영업용(일반적인 제조업)** | **매입세액불공제** |

㉢ 직매장 반출(판매목적 타 사업장에의 반출 포함)

2 이상의 사업장이 있는 사업자가 자기 사업과 관련하여 생산 또는 취득한 재화를 타인에게 직접 판매할 목적으로 자기의 다른 사업장에 반출하는 것은 재화의 공급으로 본다. 다만 주사업장총괄납부 또는 사업자단위 과세의 경우 공급의제를 배제한다.

**〈판매목적 타사업장 반출 : 사업장별과세원칙〉**

〈(주)엘지전자〉

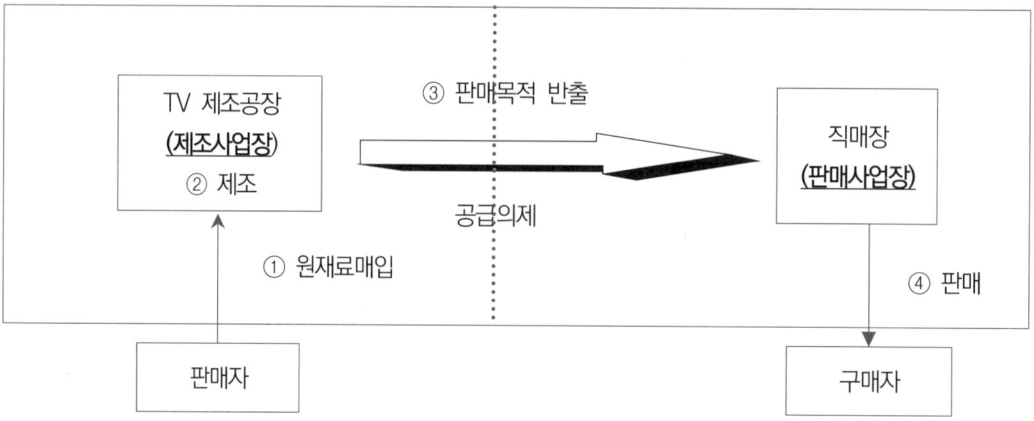

**〈재화의 공급의제 배제시 : 모든 재화가 직매장에서 판매된다고 가정시〉**

| | TV 제조공장 | 직매장 |
|---|---|---|
| 매출세액 | 발생되지 않음 | 발생 |
| 매입세액 | 발생 | 발생되지 않음 |
| 납부(환급)세액 | **환급세액만 발생** | **납부세액만 발생** |

⇩ 확정신고기한후 30일이내 환급

⇩ 예정신고시 납부/ 확정신고시 납부

→ **사업자의 불필요한 자금압박**

따라서 2 이상의 사업장을 가진 사업자가 판매목적으로 재화를 반출시 타사업자에게 공급하는 것처럼 재화의 공급으로 의제하라는 것이 법의 취지이다.

② 개인적 공급

사업자가 자기의 사업과 관련하여 생산하거나 취득한 재화를 사업과 직접 관련 없이 사용·소비하는 경우에는 이를 재화의 공급으로 본다.

다만 처음부터 매입세액이 공제되지 않은 것은 재화의 공급의제로 보지 않는다.

그리고 **작업복, 작업모, 작업화, 직장체육비, 직장문화비(연예비), 인당 연간 10만원 이하 경조사와 인당 연간 10만원 이하의 명절·기념일 등과 관련된 재화공급는 과세 제외**된다.

**〈개인적공급〉**

〈(주)삼성전자〉

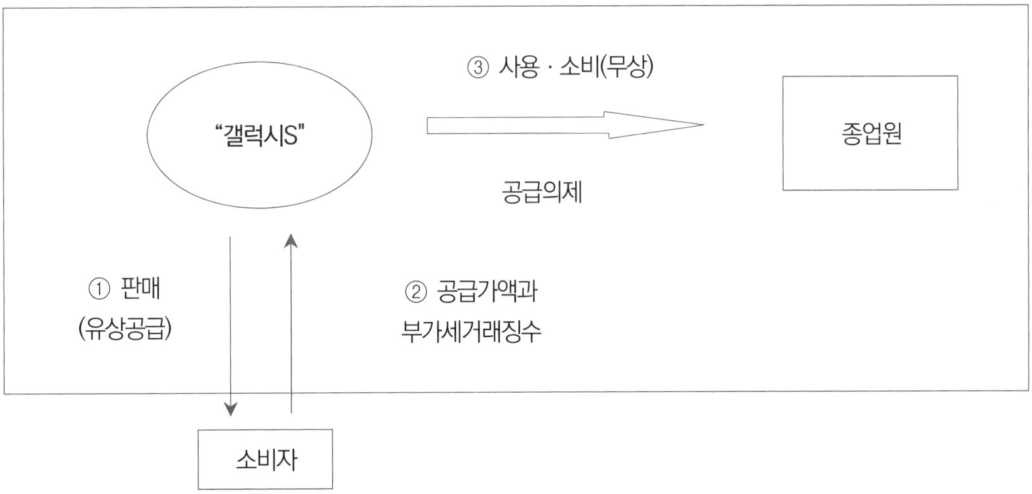

③ 사업상 증여

사업자가 자기의 사업과 관련하여 생산하거나 취득한 재화를 자기의 고객이나 불특정다수인에게 증여하는 경우에는 재화의 공급으로 본다.

**〈사업상증여〉**

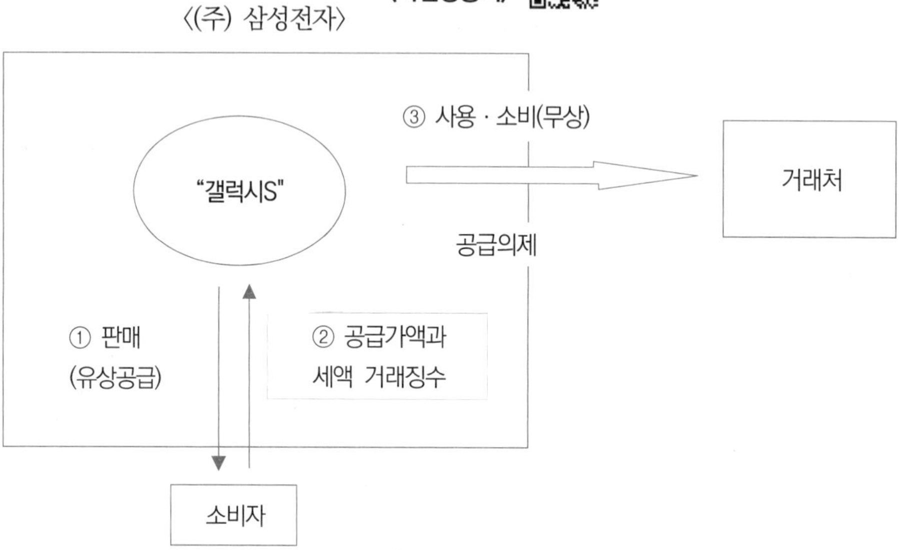


| |
|---|
| 예외 : 다음에 해당하는 경우에는 사업상 증여로 보지 않는다.<br>① 증여하는 재화의 대가가 **주된 거래인 재화공급의 대가에 포함**되는 것(=부수재화)<br>② 사업을 위하여 대가를 받지 아니하고 다른 사업자에 인도 또는 양도하는 **견본품**<br>③ 불특정다수인에게 **광고선전물을 배포하는 것**<br>④ 당초 매입세액이 공제되지 않은 것<br>⑤ 법에 따라 **특별재난지역에 무상공급하는 물품**에 대하여는 간주공급으로 보지 않는다. |

④ 폐업시 잔존재화

사업자가 사업을 폐지하는 때에 잔존하는 재화는 자기에게 공급하는 것으로 본다. 또한, 사업개시 전에 등록한 경우로서 사실상 사업을 개시하지 아니하게 되는 때에도 동일하다. 다만, 매입시 매입세액이 공제되지 아니한 재화를 제외한다.

**〈폐업시 잔존재화〉**

〈동대문 의류상〉

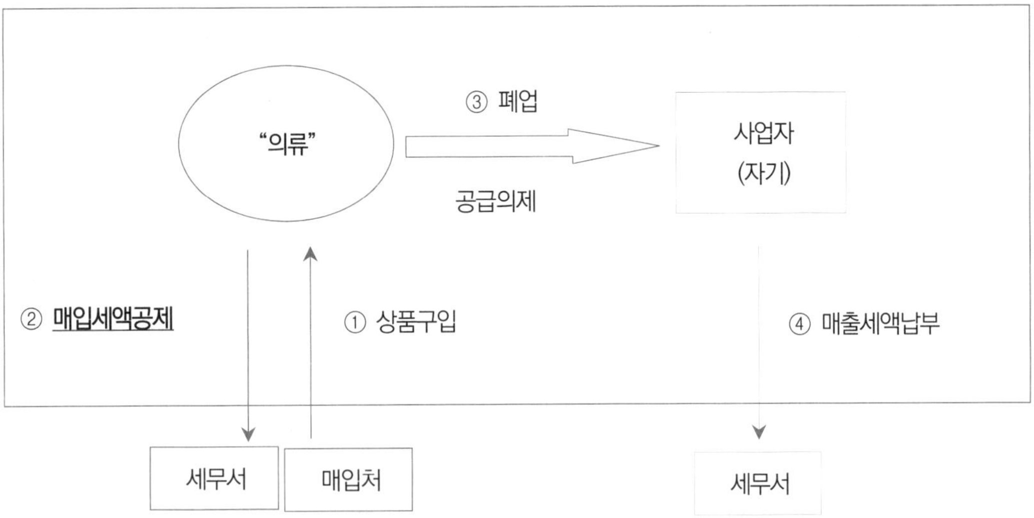


## 제3절 용역의 공급

### 1. 용역의 개념

용역이란 재화 이외의 재산적 가치가 있는 모든 역무 및 그 밖의 행위를 말한다.
즉 재화는 '물건이나 권리 등'인데 반하여 용역은 '행위'인 것이다.

### 2. 공급의 범위

#### (1) 용역의 실지공급

① 역무를 제공하는 것(인적용역의 공급, 가공계약)

☞가공계약 : 상대방으로부터 받은 재화에 대하여 자기가 주요자재를 부담하지 아니하고 단순히 가공만 하는 경우

② 재화·시설물을 사용하게 하는 것(물적용역의 공급, 부동산임대 – **전·답, 과수원의 임대는 제외**)

③ 권리를 사용하게 하는 것(권리의 대여 : 특허권의 대여)

### (2) 용역의 간주공급(무상공급)

**대가를 받지 않고 타인에게 용역을 공급하는 것은 용역의 공급으로 보지 않는다.**
다만, **특수관계자간 부동산 무상임대용역은 과세**한다.

## 제4절 재화의 수입

재화의 수입이란 다음에 해당하는 물품을 우리나라에 반입하는 것(보세구역을 거치는 것은 보세구역에서 반입하는 것)을 말한다.

① 외국으로부터 우리나라에 도착된 물품(외국의 선박에 의하여 공해에서 채집되거나 잡힌 수산물을 포함한다)으로서 수입신고가 수리되기 전의 것

② 수출신고가 수리된 물품[수출신고가 수리된 물품으로서 선적되지 아니한 물품을 보세구역에서 반입하는 경우는 제외한다]

☞보세구역 : 우리나라의 영토 중 관세의 부과를 유예한 일정구역을 말한다. 따라서 외국으로부터 재화가 보세구역으로 반입된 시점에서는 수입으로 보지 아니하고, 보세구역에서 반출된 시점에 수입으로 본다.

## 제5절 거래시기(=공급시기)

**기업회계기준의 수익인식시점과 부가가치세법상 공급시기는 거의 일치**한다.

### 1. 재화의 공급시기

#### (1) 원칙

| 구 분 | 공급시기 |
|---|---|
| ① 재화의 이동이 필요한 경우 | 재화가 인도되는 때 |
| ② 재화의 이동이 필요하지 아니한 경우 | 재화가 이용가능하게 되는 때 |
| ③ 위의 규정을 적용할 수 없는 경우 | 재화의 공급이 확정되는 때 |

## (2) 구체적 재화의 공급시기

### ① 일반적인 경우

<table>
<tr><th colspan="2">구 분</th><th>재화의 공급시기</th></tr>
<tr><td colspan="2">현금판매 · 외상판매 또는 할부판매</td><td>재화가 인도되거나 이용가능하게 되는 때</td></tr>
<tr><td colspan="2">반환조건부 · 동의조건부 · 기타 조건부 판매</td><td>그 조건이 성취되어 판매가 확정되는 때</td></tr>
<tr><td colspan="3">☞ 반환조건부(반품조건부) 판매 : 재화의 인도시점에서 일정기간 이내에 재화를 반품할 수 있는 조건을 붙여서 판매하는 것</td></tr>
<tr><td colspan="2">기한부 판매</td><td>기한이 경과되어 판매가 확정되는 때</td></tr>
<tr><td colspan="2">재화의 공급으로 보는 가공의 경우</td><td>가공된 재화를 인도하는 때</td></tr>
<tr><td colspan="2">자가공급(면세전용, 비영업용소형승용차 유지등)<br>개인적공급</td><td>재화가 사용 · 소비되는 때</td></tr>
<tr><td colspan="2">자가공급(판매목적 타사업장 반출)</td><td>재화를 반출하는 때</td></tr>
<tr><td colspan="2">사업상증여</td><td>재화를 증여하는 때</td></tr>
<tr><td colspan="2">폐업시 잔존재화</td><td>폐업하는 때(폐업신고일 ×)</td></tr>
<tr><td colspan="2">무인판매기에 의한 공급</td><td>무인판매기에서 현금을 인취하는 때</td></tr>
<tr><td colspan="2">사업자가 보세구역 내에서 보세구역 외의 국내에 재화를 공급하는 경우</td><td>당해 재화가 수입재화에 해당하는 때에는 수입신고수리일</td></tr>
<tr><td rowspan="4">수출<br>재화</td><td>내국물품의 국외반출 · 중계무역방식의 수출</td><td>수출재화의 선적일(또는 기적일)</td></tr>
<tr><td>원양어업 · 위탁판매수출</td><td>수출재화의 공급가액이 확정되는 때</td></tr>
<tr><td>위탁가공무역방식의 수출 · 외국인도수출</td><td>외국에서 당해 재화가 인도되는 때</td></tr>
<tr><td colspan="2">☞ • 중계무역방식수출 : 외국으로부터 수입한 물품을 보세구역 이외의 국내에 반입하는 것을 금지하고 수출하는 것<br>• 위탁판매수출 : 물품을 무환(무상)수출하여 해당 물품이 판매된 범위 안에서 대금을 결제하는 계약에 의한 수출<br>• 위탁가공무역(임가공무역)방식수출 : 원료의 전부 또는 일부를 외국에 수출하거나 외국에서 조달하여 이를 가공한 후 가공물품을 수입하거나 제3국에 수출하는 무역형태<br>• 외국인도수출 : 수출대금은 국내에서 영수하지만 국내에서 통관되지 아니한 수출물품을 외국으로 인도하는 수출</td></tr>
</table>

② 기타의 경우

| 구 분 | 요 건 | 공급시기 |
|---|---|---|
| **장기할부판매** | • 인도 후 2회 이상 분할하여 대가를 받고<br>• 당해 재화의 인도일의 다음날부터 최종 부불금 지급기일까지의 기간이 1년 이상인 것 | **대가의 각 부분을 받기로 한 때** |
| **완성도기준지급** | 재화의 제작기간이 장기간을 요하는 경우에 그 진행도 또는 완성도를 확인하여 그 비율만큼 대가를 지급하는 것 | |
| **중간지급조건부** | 재화가 인도되기 전 또는 이용가능하게 되기 전에 계약금 이외의 대가를 분할하여 지급하고, 계약금 지급일로부터 잔금지급일까지의 기간이 6개월 이상인 경우 | |
| **계속적 공급** | 진력 기타 공급단위의 구획할 수 없는 재화의 계속직 공급하는 경우 | |

## 2. 용역의 공급시기

### (1) 원칙

역무가 제공되거나 재화 · 시설물 또는 권리가 사용되는 때로 한다.

### (2) 거래형태별 용역의 공급시기

| 구 분 | | 공급시기 |
|---|---|---|
| 일반적 | ① 통상적인 공급의 경우(할부판매 포함) | 역무의 제공이 완료되는 때 |
| | ② 완성도기준지급 · 중간지급조건부 · 장기할부 또는 기타 조건부 용역공급, 공급단위를 구획할 수 없는 용역의 계속적 공급의 경우 | **대가의 각 부분을 받기로 한 때** |
| | ③ 위의 규정을 적용할 수 없는 경우 | 역무제공이 완료되고 그 공급가액이 확정되는 때 |
| 특수 | ① **부동산임대보증금에 대한 간주임대료** | **예정신고기간 종료일 또는 과세기간 종료일** |
| | ② 2과세기간 이상에 걸쳐 부동산임대용역을 공급하고 그 대가를 선불 또는 후불로 받는 경우에 월수에 따라 안분 계산한 임대료 | |

☞ 간주임대료

부동산 또는 그 부동산상의 권리 등을 대여하고 보증금 등의 금액을 받은 경우에 일정한 이율(정기예금이자율) 곱하여 계산한 금액을 말하는데, 월정임대료만을 수령시 부가가치세가 과세되는데 보증금만 수령하는 자는 부가가치세가 과세되지 않는 것을 감안하여 보증금에 대해서 부가가치세를 과세하여 세부담을 공평하게 하고자 하는 제도이다.

| 구 분 | A안 | B안 |
|---|---|---|
| 보증금 | 1억 | 0 |
| 월세 | 0 | 500,000/월 |
| 공급가액(년) | 0 | **6,000,000원/년** |
| 부가가치세 | 0 | 600,000원/년 |

은행에 정기예금 했다고 가정한다.

**1년 공급가액 = 보증금 × 정기예금이자율**
**= 100,000,000 × 2.5% = 2,500,000원/년**

## 3. 공급시기의 특례

| 구 분 | 공 급 시 기 |
|---|---|
| 폐업시 | 폐업 전에 공급한 재화 또는 용역의 공급시기가 폐업일 이후에 도래하는 경우에는 그 **폐업일**을 공급시기로 한다. |
| 세금계산서 선교부시 (선세금 계산서) | 재화 또는 용역의 공급시기가 도래하기 전에 **재화 또는 용역에 대한 대가의 전부 또는 일부를 받고 발급받은 대가에 대하여 세금계산서 등을 발급하는 경우에는 그 발급하는 때를 공급시기**로 한다. |
| | 공급시기가 도래하기 전에 대가를 받지 않고 세금계산서 또는 영수증을 교부하는 경우에도 그 교부하는 때를 재화 또는 용역의 공급시기로 본다.<br>① 장기할부판매<br>② 전력 기타 공급단위를 구획할 수 없는 재화 또는 용역을 계속적으로 공급하는 경우 |

## 제6절 거래 장소(재화 또는 용역의 공급장소)

거래장소는 우리나라의 과세권이 미치는 거래인가의 여부에 관한 판정기준이다. 따라서 국외거래에 대해서는 원칙적으로 우리나라의 과세권이 미치지 않는다.

| 구 분 | | 공급장소 |
|---|---|---|
| 재화 | ① 재화의 이동이 필요한 경우 | 재화의 이동이 개시되는 장소 |
| | ② 재화의 이동이 필요하지 아니한 경우 | 재화의 공급시기에 재화가 소재하는 장소 |
| 용역 | ① 원칙 | 역무가 제공되거나 재화·시설물 또는 권리가 사용되는 장소 |
| | ② 국내외에 걸쳐 용역이 제공되는 국제운송의 경우에 사업자가 비거주자 또는 외국법인일 때 | 여객이 탑승하거나 화물이 적재되는 장소 |
| | ③ 전자적 용역[*1] | 용역을 공급받는 자의 사업장 소재지·주소지·거소지 |

*1. 이동통신단말장치 또는 컴퓨터 등에 저장되어 구동되거나, 저장되지 아니하고 실시간으로 사용할 수 있는 것(게임, 동영상파일, 소프트웨어 등 저작물 등으로 전자적 방식으로 처리하여 음향 및 영상 등의 형태로 제작된 것)

# 연/습/문/제

## 객관식

**01.** 다음 중 부가가치세법상 재화의 공급으로 보는 것은?

① 증여세를 건물로 물납하는 경우
② 사업의 포괄양수도
③ 차량을 담보목적으로 제공하는 경우
④ 폐업시 잔존재화

**02.** 다음은 재화공급의 범위에 대한 설명이다. 틀린 것은?

① 할부판매에 의하여 재화를 인도 또는 양도하는 것
② 민사집행법에 의한 강제경매에 따라 재화를 인도 또는 양도하는 것
③ 교환계약에 의하여 재화를 인도 또는 양도하는 것
④ 가공계약에 의하여 재화를 인도하는 것

**03.** 현행 부가가치세법상 용역의 공급으로 과세하지 않는 경우는 어느 것인가?

① 건설업자가 건설자재의 전부 또는 일부를 부담하는 경우
② 상대방으로부터 인도받은 재화에 주요자재를 전혀 부담하지 아니하고 단순히 가공만 하여 주는 경우
③ 산업상, 상업상 또는 과학상의 지식, 경험 또는 숙련에 관한 정보를 제공하는 경우
④ 용역의 무상공급의 경우(다만 특수관계자간 부동산 무상임대용역 제외)

**04.** 다음은 부가가치세법상 간주공급에 관한 설명이다. 가장 틀린 것은?

① 간주공급은 자가공급, 개인적공급, 사업상증여, 폐업시 잔존재화로 분류한다.
② 간주공급은 실지공급과 같이 세금계산서를 교부하여야 한다.
③ 자가공급은 면세전용, 비영업용소형승용차의 구입과 유지를 위한 재화, 판매목적 타사업장 반출로 분류한다.
④ 자가공급(면세전용), 개인적공급의 공급시기는 재화가 사용되거나 소비되는 때이다.

**05.** 다음 중 부가가치세법상 공급시기가 잘못된 것은?

① 외상판매의 경우 : 재화가 인도되거나 이용가능하게 되는 때
② 장기할부판매의 경우 : 대가의 각 부분을 받기로 한 때
③ 무인판매기로 재화를 공급하는 경우 : 무인판매기에서 현금을 인취하는 때
④ 폐업시 잔존재화의 경우 : 재화가 사용 또는 소비되는 때

**06.** 다음은 부가가치세법상의 재화와 용역의 거래 시기에 대한 설명이다. 틀린 것은?

① 재화의 이동이 필요한 경우에는 재화가 인도되는 때
② 장기할부 판매의 경우 각 대가를 받기로 한때
③ 재화의 공급으로 보는 가공의 경우에는 재화의 가공이 완료된 때
④ 임대보증금에 대한 간주수입금액에 대해서는 예정신고기간 또는 과세기간의 종료일

**07.** 다음 중 부가가치세법상 과세거래에 해당되는 것은?

① 용역을 무상으로 제공하는 경우(특수관계자간 부동산임대용역제외)
② 조세의 물납
③ 담보의 제공
④ 재화의 공급

**08.** 부가가치세법상 용역의 공급으로 과세하지 아니하는 것은?

① 고용관계에 의하여 근로를 제공하는 경우
② 사업자가 특수관계있는 자에게 사업용 부동산의 임대용역을 무상공급하는 경우
③ 상대방으로부터 인도받은 재화에 주요자재를 전혀 부담하지 아니하고 단순히 가공만 하는 경우
④ 건설업자가 건설자재의 전부 또는 일부를 부담하고 공급하는 용역의 경우

**09.** 부가가치세법상 부동산임대용역을 공급하는 경우에 전세금 또는 임대보증금에 대한 간주임대료의 공급시기는?

① 그 대가의 각 부분을 받기로 한 때
② 용역의 공급이 완료된 때
③ 그 대가를 받은 때
④ 예정신고기간 또는 과세기간 종료일

**10.** 다음 중 부가가치세법상 재화의 공급시기가 '대가의 각 부분을 받기로 한 때'가 적용될 수 없는 것은?

① 기한부판매
② 장기할부판매
③ 완성도기준지급
④ 중간지급조건부

**11.** 다음 중 부가가치세법상 재화 공급의 특례에 해당하는 간주공급으로 볼 수 없는 것은?

① 개인적 공급
② 자기의 과세사업과 관련하여 취득한 재화를 면세사업에 전용하는 경우
③ 폐업시 잔존재화
④ 사업용 기계장치의 양도

**12.** 다음 중 재화의 공급시기로 옳지 않은 것은?

① 상품권 등을 현금으로 판매하고 그 후 그 상품권이 현물과 교환되는 경우 : 상품권을 판매 하는 때
② 현금판매, 외상판매의 경우 : 재화가 인도되거나 이용가능하게 되는 때
③ 재화의 공급으로 보는 가공의 경우 : 가공된 재화를 인도하는 때
④ 반환조건부 판매, 동의조건부 판매, 그밖의 조건부 판매의 경우 : 그 조건이 성취되거나 기한이 지나 판매가 확정되는 때

**13.** 다음 중 부가가치세법상 용역의 공급에 해당하지 않는 것은?

① 건설업의 경우, 건설업자가 건설자재의 전부 또는 일부를 부담하는 것
② 부동산의 매매 또는 그 중개를 사업목적으로 나타내어 부동산을 판매하는 것
③ 산업상 · 상업상 또는 과학상의 지식 · 경험 또는 숙련에 관한 정보를 제공하는 것
④ 자기가 주요자재를 전혀 부담하지 아니하고 상대방으로부터 인도받은 재화를 단순히 가공만 해주는 것

## 주관식

**01.** 과세사업자인 ㈜서초는 20x1년 당사 제품인 기계장치를 공급하는 계약을 아래와 같이 체결하였다. 이 거래와 관련하여 20x1년 2기 예정신고 기간의 과세표준에 포함되어야 할 공급가액은 얼마인가?

- 총판매대금 : 6,500,000원(이하 부가가치세 별도)
- 계약금(3월 15일) : 2,000,000원 지급
- 중도금(5월 15일, 7월 15일) : 1,500,000원씩 각각 지급
- 잔금(9월 30일) : 1,500,000원 지급
- 제품인도일 : 9월 30일

**02.** 부가가치세법상 재화의 공급으로 보지 아니하는 거래를 모두 고르시오.

a. 저당권 등 담보 목적으로 부동산을 제공하는 것
b. 사업장별로 그 사업에 관한 모든 권리와 의무를 포괄적으로 승계시키는 사업의 양도
c. 매매계약에 의한 재화의 인도
d. 폐업시 잔존재화(해당 재화의 매입 당시 매입세액공제받음)
e. 상속세를 물납하기 위해 부동산을 제공하는 것

# 연/습/문/제 답안

## 객관식

| 1 | 2 | 3 | 4 | 5 | 6 | 7 | 8 | 9 | 10 | 11 | 12 | 13 | | |
|---|---|---|---|---|---|---|---|---|---|---|---|---|---|---|
| ④ | ② | ④ | ② | ④ | ③ | ④ | ① | ④ | ① | ④ | ① | ② | | |

[풀이 - 객관식]

01. 사업자가 사업을 **폐업하는 경우 남아 있는 재화**(매입세액이 공제되지 아니한 재화는 제외한다)는 **자기에게 공급하는 것으로 본다.**

02. 강제경매에 따라 재화를 인도 또는 양도하는 것은 재화의 공급으로 보지 아니한다.

03. **용역의 무상공급의 경우는 현행 부가가치세법상 용역의 공급으로 보지 않는다.**

04. 간주공급은 세금계산서를 교부하지 않는다(자가공급 중 판매목적 타사업장 반출 제외).

05. 폐업시 잔존재화는 의제공급에 해당하는 것으로 공급시기는 폐업하는 때로 한다.

06. **재화의 공급으로 보는 가공**의 경우에는 **가공된 재화를 인도**하는 때

07. **재화의 공급, 용역의 공급, 재화의 수입**은 부가가치세법상 과세거래에 해당된다.

08. 고용관계에 의하여 근로를 제공하는 경우 부가가치세법상 용역의 공급으로 보지 않는다. 그리고 사업자가 특수관계 있는 자에게 사업용 부동산의 임대용역을 무상공급하는 경우 용역의 공급으로 본다.

09. **간주임대료의 공급시기**는 **예정신고기간 또는 과세기간 종료일**이다.

10. 기한부판매는 **기한이 경과되어 판매가 확정되는 때**가 공급시기이다.

11. 사업용 기계장치의 양도는 재화의 일반적인 공급에 해당한다.

12. 상품권 등을 현금으로 판매하고 그 후 그 상품권이 현물과 교환되는 경우의 공급시기는 **재화가 실제로 인도되는 때**이다.

13. 건설업과 부동산업은 용역의 범위에 해당하나 **부동산의 매매** 또는 사업상의 목적으로 1과세기간 중에 1회 이상 부동산을 취득하고 2회 이상 판매하는 경우 재화의 공급으로 본다.

## 주관식

| 1 | 3,000,000원 | 2 | a, b, e |
|---|---|---|---|

[풀이 - 주관식]

01. 중간지급조건부 재화공급은 **계약금 이외의 대가를 분할하여 지급하고 계약금 지급일로부터 잔금지급일까지의 기간이 6개월 이상**인 경우를 말한다.

| 계약금 | 3.15 | 2,000,000 | | 대가의 각부분을 받기로 한때 |
|---|---|---|---|---|
| 중도금 | 5.15 | 1,500,000 | | |
| 중도금 | 7.15 | *1,500,000* | 2기예정 | |
| 잔금(인도) | 9.30 | *1,500,000* | | |
| 6개월 이상 | | | | |

02. c는 재화의 실질공급, d는 재화의 간주공급에 해당한다.

Chapter

# 3 영세율과 면세

로그인 전산회계 1급

NCS세무 - 3 부가가치세 신고

## 제1절 영세율

### 1. 영세율의 개념

영세율이란 일정한 재화 또는 용역의 공급에 대하여 영"0"의 세율을 적용하는 제도이다. 이는 공급자에게 부가가치의 부담이 완전 제거되고 거래 상대방은 부가가치 부담이 없게 되므로 **완전 면세제도**라고 한다.

#### (1) <u>이중과세의 방지</u>(소비지국과세원칙)

수출 관련 재화나 용역의 공급에 영세율을 적용하여 국외의 소비자가 우리나라 부가가치세를 부담하지 않게 하여 소비지국과세원칙을 준수한다.

#### (2) 외화획득 장려

국내거래라도 수출 등과 관련 있는 산업에 영세율을 미리 적용시켜줌으로써 외화획득을 장려하고 있다.

## 2. 영세율의 적용대상자

### (1) 과세사업자

부가가치세법상 과세사업자(간이과세자 포함)에 한하여 영세율을 적용한다.

### (2) 상호면세주의

외국에서 대한민국의 거주자 또는 내국법인에게 동일한 면세를 하는 경우에 한하여 비거주자 또는 외국법인인 사업자에게 영의 세율을 적용한다.

## 3. 영세율의 적용대상

### (1) 수출하는 재화

직수출, 내국신용장 · 구매확인서에 의한 공급, 한국국제협력단[*1]에 공급하는 재화, 법정요건에 의하여 공급하는 수탁가공재화

*1. 외교부 산하기관으로 정부차원의 대외무상협력사업을 전담하는 준정부기관

① 직수출의 재화 범위

내국물품 외국 반출 : 수출업자가 자기 명의와 계산으로 내국물품을 외국으로 반출

**② <u>내국신용장(Local L/C) · 구매확인서 등에 의한 공급(간접수출 또는 국내수출)</u>**

**국내거래이기 때문에 영세율세금계산서를 발행한다.**

**〈수출하는 재화〉**

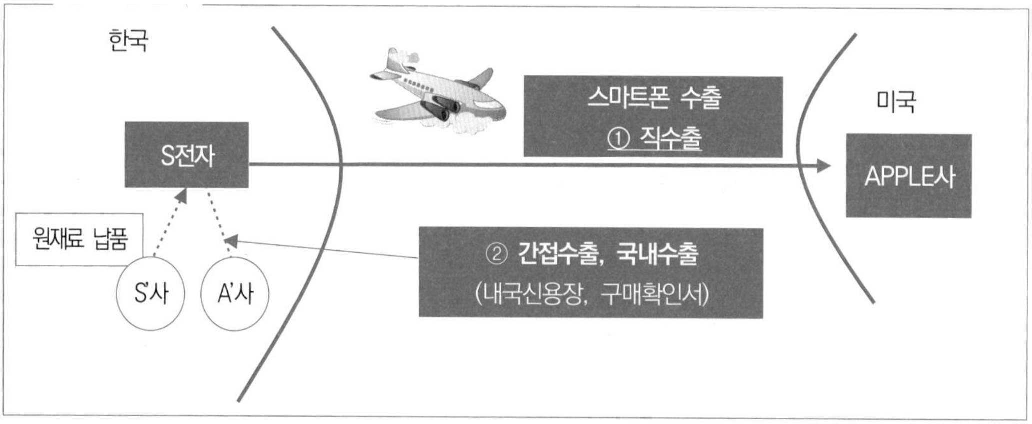


☞ • 내국신용장 : 수출업자가 수출이행에 필요한 원자재 등을 조달받기 위하여 물품구입대금 등의 사전지급대신 해외로부터 받은 원신용장을 담보로 국내은행이 수출업자의 신청에 의해 국내의 원자재 등 공급업자를 수혜자로 하여 개설하는 신용장

• 구매확인서 : 외국환은행장이 내국신용장에 준하여 발급하는 확인서로서 수출용 재화 등에 관한 수출신용장 근거서류 및 그 번호, 선적기일 등이 기재된 것을 말한다.

### (2) 국외에서 제공하는 용역

국외에서 제공하는 용역이란 용역의 제공장소가 국외인 용역을 말한다(예 : 해외건설용역). 이 경우 영세율 적용과 관련하여 거래상대방, 대금결제 방법에 불구하고 영세율을 적용한다.

### (3) 선박 · 항공기의 외국항행용역

국내에서 국외로, 국외에서 국내로 또는 국외에서 국외로 수송하는 것

### (4) 기타 외화를 획득하는 재화 또는 용역

국내거래이지만 외화획득이 되는 거래

### (5) 조세특례제한법[*1]상 영세율 적용대상 재화 또는 용역

*1. 조세특례제한법은 조세의 감면 또는 중과 등 조세의 특례와 이의 제한에 관한 사항을 규정하여 과세의 공평을 기하고 조세정책을 효율적으로 수행함으로써 국민경제의 건전한 발전에 이바지함을 목적으로 한다.

### <예제 3 - 1> 영세율

㈜백두의 거래내역을 분개하시오.

1. 3월 15일 해외수출대행업체인 ㈜묘향에 Local L/C(내국신용장)에 의하여 제품 10,000,000원을 납품하고 영세율전자세금계산서를 발급하였으며, 대금은 선수금 3,000,000원을 상계하고 잔액은 외상으로 하였다.
2. 3월 31일 미국기업인 애플사에 제품($10,000)을 직수출하기 위하여 선적을 완료하고 대금은 선적 후 15일 이내 받기로 하다.(선적일 기준환율 : 1,250원/$, 수출신고일 기준환율 : 1,230원/$)

**해답**

| | | | | |
|---|---|---|---|---|
| 1. | (차) 선 수 금<br>외상매출금 | 3,000,000원<br>7,000,000원 | (대) 제 품 매 출 | 10,000,000원 |
| 2. | (차) 외상매출금 | 12,500,000원 | (대) 제 품 매 출 | 12,500,000원[*1] |
| | *1. 수출재화는 선적일이 공급시기이다. 따라서 선적일 환율을 적용한다.<br>공급가액 = $10,000 × 1,250원/$(선적일 환율) = 12,500,000원 | | | |

# 제2절 면세

## 1. 면세의 개념

면세란 일정한 재화·용역의 공급에 대하여 부가가치세를 면제하는 제도를 말한다.

여기서 면세의 의미는 영세율과는 달리 부가가치세법상 과세대상거래가 아니며 당해 면세가 적용된 단계에서 부가가치에 대해 부가기치세가 없을 뿐 그 이전 단계에서 부담한 부가가치세는 환급받지 못하므로 **불완전면세제도**라고 한다.

**〈과세사업자(과세, 영세율)와 면세사업자〉**

| | | 과세사업자 | | 면세사업자 |
|---|---|---|---|---|
| | | 과세 | 영세율 | |
| 납부세액 | 매출세액 | 과세표준×10% | 과세표준×0% | 납세의무가 없으므로 "0" |
| | (−) 매입세액 | **매입세액공제** | | **매입세액불공제** |
| **면세정도** | | − | **완전면세** | **불완전면세** |
| **거래증빙서류 발급** | | **세금계산서** | **영세율세금계산서(국내수출)** | **계산서** |

## 2. 면세대상

### (1) 면세대상의 범위

<table>
<tr><th>구 분</th><th>면 세 대 상</th></tr>
<tr><td>기초생활 필수품</td><td>㉠ 미가공 식료품 등(식용에 공하는 농산물·축산물·수산물·임산물 포함) 국내외 불문<br>㉡ 국내 생산된 식용에 공하지 아니하는 미가공 농·축·수·임산물<br><table><tr><th></th><th>국내생산</th><th>해외수입</th></tr><tr><td>식용</td><td rowspan="2">면세</td><td>면세</td></tr><tr><td>비식용</td><td>과세</td></tr></table>㉢ 수돗물(생수는 과세)<br>㉣ 연탄과 무연탄(유연탄, 갈탄, 착화탄은 과세)<br>㉤ 여성용 생리처리 위생용품, 영유아용 기저귀·분유(액상형분유 포함)<br>㉥ 여객운송용역[시내버스, 시외버스, 지하철, 마을버스, 고속버스(우등 제외) 등]<br>(전세버스, 고속철도, 택시는 과세)<br>㉦ 주택과 이에 부수되는 토지의 임대용역</td></tr>
</table>

| 구 분 | 면 세 대 상 |
|---|---|
| 국민후생 용역 | ㉠ 의료보건용역과 혈액(질병 치료 목적의 동물 혈액 포함, 개정세법 25)<br>**→ 약사가 판매하는 일반의약품은 과세, 미용목적 성형수술 과세, 산후조리원은 면세**<br>㉡ **수의사가 제공하는 동물진료 용역(가축 등에 대한 진료용역, 기초생활수급자가 기르는 동물에 대한 진료용역, 기타 질병예방 목적의 동물 진료용역)**<br>㉢ 교육용역(허가분) ⇒ **운전면허학원은 과세**<br>☞ 미술관, 박물관 및 과학관에서 제공하는 교육용역도 면세 |
| 문화관련 재화용역 | ㉠ 도서[도서대여 및 실내 도서 열람용역 포함] · 신문(인터넷신문 구독료 포함) · 잡지 · 관보 · 뉴스통신(**광고는 과세**)<br>㉡ 예술창작품(창작공연포함) · 예술행사 · 문화행사 · 비직업운동경기<br>㉢ 도서관 · 과학관 · 박물관 · 미술관 · 동물원 · 식물원에의 입장 |
| 부가가치 구성요소 | ㉠ 금융 · 보험용역<br>㉡ **토지의 공급(토지의 임대는 과세)**<br>㉢ **인적용역(변호사 · 공인회계사 · 세무사 · 관세사 등의 인적용역은 제외)** |
| 기타 | ㉠ 우표 · 인지 · 증지 · 복권 · 공중전화(**수집용 우표는 과세**)<br>㉡ 종교 · 자선 · 학술 등 기타 공익을 목적으로 하는 단체가 공급하는 재화 · 용역<br>㉢ 국가 · 지방자치단체 · 지방자치단체조합이 공급하는 재화 · 용역<br>㉣ 국가 · 지방자치단체 · 지방자치단체조합 또는 공익단체에 **무상공급하는 재화 · 용역** |

**〈부동산의 공급과 임대〉**

| 부동산의 공급(재화의 공급) | 부동산의 임대(용역의 제공) |
|---|---|
| 1. 토지의 공급 : 면세<br>2. 건물의 공급 : ① 원칙 : 과세<br>② 예외 : 국민주택규모 이하의 주택은 면세 | 1. 원칙 : 과세<br>2. 예외 : **주택 및 주택의 부수토지임대는 면세** |

☞국민주택 : 국민주택기금으로부터 자금을 지원받아 건설되는 주거전용면적이 85㎡(약 25.7평) 이하인 주택

## <예제 3 - 2> 면세

㈜백두의 거래내역을 분개하시오.

1. 3월 15일 ㈜한라로부터 공장용 토지를 1억원에 구입하고 대금은 계약금 10,000,000원을 제외한 잔금은 1개월 후에 주기로 하고, 전자계산서를 수취하다. 계약금은 선급금으로 회계처리하였다.
2. 3월 31일 하이마트로부터 직원용 구내식당에서 사용할 쌀(공급가액 2,000,000원)을 외상으로 구입하고 전자계산서를 수취하다. 회사는 종업원들에게 무료로 식사를 제공하고 있다.

3. 4월 5일 거래처 ㈜청계 영업팀장의 모친 회갑잔치를 축하하고자 아름다운꽃집에서 난을 주문 배달시키고 전자계산서(공급가액 300,000원)를 발급받았고, 대금은 보통예금에서 계좌이체하다.

4. 4월 30일 ㈜한성으로부터 본사의 임차료에 대해서 전자세금계산서(공급가액 4,000,000원, 부가세별도)를 수취하고, 별도로 수도요금에 대하여 전자계산서(공급가액 40,000원)를 수취하고 당좌수표를 각각 발행하여 지급하다.

**해답**

| | | | | |
|---|---|---|---|---|
| 1. | (차) 토 지 | 100,000,000원 | (대) 선 급 금<br>미지급금 | 10,000,000원<br>90,000,000원 |
| 2. | (차) 복리후생비(판) | 2,000,000원 | (대) 미지급금 | 2,000,000원 |
| 3. | (차) 기업업무추진비 | 300,000원 | (대) 보통예금 | 300,000원 |
| 4. | (차) 임 차 료(판)<br>부가세대급금 | 4,000,000원<br>400,000원 | (대) 당좌예금 | 4,400,000원 |
| | (차) 수도광열비(판) | 40,000원 | (대) 당좌예금 | 40,000원 |

## (2) 면세와 영세율의 차이점

| 구 분 | 내 용 | |
|---|---|---|
| | 면 세 | 영 세 율 |
| 기본원리 | 면세거래에 납세의무 면제<br>① 매출세액 : 징수 없음(결국 "0")<br>② **매입세액 : 환급되지 않음** | 일정 과세거래에 0%세율 적용<br>① 매출세액 : 0<br>② **매입세액 : 전액환급** |
| **면세정도** | **부분면세(불완전면세)** | **완전면세** |
| 대상 | 기초생활필수품 등 | 수출 등 외화획득재화 · 용역의 공급 |
| 부가가치세법상 의무 | 부가가치세법상 각종 의무를 이행할 필요가 없으나 다음의 협력의무는 있다.<br>- 매입처별세금계산서합계표제출 등 | 영세율 사업자는 부가가치세법상 사업자이므로 부가가치세법상 제반의무를 이행하여야 한다. |
| **사업자여부** | **부가가치세법상 사업자가 아님** | **부가가치세법상 사업자임** |
| **취지** | **세부담의 역진성 완화** | **국제적 이중과세의 방지**<br>**수출산업의 지원** |

# 연/습/문/제

## 객관식

**01.** 다음 중 부가가치세법상 영세율에 대한 설명으로 틀린 것은?

① 수출하는 재화에 적용된다.
② 내국신용장에 의할 경우 영세율세금계산서를 발행해야 한다.
③ 최종소비자에게 부가가치세의 부담을 경감시키기 위한 불완전면세제도다.
④ 영세율적용대상자는 부가가치세법상 과세사업자이어야 한다.

**02.** 다음 중 부가가치세 영세율과 관련된 설명 중 틀린 것은?

① 영세율은 수출하는 재화에 적용된다.
② 영세율은 완전면세에 해당한다.
③ 직수출하는 재화의 경우에도 세금계산서를 발급하여야 한다.
④ 영세율은 소비지국 과세원칙을 구현하기 위한 제도이다.

**03.** 다음 중 부가가치세가 과세되는 것은?

① 토지의 공급　　② 국민주택의 공급
③ 상시주거용 주택과 부수토지의 임대　　④ 주택 외 상가건물의 임대

**04.** 다음 중 부가가치세법상 면세대상 거래에 해당하는 것은?

① 운전면허학원의 시내연수　　② 프리미엄고속버스 운행
③ 일반의약품에 해당하는 종합비타민 판매　　④ 예술 및 문화행사

**05.** 다음 중 부가가치세 면세대상에 해당하지 않는 것은?

① 시내버스, 고속철도 등의 여객운송용역　② 대통령령으로 정하고 있는 교육용역
③ 주택임대　④ 미가공 식료품

**06.** 제1기 부가가치세 확정신고시 과세표준에 포함되지 않는 것은?

① 토지의 임대　② 수출하는 재화
③ 영유아용 기저귀와 분유　④ 국민주택 초과 규모 주택의 공급

**07.** 다음 중 부가가치세법상 영세율에 대한 설명으로 가장 틀린 것은?

① 수출하는 재화뿐만 아니라 국외에서 제공하는 용역도 영세율이 적용된다.
② 영세율이 적용되는 모든 사업자는 세금계산서를 발급하지 않아도 된다.
③ 영세율이 적용되는 경우에는 조기환급을 받을 수 있다.
④ 영세율이 적용되는 사업자는 부가가치세법상 과세사업자이어야 한다.

**08.** 다음 중 부가가치세법상 영세율과 면세에 대한 설명으로 옳지 않은 것은?

① 면세사업자는 부가가치세법상 납세의무자가 아니다.
② 면세사업자가 영세율을 적용받고자 하는 경우에는 면세포기 신고를 하여야 한다.
③ 영세율은 부가가치세 부담이 전혀 없는 완전면세제도에 해당한다.
④ 면세제도는 소비지국과세원칙을 구현하고 부가가치세의 역진성을 완화하기 위해 도입된 제도이다.

**09.** 부가가치세법상 사업자가 행하는 다음의 거래 중 부가가치세가 과세되는 것은?

① 상가에 부수되는 토지의 임대　② 주택의 임대
③ 국민주택 규모 이하의 주택의 공급　④ 토지의 공급

**10.** 다음 중 부가가치세 영세율과 관련된 설명 중 틀린 것은?

① 영세율은 세부담의 역진성을 완화하기 위한 제도이다.
② 수출하는 재화는 영세율이 적용된다.
③ 직수출하는 재화의 경우에는 세금계산서 발급의무가 면제된다.
④ 국외에서 공급하는 용역의 공급에 대하여는 영세율이 적용된다.

**11.** 다음 중 부가가치세법상 면세 대상 용역에 해당하는 것은?

① 전세버스 운송 용역
② 골동품 중개 용역
③ 도서대여 용역
④ 자동차운전학원 교육 용역

## 주관식

**01.** 다음 중 부가가치세가 과세되는 재화 또는 용역의 공급을 모두 고르시오.

| | | |
|---|---|---|
| 1. 단순가공된 두부 | 2. 신문사광고 | 3. 연탄과 무연탄 |
| 4. 시내버스 운송용역 | 5. 의료보건용역 | 6. 금융 · 보험용역 |

**02.** 다음 중 면세에 해당하는 것들을 모두 고르시오.

| | | |
|---|---|---|
| 1. 가공된 식료품 | 2. 수돗물 | 3. 무연탄 및 연탄 |
| 4. 수집용 우표 | 5. 신문, 도서 | 6. 골동품 |
| 7. 서비스 용역 | | |

**03.** 다음 중 부가가치세 과세대상 거래에 해당되는 것을 모두 고르시오.

| | |
|---|---|
| 가. 재화의 수입 | 나. 재산적 가치가 있는 권리의 양도 |
| 다. (특수관계 없는 자에게)부동산임대용역의 무상공급 | 라. 국가 등에 무상으로 공급하는 재화 |

# 연/습/문/제 답안

객관식

| 1 | 2 | 3 | 4 | 5 | 6 | 7 | 8 | 9 | 10 | 11 | | | | |
|---|---|---|---|---|---|---|---|---|---|---|---|---|---|---|
| ③ | ③ | ④ | ④ | ① | ③ | ② | ④ | ① | ① | ③ | | | | |

[풀이 - 객관식]

01. 최종소비자에게 부가가치세의 부담을 경감시키기 위한 완전면세제도다.

02. **직수출**하는 재화의 경우에는 **세금계산서 교부의무가 면제**된다.

03. 토지의 공급, 국민주택의 공급, 주택의 임대는 부가가치세법상 면세이다.

04. 예술 및 문화행사는 부가가치세법상 면세대상 거래에 해당된다.

05. 고속철도는 면세대상에서 제외된다.

06. 영유아용 기저귀와 분유는 부가가치세가 면제되는 항목이다. 토지의 공급은 면세이지만 토지의 임대는 과세이다. 국민주택의 공급은 면세이지만 이외는 과세이다.

07. **국내수출(내국신용장 또는 구매확인서)에 의하여 공급하는 재화 등은 세금계산서를 발급**하여야 한다.

08. **소비지국과세원칙의 구현은 영세율제도**에 해당한다.

09. 상가에 부수되는 토지의 임대는 과세된다.

10. **영세율은 소비지국 과세원칙을 구현하기 위한 제도**이다.

11. **도서 및 도서대여 용역(실내도서 열람용역)의 공급에 대하여는 부가가치세를 면제**한다.

## 주관식

| 1 | 2 | 2 | 2,3,5 | 3 | 가,나 |
|---|---|---|---|---|---|

[풀이 - 객관식]

01. 광고(2)는 면세에서 제외된다.

02. 수돗물, 무연탄 및 연탄, 신문, 도서는 부가가치세법상 면세에 해당한다.

03. 특수관계 없는 자에게 용역의 무상공급은 용역의 공급으로 보지 아니하고, **국가 등에 무상으로 공급하는 재화는 면세대상**이다.

Chapter

# 과세표준과 세금계산서 4

로그인 전산회계 1급

NCS세무 - 3 부가가치세 신고 – 세금계산서 발급 · 수취

## 제1절 과세표준

과세표준이란 납세의무자가 납부해야할 세액산출의 기초가 되는 과세대상의 수량 또는 가액을 말하는데, 부가가치세법상 과세사업자의 과세표준은 재화 또는 용역의 공급에 대한 공급가액으로 한다. **기업회계기준상의 매출액과 거의 일치한다.**

### 1. 공급유형별 과세표준

#### (1) 기본원칙

부가가치세의 과세표준은 공급가액이라 하는데, 사업자는 여기에 10%의 세율을 적용하여 계산된 매출세액을 공급받는 자로부터 거래징수하여 정부에 납부하여야 한다.

**대원칙(과세표준) : 시가**

| | |
|---|---|
| ① 금전으로 대가를 받는 경우 | 그 대가 |
| ② 금전 외의 대가를 받는 경우 | 자기가 공급한 재화 또는 용역의 **시가** |
| ③ 특수관계자간 거래 | 자기가 공급한 재화 또는 용역의 **시가** |

☞특수관계자 : 일정주주를 포함해서 회사에 영향력을 행사할 수 있는 자(예 : 친족관계, 회사와 임직원)

### (2) 과세표준계산에 포함되지 않는 항목/포함하는 항목

| 구 분 | 내 용 |
|---|---|
| 과세표준에 포함되지 않는 항목 | ① **매출에누리와 환입액, 매출할인**<br>② 구매자에게 도달하기 전에 파손 · 훼손 · 멸실된 재화의 가액<br>③ 재화 또는 용역의 공급과 직접 관련되지 않는 국고보조금과 공공보조금<br>④ 반환조건부 용기대금 · 포장비용<br>⑤ 용기 · 포장의 회수를 보장하기 위하여 받는 보증금 등<br>⑥ 대가와 구분하여 기재한 경우로서 당해 종업원에 지급한 사실이 확인되는 봉사료<br>⑦ 계약 등에 의하여 확정된 대가의 지연지급으로 인해 지급받는 연체이자 |
| 과세표준에 포함하는 항목 | ① 할부판매의 이자상당액<br>② 대가의 일부분으로 받는 운송비, 포장비, 하역비, 운송보험료, 산재보험료 등 |
| 과세표준에서 공제하지 않는 것 | ① **대손금(대손세액공제사항임)**<br>② 판매장려금<br>③ 하자보증금 |

## 2. 거래형태별 과세표준

| 구 분 | 과세표준 |
|---|---|
| 외상판매 및 할부판매의 경우 | 공급한 재화의 총가액 |
| 장기할부판매<br>완성도기준지급 · 중간지급조건부로 재화 · 용역을 공급하거나 계속적인 재화 · 용역을 공급하는 경우 | **계약에 따라 받기로 한 대가의 각 부분** |

## 3. 대가를 외국통화 기타 외국환으로 받은 경우의 과세표준

| 구 분 | | 과세표준 |
|---|---|---|
| 공급시기 도래 전에 외화수령 | 환가 | **그 환가한 금액** |
| | 미환가 | **공급시기(선적일)**의 외국환거래법에 의한 **기준환율 또는 재정환율**에 의하여 계산한 금액 |
| 공급시기 이후에 외국통화로 지급받은 경우 | | |

☞기준환율 : 외국환은행이 고객과 원화와 미달러화를 매매할 때 기준이 되는 환율을 말하며 시장평균환율이라고도 한다.
재정환율 : 기준환율을 이용하여 제 3국의 환율을 간접적으로 계산한 환율

## <예제 4 - 1> 수출재화의 과세표준

㈜백두의 거래내역을 분개하시오.

1. 3월 15일 수출면장에 의해 제품(¥ 100,000)을 소니사에 직수출하고 대금은 1개월 후에 받기로 하다(선적일 환율 1,100원/100¥).
2. 4월 01일 미국기업인 애플사에 제품($10,000) 수출계약을 체결하고 계약금으로 $1,000을 보통예금으로 수취하다(환율 : 1,200원/$).
3. 4월 30일 애플사에 제품을 선적을 완료하고 나머지 잔금은 선적 후 15일 이내 받기로 하다(선적일 기준환율 : 1,300원/$, 수출신고일 기준환율 : 1,270원/$).

   3번의 경우 4월 1일 선수금을 원화로 환가한 경우와 환가하지 않는 경우 **각각 부가가치세법상 과세표준으로 회계처리**하시오.

**해답**

| | | | | | |
|---|---|---|---|---|---|
| 1. | | (차) 외상매출금 | 1,100,000원 | (대) 제품매출 | 1,100,000원 |
| 2. | | (차) 보통예금 | 1,200,000원 | (대) 선 수 금 | 1,200,000원 |
| 3. | **환가** | (차) 선 수 금<br>외상매출금 | 1,200,000원<br>11,700,000원 | (대) 제품매출 | 12,900,000원[*1] |
| | | *1. 과세표준 : $1,000 × 1,200원(환가환율) + $9,000 × 1,300원 = 12,900,000원 | | | |
| | **미환가** | (차) 선 수 금<br>외상매출금<br>외환차손 | 1,200,000원<br>11,700,000원<br>100,000원[*2] | (대) 제품매출 | 13,000,000원[*1] |
| | | *1. 과세표준 : $10,000×1,300원(선적일 환율) = 13,000,000원<br>*2. 외환차손 : $1,000×(1,300원 − 1,200원) = 100,000원 | | | |

## 4. 재화의 수입에 대한 과세표준

세관장이 수입업자에게 수입세금계산서 발행시 과세표준은 다음과 같다.

| | |
|---|---|
| 수입재화의 경우 | 관세의 과세가격+관세+개별소비세, 주세, 교통 · 에너지 · 환경세+교육세, 농어촌특별세 |

☞ 관세의 과세가격 : 관세를 부과하기 위한 수입물품의 과세표준이 되는 가격을 말하는데, 수입자가 실제로 지불한 가격에 가산요소를 조정한 것을 말한다.

### <예제 4 - 2> 수입재화의 과세표준

㈜백두의 거래내역을 분개하시오.

1. 3월 15일 미국의 TY사로부터 원재료 수입시 울산세관장으로부터 수입전자세금계산서(공급가액 30,000,000원 부가가치세 3,000,000원)를 발급받고 부가가치세는 현금납부하다.

**해답**

| | | | |
|---|---|---|---|
| (차) 부가세대급금 | 3,000,000원 | (대) 현　　금 | 3,000,000원 |

☞ **세관장이 발행하는 수입세금계산서의 과세표준(공급가액)은 수입재화의 부가가치세를 징수하기 위한 가공의 숫자에 불과하다. 즉 원재료 구입가격이 아니라는 점을 유의하세요.**

## 5. 간주공급(무상공급)의 과세표준

| | |
|---|---|
| 원칙 | **당해 재화의 시가** |
| 판매목적 타사업장 반출 | 취득가액을 과세표준으로 하되, 당해 취득가액에 일정액을 가산하여 공급하는 경우에는 당해 공급가액으로 한다. |

## <예제 4 - 3> 간주공급의 과세표준

㈜백두의 거래내역을 분개하시오.

1. 3월 15일 회사의 제품(원가 1,000,000원, 시가 2,000,000원)을 매출 거래처인 ㈜청계에게 선물로 제공하였다.
2. 3월 25일 회사의 제품(원가 300,000원, 시가 1,100,000원)을 홍길동 사원의 생일 선물로 제공하다.

**해답**

| | | | | |
|---|---|---|---|---|
| 1. 사업상증여 | (차) 기업업무추진비 | 1,200,000원 | (대) 제 품(타계정)<br>부가세예수금 | 1,000,000원<br>200,000원*1 |
| 2. 개인적공급 | (차) 복리후생비(판) | 400,000원 | (대) 제 품(타계정)<br>부가세예수금 | 300,000원<br>100,000원*1 |
| | *1. 과세표준=시가(1,100,000)-경조사 재화 과세제외(100,000/인)=1,000,000원 | | | |

## 6. 간주임대료의 과세표준

**과세표준=해당 기간의 임대보증금×정기예금 이자율×임대일수/365일(366일)**

## 제2절 세율

부가가치세법상 세율은 10%로 하되, 영세율이 적용되는 재화 또는 용역의 공급에 대하여는 0%로 한다.

# 제3절 세금계산서

세금계산서란 사업자가 재화 또는 용역을 공급할 때 부가가치세를 거래징수하고 이를 증명하기 위하여 공급받는 자에게 발급하는 세금영수증이다.

공급받는 자는 발급받은 세금계산서를 요약한 매입처별 세금계산서 합계표를 제출하여 거래징수당한 부가가치세를 매입세액으로 공제받을 수 있다.

## 1. 세금계산서와 영수증의 종류

| 구 분 | | 발급하는 자 |
|---|---|---|
| 세 금 계산서 | (일반적인)세금계산서 또는 전자세금계산서 | 사업자가 공급받는 자에게 발급 |
| | 수입세금계산서 | 세관장이 수입자에게 발급 |
| 영수증 | 신용카드매출전표(직불카드,선불카드포함) | 사업자가 주로 일반 소비자에게 발급 |
| | 현금영수증 | |
| | (일반적인)영수증 | 간이과세자 등이 발급 |

### (1) 세금계산서

세금계산서는 공급하는 사업자가 2매(공급자 보관용, 공급받는자 보관용)를 발행하여 1매는 공급받는 자에게 발급하여야 한다.

이렇게 발급하거나 발급받은 세금계산서는 5년간 보관하여야 한다.

| 필요적 기재사항(굵은 선) | 임의적 기재사항 |
|---|---|
| ① **공급하는 사업자의 등록번호와 성명 또는 명칭** | ① 공급하는 자의 주소 |
| ② **공급받는 자의 등록번호** | ② 공급받는 자의 상호 · 성명 · 주소 |
| ③ **공급가액과 부가가치세액** | ③ 공급하는 자와 공급받는 자의 업태와 종목 |
| ④ **작성연월일** | ④ 공급품목 |
| | ⑤ 단가와 수량 |
| | ⑥ 공급연월일 등 |

세금계산서를 발급시 **필요적 기재사항이 누락되었거나 사실과 다른 경우에는 세금계산서로서의 효력이 인정되지 않는다.**

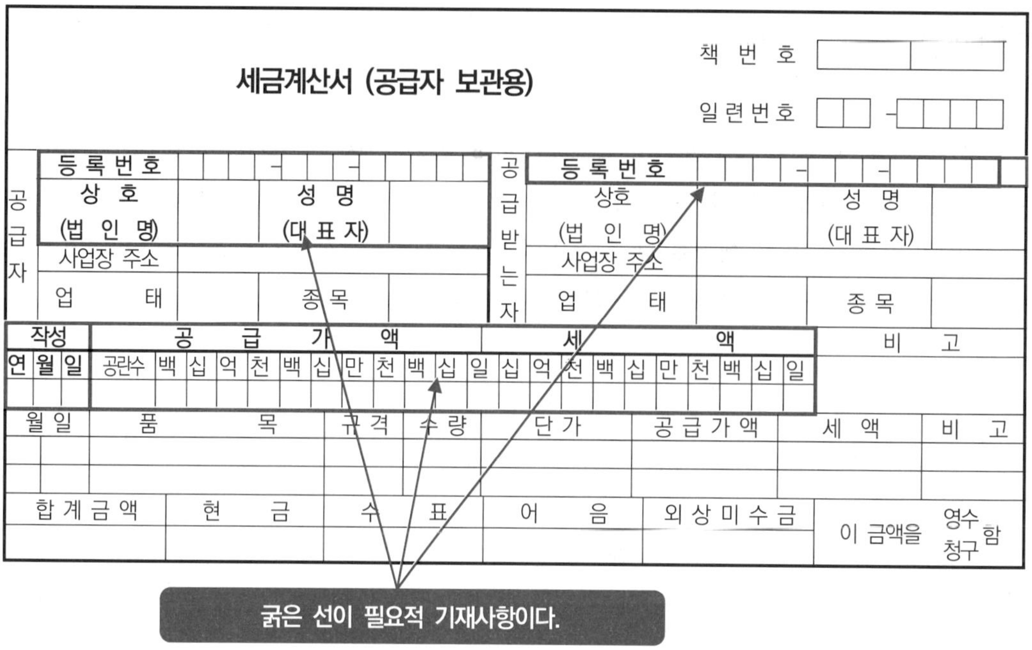


(2) 전자세금계산서

① 발급의무자 : 법인사업자(무조건 발급) 및 개인사업자(일정규모 이상)

**<전자세금계산서 발급의무 개인사업자>**

| 공급가액(과세+면세) 기준년도 | 기준금액 | 발급의무기간 |
|---|---|---|
| 20x0년 | 8천만원 | 20x1. 7. 1~ 계속 |

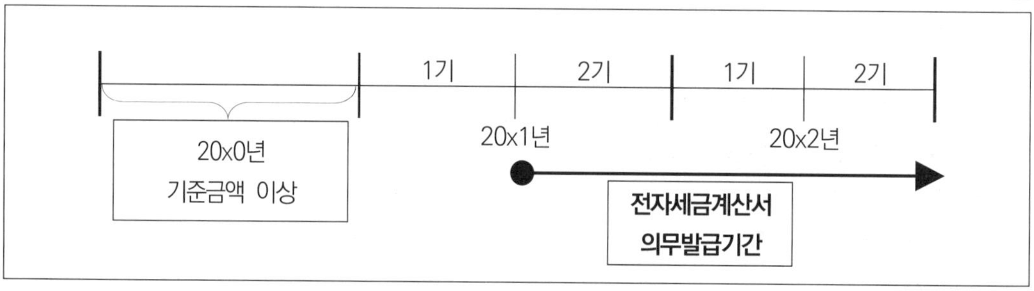


☞ 개인사업자가 사업장별 재화 등의 공급가액이 일정규모 이상인 해의 **다음해 제 2기 과세기간부터 이며, 한번 전자세금계산서 발급 의무 대상자가 되면 공급가액 합계액이 미달하더라도 계속하여 전자세금계산서 의무발급 개인사업자**로 본다.

② 발급기한 : **다음달 10일까지 가능**

③ 전 송

해당 전자세금계산서 **발급일의 다음날**까지 세금계산서 발급명세를 국세청장에게 전송하여야 한다. 전자세금계산서 **발급명세를 전송한 경우에는 매출 · 매입처별세금계산서합계표를 제출하지 않아도 되며, 5년간 세금계산서 보존의무가 면제**된다. 또한 직전연도 공급가액 3억원 미만인 개인사업자에 대하여 전자세금계산서 발급세액공제(발급건당 200원, 연간한도 100만원)가 적용된다.

■ 매입자발행세금계산서

사업자가 재화 또는 용역을 공급하고 거래시기에 세금계산서를 발급하지 않는 경우**[거래건당 공급대가가 5만원 이상인 거래]** 그 재화 또는 용역을 공급받은 자는 관할세무서장의 확인을 받아 세금계산서를 발행할 수 있는데 이것을 '매입자발행세금계산서'라 한다.

**과세기간의 종료일부터 1년 이내 발급 신청**할 수 있다.

### (3) 영수증

세금계산서의 필요적 기재사항 중 공급받는 자의 등록번호와 부가가치세를 기재하지 않은 증빙서류를 영수증이라 한다. 이러한 영수증을 발급받더라도 매입세액공제를 받을 수 없으나 **예외적으로 신용카드 영수증, 현금영수증에 대해서는 매입세액공제가 허용된다.**

<table>
<tr><th>신용카드영수증</th><th>현금영수증</th></tr>
<tr><td>상호: [redacted]파미스[redacted]점 대표자: [redacted]태<br>사업자번호: 8851800[redacted] TEL: 041-622-[redacted]<br>주소: 충청남도 천안시 서북구 [redacted] 1층 [redacted]<br>호([redacted]<br>신한프리미엄 매출표 IC신용승인<br>CATID: 39630[redacted] 일련번호: 0171<br>가맹점번호: 88437[redacted] 할부: [일시불]<br>5155-94**-****-1210<br>거래일시: 17/11/25 13:48:16<br>승인번호: 19068979 K5KNA1/I/LAN<br>매입사명: 신한카드<br>거래 금액 10,000원<br>부 가 세 1,000원<br>총 합 계 11,000원<br>DESC전표/창구매입불가<br>가맹점No : 승인No:<br>발생P: 0점 가용P: 0점<br>누적P: 87,383점 특별P: 0점<br>감사합니다!</td><td>상호: [redacted]미스두[redacted] 대표자: [redacted]<br>사업자번호: 88518[redacted] TEL: 041-[redacted]-62[redacted]<br>주소: 충청남도 천안시 서북구 [redacted] 1층 [redacted]<br>[redacted]<br>현금(지출증빙) 매출표 현금승인<br>CATID: 39630[redacted] 일련번호: 0173<br>312-86-0****<br>거래일시: 17/11/25 13:49:40<br>승인번호: 023073671 K5KNA1/K/LAN<br>매입사명: 사업자<br>거래 금액 10,000원<br>부 가 세 1,000원<br>총 합 계 11,000원<br>국세청 세미래콜센터<br>국번없이 126<br>http://현금영수증.kr</td></tr>
</table>

> **참고**
>
> **전자계산서**
>
> 전자계산서는 소득세법 및 법인세법상 규정이다.
> <발급의무자>
> ㉠ 법인사업자
> ㉡ 개인사업자
> - 전자세금계산서 의무발급대상사업자로서 면세사업 겸업자
> - 일정수입금액 이상자

## 2. 세금계산서의 발급시기

### (1) 일반적인 발급시기

| | | |
|---|---|---|
| 원 칙 | | **재화 또는 용역의 공급시기에 발급**하여야 한다.<br>다만, 일반적인 공급시기가 도래하기 전에 대가의 전부 또는 일부를 받고서 이에 대한 세금계산서를 발급한 때에도 인정된다. |
| 특례 | 공급<br>시기 전 발급 | ① 재화 또는 용역의 공급시기 전에 세금계산서를 발급하고, 발급일로부터 7일 이내에 대가를 지급받은 경우에도 인정된다.<br>② 위 ①의 규정에도 불구하고 대가를 지급하는 사업자가 일정 요건을 모두 충족시 세금계산서를 발급받은 후 7일 경과 후 대가를 지급하더라도 그 발급받은 때를 세금계산서의 발급시기로 본다. |
| | 공급<br>시기 후 발급 | **월합계세금계산서는 예외적으로 재화 또는 용역의 공급일이 속하는 달의 다음달 10일까지(토요일, 공휴일인 경우 그 다음날) 세금계산서를 발급할 수 있다.**<br>① 거래처별로 1역월의 공급가액을 합계하여 당해 **월의 말일자를 발행일자**로 하여 세금계산서를 발급하는 경우<br>② 거래처별로 1역월 이내에서 사업자가 임의로 정한 기간의 공급가액을 합계하여 그 기간의 종료일자를 발행일자로 하여 세금계산서를 발급하는 경우<br>③ 관계 증빙서류 등에 의하여 실제거래사실이 확인되는 경우로서 당해 거래일자로 하여 세금계산서를 발급하는 경우 |

☞ 월합계세금계산서 발급예

| 공급시기 | | 발행일자(작성연월일) | 발급기한 |
|---|---|---|---|
| 1.1~1.31 | | 1.31 | 2.10 |
| 1월 | 1.1~1.10 | 1.10 | 2.10 |
| | 1.11~1.20 | 1.20 | 2.10 |
| | 1.21~1.31 | 1.31 | 2.10 |
| 1.11~2.10 | | 1역월내(달력상 1달)에서만 가능하다. | |

### (2) 세금계산서의 수정발급

① 당초 공급한 재화가 환입된 경우

**환입된 날을 작성일자로 하여 비고란에 당초 세금계산서 작성일자로 부기한 후 (-)표시를 하여 발급**한다.

② 착오시

세금계산서를 발급한 후 그 기재사항에 관하여 착오 또는 정정사유가 발생한 경우에는 부가가치세의 과세표준과 세액을 경정하여 통지하기 전까지 세금계산서를 수정하여 발행할 수 있다.

③ 공급가액의 증감시

당초의 공급가액에 추가되는 금액 또는 차감되는 금액이 발생한 경우에는 그 증감사유가 발생한 날에 세금계산서를 수정하여 발행할 수 있다.

#### <예제 4 - 4> 수정세금계산서

㈜백두와 ㈜청계의 거래내역을 분개하시오.
3월 15일 ㈜청계에 외상으로 판매한 제품중 파손된 제품 5개(단가 200,000원, 부가가치세 별도)를 반품받고, 반품에 대한 전자세금계산서를 발급하였으며, 대금은 외상대금과 상계하였다. ㈜청계는 상품에 해당한다.

**해답**

| | | | | |
|---|---|---|---|---|
| 공급자<br>㈜백두 | (차) 외상매출금 | △1,100,000원 | (대) 제품매출<br>부가세예수금 | △1,000,000원<br>△100,000원 |
| | 다음과 같이 매출환입계정을 사용해도 된다.<br>(차) 매 출 환 입<br>부가세예수금 | <br>1,000,000원<br>100,000원 | <br>(대) 외상매출금 | <br>1,100,000원 |
| 공급받는자<br>㈜청계 | (차) 상 품<br>부가세대급금 | △1,000,000원<br>△100,000원 | (대) 외상매입금 | △1,100,000원 |

### 3. 세금계산서 발급의무 면제

(1) 택시운송사업자, 노점, 행상, 무인판매기를 이용하여 재화 · 용역을 공급하는 자

(2) 전력(또는 도시가스)을 실지로 소비하는 자(사업자가 아닌 자에 한함)를 위하여 전기사업자(또는 도시가스사업자)로부터 전력(도시가스)을 공급받는 명의자가 공급하는 재화 · 용역

(3) 도로 및 관련 시설 운용 용역을 공급하는 자 → 공급받는 자가 요구하는 경우에 발급

(4) 소매업을 영위하는 자가 제공하는 재화 · 용역 → 공급받는 자가 요구하는 경우에 발급

**(5) 목욕, 이발, 미용업을 영위하는 자가 공급**

**(6) 간주공급에 해당하는 재화의 공급(직매장반출은 발급)**

**(7) 부동산임대용역 중 간주임대료**

(8) **영세율 적용대상 재화 · 용역**

다만 **내국신용장(구매확인서)에 의한 공급하는 재화는 영세율세금계산서를 발급하여야 한다.**

(9) 기타국내사업장이 없는 비거주자 또는 외국법인에게 공급하는 재화 · 용역

### 4. 세금계산서합계표 등의 제출

(1) 세금계산합계표의 제출

사업자가 세금계산서를 발급하였거나 발급받은 때에는 매출처별세금계산서 합계표와 매입처별세금계산서합계표를 당해 예정신고 또는 확정신고서와 함께 제출하여야 한다. 다만, **전자세금계산서의 발급 전송시에는 제출의무가 면제**된다.

**매출처별 세금계산서합계표(을)**

20X1년 제 1 기 ( 4 월 1 일 ~ 6 월 30일)

| 사업자등록번호 | 312-86-020*** |
|---|---|

| ⑪ 번호 | ⑫ 사업자 등록번호 | ⑬ 상 호 (법인명) | ⑭ 매수 | ⑮ 공급가액 조 | 십억 | 백만 | 천 | 일 | ⑯ 세액 조 | 십억 | 백만 | 천 | 일 | 비고 |
|---|---|---|---|---|---|---|---|---|---|---|---|---|---|---|
| 1 | 312-86-013** | ㈜서울 | 5 | | | 100 | 000 | 000 | | | 10 | 000 | 000 | |
| 2 | 312-86-013** | ㈜천안 | 10 | | | 200 | 000 | 000 | | | 20 | 000 | 000 | |

세금계산서합계표는 매출자와 매입자가 제출함으로서 상호대사기능이 있다.

**[세금계산서 합계표의 상호대사기능]**

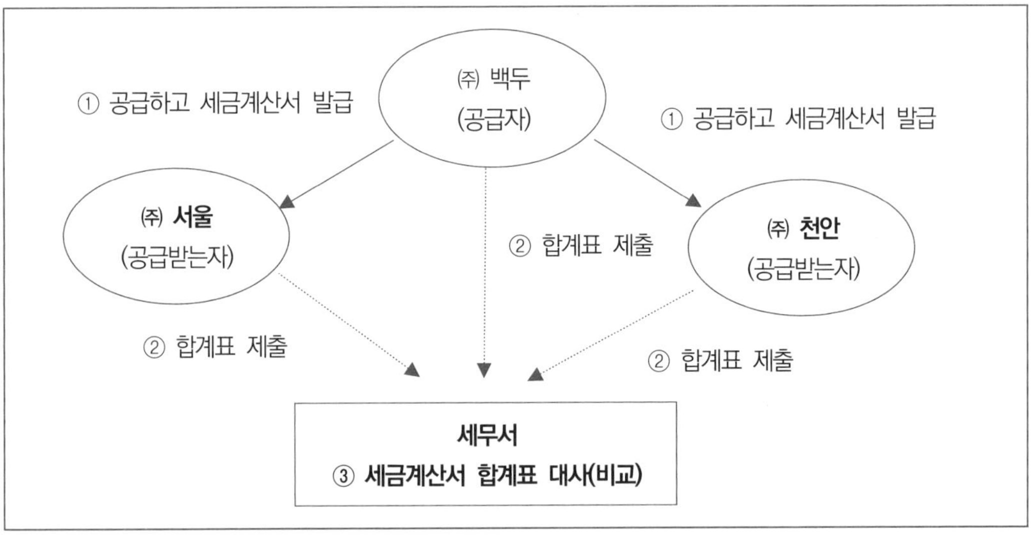


(2) 현금매출명세서의 제출

사업서비스업 중 변호사, 공인회계사, 세무사, 건축사 등의 사업을 영위하는 사업자는 현금매출명세서를 예정신고 또는 확정신고와 함께 제출하여야 한다.

## 5. 신용카드 매출전표(직불카드, 기명식 선불카드, 현금영수증 포함)

(1) 신용카드 매출전표 등 발행세액공제

**- 직전연도 공급가액(10억원) 이하 개인사업자만 해당됨**

공제액 = MIN[① 신용카드매출전표발행 금액 등의 1.3%, ② **연간 1,000만원**]

(2) 매입세액의 공제허용

사업자가 일반과세자로부터 재화 등을 공급받고 부가가치세액이 별도로 기재된 신용카드매출전표 등을 발급받은 경우로서 신용카드매출전표등 수령명세서를 제출하고, 확정신고를 한 날로부터 5년간 보관한 경우 매입세액공제를 적용받을 수 있다.

## <예제 4 - 5> 세금계산서 합계표

(주)백두의 1기 확정신고(4~6월)의 세금계산서 합계표(매출)를 조회한 결과이다.

조회기간 : 년 04 월 ~ 년 06 월 1기 확정 1. 정기신고

매 출 | 매 입

※ [확인]전송일자가 없는 거래는 전자세금계산서 발급분으로 반영 되므로 국세청 e세로 전송 세금계산서와 반드시 확인 합니다.

2. 매출세금계산서 총합계

| 구분 | | 매출처수 | 매수 | 공급가액 | 세액 |
|---|---|---|---|---|---|
| 합계 | | 10 | 27 | 338,486,000 | 30,003,600 |
| 과세기간 종료일 다음달 11일까지전송된 전자세금계산서 발급분 | 사업자 번호 발급분 | 10 | 27 | 338,486,000 | 30,003,600 |
| | 주민등록번호발급분 | | | | |
| | 소계 | 10 | 27 | 338,486,000 | 30,003,600 |
| 위 전자세금계산서 외의 발급분(종이발급분+과세기간 종료일다음달 12일 이후분) | 사업자 번호 발급분 | | | | |
| | 주민등록번호발급분 | | | | |
| | 소계 | | | | |

과세기간 종료일 다음달 11일까지 (전자분) | 과세기간 종료일 다음달 12일이후 (전자분), 그외 | 전체데이터

참고사항 : 2012년 7월 이후 변경사항

| | 사업자등록번호 | 코드 | 거래처명 | 매수 | 공급가액 | 세액 | 대표자성명 | 업태 | 종목 | 주류코드 |
|---|---|---|---|---|---|---|---|---|---|---|
| 1 | 101-81-74857 | 00167 | (주)중랑유통 | 3 | 3,720,000 | 372,000 | 황윤정 | 도소매 | 휴대폰외 | |
| 2 | 103-12-13578 | 00153 | (주)영생상회 | 2 | 10,300,000 | 1,030,000 | 이영주 | 도소매 | 전자부품외 | |
| 3 | 105-05-09543 | 02004 | (주)다판다회로 | 3 | 4,480,000 | 448,000 | 권산우 | 도.소매 | 전자회로 | |
| 4 | 107-81-27084 | 00160 | (주)스마트 | 6 | 28,466,000 | 2,846,600 | 홍두진 | 도소매 | 휴대폰 | |
| 5 | 120-81-35097 | 00121 | (주)호이마트 | 1 | 99,220,000 | 9,922,000 | 도현명 | 소매 | 마트 | |
| 6 | 121-51-12858 | 00134 | 한국소프트(주) | 1 | 38,450,000 | | 선상철 | 제조,도.소 | 소프트웨어 | |
| 7 | 128-81-42248 | 00165 | (주)서울상사 | 3 | 7,680,000 | 768,000 | 김대종 | 도소매 | 전자기기 | |
| 8 | 134-81-28732 | 00141 | (주)다파라 | 1 | 100,000,000 | 10,000,000 | 김별 | 도매 | 전자제품 | |
| 9 | 208-81-62797 | 02007 | (주)동우 | 4 | 12,240,000 | 1,224,000 | 조영환 | 도매 | 휴대폰 | |
| 10 | 621-81-31726 | 00119 | (주)승리전자 | 3 | 33,930,000 | 3,393,000 | 장주호 | 도소매 | 전자제품 | |
| | | 합계 | | 27 | 338,486,000 | 30,003,600 | | | | |
| | | 마감합계 | | | | | | | | |

1. 확정신고기간에 발급한 세금계산서의 매수와 공급가액은 얼마인가?
2. ㈜동우에 발급한 세금계산서의 매수와 공급가액은 얼마인가?
3. 영세율세금계산서를 발급한 거래처와 공급가액은 얼마인가?

**해답**

1. 27매, 338,486,000원
2. 4매, 12,240,000원
3. 한국소프트(주) 38,450,000원

조회기간 : 년 04 월 ~ 년 06 월 1기 확정 1. 정기신고

매 출 | 매 입

※ [확인]전송일자가 없는 거래는 전자세금계산서 발급분으로 반영 되므로 국세청 e세로 전송 세금계산서와 반드시 확인 합니다.

2. 매출세금계산서 총합계

| 구분 | | 매출처수 | 매수 | 공급가액 | 세액 |
|---|---|---|---|---|---|
| 합계 | | 10 | 27 | 338,486,000 | 30,003,600 |
| 과세기간 종료일 다음달 11일까지전송된 전자세금계산서 발급분 | 사업자 번호 발급분 | 10 | 27 | 338,486,000 | 30,003,600 |
| | 주민등록번호발급분 | | | | |
| | 소계 | 10 | 27 | 338,486,000 | 30,003,600 |
| 위 전자세금계산서 외의 발급분(종이발급분+과세기간 종료일다음달 12일 이후분) | 사업자 번호 발급분 | | | | |
| | 주민등록번호발급분 | | | | |
| | 소계 | | | | |

과세기간 종료일 다음달 11일까지 (전자분) | 과세기간 종료일 다음달 12일이후 (전자분), 그외 | 전체데이터

참고사항 : 2012년 7월 이후 변경사항

| | 사업자등록번호 | 코드 | 거래처명 | 매수 | 공급가액 | 세액 | 대표자성명 | 업태 | 종목 | 주류코드 |
|---|---|---|---|---|---|---|---|---|---|---|
| 1 | 101-81-74857 | 00167 | (주)중랑유통 | 3 | 3,720,000 | 372,000 | 황윤정 | 도소매 | 휴대폰외 | |
| 2 | 103-12-13578 | 00153 | (주)영생상회 | 2 | 10,300,000 | 1,030,000 | 이영주 | 도소매 | 전자부품외 | |
| 3 | 105-05-09543 | 02004 | (주)다판다회로 | 3 | 4,480,000 | 448,000 | 권산우 | 도.소매 | 전자회로 | |
| 4 | 107-81-27084 | 00160 | (주)스마트 | 6 | 28,466,000 | 2,846,600 | 홍두진 | 도소매 | 휴대폰 | |
| 5 | 120-81-35097 | 00121 | (주)호이마트 | 1 | 99,220,000 | 9,922,000 | 도현명 | 소매 | 마트 | |
| 6 | 121-51-12858 | 00134 | 한국소프트(주) | 1 | 38,450,000 | | 선상철 | 제조,도.소 | 소프트웨어 | |
| 7 | 128-81-42248 | 00165 | (주)서울상사 | 3 | 7,680,000 | 768,000 | 김대종 | 도소매 | 전자기기 | |
| 8 | 134-81-28732 | 00141 | (주)다파라 | 1 | 100,000,000 | 10,000,000 | 김별 | 도매 | 전자제품 | |
| 9 | 208-81-62797 | 02007 | (주)동우 | 4 | 12,240,000 | 1,224,000 | 조영환 | 도매 | 휴대폰 | |
| 10 | 621-81-31726 | 00119 | (주)승리전자 | 3 | 33,930,000 | 3,393,000 | 장주호 | 도소매 | 전자제품 | |
| | | 합계 | | 27 | 338,486,000 | 30,003,600 | | | | |
| | | 마감합계 | | | | | | | | |

1 2 3

# 연/습/문/제

## 객관식

**01.** 부가가치세법상 공급가액에 대한 설명 중 틀린 것은?

① 금전으로 대가를 받은 경우에는 그 대가
② 금전 이외의 대가를 받은 경우에는 자기가 공급한 재화 또는 용역의 원가
③ 폐업하는 재고재화의 경우에는 시가
④ 부가가치세가 표시되지 않거나 불분명한 경우에는 100/110에 해당하는 금액

**02.** 다음 중 부가가치세법상 과세표준에 포함되지 않는 것은?

① 할부판매시 이자상당액　　② 매출에누리 · 환입
③ 개별소비세　　④ 관세

**03.** 다음 중 부가가치세법상 시가의 정의에 적합한 것은?

① 사업자가 특수관계에 있는 자와 당해 거래와 유사한 상황에서 계속적으로 거래한 가격 또는 제3자간에 일반적으로 거래된 가격
② 사업자가 특수관계에 있는 자 외의 자와 당해 거래와 다른 상황에서 계속적으로 거래한 가격 또는 제3자간에 일반적으로 거래된 가격
③ 사업자가 특수관계에 있는 자와 당해 거래와 유사한 상황에서 비반복적으로 거래한 가격 또는 제3자간에 일반적으로 거래된 가격
④ 사업자가 특수관계에 있는 자 외의 자와 당해 거래와 유사한 상황에서 계속적으로 거래한 가격 또는 제3자간에 일반적으로 거래된 가격

**04.** 다음 중 부가가치세의 과세표준에서 공제하지 않는 것은 어느 것인가?

① 대손금과 장려금 ② 환입된 재화의 가액
③ 매출할인 ④ 에누리액

**05.** 다음 중 자동차를 수입하는 경우 수입세금계산서상의 공급가액에 포함되지 않는 것은?

① 교육세 ② 관세 ③ 개별소비세 ④ 취득세

**06.** 부가가치세법상 세금계산서의 필요적 기재사항으로 올바르지 않은 것은?

① 공급연월일 ② 공급자의 등록번호와 성명 또는 명칭
③ 공급받는 자의 등록번호 ④ 공급가액과 부가가치세액

**07.** 세금계산서를 발행하고자 한다. 추가적으로 반드시 있어야 하는 정보는 무엇인가?

> (주)대흥실업(130-16-65566)은 레오(주)(106-86-40380)에 cd를 5개 개당 100,000원 (부가세별도)에 공급하였다.

① 공급가액 ② 부가가치세
③ 작성연월일 ④ 레오(주)대표자 성명

**08.** 당사는 (주)실버벨과의 3월 1일부터 3월 31일까지의 매출분에 대하여 3월 31일자로 세금계산서를 발급하기로 하였다. 부가가치세법상 세금계산서는 언제까지 발급하여야 하는가?

① 4월 10일 ② 4월 12일 ③ 4월 15일 ④ 4월 17일

**09.** 다음 중 부가가치세법상 세금계산서 제도와 관련한 설명 중 틀린 것은?

① 공급시기가 도래하기 전에 세금계산서를 발급하고 발급일로부터 7일 이내에 대가를 지급받는 경우에는 적법한 세금계산서를 발급한 것으로 본다.
② 매입자도 법정 요건을 갖춘 경우 세금계산서를 발행할 수 있다.
③ 영수증 발급대상 사업자가 신용카드매출전표를 발급한 경우에는 세금계산서를 발급할 수 없다.
④ 모든 영세율 거래에 대하여 세금계산서 발급의무가 없다.

**10.** 다음 세금계산서에 대한 설명 중 가장 적절하지 않은 것은?

① 세금계산서는 월별로 합계하여 발행할 수도 있다.
② 세금계산서는 3년간 보관하여야 한다.
③ 정보통신망에 의하여 전송하는 방식으로 발행한 세금계산서도 인정된다.
④ 기재사항에 오류가 있는 경우에는 수정세금계산서를 발행할 수 있다.

**11.** 다음 (　　　)안에 들어갈 말은 무엇인가?

| |
|---|
| 부가가치세법상 사업자가 재화 또는 용역을 공급하고 세금계산서를 발급하지 아니한 경우 당해 재화 또는 용역을 공급받은 자는 관할세무서무장의 확인을 받아 (　　　)발행 세금계산서를 발행할 수 있다. |

① 사업자　　② 매입자　　③ 중개인　　④ 매출자

**12.** (주)씨엘은 수출을 하고 그에 대한 대가를 외국통화 기타 외국환으로 수령하였다. 이 경우 공급가액으로 올바르지 않은 것은?

① 공급시기 이후 대가 수령 - 공급시기의 기준환율 또는 재정환율로 환산한 가액
② 공급시기 이전 수령하여 공급시기 도래 전 환가 - 공급시기의 기준환율 또는 재정환율로 환산한 가액
③ 공급시기 이전 수령하여 공급시기 도래 이후 환가 - 공급시기의 기준환율 또는 재정환율로 환산한 가액
④ 공급시기 이전 수령하여 공급시기 도래 이후 계속 외환 보유 - 공급시기의 기준환율 또는 재정환율로 환산한 가액

**13.** 부가가치세법상 간주공급(당해 재화는 감가상각자산이 아님)에 대한 과세표준 산정 시 공급가액을 시가로 계산해야 하는 사항이 아닌 것은?

① 판매목적 타사업장 반출하는 경우　　② 개인적 공급
③ 사업상 증여　　④ 폐업시 잔존재화(재고재화)

**14.** 전자세금계산서의 원칙적인 국세청 전송기한은?

① 발급일이 속하는 달의 다음달 15일　　② 발급일이 속하는 달의 다음달 7일
③ 발급일로부터 1주일이내　　④ 발급일의 다음날

**15.** 다음 중 부가가치세법상 과세표준의 산정방법이 옳지 않은 것은?

① 재화의 공급에 대하여 부당하게 낮은 대가를 받는 경우 : 자기가 공급한 재화의 시가
② 재화의 공급에 대하여 대가를 받지 아니하는 경우 : 자기가 공급한 재화의 시가
③ 특수관계인에게 용역을 공급하고 부당하게 낮은 대가를 받는 경우 : 자기가 공급한 용역의 시가
④ 특수관계 없는 타인에게 용역을 공급하고 대가를 받지 아니하는 경우 : 자기가 공급한 용역의 시가

**16.** 다음 중 세금계산서 발급의무가 면제되는 경우에 해당되지 않는 항목은?

① 내국신용장 또는 구매확인서에 의하여 공급하는 재화
② 판매목적타사업장 반출을 제외한 간주공급
③ 부동산임대용역 중 간주임대료
④ 택시운송 사업자가 제공하는 용역

**17.** 다음 (        )안에 들어갈 용어로 올바른 것은?

| |
|---|
| 부가가치세법에 따르면 사업자가 재화 또는 용역을 공급하고 부가가치세법에 따른 과세표준에 세율을 적용하여 계산한 부가가치세를 그 공급받는 자로부터 징수하는 것을 (        )라 한다. |

① 원천징수 ② 거래징수 ③ 납세징수 ④ 통합징수

**18.** 다음 중 부가가치세법상 세금계산서 및 거래징수와 관련된 설명으로 잘못된 것은?

① 사업자가 재화 또는 용역을 공급하는 경우에는 부가가치세를 재화 또는 용역을 공급받는 자로부터 징수하여야 한다.
② 세금계산서는 재화 또는 용역의 공급시기에 발급한다.
③ 세금계산서는 재화 또는 용역의 공급받는 자와 대가를 지급하는 자가 다른 경우 대가를 지급하는 자에게 발급하여야 한다.
④ 재화 또는 용역의 공급시기가 되기 전이라도 대가의 전부 또는 일부를 수령한 경우 세금계산서를 발급할 수 있다.

## 주관식

**01.** 다음 중 부가가치세 과세표준에 해당되는 금액은 얼마인가?

a. 컴퓨터 판매가액 1,000,000원(시가 2,000,000원, 특수관계자와의 거래에 해당)
b. 컴퓨터 수선관련 용역을 무상으로 제공하였다.(시가 500,000원)
c. 시가 300,000원에 해당하는 모니터를 공급하고 시가 500,000원에 상당하는 책상을 교환받았다.

**02.** 부가가치세 과세사업을 영위하던 김관우씨는 20x1년 2월 10일에 해당 사업을 폐업하였다. 폐업할 당시에 잔존하는 재화가 다음과 같다면 그 부가가치세 과세표준은 얼마인가?(당초에 매입할 당시 매입세액공제를 받았음)

| | | |
|---|---|---|
| 상 품(20x0. 12. 1. 취득) | • 취득가액 : 15,000,000원 | • 시가 : 10,000,000원 |
| 토 지(2010. 11. 1. 취득) | • 취득가액 : 5,000,000원 | • 시가 : 15,000,000원 |

**03.** 다음 자료에 의하여 계산시 부가가치세법상 일반과세자의 부가가치세 과세표준은 얼마인가?

• 총매출액 : 10,000,000원 • 매출에누리액 : 2,000,000원 • 판매장려금 : 500,000원

**04.** 다음 중 부가가치세법상 일반과세사업자의 부가가치세 과세표준 금액은 얼마인가?
(모든 금액은 부가가치세 제외 금액임)

• 총매출액 : 120,000,000원(영세율 매출액 30,000,000원 포함)
• 매출할인및에누리액 : 5,000,000원 • 매출환입액 : 7,000,000원
• 대손금 : 3,000,000원 • 총매입액 : 48,000,000원

**05.** 다음 자료를 이용하여 부가가치세의 과세표준을 계산하면 얼마인가?(단, 아래 금액에는 부가가치세가 포함되지 않았다)

- 총매출액 : 1,000,000원
- 매출할인 : 50,000원
- 공급대가의 지급지연에 따른 연체이자 : 30,000원
- 폐업시 잔존재화의 장부가액 : 300,000원(시가 400,000원)

# 연/습/문/제 답안

### 객관식

| 1 | 2 | 3 | 4 | 5 | 6 | 7 | 8 | 9 | 10 | 11 | 12 | 13 | 14 | 15 |
|---|---|---|---|---|---|---|---|---|---|---|---|---|---|---|
| ② | ② | ④ | ① | ④ | ① | ③ | ① | ④ | ② | ② | ② | ① | ④ | ④ |
| **16** | **17** | **18** | | | | | | | | | | | | |
| ① | ② | ③ | | | | | | | | | | | | |

[풀이 - 객관식]

01. 금전 이외의 대가를 받은 경우에는 **자기가 공급한 재화 또는 용역의 시가를 공급가액**으로 한다.
02. 매출에누리와 환입, 매출할인액은 과세표준에 포함되지 않는다.
03. 시가라 함은 **특수관계가 없는 제3자와 일반적, 계속적으로 거래된 가격**을 말한다.
04. 대손금, 판매장려금, 하자보증금은 부가가치세 과세표준에서 공제하지 않는다.
05. 수입재화의 과세표준=관세의 과세가격+관세+개별소비세, 주세, 교통・에너지・환경세+교육세, 농어촌특별세
06. **작성연월일은 필요적 기재사항**이다.
07. 세금계산서 필요적 기재사항 중 없는 자료는 작성연월일이다.
08. 월합계세금계산서는 **공급일이 속하는 달의 다음달 10일**까지 발급할 수 있다.
09. **국내수출분(내국신용장 또는 구매확인서)에 대하여는 세금계산서 발급의무**가 있다.
10. **세금계산서는 5년간 보관**해야 한다.
12. • 공급시기 도래 전에 원화로 환가한 경우에는 그 환가한 금액
    • 공급시기 이후에 외국통화 기타 외국환의 상태로 보유하거나 지급받는 경우에는 공급시기의 기준환율 또는 재정환율에 의하여 계산한 금액
13. 판매목적 타사업장 반출하는 경우 과세표준은 **공급당시의 취득가액을 원칙**으로 한다.
14. 전자세금계산서 발급일(원칙적으로 작성연월일을 말한다)의 **다음날까지 국세청으로 전송**해야 한다.
15. 대가를 받지 아니하고 타인에게 용역을 공급하는 경우 용역의 공급으로 보지 아니한다. 다만 **부동산임대용역에 대하여 특수관계자에 대한 무상공급은 시가로 과세**한다.
16. 내국신용장 또는 구매확인서에 의하여 공급하는 재화의 경우 세금계산서를 발급해야 한다.

18. 세금계산서는 사업자가 재화 또는 용역의 공급시기에 재화 또는 **용역을 공급받는 자에게 발급**하여야 한다.

## 주관식

| | | | | | |
|---|---|---|---|---|---|
| 1 | 2,300,000원 | 2 | 10,000,000원 | 3 | 8,000,000원 |
| 4 | 108,000,000원 | 5 | 1,350,000원 | | |

[풀이 - 객관식]

01. • 특수관계자간 거래는 시가 : 2,000,000원
• 용역의 무상공급은 과세표준에 포함되지 않는다.
• **금전 이외의 대가를 받은 경우에는 자기가 공급한 재화의 시가** : 300,000원

02. 과세표준은 상품(시가) 10,000,000원이 해당되고 토지의 공급은 면세대상이다.

03. 매출에누리는 과세표준에서 차감항목이고, 판매장려금은 과세표준에서 공제하지 않는 금액이다.
과세표준 = 10,000,000원 - 2,000,000원 = 8,000,000원이다.

04. 매출할인및에누리액와 매출환입액은 과세표준의 차감항목이고, **대손금은 과세표준에서 공제하지 않는 금액**이다.
과세표준 108,000,000원 = 120,000,000원 - 5,000,000원 - 7,000,000원

05.

| 구 분 | 근 거 | 공급가액 |
|---|---|---|
| • 총매출액 | | 1,000,000원 |
| • 매출할인 | 과세표준에서 차감한다. | △50,000원 |
| • 연체이자 | 과세표준에 포함되지 않는다. | - |
| • 폐업시 잔존재화 | **시가를 공급가액**으로 한다. | 400,000원 |
| 과세표준 | | 1,350,000원 |

Chapter

# 세액의 계산/ 신고납부 5

로그인 전산회계 1급

**NCS세무 - 3** 부가가치세 신고 - 부속서류 작성/신고

## 제1절 납부세액의 계산

**납부세액의 계산구조**

납부(환급)세액

=

매출세액 → (세금계산서매출 + 기타매출) × 10%, 영세율매출 × 0% ± **대손세액** (공급자가 대손세액공제를 받은 경우)

−

매입세액 →

㉠ **세금계산서 수취분 매입세액** ← 매입세금계산서 수령분

(+)㉡ **신용카드매출전표등 수령금액 합계표 제출분 매입세액** ← 신용카드, 현금영수증 사용분등

(+)㉢ **매입자발행세금계산서**

(+)㉣ **의제매입세액 등 매입세액** ← 매입가액의 일정율을 공제

(−)㉤ **공제받지 못할 매입세액** ← **사업과 관련이 없는 지출 등 경우**

- 매출세액(100) > 매입세액( 50) → 납부세액(50)
- 매출세액(100) < 매입세액(130) → 환급세액(30)

## 1. 대손세액공제

사업자가 과세재화 · 용역을 공급한 후 공급받는 자의 파산 등으로 인하여 부가가치세를 거래징수하지 못하는 경우에는 그 대손세액을 매출세액에서 차감할 수 있으며, 이 경우 공급받은 자는 그 세액을 매입세액에서 차감한다.

만약 외상매출금 등이 대손처리되는 경우 공급자는 거래징수하지 못한 부가가치세를 납부하는 불합리한 결과를 방지하기 위함이다.

**[대손세액공제]**

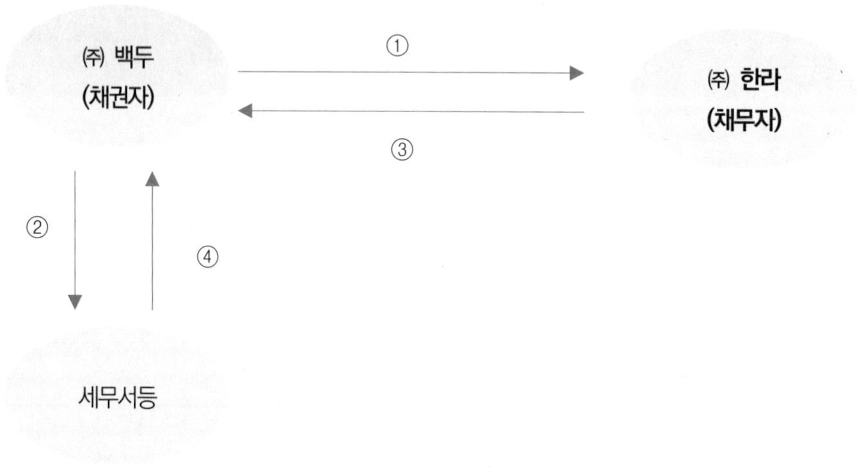


① ㈜백두는 제품을 1,000,000원(부가가치세 별도)에 ㈜한라에 외상으로 공급하다.
② ㈜백두는 관할 세무서에 매출세액 100,000원을 납부하다.
③ ㈜한라의 파산 등으로 채권 회수가 불가능하게 되었다는 것을 확인하였다.
④ 기납부한 매출세액에 대해서 대손세액을 신청하고 환급받다.

### (1) 대손세액공제액

$$\text{대손세액공제액} = \text{대손금액(부가가치세 포함)} \times \frac{10}{110}$$

### (2) 대손사유

① 민법 등에 따라 **소멸시효가 완성된 채권**

☞소멸시효 : 권리를 행사할 수 있음에도 불구하고 권리를 행사하지 않는 상태가 일정기간 계속함으로써 권리소멸의 효과를 생기게 하는 제도.

② 소정법에 따른 회생계획인가의 결정 또는 법원의 면책결정에 따라 회수불능으로 확정된 채권

☞회생계획 : 기업회생절차에 따라 기업을 되살리기 위하여 채무의 일부를 탕감하는 등 재기할 수 있도록 기회를 부여하는 제도.

③ 민사집행법의 규정에 따라 채무자의 재산에 대한 경매가 취소된 압류채권

☞압류 : 채권자등의 신청에 의하여 채무자의 특정한 재산이나 권리를 처분하지 못하게 국가가 개입하는 행위

④ **부도발생일로부터 6개월 이상 지난 어음 · 수표 및 외상매출금**(중소기업의 외상매출금으로서 부도발생일 이전의 것에 한함)

⑤ 채무자의 파산 · 강제집행 · 사업폐지 · 사망 등으로 인하여 회수할 수 없는 채권

☞강제집행 : 사법상의 의무를 이행하지 않는 자에 대하여 국가 권력으로 의무를 이행케 하는 절차

⑥ **회수기일이 6개월 이상 지난 채권 중 채권가액이 30만원 이하(채무자별 채권가액의 합계액)인 채권**

### (3) 대손세액공제의 범위 및 시기

재화 또는 용역의 공급일로부터 **10년이 지난 날이 속하는 과세기간에 대한 확정신고기한까지** 대손세액공제대상이 되는 사유로 인하여 확정되는 대손세액이어야 한다.

## 2. 매입세액 공제

공제대상매입세액은 **자기의 사업을 위하여 사용되었거나 사용될 재화 · 용역의 공급 또는 재화의 수입에 대한 세액**이다.

## 3. 매입세액 불공제

| 사 유 | | 상 세 내 역 |
|---|---|---|
| 협력의무 불이행 | ① 세금계산서 미수취 · 불명분 매입세액 | 발급받은 세금계산서의 필요적 기재사항의 전부 혹은 일부가 누락된 경우 |
| | ② 매입처별세금계산합계표 미제출 · 불명분매입세액 | 미제출 및 필요적 기재사항이 사실과 다르게 기재된 경우 |
| | ③ 사업자등록 전 매입세액 | 공급시기가 속하는 과세기간이 끝난 후 20일 이내에 등록을 신청한 경우 등록신청일부터 공급시기가 속하는 과세기간 개시일(1.1 또는 7.1)까지 역산한 기간 내의 것은 제외한다. |

| 사유 | | 상세내역 |
|---|---|---|
| 부가가치 미창출 | ④ **사업과 직접 관련 없는 지출** | 업무무관자산 취득 관련세액 |
| | ⑤ **비영업용소형승용차 구입·유지·임차** | **8인승 이하, 배기량 1,000cc 초과(1,000cc 이하 경차는 제외), 지프형승용차, 캠핑용자동차에 관련된 세액** |
| | ⑥ **기업업무추진비 및 이와 유사한 비용의 지출에 대한 매입세액** | |
| | ⑦ **면세사업과 관련된 매입세액** | |
| | ⑧ **토지관련 매입세액** | 토지의 취득 및 조성 등에 관련 매입세액 |

**매입세액공제 = 세금계산서 등에 의해 입증되는 총매입세액 - 불공제 매입세액**

소형승용차를 공급가액 10,000,000원(부가가치세 별도)에 구입하고 현금 11,000,000원을 지급하였다고 가정하고 회계처리를 하면 다음과 같다.

| 소형승용차(1,000CC 이하 - 매입세액공제) | 소형승용차(1,000CC 초과 - 매입세액 불공제) |
|---|---|
| (차) 차량운반구 10,000,000<br>부가세대급금 1,000,000<br>(대) 현 금 11,000,000 | (차) **차량운반구 11,000,000**<br>**(불공제매입세액은 해당 본계정으로 처리)**<br>(대) 현 금 11,000,000 |

## <예제 5 - 1> 매입세액불공제

㈜백두의 거래내역을 분개하시오.

1. 3월 15일 3월 1일 구매 계약(계약금 500,000원)한 소형승용차(998cc)를 현대자동차로부터 인도받고 전자세금계산서(공급대가 11,000,000원)를 발급받았다. 잔금은 다음달부터 10개월 할부로 지급하기로 하였다. 계약금은 선급금으로 회계처리하였다.
2. 3월 25일 본사 직원 업무용으로 소형승용차(2,000cc)를 현대자동차로부터 20,000,000원(부가가치세 별도, 전자세금계산서 수취)을 12개월 할부로 구입하고 취득세 등 1,200,000원을 현금지급하다.
3. 3월 30일 ㈜한라리스로부터 소형승용차(1,500cc)를 임차하고 사용대금 330,000원(공급대가)을 현금지급하고 전자세금계산서를 발급받았다.
4. 4월 10일 매출거래처에게 기업업무추진할 목적으로 선물용품(수량 4개, 단가 100,000원, 부가가치세 별도)를 구입하고 전자세금계산서를 발급받았으며 대금은 다음달 말일에 지급하기로 하다.
5. 4월 15일 공장 주차장용 토지로 사용할 목적으로 취득한 농지를 지반평탄화 작업을 하고 ㈜서울로부터 전자세금계산서를 수취하다. 공급대가는 55,000,000원으로 대금은 당사발행어음(만기 3개월)으로 지급하다.
6. 4월 30일 미국의 GM사로부터 소형승용차(2,500cc)를 주문하였는데, 금일 울산세관으로부터 수입전자세금계산서(공급가액 60,000,000원, 부가가치세 6,000,000원)를 발급받아 부가가치세와 통관수수료(500,000원)를 현금 납부하다.

**해답**

| | | | | |
|---|---|---|---|---|
| 1. | (차) 차량운반구<br>부가세대급금 | 10,000,000원<br>1,000,000원 | (대) 선 급 금<br>미지급금 | 500,000원<br>10,500,000원 |
| 2. | (차) 차량운반구 | 23,200,000원 | (대) 미지급금<br>현 금 | 22,000,000원<br>1,200,000원 |
| 3. | (차) 임 차 료(판) | 330,000원 | (대) 현 금 | 330,000원 |
| 4. | (차) 기업업무추진비(판) | 440,000원 | (대) 미지급금 | 440,000원 |
| 5. | (차) 토 지 | 55,000,000원 | (대) 미지급금 | 55,000,000원 |
| 6. | (차) 차량운반구 | 6,500,000원 | (대) 현 금 | 6,500,000원 |
| | ☞ 수입전자세금계산서의 부가가치세는 불공제매입세액으로서 차량운반구 계정으로 처리한다.<br>통관수수료로도 차량의 취득부대비용에 해당한다. | | | |

## 4. 의제매입세액공제

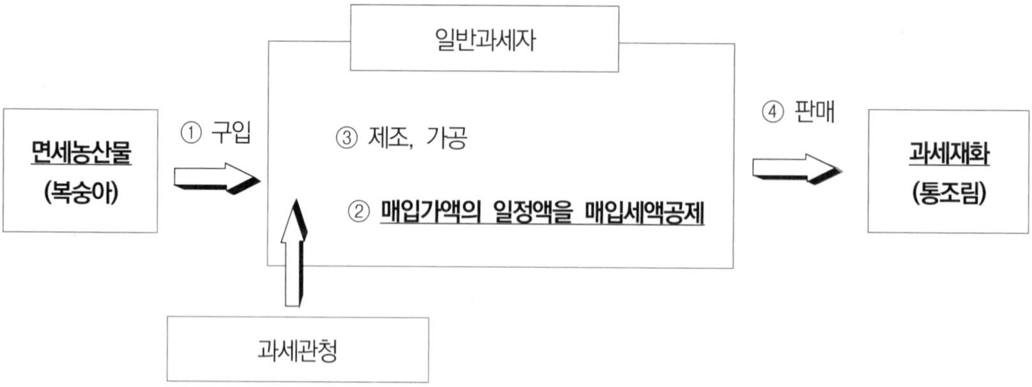


### (1) 의제매입세액제도

사업자가 면세농산물 등을 원재료로 하여 제조·가공한 재화 또는 창출한 용역의 공급이 과세되는 경우에는 그 면세농산물 등의 가액의 공제율에 상당하는 금액을 매입세액으로 공제할 수 있다.

### (2) 의제매입세액의 계산

과세사업을 영위하는 일반과세자의 의제매입세액은 다음 산식에 의하여 계산한 금액으로 한다.

**면세농산물 등의 매입가액 × 공제율**

### (3) 의제매입세액의 공제시기

의제매입세액은 면세농산물 등을 **공급받은 날(=구입시점)**이 속하는 과세기간의 예정신고시 또는 확정신고시 공제한다.

### (4) 한도=과세표준(면세농산물관련)×한도비율×의제매입세액공제율

# 제2절 신고와 납부

## 1. 예정신고와 납부

### (1) 예정신고 · 납부

① 원칙

사업자는 각 예정신고기간에 대한 과세표준과 납부세액(또는 환급세액)을 당해 예정신고기간 종료 후 25일 이내에 사업장 관할세무서장에게 신고 · 납부하여야 한다.

② 유의할 사항

㉠ 예정신고시 가산세는 적용하지 않지만 신용카드매출전표 발행세액공제는 적용한다.

㉡ 사업자가 신청에 의해 조기환급 받은 경우 기 신고 부분은 예정신고대상에서 제외한다.

### (2) 예정신고의무의 면제대상자

개인사업자와 **영세법인사업자(직전과세기간 과세표준 1.5억 미만)에** 대해서는 예정신고의무를 면제하고 예정신고기간의 납부세액을 사업장 관할세무서장이 결정 · 고지(직전과세기간에 대한 납부세액의 50%)하여 징수한다.

다만, **징수세액이 50만원 미만인 경우에는 이를 징수하지 아니한다.**

다만 다음에 해당하는 자는 각 예정신고기간에 대한 과세표준과 납부세액(또는 환급세액)을 신고할 수 있다.

① 휴업 또는 사업부진으로 인하여 각 예정신고기간의 공급가액 또는 납부세액이 직전 과세기간 공급가액 또는 납부세액의 1/3에 미달하는 자

② 각 예정신고기간분에 대하여 조기환급을 받고자 하는 자

## 2. 확정신고와 납부

사업자는 각 과세기간에 대한 과세표준과 납부세액(또는 환급세액)을 그 과세기간 종료 후 25일 이내에 사업장 관할세무서장에게 신고 · 납부(환급세액의 경우에는 신고만 하면 됨)하여야 한다.

① 부가가치세 확정신고대상은 각 과세기간에 대한 과세표준과 납부세액 또는 환급세액으로 한다. 다만, 예정신고 및 조기환급 신고시 기 신고한 부분은 확정신고대상에서 제외한다.

② 확정신고시는 가산세와 공제세액(신용카드매출전표 발행세액공제, 예정신고 미환급세액, 예정고지세액)이 모두 신고대상에 포함된다.

# 제3절 환급

## 1. 일반환급

환급세액 발생시 관할 세무서장은 각 과세기간별로 해당 과세기간에 대한 환급세액을 그 **확정신고기한 경과 후 30일 이내에 사업자에게 환급**하여야 한다.

## 2. 조기환급

### (1) 조기환급대상

① **영세율 대상이 적용되는 때**

② **사업설비(감가상각자산)를 신설, 취득, 확장 또는 증축하는 때**

③ **재무구조개선계획*을 이행 중인 사업자**

* 법원의 인가결정을 받은 회생계획, 기업개선계획의 이행을 위한 약정

### (2) 조기환급기간

예정신고기간 또는 과세기간 최종 3월 중 매월 또는 매 2월을 말한다.

| 조기환급기간 | | 가능여부 | 신고기한 | 비 고 |
|---|---|---|---|---|
| 매월 | 1.1~1.31 | O | 2.25 | |
| | 2.1~2.28 | | 3.25 | |
| | 3.1~3.31 | | 4.25 | |
| 매2월 | 1.1~2. E | O | 3.25 | |
| | 2.1~3.31 | O | 4.25 | |
| | 3.1~4.30 | × | - | 예정신고기간과 과세기간 최종3월(확정신고)기간이 겹쳐서는 안된다. |
| 예정신고기간 | 1.1~3.31 | O | 4.25 | |
| 확정신고기간 | 4.1~6.30 | O | 7.25 | |

### (3) 조기환급신고와 환급

조기환급기간 종료일부터 25일 이내에 조기환급기간에 대한 과세표준과 환급세액을 신고하여야 하고, 관할 세무서장은 **조기환급신고 기한 경과 후 15일 이내에 사업자에게 환급**하여야 한다.

## 제4절 부가가치세 신고서

부가가치세법상 사업자는 과세기간(예정신고의 경우 예정신고기간)이 끝난 후 25일 이내에 사업장 관할세무서장에게 신고하여야 한다. 그리고 신고서에는 다음의 내용을 포함하여야 한다.

① 사업자의 인적사항

② 납부세액 및 그 계산근거

③ 공제세액 및 그 계산근거

④ 매출·매입처별 세금계산서 합계표 제출내용

⑤ 기타 참고사항

## <예제 5 - 2> 부가가치세 신고서

㈜백두의 1기 부가가치세 확정신고서(4~6월)의 일부 내역이다. 다음 물음에 답하시오.

**[신고서 1장]**

| ❶ 신 고 내 용 | | | | | | |
|---|---|---|---|---|---|---|
| 구 분 | | | | 금 액(원) | 세율 | 세 액(원) |
| 과세표준 및 매출세액 | 과세 | 세금계산서 발급분 | (1) | 10,000,000 | 10/100 | 1,000,000 |
| | | 매입자발행세금계산서 | (2) | | 10/100 | |
| | | 신용카드 · 현금영수증 발행분 | (3) | 9,000,000 | 10/100 | 900,000 |
| | | 기타(정규영수증 외 매출분) | (4) | 8,000,000 | | 800,000 |
| | 영세율 | 세금계산서 발급분 | (5) | 7,000,000 | 0/100 | |
| | | 기타 | (6) | 6,000,000 | 0/100 | |
| | 예정신고누락분 | | (7) | 5,000,000 | | 300,000 |
| | 대손세액가감 | | (8) | | | |
| | 합계 | | (9) | 45,000,000 | ㉮ | 3,000,000 |
| 매입세액 | 세금계산서 수취분 | 일반매입 | (10) | 5,000,000 | | 400,000 |
| | | 고정자산매입 | (11) | 4,000,000 | | 400,000 |
| | 예정신고누락분 | | (12) | 3,000,000 | | 300,000 |
| | 매입자발행세금계산서 | | (13) | | | |
| | 그 밖의 공제매입세액 | | (14) | 2,000,000 | | 200,000 |
| | 합계(10)+(11)+(12)+(13)+(14) | | (15) | 14,000,000 | | 1,300,000 |
| | 공제받지 못할 매입세액 | | (16) | 1,000,000 | | 100,000 |
| | 차감계(15)-(16) | | (17) | 13,000,000 | ㉯ | 1,200,000 |
| 납부(환급)세액(매출세액㉮ - 매입세액㉯) | | | | | ㉰ | 1,800,000 |
| 경감 · 공제세액 | 그 밖의 경감 · 공제세액 | | (18) | | | |
| | 신용카드매출전표 등 발행공제 등 | | (19) | | | |
| | 합계 | | (20) | | ㉱ | |
| 예정신고미환급세액 | | | (21) | | ㉲ | |
| 예정고지세액 | | | (22) | | ㉳ | |
| 매입자 납부특례 기납부세액 | | | (24) | | ㉴ | |
| 가산세액계 | | | (25) | | ㉶ | |
| 차가감하여 납부할 세액(환급받을 세액)(㉰-㉱-㉲-㉳-㉴+㉵) | | | | | (26) | 1,800,000 |
| 총괄납부사업자가 납부할 세액(환급받을 세액) | | | | | | |

### [신고서 2장]

| | | 구 분 | | | 금 액 | 세율 | 세 액 |
|---|---|---|---|---|---|---|---|
| 예정신고 누락분 명세 | (7)매출 | 과세 | 세금계산서 | (32) | 3,000,000 | 10 / 100 | 300,000 |
| | | | 기타 | (33) | | 10 / 100 | |
| | | 영세율 | 세금계산서 | (34) | 1,000,000 | 0 / 100 | |
| | | | 기타 | (35) | 1,000,000 | 0 / 100 | |
| | | 합계 | | (36) | | | |
| | (12)매입 | 세금계산서 | | (37) | 3,000,000 | | 300,000 |
| | | 그 밖의 공제매입세액 | | (38) | | | |
| | | 합계 | | (39) | | | |

| | 구 분 | | | 금 액 | 세율 | 세 액 |
|---|---|---|---|---|---|---|
| (14) 그 밖의 공제 매입세액 명세 | 신용카드매출전표등 수령명세서 제출분 | 일반매입 | (40) | 1,500,000 | | 150,000 |
| | | 고정자산매입 | (41) | 500,000 | | 50,000 |
| | 의제매입세액 | | (42) | | 뒤쪽참조 | |
| | 재활용폐자원등 매입세액 | | (43) | | 뒤쪽참조 | |
| | 과세사업전환 매입세액 | | (44) | | | |
| | 재고매입세액 | | (45) | | | |
| | 변제대손세액 | | (46) | | | |
| | 외국인 관광객에 대한 환급세액 | | (47) | | | |
| | 합계 | | (48) | | | 200,000 |

**〈과세표준 및 매출세액〉**

1. 확정신고기간시 영세율 세금계산서를 발행한 금액은 얼마인가?
2. 확정신고기간시 영세율과세표준(예정신고누락분 제외)은 얼마인가?
3. 세금계산서를 발급한 매출분 공급가액(예정신고누락분 제외)은 얼마인가?
4. 확정신고시 과세표준은 얼마인가?
5. 부가가치세 매출세액은 얼마인가?

**〈예정신고누락분〉**

6. 확정신고시 예정신고누락분 영세율세금계산서 매출액은 얼마인가?

**〈매입세액〉**

7. 신용카드 사용(현금영수증등 포함)에 따른 매입세액 공제는 얼마인가?
8. 고정자산을 매입한 공급가액은 얼마인가?
9. 공제받지못할 매입세액의 공급가액과 세액은 얼마인가?

**〈납부세액 또는 환급세액〉**

10. 부가가치세 신고서상 납부(환급)세액은 얼마인가?

**해답**

**〈과세표준 및 매출세액〉**

1. 7,000,000(5)
2. 13,000,000[7,000,000(5)+6,000,000(6)]
3. 17,000,000[10,000,000(1)+7,000,000(5)]
4. 45,000,000(9)

5. 3,000,000(9)

**〈예정신고누락분〉**

6. 1,000,000(34)

**〈매입세액〉**

7. 200,000[150,000(40)+50,000(41)]

8. 4,500,000 [4,000,000(11)+500,000(41)]

9. 공급가액 1,000,000(16), 세액 100,000(16)

**〈납부세액 또는 환급세액〉**

10. 1,800,000(26)

| ❶ 신 고 내 용 | | | | | | |
|---|---|---|---|---|---|---|
| 구 분 | | | | 금 액(원) | 세율 | 세 액(원) |
| 과세 표준 및 매출 세액 | 과세 | 세금계산서 발급분 | (1) | *10,000,000* | 10/100 | 1,000,000 |
| | | 매입자발행세금계산서 | (2) | | 10/100 | |
| | | 신용카드·현금영수증 발행분 | (3) | 9,000,000 | 10/100 | 900,000 |
| | | 기타(정규영수증 외 매출분) | (4) | 8,000,000 | | 800,000 |
| | 영세율 | 세금계산서 발급분 | (5) | *7,000,000* | 0/100 | |
| | | 기 타 | (6) | *6,000,000* | 0/100 | |
| | 예 정 신 고 누 락 분 | | (7) | 5,000,000 | | 300,000 |
| | 대 손 세 액 가 감 | | (8) | | | |
| | 합 계 | | (9) | *45,000,000* | ㉮ | *3,000,000* |
| 매입 세액 | 세금계산서 수취분 | 일 반 매 입 | (10) | 5,000,000 | | 400,000 |
| | | 고정자산 매입 | (11) | *4,000,000* | | 400,000 |
| | 예 정 신 고 누 락 분 | | (12) | 3,000,000 | | 300,000 |
| | 매입자발행세금계산서 | | (13) | | | |
| | 그 밖 의 공 제 매 입 세 액 | | (14) | 2,000,000 | | 200,000 |
| | 합 계(10)+(11)+(12)+(13)+(14) | | (15) | 14,000,000 | | 1,300,000 |
| | 공제받지 못할 매입세액 | | (16) | *1,000,000* | | *100,000* |
| | 차 감 계(15)-(16) | | (17) | 13,000,000 | ㉯ | 1,200,000 |
| 납부(환급)세액(매출세액㉮-매입세액㉯) | | | | | ㉰ | 1,800,000 |
| 경감·공제 세액 | 그밖의경감·공제세액 | | (18) | | | |
| | 신용카드매출전표 등 발행공제 등 | | (19) | | | |
| | 합 계 | | (20) | | ㉱ | |
| 예 정 신 고 미 환 급 세 액 | | | (21) | | ㉲ | |
| 예 정 고 지 세 액 | | | (22) | | ㉳ | |
| 매입자 납부특례 기납부세액 | | | (23) | | ㉴ | |
| 가 산 세 액 계 | | | (25) | | ㉶ | |
| 차가감하여 납부할 세액(환급받을 세액)(㉰-㉱-㉲-㉳-㉴+㉵) | | | | | (26) | *1,800,000* |
| 총괄납부사업자가 납부할 세액(환급받을 세액) | | | | | | |

| | | | | | | | |
|---|---|---|---|---|---|---|---|
| 예정신고 누락분 명세 | | 구 분 | | | 금 액 | 세율 | 세 액 |
| | (7)매출 | 과 세 | 세금계산서 | (32) | 6 3,000,000 | 10 / 100 | 300,000 |
| | | | 기 타 | (33) | | 10 / 100 | |
| | | 영세율 | 세금계산서 | (34) | **1,000,000** | 0 / 100 | |
| | | | 기 타 | (35) | 1,000,000 | 0 / 100 | |
| | | 합 계 | | (36) | | | |
| | (12)매입 | 세 금 계 산 서 | | (37) | 3,000,000 | | 300,000 |
| | | 그밖의공제매입세액 | | (38) | | | |
| | | 합 계 | | (39) | | | |

| | | | | | | |
|---|---|---|---|---|---|---|
| (14) 그 밖의 공제 매입세액 명 세 | 구 분 | | | 금 액 | 세율 | 세 액 |
| | 신용카드매출전표등 수령명세서 제출분 | 일 반 매 입 | (40) | 1,500,000 | | **150,000** |
| | | 고정자산매입 | (41) | **500,000** | | **50,000** |
| | 의 제 매 입 세 액 | | (42) | 8 | 뒤쪽참조 | 7 |
| | 재 활 용 폐 자 원 등 매 입 세 액 | | (43) | | 뒤쪽참조 | |
| | 과세사업전환 매입세액 | | (44) | | | |
| | 재 고 매 입 세 액 | | (45) | | | |
| | 변 제 대 손 세 액 | | (46) | | | |
| | 외국인 관광객에 대한 환급세액 | | (47) | | | |
| | 합 계 | | (48) | | | 200,000 |

# 연/습/문/제

## 분개연습

☞ 다음 거래를 보고 공급자가 발급한 증빙서류나 공급받는 자가 수취한 증빙서류(아래 참조)를 기재하시고, 공급가액과 부가가치세를 입력하시고 분개를 하시오.

| 공급자 발급증빙 |
|---|
| (전자)세금계산서 |
| (전자)영세율세금계산서 |
| (전자)계산서(면세) |
| 신용카드영수증(과세)<br>신용카드영수증(면세) |
| 현금영수증(과세)<br>현금영수증(면세) |
| 수출(직수출) |
| 무증빙(간이영수증 또는 무증빙) |

⇨

| 공급받는자 수취 증빙 |
|---|
| (전자)세금계산서(공제) |
| (전자)세금계산서(불공제) |
| 좌동 |
| 수입전자세금계산서(세관장이 발급) |

**[1]** 해외거래처인 히라가나사로부터 수입한 원재료(¥1,000,000)와 관련하여, 김포세관으로부터 수입전자세금계산서를 발급받아 동 부가가치세액 1,000,000원을 김포세관에 현금으로 완납하였다. 단, 부가가치세와 관련된 것만을 회계처리 하기로 한다.

[증빙] [공급가액] [세액]

[분개]

**[2]** 원재료 납품업체인 (주)대풍으로부터 Local L/C에 의해 수출용 제품생산에 사용될 원재료(1,000개, @50,000원)을 납품받고 영세율전자세금계산서를 발급받았다. 그리고 대금은 전액 당점발행 약속어음으로 지급하였다.

[증빙] [공급가액] [세액]

[분개]

**[3]** 개인인 김철수씨에게 제품을 3,300,000원(부가가치세 포함)에 현금으로 판매하고 현금영수증을 발급하여 주었다.

[증빙] [공급가액] [세액]

[분개]

**[4]** 공장의 원재료 매입처의 확장이전을 축하하기 위하여 양재화원에서 화분을 100,000원에 구입하여 전달하였다. 증빙으로 전자계산서를 수취하였으며, 대금은 외상으로 하였다.

[증빙] [공급가액] [세액]

[분개]

**[5]** 수출업체인 (주)세모에 Local L/C에 의해 제품(공급가액 20,000,000원)을 매출하고 영세율전자세금계산서를 발행하였다. 대금은 전액 외상으로 하였다.

[증빙] [공급가액] [세액]

[분개]

**[6]** 영국의 맨유상사에 제품(공급가액 40,000,000원)을 직수출하고 이미 수취한 계약금을 제외한 대금은 외상으로 하였다. 당사는 6월 20일 맨유상사와 제품수출 계약을 체결하면서 계약금 8,000,000원을 수취한 바 있다.

[증빙] [공급가액] [세액]

[분개]

**[7]** 회사 영업부에서 업무용으로 사용하는 법인소유의 소형승용차(1,500CC)가 고장이 발생하여 서울카센터에서 수리하고 전자세금계산서를 수취하였다. 차량수리비 220,000원(부가가치세 포함)은 전액 현금으로 지급하였다.(수익적지출로 회계처리할 것)

[증빙] [공급가액] [세액]

[분개]

[8] 공장의 원자재 구입부서에서 매입거래처에 선물할 냉장고 1,000,000원(부가가치세 별도)를 삼성전자로부터 구입하여 제공하고 전자세금계산서를 수취하였다. 대금은 보통예금 계좌에서 이체하였다.

[증빙] [공급가액] [세액]

[분개]

[9] 생산직근무자들에게 선물을 주기 위하여 설악공장으로부터 통조림을 구입하고 전자세금계산서 20,000,000원 (부가가치세 별도)을 발급받았다. 대금은 설악공장의 외상매출금 13,600,000원과 상계하고 잔액은 3개월 만기 약속어음으로 지급하였다.

[증빙] [공급가액] [세액]

[분개]

[10] 독도식당에서 영업부서의 회식을 하고 음식대금 880,000원(부가가치세 포함)을 법인카드인 국민카드로 결제하였다(카드매입에 대한 부가가치세 매입세액 공제요건은 충족하였다).

[증빙] [공급가액] [세액]

[분개]

[11] 취득가액 10,000,000원 (부가가치세 별도)인 비영업용(1,500CC)소형승용차를 (주)현대자동차에서 10개월 할부로 구입하고 최초 불입금 1,000,000원을 당좌수표로 발행하여 지급하였다.

[증빙] [공급가액] [세액]

[분개]

[12] 대표이사 윤광현의 자택에서 사용할 목적으로 (주)테크노에서 에어컨을 현금으로 700,000원(부가가치세 별도)에 구입하고 회사명의로 전자세금계산서를 수령하였다. 대금은 회사에서 현금으로 결제하였으며 대신 지급한 대금은 대표이사의 가지급금으로 처리한다.

[증빙] [공급가액] [세액]

[분개]

[13] 공장에서 원자재 매입거래처인 (주)쌍쌍부품의 체육대회에 증정할 전자제품 (주)선물센터에서 550,000원(부가가치세 포함)에 구입하고 전자세금계산서를 수취하였다. 대금은 보통예금계좌에서 이체하였다.

[증빙] [공급가액] [세액]

[분개]

**[14]** 매출거래처인 영웅상사의 행사에 보내기 위한 화환(면세)을 미화꽃집에서 80,000원에 현금으로 구입하고 전자계산서를 발급받았다.

[증빙] [공급가액] [세액]

[분개]

**[15]** 본사 사무실에서 사용할 책상을 (주)우림가구에서 구입하고 대금 1,650,000원(부가가치세 포함)은 현금으로 지급함과 동시에 현금영수증(지출증빙용)을 수취하였다.

[증빙] [공급가액] [세액]

[분개]

**[16]** 사내식당에서 사용할 쌀과 부식(채소류)을 (주)가락식품에서 구입하고 대금300,000원은 법인카드(BC카드)로 지급하였다. 사내식당은 야근하는 생산직 직원을 대상으로 무료로 운영되고 있다.

[증빙] [공급가액] [세액]

[분개]

**[17]** 컴퓨터 제품 1개를 개인 홍길동에게 소매로 판매하고 대금 550,000원(부가가치세 포함)을 현금으로 받았다(단, 영수증은 발행해 주지 않았다).

[증빙] [공급가액] [세액]

[분개]

**[18]** (주)한경으로부터 PC 40대(대당 700,000원, 부가가치세 별도)를 외상으로 구입하고 전자세금계산서를 수취하였고, 해당 컴퓨터는 인근 대학에 기증하였다(본 거래는 업무와 무관하다).

[증빙] [공급가액] [세액]

[분개]

**[19]** 생산부서 사원들에게 선물로 지급하기 위해 이천쌀 50포대를 유일정미소로부터 구입하고 현금으로 1,200,000원을 결제하면서 현금영수증(지출증빙용)을 교부받았다.

[증빙] [공급가액] [세액]

[분개]

**[20]** (주)일진상사에 제품 300개(판매단가 @40,000원, 부가가치세 별도)를 외상으로 납품하면서 전자세금계산서를 발급하였다. 대금은 거래수량에 따라 공급가액 중 전체금액의 5%를 에누리해주기로 하고, 나머지 판매대금은 30일 후 받기로 하였다.

[증빙] [공급가액] [세액]

[분개]

**[21]** 다음은 영업팀에서 복리후생 목적으로 사용하고자 구입한 현금영수증이다.

| ㈜하나로푸드 | | | | |
|---|---|---|---|---|
| 123-52-66527 | | | 김인수 | |
| 서울 송파구 문정동 101-2 | | | | |
| 홈페이지 http://www.kacpta.or.kr | | | | |
| 현금(지출증빙) | | | | |
| 구매 20x1/12/10/17:06 | | 거래번호 : 0026-0107 | | |
| 상품명 | | 수량 | | 금액 |
| 커피, 음료수 | | 5 | | 22,000 |
| | | 과세물품가액 | | 20,000 |
| | | 부 가 세 | | 2,000 |
| 합 계 | | | | 22,000 |
| 받은금액 | | | | 30,000 |

[증빙] [공급가액] [세액]

[분개]

**[22]** 개인소비자인 김무소에게 제품을 770,000원(공급대가)에 매출하고, 대금은 현금으로 받고 간이영수증을 발급하여 주었다.

[증빙] [공급가액] [세액]

[분개]

**[23]** 제조부 직원들의 단합을 위해 백두산한우고기(일반음식점)에서 회식을 하고 회식비 550,000원은 법인국민체크카드로 결제하였다(음식점은 매입세액공제요건을 갖추고 있고, 법인국민체크카드는 결제즉시 카드발급은행 보통예금계좌에서 인출되었다).

[증빙] [공급가액] [세액]

[분개]

**[24]** 아래의 세금계산서를 보고 회계처리(공급자)하시오.

<table>
<tr><td colspan="6">전자세금계산서(공급자 보관용)</td><td colspan="2">승인번호</td><td colspan="2">123000456089000</td></tr>
<tr><td rowspan="5">공급자</td><td>사업자등록번호</td><td>112-81-21646</td><td>종사업장 번호</td><td></td><td rowspan="5">공급받는자</td><td>사업자등록번호</td><td>154-25-58855</td><td>종사업장 번호</td><td></td></tr>
<tr><td>상호(법인명)</td><td>㈜풍성</td><td>성명(대표자)</td><td>김철수</td><td>상호(법인명)</td><td>대성기업</td><td>성 명</td><td>노현진</td></tr>
<tr><td>사업장주소</td><td colspan="3">서울 서초구 서초동 1321-6 서초동아타워</td><td>사업장 주소</td><td colspan="3">충남 공주시 검상동 135</td></tr>
<tr><td>업태</td><td>제조업,도매업</td><td>종목</td><td>휴대폰부품,무역</td><td>업 태</td><td>제조업</td><td>종 목</td><td>전자제품</td></tr>
<tr><td>이메일</td><td colspan="3"></td><td>이메일</td><td colspan="3"></td></tr>
<tr><td colspan="2">작성일자</td><td colspan="2">공급가액</td><td colspan="2">세액</td><td colspan="4">수정사유</td></tr>
<tr><td colspan="2">20x1.12.29</td><td colspan="2">8,400,000</td><td colspan="2">840,000</td><td colspan="4"></td></tr>
<tr><td colspan="2">비고</td><td colspan="8"></td></tr>
<tr><td>월</td><td>일</td><td>품 목</td><td>규 격</td><td>수 량</td><td>단 가</td><td>공급가액</td><td>세 액</td><td colspan="2">비 고</td></tr>
<tr><td>12</td><td>29</td><td>휴대폰부품</td><td></td><td>2,000</td><td>4,200</td><td>8,400,000</td><td>840,000</td><td colspan="2"></td></tr>
<tr><td></td><td></td><td></td><td></td><td></td><td></td><td></td><td></td><td colspan="2"></td></tr>
<tr><td colspan="2">합계금액</td><td colspan="2">현 금</td><td>수 표</td><td colspan="2">어 음</td><td>외 상 미 수 금</td><td colspan="2" rowspan="2">이 금액을 영수/청구 함</td></tr>
<tr><td colspan="2">9,240,000</td><td colspan="2">1,240,000</td><td></td><td colspan="2">5,500,000</td><td>2,500,000</td></tr>
</table>

[증빙] [공급가액] [세액]

[분개]

**[25]** 영업부 건물의 임차보증금에 대한 간주임대료의 부가가치세를 건물소유주에게 보통예금 계좌에서 이체하였다(임차계약시 간주임대료에 대한 부가가치세를 임차인부담으로 계약을 체결하였음. 간주임대료의 부가가치세는 500,000원임).

① 임차인 : 간주임대료만 계약에 따라 임대인에게 지급하는 분개만 한다.

[분개]

② 임대인 : 부가가치세 신고서에 반영하여 신고하여야 한다.

[증빙] [공급가액] [세액]

[분개]

## 객관식

**01.** 다음 거래와 관련하여 발급받은 세금계산서상의 부가가치세를 공제받을 수 있는 매입세액은?

① 대표자 개인의 골프용품 구입
② 영업부서에서 사용할 승용차(5인승) 구입
③ 거래처 선물구입비
④ 사업자등록신청일 15일 전에 과세사업용 컴퓨터구입(단, 주민등록번호기재분이다)

**02.** 다음 중 부가가치세 매입세액 공제가 가능한 경우는?

① 부동산매매업자가 토지의 취득에 관련된 매입세액
② 관광사업자가 비영업용소형승용자동차(5인승 2,000CC)의 취득에 따른 매입세액
③ 음식업자가 계산서를 받고 면세로 구입한 축산물의 의제매입세액
④ 소매업자가 사업과 관련하여 받은 영수증에 의한 매입세액

**03.** 현행 부가가치세법상 매입세액으로 공제가 가능한 것은?

① 세금계산서 미수취 관련 매입세액
② 사업과 직접 관련이 없는 지출에 대한 매입세액
③ 기업업무추진비 및 이와 유사한 비용의 지출에 관련된 매입세액
④ 매입자발행세금계산서상의 매입세액

**04.** ㈜광주상사는 다음 매입세액을 추가로 반영하고자 한다. 부가가치세 매출세액에서 공제가능한 매입세액은?(정당하게 세금계산서를 수취하였음)

① 기업업무추진비관련매입세액 ② 업무관련매입세액
③ 비영업용소형승용차(2,000CC)의 구입관련매입세액 ④ 면세사업관련매입세액

**05.** 다음 중 부가가치세 매입세액으로 공제되는 것은?

① 기계부품 제조업자가 원재료를 매입하고 신용카드매출전표를 수취한 경우
② 농산물(배추) 도매업자가 운송용 트럭을 매입하는 경우
③ 거래처에 기업업무추진하기 위하여 선물을 매입하는 경우
④ 비사업자로부터 원재료를 매입하면서 세금계산서 등을 수취하지 않은 경우

**06.** 부가가치세법상 예정신고납부에 대한 설명이다. 가장 옳지 않은 것은?

① 법인사업자는 원칙적으로 예정신고기간 종료 후 25일 이내에 부가가치세를 신고납부하여야 한다.
② 개인사업자는 예정신고기간 종료 후 25일 이내에 예정고지된 금액을 납부하여야 한다.
③ 개인사업자에게 징수하여야 할 예정고지금액이 20만원 미만인 경우 징수하지 아니한다.
④ 개인사업자는 사업실적이 악화된 경우 등 사유가 있는 경우에는 예정신고납부를 할 수 있다.

**07.** 다음 중 부가가치세 신고 시 제출하는 서류가 아닌 것은?

① 부가가치세 신고서와 건물 등 감가상각자산취득명세서
② 매출처별 세금계산서 합계표와 매입처별 세금계산서 합계표
③ 공제받지 못할 매입세액명세서와 대손세액공제신고서
④ 총수입금액조정명세서와 조정후 총수입금액명세서

**08.** 다음 자료를 보고 20x1년 제2기 부가가치세 확정신고기한으로 옳은 것은?

- 20x1년 4월 25일 1기 부가가치세 예정신고 및 납부함.
- 20x1년 7월 25일 1기 부가가치세 확정신고 및 납부함.
- 20x1년 8월 20일 자금상황의 악화로 폐업함.

① 20x1년 7월 25일
② 20x1년 8월 31일
③ 20x1년 9월 25일
④ 20x2년 1월 25일

**09.** 다음 중 부가가치세법상 '조기환급'과 관련된 내용으로 틀린 것은?

① 조기환급 : 조기환급신고 기한 경과 후 25일 이내 환급
② 조기환급기간 : 예정신고기간 또는 과세기간 최종 3월 중 매월 또는 매 2월
③ 조기환급신고 : 조기환급기간 종료일부터 25일 이내에 조기환급기간에 대한 과세표준과 환급세액 신고
④ 조기환급대상 : 영세율적용이나 사업 설비를 신설, 취득, 확장 또는 증축하는 경우

**10.** ㈜서초는 20x0년 11월 20일 ㈜중부에게 기계장치를 11,000,000원(부가가치세 포함)에 공급하고 어음을 교부받았다. 그런데 20x1년 2월 10일 ㈜중부에 부도가 발생하여 은행으로부터 부도확인을 받았다(㈜중부의 재산에 대한 저당권 설정은 없다). ㈜서초가 대손세액공제를 받을 수 있는 부가가치세 신고시기와 공제대상 대손세액으로 가장 올바른 것은?

| | 공제시기 | 공제대상 대손세액 |
|---|---|---|
| ① | 20x1년 1기 예정신고 | 1,000,000원 |
| ② | 20x1년 1기 확정신고 | 1,100,000원 |
| ③ | 20x1년 2기 예정신고 | 1,100,000원 |
| ④ | 20x1년 2기 확정신고 | 1,000,000원 |

## 주관식

**01.** 도 · 소매업을 영위하는 일반과세사업자 (주)한국의 다음 자료에 의하여 부가가치세 납부세액을 계산하면 얼마인가?(단, 자료의 금액은 공급가액이다)

| | | |
|---|---|---|
| (1) 매출자료 : 세금계산서 발급분 | | 200,000원 |
| | 현금매출분(증빙없음) | 100,000원 |
| (2) 매입자료 : 현금매입분(증빙없음) | | 100,000원 |

**02.** 다음 자료를 바탕으로 부가가치세 납부세액 계산시 매출세액에서 차감할 수 있는 대손세액은 얼마인가?(세부담최소화를 가정한다)

| 내 역 | 공 급 가 액 |
|---|---|
| (가) 파산에 따른 매출채권 | 20,000,000원 |
| (나) 부도발생일로부터 6월이 경과한 부도수표 | 10,000,000원 |
| (다) 상법상 소멸시효가 완성된 매출채권 | 1,000,000원 |

**03.** 다음 자료에 의해 부가가치세 납부세액을 계산하시오(모든 거래금액은 부가가치세 별도임).

- 총매출액은 22,000,000원이다.
- 총매입액은 20,000,000원으로 기계장치구입액 5,000,000원과 거래처 선물구입비 3,000,000원이 포함되어 있다.

**04.** 대천종합상사는 4월 15일에 사업을 개시하고, 4월 30일에 사업자등록신청을 하여, 5월 2일에 사업자등록증을 발급받았다. 다음 중 대천종합상사의 제1기 부가가치세 확정신고시 공제가능매입세액은 얼마인가?(단, 모두 세금계산서를 받은 것으로 가정한다)

- 3월 15일 : 상품구입액 300,000원(매입세액 30,000원) – 대표자 주민번호 기재분
- 4월 15일 : 비품구입액 500,000원(매입세액 50,000원) – 대표자 주민번호 기재분
- 5월 10일 : 기업업무추진비사용액 200,000원(매입세액 20,000원)
- 6월 4일 : 상품구입액 1,000,000원(매입세액 100,000원)

**05.** (주)평화는 일반과세사업자이다. 다음 자료에 대한 부가가치세액은 얼마인가? 단, 거래금액에는 부가가치세가 포함되어 있지 않다.

| | |
|---|---|
| • 외상판매액 : | 20,000,000원 |
| • 사장 개인사유로 사용한 제품(원가 800,000원, 시가 1,200,000원) : | 800,000원 |
| • 비영업용 소형승용차(2,000CC) 매각대금 : | 1,000,000원 |
| • 화재로 인하여 소실된 제품 : | 2,000,000원 |
| 계 : | 23,800,000원 |

**06.** 다음 중 부가가치세법상 매입세액공제가 가능한 금액은?

> • 기업업무추진비 지출에 대한 매입세액 : 100,000원
> • 면세사업과 관련된 매입세액 : 100,000원
> • 토지관련 매입세액 : 100,000원

**07.** 다음 자료에 의하여 부가가치세신고서상 일반과세사업자가 납부해야 할 부가가치세 금액은?

> • 전자세금계산서 교부에 의한 제품매출액 : 28,050,000원(공급대가)
> • 지출증빙용 현금영수증에 의한 원재료 매입액 : 3,000,000원(부가가치세 별도)
> • 신용카드에 의한 제품운반용 소형화물차 구입 : 15,000,000원(부가가치세 별도)
> • 신용카드에 의한 매출거래처 선물구입 : 500,000원(부가가치세 별도)

**08.** 다음 자료에 의하여 부가가치세 과세표준을 계산하면 얼마인가?

> • 발급한 세금계산서 중 영세율세금계산서의 공급가액은 1,500,000원이고, 그 외의 매출, 매입과 관련된 영세율 거래는 없다.
> • 세금계산서를 받고 매입한 물품의 공급가액은 6,200,000원이고, 이 중 사업과 관련이 없는 물품의 공급가액 400,000원이 포함되어 있다.
> • 납부세액은 270,000원이다.

# 연/습/문/제 답안

## 분개연습

| [1] | 증빙 | 수입세금계산서 | 공급가액 | 10,000,000 | 세액 | 1,000,000 |
|---|---|---|---|---|---|---|
| | (차) 부가세대급금 | | 1,000,000 | (대) 현 금 | | 1,000,000 |

☞ 수입세금계산서의 공급가액(10,000,000원)은 세관장이 관세와 부가가치세를 징수하기 위한 금액에 불과하다.

| [2] | 증빙 | 영세율세금계산서 | 공급가액 | 50,000,000 | 세액 | 0 |
|---|---|---|---|---|---|---|
| | (차) 원 재 료 | | 50,000,000 | (대) 지급어음((주)대풍) | | 50,000,000 |

| [3] | 증빙 | 현금영수증(과세) | 공급가액 | 3,000,000 | 세액 | 300,000 |
|---|---|---|---|---|---|---|
| | (차) 현 금 | | 3,300,000 | (대) 제품매출 | | 3,000,000 |
| | | | | 부가세예수금 | | 300,000 |

| [4] | 증빙 | 계산서 | 공급가액 | 100,000 | 세액 | 0 |
|---|---|---|---|---|---|---|
| | (차) 기업업무추진비(제) | | 100,000 | (대) 미지급금(양재화원) | | 100,000 |

☞ 화분은 면세이므로 계산서를 수취하였고, 계산서에는 부가가치세가 없다.

| [5] | 증빙 | 영세율세금계산서 | 공급가액 | 20,000,000 | 세액 | 0 |
|---|---|---|---|---|---|---|
| | (차) 외상매출금((주)세모) | | 20,000,000 | (대) 제품매출 | | 20,000,000 |

| [6] | 증빙 | 직수출 | 공급가액 | 40,000,000 | 세액 | 0 |
|---|---|---|---|---|---|---|
| | (차) 선 수 금(맨유상사) | | 8,000,000 | (대) 제품매출 | | 40,000,000 |
| | 외상매출금(맨유상사) | | 32,000,000 | | | |

| [7] | 증빙 | 세금계산서(불공제) | 공급가액 | 200,000 | 세액 | 20,000 |
|---|---|---|---|---|---|---|
| | (차) 차량유지비(판) | | 220,000 | (대) 현 금 | | 220,000 |

☞ 비영업용소형승용차 구입, 유지, 임차관련 매입세액은 불공제이다.

| [8] | 증빙 | 세금계산서(불공제) | 공급가액 | 1,000,000 | 세액 | 100,000 |
|---|---|---|---|---|---|---|
| | (차) 기업업무추진비(제) | | 1,100,000 | (대) 보통예금 | | 1,100,000 |

| [9] | 증빙 | 세금계산서(공제) | 공급가액 | 20,000,000 | 세액 | 2,000,000 |
|---|---|---|---|---|---|---|
| | (차) | 복리후생비(제) | 20,000,000 | (대) 외상매출금(설악공장) | | 13,600,000 |
| | | 부가세대급금 | 2,000,000 | 미지급금(설악공장) | | 8,400,000 |

| [10] | 증빙 | 신용카드(과세) | 공급가액 | 800,000 | 세액 | 80,000 |
|---|---|---|---|---|---|---|
| | (차) | 복리후생비(판) | 800,000 | (대) 미지급금(국민카드) | | 880,000 |
| | | 부가세대급금 | 80,000 | | | |

| [11] | 증빙 | 세금계산서(불공제) | 공급가액 | 10,000,000 | 세액 | 1,000,000 |
|---|---|---|---|---|---|---|
| | (차) | 차량운반구 | 11,000,000 | (대) 당좌예금 | | 1,000,000 |
| | | | | 미지급금((주)현대자동차) | | 10,000,000 |

| [12] | 증빙 | 세금계산서(불공제) | 공급가액 | 700,000 | 세액 | 70,000 |
|---|---|---|---|---|---|---|
| | (차) | 가지급금(윤광현) | 770,000 | (대) 현 금 | | 770,000 |
| | ☞ **법인과 개인은 별개의 인격체이다. 따라서 대표이사의 개인적용도로 사용한 자금은 세법상 업무무관가지급금에 해당되고, 사업과 무관한 지출에 해당한다.** | | | | | |

| [13] | 증빙 | 세금계산서(불공제) | 공급가액 | 500,000 | 세액 | 50,000 |
|---|---|---|---|---|---|---|
| | (차) | 기업업무추진비(제) | 550,000 | (대) 보통예금 | | 550,000 |

| [14] | 증빙 | 계산서 | 공급가액 | 80,000 | 세액 | 0 |
|---|---|---|---|---|---|---|
| | (차) | 기업업무추진비(판) | 80,000 | (대) 현 금 | | 80,000 |

| [15] | 증빙 | 현금영수증(과세) | 공급가액 | 1,500,000 | 세액 | 150,000 |
|---|---|---|---|---|---|---|
| | (차) | 비 품 | 1,500,000 | (대) 현 금 | | 1,650,000 |
| | | 부가세대급금 | 150,000 | | | |

| [16] | 증빙 | 카드영수증(면세) | 공급가액 | 300,000 | 세액 | 0 |
|---|---|---|---|---|---|---|
| | (차) | 복리후생비(제) | 300,000 | (대) 미지급금(BC카드) | | 300,000 |

| [17] | 증빙 | 무증빙 | 공급가액 | 500,000 | 세액 | 50,000 |
|---|---|---|---|---|---|---|
| | (차) | 현 금 | 550,000 | (대) 제품매출 | | 500,000 |
| | | | | 부가세예수금 | | 50,000 |

| [18] | 증빙 | 세금계산서(불공제) | 공급가액 | 28,000,000 | 세액 | 2,800,000 |
|---|---|---|---|---|---|---|
| | (차) | 기 부 금 | 30,800,000 | (대) 미지급금((주)한경) | | 30,800,000 |

[19]

| 증빙 | 현금영수증(면세) | 공급가액 | 1,200,000 | 세액 | 0 |
|---|---|---|---|---|---|

(차) 복리후생비(제) 1,200,000 (대) 현 금 1,200,000

☞ 쌀은 미가공식료품으로 면세에 해당하므로, 부가가치세가 없다.

[20]

| 증빙 | 세금계산서 | 공급가액 | 11,400,000 | 세액 | 1,140,000 |
|---|---|---|---|---|---|

(차) 외상매출금 12,540,000 (대) 제품매출 11,400,000
부가세예수금 1,140,000

☞ 사전에누리 : 공급가액 = 300개×40,000원×95%=11,400,000원

[21]

| 증빙 | 현금영수증(과세) | 공급가액 | 20,000 | 세액 | 2,000 |
|---|---|---|---|---|---|

(차) 복리후생비(판) 20,000 (대) 현 금 22,000
부가세대급금 2,000

[22]

| 증빙 | 간이영수증(무증빙) | 공급가액 | 700,000 | 세액 | 70,000 |
|---|---|---|---|---|---|

(차) 현 금 770,000 (대) 제품매출 700,000
부가세예수금 70,000

☞간이영수증은 세법상 적격증빙에 해당하지 않습니다. 부가세법상 증빙은 세금계산서, 계산서, 신용카드(현금영수증포함)등이 해당됩니다.

[23]

| 증빙 | 신용카드영수증(과세) | 공급가액 | 500,000 | 세액 | 50,000 |
|---|---|---|---|---|---|

(차) 복리후생비(제) 500,000 (대) 보통예금 550,000
부가세대급금 50,000

☞체크카드는 세법상 신용카드영수증등에 해당합니다. 그러나 체크카드로 결제시 바로 통장에서 인출되는 것만 틀립니다.

[24]

| 증빙 | 세금계산서 | 공급가액 | 8,400,000 | 세액 | 840,000 |
|---|---|---|---|---|---|

(차) 현 금 1,240,000 (대) 제품매출 8,400,000
받을어음(대성기업) 5,500,000 부가세예수금 840,000
외상매출금(대성기업) 2,500,000

[25] ① 임차인

(차) 세금과공과(판) 500,000 (대) 보통예금 500,000

☞ 간주임대료의 부가가치세는 부담하는 자의 비용(세금과공과)으로 회계처리한다.

② 임대인 : 간주임대료에 대해서 세금계산서 발급이 면제된다.

| 유형 | 무증빙 | 공급가액 | 5,000,000 | 세액 | 500,000 |
|---|---|---|---|---|---|

(차) 보통예금 500,000 (대) 부가세예수금 500,000

## 객관식

| 1 | 2 | 3 | 4 | 5 | 6 | 7 | 8 | 9 | 10 |
|---|---|---|---|---|---|---|---|---|---|
| ④ | ③ | ④ | ② | ① | ③ | ④ | ③ | ① | ④ |

[풀이 - 객관식]

01. ① 사업과관련없는 지출, ② 비영업용소형승용차관련, ③ 기업업무추진비관련이므로 매입세액불공제 대상이며 공급시기가 속하는 **과세기간이 끝난 후 20일 이내에 등록신청한 경우 그 과세기간내의 매입세액은 공제가능**하다.
02. 음식업자가 **계산서를 받고 구입한 축산물은 매입가액의 일정율을 공제**한다.
03. 매입자발행세금계산서상의 매입세액은 공제 가능하다.
04. 업무관련매입세액은 매입세액공제됨. 나머지는 불공제매입세액이다.
05. 면세사업(농산물 도매업)에 관련된 매입세액, 기업업무추진비 관련 매입세액 및 세금계산서 등을 수취하지 않은 경우 매입세액이 불공제된다.
06. **징수하여야 할 금액이 50만원 미만**일 경우 소액부징수로 징수하지 아니한다.
07. 총수입금액조정명세서는 소득세신고 서류이다.
08. 폐업한 사업자의 부가가치세 확정신고기한은 **폐업한 날이 속하는 달의 다음 달 25일**(9/25)까지이다.
09. 조기환급신고 기한 경과 후 **15일 이내에 조기환급**된다.
10. **부도발생일로부터 6개월이 경과한 날이 속하는 과세기간의 확정신고**(20x2년 2기) 기간의 매출세액에서 대손세액 1,000,000원을 공제한다.

## 주관식

| | | | | | |
|---|---|---|---|---|---|
| 1 | 30,000원 | 2 | 3,100,000원 | 3 | 500,000원 |
| 4 | 180,000원 | 5 | 2,220,000원 | 6 | 0원 |
| 7 | 750,000원 | 8 | 10,000,000원 | | |

[풀이 - 주관식]

01. (1) 매출세액 : (200,000원+100,000원)×10%=30,000원
(2) 매입세액 : **증빙 없는 현금매입분은 매입세액불공제됨.**
(3) 납부세액 : 30,000원 - 0=30,000원
02. 차감 대손세액=공급대가×10/110
(22,000,000원+11,000,000원+1,100,000원)×10/110=3,100,000원

03. 매출세액 = 총매출액(22,000,000) × 10% = 2,200,000원

매입세액 = 총매입액(20,000,000) × 10% - 불공제(3,000,000) × 10% = 700,000원

거래처선물구입비는 매입세액불공제대상이다.

납부세액 = 매출세액(2,200,000) - 매입세액(1,700,000) = 500,000원

04. 공급시기가 속하는 **과세기간이 끝난 후 20일 이내에 등록 신청한 경우 그 과세기간내의 매입세액은 공제가능**하다. 30,000원 + 50,000원 + 100,000원 = 180,000원

05.

| 구 분 | | 공급가액 | 세 액 | 비고 |
|---|---|---|---|---|
| 매출세액 (A) | 과세분 | 20,000,000<br>1,200,000<br>1,000,000 | 2,000,000<br>120,000<br>100,000 | 간주공급의 과세표준은 시가 |
| | 합 계 | 22,200,000 | 2,220,000 | |

☞ **제품을 재해로 인하여 소실한 경우에는 재화의 공급으로 보지 아니한다.**

06. 모두가 불공제 매입세액임.

07. 납부세액 = 매출세액 - 매입세액

매출세액(2,550,000원) = 28,050,000원 × 10/110

매입세액(1,800,000원) = 300,000원 + 1,500,000원 [거래처 선물구입비는 불공제]

납부세액(750,000원) = 매출세액(2,550,000원) - 매입세액(1,800,000원)

08.

| 구 분 | | 공급가액(과세표준) | 세 액 | 비고 |
|---|---|---|---|---|
| 매출세액(A) | 과세분 | ② **8,500,000** | ① **850,000** | |
| | 영세분 | 1,500,000 | - | |
| | 합 계 | ③ **10,000,000** | - | |
| 매입세액(B) | 세금수취분 | 6,200,000 | 620,000 | |
| | 불공제매입세액 | (400,000) | (40,000) | |
| | 합 계 | 5,800,000 | 580,000 | |
| 납부세액(A - B) | | | 270,000 | |

① → ② → ③ 순서로 계산

Chapter 6

# 간이과세자

로그인 전산회계1급

Login

NCS세무 - 3 부가가치세 신고

## 제1절 개요

부가가치세법에서는 **연간거래금액이 일정 규모(1억4백만원)에 미달하는 개인사업자**에 대해서는 세부담을 경감시키고 납세편의를 도모할 수 있는 제도를 두고 있는 데 이를 간이과세라 한다.

## 제2절 범위

### 1. 일반적인 기준

간이과세자는 **직전 1역년의 공급대가의 합계액이 1억4백만원(각 사업장 매출액합계액으로 판정)에 미달하는 개인사업자**로 한다. **다만, 간이과세가 적용되지 아니하는 다른 사업장을 보유하고 있는 사업자는 그러하지 아니하다.**

**직전연도 공급대가 합계액이 4,800만원 이상인 과세유흥장소 및 부동산임대사업자는 간이과세자에서 배제한다.**

또한 **법인사업자의 경우에는 어떠한 경우에도 간이과세적용을 받을 수 없다.**

## 2. 간이과세 적용배제업종

**간이과세 기준금액에 해당하는 경우에도 사업자가 간이과세가 적용되지 않는 다른 사업장을 보유하고 있거나** 사업자가 다음의 사업을 영위하면 간이과세를 적용받지 못한다.

① 광업

② 제조업

③ 도매업(소매업을 겸영하는 경우를 포함) 및 상품중개업

④ 부동산매매업 등 부가가치세법에서는 간이과세배제업종을 나열하고 있다.

## 3. 신규사업개시

신규로 사업을 시작하는 개인사업자는 사업을 시작한 날이 속하는 연도의 공급대가의 합계액이 1억 4백만원에 미달될 것으로 예상되는 때에는 사업자등록 신청시 간이과세 적용신고서를 사업장 관할세무서장에게 제출하여야 한다.

# 제3절 세금계산서 발급의무

## 1. 원칙 : 세금계산서 발급

## 2. 예외 : 영수증 발급

**① 간이과세자중 신규사업자 및 직전연도 공급대가합계액이 4,800만원 미만인 경우**

**② 주로 사업자가 아닌자에게 재화 등을 공급하는 경우(소매업, 음식점업, 숙박업, 미용 및 욕탕 등)**

다만 소매업, 음식점업, 숙박업 등은 공급받는 자가 요구하는 경우 세금계산서 발급의무

## 제4절 신고 및 납부

### 1. 과세기간 : 1.1 ~ 12.31(1년)

### 2. 예정부과제도

① 예정부과기간 : 1.1~6.30

② 고지징수 : 직전납부세액의 1/2을 고지징수(7/25), **50만원 미만은 소액부징수**

### 3. 과세유형의 변경

① 일반

간이과세가 적용되거나 적용되지 않게 되는 기간은 1역년의 공급대가가 기준금액(1억4백만원)에 미달되거나 그 이상의 되는 해의 **다음해 7월 1일을 과세유형전환의 과세기간**으로 한다.

② 포기

간이과세를 포기하고자 하는 자는 그 **포기하고자 하는 달의 전 달 마지막날까지** 간이과세 포기신고를 하여야 한다. 그리고 **포기한 다음 달부터 일반과세를 적용**한다.

# 연/습/문/제

## 객관식

**01.** 다음은 부가가치세법상 납세의무자에 대한 설명이다. 가장 옳은 것은?

① 간이과세자는 직전 1역년 공급대가가 8,000만원 미만인 법인사업자를 말한다.
② 영리를 추구하지 않는다면 재화 또는 용역을 공급하여도 사업자에 해당하지 않는다.
③ 사업자가 아니라면 재화를 수입하는 경우 부가가치세 납세의무가 발생하지 않는다.
④ 영세율을 적용받는 사업자도 납세의무자에 해당된다.

**02.** 다음 중 세금계산서 발급과 관련한 내용으로 틀린 것은?

① 직전년도 사업장별 재화 및 용역의 공급가액의 합계액이 0.8억원 이상인 개인사업자는 20x1년 제2기부터 20x2년 제1기까지 전자세금계산서 의무발급대상에 해당한다.
② 소매업 또는 미용, 욕탕 및 유사서비스업을 경영하는 자가 공급하는 재화 또는 용역의 경우 세금계산서를 발급하지 아니할 수 있다.
③ 간이과세자는 세금계산서를 발급할 수 없다.
④ 수입세금계산서 발급자는 세관장이다.

**03.** 다음 간이과세자 중 세금계산서 발급의무가 있는 사업자는?

① 직전 연도의 공급대가의 합계액이 5,000만원인 목욕탕업을 운영하는 간이과세자
② 직전 연도의 공급대가의 합계액이 3,000만원인 여관업을 운영하는 간이과세자
③ 직전 연도의 공급대가의 합계액이 7,000만원인 제조업을 운영하는 간이과세자
④ 직전 연도의 공급대가의 합계액이 4,000만원인 미용실을 운영하는 간이과세자

**04.** 다음 중 부가가치세 신고와 납부에 대한 설명으로 옳지 않은 것은?

① 간이과세를 포기하는 경우 포기신고일이 속하는 달의 마지막 날로부터 25일 이내에 신고, 납부하여야 한다.

② 확정신고를 하는 경우 예정신고 시 신고한 과세표준은 제외하고 신고하여야 한다.

③ 신규로 사업을 시작하는 경우 사업개시일이 속하는 과세기간의 종료일로부터 25일 이내에 신고, 납부하여야 한다.

④ 폐업하는 경우 폐업일로부터 25일 이내에 신고, 납부하여야 한다.

**05.** 다음 중 부가가치세법상 과세기간에 대한 설명으로 옳지 않은 것은?

① 간이과세자의 과세기간은 1월 1일부터 12월 31일까지이다.

② 사업자가 폐업하는 경우의 과세기간은 폐업일이 속하는 과세기간의 개시일부터 폐업일까지로 한다.

③ 일반과세자가 간이과세자로 변경되는 경우에 그 변경되는 해의 간이과세자 과세기간은 7월 1일부터 12월 31일까지이다.

④ 간이과세자가 일반과세자로 변경되는 경우에 그 변경되는 해의 간이과세자 과세기간은 1월 1일부터 12월 31일까지이다.

MEMO

# 연/습/문/제 답안

## 객관식

| 1 | 2 | 3 | 4 | 5 |
|---|---|---|---|---|
| ④ | ②③ | ③ | ④ | ④ |

[풀이 - 객관식]

01. ① 법인은 간이과세자가 될 수 없다.
② **영리목적여부를 불문**하고 사업자에 해당할 수 있다.
③ **사업자가 아니라도 재화의 수입 시 납세의무가 발생**한다.

02. ② 소매업의 경우 매입자가 요청하는 경우 세금계산서 발급이 가능하다.
③ **일정한 요건을 갖춘 간이과세자의 경우 세금계산서 발급 의무가 부여**된다.

03. 세금계산서 발급의무가 있는 사업을 영위하는 **직전연도 공급대가의 합계액이 4,800만원 이상인 간이과세자**는 세금계산서를 발급하는 것이 원칙이다. 다만 목욕탕업은 영수증발급대상 사업이다.

04. 폐업하는 경우 **폐업일이 속한 달의 다음 달 25일 이내**에 납세지 관할 세무서장에게 신고하여야 한다.
☞ 간이과세자가 간이과세를 포기하는 경우 포기일이 속하는 달의 말일까지 간이과세를 포기하고 다음달 25일까지 간이과세기간에 대한 부가가치세를 신고 · 납부하여야 한다.

05. 간이과세자가 일반과세자로 변경되는 경우 : 그 **변경되는 해의 1월 1일부터 6월 30일까지가 1기 과세기간(간이과세자)**이 된다.

# Part Ⅳ

# 실무능력

〈전산회계 1급 실무 출제내역〉

| | | |
|---|---|---|
| 1. 기초정보등록(관리) | 10점 | •회사등록/신규거래처등록 및 수정<br>•계정과목 및 적요 등록/수정<br>•전기분재무제표입력<br>**(제조원가명세서 → 손익계산서 → 잉여금처분계산서 → 재무상태표)**<br>•거래처별 초기이월 |
| **2. 일반전표입력** | 18점 | 일반전표입력 6문항 |
| **3. 매입매출전표입력** | 18점 | 매입매출전표 입력 6문항 |
| **4. 오류정정** | 6점 | 일반전표/매입매출전표 오류정정 |
| 5. 결산정리사항입력 | 9점 | •수동결산 : 12월 31일 기말수정분개<br>•자동결산 : 재고자산, 대손상각비, 감가상각비, 퇴직급여, 법인세등 입력 |
| 6. 장부조회 | 9점 | 부가가치세신고서/세금계산서합계표조회<br>각종 장부 조회 |
| 7. 고정자산등록 | - | 거의 출제되지 않고 있음 |
| 계 | 70점 | |

**전산회계 1급 시험문제 중 전표입력(일반전표, 매입매출전표, 오류수정, 결산전표)의 점수 비중이 50점 이상으로 분개를 못하면 합격할 수 없습니다.**

## 전산세무회계 프로그램 케이랩(KcLep교육용 세무사랑) 설치 방법

1 한국세무사회 국가공인자격시험 홈페이지(http://license.kacpta.or.kr)에 접속 후 [수험용 프로그램 케이랩(KcLep)]을 다운로드하고 설치한다.

2 설치가 완료되면, 바탕화면에 단축아이콘을 확인할 수 있다.

3 바탕화면에서 아이콘을 더블클릭하여 아래와 같이 프로그램을 실행한다.

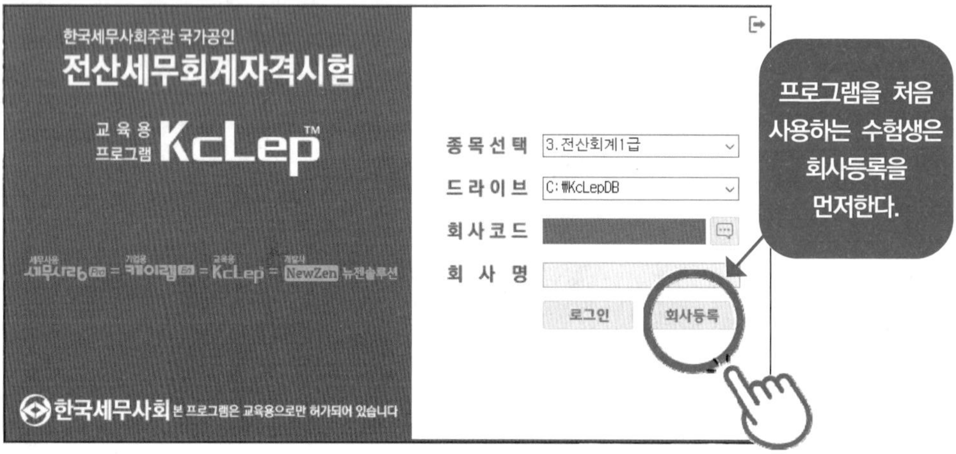


## 백데이타 다운로드 및 설치

1 도서출판 어울림 홈페이지(www.aubook.co.kr)에 접속한다.

2 홈페이지에 상단에 [자료실] - [백데이타 자료실]을 클릭한다.

3 자료실 - 백데이터 자료실 - [로그인 전산회계1급] 백데이터를 선택하여 다운로드 한다.

4 데이터를 다운받은 후 실행을 하면, [내컴퓨터 → C:₩KcLepDB → KcLep] 폴더 안에 4자리 숫자폴더 저장된다.

5 회사등록메뉴 상단 F4(회사코드재생성)을 실행하면 실습회사코드가 생성된다.

**이해가 안되시면 도서출판 어울림 홈페이지에 공지사항(81번)**
**"로그인 케이렙 실습데이타 다운로드 및 회사코드 재생성 관련 동영상"을 참고해주십시오.**

Chapter 1

# KcLep 실행



**NCS회계 - 3** **회계정보시스템 운용 – 회계관련 DB마스터 관리**

바탕화면에서 KcLep교육용 세무사랑Pro 아이콘을 더블클릭하여 프로그램을 실행한다.

### (1) 사용급수

① 응시하는 시험의 급수(전산회계1급)를 선택한다.

② 시험에서는 해당하는 급수에서 다루어지는 메뉴만 구성하기 때문에 시험의 급수선택에 따라 나타나는 메뉴의 항목 수가 다르다.

### (2) 회사코드

기존에 이미 작업이 이루어진 경우에는 키를 클릭하여 회사코드도움이 나타나고 이때 원하는 회사를 선택한다. 그러나 프로그램을 처음 설치한 경우라면 기존 작업한 회사가 없으므로 화면 하단의 [회사등록] 키를 이용하여 임의의 회사를 등록한 후에 키를 이용할 수 있다

### (3) 회사명

회사를 선택하면 자동으로 회사명이 표시된다7.

하단의 "확인"키를 클릭하면 선택된 급수와 회사의 메인화면이 실행된다.

### (4) 회사등록

**프로그램을 처음 사용하시는 수험생은 [회사등록]을 먼저하시고 실습을 하셔야 합니다.**

### (5) 메인화면

전산회계 1급 수험용 프로그램은 회계관리/부가가치프로그램으로만 구성되어 있다.

| 메 뉴 | | 주요 내용 |
|---|---|---|
| **회계관리** | **전표입력** | **전표입력(일반전표,매입매출전표), 전자세금계산서 발행** |
| | **기초정보관리** | **환경등록, 회사등록, 거래처등록 등** |
| | **장부관리** | **거래처원장등 조회문제** |
| | **결산/재무제표** | **결산자료입력, 당기 재무제표** |
| | **전기분재무제표** | **전기분재무상태표 등** |
| | 고정자산/감가상각 | 고정자산등록, 감가상각계산 |
| | 자금관리 | 받을(지급)어음 현황, 일일자금명세, 예적금 현황<br>☞2018년부터 추가된 메뉴로서 출제된 적은 없습니다. |
| | 데이터관리 | 시험과는 관계없고 실무시 필요한 메뉴 |
| **부가가치** | 부가가치세 | 부가가치세신고서, 세금계산서합계표 등 |
| | 전자신고 | 홈택스 신고시 |

Chapter

# 프로그램의 첫걸음 2

로그인 전산회계 1급

Login

NCS회계 - 3 회계정보시스템 운용 – DB마스터관리/회계프로그램 운용/회계정보활용

NCS세무 - 3 세무정보시스템 운용 – 전표/보고서 조회/마스터 데이터 관리

## 제1절 기초정보관리

회계처리를 하고자 하는 회사에 대한 기본적인 등록 작업을 말한다.

재무회계 메인화면에서 [기초정보등록] - [회사등록]을 클릭하면 아래와 같은 화면이 실행된다.

### 1 회사등록

회사등록은 회계처리를 하고자 하는 회사를 등록하는 작업으로 가장 기본적이고 우선되어야 하는 작업이다. 회사등록은 작업할 회사의 사업자등록증을 토대로 작성하여 등록된 내용이 각종 출력물상의 회사 인적사항에 자동 표시됨은 물론 각종 계산에 영향을 주게 되므로 정확히 입력되어야 한다.

코드와 회사명을 입력하고 **구분을 법인으로** 하면 다음과 같은 회사등록화면이 나타난다.

〈주요 메뉴키〉

| | |
|---|---|
| 또는 코드 | [F2] 코드도움입니다. |
| 종료 | [ESC] 메뉴를 종료합니다. |
| 삭제 | [F5] 현재라인을 삭제합니다. |
| 조회 | [F12] 데이타를 조회합니다. |

### (1) 회사등록사항

① 코 드

장부를 작성할 회사에 대한 코드를 부여하며, 101~9999까지 사용이 가능하다.

② 회사명

사업자등록증에 기재된 상호명을 입력한다.

③ 구 분

사업자등록증상 법인과 개인의 구분을 의미한다.

법인사업자의 경우는 “0”, 개인사업자의 경우는 “1”을 선택한다.

**전산회계 1급 시험의 경우 법인사업자가 출제된다.**

④ 1.회계연도

당해연도의 사업년도를 의미하며 개업일로부터 당해연도까지의 사업년도에 대한 기수를 선택하고 회계기간을 입력한다.

⑤ 2.사업자등록번호, 3.법인등록번호

사업자등록증상의 사업자등록번호, 법인등록번호를 입력한다.

사업자등록증상의 앞의 세자리는 세무서코드, 가운데 두자리는 개인과 법인의 구분번호, 마지막 다섯자리는 일련번호와 검증번호이다.

**사업자등록번호 입력이 잘못되면, 메시지가 나타나므로 정확한 사업자등록번호를 입력한다.**

⑥ 4.대표자명, 5.대표자주민번호, 대표자외국인여부

사업자등록증상의 대표자 성명과 대표자 주민번호, 대표자외국인여부를 입력한다.

**주민번호 입력이 잘못되면, 확인메시지가 나타나므로 확인하여 정확한 주민번호를 입력한다.**

⑦ 6.사업장주소 및 7.본점주소

사업자등록증상의 주소를 입력한다. F2나 클릭하면 우편번호검색화면이 나오면 도로명주소 우편번호를 클릭하여, 해당 도로명을 입력하여 우편번호를 선택하고 나머지 주소를 입력한다.

⑧ 8.업태와 9.종목

사업자등록상의 업태와 종목을 입력한다.

업태란 사업의 형태를 말하는 것으로서 제조업, 도매업, 소매업, 서비스업 등으로 분류된다.

종목은 업태에 따라 취급하는 주요품목을 말한다.

⑨ 13.법인구분 및 14.법인종류별 구분

일반적으로 내국법인 그리고 중소기업을 선택한다.

⑩ 17.개업연월일

사업자등록증상의 개업연월일을 입력한다.

⑪ 21.사업장관할세무서

사업자등록증상의 하단부에 표기된 해당 세무서를 코드로 등록한다.

사업자등록증상의 내용이 변경되어도 사업자등록번호는 변경되지 않으며 사업장이 변경되면 관할세무서는 반드시 변경해 주어야 한다.

## example 예제 따라하기 회사등록

(주)백두(회사코드 : 3001)는 전자제품을 제조하여 판매하는 중소기업이며 당기(제5기)의 회계기간은 2025.1.1.~2025.12.31이다. 전산세무회계 프로그램을 이용하여 회사등록을 입력하시오.

**사 업 자 등 록 증**

(법인사업자용)

등록번호 : 128-81-42248

1. 법인명(단체명) : (주)백두
2. 대표자 : 이대호(740102-1232624)
3. 개업년월일 : 2021년 2월 1일
4. 법인등록번호 : 110111-1754020
5. 사업장소재지 : 서울시 동작구 상도로 13
6. 본점소재지 : 상동
7. 사업의 종류 : (업태) 제조 (종목) 컴퓨터및주변기기
8. 교부사유

2021년 2월 1일

**동 작 세 무 서 장**

☞ 전산회계2급(회사등록) 입력사항을 참고하십시오.

**입력을 완료하고 Enter↵ 키를 치세요!!! 그러면 다음 항목으로 이동합니다.**

① 프로그램실행 후 "회사등록"을 클릭한다.

② 1.회계연도 : 2021년도 개업이므로 2025년의 기수 5기를 입력한다.

③ 2,3,4,5 사업자등록증상의 사업자등록번호, 법인등록번호, 대표자명, 대표자주민번호, 대표자 외국인여부를 입력한다.

④ 6.사업장주소를 입력한다. 사업장 주소는 우편번호 검색을 통하여 입력한다. 시험에서 우편번호를 생략하라고 하면 주소를 직접 입력해도 된다.

⑤ 8,9 사업자등록증상의 업태와 종목을 입력한다.

⑥ 13.법인구분은 1.내국법인, 14.법인종류별구분은 5.중소기업을, 15. 중소기업여부는 "여"를 선택한다.

⑦ 17.개업연월일을 입력한다.

⑧ 21.사업장관할 세무서는 사업자등록증상의 관할세무서를 입력한다.

**코드조회기능 : F2나 [...] 클릭하면 쉽게 코드 조회를 할 수 있다.**

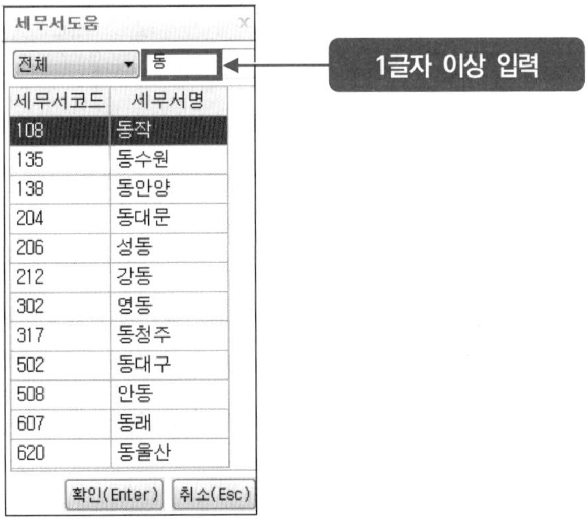

해답

☑ 회사등록사항을 모두 입력한 화면은 아래와 같다.

기본사항 | 추가사항

| | | | |
|---|---|---|---|
| 1.회계연도 | 제 5 기 2025 년 01 월 01 일 ~ 2025 년 12 월 31 일 | | |
| 2.사업자등록번호 | 128-81-42248 | 3.법인등록번호 | 110111-1754020 |
| 4.대표자명 | 이대호 | | |
| 5.대표자주민번호 | 740102-1232624 | 대표자외국인여부 | 부 |
| 6.사업장주소 | 06955 서울특별시 동작구 상도로 13 (대방동, 홍원빌딩) | 신주소 | 여 |
| 7.본점주소 | 06955 서울특별시 동작구 상도로 13 (대방동, 홍원빌딩) | 신주소 | 여 |
| 8.업태 | 제조 | 9.종목 | 컴퓨터및주변기기 |
| 10.주업종코드 | | | |
| 11.사업장전화번호 | ) - | 12.팩스 | ) - |
| 13.법인구분 | 내국법인 | 14.법인종류별구분 | |
| 15.중소기업여부 | 여 | 16.설립연월일 | ____-__-__ |
| 17.개업연월일 | 2021-02-01 | 18.폐업연월일 | ____-__-__ |
| 19.사업장동코드 | | | |
| 20.본점동코드 | | | |
| 21.사업장관할세무서 | 108 동작 | 22.본점관할세무서 | |
| 23.지방소득세납세지 | | 24.지방세법인구분 | |

상단의 [종료] 나 키보드상의 Esc를 누르고 나오면 회사등록이 완료된 것이다.

그리고 실행화면에서 3001((주)백두)를 선택하고 클릭하면 메인화면이 나타난다.

## 2 환경등록

회계프로그램을 유용하게 활용하기 위한 설정사항으로서 분개유형설정을 해 줄 수 있다. [환경등록]을 클릭하고, 상단의 [회계]를 클릭하면 다음과 같은 화면이 나타난다.

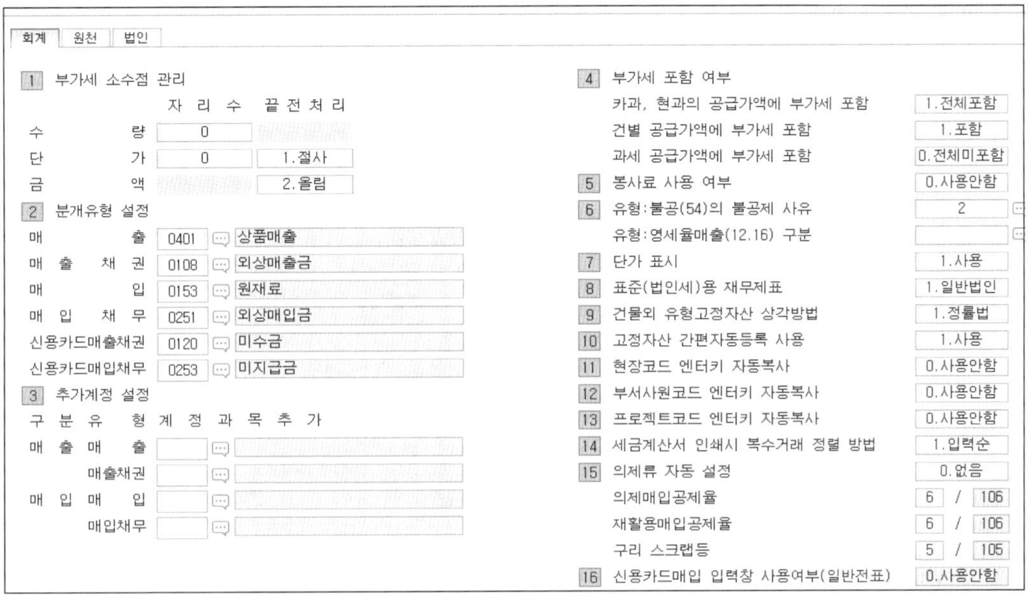


① 기본계정설정

[매입매출전표]입력시 자동으로 표기해 주는 계정으로

401.상품매출/146.상품으로 설정되어 있으나, 전산회계 1급 시험의 경우 제조업이 시험범위이므로 404.제품매출/153.원재료로 수정하고 사용하면 분개시 해당 계정과목으로 자동반영된다.

| | 도소매업(전산회계2급) | | 제조업(전산회계1급) | | |
|---|---|---|---|---|---|
| 매출 | 매출 | 상품매출 | **매출** | **제품매출(404)** | (차) 외상매출금 |
| | 매출채권 | 외상매출금 | 매출채권 | 외상매출금 | **(대) 제품매출** |
| 매입 | 매입 | 상품 | **매입** | **원재료(153)** | **(차) 원 재 료** |
| | 매입채무 | 외상매입금 | 매입채무 | 외상매입금 | (대) 외상매입금 |

② 신용카드기본계정설정

카드채권/카드채무에 대한 자동계정을 설정하는 것으로서,

기업이 제품을 매출하고 신용카드로 결제를 받았을 경우

(차) 외상매출금 ××× (대) 제 품 매 출 ×××

이므로, 카드채권을 **미수금에서 외상매출금으로 수정**해 주면 된다.

기업에서 카드채무는 대부분 미지급금이므로 수정하지 않는다.

이렇게 기본계정을 설정해주는 것은 기업의 특성을 반영하여 설정해 주면 된다.

전산회계1급 시험에서는 회사등록시 기본계정을 설정하라는 문제가 나오면 제시된 대로 수정해주면 된다.

**그러나 대부분 기출문제를 보면 기본계정이 제조업으로 세팅되어 나온다.**

[환경등록후 화면]

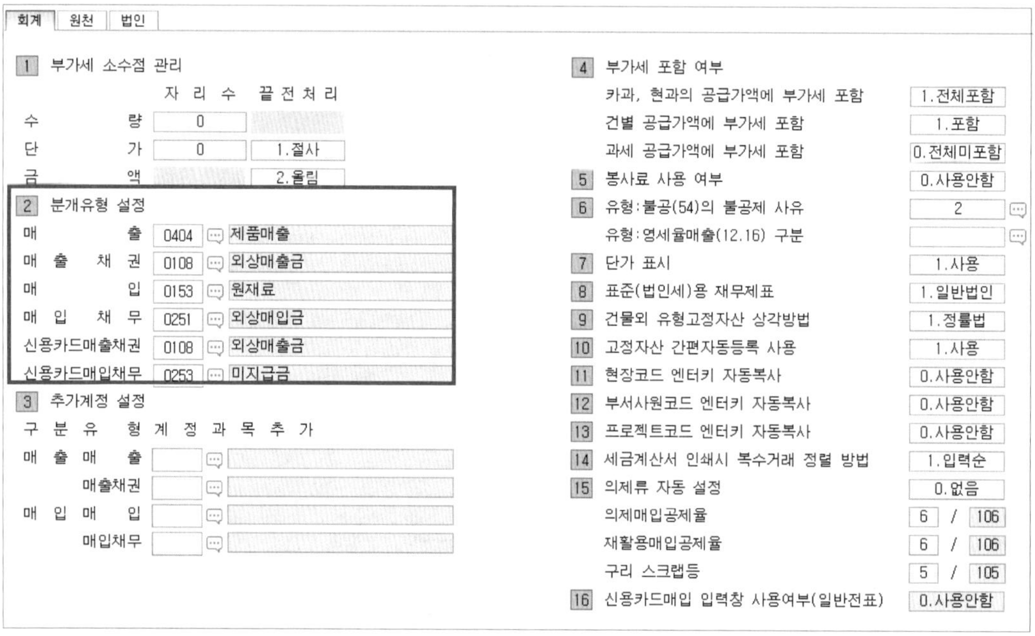

## 3 거래처 등록

상품, 제품을 외상거래나 기타채권, 채무에 관한 거래가 발생했을 때 외상매출금계정이나 외상매입금계정 등의 보조장부로서 거래처별 장부를 만들게 되는데, 거래처를 등록하여야 한다.

이러한 인명계정(거래처 계정)을 활용하면, 각 계정원장에 대한 보조부로서의 거래처장부를 만들 수 있으며, 이 장부를 거래처 원장이라 한다.

재무회계 메인화면에서 [기초정보등록] - [거래처등록]을 클릭하면 아래와 같은 화면이 실행된다.

〈반드시 거래처코드를 입력해야 하는 계정과목〉

| 채권계정 | 채무계정 |
|---|---|
| 외상매출금 | 외상매입금 |
| 받을어음 | 지급어음 |
| 미 수 금 | 미지급금 |
| 선 급 금 | 선 수 금 |
| 대여금(단기, 장기) | 차입금(단기, 장기), 유동성장기부채 |
| 가지급금 | 가수금(거래처를 알고 있을 경우 입력) |
| 선급비용/미수수익 | 선수수익/미지급비용 |
| 임차보증금 | 임대보증금 |

### (1) 일반거래처

부가가치세신고 대상거래는 반드시 거래처등록을 해야 하며, 기타 채권채무관리를 위한 거래처를 등록한다.

① 코드

"00101~97999"의 범위 내에서 코드번호를 부여한다.
입력시 하단의 메시지를 참고로 하여 입력한다.

**알림 :** 거래처코드를 입력하세요.(101 - 97999)

② 거래처명 및 유형

한글은 13자, 영문은 26자 이내로 입력한다. 유형은 매출 및 매입이 발생되는 거래처는 "동시"로 입력한다.

③ 일반거래처 등록사항

사업자등록번호, 주민등록번호, 대표자성명, 업태, 종목, 사업장주소 등을 입력한다.
**개인에게 세금계산서를 발행시 주민기재분에 "1.여"를 선택한다.**

### (2) 금융기관

보통예금, 당좌예금, 정기예금, 정기적금유형으로 나누어 입력한다.
① 코드

"98000~99599"의 범위 내에서 코드번호를 부여한다.

② 거래처명을 입력하고 유형은 해당 예금에 맞는 유형을 선택한다.

③ 계좌번호를 입력한다.

④ 은행의 지점명을 입력한다.

### (3) 카드거래처

카드거래처 입력은 회사가 거래하는 신용카드사를 입력하는 것이다.
매출카드거래처는 회사가 신용카드사에 가맹되어 있는 경우를 말하고, 매입카드거래처는 회사의 사업용카드(법인카드 등)를 보유하고 있는 경우에 입력한다.

① 코드

"99600~99999"의 범위 내에서 임의 선택하여 부여한다.

② 카드사명, 가맹점번호, 구분, 결제일, 입금계좌, 수수료

카드사, 구분(매입카드,매출카드), 가맹점번호, 카드종류 등을 입력한다.

example 예제 따라하기 **거래처등록**

(주)백두(3001)에 대한 거래처는 다음과 같다. 거래처등록 메뉴에서 등록하시오.

[일반거래처]

– 거래처 유형은 3 : 동시를 선택한다.

| 코드 | 거래처명 | 대표자명 | 사업자등록번호 | 도로명주소 | 업태 | 종목 |
|---|---|---|---|---|---|---|
| 1101 | ㈜지리전자 | 이한라 | 104-81-23639 | 서울시 은평구 갈현로 181-12 | 제조 | 전자제품 |
| 2101 | ㈜설악전기 | 최설악 | 125-05-81909 | 서울시 종로구 백석동길 11 | 제조 | 전자회로 |
| 3101 | 현대자동차 | 김현대 | 127-81-26930 | 서울시 서초구 과천대로 802 | 제조,도소매 | 자동차 |
| 1102 | 김기수 | - | 830208-2182630 | 서울시 용산구 백범로 400 | - | - |
| | ☞ 김기수에게 세금계산서를 발급할 예정이다. | | | | | |

[금융기관]

| 코드 | 거래처명 | 유형 | 계좌번호 | 지점 |
|---|---|---|---|---|
| 98000 | 국민은행 | 보통예금 | 123-456-789 | 두정동 |

[신용카드]

| 코드 | 거래처명 | 카드(가맹점)번호 | 유형 |
|---|---|---|---|
| 99600 | 비씨카드 | 5000 | 매출카드 |
| 99700 | 국민카드 | 4574-7204-8364-4004 | 매입카드<br>(사업용카드) |

☞ 전산회계2급(거래처등록) 입력사항을 참고하십시오.

해답

☑ 메인화면의 [기초정보등록]-[거래처등록]을 클릭한다.
화면내에서 좌우화면으로 옮길시 마우스나 키보드상의 탭키를 이용한다.

[일반거래처 등록화면]

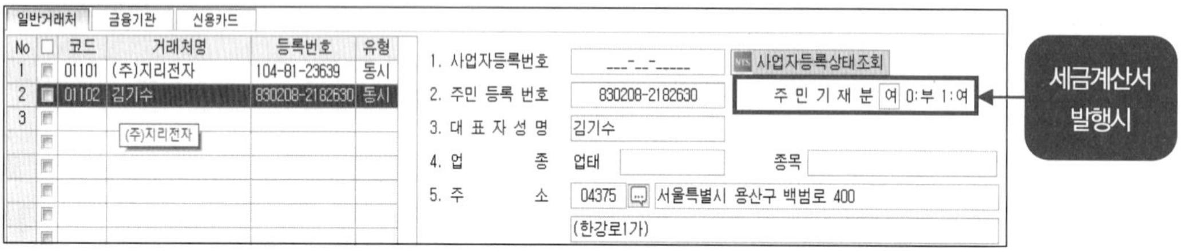


[금융기관등록화면]

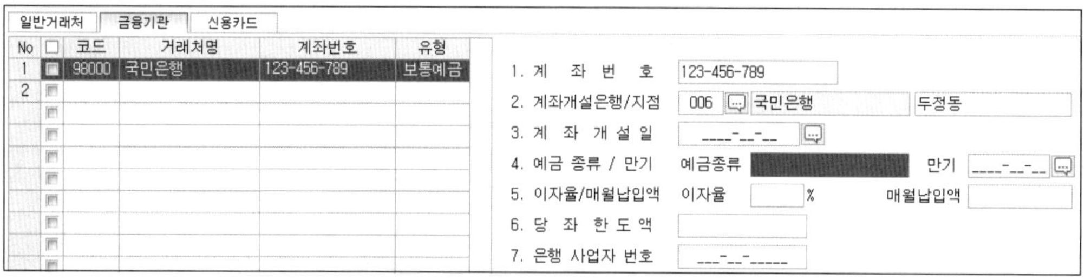


[신용카드등록화면]

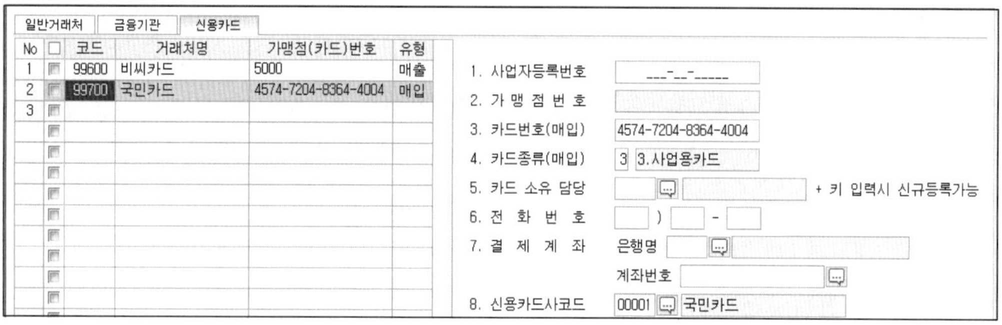

## 4 계정과목 및 적요등록

회사에서 많이 사용하는 계정과목과 적요는 이미 프로그램에 입력되어 있다. 그러나 회사의 특성상 자주 사용하는 계정과목이나 적요가 필요한데, 계정과목이나 적요를 추가로 등록하거나 수정할 수 있다.

### (1) 적색계정과목

자주 사용하는 계정과목이며, **일반적으로 적색계정과목은 수정하지 않는다.**

☞ **적색계정과목수정은 Ctrl+F2를 동시에 누르면 수정이 가능하다.**

### (2) 흑색계정과목

커서를 계정과목명에 위치한 다음 변경할 계정과목을 수정하여 입력한다.

### (3) 사용자설정계정과목

**코드 범위내의 여유계정과목으로 커서를 계정과목명에 위치한 다음 변경할 계정과목으로 수정 입력한다.**

### (4) 계정성격

해당 계정성격에 맞게 선택한다.

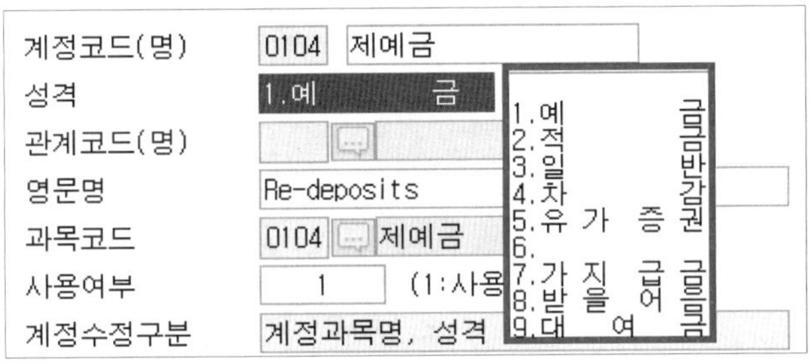


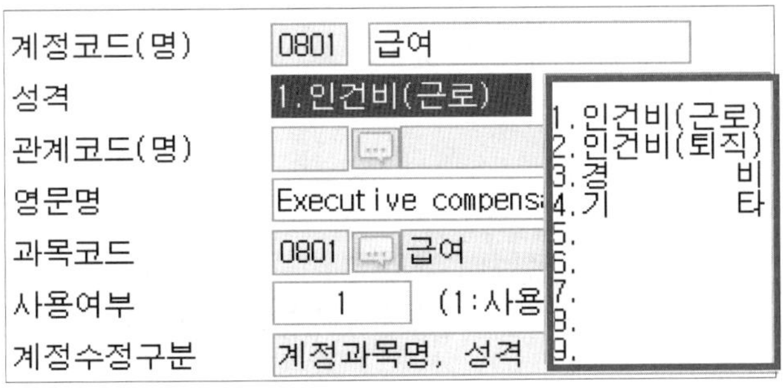

### (5) 관계코드

관계있는 다른 계정과목을 표시하면 된다.

예를 들어 감가상각누계액(203)은 건물(202)을 차감하는 계정과목이다.

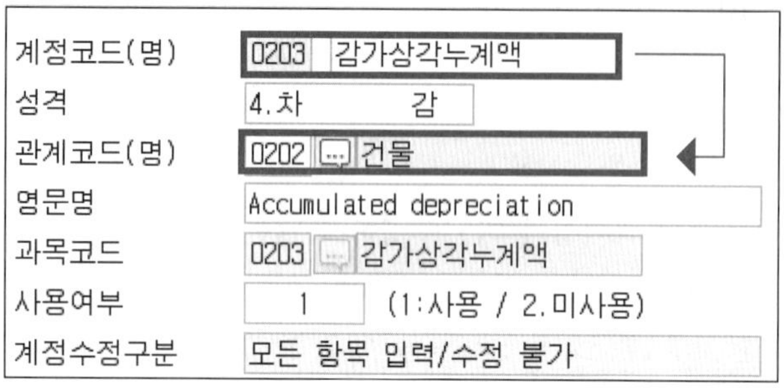


### (6) 적요의 수정

적요는 현금적요와 대체적요, 고정적요가 있으며 수정하고자 하는 계정과목에서 커서를 우측 적요란으로 이동한 후 추가 등록할 내용으로 입력한다.(고정적요는 수정불가)

좌측 [계 정 체 계]의 하단 당좌자산, 재고자산 등을 클릭하면 해당 당좌자산, 재고자산 등의 계정과목으로 바로 이동한다.

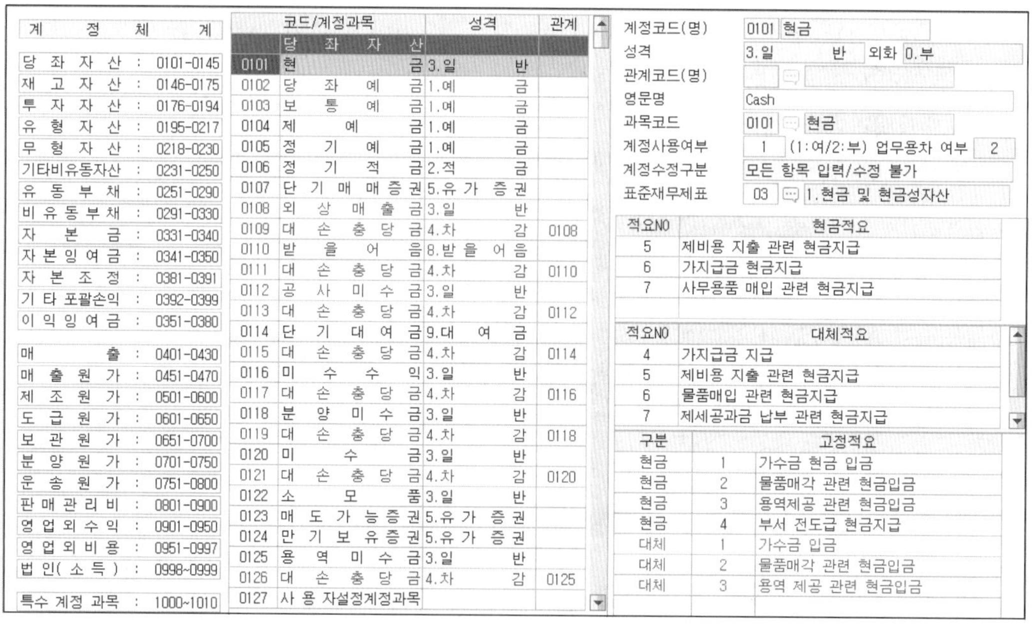


코드에 해당 계정코드번호(원재료 : 153)를 입력하면 해당 계정과목으로 바로 이동하고, 마우스 오른쪽키를 클릭하여 찾기를 클릭하고, 다음화면에 계정과목을 입력(2글자)하면 바로 해당계정과목코드로 이동할 수 있다.

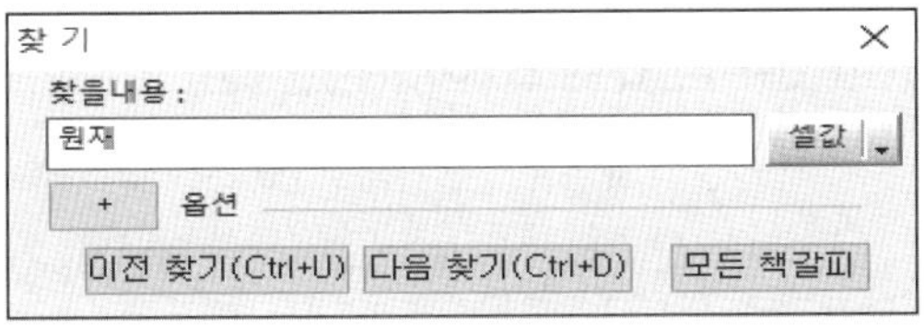


**example 예제 따라하기** **계정과목 및 적요등록**

(주)백두(3001)에 대한 다음 자료를 바탕으로 계정과목 및 적요등록 하시오.

1. 휴대폰 요금을 별도로 관리하고자 제조원가와 판매관리비에 속하는 통신비 계정의 현금적요에 '5.휴대폰 요금납부'를 추가등록 한다.
2. 판매비와 관리비 855번의 계정과목을 "외부강사료"계정으로 추가등록하세요
   그리고 현금적요 "1. 영업직사원 강사료지급"과 대체적요 "1.간부워크숍 강사료지급"을 등록 하시오.

☞ 전산회계2급(계정과목 등록) 입력사항을 참고하십시오.

**해답**

☑ [기초정보등록]−[계정과목 및 적요등록]

1. 적요 추가등록

– 계 정 체 계 의 판매관리비를 클릭하고 마우스 오른쪽키를 클릭하여 찾기에 통신을 입력하고, 판매비와관리비의 통신비(814)를 찾는다.

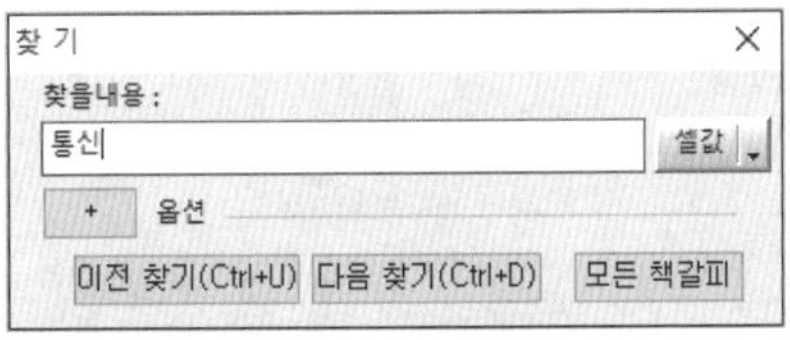


마우스로 현금적요란으로 이동하여 현금적요 5번에 적요를 입력한다.

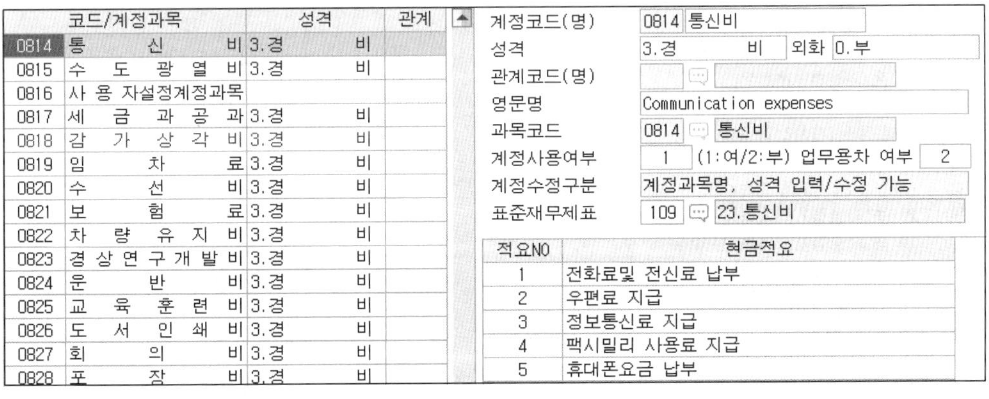
코드/계정과목
성격
관계
0814 통 신 비 3.경 비
0815 수 도 광 열 비 3.경 비
0816 사 용 자설정계정과목
0817 세 금 과 공 과 3.경 비
0818 감 가 상 각 비 3.경 비
0819 임 차 료 3.경 비
0820 수 선 비 3.경 비
0821 보 험 료 3.경 비
0822 차 량 유 지 비 3.경 비
0823 경 상 연 구 개 발 비 3.경 비
0824 운 반 비 3.경 비
0825 교 육 훈 련 비 3.경 비
0826 도 서 인 쇄 비 3.경 비
0827 회 의 비 3.경 비
0828 포 장 비 3.경 비
계정코드(명) 0814 통신비
성격 3.경 비 외화 0.부
관계코드(명)
영문명 Communication expenses
과목코드 0814 통신비
계정사용여부 1 (1:여/2:부) 업무용차 여부 2
계정수정구분 계정과목명, 성격 입력/수정 가능
표준재무제표 109 23.통신비
적요NO 현금적요
1 전화료및 전신료 납부
2 우편료 지급
3 정보통신료 지급
4 팩시밀리 사용료 지급
5 휴대폰요금 납부

**514.제조경비 : 814.판매비와관리비 → 제조경비와 판매비와 관리비는 300번차이가 난다.**

– 제조경비 통신비에 적요를 입력한다.

| 코드/계정과목 | | 성격 | 관계 |
|---|---|---|---|
| 0514 | 통 신 비 | 5.제 조 경 비 | |
| 0515 | 가 스 수 도 료 | 5.제 조 경 비 | |
| 0516 | 전 력 비 | 5.제 조 경 비 | |
| 0517 | 세 금 과 공 과 | 5.제 조 경 비 | |
| 0518 | 감 가 상 각 비 | 5.제 조 경 비 | |
| 0519 | 임 차 료 | 5.제 조 경 비 | |
| 0520 | 수 선 비 | 5.제 조 경 비 | |
| 0521 | 보 험 료 | 5.제 조 경 비 | |
| 0522 | 차 량 유 지 비 | 5.제 조 경 비 | |
| 0523 | 경 상 연 구 개 발 비 | 5.제 조 경 비 | |
| 0524 | 운 반 비 | 5.제 조 경 비 | |
| 0525 | 교 육 훈 련 비 | 5.제 조 경 비 | |
| 0526 | 도 서 인 쇄 비 | 5.제 조 경 비 | |
| 0527 | 회 의 비 | 5.제 조 경 비 | |
| 0528 | 포 장 비 | 5.제 조 경 비 | |

| | |
|---|---|
| 계정코드(명) | 0514 통신비 |
| 성격 | 5.제 조 경 비 외화 0.부 |
| 관계코드(명) | |
| 영문명 | Communication expenses |
| 과목코드 | 0514 통신비 |
| 계정사용여부 | 1 (1:여/2:부) 업무용차 여부 2 |
| 계정수정구분 | 계정과목명, 성격 입력/수정 가능 |
| 표준재무제표 | 27 12. 통신비 |

| 적요NO | 현금적요 |
|---|---|
| 1 | 전화료 및 전신료 납부 |
| 2 | 우편료 지급 |
| 3 | 정보통신료 지급 |
| 4 | 팩시밀리 사용료 지급 |
| 5 | 휴대폰 요금납부 |

2. 계정과목 추가등록

① 계정과목 "코드"란에 855번을 입력하고 Enter↵를 치면 해당 계정코드로 이동한다.

② 계정과목수정

우측 계정코드란에 외부강사료를 입력하고 Enter↵을 치면 계정성격란에 3.경비를 선택한다. 성격란은 해당계정과목의 특성을 나타내는 것이므로 계정과목 성격에 맞게 선택하면 된다. 그리고 현금적요와 대체적요를 입력한다.

| 코드/계정과목 | | 성격 | 관계 |
|---|---|---|---|
| 0855 | 외 부 강 사 료 | 3.경 비 | |
| 0856 | 사 용 자설정계정과목 | | |
| 0857 | 사 용 자설정계정과목 | | |
| 0858 | 사 용 자설정계정과목 | | |
| 0859 | 사 용 자설정계정과목 | | |
| 0860 | 사 용 자설정계정과목 | | |
| 0861 | 사 용 자설정계정과목 | | |
| 0862 | 사 용 자설정계정과목 | | |
| 0863 | 사 용 자설정계정과목 | | |
| 0864 | 사 용 자설정계정과목 | | |
| 0865 | 사 용 자설정계정과목 | | |
| 0866 | 사 용 자설정계정과목 | | |
| 0867 | 사 용 자설정계정과목 | | |
| 0868 | 사 용 자설정계정과목 | | |
| 0869 | 사 용 자설정계정과목 | | |
| 0870 | 사 용 자설정계정과목 | | |
| 0871 | 사 용 자설정계정과목 | | |
| 0872 | 사 용 자설정계정과목 | | |
| 0873 | 사 용 자설정계정과목 | | |
| 0874 | 사 용 자설정계정과목 | | |
| 0875 | 사 용 자설정계정과목 | | |

| | |
|---|---|
| 계정코드(명) | 0855 외부강사료 |
| 성격 | 3.경 비 외화 0.부 |
| 관계코드(명) | |
| 영문명 | User setup accounts |
| 과목코드 | 0855 외부강사료 |
| 계정사용여부 | 1 (1:여/2:부) 업무용차 여부 2 |
| 계정수정구분 | 계정과목명, 성격 입력/수정 가능 |
| 표준재무제표 | 117 31.교육훈련비 |

| 적요NO | 현금적요 |
|---|---|
| 1 | 영업직사원 강사료지급 |

| 적요NO | 대체적요 |
|---|---|
| 1 | 간부워크숍 강사료지급 |

# 제2절 전기분 재무제표입력(초기이월)

## 1. 계정과목입력방법

코드란에 커서를 놓고 F2를 클릭하여 계정과목을 검색하여 입력하거나 계정코드란에 바로 계정과목명 2자리이상을 입력해서 검색하여 입력해도 된다.

## 2. 차감계정입력방법

**대손충당금과 감가상각누계액 코드=해당 계정과목코드+1**

## 3. 금액입력방법

금액을 입력시 컴마(,)없이 입력한다. **키보드 우측에 있는 숫자키 중 +키를 누르면 "0"이 세개(000)입력된다.** 금액입력방법은 어디서나 동일한 방법으로 입력하면 된다.

## 1 전기분 재무상태표

전년도의 재무상태표를 입력하면 되는데, **재무상태표상의 재고자산 금액은 손익계산서 및 제조원가명세서의 재고자산금액으로 자동 반영**된다.

### 1. 제품, 상품의 기말재고액

① 상품계정 : **손익계산서 상품매출원가의 기말상품재고액으로 자동 반영**된다.
② 제품계정 : **손익계산서 제품매출원가의 기말제품재고액으로 자동 반영**된다.

### 2. 원재료, 재공품의 기말재고액

① 기말원재료재고액 : **제조원가명세서 기말원재료재고액으로 자동 반영**된다.
② 기말재공품재고액 : **제조원가명세서 기말재공품재고액으로 자동 반영**된다.

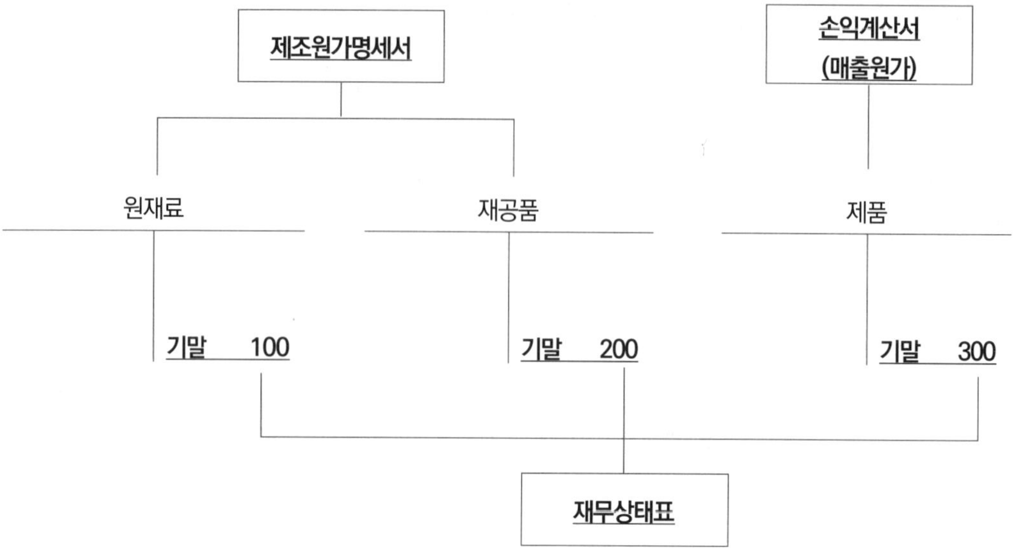
제조원가명세서
손익계산서
(매출원가)
원재료
재공품
제품
기말 100
기말 200
기말 300
재무상태표

example 예제 따라하기 | **전기분 재무상태표**

(주)백두(3001)의 전기분재무상태표는 다음과 같다. 다음 자료를 이용하여 전기분 재무상태표를 입력하시오.

전기분재무상태표

㈜ 백두 　　　　제 4기 20×0년 12월 31일 현재 　　　　(단위 : 원)

| 과목 | 금액 | | 과목 | 금액 | |
|---|---|---|---|---|---|
| **Ⅰ.유동자산** | | 126,000,000 | **Ⅰ.유동부채** | | 70,000,000 |
| (1)당좌자산 | | 117,000,000 | 외상매입금 | | 30,000,000 |
| 현금 | | 30,000,000 | 미지급금 | | 40,000,000 |
| 외상매출금 | 40,000,000 | | **Ⅱ.비유동부채** | | 50,000,000 |
| 대손충당금 | (1,000,000) | 39,000,000 | 퇴직급여충당부채*1 | | 50,000,000 |
| 받을어음 | 50,000,000 | | | | |
| 대손충당금 | (2,000,000) | 48,000,000 | **부채총계** | | 120,000,000 |
| (2)재고자산 | | 9.000.000 | | | |
| 제품 | | 5,000,000 | | | |
| 재공품 | | 3,000,000 | **Ⅰ.자본금** | | 50,000,000 |
| 원재료 | | 1,000,000 | 자본금 | | 50,000,000 |
| | | | **Ⅱ.자본잉여금** | | 30,000,000 |
| **Ⅱ.비유동자산** | | 115,000,000 | 주식발행초과금 | | 30,000,000 |
| (1)투자자산 | | 30,000,000 | **Ⅲ.이익잉여금** | | 41,000,000 |
| 매도가능증권 | | 30,000,000 | 이익준비금 | | 10,000,000 |
| (2)유형자산 | | 85,000,000 | 이월이익잉여금 | | 31,000,000 |
| 토지 | | 40,000,000 | (미처분이익잉여금) | | |
| 건물 | 50,000,000 | | (당기순이익 20,000,000) | | |
| 감가상각누계액 | (5,000,000) | 45,000,000 | **자본총계** | | 121,000,000 |
| **자산총계** | | 241,000,000 | **부채와 자본총계** | | 241,000,000 |

***1 퇴직급여충당부채 : 제조부문 : 40,000,000, 판 관 비 : 10,000,000**

☞ 전산회계2급(전기분 재무상태표) 입력사항을 참고하십시오.

해답

1. 계정과목입력
코드란에 커서를 놓고 F2를 클릭하여 계정과목을 검색하여 입력하거나 계정코드란에 바로 계정과목명 2자리 이상을 입력해서 검색하여 입력해도 된다.
매도가능증권일 경우 코드 123은 당좌자산이고 코드 178은 투자자산이므로 투자자산을 선택한다.

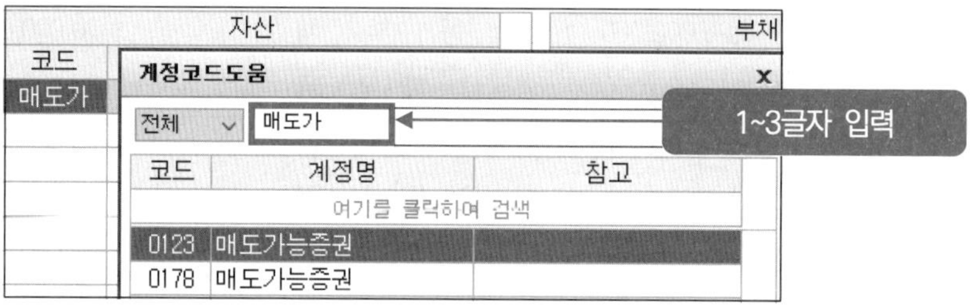


2. 금액입력
금액을 입력시 컴마(,)없이 입력한다. <u>키보드 우측에 있는 숫자키 중 +키를 누르면 "0"이 세개(000)입력된다.</u>

3. 차감계정입력방법

| **<u>대손충당금과 감가상각누계액 코드=해당 계정과목코드+1</u>** |
|---|

즉, 외상매출금 계정코드가 108번이기 때문에 외상매출금에 대한 대손충당금 계정코드는 109번을 입력하면 되고, 건물 계정코드가 202번이기 때문에 건물에 대한 감가상각누계액 계정코드는 203번을 입력하면 된다.

4. <u>퇴직급여충당부채는 원가귀속별(제조 및 판관비)로 입력한다.</u>

5. 계정과목과 금액을 입력하면 우측 화면에 자산·부채항목별로 집계되고 또한 하단의 차변, 대변에 집계된다. 그리고 <u>하단의 자산/자본/부채 총계를 확인하고 대차차액이 "0"이 되어야 정확하게 입력한 것이다.</u>

## 6. 작업종료시 방법

Esc을 눌러서 프로그램을 종료시키면 작업한 내용이 저장된다.

[전기분 재무상태표 입력화면]

| 자산 | | |
|---|---|---|
| 코드 | 계정과목 | 금액 |
| 0101 | 현금 | 30,000,000 |
| 0108 | 외상매출금 | 40,000,000 |
| 0109 | 대손충당금 | 1,000,000 |
| 0110 | 받을어음 | 50,000,000 |
| 0111 | 대손충당금 | 2,000,000 |
| 0123 | 매도가능증권 | 30,000,000 |
| 0150 | 제품 | 5,000,000 |
| 0153 | 원재료 | 1,000,000 |
| 0169 | 재공품 | 3,000,000 |
| 0201 | 토지 | 40,000,000 |
| 0202 | 건물 | 50,000,000 |
| 0203 | 감가상각누계액 | 5,000,000 |
| 차 변 합 계 | | 241,000,000 |

| 부채 및 자본 | | |
|---|---|---|
| 코드 | 계정과목 | 금액 |
| 0251 | 외상매입금 | 30,000,000 |
| 0253 | 미지급금 | 40,000,000 |
| 0295 | 퇴직급여충당부 | 50,000,000 |
| 0331 | 자본금 | 50,000,000 |
| 0341 | 주식발행초과금 | 30,000,000 |
| 0351 | 이익준비금 | 10,000,000 |
| 0375 | 이월이익잉여금 | 31,000,000 |
| 대 변 합 계 | | 241,000,000 |

| ☞ 계정별 합계 | |
|---|---|
| 1. 유동자산 | 156,000,000 |
| ①당좌자산 | 147,000,000 |
| ②재고자산 | 9,000,000 |
| 2. 비유동자산 | 85,000,000 |
| ①투자자산 | |
| ②유형자산 | 85,000,000 |
| ③무형자산 | |
| ④기타비유동자산 | |
| 자산총계(1+2) | 241,000,000 |
| 3. 유동부채 | 70,000,000 |
| 4. 비유동부채 | 50,000,000 |
| 부채총계(3+4) | 120,000,000 |
| 5. 자본금 | 50,000,000 |
| 6. 자본잉여금 | 30,000,000 |
| 7. 자본조정 | |
| 8. 기타포괄손익누계액 | |
| 9. 이익잉여금 | 41,000,000 |
| 자본총계(5+6+7+8+9) | 121,000,000 |
| 부채 및 자본 총계 | 241,000,000 |
| 대 차 차 액 | |

| | | | | | | |
|---|---|---|---|---|---|---|
| 퇴직급여충당부채(295) : | 제 조 | 40,000,000 | 도 급 | | 보 관 | |
| | 분 양 | | 운 송 | | 판 관 비 | 10,000,000 |
| 퇴직연금충당부채(329) : | 제 조 | | 도 급 | | 보 관 | |
| | 분 양 | | 운 송 | | 판 관 비 | |

### 참고

### 가지급금/가수금의 입력방법

해당 임직원별로 지급과 회수의 적요번호(F2를 이용)를 달리하여 등록한다.

| 자산 | | |
|---|---|---|
| 코드 | 계정과목 | 금액 |
| 0134 | 가지급금 | 7,000,000 |

| 부채 및 자본 | | |
|---|---|---|
| 코드 | 계정과목 | 금액 |

자동집계

| 가지급금 | | | | |
|---|---|---|---|---|
| 직책 | 성명 | 지급적요 | 회수적요 | 금액 |
| 대표자 | 홍길동 | 1 | 4 | 5,000,000 |
| 상무이사 | 김길동 | 3 | 6 | 2,000,000 |

## 2 전기분 손익계산서

전년도의 손익계산서를 입력하면 되는데, 입력방식은 전기분 재무상태표와 거의 유사하다. 전기제품매출원가의 입력방법(전산회계1급 시험에서는 제품매출원가가 나온다)

① **455.제품매출원가를 선택**한다.

② **기초제품재고액과 당기제품제조원가는 입력하고 기말제품은 재무상태표상의 금액이 자동반영 된다.**

### example 예제 따라하기 전기분 손익계산서

(주)백두(3001)의 전기분 손익계산서는 다음과 같다. 다음 자료를 이용하여 전기분 손익계산서를 입력하시오.

전기분 손익계산서

㈜백두 제 4기 20×0년 1월 1일부터 20×0년 12월 31일까지 (단위 : 원)

| 과 목 | 금 액 | | 과 목 | 금 액 | |
|---|---|---|---|---|---|
| **Ⅰ. 매출액** | | 150,000,000 | 임차료 | 2,000,000 | |
| 제품매출 | 150,000,000 | | | | |
| **Ⅱ. 매출원가** | | 90,000,000 | **Ⅴ. 영업이익** | | 30,000,000 |
| **제품매출원가** | | 90,000,000 | **Ⅵ. 영업외수익** | | 1,000,000 |
| 기초제품재고액 | 10,000,000 | | 이자수익 | 1,000,000 | |
| 당기제품제조원가 | 85,000,000 | | **Ⅶ. 영업외비용** | | 8,000,000 |
| 기말제품재고액 | 5,000,000 | | 이자비용 | 3,000,000 | |
| **Ⅲ. 매출총이익** | | 60,000,000 | 기부금 | 5,000,000 | |
| **Ⅳ. 판매비와관리비** | | 30,000,000 | **Ⅷ. 법인세차감전순이익** | | 23,000,000 |
| 급여 | 10,000,000 | | **Ⅸ. 법인세비용** | | 3,000,000 |
| 복리후생비 | 8,000,000 | | **Ⅹ. 당기순이익** | | 20,000,000 |
| 기업업무추진비 | 6,000,000 | | | | |
| 감가상각비 | 4,000,000 | | | | |

☞ 전산회계2급(전기분 손익계산서) 입력사항을 참고하십시오.

**해답**

☑

1. 계정과목과 금액의 입력방법은 동일하다.
2. 제품매출원가를 입력하면, 제품매출원가를 입력하는 보조화면이 나타난다.
   기초제품재고액과 당기제품제조원가를 입력하고, <u>기말제품재고액은 재무상태표의 제품재고액이 자동 반영</u>된다.

매출원가

| | | |
|---|---|---|
| 기초제품재고액 | | 10,000,000 |
| 당기제품제조원가 | + | 85,000,000 |
| 매입환출및에누리 | - | |
| 매입할인 | - | |
| 타계정에서대체액 | + | |
| 타계정으로대체액 | - | |
| 관세환급금 | - | |
| 제품평가손실 | + | |
| 제품평가손실환입 | - | |
| 기말제품재고액 | - | 5,000,000 |
| 매출원가 | = | 90,000,000 |

확인(Tab)

재무상태표에서 자동반영된다.

4. 판매비와 관리비, 영업외수익, 영업외비용, 법인세등을 입력한다.
5. 문제상의 <u>당기순이익과 프로그램 입력 후의 당기순이익과 일치하면 정확하게 입력한 것이다.</u>

[전기분 손익계산서 입력화면]

| 코드 | 계정과목 | 금액 |
|---|---|---|
| 0404 | 제품매출 | 150,000,000 |
| 0455 | 제품매출원가 | 90,000,000 |
| 0801 | 급여 | 10,000,000 |
| 0811 | 복리후생비 | 8,000,000 |
| 0813 | 접대비 | 6,000,000 |
| 0818 | 감가상각비 | 4,000,000 |
| 0819 | 임차료 | 2,000,000 |
| 0901 | 이자수익 | 1,000,000 |
| 0951 | 이자비용 | 3,000,000 |
| 0953 | 기부금 | 5,000,000 |
| 0998 | 법인세비용 | 3,000,000 |

| 계정별합계 | |
|---|---|
| 1.매출 | 150,000,000 |
| 2.매출원가 | 90,000,000 |
| 3.매출총이익(1-2) | 60,000,000 |
| 4.판매비와관리비 | 30,000,000 |
| 5.영업이익(3-4) | 30,000,000 |
| 6.영업외수익 | 1,000,000 |
| 7.영업외비용 | 8,000,000 |
| 8.법인세비용차감전순이익(5+6-7) | 23,000,000 |
| 9.법인세비용 | 3,000,000 |
| 10.당기순이익(8-9) | 20,000,000 |
| 11.주당이익(10/주식수) | |

## 3 전기분원가명세서

제조기업은 원가명세서를 반드시 작성하여야 하는데 **원가명세서에서 작성된 당기제품제조원가가 손익계산서의 매출원가(당기제품제조원가)를 구성**한다.

또한 **재무상태표상의 원재료, 재공품 금액은 제조원가명세서상의 기말원재료재고액, 기말재공품재고액**에 자동반영된다.

example 예제 따라하기 | 전기분 제조원가명세서

(주)백두(3001)의 전기분 원가명세서는 다음과 같다. 다음 자료를 이용하여 전기분 원가명세서를 입력하시오.

전기분 원가명세서

㈜백두 제 4기 20×0년 1월 1일부터 20×0년 12월 31일까지 (단위 : 원)

| 과 목 | 금 액 | |
|---|---|---|
| **Ⅰ. 원재료비** | | 43,000,000 |
| 기초원재료재고액 | 2,000,000 | |
| 당기원재료매입액 | 42,000,000 | |
| 기말원재료재고액 | 1,000,000 | |
| **Ⅱ. 노무비** | | 20,000,000 |
| 임금 | 20,000,000 | |
| **Ⅲ. 경비** | | 24,000,000 |
| 복리후생비 | 15,000,000 | |
| 가스수도료 | 5,000,000 | |
| 전력비 | 3,000,000 | |
| 외주가공비 | 1,000,000 | |
| **Ⅳ. 당기총제조비용** | | 87,000,000 |
| **Ⅴ. 기초재공품재고액** | | 1,000,000 |
| **Ⅵ. 합계** | | 88,000,000 |
| **Ⅶ. 기말재공품재고액** | | 3,000,000 |
| **Ⅷ. 타계정으로대체액** | | 0 |
| **Ⅸ. 당기제품제조원가** | | 85,000,000 |

**해답**

1. [전기분재무제표등]→[전기분원가명세서]를 클릭한다.

2. <u>매출원가 및 원가경비선택</u>

   편집(Tab) 을 클릭하여 제품매출원가 사용여부를 1.여로 선택, 확인한다.

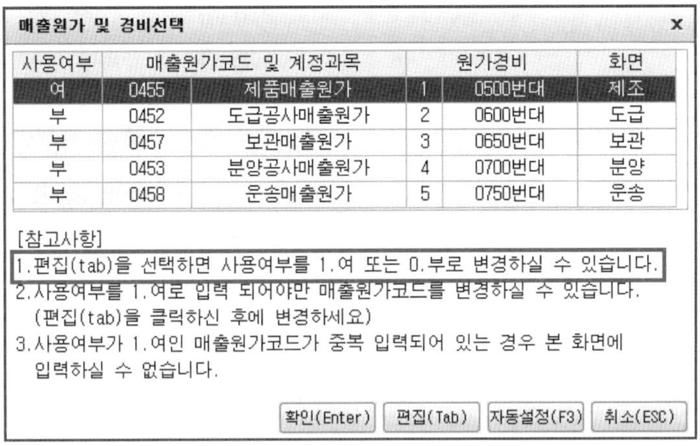

매출원가 및 경비선택

| 사용여부 | 매출원가코드 및 계정과목 | | 원가경비 | | 화면 |
|---|---|---|---|---|---|
| 여 | 0455 | 제품매출원가 | 1 | 0500번대 | 제조 |
| 부 | 0452 | 도급공사매출원가 | 2 | 0600번대 | 도급 |
| 부 | 0457 | 보관매출원가 | 3 | 0650번대 | 보관 |
| 부 | 0453 | 분양공사매출원가 | 4 | 0700번대 | 분양 |
| 부 | 0458 | 운송매출원가 | 5 | 0750번대 | 운송 |

[참고사항]
1.편집(tab)을 선택하면 사용여부를 1.여 또는 0.부로 변경하실 수 있습니다.
2.사용여부를 1.여로 입력 되어야만 매출원가코드를 변경하실 수 있습니다.
(편집(tab)을 클릭하신 후에 변경하세요)
3.사용여부가 1.여인 매출원가코드가 중복 입력되어 있는 경우 본 화면에 입력하실 수 없습니다.

확인(Enter) 편집(Tab) 자동설정(F3) 취소(ESC)

3. 원재료비 입력

   원재료비(501)를 입력하면 원재료비의 세부항목을 입력하는 보조화면이 나타난다.
   <u>기초원재료 재고액과 당기원재료매입액을 입력한다.</u>
   <u>기말 원재료 재고액은 전기 재무상태표상의 원재료 재고액이 자동반영된다.</u>

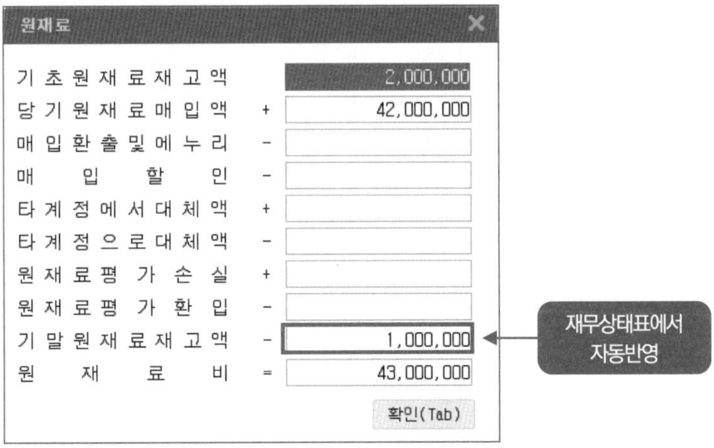

원재료

| | | |
|---|---|---|
| 기초원재료재고액 | | 2,000,000 |
| 당기원재료매입액 | + | 42,000,000 |
| 매입환출및에누리 | - | |
| 매입할인 | - | |
| 타계정에서대체액 | + | |
| 타계정으로대체액 | - | |
| 원재료평가손실 | + | |
| 원재료평가환입 | - | |
| 기말원재료재고액 | - | 1,000,000 |
| 원재료비 | = | 43,000,000 |

확인(Tab)



4. 노무비, 경비를 입력하고, <u>좌측 화면 항목별합계액 6.기초재공품금액을 입력한다. 기말재공품 금액은 재무상태표상의 재공품금액이 자동 반영된다.</u>

5. 문제상의 <u>당기제품제조원가와 프로그램 입력 후의 당기제품제조원가가 일치하면 정확하게 입력한 것이다.</u>

### [전기분 원가명세서 입력화면]

0500번대 제조

| 코드 | 계정과목 | 금액 |
|---|---|---|
| 0501 | 원재료비 | 43,000,000 |
| 0504 | 임금 | 20,000,000 |
| 0511 | 복리후생비 | 15,000,000 |
| 0515 | 가스수도료 | 5,000,000 |
| 0516 | 전력비 | 3,000,000 |
| 0533 | 외주가공비 | 1,000,000 |

| 계 정 별 합 계 | |
|---|---|
| 1.원재료비 | 43,000,000 |
| 2.부재료비 | |
| 3.노무비 | 20,000,000 |
| 4.경비 | 24,000,000 |
| 5.당기총제조비용 | 87,000,000 |
| 6.기초재공품재고액 | 1,000,000 |
| 7.타계정에서대체액 | |
| 8.합 계 | 88,000,000 |
| 9.기말재공품재고액 | 3,000,000 |
| 10.타계정으로대체액 | |
| 11.당기제품제조원가 | 85,000,000 |

재무상태표에서 자동반영

## 4 전기분 잉여금(결손금)처분계산서

전기재무상태표상의 **미처분이익잉여금(이월이익잉여금)과 이익잉여금처분계산서상의 미처분이익잉여금과 동일한 금액**이다.

**미처분이익잉여금의 당기순이익은 손익계산서의 당기순이익이 자동반영된다.**

example 예제 따라하기 **전기분 잉여금처분계산서**

(주)백두(3001)의 전기분 잉여금처분계산서는 다음과 같다. 다음 자료를 이용하여 전기분 잉여금처분계산서를 입력하시오.

### 전기분 잉여금처분계산서

제 4기 20×0년 1월 1일부터 20×0년 12월 31일까지

㈜백두 처분확정일 : 20×1년 2월 28일 (원)

| 과 목 | 금 액 | |
|---|---|---|
| I. 미처분이익잉여금 | | 31,000,000 |
| 1. 전기이월미처분이익잉여금 | 11,000,000 | |
| 2. 당기순이익 | 20,000,000 | |
| II. 임의적립금이입액 | | 5,000,000 |
| 1. 사업확장적립금 | 5,000,000 | |
| 합계( I + II ) | | 36,000,000 |
| III. 이익잉여금처분액 | | 11,000,000 |
| 1. 이익준비금 | 1,000,000 | |
| 2. 현금배당금 | 10,000,000 | |
| IV. 차기이월 미처분이익잉여금 | | 25,000,000 |

**해답**

☑

1. [전기재무제표등]→[전기분잉여금처분계산서]를 클릭한다.
2. 처분확정일자(20x1년 02월 28일)를 입력하고, 전기이월미처분이익잉여금을 입력한다.
   **당기순이익은 손익계산서의 당기순이익이 자동반영**된다.
3. 임의적립금 이입액은 코드란에 계정과목(사업확장적립금)을 조회해서 입력하면 된다.
4. 이익잉여금처분액은 문제에서 주어진대로 입력한다.

5. 미처분이익잉여금의 합계금액(31,000,000)과 전기분재무상태표 이월이익잉여금이 일치하면 정확하게 입력한 것이다.

[전기분 잉여금처분계산서 입력화면]

처분확정일자 : 2020 년 2 월 28 일

| 과목 | 계정과목명 | | 제 8(전)기 2019년01월01일~2019년12월31일 금액 | |
|---|---|---|---|---|
| | 코드 | 계정과목 | 입력금액 | 합계 |
| I.미처분이익잉여금 | | | | 31,000,000 |
| 1.전기이월미처분이익잉여금 | | | 11,000,000 | |
| 2.회계변경의 누적효과 | 0369 | 회계변경의누적효과 | | |
| 3.전기오류수정이익 | 0370 | 전기오류수정이익 | | |
| 4.전기오류수정손실 | 0371 | 전기오류수정손실 | | |
| 5.중간배당금 | 0372 | 중간배당금 | | |
| 6.당기순이익 | | | 20,000,000 | |
| II.임의적립금 등의 이입액 | | | | 5,000,000 |
| 1.사업확장적립금 | 0356 | 사업확장적립금 | 5,000,000 | |
| 2. | | | | |
| 3. | | | | |
| 합계(I + II) | | | | 36,000,000 |
| III.이익잉여금처분액 | | | | 11,000,000 |
| 1.이익준비금 | 0351 | 이익준비금 | 1,000,000 | |
| 2.재무구조개선적립금 | 0354 | 재무구조개선적립금 | | |
| 3.주식할인발행차금상각액 | 0381 | 주식할인발행차금 | | |
| 4.배당금 | | | 10,000,000 | |
| 가.현금배당 | 0265 | 미지급배당금 | 10,000,000 | |
| 주당배당금(률) | | 보통주(원/%) | | |
| | | 우선주(원/%) | | |
| 나.주식배당 | 0387 | 미교부주식배당금 | | |
| 주당배당금(률) | | 보통주(원/%) | | |
| | | 우선주(원/%) | | |
| 5.사업확장적립금 | 0356 | 사업확장적립금 | | |

이월이익잉여금과 일치

상단메뉴의 F4 칸추가 키는 과목추가입력시에 사용합니다.

추가하고자 하는 라인 아래에 커서를 위치하고 F4 칸추가 커서가 활성화시 클릭하시면 칸이 추가됩니다.

[재무제표간의 상호 연관성(매우 중요)]

재무상태표상의 기말원재료 ⇨ 제조원가명세서상의 기말원재료

재무상태표상의 기말재공품 ⇨ 제조원가명세서상의 기말재공품

재무상태표상의 기말제품 ⇨ 손익계산서상의 기말제품

제조원가명세서상의 당기제품제조원가 ⇨ 손익계산서상의 당기제품제조원가

손익계산서상의 당기순이익 ⇨ 잉여금처분계산서상의 당기순이익

잉여금처분계산서상의 미처분이익잉여금 ⇨ 재무상태표상의 이월이익잉여금

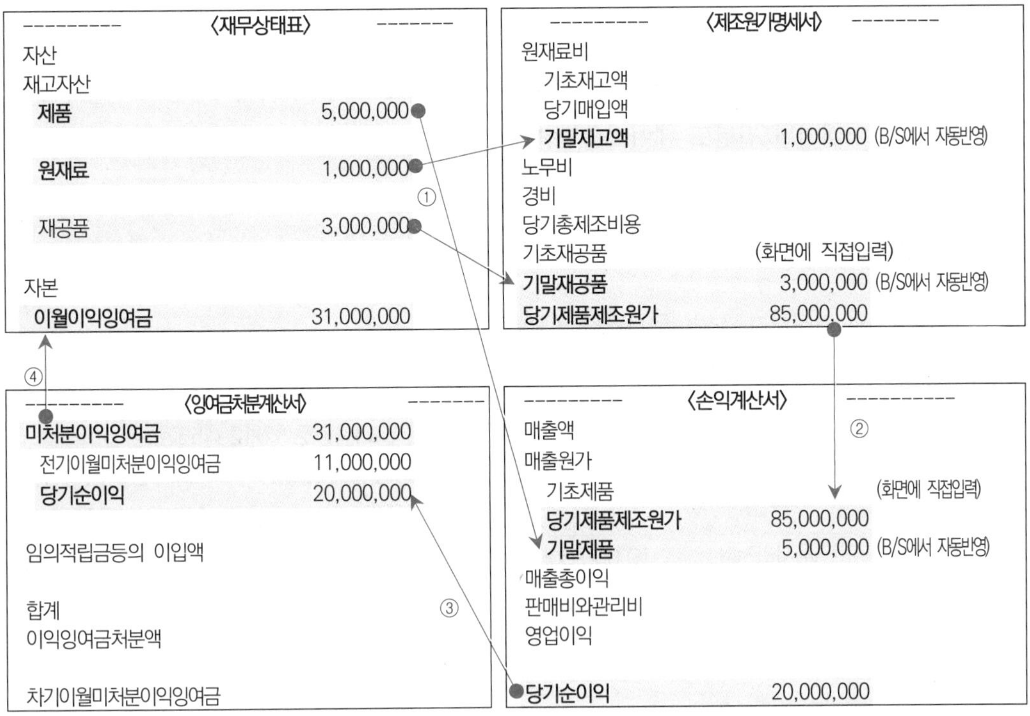


[전기분 재무제표 수정 순서]

**재무상태표(기말재고자산) → 제조원가명세서 → 손익계산서 → 잉여금처분계산서 → 재무상태표**

☞ 최종적으로 재무상태표의 대차차액이 "0"가 되어야 한다.

| | |
|---|---|
| 1. 수익 또는 비용 누락/수정<br>(판매비와 관리비,<br>영업외수익, 영업외비용) | 1. 손익계산서 : 해당 계정 입력/ 수정 → 당기순이익 변경<br>2. 잉여금처분계산서 : 당기순이익 변경 → 미처분이익잉여금 변경<br>3. 재무상태표 : 이월이익잉여금 수정 |
| 2. 제조원가명세서 수정 | 1. 제조원가명세서 : 해당 계정 수정 → 당기제품제조원가 변경<br>2. 손익계산서 : 당기제품제조원가 수정 → 당기순이익변경<br>3. 잉여금처분계산서 : 당기순이익 변경 → 미처분이익잉여금 변경<br>4. 재무상태표 : 이월이익잉여금 수정 |
| 3. 재무상태표수정(재고자산) | 1. 재무상태표 : 해당 재고자산 수정<br>2. 제조원가명세서 : 해당 계정 수정 → 당기제품제조원가 변경<br>3. 손익계산서 : 당기제품제조원가 수정 → 당기순이익변경<br>4. 잉여금처분계산서 : 당기순이익 변경 → 미처분이익잉여금 변경<br>5. 재무상태표 : 이월이익잉여금 수정 |
| 4. 재무상태표수정<br>(재고자산이외) | 재무상태표 : 해당 계정 수정 |

## 5 거래처별초기이월

채권·채무 등 거래처별관리가 필요한 재무상태표 항목에 대하여 [거래처원장]에 "전기이월"로 표기하면서 거래처별 전년도 데이터를 이월받기 위한 메뉴이다.

### example 예제 따라하기 거래처별 초기이월

(주)백두(3001)의 거래처별 초기이월자료를 입력하시오.

| 계정과목 | 거래처 | 금 액 | 비 고 |
|---|---|---|---|
| 받을어음 | ㈜설악전기 | 50,000,000 | 어음번호 : 가123456789,<br>발행일자 : 20x0.12.31. 만기일자 : 20x1.03.31.<br>전자어음(자수), 지급은행 : 국민은행(두정동) |
| 외상매입금 | ㈜지리전자 | 10,000,000 | |
| | 현대자동차 | 20,000,000 | |

☞자수어음 : 어음발행인(오공상사)이 지급인(레고상사)에게 직접 발행한 어음

☞ 전산회계2급(거래처별 초기이월) 입력사항을 참고하십시오.

**해답**

☑

1. 상단의 F4키를 클릭하면 전기분 재무상태표를 불러온다.
   좌측 계정과목을 클릭하고, 우측의 거래처코드를 선택한 후 F2 클릭하면 거래처코드도움 화면이 나타난다. <u>거래처명 1글자 이상을 입력</u>하여 해당 거래처를 선택하고 금액을 입력한다. 하단의 차액이 "0"가 되어야 정확하게 입력된 것이다.
2. 어음/대여금/차입금일 경우 하단에 상세 내용을 입력하면 된다.

**[거래처별초기이월 입력후 화면]**

| 코드 | 계정과목 | 재무상태표금액 |
|---|---|---|
| 0101 | 현금 | 30,000,000 |
| 0108 | 외상매출금 | 40,000,000 |
| 0109 | 대손충당금 | 1,000,000 |
| 0110 | 받을어음 | 50,000,000 |

| 코드 | 거래처 | 금액 |
|---|---|---|
| 02101 | (주)설악전기 | 50,000,000 |
| | | |
| | 합 계 | 50,000,000 |
| | 차 액 | 0 |

| 어음번호 | 어음금액 | 잔액 | 발행일자 | 만기일자 | 어음종류 | 수취구분 | 발행인 | 배서인 | 지급은행 | 지점 |
|---|---|---|---|---|---|---|---|---|---|---|
| 가123456789 | 50,000,000 | 50,000,000 | 20X0-12-31 | 20X1-03-31 | 전자어음 | 자수 | 02101 (주)설익 | | 98000 국민은행 | 두정동 |

상세입력

# 계정과목코드집(재무상태표-전산회계1급/세무2급)

| 코드 | 계정과목 | 코드 | 계정과목 | 코드 | 계정과목 | 코드 | 계정과목 | 코드 | 계정과목 |
|---|---|---|---|---|---|---|---|---|---|
| 1. 당 | 좌자산 | 2. 재 | 고자산 | 4. 유 | 형자산 | 7. 유 | 동부채 | 10. 자 | 본잉여금 |
| 101 | 현금 | 146 | 상품 | 201 | 토지 | 251 | 외상매입금 | 341 | 주식발행초과금 |
| 102 | 당좌예금 | 150 | 제품 | 202 | 건물 | 252 | 지급어음 | 342 | 감자차익 |
| 103 | 보통예금 | 153 | 원재료 | 204 | 구축물 | 253 | 미지급금 | 343 | 자기주식처분이익 |
| 105 | 정기예금 | 162 | 부재료 | 206 | 기계장치 | 254 | 예수금 | 11. 자 | 본조정 |
| 106 | 정기적금 | 해당계정+1 | 매입환출및에누리 | 208 | 차량운반구 | 255 | 부가세예수금 | 381 | 주식할인발행차금 |
| 107 | 단기매매증권 | | | 210 | 공구와기구 | 257 | 가수금 | 383 | 자기주식 |
| 108 | 외상매출금 | 해당계정+2 | 매입할인 | 212 | 비품 | 259 | 선수금 | 387 | 미교부주식배당금 |
| 110 | 받을어음 | | | 해당계정+1 | 감가상각누계액 | 260 | 단기차입금 | 389 | 감자차손 |
| 114 | 단기대여금 | 167 | 저장품 | | | 261 | 미지급세금 | 390 | 자기주식처분손실 |
| 116 | 미수수익 | 168 | 미착품 | 214 | 건설중인자산 | 262 | 미지급비용 | 12. 이 | 익잉여금 |
| 120 | 미수금 | 3. 투 | 자자산 | 215 | 미착기계 | 263 | 선수수익 | 351 | 이익준비금 |
| 해당계정+1 | 대손충당금 | 176 | 장기성예금 | 5. 무 | 형자산 | 264 | 유동성장기부채 | 356 | 사업확장적립금 |
| | | 177 | 특정현금과예금 | 218 | 영업권 | 265 | 미지급배당금 | 370 | 전기오류수정이익 |
| 122 | 소모품 | 178 | 매도가능증권 | 219 | 특허권 | 8. 비 | 유동부채 | 371 | 전기오류수정손실 |
| 123 | 매도가능증권 | 179 | 장기대여금 | 226 | 개발비 | 291 | 사채 | 372 | 중간배당금 |
| 131 | 선급금 | 181 | 만기보유증권 | 227 | 소프트웨어 | 292 | 사채할인발행차금 | 375 | 이월이익잉여금 |
| 133 | 선급비용 | 183 | 투자부동산 | 6. 기 | 타비유동자산 | 293 | 장기차입금 | 13. 기 | 타포괄손익 |
| 134 | 가지급금 | 186 | 퇴직연금운용자산 | 232 | 임차보증금 | 294 | 임대보증금 | 392 | 재평가차익 |
| 135 | 부가세대급금 | | | 233 | 전세권 | 295 | 퇴직급여충당부채 | 394 | 매도가능증권평가이익 |
| 136 | 선납세금 | | | 246 | 부도어음과수표 | 9. 자 | 본금 | 395 | 매도가능증권평가손실 |
| 138 | 전도금 | | | | | 331 | 보통주자본금 | 396 | 해외사업환산이익 |

# 계정과목코드집(손익계산서-전산회계1급/세무2급)

| 코드 | 계정과목 | 코드 | 계정과목 | 코드 | 계정과목 | 코드 | 계정과목 | 코드 | 계정과목 |
|---|---|---|---|---|---|---|---|---|---|
| 1. 매 | 출 | 4. 판 | 관 비 | 825 | 교육훈련비 | 5. 영 | 업 외 수 익 | 953 | 기 부 금 |
| 401 | 상 품 매 출 | 801 | (직원)급여 | 826 | 도서인쇄비 | 901 | 이 자 수 익 | 954 | 기타의대손상각비 |
| 404 | 제 품 매 출 | 802 | 임 원 급 여 | 828 | 포 장 비 | 903 | 배당금수익 | 955 | 외화환산손실 |
| 해당 계정+1 | 매출환입및에누리 | 803 | 상 여 금 | 829 | 사무용품비 | 904 | 임 대 료 | 956 | 매출채권처분손실 |
| | | 805 | 잡 급 | 830 | 소 모 품 비 | 905 | 단기매매증권평가익 | 957 | 단기매매증권평가손 |
| 해당 계정+2 | 매 출 할 인 | 806 | 퇴 직 급 여 | 831 | 수수료비용 | 906 | 단기매매증권처분익 | 938 | 단기매매증권처분손 |
| | | 811 | 복리후생비 | 833 | 광고선전비 | 907 | 외 환 차 익 | 959 | 재고자산감모손실 |
| 2. 매 | 출 원 가 | 812 | 여비교통비 | 834 | 판매촉진비 | 908 | 대손충당금환입 | 960 | 재고자산평가손실 |
| 451 | 상품매출원가 | 813 | 접대비(기업업무추진비) | 835 | 대손상각비 | 910 | 외화환산이익 | 961 | 재 해 손 실 |
| 455 | 제품매출원가 | 814 | 통 신 비 | 837 | 건물관리비 | 911 | 사채상환이익 | 962 | 전기오류수정손실 |
| 3. 제 | 조 원 가 | 815 | 수도광열비 | 839 | 판매수수료 | 912 | 전기오류수정이익 | 963 | 투자증권손상차손 |
| 501 | 원 재 료 비 | 816 | 전 력 비 | 840 | 무형고정자산상각 | 914 | 유형자산처분이익 | 968 | 사채상환손실 |
| 504 | 임 금 | 817 | 세금과공과금 | 843 | 해외접대비 | 915 | 매도가능증권처분이익 | 970 | 유형자산처분손실 |
| 508 | 퇴 직 급 여 | 818 | 감가상각비 | 851 | 대손충당금환입 | 917 | 자산수증이익 | 971 | 매도가능증권처분손실 |
| 515 | 가스수도료 | 819 | 임 차 료 | 852 | 퇴직급여충당부채환입 | 918 | 채무면제이익 | 980 | 잡 손 실 |
| 516 | 전 력 비 | 820 | 수 선 비 | | | 919 | 보 험 차 익 | 7. 법 | 인 세 등 |
| 518 | 감가상각비 | 821 | 보 험 료 | | | 930 | 잡 이 익 | 998 | 법 인 세 등 |
| 533 | 외주가공비 | 822 | 차량유지비 | 제조원가+300=판관비 | | 6. 영 | 업 외 비 용 | | |
| | | 823 | 경상연구개발비 | | | 951 | 이 자 비 용 | | |
| | | 824 | 운 반 비 | | | 952 | 외 환 차 손 | | |

## <예제> 기초정보관리

1. 다음은 (주)한라(3002)의 기초정보등록에 대한 자료이다. 각각의 요구 사항에 답하시오

(1) 전기말 거래처별 채권, 채무는 다음과 같다. 주어진 자료에 한하여 추가 입력하시오.

| 채권, 채무 | 거래처 | 금 액 |
|---|---|---|
| 외 상 매 출 금 | (주)지리전자<br>(주)상선전자 | 3,200,000원<br>5,000,000원 |
| 미 수 금 | (주)지리전자 | 1,000,000원 |
| 외 상 매 입 금 | (주)덕유상사 | 3,000,000원 |
| 미 지 급 금 | 국민카드 | 2,000,000원 |

(2) 개인 김수진에게 주민등록번호로 전자세금계산서를 발행하기 위하여 거래처를 등록하시오.

① 코 드 : 1000

② 주민등록번호 : 750509 - 1821811

(3) 다음은 **전기분제조원가명세서**이다. 다음 자료를 이용하여 입력하고, 관계있는 재무제표를 수정하시오.

제조원가명세서

(주)한라 20×0년 1월 1일 ~ 20×0년 12월 31일 (단위 : 원)

| 계정과목 | 금액 | |
|---|---|---|
| Ⅰ. 원 재 료 비 | | **20,000,000** |
| 기 초 원 재 료 재 고 액 | 10,000,000 | |
| 당 기 원 재 료 매 입 액 | 30,000,000 | |
| 기 말 원 재 료 재 고 액 | 20,000,000 | |
| Ⅱ. 노 무 비 | | **10,000,000** |
| 임 금 | 10,000,000 | |
| Ⅲ. 경 비 | | **30,000,000** |
| 복 리 후 생 비 | 11,000,000 | |
| 전 력 비 | 9,000,000 | |
| 감 가 상 각 비 | 7,000,000 | |
| 차 량 유 지 비 | 3,000,000 | |
| Ⅳ. 당 기 총 제 조 원 가 ( 비 용 ) | | **60,000,000** |
| Ⅴ. 기 초 재 공 품 재 고 액 | 1,000,000 | |
| Ⅵ. 합 계 | 61,000,000 | |
| Ⅶ. 기 말 재 공 품 재 고 액 | 1,000,000 | |
| Ⅷ. 타 계 정 으 로 대 체 액 | 1,000,000 | |
| Ⅸ. 당 기 제 품 제 조 원 가 | | **59,000,000** |

2. 다음은 (주)소백(3004)의 전기분재무제표 등에 관한 자료이다. 각각의 요구 사항에 대하여 전산프로그램에 입력하시오

① 다음은 전기분 자료 중 원재료, 재공품, 제품의 재고내역이다. 주어진 자료로 수정추가입력하고 관련 재무제표를 수정하시오.

| | 기초재고 | 기말재고 |
|---|---|---|
| 원 재 료 | 3,000,000 | 22,500,000 |
| 재 공 품 | 8,000,000 | 1,000,000 |
| 제 품 | 25,000,000 | 5,000,000 |

② 전기분이익잉여금 처분내역이다. 추가 입력하시오.

- 사업확장적립금의 이입 : 4,000,000원
- 주식배당금 : 2,000,000원
- 현 금 배 당 금 : 10,000,000원
- 이익준비금 : 1,000,000원

**해답**

1. ㈜한라(3002) 기초정보등록
   (1) 상단의 F4(불러오기)를 클릭하여 재무상태표의 금액을 불러온다. 그리고 해당금액을 [거래처별 금액]에 입력한다. 모든 입력사항이 정확하게 입력되었다면 하단의 차액이 "0"이 된 것을 확인하여야 한다.
   (2) [기초정보등록]/[거래처등록] 메뉴를 선택하여 입력한다.
   일반거래처에서 거래처명과 주민등록번호/대표자를 입력한다. 우측 2.주민등록번호에 주민등록번호가 자동입력되고, **1.주민등록번호**가 선택된 것을 보게 된다
   (3) • 전기분 제조원가명세서의 각 항목에 직접 입력한다.
   - 전기분 손익계산서의 제품매출원가 : 당기제품제조원가 59,000,000원을 입력한다. 당기순이익이 19,500,000원으로 변한다.
   - 전기분 잉여금처분계산서의 당기순이익 19,500,000원을 확인하고 미처분이익잉여금 57,500,000원을 확인한다.
   - 전기분 재무상태표 이월이익잉여금을 전기분 이익잉여금처분계산서의 미처분이익잉여금 57,500,000원으로 수정하여 일치시킴.

2. ㈜소백(3004)

① 전기분 재무제표 수정

| | 기초재고 | | 기말재고 | |
|---|---|---|---|---|
| | 수정전 | 수정후 | 수정전 | 수정후 |
| 원 재 료 | 3,000,000 | 3,000,000 | **20,000,000** | **22,500,000** |
| 재 공 품 | **5,000,000** | **8,000,000** | 1,000,000 | 1,000,000 |
| 제 품 | **30,000,000** | **25,000,000** | 5,000,000 | 5,000,000 |

**재무상태표(기말재고) ⇨ 원가명세서 ⇨ 손익계산서 ⇨ 잉여금처분계산서 ⇨ 재무상태표**

- 전기분 재무상태표의 원재료 22,500,000원으로 수정
- 전기분 제조원가명세서의 기말원재료가 22,500,000원인지 확인 후 기초재공품 금액을 8,000,000원으로 수정, 당기제품제조원가 272,500,000원을 확인
- 전기분 손익계산서의 기초제품재고액을 25,000,000원, 당기제품제조원가를 272,500,000원으로 수정입력 후 당기순이익 15,480,000원을 확인
- 전기분 잉여금처분계산서의 당기순이익 15,480,000원으로 수정하고 미처분이익잉여금 60,000,000원을 확인한다.
- 전기분 재무상태표 이월이익잉여금을 전기분 이익잉여금처분계산서의 미처분이익잉여금 60,000,000원으로 수정하여 일치시킴.
- 최종적으로 전기분 재무상태표의 대차차액이 없는 것을 확인하면 된다.

② 전기분이익잉여금처분계산서 입력

- 사업확장적립금 이입액은 계정과목(356)을 입력 후 금액을 입력한다.

| | | | | |
|---|---|---|---|---|
| II.임의적립금 등의 이입액 | | | | 4,000,000 |
| 1.사업확장적립금 | 0356 | 사업확장적립금 | 4,000,000 | |
| 2. | | | | |
| 합계(I + II) | | | | 64,000,000 |
| III.이익잉여금처분액 | | | | 13,000,000 |
| 1.이익준비금 | 0351 | 이익준비금 | 1,000,000 | |
| 2.재무구조개선적립금 | 0354 | 재무구조개선적립금 | | |
| 3.주식할인발행차금상각액 | 0381 | 주식할인발행차금 | | |
| 4.배당금 | | | 12,000,000 | |
| 가.현금배당 | 0265 | 미지급배당금 | 10,000,000 | |
| 주당배당금(률) | | 보통주(원/%) | | |
| | | 우선주(원/%) | | |
| 나.주식배당 | 0387 | 미교부주식배당금 | 2,000,000 | |

## 제3절 전표입력

### 1. 일반전표와 매입매출전표의 구분

기업에서 발생하는 거래는 크게 두 가지로 나눈다.

부가가치세를 수반한 거래와 부가가치세를 수반하지 않는 거래로 나눈다.

즉, 세금계산서(계산서, 카드영수증, 현금영수증 등 포함)등을 주고 받았으면, 매입매출전표에, 그 이외의 모든 거래는 일반전표로 입력한다.

### 2. 경비계정의 계정코드 선택

경비는 **판매비와관리비(800번대) 계정과 제조경비(500번대)를 구분하여 입력**한다.

즉, 공장에서 발생되었으면 제조경비를 본사(관리 또는 영업)에서 발생되었으면 판매비와 관리비계정을 선택한다.

### 1 일반전표 입력

(1) 부가가치세가 없는 모든 거래를 입력하며, 분개자료는 제 장부 및 재무제표에 자동으로 반영된다.

(2) 전표입력(출금/입금/대체거래)

| 구 분 | 내 용 | 사 례 |
|---|---|---|
| 입금전표 | 현금이 수입된 거래 | (차) 현 금 ××× (대) 매 출 ××× |
| 출금전표 | 현금이 지출된 거래 | (차) 복리후생비 ××× (대) 현 금 ××× |
| 대체전표 | 현금의 수입과 지출이 없는 거래 | (차) 보 통 예 금 ××× (대) 이 자 수 익 ××× |
| | 현금이 일부 수반되는 거래 | (차) 현 금 ××× (대) 매 출 ×××<br>외상매출금 ××× |

입금/출금전표는 전표입력의 편리성으로 만들었기 때문에
**모든 거래를 대체전표로 입력해도 무방합니다.**

### (3) 일반전표입력방법

① 입력할 전표의 월/일을 선택 입력한다. 특정일자를 지정하면 그 일자의 전표만 월만 선택하면 한 달 전표를 입력할 수 있습니다.

② 전표번호는 자동생성된다.

만약, 전표번호를 수정하고자 한다면 상단의 [SF2 번호수정]을 클릭하면 수정할 수 있다.

③ 구분(1 : 출금/2 : 입금/3 : 대체차변/4 : 대체대변/5 : 결산차변/6 : 결산대변)을 입력한다.

④ 계정과목 코드란에 계정과목 1글자이상(보통 2글자 이상)을 입력하고 엔터를 치면, 계정코드도움 화면이 나타나고 해당계정과목을 선택한다.

⑤ 거래처코드에 거래처명 1글자 이상(보통 2글자 이상)을 입력하고 엔터를 치면 거래처코드도움 화면이 나타나고 해당거래처를 선택한다. 거래처코드를 입력하면 거래처명이 나타난다. **거래처코드가 입력되어야 거래처가 정상적으로 입력된 것이다.**

⑥ 전표의 적요사항을 입력한다.(등록된 내용을 선택하거나 등록된 내용을 수정하여 선택할 수 있다.)

전산회계1급 시험에서는 **적요입력을 생략하나, 특정거래(타계정대체 등)에 대해서는 적요번호를 선택**하여야 한다.

⑦ 차변 또는 대변에 금액을 입력한다.(금액란에 "+"키를 입력하면 "000"이 입력된다)

⑧ 전표삽입기능

동일 전표사이에 [CF9 전표삽입]을 클릭하여 원하는 계정만큼 삽입할 수 있다.

example 예제 따라하기 | 일반전표 입력

**[출금전표 입력]**

"1월 14일 ㈜ 백두(3001)는 여비교통비(영업부서) 50,000원을 현금으로 지급하였다."

(차) 여비교통비(판관비) 50,000 (대) 현 금 50,000 → 출금전표

☞ 전산회계2급(일반전표입력) 입력사항을 참고하십시오.

1. [전표입력]→[일반전표입력]를 클릭한다.
2. 해당 1월을 선택하고 일자를 입력한다.
3. "구분"에 "1"을 선택하면 [출금]이라는 글자가 나타나는데 이것은 출금전표를 선택한 것이다.

4. 코드란 "여비" 두글자를 입력하고 엔터를 치면 계정과목도움이 나타나고, 영업부서이므로 800번대(판매관리비) 여비교통비를 선택한다. 거래처코드는 원칙적으로 채권/채무계정에만 입력한다.

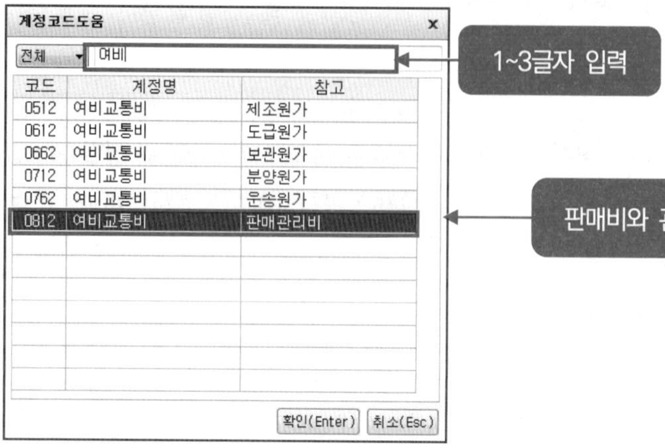


5. 등록된 적요를 선택하거나 "0"을 선택한 후 직접 입력할 수 있다.

6. 차변에 금액을 입력하고 엔터를 치면 라인이 변경되고 해당 거래가 입력이 완료된다.

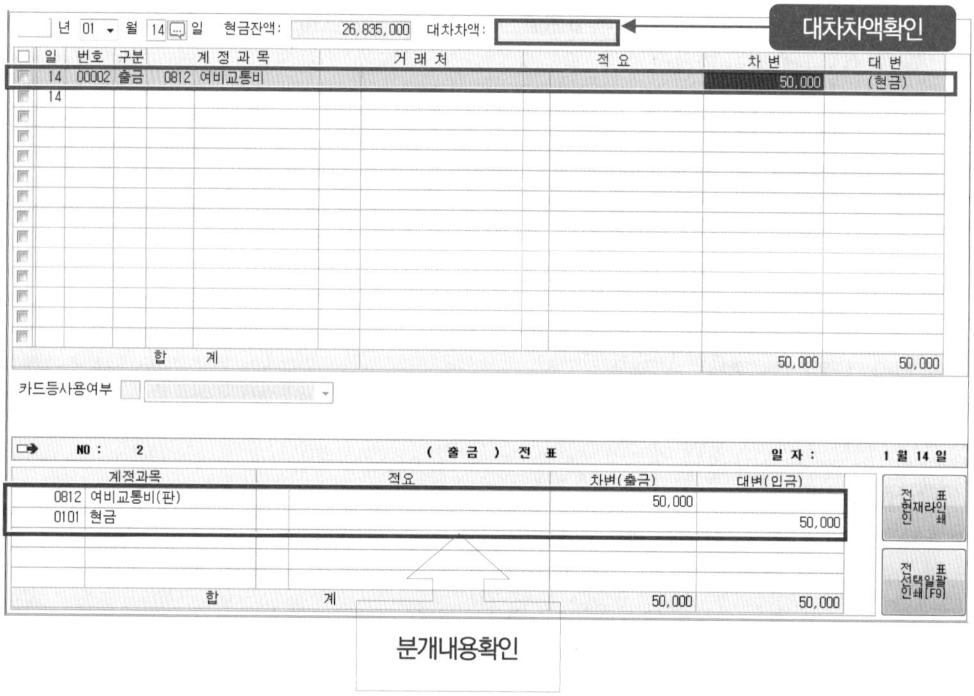


7. 마우스로 해당전표를 클릭하면 입력한 전표를 확인할 수 있다.

**[입금전표 입력]**

"1월 15일 ㈜ 백두는 ㈜지리전자로 부터 외상매출금 17,000,000원을 현금으로 회수하였다."

(차) 현　금　17,000,000　(대) 외상매출금　17,000,000 → 입금전표
(㈜지리전자)

☞ 전산회계2급(일반전표입력) 입력사항을 참고하십시오.

1. "구분"에 "2"을 선택하면 [입금]이라는 글자가 나타나는데 이것은 입금전표를 선택한 것이다.
2. 코드란 "외상"두 글자를 입력하고 엔터를 치면 계정과목도움이 나타나고, 해당계정인 외상매출금 계정을 선택한다.
3. [코드]는 거래처코드를 의미하므로 F2나 거래처명중 두글자를 입력하면 해당 거래처가 나타나므로 해당 거래처를 선택하여 입력하면 된다.
4. 여기서 등록된 적요를 선택하거나 "0"을 선택한 후 직접 입력할 수 있다.
5. 대변에 금액을 입력한다.
6. 마우스로 해당전표를 클릭하면 입력한 전표를 확인할 수 있다.

하단에 분개내용을 확인할 수 있다.

**[대체전표입력]**

"1월 16일 ㈜ 백두는 ㈜설악전기의 외상매입금 10,000,000원에 대하여 만기 3개월인 어음을 발행하여 지급하였다."

(차) 외상매입금　10,000,000　(대) 지급어음　10,000,000 → 대체전표
(㈜설악전기)　(㈜설악전기)

☞ 전산회계2급(일반전표입력) 입력사항을 참고하십시오.

1. 해당 1월을 선택하고 일자를 입력한다.
2. "구분"에 "3"을 선택하면 [차변]이라는 글자가 나타나는데 이것은 대체전표 중 차변을 선택한 것이다.
3. 외상매입금 계정코드를 입력하고, 거래처코드와 차변에 금액을 입력한다.
4. 다음 라인 "구분"에 "4"을 선택하면 [대변]라는 글자가 나타나는데 이것은 대체전표 중 대변을 선택한 것이다.
5. 지급어음 계정코드를 입력하고, 거래처코드와 대변의 자동생성된 금액을 확인하여 수정내용이 있으면 수정한다. <u>거래처코드(2101)을 직접 입력해도 된다.</u>
6. 마우스로 해당전표를 클릭하면 입력한 전표를 확인할 수 있다.

년 01 월 16 일 현금잔액: 43,885,000 대차차액:

| 일 | 번호 | 구분 | 계정과목 | | 거래처 | | 적요 | 차변 | 대변 |
|---|---|---|---|---|---|---|---|---|---|
| 16 | 00001 | 차변 | 0251 | 외상매입금 | 02101 | (주)설악전기 | | 10,000,000 | |
| 16 | 00001 | 대변 | 0252 | 지급어음 | 02101 | (주)설악전기 | | | 10,000,000 |
| 16 | | | | | | | | | |
| | | | 합 계 | | | | | 10,000,000 | 10,000,000 |

카드등사용여부

NO : 1 (대체) 전표 일자 : 년 1 월 16 일

| 계정과목 | | 적요 | 차변(출금) | 대변(입금) |
|---|---|---|---|---|
| 0251 | 외상매입금 | | 10,000,000 | |
| 0252 | 지급어음 | | | 10,000,000 |
| 합 | 계 | | 10,000,000 | 10,000,000 |

전표 현재라인 인쇄 / 전표 선택일괄 인쇄[F9]

하단에 분개내용을 확인할 수 있다.

**[신규거래처등록]**

"1월 17일 ㈜ 백두의 영업사원들은 속리가든에서 회식을 하고 회식비 50,000원을 다음달 결제하기로 하다"

거래처를 신규등록하시오.

- 거래처코드 : 5101
- 사업자등록번호 : 210-39-84214
- 대표자성명 : 이속리
- 사업장소재지 : 서울시 서초구 강남대로 475
- 업태 : 서비스
- 종목 : 한식

☞ 전산회계2급(일반전표입력) 입력사항을 참고하십시오.

(차) 복리후생비(판관비) 50,000 (대) 미지급금(속리가든) 50,000

1. "구분"에 "3"을 선택하고 복리후생비 계정과목, 금액을 입력한다.
2. "구분"에 "4"을 선택하고 미지급금계정과목을 입력한다.
3. 거래처코드란에 "00000" 또는 "+"키를 누른 후 거래처명 "속리가든"을 입력하고, 엔터를 치면 거래처등록화면이 나오는데 거래처코드에 코드번호 5101을 입력한다.

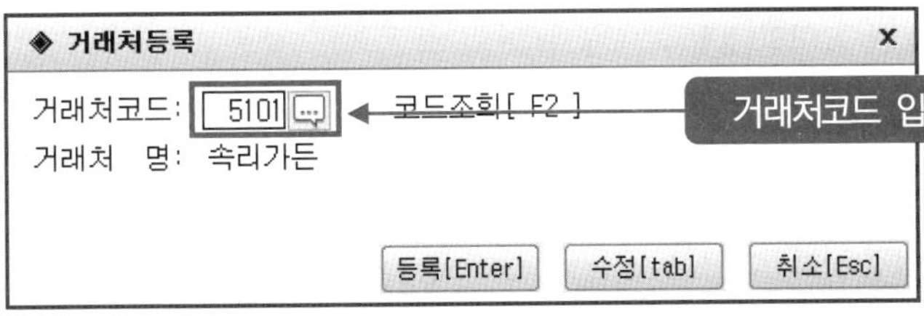


4. **수정을 클릭하고 화면 하단에** 새로운 거래처의 상세내역을 등록할 수 있다.

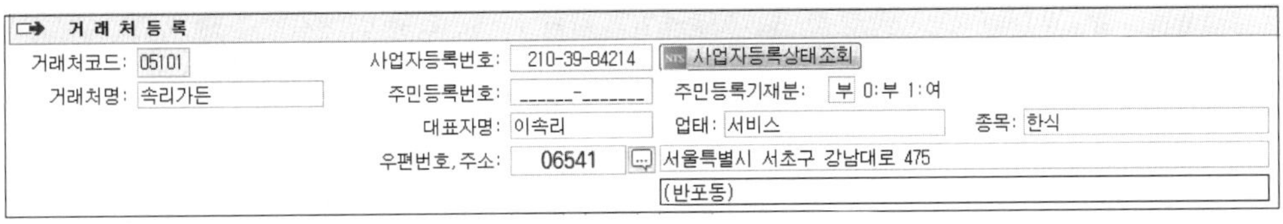


5. 대변의 자동생성된 금액을 확인하여 수정내용이 있으면 수정한다.
6. 만약 거래처코드를 잘못 등록한 경우 [기초정보등록]/[거래처등록]에서 삭제하시고 다시 입력하셔야 합니다.

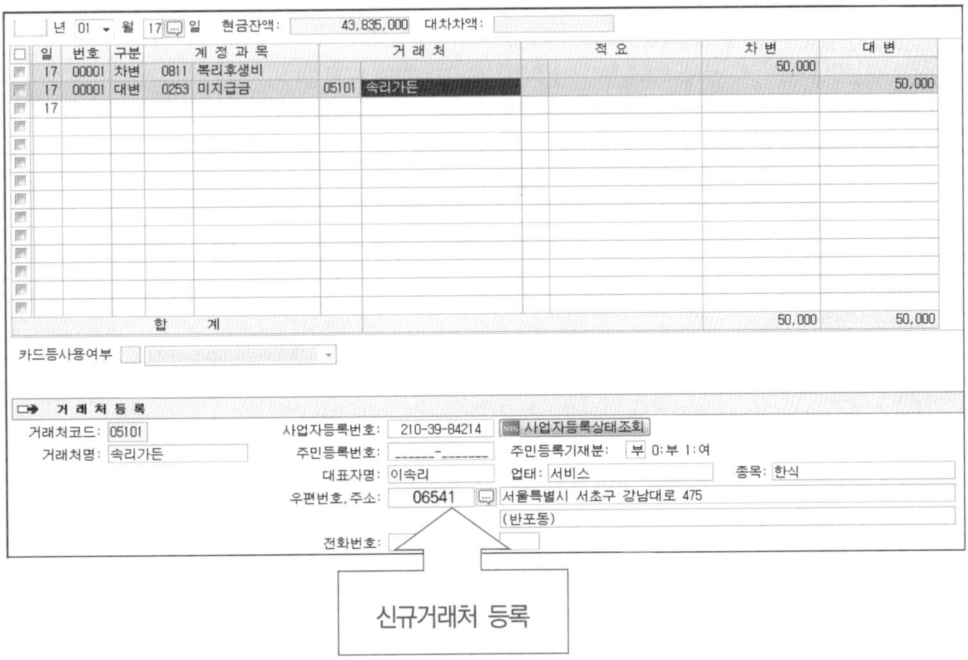


입금/출금전표는 전표입력의 편리성으로 만들었기 때문에
**모든 거래를 대체전표로 입력해도 무방합니다.**

## 자금관리(어음관리) 참고

전산회계 1급 시험에서는 어음관리 문제가 나온 적은 없으나, 2018년부터 교육용 KcLep프로그램에 반영되었다. AT시험에서는 출제되는 분야입니다.

### Ⅰ. 어음의 발행

"1월 16일 ㈜백두는 ㈜설악전기 외상매입금 10,000,000원에 대하여 만기 3개월인 전자어음(2매 수령 후 1매 발행)을 발행하여 지급하였다."

**전 자 어 음**

㈜설악전기 귀하 가나12345678

금 일천만원정 10,000,000원

위의 금액을 귀하 또는 귀하의 지시인에게 지급하겠습니다.

| | | | |
|---|---|---|---|
| **지급기일** | 20x1년 4월 16일 | **발행일** | 20x1년 1월 16일 |
| **지 급 지** | 국민은행 | **발행지 주 소** | 서울 구로구 구로동로 79 |
| **지급장소** | 구로지점 | **발행인** | ㈜ 백두 |

전자서명

1. 어음책등록

– SF5 일괄삭제및기타 선택 후 SF4 어음책등록 을 클릭하고 등록한다.

**당좌 어음책 등록**

| | | | | | |
|---|---|---|---|---|---|
| 수 령 일 | 20X1-01-16 | F6-어음책조회 | | | |
| 어 음 종 류 | 4 | 1.어음 | 2.당좌 | 3.가계 | 4.전자 |
| 구 분 | 수령 | | | | |
| 어음으로대체 | | 1.여 | 0.부 | | |
| 지 급 은 행 | 98000 | 국민은행 | | | |
| 어음뒷자리수 | 8 | | | | |
| 어음시작번호 | 가나 | 12345678 | | | |
| 매 수 | 2 | | | | |

| 번호 | 종류 | 어음번호 | 구분 |
|---|---|---|---|
| 1 | 전자 | 가나12345678 | 수령 |
| 2 | 전자 | 가나12345679 | 수령 |

2. 어음발행

–1월 16일 전표조회 후 적요란에 커서를 위치하고 F3(자금관리)를 클릭한다.

| □ | 일 | 번호 | 구분 | 계 정 과 목 | 거 래 처 | 적 요 | 차 변 | 대 변 |
|---|---|---|---|---|---|---|---|---|
| □ | 16 | 00001 | 차변 | 0251 외상매입금 | 02101 (주)설악전기 | | 10,000,000 | |
| □ | 16 | 00001 | 대변 | 0252 지급어음 | 02101 (주)설악전기 | | | 10,000,000 |

- 하단의 지급어음보조화면이 나타나면 어음번호에 커서를 위치하고 F2를 클릭하여 지급어음명세에서 어음을 선택한다.

**지급어음명세**

전체

| 수령일 | 코드 | 금융기관 | 어음종류 | 어음번호 |
|---|---|---|---|---|
| 여기를 클릭하여 검색 | | | | |
| -01-16 | 98000 | 국민은행 | 4.전자 | 가나12345678 |
| -01-16 | 98000 | 국민은행 | 4.전자 | 가나12345679 |

- 지점명과 만기일을 입력한다.

**지급어음**

| | | | | | | | |
|---|---|---|---|---|---|---|---|
| 금액 | 10,000,000 | | | | | | |
| 어음상태 | 1 발행 | 어음번호 | 가나12345678 | 어음종류 | 4 전자 | 발행일 | 20X1-01-16 |
| 지급은행 | 98000 국민은행 | 지점명 | 구로 | 만기일 | 20X1-04-16 | | |

- 입력 후 적요란에 어음발행 표시가 되고, 우측 상단에 "자금" 표시가 나타난다.

년 01 월 16 일 변경 현금잔액: 46,950,000 대차차액: 자금

| 일 | 번호 | 구분 | 계정과목 | 거래처 | 적요 | 차변 | 대변 |
|---|---|---|---|---|---|---|---|
| 16 | 00001 | 차변 | 0251 외상매입금 | 02101 (주)설악전기 | | 10,000,000 | |
| 16 | 00001 | 대변 | 0252 지급어음 | 02101 (주)설악전기 | 발행.[만기일:20X1/04/1 | | 10,000,000 |

3. 어음의 만기

"4월 16일 ㈜백두는 ㈜설악전기의 지급어음에 대하여 당좌예금에서 인출되다."

전표입력 후 F3(자금관리)를 클릭하여, 어음번호에 커서를 위치하고 F2를 클릭하여 지급어음명세에서 어음을 선택한다.

| 일 | 번호 | 구분 | 계정과목 | 거래처 | 적요 | 차변 | 대변 |
|---|---|---|---|---|---|---|---|
| 16 | 00001 | 차변 | 0252 지급어음 | 02101 (주)설악전기 | 결제.[만기일:20X1/04/1 | 10,000,000 | |
| 16 | 00001 | 대변 | 0102 당좌예금 | | | | 10,000,000 |
| | | 합계 | | | | 10,000,000 | 10,000,000 |

카드등사용여부

**지급어음**

| | | | | | | | |
|---|---|---|---|---|---|---|---|
| 금액 | 10,000,000 | | | | | | |
| 어음상태 | 2 결제 | 어음번호 | 가나12345678 | 어음종류 | 4 전자 | 발행일 | 20X1-01-16 |
| 지급은행 | 98000 국민은행 | 지점명 | 구로 | 만기일 | 20X1-04-16 | | |

4. 어음관리대장 조회 - 지급어음 현황

만기일별 | 거래처별 | 지급은행별 | 어음책별

만기일 20X1 년 1 월 1 일 ~ 20X1 년 12 월 31 일

거래처 01101 (주)지리전자 ~ 99700 국민카드 구분 1 1.전체 2.발행 3.결제 4.회수

| 만기일자 | 어음번호 | 코드 | 거래처 | 금액 | 잔액 | 발행일 | 구분 | 코드 | 지급은행 |
|---|---|---|---|---|---|---|---|---|---|
| 20X1-04-16 | 가나12345678 | 02101 | (주)설악전기 | 10,000,000 | | 20X1-01-16 | 2.결제 | 98000 | 국민은행 |

## Ⅱ. 받을어음의 만기

"3월 31일 ㈜백두는 ㈜설악전기 받을어음(50,000,000원)이 만기가 되어 당좌예금에 입금되다." 전표입력 후 F3(자금관리)를 클릭하여, 어음번호에 커서를 위치하고 F2를 클릭하여 받을어음 명세에서 어음을 선택한다.

| □ | 일 | 번호 | 구분 | 계정과목 | 거래처 | 적요 | 차변 | 대변 |
|---|---|---|---|---|---|---|---|---|
| □ | 31 | 00001 | 차변 | 0102 당좌예금 | | | 50,000,000 | |
| ■ | 31 | 00001 | 대변 | 0110 받을어음 | 02101 (주)설악전기 | 추심.[만기일:20X1/03/3 | | 50,000,000 |
| | | | | 합 계 | | | 50,000,000 | 50,000,000 |

카드등사용여부

**받 을 어 음**

| | | | | | | | |
|---|---|---|---|---|---|---|---|
| 금 액 | 50,000,000 | | | | | | |
| 어음상태 | 5 만기(추심) | 어음종류 | 4 전자어음 | 어음번호 | 가123456789 | 수취구분 | 1 자수어음 |
| 발행인 | 02101 (주)설악전기 | 발행일 | 20X0-12-31 | 만기일 | 20X1-03-31 | 배서인 | |
| 지급은행 | 98000 국민은행 | 지점명 | 두정동 | 할인기관 | | 지점명 | |
| 할인율(%) | | 지급거래처(피배서인) | | ※수령한 어음을 배서(대변)시 입력합니다. | | | |

<어음관리대장 조회-받을어음 현황>

만기일별 | 거래처별 | 어음조회

만기일 20X1 년 1 월 1 일 ~ 20X1 년 12 월 31 일 거래처 01101 (주)지리전자 ~ 99700 국민카드

| 만기일자 | 어음번호 | 코드 | 거래처 | 발행금액 | 잔액 | 거래일 | 구분 | 코드 | 금융기관 | 지점 | 지급거래처 | 발행일자 | 발행인 | 배서인 |
|---|---|---|---|---|---|---|---|---|---|---|---|---|---|---|
| 20X1-03-31 | 가123456789 | 02101 | (주)설악전기 | 50,000,000 | | 20X1-03-31 | 5.추심 | 98000 | 국민은행 | 두정동 | | 20X0-12-31 | (주)설악전기 | |

## <예제> 일반전표입력 1(일반)

- 입력시 유의사항 -

- 일반적인 적요의 입력은 생략하지만, **타계정 대체거래는 적요번호를 선택하여 입력**한다.
- **채권 · 채무와 관련된 거래**는 별도의 요구가 없는 한 반드시 기 등록되어 있는 **거래처코드를 선택하는 방법**으로 거래처명을 입력한다.
- **제조경비는 500번대 계정코드를, 판매비와 관리비는 800번대 계정코드를 사용**한다.
- 회계처리시 계정과목은 별도제시가 없는 한 등록되어 있는 계정과목 중 가장 적절한 과목으로 한다.

☞ **타계정대체거래란?**

**제조기업에서의 원가흐름은 원재료 → 재공품 → 제품 → 제품매출원가로 이루어져 있는데, 원재료를 제조목적 이외로 사용하는 경우(소모품비, 수선비 등)와 제품을 판매 목적 이외로 사용하는 경우(기업업무추진비, 복리후생비 등)를 타계정대체액이라 하고 해당 재고자산의 적요란에 "8"(타계정으로 대체액)을 반드시 선택하여야 한다.**

(주)한라(3002)의 거래내용은 다음과 같다. 다음 자료를 이용하여 일반전표를 입력하시오.

[1] 7월 05일 (주)청계의 외상매출금 1,000,000원이 대손처리요건이 충족되어 대손처리하다(대손충당금 잔액은 300,000원이라 가정한다).

[2] 7월 05일 서울전자㈜의 주식을 다음과 같이 단기보유목적으로 매입하고 대금은 보통예금계좌에서 송금하여 주었다(서울전자(주) 주식 100주, 1주당 20,000원, 증권회사 수수료 30,000원).

[3] 7월 05일 단기매매 목적으로 취득한 서울전자㈜의 주식 중 50주를 주당 23,000원에 매도하고, 증권거래세 등 50,000원이 차감된 금액이 당사 당좌예금 계좌에 입금되었다(취득시 주당 20,000원이다).

[4] 7월 05일 ㈜지리전자의 제품에 대한 외상매출금 10,000,000원을 약정기일보다 10일 빠르게 회수되어 2%를 할인해 주고 잔액은 현금으로 받아 즉시 당좌예금에 입금하다.

[5] 7월 10일 6월 30일 500,000원을 가지급하여 출장을 갔던 영업부 직원 이길수가 출장에서 돌아와 다음과 같이 출장비 사용명세서를 보고 받고 초과 금액은 현금으로 지급하였다.

| 사용내역 | 금 액 |
|---|---|
| 숙 박 비 | 300,000원 |
| 교 통 비 | 200,000원 |
| 개 인 식 대 | 50,000원 |
| 식 대(영업거래처) | 100,000원 |
| 계 | 650,000원 |

[6] 7월 10일 (주)서울상사의 자금사정으로 외상매출금(1,000,000원)에 대하여 소비대차계약(상환예정일 : 1년이내, 연이자율 10%)으로 전환하기로 하다.

☞ **소비대차계약 : 당사자의 일방(대여자)이 금전 등의 소유권을 상대방(차입자)에게 이전할 것을 약정하고 상대방은 그것과 동종 · 동질 · 동량의 물건을 반환할 것을 약정함으로써 성립하는 계약이다. 대표적인 것이 금전소비대차계약이다.**

[7] 7월 10일 원재료 매입처 (주)덕유상사의 외상매입금 중 1,000,000원에 대하여 약정기일 보다 빨리 지급함에 따라 50,000원을 할인 받고 잔액은 당좌예금으로 송금하여 주었다.

[8] 7월 10일 지난달에 구입하여 보관중인 원재료(원가 200,000원 시가 500,000원)를 공장의 소모품비로 사용하고자 대체하였다.(비용으로 처리할 것)

[9] 7월 10일 공장을 신축하기 위하여 건물이 세워져 있는 아산전기의 토지를 10,000,000원에 구입하고 대금은 당좌수표를 발행하여 지급하다. 또한 건물의 철거비용 500,000원과 토지 정지비용 300,000원을 현금지급하다.

[10] 7월 15일 거래처 ㈜주성전자로부터 차입한 단기차입금의 이자비용 1,000,000원을 지급하면서 원천징수세액 154,000원을 차감한 금액을 현금으로 지급하였다.

[11] 7월 15일 인사과 박준범과 생산부 나영수 두 사원이 퇴사함에 따라 퇴직금 7,500,000원(박준범 4,000,000원, 나영수 3,500,000원의 퇴직금)을 현금으로 지급하였다(퇴직급여충당부채 잔액은 5,000,000원이라 가정하고, 부족분은 제조경비로 처리한다).

[12] 7월 15일 7월분 직원 급여가 당사 보통예금 계좌에서 종업원의 보통예금 계좌로 자동이체되었다.

| 성명 | 소속 | 급여 | 소득세 | 지방 소득세 | 국민연금 | 건강보험 | 공제계 | 차감지급액 |
|---|---|---|---|---|---|---|---|---|
| 정다래 | 관리부 | 1,000,000 | 30,000 | 3,000 | 10,000 | 15,000 | 58,000 | 942,000 |
| 김해영 | 생산부 | 1,500,000 | 45,000 | 4,500 | 20,000 | 22,500 | 92,000 | 1,408,000 |
| 합계 | | 2,500,000 | 75,000 | 7,500 | 30,000 | 37,500 | 150,000 | 2,350,000 |

[13] 7월 15일 사채 액면 총액 5,000,000원, 상환기한 5년, 발행가액은 5,200,000원으로 발행하고 납입금은 보통예금입금하다. 그리고 사채발행비 300,000원은 현금지급하다.

[14] 7월 20일 6월 30일 이온조 사원이 입금한 가수금 1,000,000원의 내역을 확인한 결과 ㈜지리전자에 대한 거래로 300,000원은 제품을 매출하기로 하고 받은 계약금이며, 700,000원은 기존에 외상대금 중 일부를 회수한 것이다.

[15] 7월 20일 보통주식 10,000주(액면가액 5,000원)을 주당 6,000원에 신주를 발행하여 주식대금을 전액 보통예금으로 납입받았다. 또한 신주발행에 따른 각종 공과금 등 200,000원을 현금지급하였다

[16] 7월 20일 임시주주총회에서 결의한 주식배당 10,000,000원과 현금배당 5,000,000원을 각각 주식과 현금으로 지급하다.

[17] 7월 20일 자본감소(주식소각)을 위해 당사의 기발행주식 중 100주(액면가 5,000원)를 1주당 4,000원에 매입하여 소각하고, 매입대금은 당사 보통예금계좌에서 지급하였다.(감자차손은 없다고 가정한다)

**해답**

| | | | | | | |
|---|---|---|---|---|---|---|
| [1] | (차) | 대손충당금(외상) | 300,000 | (대) | 외상매출금 | 1,000,000 |
| | | 대손상각비판(판) | 700,000 | | ((주)청계) | |

| | | | | | | |
|---|---|---|---|---|---|---|
| [2] | (차) | 단기매매증권 | 2,000,000 | (대) | 보 통 예 금 | 2,030,000 |
| | | 수수료비용(영) | 30,000 | | | |

☞ 단기매매증권 매입시 각종 수수료는 당기비용(수수료비용 – 영업외비용)으로 처리한다.

| | | | | | | |
|---|---|---|---|---|---|---|
| [3] | (차) | 당 좌 예 금 | 1,100,000 | (대) | 단기매매증권 | 1,000,000 |
| | | | | | 단기매매증권처분이익<br>(단기투자자산처분익) | 100,000 |

☞ 처분손익 = 처분가액 – 장부가액 = 1,100,000원(수수료 차감 후) – 1,000,000원 = 100,000원(처분이익)
☞ 단기투자자산은 단기매매증권, 단기대여금 등을 포함하는 상위 계정의 계정과목이다.

| | | | | | | |
|---|---|---|---|---|---|---|
| [4] | (차) | 당 좌 예 금 | 9,800,000 | (대) | 외상매출금 | 10,000,000 |
| | | 매 출 할 인(제품매출) | 200,000 | | ((주)지리전자) | |

☞ 매출할인은 상품매출차감 또는 제품매출 차감 항목인지 구분해서 입력해야 한다.

| | | | | | | |
|---|---|---|---|---|---|---|
| [5] | (차) | 여비교통비(판) | 550,000 | (대) | 가 지 급 금(이길수) | 500,000 |
| | | 기업업무추진비(판) | 100,000 | | 현 금 | 150,000 |

| | | | | | | |
|---|---|---|---|---|---|---|
| [6] | (차) | 단기대여금((주)서울상사) | 1,000,000 | (대) | 외상매출금((주)서울상사) | 1,000,000 |

| | | | | | | |
|---|---|---|---|---|---|---|
| [7] | (차) | 외상매입금 | 1,000,000 | (대) | 당 좌 예 금 | 950,000 |
| | | ((주)덕유상사) | | | 매 입 할 인(원재료) | 50,000 |

☞ 매입할인은 원재료를 차감하는 계정과목을 선택하셔야 합니다.

| | | | | | | |
|---|---|---|---|---|---|---|
| [8] | (차) | 소 모 품 비(제) | 200,000 | (대) | 원재료**(8.타계정대체)** | 200,000 |

| | | | | | | |
|---|---|---|---|---|---|---|
| [9] | (차) | 토 지 | 10,800,000 | (대) | 당 좌 예 금 | 10,000,000 |
| | | | | | 현 금 | 800,000 |

☞ 타인소유건물을 취득 후 즉시 철거시 철거비용과 건물(토지 포함) 취득비용은 토지취득원가로 회계처리한다.

| | | | | | | |
|---|---|---|---|---|---|---|
| [10] | (차) | 이 자 비 용 | 1,000,000 | (대) | 현 금 | 846,000 |
| | | | | | 예 수 금 | 154,000 |

| | | | | | | |
|---|---|---|---|---|---|---|
| [11] | (차) | 퇴직급여충당부채 | 5,000,000 | (대) | 현 금 | 7,500,000 |
| | | 퇴 직 급 여(제) | 2,500,000 | | | |

☞ 퇴직급여충당부채를 우선 상계하고 나머지는 당기 비용으로 인식한다.

| | | | | | | |
|---|---|---|---|---|---|---|
| [12] | (차) | 급 여(판) | 1,000,000 | (대) | 보통예금 | 2,350,000 |
| | | 임 금(제) | 1,500,000 | | 예 수 금 | 150,000 |
| [13] | (차) | 보통예금 | 5,200,000 | (대) | 사 채 | 5,000,000 |
| | | 사채할인발행차금 | 100,000 | | 현 금 | 300,000 |

☞ **발행가액 = 5,200,000 − 사채발행비(300,000) = 4,900,000원**
**발행가액(4,900,000) − 사채액면가액(5,000,000) = △100,000원(할인발행)⇒사채할인발행차금**

| | | | | | | |
|---|---|---|---|---|---|---|
| [14] | (차) | 가 수 금 | 1,000,000 | (대) | 선 수 금((주)지리전자) | 300,000 |
| | | (이온조) | | | 외상매출금(주)지리전자) | 700,000 |
| [15] | (차) | 보통예금 | 60,000,000 | (대) | 자 본 금 | 50,000,000 |
| | | | | | 주식발행초과금 | 9,800,000 |
| | | | | | 현 금 | 200,000 |
| [16] | (차) | 미교부주식배당금 | 10,000,000 | (대) | 자 본 금 | 10,000,000 |
| | | 미지급배당금 | 5,000,000 | | 현 금 | 5,000,000 |

☞ **주주총회결의시 :**

| | | | | | |
|---|---|---|---|---|---|
| **(차)** | **이월이익잉여금** | **15,000,000** | **(대)** | **미교부주식배당금** | **10,000,000** |
| | | | | **미지급배당금** | **5,000,000** |

| | | | | | | |
|---|---|---|---|---|---|---|
| [17] | (차) | 자 본 금 | 500,000 | (대) | 보통예금 | 400,000 |
| | | | | | 감자차익 | 100,000 |

## <예제> 일반전표입력 2(증빙 활용)

**증빙이란 회계상 거래를 입증하기 위한 서류를 말합니다.**

(주)한라(3002)의 다음 자료를 이용하여 일반전표를 입력하시오.

[1] 8월 05일 (주)설악전기로 부터 받아 보관중인 다음의 약속어음을 신한은행에서 할인하고 할인료 50,000원을 차감한 실수금을 당사 당좌예금계좌에 입금하였다. 본 거래는 매각 거래로 간주하여 회계처리하세요.

**약 속 어 음**

**㈜한라** 귀하 가나1234567890123

**금** 일백만원정 **1,000,000원**

위의 금액을 귀하 또는 귀하의 지시인에게 지급하겠습니다.

| | | | |
|---|---|---|---|
| **지급기일** | 20x1년 9월 10일 | **발행일** | 20x1년 6월 10일 |
| **지 급 지** | 국민은행 | **발행지 주 소** | 서울시 동작구 동작대로 37 |
| **지급장소** | 사당지점 | **발행인** | ㈜설악전기 |

[2] 8월 05일 거래처 (주)덕유상사로 부터 제품대금을 현금으로 받고, 입금표를 발행하여 주다. (단, 이 제품은 9월 중에 인도될 예정이다).

| NO | | 입 금 표 | | | (공급자용) |
|---|---|---|---|---|---|
| | | ㈜덕유상사 귀하 | | | |
| 공급자 | 사 업 자 등록번호 | 101－81－50103 | | | |
| | 상 호 | ㈜한라 | | 성명 | 김윤대 |
| | 사 업 장 소 재 지 | 서울시 서초구 강남대로 475 | | | |
| | 업 태 | 제조, 도·소매업 | | 종목 | 문구 |
| 작성일 | | 공급대가총액 | | | 전자제품 |
| 20x1.8.05. | | ₩1,000,000 | | | |
| 공 급 내 역 | | | | | |
| 월/일 | 품명 | 수량 | 단가 | | 금액 |
| 8/05 | 계약금 | | | | 1,000,000 |
| | | | | | |
| 합 계 | | ₩1,000,000 | | | |
| 위 금액을 **영수**(청구)함 | | | | | |

[3]　8월 05일　(주)청계와 사무실 임대차계약을 맺고 임대보증금 5,000,000원 중 1,000,000원은 당좌수표로 받고, 나머지는 월말에 지급받기로 하다.

# (사 무 실) 월 세 계 약 서

■임대인용
□임차인용
□사무소보관용

| | | | | | |
|---|---|---|---|---|---|
| 부동산의 표시 | 소재지 | 서울 서초구 강남대로 475(반포동) | | | |
| | 구조 | 철근콘크리트조 | 용도 | 사무실 | 면적 10㎡ |
| 월 세 보 증 금 | | **금 5,000,000원정** | | **월세 3,000,000원정** | |

제 1 조　위 부동산의 임대인과 임차인의 합의하에 아래와 같이 계약함.
제 2 조　위 부동산의 임대차에 있어 임차인은 보증금을 아래와 같이 지불키로 함.

| | |
|---|---|
| 계약금 | 없음 |
| 중도금 | 없음 |
| 잔 금 | 보증금 중 1,000,000원정은 20x1년 8월 05일 중개업자 입회하에 지불하고, 잔액은 8월 31일에 지급하기로 함. |

제 3 조　위 부동산의 명도는 20x1년 8월 05일로 함.
제 4 조　임대차 기간은 20x1년 8월 05일로부터 ( 24 )개월로 함.
제 5 조　**월세금액은 다음달 부터 매월( 05 )일에 지불**키로 하되 만약 기일 내에 지불치 못할 시에는 보증금액에서 공제키로 함. **(국민은행, 계좌번호 : 801210－**－0783***, 예금주 : ㈜한라)**

| | | | | | | |
|---|---|---|---|---|---|---|
| 임대인 | 주 소 | 서울특별시 서초구 강남대로 475(반포동) | | | | |
| | 사업자등록번호 | 101－81－50103 | 전화번호 | 02－***－12** | 성명 | (주)한라 ㉑ |

[4]　8월 05일　영업부서 업무용 차량에 대한 교통법규 위반 과태료를 아래의 고지서로 현금 납부하다. 세금과공과금으로 처리하시오.

| 부과 내역 |
|---|
| 단속일시 : 20x1.7.5.<br>단속지역 : 종로2가<br>단속장소 : 관철동 3－2 |
| 산출 근거 |
| |

## ▣ 납입고지서 및 영수증(납부자용)

| | | | |
|---|---|---|---|
| 납부번호 | 560－00－06－62－288－139－2021－08－31 | | |
| 납부자 | ㈜한라 | 실명번호 | |
| 주소 | 서울시 서초구 강남대로 475 | | |

| 세목 | 납기 내 | 납기 후 |
|---|---|---|
| | 20x1. 8.31. | 20x1.9.30 |
| 과태료 | 50,000원 | 60,000원 |

위 금액을 한국은행 국고(수납) 대리점인 은행 또는 우체국, 신용협동조합, 새마을금고, 상호저축은행에 납부하시기 바랍니다.

종로경찰서 (인)

위 금액을 정히 영수합니다.

20x1년 8월 05일

수납인

[5] 8월 05일 만기가 도래한 정기예금을 국민은행 보통예금으로 수령하고 은행으로부터 입금선표를 받았다.

입 금 전 표

| (주)한라 귀하 · 계좌번호(정기예금) : 1234－5678－1234 · 거래일자 : 20x1. 8. 05. | |
|---|---|
| 찾으신 거래내역 | • 정기예금 : 10,000,000원<br>• 이자소득 : 1,000,000원<br>• 법 인 세 : 140,000원<br>• 법인지방소득세 : 14,000원<br>• 수 령 액 : 10,846,000원<br>• 송금계좌(보통예금) : 국민은행 1234－567－8912345 (주)한라 |

항상 저희은행을 찾아주셔서 감사합니다.
계좌번호 및 거래내역을 확인하시기 바랍니다.
신한은행 서초 지점 (전화 : 02－3660－****) 취급자 : 홍길동

[6] 8월 10일 ㈜사성전자 주식에 대하여 다음과 같이 배당금 지급통지서를 수취하고 배당금을 보통예금 계좌로 지급받았다.(지급통지서 수령일에 배당확정된 것으로 가정한다.)

( 정기 ) 배당금 지급통지서 123

㈜한라 의 배당금 지급내역을 아래와 같이 통지합니다.

■ 주주명 : 님 ■ 주주번호 : ○○○○○*************

◆ 현금배당 및 세금내역

| 종 류 | 소유주식수 | 배당일수 | 현금배당률 | A. 배 당 금 액 | B. 원 천 징 수 세 액 | |
|---|---|---|---|---|---|---|
| 보통주 | 100 | 365 | 25% | 1,000,000 원 | 소 득 세 | 0 |
| 우선주 | | | | | 지방소득세 | 0 |
| | | | | | 총 세 액 | 0 |
| | | | | 실지급액(A－B) | 1,000,000 원 | |
| | | | | | | |

■ 배당금 지급기간 및 장소

| | | | | |
|---|---|---|---|---|
| 1 차 | 지급기간 : | 20x1 . 8. 10. | 지급장소 : | 귀사의 보통예금 계좌로 입금함. |
| 2 차 | 지급기간 : | | 지급장소 : | |

[7]　8월 10일　원재료 매입에 따른 택배요금을 우체국 현금으로 지급하고 영수증을 수취하다.

발행번호 : A2016014162706476041

**우편요금 수령증**

발행일자 : 20x1-08-10
배달일자 : 20x1-08-11
수취인명 : (주)한라
주　　소 : 서울 서초구 강남대로 475

영수금액 : 100,000원
등기번호 : 7899608
수납내역
-수취부담 : 100,000원
-반 송 료 : 0원
-우표첩부 : 0원
*수납대행 : 0원

서초우체국
20x1-08-10 14:23

올바른 우편번호 사용은 우편물을 빠르고 정확하게 받으실 수 있습니다.

[8]　8월 10일　영업거래처와 식사를 하고 신용카드매출전표를 수령하다.

**신용카드매출전표**

가맹점명 : 속리가든 (02)123-1234
사업자번호 : 210-39-84214
대표자명 : 이속리
주 소 : 서울 서초구 반포대로 235

| | |
|---|---|
| 우리카드 | 신용승인 |
| 거래일시 | 20x1-08-10 오후 14:08:04 |
| 카드번호 | 1234-1234-****-56** |
| 가맹점번호 | 45451124 |

매입사 : 국민카드(전자서명전표)
품명 : 식대

| | |
|---|---|
| **공급가액** | **100,000원** |
| **부가가치세** | **10,000원** |
| **합계금액** | **110,000원** |

**해답**

| | | | | | |
|---|---|---|---|---|---|
| [1] | (차) 당좌예금 | 950,000 | (대) 받을어음 | 1,000,000 |
| | 매출채권처분손실 | 50,000 | ((주)설악전기) | |

☞ 매출채권의 매각거래는 영업외거래로서 할인료는 매출채권처분손실로 회계처리한다.

| | | | | |
|---|---|---|---|---|
| [2] | (차) 현 금 | 1,000,000 | (대) 선 수 금((주)덕유상사) | 1,000,000 |
| [3] | (차) 현 금 | 1,000,000 | (대) 임대보증금((주)청계) | 5,000,000 |
| | 미 수 금((주)청계) | 4,000,000 | | |

☞ 타인발행당좌수표를 수령시 현금으로 회계처리한다.

| | | | | |
|---|---|---|---|---|
| [4] | (차) 세금과공과금(판) | 50,000 | (대) 현 금 | 50,000 |
| [5] | (차) 보통예금 | 10,846,000 | (대) 정기예금 | 10,000,000 |
| | 선납세금 | 154,000 | 이자수익 | 1,000,000 |
| [6] | (차) 보통예금 | 1,000,000 | (대) 배당금수익 | 1,000,000 |
| [7] | (차) 원재료 | 100,000 | (대) 현 금 | 100,000 |
| [8] | (차) 기업업무추진비(판) | 110,000 | (대) 미지급금(국민카드) | 110,000 |

☞ 신용카드매출전표를 수령했다고 무조건 매입매출전표에 입력하면 안된다. 기업업무추진 관련 매입세액은 불공제이므로 일반전표에 입력한다.

## <예제> 일반전표입력 3(오류수정)

(주)한라(3002)의 오류에 대하여 일반전표를 정정하시오.

[1] 9월 1일 경기상사에서 당사의 보통예금계좌로 송금한 5,000,000원을 전액 외상대금의 반제로 처리하였으나, 금일 현재 외상매출금을 초과한 금액은 선수금으로 확인되었다. (해당전표를 수정하시오)

[2] 9월 2일 공장건물의 증축공사에 대하여 (주)현대건설에서 10,000,000원을 지급하고 수선비로 처리했으나, 그 중 3,000,000원은 건물의 가치가 증가한 자본적 지출에 해당한다.

**해답**

[1] 〈수정전〉

| | | | | |
|---|---|---|---|---|
| (차) | 보 통 예 금 | 5,000,000 | (대) 외상매출금(경기상사) | 5,000,000 |

☞ **거래처원장(경기상사)을 조회하여 외상매출금의 마이너스 금액(1,700,000원)은 선수금에 해당한다. 〈기간 9월 1일~9월 1일〉, 계정과목 108(외상매출금)**

거래처분류 ~ 거 래 처 00111 경기상사 ~ 00111 경기상사

| 코드 | 거 래 처 | 등록번호 | 대표자명 | 전월이월 | 차 변 | 대 변 | 잔 액 |
|---|---|---|---|---|---|---|---|
| 00111 | 경기상사 | 107-39-99352 | 최경기 | 3,300,000 | | 5,000,000 | -1,700,000 |

〈수정후〉

| | | | | |
|---|---|---|---|---|
| (차) | 보 통 예 금 | 5,000,000 | (대) 외상매출금(경기상사) | 3,300,000 |
| | | | 선 수 금(경기상사) | 1,700,000 |

[2] 〈수정전〉

| | | | | |
|---|---|---|---|---|
| (차) | 수 선 비(제) | 10,000,000 | (대) 당 좌 예 금 | 10,000,000 |

〈수정후〉

| | | | | |
|---|---|---|---|---|
| (차) | 수 선 비(제) | 7,000,000 | (대) 당 좌 예 금 | 10,000,000 |
| | 건 물 | 3,000,000 | | |

## 2 매입매출입력

매입매출전표입력은 **부가가치세와 관련된 거래를 입력하는 것**을 말한다.

즉 회사가 **세금계산서(계산서, 신용카드, 현금영수증 등)을 수수한 경우 매입매출전표에 입력**한다.

메인화면의 [전표입력]을 클릭하고 [매입매출전표]를 클릭하면 아래와 같은 화면이 나타난다.

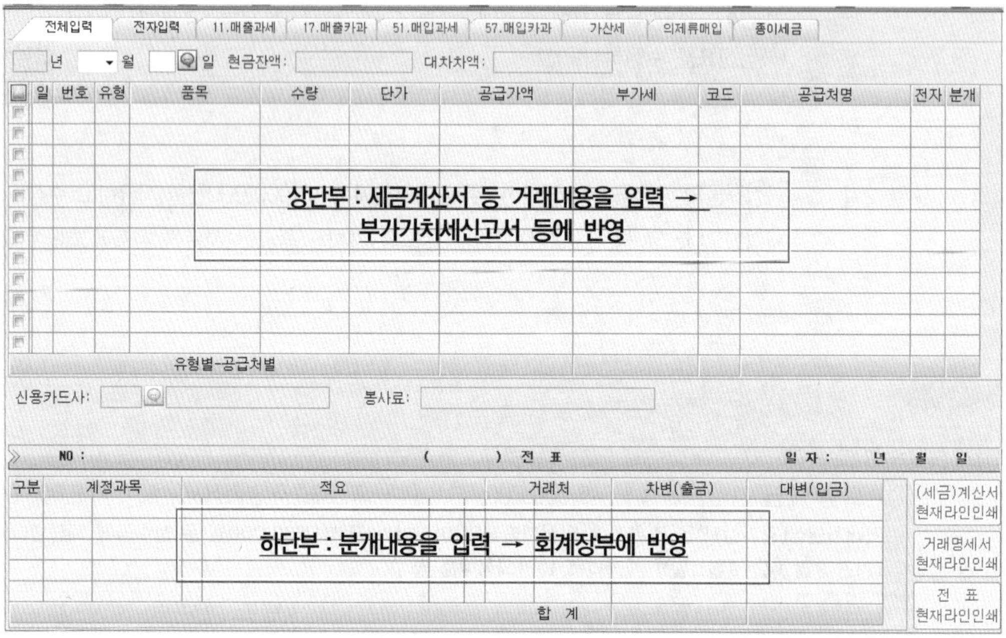


상단부는 부가가치세 신고를 위한 자료입력으로서 세금계산서 등을 입력하는 화면이고, 하단부는 회계장부를 작성하기 위한 분개화면이다. 여기서 분개입력을 하면 재무제표 등에 반영하게 된다.

### (1) 상단부입력 : 부가가치세 신고서 반영

**세금계산서, 계산서, 신용카드영수증, 현금영수증 등의 내용을 입력하는 곳**이다

① 입력할 전표의 월을 선택, 일을 입력한다. 특정일자를 선택하면 특정일자에 월을 선택하면 한 달의 전표를 입력할 수 있다.

② 입력자료에 따른 유형을 선택한다.

**유형은 주고받은 증빙(세금계산서, 계산서, 신용카드영수증, 현금영수증 등)을 보고 판단해서 선택하여야 한다.**

부 가 세 유 형

| 매출 | | | | | | 매입 | | | | | |
|---|---|---|---|---|---|---|---|---|---|---|---|
| 11.과세 | 과세매출 | 16.수출 | 수출 | 21.전자 | 전자화폐 | 51.과세 | 과세매입 | 56.금전 | 금전등록 | 61.현과 | 현금과세 |
| 12.영세 | 영세율 | 17.카과 | 카드과세 | 22.현과 | 현금과세 | 52.영세 | 영세율 | 57.카과 | 카드과세 | 62.현면 | 현금면세 |
| 13.면세 | 계산서 | 18.카면 | 카드면세 | 23.현면 | 현금면세 | 53.면세 | 계산서 | 58.카면 | 카드면세 | | |
| 14.건별 | 무증빙 | 19.카영 | 카드영세 | 24.현영 | 현금영세 | 54.불공 | 불공제 | 59.카영 | 카드영세 | | |
| 15.간이 | 간이과세 | 20.면건 | 무증빙 | | | 55.수입 | 수입분 | 60.면건 | 무증빙 | | |

③ 빠른 매입매출전표 입력방법

상단의 전자입력 을 클릭하면 하단의 부가세 유형이 나타나고, 매입매출전표를 입력하면 전자세금계산서로 자동입력된다.

| 매출 | | 매입 | |
|---|---|---|---|
| 11.과세 | 과세매출 | 51.과세 | 과세매입 |
| 12.영세 | 영세율 | 52.영세 | 영세율 |
| | | 54.불공 | 불공제 |
| | | 55.수입 | 수입분 |

[ 전자세금계산서 상태 ]

공 급 업 체 :

발 행 상 태 :

국세청전송일자 :

국세청승인번호 :

감 제 승 인 :

**[매출]**

| 코드 | 유 형 | 내 용 |
|---|---|---|
| 11 | **과세** | **세금계산서(세율10%)**를 교부한 경우 선택 |
| 12 | **영세** | **영세율세금계산서(세율 0%)**를 교부한 경우 선택(내국신용장, 구매확인서 등에 의한 국내사업자간에 수출할 물품을 공급한 경우 영세율 세금계산서 발행) |
| 13 | **면세** | 면세재화를 공급하고 **계산서**를 교부한 경우 선택 |
| 14 | **건별(무증빙)** | 1. 과세재화를 공급하고 **일반영수증 또는 미발행**한 경우 선택<br>2. **간주공급 시 선택** |
| 16 | **수출** | **직수출** 등의 국외거래시 선택 |
| 17 | **카과(카드과세)** | **과세재화**를 공급하고 **신용카드**로 결제받은 경우 선택 |
| 18 | **카면(카드면세)** | **면세재화**를 공급하고 **신용카드**로 결제받은 경우 선택 |
| 22 | **현과(현금과세)** | **과세재화**를 공급하고 **현금영수증**을 발행한 경우 선택 |
| 19.카영(카드영세) 20.면건(면세건별 - 무증빙) 21.전자<br>**23.현면(현금면세)** 24.현영(현금영세율)이 있다. | | |

**[매입]**

| 코드 | 유 형 | 내 용 |
|---|---|---|
| 51 | 과세 | 세금계산서(세율 10%)를 교부받은 경우 선택하나, 불공제인 경우 54(불공)을 선택 |
| 52 | 영세 | 영세율세금계산서(세율 0%)를 교부받은 경우 선택 |
| 53 | 면세 | 면세재화를 공급받고 계산서를 교부받은 경우 선택 |
| 54 | 불공 | 세금계산서(세율 10%)를 교부받았지만, 매입세액이 불공제되는 경우 |
| 55 | 수입 | 재화의 수입 시 세관장이 발행한 수입세금계산서 입력시 선택 |
| 57 | 카과(카드과세) | 매입세액이 공제가능한 신용카드매출전표를 교부받은 경우 선택 |
| 58 | 카면(카드면세) | 면세재화/용역을 구입하고 신용카드매출전표를 교부받은 경우 선택 |
| 61. | 현과(현금과세) | 매입세액이 공제가능한 현금영수증을 교부받은 경우 선택 |
| 59.카영(카드영세) 60.면건(면세건별－무증빙), **62.현면(현금면세)**이 있다. | | |

[영세율 구분]

**－12.영세, 16. 수출, 19.카영, 24. 현영을 선택시 하단의 영세율 구분을 선택한다.**

| 부가세(영세율)유형 | 코드 | 영세율매출내용 |
|---|---|---|
| **16. 수출 등** | **1** | **직접수출(대행수출 포함)** |
| **12. 영세, 19.카영, 24.현영 등** | **3** | **내국신용장 · 구매확인서에 의하여 공급하는 재화** |
| 16. 수출 등 | 6 | 국외에서 제공하는 용역 |

출력형태

전체

| 코드 | 영세율매출내용 | 구분 | 조문 |
|---|---|---|---|
| 1 | 직접수출(대행수출 포함) | 부가세법 | 제21조 |
| 2 | 중계무역 · 위탁판매 · 외국인도 또는 위탁가공무역 방식의 수출 | 부가세법 | 제21조 |
| 3 | 내국신용장 · 구매확인서에 의하여 공급하는 재화 | 부가세법 | 제21조 |
| 4 | 한국국제협력단 및 한국국제보건의료재단에 공급하는 해외반출용 재화 | 부가세법 | 제21조 |
| 5 | 수탁가공무역 수출용으로 공급하는 재화 | 부가세법 | 제21조 |
| 6 | 국외에서 제공하는 용역 | 부가세법 | 제22조 |
| 7 | 선박 · 항공기에 의한 외국항행용역 | 부가세법 | 제23조 |
| 8 | 국제복합운송계약에 의한 외국항행용역 | 부가세법 | 제23조 |
| 9 | 국내에서 비거주자 · 외국법인에게 공급되는 재화 또는 용역 | 부가세법 | 제24조 |
| 10 | 수출재화임가공용역 | 부가세법 | 제24조 |
| 11 | 외국항행 선박 · 항공기 등에 공급하는 재화 또는 용역 | 부가세법 | 제24조 |
| 12 | 국내 주재 외교공관, 영사기관, 국제연합과 이에 준하는 국제기구, 국제연합 | 부가세법 | 제24조 |

[공제받지 못할 매입세액의 종류 - 54.불공 - 하단의 불공제사유를 선택한다.]

출력형태

전체

| 번호 | 불공제사유 |
|---|---|
| | 여기를 클릭하여 검색 |
| 1 | ①필요적 기재사항 누락 등 |
| 2 | ②사업과 직접 관련 없는 지출 |
| 3 | ③개별소비세법 제1조제2항제3호에 따른 자동차 구 |
| 4 | ④기업업무추진비 및 이와 유사한 비용 관련 |
| 5 | ⑤면세사업 관련 |
| 6 | ⑥토지의 자본적 지출 관련 |
| 7 | ⑦사업자등록 전 매입세액 |
| 8 | ⑧금.구리 스크랩 거래계좌 미사용 관련 매입세액 |
| 9 | ⑨공통매입세액안분계산분 |
| 10 | ⑩대손처분받은 세액 |
| 11 | ⑪납부세액재계산분 |

④ 품명, 수량, 단가를 입력하면 공급가액과 세액이 자동계산 된다. 혹은 수량 단가를 생략하고 직접 공급가액을 입력해도 된다.

만약 거래품목이 2개 이상인 경우에는 상단의 F7 복수거래 를 클릭하면 하단에 복수거래내용을 입력할 수 있다.

복 수 거 래 내 용 ( F7 ) (입력가능갯수 : 100개)

| | 품목 | 규격 | 수량 | 단가 | 공급가액 | 부가세 | 합계 | 비고 |
|---|---|---|---|---|---|---|---|---|
| 1 | | | | | | | | |
| | | | | | | | | |
| | | | | | | | | |
| | | | | | | | | |
| | 합 계 | | | | | | | |

(세금)계산서 현재라인인쇄 / 거래명세서 현재라인인쇄 / 전 표 현재라인인쇄

⑤ 공급처코드(공급처명)를 입력한다.

매입매출전표에는 **반드시 공급처명을 입력해야 하고**, 일반전표입력 시 거래처 입력방법과 동일하다(신규거래처 입력방법도 동일하다).

공급처명을 입력하면 사업자등록번호/주민등록번호가 자동입력된다.

⑥ 전자입력 을 클릭하여 입력하면 자동적으로 전자(세금)계산서로 입력되나, 이외의 경우에는 전자(세금)계산서여부를 입력한다. 1.여를 선택하면 된다.

**알림 :** 전자(세금)계산서 여부(1:여 0:부)를 입력하세요.

### (2) 하단부입력 : 재무제표에 반영

하단부 분개부분의 구분을(1.현금, 2.외상, 3.혼합, 4.카드, 0.분개없음, 5.추가) 선택하여 입력한다. **모든 거래를 혼합거래로 입력해도 무방하나, 카드 거래의 경우 카드를 선택해야 부가가치세 신고서류에 정확하게 반영된다.**

| 구 분 | | 내 용 |
|---|---|---|
| 1 | 현금 | 전액 현금거래(입금,출금)거래인 경우 선택 |
| 2 | 외상 | 전액 **외상매출금**, **외상매입금**으로 분개시 선택 |
| 3 | 혼합 | 전액 현금과 외상거래 이외의 경우 선택 |
| 4 | 카드 | 카드거래일 경우 선택 |
| 0 | 분개없음 | 상단에 세금계산서 등을 입력하고, 분개는 일반전표에 입력시 선택 |
| 5 | 추가 | 환경설정에서 설정한다. |

example 예제 따라하기 **매입매출전표 입력**

[현금거래]

"2월 01일 ㈜ 백두(3001)는 ㈜지리전자에 컴퓨터부품(수량 10개, 단가 300,000원, 부가가치세별도)을 팔고 현금으로 받고 전자세금계산서를 발급하였다."

| | | | |
|---|---|---|---|
| (차) 현 금 | 3,300,000 | (대) 제품매출 | 3,000,000–(분개 : 현금) |
| | | 부가세예수금 | 300,000 |

1. [전표입력] → [매입매출전표]를 클릭한다.
2. 해당 월을 선택하고 일자를 입력한다.
3. 유형에 "11.과세"를 선택하고 품명을 입력한다.
4. 품목과 수량을 입력하면 공급가액에 부가세가 자동 입력된다.
5. 공급처를 입력하고, 전자세금계산서에 전자입력을 체크한다.

6. 분개유형은 "1.현금"을 선택하면 하단부에 자동분개된다.
**[환경등록]에서 설정한 매출계정인 〈제품매출〉이 자동 생성된다.**

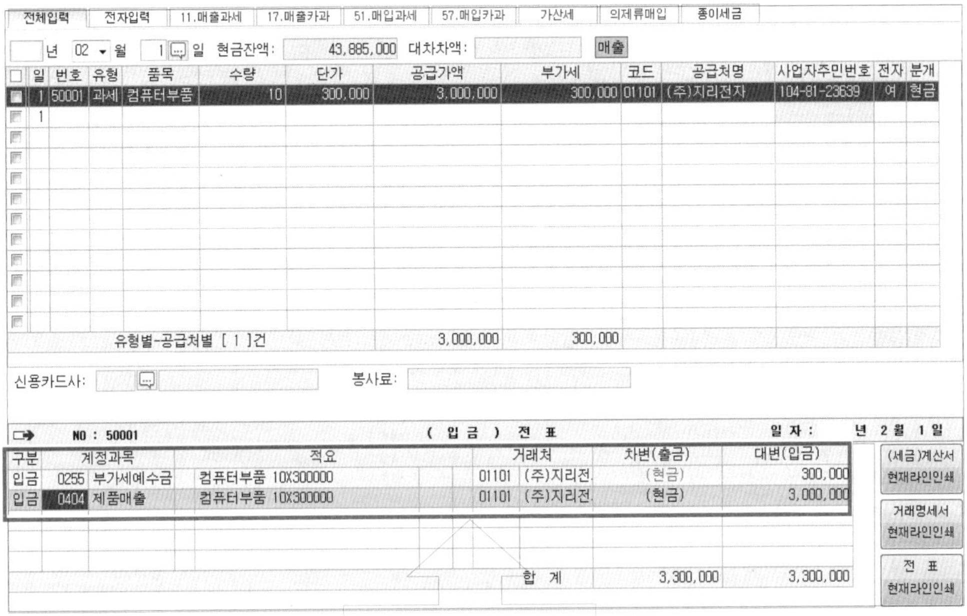


**자동분개 : 분개확인**

[외상거래]

"2월 02일 ㈜ 백두는 대한전자(거래처코드 1203, 사업자등록번호 108-81-59726 신규등록하세요)에 컴퓨터부품(수량 10개, 단가 500,000원, 부가가치세별도)을 매입하고, 다음 달 말에 지급하기로 하고 전자세금계산서를 수취하였다."

| | | | | |
|---|---|---|---|---|
| (차) 원 재 료 | 5,000,000 | (대) 외상매입금 | 5,500,000 | -- (분개 : 외상) |
| 부가세대급금 | 500,000 | | | |

1. 일자를 입력하고, 유형에 "51.과세"를 선택하고 품목과 수량을 입력하면 공급가액에 부가세가 자동 입력된다.
2. 신규공급처를 등록한다. 일반전표입력에서 공급처 등록방법과 동일하다.(+키 또는 00000을 입력하고 공급처명 입력하고, 공급처등록화면에서 공급처를 등록하면 된다.)

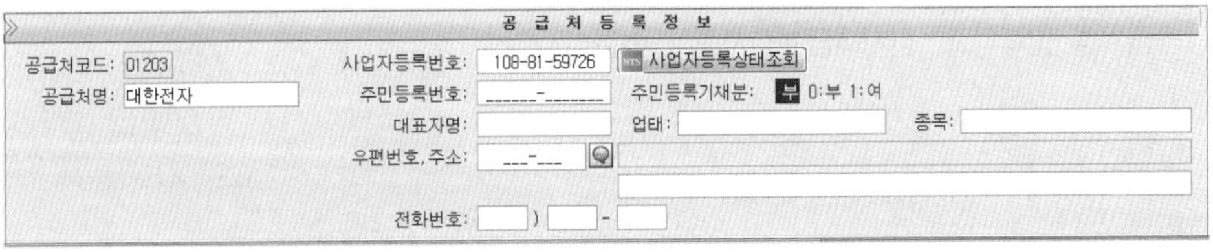


3. 전자세금계산서에 전자입력을 체크한다.

4. 분개유형은 “2.외상”을 선택하면 하단부에 자동분개된다.
   **[환경등록]에서 설정한 매입계정인 〈원재료〉와 〈외상매입금〉이 자동 생성된다.**

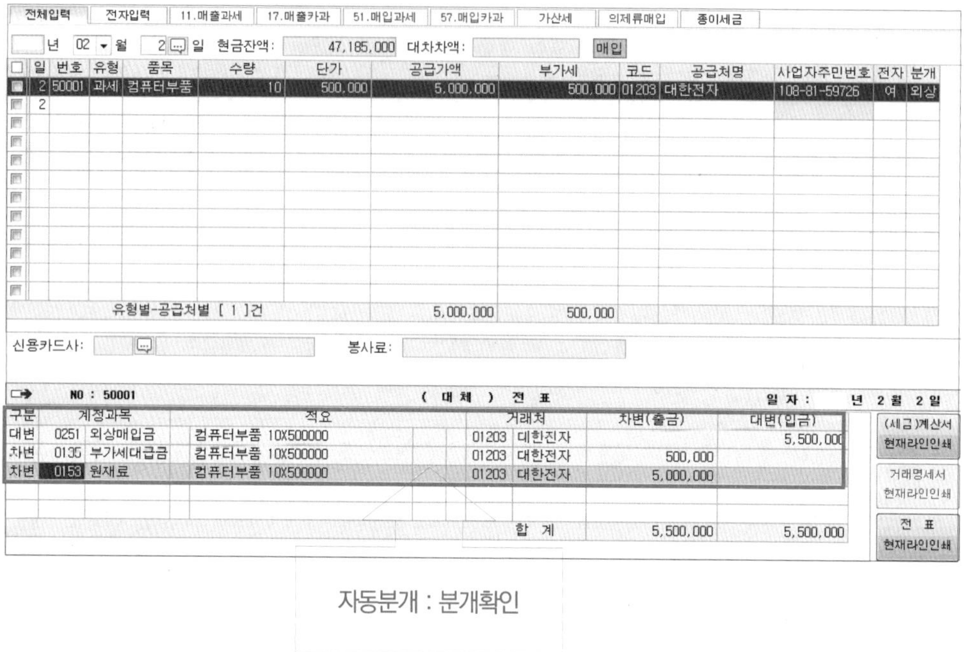


5. 하단의 분개내용을 보고, 수정할 계정과목이 있으면 수정하면 된다.

| |
|---|
| **1.현금, 2.외상 거래에 대해서 모두 3.혼합으로 입력해도 무방하다.** |

[혼합거래]

“2월 03일 ㈜백두는 ㈜지리전자에 컴퓨터 부품(수량 5개, 단가 1,000,000원, 부가가치세별도)을 판매하고, 부가가치세는 현금으로 받고, 200만원은 ㈜설악전기 발행 약속어음(만기 3개월)을 받고 나머지는 월말에 지급받기로 하고 전자세금계산서를 발급하였다.”

| | | | | |
|---|---|---|---|---|
| (차) | 현 금 | 500,000 | (대) 제품매출 | 5,000,000–(분개 : 혼합) |
| | 받을어음(설악전기) | 2,000,000 | 부가세예수금 | 500,000 |
| | 외상매출금(지리전자) | 3,000,000 | | |

1. 일자를 입력하고, 유형에 “11.과세”를 선택하고 품목과 수량을 입력하면 공급가액에 부가세가 자동 입력된다.
2. 공급처를 입력하고, 전자세금계산서를 입력한다.

3. 분개유형은 "3.혼합"을 선택하면 하단 거래처에 **부가세예수금계정과 제품매출계정은 자동으로 생성된다.**

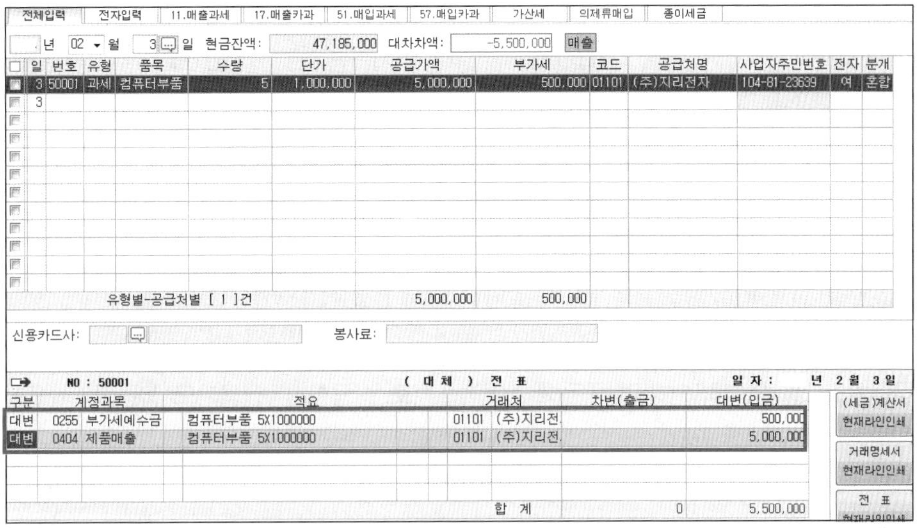


[환경등록]에서 설정한 매출계정인 〈제품매출〉이 자동 생성된다.

4. 하단부 [구분]에 "3.차변"을 입력하고, 계정과목과 금액을 입력하면 된다.
5. **받을어음((주)설악전기발행분) 금액 2,000,000원을 입력하고 거래처를 2101.(주)설악전기를 입력한다.**(거래처코드 입력은 일반전표입력의 거래처입력과 동일하다.)
6. 외상매출금 3,000,000원을 입력하고 엔터를 치면 외상매출금에 거래처가 자동적으로 1101.(주)지리전자로 입력된다.

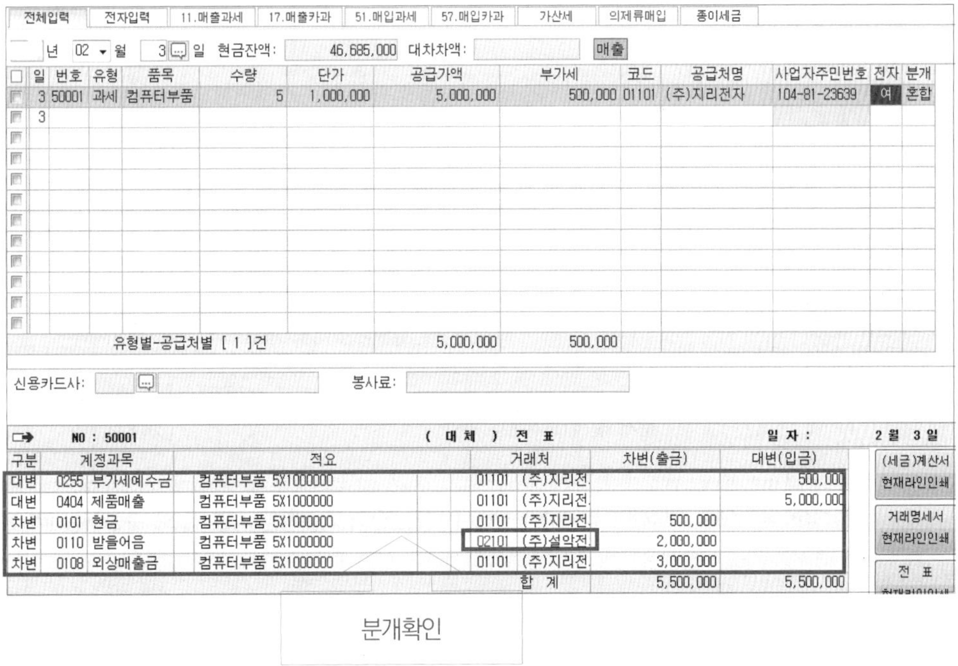

[카드거래]

"2월 04일 영업직원들이 속리가든에서 회식을 하고 국민카드(공급대가 110,000원)로 결제하다."

(차) 복리후생비(판) 100,000 (대) 미지급금 110,000 -- (분개 : 카드)

부가세대급금 10,000(국민카드)

1. 유형에 "57.카과"를 선택하고 품명을 입력한다.
2. 공급가액에 공급대가(부가가치세 포함. 110,000원)를 입력하면 자동적으로 공급가액(100,000원)과 부가세(10,000원)이 자동 생성된다.

> ※ 공급대가를 입력하면 공급가액과 부가세가 자동계산 입력되는 부가세 유형
> - 매출유형 : 14.건별, 17.카과, 22.현과 - 매입유형 : 57.카과, 61.현과

3. 공급처코드를 입력하면 화면 중간에 신용카드사로 이동한다. 신용카드사에 국민카드를 입력한다.
4. 분개유형은 4.카드를 선택하면 하단에 부가세대급금과 미지급금(국민카드), 원재료계정이 자동으로 생성된다.

   [환경등록]에서 설정한 매입계정인 〈원재료〉와 카드채무인 〈미지급금〉계정이 자동 생성된다.
5. 원재료를 복리후생비(판관비)로 수정한다.

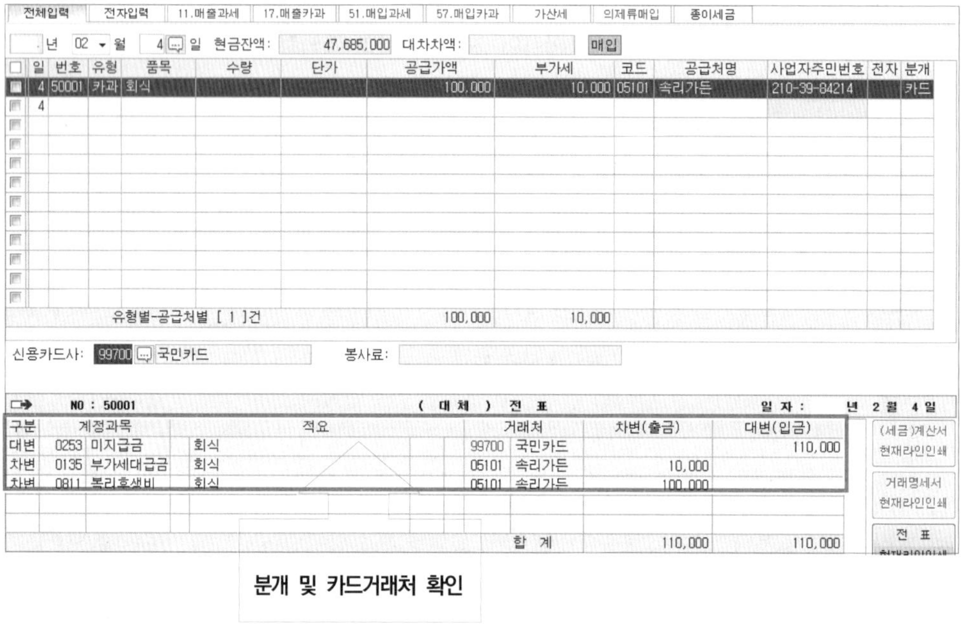


**분개유형을 혼합으로 선택하여 입력하면 반드시 미지급금의 거래처를 국민카드로 수정해주어야 한다.**

**[전자세금계산서 발급-시험에 출제된 적이 없습니다.]**

2월 05일 ㈜백두는 ㈜지리전자에 제품을 1,000,000원(부가가치세 별도)에 현금판매하고 전자세금계산서를 발급하였다. ㈜지리전자 김과장의 이메일주소는 kyc@nate.com이다. 매입매출전표에 입력하고 전자세금계산서를 발행하시오.전자세금계산서 발급시 결제내역 및 전송일자는 고려하지 않는다. ("베스트빌 로그인" 아이디와 비번은 동일하게 "kacpta"이다.)

| | | | |
|---|---|---|---|
| (차) 현　　금 | 1,100,000 | (대) 제품매출 | 1,000,000 |
| | | 부가세예수금 | 100,000 |

1. 매입매출전표에 유형 "11.과세", 전자 "부"로 하여 전표입력한다.

| □ | 일 | 번호 | 유형 | 품목 | 수량 | 단가 | 공급가액 | 부가세 | 코드 | 공급처명 | 사업/주민번호 | 전자 | 분개 |
|---|---|---|---|---|---|---|---|---|---|---|---|---|---|
| □ | 5 | 50001 | 과세 | 제품 | | | 1,000,000 | 100,000 | 00101 | (주)지리전자 | 104-81-23639 | | 현금 |

2. "전자세금계산서 발행"에서 기간을 주고 거래처 코드에서 Enter를 치면 전체 거래처가 조회된다. 그러면 발행상태가 미발행거래처를 확인할 수 있다. 전자발행할려는 세금계산서를 선택(체크)하고, 하단의 수신자를 클릭하여 사용여부/담당자명/메일주소를 입력한다.(수신자가 입력되지 않으면 전자세금계산서가 발행되지 않는다.)

F3 전자발행 F4 발행취소(삭제) F8 E-Mail재발송 F11 신고현황재집계 SF11 거래명세서선택 CF11 거래명세서취소 SF12 환경설정 CF12 사용법보기

기 간: 년 2월 1일 ~ 년 2월 28일

거래처: 101 (주)지리전자 ~ 101 (주)지리전자 발행상태: 0.전체 국세청 전송상태: 0.전체

전체 | 과세 | 영세 | 면세 [F11 신고현황재집계]는 전자세금계산서의 국세청전송상태를 업데이트 합니다.

| □ | 작성일자 | 과세유형 | 거래처 | | 거래명세 | 품목 | 공급가액 | 세액 | 영수 | 발행 | 발행상태 | 국세청전송상태 | 승인번호 |
|---|---|---|---|---|---|---|---|---|---|---|---|---|---|
| □ | 02-05 | 과세 | 00101 | (주)지리전자 | | 제품 | 1,000,000 | 100,000 | 영수 | 정상 | 미발행 | | |
| | | | 합 계[ 1 ]건 | | | | 1,000,000 | 100,000 | | | | | |

수신자 | 거래처 | 복수거래 | 발행정보 | 비고

| 사용여부 | 담당자명 | 담당자전화번호 | 내선 | 핸드폰번호 | 담당자메일주소 | 메신저아이디 |
|---|---|---|---|---|---|---|
| 사용 | 김과장 | | | | kyc@nate.com | |

3. 상단의 F3(전자발행)을 클릭하고, 다음 화면이 나오면 발행(Tab)을 클릭하여 발행한다.

**전자세금계산서 발행**

거래명세서 이외의 첨부파일이 있는 경우 자동압축되어 발행됩니다. 발행(Tab) 취소(Esc)

| □ | 일자 | 유형 | 코드 | 거래처명 | 품목 | 공급가액 | 세액 | 영수 | 발행 | 발행상태 | 첨부 | 성공 |
|---|---|---|---|---|---|---|---|---|---|---|---|---|
| ☑ | 02-05 | 과세 | 101 | (주)지리전자 | 제품 | 1,000,000 | 100,000 | 영수 | 정상 | | | |

4. "베스트빌 로그인" 화면에 아이디와 비번을 동일하게 "kacpta"를 입력한다.

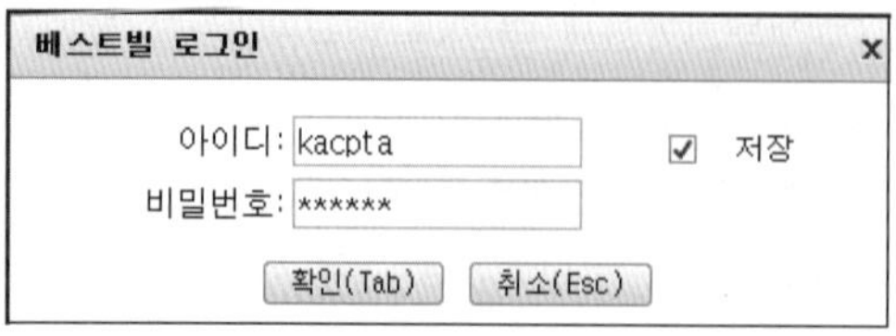


5. 국세청전송화면에 인증서암호가 이미 입력되었으므로 확인버튼만 클릭한다.

6. 전자세금계산서 발행 화면에서 정상적으로 발행된 것을 확인할 수 있고, 매입매출전표의 전자가 "여"로 체크되어 있는 것을 확인할 수 있다.

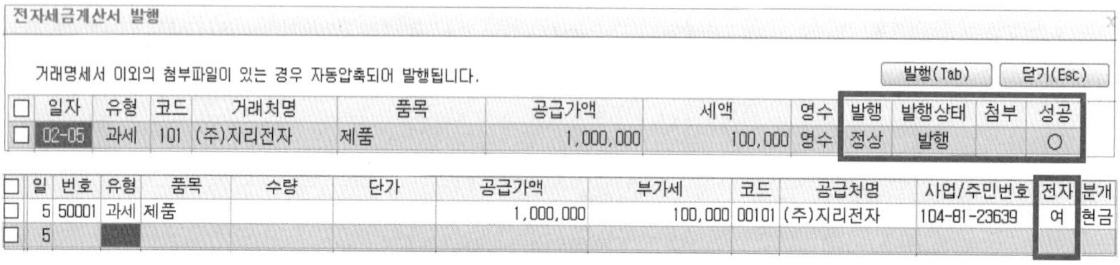

## <예제> 매입매출전표입력 1(일반)

(주)한라(3002)의 거래내용은 다음과 같다. 다음 자료를 이용하여 매입매출전표를 입력하시오.

\- 입력시 유의사항 -

- 일반적인 적요의 입력은 생략하지만, **타계정 대체거래는 적요번호를 선택하여 입력한다.**
- 별도의 요구가 없는 한 **반드시 기 등록되어 있는 거래처코드를 선택하는 방법으로 거래처명을 입력한다.**
- **제조경비는 500번대 계정코드를, 판매비와 관리비는 800번대 계정코드**를 사용한다.
- 회계처리시 계정과목은 별도제시가 없는 한 등록되어 있는 계정과목 중 가장 적절한 과목으로 한다.
- 입력화면 하단의 분개까지 처리하고, **전자세금계산서 및 전자계산서는 전자입력으로 반영한다.**

**처음 입력하시는 분께서는 분개유형 선택시 혼합으로 선택해도 무방합니다.**

[1] 7월 05일 제품제조에 사용하던 기계장치(취득가액 2,500,000원, 양도시점의 감가상각누계액 800,000원)를 영종무역(주)에 1,900,000원(부가가치세 별도)에 처분하고 전자세금계산서를 교부하였다. 대금 중 1,000,000원은 어음으로 받고, 나머지 금액은 보통예금통장으로 받았다.

[2] 7월 05일 (주)설악전기에 외상 판매하였던 제품 중 10개(1개당 공급가액 50,000원)가 불량품으로 판명되어 반품됨에 따라 수정전자세금계산서를 발행하였다. 대금은 외상매출금과 상계정리하기로 하였다.

[3] 7월 05일 수출전문업체인 영종무역(주)에 내국신용장(Local L/C)에 의해 제품을 매출하고 영세율전자세금계산서(공급가액 15,000,000원)를 발행하였다. 대금은 전액 (주)덕유상사가 발행한 약속어음을 배서양도받았다.

[4] 7월 05일 컴퓨터 제품 1세트를 개인 이주몽에게 소매로 판매하고 대금 1,100,000원(부가가치세 포함)을 현금으로 받았다(단, 영수증은 발행해 주지 않았다).

[5] 7월 10일 미국소재의 'APPLE사'와 수출계약과 동시에 US$10,000의 제품을 선적하고 대금은 5개월 후에 받기로 하였으며, 선적일의 기준환율은 920원/$이다

[6] 7월 10일 최주몽에게 제품인 컴퓨터 1대를 3,300,000원(부가가치세 포함)에 판매하고 비씨카드로 결제받았다(거래처 신규 등록할 것, 거래처코드번호 : 1213, 주민등록번호 : 740102 - 1232624).

[7] 7월 10일 (주)덕유상사로 부터 원재료(수량 500개, @20,000원, 부가가치세 별도)를 매입하고 전자세금계산서를 수취하였으며, 대금 중 5,000,000원은 당좌수표를 발행하여 지급하고 잔액은 어음을 발행하여 지급하였다.

[8] 7월 10일 거래처인 (주)삼선전자의 대리점 오픈 행사에 보내기 위한 화환(면세)을 "아름다운꽃집"에서 180,000원에 현금으로 구입하고 전자계산서를 교부받았다

[9] 7월 15일 상무이사인 김기영의 자택에 에어콘을 하이마트로 부터 2,500,000원(부가가치세 별도)에 구입하고 대금은 다음달에 지급하기로 하였다. 구매시 공급받는 자를 당사로 하여 전자세금계산서를 수령하였다.

[10] 7월 15일 원재료를 수입하였는데 울산세관으로부터 수입전자세금계산서(공급가액 1,000,000원 부가가치세 100,000원)를 발급받았다. 부가가치세(100,000원)와 통관수수료(30,000)원을 현금으로 납부하였다(부가가치세와 통관수수료에 대해서만 회계처리하시오).

[11] 7월 15일 사내식당에서 사용할 쌀과 부식(채소류)을 속리가든에서 구입하고 대금 300,000원은 법인카드(국민카드)로 지급하였다. 사내식당은 야근하는 생산직 직원을 대상으로 무료로 운영되고 있다.

[12] 7월 15일 본사 영업부에서 사용할 집기비품을 (주)덕유상사에서 구입하고 대금은 2,200,000원(부가가치세 포함)은 현금으로 지급함과 동시에 현금영수증(지출증빙용)으로 받았다.

[13] 7월 15일 대표이사가 출퇴근용으로 사용하는 법인소유 소형승용차(2,500cc)를 서울카센타에서 수리하고 전자세금계산서를 수취하였다. 수리비 550,000원(부가가치세 포함)은 전액 당좌수표를 발행하여 지급하였다. 수익적지출로 회계처리하고, 신규거래처 등록하시오.
(거래처코드 : 1217, 사업자등록번호 : 214 - 08 - 75479)

**해답**

[1]

| 유형 | 공급가액 | 세액 | 공급처 | 전자 | 분개 |
|---|---|---|---|---|---|
| 11.과세 | 1,900,000 | 190,000 | 영종무역(주) | 여 | 혼합 |

| | | | | |
|---|---|---|---|---|
| (차) 감가상각누계액(기계) | 800,000 | (대) | 기 계 장 치 | 2,500,000 |
| 미 수 금 | 1,000,000 | | 유형자산처분이익 | 200,000 |
| 보 통 예 금 | 1,090,000 | | 부가세예수금 | 190,000 |

[2]

| 유형 | 공급가액 | 세액 | 공급처 | 전자 | 분개 |
|---|---|---|---|---|---|
| 11.과세 | -500,000 | -50,000 | (주)설악전기 | 여 | 외상 |

| | | | | |
|---|---|---|---|---|
| (차) 외상매출금 | -550,000 | (대) | 제 품 매 출 | -500,000 |
| | | | 부가세예수금 | -50,000 |

[3]

| 유형 | 공급가액 | 세액 | 공급처 | 전자 | 분개 |
|---|---|---|---|---|---|
| 12.영세 (3.내국신용장) | 15,000,000 | 0 | 영종무역(주) | 여 | 혼합 |

| | | | | |
|---|---|---|---|---|
| (차) 받을어음((주)덕유상사) | 15,000,000 | (대) | 제 품 매 출 | 15,000,000 |

[4]

| 유형 | 공급가액 | 세액 | 공급처 | 전자 | 분개 |
|---|---|---|---|---|---|
| 14.건별 | 1,000,000 | 100,000 | 이주몽 | - | 현금 |

| | | | | |
|---|---|---|---|---|
| (차) 현 금 | 1,100,000 | (대) | 제 품 매 출 | 1,000,000 |
| | | | 부가세예수금 | 100,000 |

[5]

| 유형 | 공급가액 | 세액 | 공급처 | 전자 | 분개 |
|---|---|---|---|---|---|
| 16.수출 (1.직접수출) | 9,200,000 | 0 | APPLE | - | 외상 |

| | | | | |
|---|---|---|---|---|
| (차) 외상매출금 | 9,200,000 | (대) | 제 품 매 출 | 9,200,000 |

[6]

| 유형 | 공급가액 | 세액 | 공급처 | 전자 | 분개 |
|---|---|---|---|---|---|
| 17.카과 | 3,000,000 | 300,000 | 최주몽(신규등록) | - | 카드 |

| | | | | |
|---|---|---|---|---|
| (차) 외상매출금 | 3,300,000 | (대) | 제 품 매 출 | 3,000,000 |
| (비씨카드) | | | 부가세예수금 | 300,000 |

[7]

| 유형 | 공급가액 | 세액 | 공급처 | 전자 | 분개 |
|---|---|---|---|---|---|
| 51.과세 | 10,000,000 | 1,000,000 | (주)덕유상사 | 여 | 혼합 |

| | | | | |
|---|---|---|---|---|
| (차) 원 재 료 | 10,000,000 | (대) | 당 좌 예 금 | 5,000,000 |
| 부가세대급금 | 1,000,000 | | 지 급 어 음 | 6,000,000 |

[8]

| 유형 | 공급가액 | 세액 | 공급처 | 전자 | 분개 |
|---|---|---|---|---|---|
| 53.면세 | 180,000 | 0 | 아름다운꽃집 | 여 | 현금 |
| (차) 기업업무추진비(판) | | 180,000 | (대) 현 금 | | 180,000 |

[9]

| 유형 | 공급가액 | 세액 | 공급처 | 전자 | 분개 |
|---|---|---|---|---|---|
| 54.불공 (2.사업무관) | 2,500,000 | 250,000 | 하이마트 | 여 | 혼합 |
| (차) 가 지 급 금(김기영) | | 2,750,000 | (대) 미 지 급 금(하이마트) | | 2,750,000 |

[10]

| 유형 | 공급가액 | 세액 | 공급처 | 전자 | 분개 |
|---|---|---|---|---|---|
| 55.수입 | 1,000,000 | 100,000 | 울산세관 | 여 | 혼합 |
| (차) 부가세대급금 | | 100,000 | (대) 현 금 | | 130,000 |
| 원 재 료 | | 30,000 | | | |

[11]

| 유형 | 공급가액 | 세액 | 공급처 | 전자 | 분개 |
|---|---|---|---|---|---|
| 58.카면 | 300,000 | 0 | 속리가든 | - | 카드 |
| (차) 복리후생비(제) | | 300,000 | (대) 미 지 급 금(국민카드) | | 300,000 |

☞ **쌀과 부식은 면세재화에 해당되고, 신용카드영수증을 수취하였으므로 "카드면세"를 선택한다.**

[12]

| 유형 | 공급가액 | 세액 | 공급처 | 전자 | 분개 |
|---|---|---|---|---|---|
| 61.현과 | 2,000,000 | 200,000 | (주)덕유상사 | - | 현금 |
| (차) 비 품 | | 2,000,000 | (대) 현 금 | | 2,200,000 |
| 부가세대급금 | | 200,000 | | | |

[13]

| 유형 | 공급가액 | 세액 | 공급처 | 전자 | 분개 |
|---|---|---|---|---|---|
| 54.불공 (3.비영업용) | 500,000 | 50,000 | 서울카센타 (신규등록) | 여 | 혼합 |
| (차) 차량유지비(판) | | 550,000 | (대) 당 좌 예 금 | | 550,000 |

## <예제> 매입매출전표입력 2(증빙활용)

(주)한라(3002)의 거래내용은 다음과 같다. 다음 자료를 이용하여 매입매출전표를 입력하시오.

[1] 8월 05일 (주)세계에 제품인 오디오를 판매하고 전자세금계산서를 발급하였다.

(적 색)

| 전자세금계산서 | | (공급자 보관용) | | 승인번호 | 20160108-41000042-55746692 | | |
|---|---|---|---|---|---|---|---|
| 공급자 | 등록번호 | 101-81-50103 | | 공급받는자 | 등록번호 | 125-34-12324 | |
| | 상호 | (주)한라 | 성 명(대표자) 김윤대 | | 상호 | (주)세계 | 성 명(대표자) 이세계 |
| | 사업장 주소 | 서울 서초구 강남대로 475 | | | 사업장 주소 | 서울 서대문구 증가로 100 | |
| | 업태 | 제조, 도ㆍ소매업 | 종사업장번호 | | 업태 | 도ㆍ소매업 | 종사업장번호 |
| | 종목 | 전자제품 | | | 종목 | 전자제품 | |
| | E-Mail | kyc@nate.com | | | E-Mail | kim@naver.com | |

| 작성일자 | 20x1.8.05. | 공급가액 | 1,000,000 | 세액 | 100,000 |
|---|---|---|---|---|---|

| 월 | 일 | 품목명 | 규격 | 수량 | 단가 | 공급가액 | 세액 | 비고 |
|---|---|---|---|---|---|---|---|---|
| 8 | 5 | 오디오 | | | | 1,000,000 | 100,000 | |
| | | | | | | | | |
| | | | | | | | | |

| 합계금액 | 현금 | 수표 | 어음 | 외상미수금 | 이 금액을 ◉ 영수 ○ 청구 함 |
|---|---|---|---|---|---|
| 1,100,000 | 100,000 | 200,000 | 300,000 | 500,000 | |

[2] 8월 05일 개인인 김기수에게 제품인 컴퓨터를 판매하고 신용카드 매출전표를 발급하였다.

**카드매출전표**

카드종류 : 비씨카드
회원번호 : 2124-3152-****-4**5
거래일시 : 20x1.8.05:05:16
거래유형 : 신용승인
매 출 : 200,000원
부 가 세 : 20,000원
합 계 : 220,000원
결제방법 : 일시불
승인번호 : 12985996
은행확인 : 신한은행

가맹점명 : (주)한라
- 이 하 생 략 -

[3] 8월 05일 경기상사로부터 사무용 책상을 외상구입하고 발급받은 전자세금계산서이다. 자산으로 처리하시오.

(청 색)

| 전자세금계산서 | (공급받는자 보관용) | 승인번호 | 20160108-41000042-55746692 |
|---|---|---|---|

| 구분 | 항목 | 내용 | 항목 | 내용 |
|---|---|---|---|---|
| 공급자 | 등록번호 | 107-39-99352 | | |
| | 상호 | 경기상사 | 성명(대표자) | 최경기 |
| | 사업장 주소 | 서울 서초구 효령로 100 | | |
| | 업태 | 도 · 소매업 | 종사업장번호 | |
| | 종목 | 전자제품 | | |
| | E-Mail | woo@nate.com | | |
| 공급받는자 | 등록번호 | 101-81-50103 | | |
| | 상호 | (주)한라 | 성명(대표자) | 김윤대 |
| | 사업장 주소 | 서울 서초구 강남대로 475 | | |
| | 업태 | 제조, 도 · 소매업 | 종사업장번호 | |
| | 종목 | 전자제품 | | |
| | E-Mail | kyc@nate.com | | |

| 작성일자 | 공급가액 | 세액 |
|---|---|---|
| 20x1.8.05 | 300,000 | 30,000 |

| 월 | 일 | 품목명 | 규격 | 수량 | 단가 | 공급가액 | 세액 | 비고 |
|---|---|---|---|---|---|---|---|---|
| 8 | 5 | 책상 | | | | 300,000 | 30,000 | |
| | | | | | | | | |
| | | | | | | | | |

| 합계금액 | 현금 | 수표 | 어음 | 외상미수금 | 이 금액을 ○ 영수 ◉ 청구 함 |
|---|---|---|---|---|---|
| 330,000 | | | | 330,000 | |

[4] 8월 05일 신입사원인 경리사원에게 회계기초실무교육을 실시하고 계산서를 수취하고 현금으로 지급하다.

(청 색)

| 계산서 | (공급받는자 보관용) | 승인번호 | |
|---|---|---|---|

| 구분 | 항목 | 내용 | 항목 | 내용 |
|---|---|---|---|---|
| 공급자 | 등록번호 | 129-81-68902 | | |
| | 상호 | (주)경리교육 | 성 명(대표자) | 김경리 |
| | 사업장 주소 | 서울시 강남구 역삼로 404 | | |
| | 업태 | 서비스 | 종사업장번호 | |
| | 종목 | 교육 | | |
| | E-Mail | | | |
| 공급받는자 | 등록번호 | 101-81-50103 | | |
| | 상호 | (주)한라 | 성 명(대표자) | 김윤대 |
| | 사업장 주소 | 서울 서초구 강남대로 475 | | |
| | 업태 | 제조, 도 · 소매업 | 종사업장번호 | |
| | 종목 | 전자제품 | | |
| | E-Mail | | | |

| 작성일자 | 공급가액 | 비고 |
|---|---|---|
| 20x1.8.05. | 400,000 | |

| 월 | 일 | 품목명 | 규격 | 수량 | 단가 | 공급가액 | 비고 |
|---|---|---|---|---|---|---|---|
| 8 | 05 | 경리기초교육 | | | | 400,000 | |
| | | | | | | | |
| | | | | | | | |
| | | | | | | | |

| 합계금액 | 현금 | 수표 | 어음 | 외상미수금 | 이 금액을 ◉ 영수 ○ 청구 함 |
|---|---|---|---|---|---|
| 400,000 | 400,000 | | | | |

[5] 8월 05일 원재료를 수입하고 김해세관으로부터 전자수입세금계산서를 수취하고 부가가치세는 현금으로 지급하다.(미착품에 대한 회계처리는 생략한다.)

(청 색)

**전자수입세금계산서** (공급받는자 보관용) 승인번호 20160108-41000042-55746692

| | | | | | | | | | |
|---|---|---|---|---|---|---|---|---|---|
| 공급자 | 등록번호 | 603-42-33561 | | | 공급받는자 | 등록번호 | 101-81-50103 | | |
| | 상호 | 김해세관 | 성명(대표자) | 김세관 | | 상호 | (주)한라 | 성명(대표자) | 김윤대 |
| | 사업장 주소 | 부산 강서구 공항진입로 108 | | | | 사업장 주소 | 서울 서초구 강남대로 475 | | |
| | 업태 | 관공서 | 종사업장번호 | | | 업태 | 제조, 도·소매업 | 종사업장번호 | |
| | 종목 | | | | | 종목 | 전자제품 | | |
| | E-Mail | tax@nate.com | | | | E-Mail | kyc@nate.com | | |

| 작성일자 | 20x1.8.05 | 공급가액 | 5,000,000 | 세액 | 500,000 |
|---|---|---|---|---|---|

| 월 | 일 | 품목명 | 규격 | 수량 | 단가 | 공급가액 | 세액 | 비고 |
|---|---|---|---|---|---|---|---|---|
| 8 | 05 | 전자부품 | | | | 5,000,000 | 500,000 | |
| | | | | | | | | |
| | | | | | | | | |

| 합계금액 | 현금 | 수표 | 어음 | 외상미수금 | 이 금액을 ◉ 영수 ○ 청구 함 |
|---|---|---|---|---|---|
| 500,000 | 500,000 | | | | |

[6] 8월 10일 신입사원에게 업무용으로 지급할 노트북을 구입하고 현금영수증을 수취하다. 자산으로 처리하시오.

** 현금영수증 **
(지출증빙용)

사업자등록번호 : 133-81-12320 이명성
사업자명 : (주)왕명
단말기ID : 24453232(tel:02-229-****)
가맹점주소 : 서울시 서대문구 충정로 70
(미근동)

현금영수증 회원번호
**101-81-50103 (주)한라**
승인번호 : 45457878(PK)
거래일시 : **20x1년 8월 10일**

| | |
|---|---|
| 공 급 금 액 | **600,000원** |
| 부가세금액 | **60,000원** |
| 총 합 계 | **660,000원** |

휴대전화, 카드번호 등록
http://현금영수증.kr
국세청문의(126)
38036925-GCA10106-3870-U490
<<<<<<이용해 주셔서 감사합니다.>>>>>>

### 해답

[1]

| 유형 | 공급가액 | 세액 | 공급처 | 전자 | 분개 |
|---|---|---|---|---|---|
| 11.과세 | 1,000,000 | 100,000 | (주)세계 | 여 | 혼합 |

| | | | | | |
|---|---|---|---|---|---|
| (차) | 현 금 | 300,000 | (대) | 제 품 매 출 | 1,000,000 |
| | 받을어음 | 300,000 | | 부가세예수금 | 100,000 |
| | 외상매출금 | 500,000 | | | |

[2]

| 유형 | 공급가액 | 세액 | 공급처 | 전자 | 분개 |
|---|---|---|---|---|---|
| 17.카과 | 200,000 | 20,000 | 김기수 | | 카드 |

| | | | | | |
|---|---|---|---|---|---|
| (차) | 외상매출금 | 220,000 | (대) | 제 품 매 출 | 200,000 |
| | (비씨카드) | | | 부가세예수금 | 20,000 |

[3]

| 유형 | 공급가액 | 세액 | 공급처 | 전자 | 분개 |
|---|---|---|---|---|---|
| 51.과세 | 300,000 | 300,000 | 경기상사 | 여 | 혼합 |

| | | | | | |
|---|---|---|---|---|---|
| (차) | 비 품 | 300,000 | (대) | 미 지 급 금 | 330,000 |
| | 부가세대급금 | 30,000 | | | |

[4]

| 유형 | 공급가액 | 세액 | 공급처 | 전자 | 분개 |
|---|---|---|---|---|---|
| 53.면세 | 400,000 | 0 | ㈜경리교육 | - | 현금 |

| | | | | | |
|---|---|---|---|---|---|
| (차) | 교육훈련비(판) | 400,000 | (대) | 현 금 | 400,000 |

[5]

| 유형 | 공급가액 | 세액 | 공급처 | 전자 | 분개 |
|---|---|---|---|---|---|
| 55.수입 | 5,000,000 | 500,000 | 김해세관 | 전자 | 현금 |

| | | | | | |
|---|---|---|---|---|---|
| (차) | 부가세대급금 | 500,000 | (대) | 현 금 | 500,000 |

[6]

| 유형 | 공급가액 | 세액 | 공급처 | 전자 | 분개 |
|---|---|---|---|---|---|
| 61.현과 | 600,000 | 60,000 | ㈜왕명 | | 현금 |

| | | | | | |
|---|---|---|---|---|---|
| (차) | 비 품 | 600,000 | (대) | 현 금 | 660,000 |
| | 부가세대급금 | 60,000 | | | |

## <예제> 매입매출전표입력 3(오류수정)

(주)한라(3002)의 거래내용은 다음과 같다. 다음의 오류를 수정하시오.

[1] 8월 30일 ㈜덕유상사로 부터 공장직원 체육대회와 관련하여 구매한 경품금액 1,000,000(공급가액)이 부가가치세를 포함한 면세 매입으로 회계처리하였다.[해당 거래를 과세매입(전자세금계산서 수취)으로 정정하시오]

[2] 8월 30일 (주)상선전자에 대한 제품매출의 단가는 1,100원이 아니라 1,250원으로 밝혀졌다. 수량 및 받을어음 금액은 동일하다. 수량은 1,000개, 받을어음 금액은 1,000,000원임.

**해답**

**[1]**

〈수정전〉

| 유형 | 공급가액 | 세액 | 공급처 | 전자 | 분개 |
|---|---|---|---|---|---|
| 53.면세 | 1,000,000 | | (주)덕유상사 | - | 현금 |

| | | | | |
|---|---|---|---|---|
| (차) | 복리후생비(제) | 1,000,000 | (대) 현 금 | 1,000,000 |

☞ 과세유형변경시 하단의 분개가 자동변경되므로, 하단분개를 메모하셔야 합니다.

〈수정후〉

| 유형 | 공급가액 | 세액 | 공급처 | 전자 | 분개 |
|---|---|---|---|---|---|
| 51.과세 | 1,000,000 | 100,000 | (주)덕유상사 | 여 | 현금 |

| | | | | |
|---|---|---|---|---|
| (차) | 복리후생비(제) | 1,000,000 | (대) 현 금 | 1,100,000 |
| | 부가세대급금 | 100,000 | | |

**[2]**

〈수정전〉 수량 : 1,000, 단가 : 1,100

| 유형 | 공급가액 | 세액 | 공급처 | 전자 | 분개 |
|---|---|---|---|---|---|
| 11.과세 | 1,100,000 | 110,000 | (주)상선전자 | 여 | 혼합 |

| | | | | |
|---|---|---|---|---|
| (차) | 현 금 | 210,000 | (대) 제 품 매 출 | 1,100,000 |
| | 받 을 어 음 | 1,000,000 | 부가세예수금 | 110,000 |

〈수정후〉 수량 : 1,000, 단가 : 1,250

| 유형 | 공급가액 | 세액 | 공급처 | 전자 | 분개 |
|---|---|---|---|---|---|
| 11.과세 | 1,250,000 | 125,000 | (주)상선전자 | 여 | 혼합 |

| | | | | |
|---|---|---|---|---|
| (차) | 현 금 | 375,000 | (대) 제 품 매 출 | 1,250,000 |
| | 받 을 어 음 | 1,000,000 | 부가세예수금 | 125,000 |

## 제4절 고정자산

### 1 고정자산등록

고정자산(유 · 무형자산)에 대한 감가상각비를 계산하고자 한다면 고정자산등록메뉴에서 고정자산을 등록하여야 한다. 고정자산 메뉴에는 주요등록사항과 추가등록사항으로 구성되어 있다.

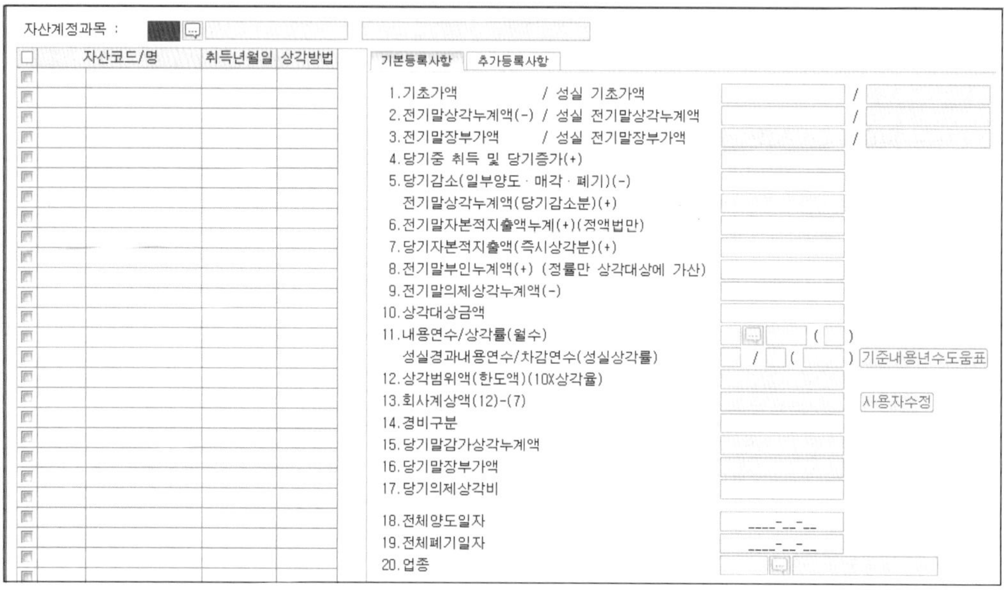


#### (1) 기본등록사항

① 고정자산계정과목

계정코드를 입력하거나 를 클릭하여 해당코드를 선택한다.

② 자산코드, 자산명을 입력하고, 취득년월일을 입력한다.

③ 상각방법 : 정액법/정률법중 하나를 선택한다.

건물과 구축물은 자동적으로 정액법으로 자동반영된다.

#### (2) 주요등록사항

① 1.기초가액 : 자산의 **취득원가를 입력**한다. **당기에 신규 취득한 자산은 기초가액에 입력하지 않고 [4.당기중 취득 및 당기증가(+)]란에 입력**하여야 한다.

기초가액은 말 그대로 전년도로 부터 이월된 금액을 입력하여야 한다.

② 2.전기말상각누계액 : 해당자산의 전기말 감가상각누계액을 입력한다.

③ 3.전기말장부가액은 자동반영된다.(즉 기초가액 - 전기말상각누계액이다)

④ 11.내용년수 : 해당내용년수를 입력하면 상각율은 자동반영된다.

⑤ 14.경비구분 : 제조경비는 500번대, 판매비와 관리비는 800번대를 선택한다.

⑥ 20.업종을 클릭하여 해당 업종코드를 입력한다.

⑦ 13.회사계상액(일반상각비)가 자동 계산된다. **[사용자수정]을 클릭하면 회사계상상각비를 수정할 수 있다.**

**참고**

전표를 입력시 계정과목이 유형, 무형자산일 경우 고정자산간편등록 화면이 나오는데, 주어진 대로 입력하시면 되고, 입력을 안 할 경우 취소를 클릭하면 된다.

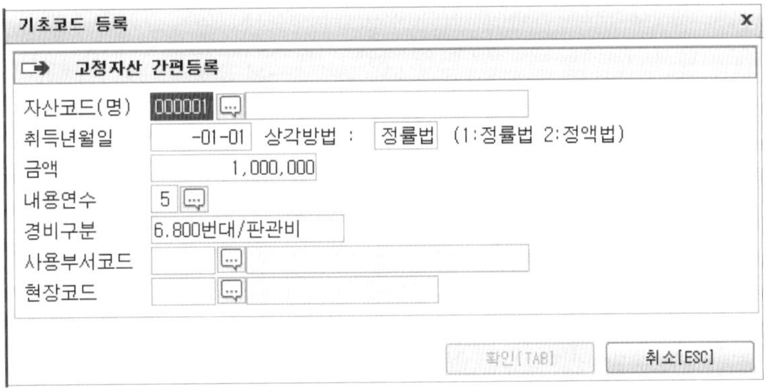


## <예제> 고정자산등록

(주)백두(3001)의 고정자산내역이다. 이에 대한 고정자산등록을 하시오.

| 계정과목 | 코드 | 자산명 | 취득가액 | 취득일 | 감가상각누계액 | 내용년수 | 상각방법 | 업종코드 |
|---|---|---|---|---|---|---|---|---|
| 건물 | 101 | 본사사옥 | 25,000,000 | 2018.1.1 | 5,000,000 | 10 | 정액법 | 03 |
| 기계장치 | 102 | 기계A | 15,000,000 | 2019.1.1 | 2,200,000 | 5 | 정률법 | 13 |

해답

**[건물]**

자산계정과목 : 0202 건물 미상각분 감가상각계산

| 자산코드/명 | | 취득년월일 | 상각방법 |
|---|---|---|---|
| 000101 | 본사사옥 | 2018-01-01 | 정액법 |

기본등록사항 / 추가등록사항

|  |  |
|---|---|
| 1. 기초가액 / 성실 기초가액 | 25,000,000 / |
| 2. 전기말상각누계액(-) / 성실 전기말상각누계액 | 5,000,000 / |
| 3. 전기말장부가액 / 성실 전기말장부가액 | 20,000,000 / |
| 4. 당기중 취득 및 당기증가(+) | |
| 5. 당기감소(일부양도 · 매각 · 폐기)(-) | |
| 전기말상각누계액(당기감소분)(+) | |
| 6. 전기말자본적지출액누계(+)(정액법만) | |
| 7. 당기자본적지출액(즉시상각분)(+) | |
| 8. 전기말부인누계액(+) (정률만 상각대상에 가산) | |
| 9. 전기말의제상각누계액(-) | |
| 10. 상각대상금액 | 25,000,000 |
| 11. 내용연수/상각률(월수) | 10 / 0.1 ( 12 ) |
| 성실경과내용연수/차감연수(성실상각률) | / ( ) 기준내용년수도움표 |
| 12. 상각범위액(한도액)(10X상각율) | 2,500,000 |
| 13. 회사계상액(12)-(7) | 2,500,000 사용자수정 |
| 14. 경비구분 | 6.800번대/판관비 |
| 15. 당기말감가상각누계액 | 7,500,000 |
| 16. 당기말장부가액 | 17,500,000 |
| 17. 당기의제상각비 | |
| 18. 전체양도일자 | ____-__-__ |
| 19. 전체폐기일자 | ____-__-__ |
| 20. 업종 | 03 철골,철골,석조 |

**[기계장치]**

자산계정과목 : 0206 기계장치 미상각분 감가상각계산

| 자산코드/명 | | 취득년월일 | 상각방법 |
|---|---|---|---|
| 000102 | 기계A | 2019-01-01 | 정률법 |

기본등록사항 / 추가등록사항

|  |  |
|---|---|
| 1. 기초가액 / 성실 기초가액 | 15,000,000 / |
| 2. 전기말상각누계액(-) / 성실 전기말상각누계액 | 2,200,000 / |
| 3. 전기말장부가액 / 성실 전기말장부가액 | 12,800,000 / |
| 4. 당기중 취득 및 당기증가(+) | |
| 5. 당기감소(일부양도 · 매각 · 폐기)(-) | |
| 전기말상각누계액(당기감소분)(+) | |
| 6. 전기말자본적지출액누계(+)(정액법만) | |
| 7. 당기자본적지출액(즉시상각분)(+) | |
| 8. 전기말부인누계액(+) (정률만 상각대상에 가산) | |
| 9. 전기말의제상각누계액(-) | |
| 10. 상각대상금액 | 12,800,000 |
| 11. 내용연수/상각률(월수) | 5 / 0.451 ( 12 ) |
| 성실경과내용연수/차감연수(성실상각률) | / ( ) 기준내용년수도움표 |
| 12. 상각범위액(한도액)(10X상각율) | 5,772,800 |
| 13. 회사계상액(12)-(7) | 5,772,800 사용자수정 |
| 14. 경비구분 | 1.500번대/제조 |
| 15. 당기말감가상각누계액 | 7,972,800 |
| 16. 당기말장부가액 | 7,027,200 |
| 17. 당기의제상각비 | |
| 18. 전체양도일자 | ____-__-__ |
| 19. 전체폐기일자 | ____-__-__ |
| 20. 업종 | 13 제조업 |

# 제5절 결 산

## 1 결산자료 입력하기

한 회계기간동안 발생한 기업의 거래자료에 의하여 당해연도의 경영실적을 확정하고 재무상태표일의 재무상태를 파악하기 위한 결산작업이 필요하다.

프로그램에서의 결산방법은 **수동결산과 자동결산**방법이 있는데,

**수동결산을 먼저 입력하고 최종적으로 자동결산을 입력하는 순으로 하면 편리하다.**

| | |
|---|---|
| 수동결산<br>(12월 31일<br>일반전표입력) | 1. **퇴직급여충당부채환입(판)과 대손충당금 환입(판), 재고자산 비정상감모손실(영·비)**은 반드시 수동결산으로 입력한다.<br>2. 문제에서 결차, 결대로 입력하라고 제시했으면 반드시 결차, 결대를 사용하여 수동결산을 입력한다. |
| 자동결산<br>(결산자료입력) | 1. 재고자산의 기말재고액(상품, 제품, 원재료, 재공품)<br>2. 유무형자산의 상각비<br>3. 퇴직급여충당부채 당기 전입액<br>4. 채권에 대한 대손상각비(보충법)<br>5. 법인세계상(맨 마지막에 입력한다.)<br>☞ **② ③ ④ ⑤는 수동결산도 가능하다.** |
| 순서 | 수동결산 → 자동결산 |

### (1) 자동결산입력방법

① 결산일 및 매출원가와 원가경비 선택

㉠ [결산자료입력] 메뉴를 클릭하면 아래 그림이 나타나는데, 결산일자를 **1월부터 12월까지** 기간을 선택한다.

㉡ F4**(원가설정)**을 클릭하여 제품매출원가를 선택한다. 전산회계1급 프로그램에 자동 세팅되어 있으나 세팅되어 있지 않으면 사용여부에 "여"로 체크한다.

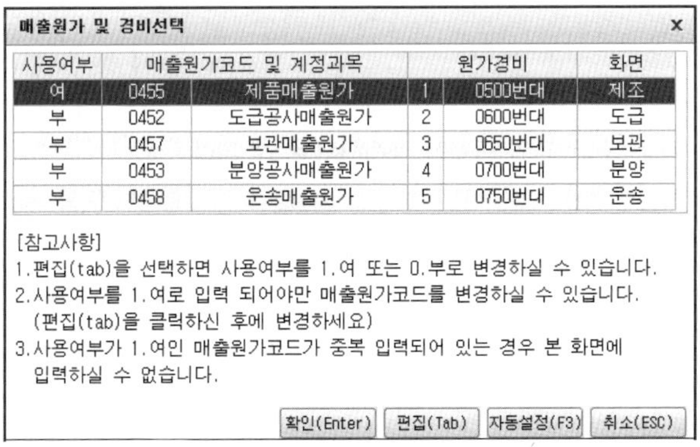
매출원가 및 경비선택

| 사용여부 | 매출원가코드 및 계정과목 | | 원가경비 | | 화면 |
|---|---|---|---|---|---|
| 여 | 0455 | 제품매출원가 | 1 | 0500번대 | 제조 |
| 부 | 0452 | 도급공사매출원가 | 2 | 0600번대 | 도급 |
| 부 | 0457 | 보관매출원가 | 3 | 0650번대 | 보관 |
| 부 | 0453 | 분양공사매출원가 | 4 | 0700번대 | 분양 |
| 부 | 0458 | 운송매출원가 | 5 | 0750번대 | 운송 |

[참고사항]
1.편집(tab)을 선택하면 사용여부를 1.여 또는 0.부로 변경하실 수 있습니다.
2.사용여부를 1.여로 입력 되어야만 매출원가코드를 변경하실 수 있습니다.
(편집(tab)을 클릭하신 후에 변경하세요)
3.사용여부가 1.여인 매출원가코드가 중복 입력되어 있는 경우 본 화면에 입력하실 수 없습니다.

확인(Enter) 편집(Tab) 자동설정(F3) 취소(ESC)

그러면 아래와 같은 **손익계산서양식**이 나타나는데 **자동결산항목의 해당란에 금액을 입력**하면 된다.

| ± | 코드 | 과 목 | 결산분개금액 | 결산전금액 | 결산반영금액 | 결산후금액 |
|---|---|---|---|---|---|---|
| | | 1. 매출액 | | 9,000,000 | | 9,000,000 |
| | 0404 | 제품매출 | | 9,000,000 | | 9,000,000 |
| | | 2. 매출원가 | | 14,000,000 | | 14,000,000 |
| | 0455 | 제품매출원가 | | | | 14,000,000 |
| | | 1)원재료비 | | 6,000,000 | | 6,000,000 |
| | 0501 | 원재료비 | | 6,000,000 | | 6,000,000 |
| | 0153 | ① 기초 원재료 재고액 | | 1,000,000 | | 1,000,000 |
| | 0153 | ② 당기 원재료 매입액 | | 5,000,000 | | 5,000,000 |
| | 0153 | ⑩ 기말 원재료 재고액 | | | | |
| | | 7)경 비 | | | | |
| | 0518 | 2). 일반감가상각비 | | | | |
| | 0202 | 건물 | | | | |
| | 0455 | 8)당기 총제조비용 | | 6,000,000 | | 6,000,000 |
| | 0169 | ① 기초 재공품 재고액 | | 3,000,000 | | 3,000,000 |
| | 0169 | ⑩ 기말 재공품 재고액 | | | | |
| | 0150 | 9)당기완성품제조원가 | | 9,000,000 | | 9,000,000 |
| | 0150 | ① 기초 제품 재고액 | | 5,000,000 | | 5,000,000 |
| | 0150 | ⑩ 기말 제품 재고액 | | | | |
| | | 3. 매출총이익 | | -5,000,000 | | -5,000,000 |

② 기말재고자산입력

상품, 원재료, 재공품, 제품의 기말재고액을 입력한다.

③ 대손상각비 설정기능

㉠ 상단의 F8(**대손상각**)을 클릭한다.

㉡ 대손율을 입력하면 자동적으로 추가설정액이 계산되어진다.

대손율 5%로 수정하고, 하단의 결산반영을 클릭하면 자동적으로 결산반영금액에 입력된다.

㉢ 추가설정액에 금액을 직접 입력하여 결산반영해도 된다.

대손상각

대손율(%) 5.00 ← 수정 입력

| 코드 | 계정과목명 | 금액 | 설정전 충당금 잔액 코드 | 설정전 충당금 잔액 계정과목명 | 설정전 충당금 잔액 금액 | 추가설정액(결산반영) [(금액x대손율)-설정전충당금잔액] | 유형 |
|---|---|---|---|---|---|---|---|
| 0108 | 외상매출금 | 26,000,000 | 0109 | 대손충당금 | 1,000,000 | 300,000 | 판관 |
| 0110 | 받을어음 | 2,000,000 | 0111 | 대손충당금 | 2,000,000 | -1,900,000 | 판관 |
| | 대손상각비 합계 | | | | | -1,600,000 | 판관 |

새로불러오기 | 결산반영 | 취소(Esc)

<u>**대손상각비를 결산에 반영 후 기중의 매출채권의 금액을 수정해서는 안 된다.**</u>

즉 전산회계시험에서 결산을 최종적으로 입력 후 전표입력에서 매출채권 및 대손충당금을 수정하면 추가 설정 대손상각비 금액이 변하므로 다시 추가 설정해야 한다.

④ 퇴직급여충당부채 설정방법

㉠ 상단의 [CF8 퇴직충당]을 클릭한다.

㉡ 퇴직급여추계액을 원가귀속별(제조경비,판관비)로 입력하면 자동적으로 추가설정액이 계산되어 진다. 하단의 결산반영을 클릭하면 자동적으로 결산반영금액에 입력된다.

| 코드 | 계정과목명 | 퇴직급여추계액 | 설정전 잔액 | | | | 추가설정액(결산반영)<br>(퇴직급여추계액-설정전잔액) | 유형 |
|---|---|---|---|---|---|---|---|---|
| | | | 기초금액 | 당기증가 | 당기감소 | 잔액 | | |
| 0508 | 퇴직급여 | 50,000,000 | 40,000,000 | | | 40,000,000 | 10,000,000 | 제조 |
| 0806 | 퇴직급여 | 20,000,000 | 10,000,000 | | | 10,000,000 | 10,000,000 | 판관 |

원가귀속별로 입력

기중에 퇴사시 적요번호를 선택하여야 당기감소란에 반영된다.

**[퇴사시 전표입력시 적요를 선택해야 당기 감소란에 반영된다.]**

| | | | |
|---|---|---|---|
| 1 | 퇴직시 퇴직급여충당부채 상계(판관) | 6 | 퇴직급여충당부채 환입 |
| 2 | 퇴직시 퇴직급여충당부채 상계(제조) | 7 | 퇴직급여충당부채당기설정액 |
| 3 | 퇴직시 퇴직급여충당부채 상계(도급) | 8 | 퇴직시 퇴직급여충당부채 상계(보관) |
| 4 | 퇴직시 퇴직급여충당부채 상계(분양) | 9 | 퇴직시 퇴직급여충당부채 상계(운송) |
| 5 | 퇴직급여충당부채 전기 설정액 | | |

⑤ 감가상각비 설정방법

㉠ 상단의 F7(**감가상각**)을 클릭한다.

㉡ 고정자산 등록된 자산에 한해서 감가상각비가 자동계산되어진다.
하단의 결산반영을 클릭하면 자동적으로 결산반영금액에 입력된다.

㉢ 추가설정액에 금액을 직접 입력하여 결산반영해도 된다.

| 코드 | 계정과목명 | 경비구분 | 고정자산등록<br>감가상각비 | 감가상각비<br>감가상각비X(조회기간월수/내용월수) | 결산반영금액 |
|---|---|---|---|---|---|
| 020200 | 건물 | 판관 | 2,500,000 | 2,500,000 | 2,500,000 |
| 020600 | 기계장치 | 제조 | 5,772,800 | 5,772,800 | 5,772,800 |
| | 감가상각비(제조)합계 | | 5,772,800 | 5,772,800 | 5,772,800 |
| | 감가상각비(판관)합계 | | 2,500,000 | 2,500,000 | 2,500,000 |

**대손상각비, 감가상각비, 퇴직급여충당부채는 결산반영금액에 직접 입력해도 된다.**

⑥ 법인세등 설정방법

결산전 금액이 자동으로 나옵니다. 선납세금을 결산반영금액에 입력하고 추가계상액을 입력하면 된다.

선납세금을 수동으로 법인세등으로 대체시킬 필요가 없습니다.

| | | | | | |
|---|---|---|---|---|---|
| | 8. 법인세차감전이익 | | -5,200,000 | | -5,200,000 |
| 0998 | 9. 법인세등 | | | 1,000,000 | 1,000,000 |
| 0998 | 2). 추가계상액 | | | 1,000,000 | 1,000,000 |

1) 선납세금과
2) 추가계상액 입력

⑦ 결산완료 및 수정방법

㉠ 상단의 F3(**전표추가**)를 클릭하여 일반전표에 결산분개를 자동으로 반영합니다.
그러면 12/31일 일반전표를 조회하면 결산분개가 반영된 것을 확인할 수 있습니다.

㉡ 수정은 상단의 SF5 일괄삭제및기타 ▽를 삭제하고 다시 입력 후 F3(**전표추가**)를 하면 된다.

년 12 월 31 일 변경 현금잔액: 50,750,000 대차차액: 결산

| ☐ | 일 | 번호 | 구분 | 계정과목 | | 거래처 | 적요 | 차변 | 대변 |
|---|---|---|---|---|---|---|---|---|---|
| ☐ | 31 | 00010 | 결차 | 0501 | 원재료비 | | 1 원재료사용분 재료비대체 | 11,000,000 | |
| ☐ | 31 | 00010 | 결대 | 0153 | 원재료 | | 5 원재료비 대체 | | 11,000,000 |
| ☐ | 31 | 00011 | 결차 | 0169 | 재공품 | | | 11,000,000 | |
| ☐ | 31 | 00011 | 결대 | 0501 | 원재료비 | | 2 재료비 제조원가로 대체 | | 11,000,000 |
| ☐ | 31 | 00012 | 결차 | 0150 | 제품 | | 1 제조원가 제품대체 | 14,000,000 | |
| ☐ | 31 | 00012 | 결대 | 0169 | 재공품 | | | | 14,000,000 |
| ☐ | 31 | 00013 | 결차 | 0455 | 제품매출원가 | | 1 제품매출원가 대체 | 19,000,000 | |
| ☐ | 31 | 00013 | 결대 | 0150 | 제품 | | | | 19,000,000 |
| ☐ | 31 | 00014 | 결차 | 0818 | 감가상각비 | | | 2,500,000 | |

## 2 재무제표 확정

재무제표는 일정한 순서 즉 **제조원가명세서, 손익계산서, 이익잉여금 처분계산서(전표추가), 재무상태표 순**으로 작성해야 한다. 실무에서는 다음과 같이 재무제표를 확정한다.

### (1) 제조원가명세서

[결산/재무제표], [제조원가명세서]를 조회한 후 Esc(**종료)로** 종료한 후 제조원가명세서를 확정한다.

### (2) 손익계산서

[결산/재무제표], [손익계산서]를 조회한 후 Esc(**종료)로** 종료한 후 손익계산서를 확정한다.

### (3) 이익잉여금처분계산서

[결산/재무제표], [이익잉여금처분계산서]를 조회한 후 Esc**(종료)로** 종료한 후 이익잉여금처분계산서를 확정한다. 손익계산서를 확정하면 이익잉여금처분계산서에 당기순이익이 자동반영된다.

이익잉여금처분계산서의 **당기/전기 처분확정일(주주총회일)을 입력**하고 이익잉여금 처분액(처분예정액)을 해당란에 입력한다.

그리고 상단의 F6**(전표추가)를 클릭**하면 12월 31일 일반전표에 반영한다.

이익잉여금처분계산서 작성은 전산세무2급에서 출제됩니다.

당기처분예정일: 년 월 일 전기처분확정일: 년 월 일

| 과목 | 계정과목명 | | 제 (당)기 20X1년01월01일~20X1년12월31일<br>제 기(당기)<br>금액 | | 제 (전)기 20X0년01월01일~20X0년12월31일<br>제 기(전기)<br>금액 | |
|---|---|---|---|---|---|---|
| I.미처분이익잉여금 | | | | 33,800,000 | | 31,000,000 |
| 1.전기이월미처분이익잉여금 | | | 25,000,000 | | 11,000,000 | |
| 2.회계변경의 누적효과 | 0369 | 회계변경의누적효과 | | | | |
| 3.전기오류수정이익 | 0370 | 전기오류수정이익 | | | | |
| 4.전기오류수정손실 | 0371 | 전기오류수정손실 | | | | |
| 5.중간배당금 | 0372 | 중간배당금 | | | | |
| 6.당기순이익 | | | 8,800,000 | | 20,000,000 | |
| II.임의적립금 등의 이입액 | | | | | | 5,000,000 |
| 1.사업확장적립금 | 0356 | 사업확장적립금 | | | 5,000,000 | |
| 2. | | | | | | |
| 합계 | | | | 33,800,000 | | 36,000,000 |
| III.이익잉여금처분액 | | | | | | 11,000,000 |
| 1.이익준비금 | 0351 | 이익준비금 | | | 1,000,000 | |
| 2.재무구조개선적립금 | 0354 | 재무구조개선적립금 | | | | |
| 3.주식할인발행차금상각액 | 0381 | 주식할인발행차금 | | | | |
| 4.배당금 | | | | | 10,000,000 | |
| 가.현금배당 | 0265 | 미지급배당금 | | | 10,000,000 | |
| 주당배당금(률) | | 보통주 | | | | |
| | | 우선주 | | | | |
| 나.주식배당 | 0387 | 미교부주식배당금 | | | | |
| 주당배당금(률) | | 보통주 | | | | |
| | | 우선주 | | | | |
| 5.사업확장적립금 | 0356 | 사업확장적립금 | | | | |
| 6.감채적립금 | 0357 | 감채적립금 | | | | |

### (4) 재무상태표

[결산/재무제표], [재무상태표]를 조회한 후 Esc**(종료)로** 종료한 후 재무상태표를 확정한다.

**전산회계 1급 시험에서는 결산자료만 입력하고,**
**별도 언급이 없으면 재무제표를 확정하실 필요가 없습니다.**

## <예제> 결산자료입력

(주)태백(3003)의 거래내용은 다음과 같다. 다음 자료를 이용하여 결산을 완료하시오.

〈수동결산〉

[1] 본사 건물 중 일부를 임대해 주고 있는데, 11월 1일에 건물임대에 대한 1년분 임대료(월500,000원)를 현금으로 받고 전액 수익으로 계상하였다.

[2] 10월 1일에 상품창고에 도난 위험이 있어 ㈜한국보험에 손해보험을 가입하고 6개월분 보험료 600,000원을 전액 비용 처리하였다. 월할 계산하시오.

[3] 기말 현재까지 발생한 생산직 직원 급여(지급기일 익년도 1월 10일)가 미지급된 금액이 1,000,000원이 있다.

[4] 기말 현재 발생된 정기예금에 대한 이자미수액은 150,000원이다.

[5] 기말 현재 현금잔액에 대한 실사결과 장부가액은 800,000원인데 실제 보유한 현금은 150,000원이다. 과부족원인을 조사한 결과 해외출장경비(영업사원)가 150,000원이 있었고, 공장에서 원재료에 대한 계약금 450,000원(대한전자)이 회계처리가 누락되었고, 나머지 금액은 거래내역을 확인할 수 없었다.

[6] 보통예금 중에는 외화예금 12,000,000원(미화 $10,000)이 있다. 기말 현재 환율은 1,150원/$이다.

[7] 결산시 단기매매증권을 다음과 같이 평가하였다.

| 피투자회사 | 주식수 | 장부가액 | 주당공정가액 |
|---|---|---|---|
| 삼미전자 | 100주 | 1,500,000원 | 18,000원 |
| 이소프트 | 100주 | 2,300,000원 | 17,000원 |

〈자동결산〉

[8] 기말재고자산의 내역은 다음과 같다.

- 원재료 재고액 : 12,000,000원
- 재공품 재고액 : 18,000,000원
- 제 품 재고액 : 25,000,000원

[9] 퇴직급여충당부채를 다음과 같이 설정한다.

- 생산직사원 : 20,000,000원
- 사무직사원 : 25,000,000원

[10] 기말 매출채권(외상매출금, 받을어음) 잔액에 대하여 1%의 대손충당금을 보충적으로 설정한다.

[11] 기말 현재 보유하고 있는 감가상각대상자산은 다음과 같다. 감가상각비를 결산에 반영하시오.

| 계정과목 | 취득년월일 | 취득원가 | 전기말 감가상각누계액 | 내용연수 | 상각방법 | 상각율 |
|---|---|---|---|---|---|---|
| 본사건물 | 2020.09.20 | 20,000,000 | 2,500,000 | 20 | 정액법 | 0.05 |
| 기계장치 | 2019.01.25 | 15,000,000 | 7,800,000 | 5 | 정률법 | 0.451 |

[12] 당기 법인세 추산액은 5,200,000원이다(단 기납부한 중간예납세액 및 원천징수세액 300,000원이 있다).

**해답**

> **결산자료입력문제는 먼저 수동결산항목, 자동결산항목을 먼저 체크하고, 수동결산항목을 먼저 입력하고, 최종적으로 자동결산항목을 입력한다.**

1. 일반전표입력(12/31)

| | | | | | | |
|---|---|---|---|---|---|---|
| [1] | (차) | 임 대 료 | 5,000,000 | (대) | 선수수익 | 5,000,000 |

☞ **차기수익 = 500,000원×10개월 = 5,000,000원**

| | | | | | | |
|---|---|---|---|---|---|---|
| [2] | (차) | 선급비용 | 300,000 | (대) | 보 험 료(판) | 300,000 |

☞ **차기비용 = 600,000원×3개월/6개월 = 300,000원**

| | | | | | | |
|---|---|---|---|---|---|---|
| [3] | (차) | 임 금(제) | 1,000,000 | (대) | 미지급비용 | 1,000,000 |
| [4] | (차) | 미수수익 | 150,000 | (대) | 이자수익 | 150,000 |
| [5] | (차) | 여비교통비(판) | 150,000 | (대) | 현 금 | 650,000 |
| | | 선 급 금(대한전자) | 450,000 | | | |
| | | 잡 손 실 | 50,000 | | | |
| [6] | (차) | 외화환산손실 | 500,000 | (대) | 보통예금 | 500,000 |

☞ **외화환산손실 = 공정가액($10,000×1,150) − 장부가액(12,000,000) = △500,000원(손실)**

| | | | | | | |
|---|---|---|---|---|---|---|
| [7] | (차) | 단기매매증권평가손실<br>(단기투자자산평가손실) | 600,000 | (대) | 단기매매증권평가이익<br>(단기투자자산평가이익) | 300,000 |
| | | | | | 단기매매증권 | 300,000 |

☞ **단기매매증권평가손익계정이 없으면 단기투자자산평가손익계정을 선택하시면 됩니다. 단기투자자산은 단기매매증권을 포함합니다.**

2. 자동결산입력

[8] 기말재고자산 입력

- 원재료 12,000,000원 입력

| | | | | | | |
|---|---|---|---|---|---|---|
| | 0501 | 원재료비 | | 170,030,000 | | 158,030,000 |
| | 0153 | ① 기초 원재료 재고액 | | 20,000,000 | | 20,000,000 |
| | 0153 | ② 당기 원재료 매입액 | | 150,030,000 | | 150,030,000 |
| | 0153 | ⑩ 기말 원재료 재고액 | | | 12,000,000 | 12,000,000 |

- 재공품 18,000,000원, 제품 25,000,000원 입력

| | | | | | |
|---|---|---|---|---|---|
| 0455 | 8)당기 총제조비용 | | 314,805,000 | | 302,805,000 |
| 0169 | ① 기초 재공품 재고액 | | 1,000,000 | | 1,000,000 |
| 0169 | ⑩ 기말 재공품 재고액 | | | 18,000,000 | 18,000,000 |
| | 9)당기완성품제조원가 | | 315,805,000 | | 285,805,000 |
| | ⑩ 기말 재고액 | | | 25,000,000 | 25,000,000 |
| | 3. 매출총이익 | | 147,395,000 | 55,000,000 | 202,395,000 |
| | 4. 판매비와 일반관리비 | | 115,827,500 | | 115,827,500 |

[9] 퇴직급여충당부채

- 생산직사원 20,000,000원 입력

| | | | | | |
|---|---|---|---|---|---|
| | 3)노 무 비 | | 61,500,000 | 20,000,000 | 81,500,000 |
| | 1). 임금 외 | | 61,500,000 | | 61,500,000 |
| 0504 | 임금 | | 61,500,000 | | 61,500,000 |
| 0508 | 2). 퇴직급여(전입액) | | | 20,000,000 | 20,000,000 |
| 0550 | 3). 퇴직연금충당금전입액 | | | | |
| | 7)경 비 | | 83,275,000 | | 83,275,000 |

- 사무직사원 25,000,000원 입력

| | | | | | |
|---|---|---|---|---|---|
| | 4. 판매비와 일반관리비 | | 115,827,500 | 25,000,000 | 140,827,500 |
| | 1). 급여 외 | | 61,000,000 | | 61,000,000 |
| 0801 | 급여 | | 61,000,000 | | 61,000,000 |
| 0806 | 2). 퇴직급여(전입액) | | | 25,000,000 | 25,000,000 |
| 0850 | 3). 퇴직연금충당금전입액 | | | | |

[12월 31일자 일반전표에 입력해도 됩니다.]

| | | | | | |
|---|---|---|---|---|---|
| (차) | 퇴직급여(제) | 20,000,000 | (대) | 퇴직급여충당부채 | 45,000,000 |
| | 퇴직급여(판) | 25,000,000 | | | |

[10] 대손충당금

**상단의 F8(대손상각)을 클릭하여 추가설정액에 장기외상매출금, 단기대여금, 미수금의 추가설정액을 "0"으로 수정하고, 하단의 결산반영을 클릭하여 반영한다.**

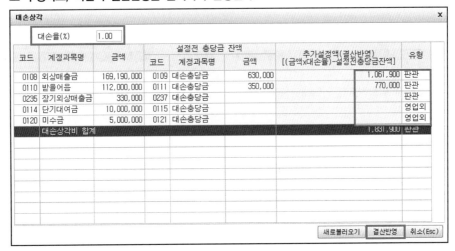

대손상각

대손율(%) 1.00

| 코드 | 계정과목명 | 금액 | 설정전 충당금 잔액 | | | 추가설정액(결산반영) [(금액x대손율)-설정전충당금잔액] | 유형 |
|---|---|---|---|---|---|---|---|
| | | | 코드 | 계정과목명 | 금액 | | |
| 0108 | 외상매출금 | 169,190,000 | 0109 | 대손충당금 | 630,000 | 1,061,900 | 판관 |
| 0110 | 받을어음 | 112,000,000 | 0111 | 대손충당금 | 350,000 | 770,000 | 판관 |
| 0235 | 장기외상매출금 | 330,000 | 0237 | 대손충당금 | | | 판관 |
| 0114 | 단기대여금 | 10,000,000 | 0115 | 대손충당금 | | | 영업외 |
| 0120 | 미수금 | 5,000,000 | 0121 | 대손충당금 | | | 영업외 |
| | 대손상각비 합계 | | | | | 1,831,900 | 판관 |

새로불러오기 결산반영 취소(Esc)

[12월 31일자 일반전표에 입력해도 됩니다.]

| | | | | | |
|---|---|---|---|---|---|
| (차) | 대손상각비(판) | 1,831,900 | (대) | 대손충당금(외상) | 1,061,900 |
| | | | | 대손충당금(받을) | 770,000 |

[11] 감가상각비

[감가상각비 계산] – 고정자산을 등록해서 감가상각비를 산출해도 무방합니다.

건물감가상각비 : 20,000,000원/20년 = 1,000,000원

기계장치감가상각비 : (15,000,000원 – 7,800,000원) × 0.451 = 3,247,200원

– 제조경비(기계장치) 감가상각비 3,247,200원 입력

| | | | | | |
|---|---|---|---|---|---|
| 0518 | 2). 일반감가상각비 | | | 3,247,200 | 3,247,200 |
| 0202 | 건물 | | | | |
| 0206 | 기계장치 | | | 3,247,200 | 3,247,200 |
| 0208 | 차량운반구 | | | | |
| 0212 | 비품 | | | | |
| 0455 | 8)당기 총제조비용 | | 314,805,000 | | 326,052,200 |

– 판관비(건물) 감가상각비 1,000,000원 입력

| | | | | | |
|---|---|---|---|---|---|
| | 4. 판매비와 일반관리비 | | 115,827,500 | 26,000,000 | 141,827,500 |
| | 1). 급여 외 | | 61,000,000 | | 61,000,000 |
| 0801 | 급여 | | 61,000,000 | | 61,000,000 |
| 0806 | 2). 퇴직급여(전입액) | | | 25,000,000 | 25,000,000 |
| 0850 | 3). 퇴직연금충당금전입액 | | | | |
| 0818 | 4). 감가상각비 | | | 1,000,000 | 1,000,000 |
| 0202 | 건물 | | | 1,000,000 | 1,000,000 |
| 0206 | 기계장치 | | | | |
| 0208 | 차량운반구 | | | | |
| 0212 | 비품 | | | | |

[12월 31일자 일반전표에 입력해도 됩니다.]

| | | | | | |
|---|---|---|---|---|---|
| (차) | 감가상각비(제) | 3,247,200 | (대) | 감가상각누계액(기계) | 3,247,200 |
| | 감가상각비(판) | 1,000,000 | | 감가상각누계액(건물) | 1,000,000 |

[12] 법인세등 입력

| | | | | | |
|---|---|---|---|---|---|
| 0998 | 9. 법인세등 | | | 5,200,000 | 5,200,000 |
| 0136 | 1). 선납세금 | | 300,000 | 300,000 | 300,000 |
| 0998 | 2). 추가계상액 | | | 4,900,000 | 4,900,000 |
| | 10. 당기순이익 | | 44,347,500 | -1,279,100 | 43,068,400 |
| | 11. 주당이익 | | | | |

[12월 31일자 일반전표에 입력해도 됩니다.]

| | | | | | |
|---|---|---|---|---|---|
| (차) | 법인세등 | 5,200,000 | (대) | 선납세금 | 300,000 |
| | | | | 미지급세금 | 4,900,000 |

**최종적으로 상단 메뉴에서 F3(전표추가)를 클릭하여 자동결산을 끝낸다.**

**자동결산항목(재고자산 제외)도 일반전표로 입력이 가능합니다.**

# 제6절 장부조회

## 1 합계잔액시산표

합계잔액시산표는 각 계정별로 차변과 대변의 합계와 잔액을 표시한다.
조회하고자 하는 월을 입력하면 **해당 월까지 잔액(누계잔액)**이 조회된다.
**재무상태표계정은 설립 시부터 해당 월까지 누계잔액이 표시되고,**
**손익계산서계정은 1월부터 해당 월까지 누계잔액이 표시된다.**
월계표/일계표는 조회하고자 하는 월의 발생금액이 나타나는 것이다.

[합계잔액시산표 – (주)태백]

기간 : 년 12 월 31 일

관리용 | 제출용

| 차변 |  | 계정과목 | 대변 |  |
|---|---|---|---|---|
| 잔액 | 합계 |  | 합계 | 잔액 |
| 722,141,109 | 1,165,681,109 | 1.유동자산 | 444,570,000 | 1,030,000 |
| 546,111,109 | 989,451,109 | <당좌자산> | 444,320,000 | 980,000 |
| 123,221,000 | 477,116,000 | 현금 | 353,895,000 |  |
| 23,993,000 | 60,258,000 | 당좌예금 | 36,265,000 |  |
| 81,436,200 | 88,316,200 | 보통예금 | 6,880,000 |  |
| 4,000,000 | 4,000,000 | 단기매매증권 |  |  |
| 169,190,000 | 208,190,000 | 외상매출금 | 39,000,000 |  |
|  | 300,000 | 대손충당금 | 930,000 | 630,000 |
| 112,000,000 | 114,000,000 | 받을어음 | 2,000,000 |  |
|  |  | 대손충당금 | 350,000 | 350,000 |
| 10,000,000 | 15,000,000 | 단기대여금 | 5,000,000 |  |
| 5,000,000 | 5,000,000 | 미수금 |  |  |
| 12,500,000 | 12,500,000 | 선급금 |  |  |
| 4,470,909 | 4,470,909 | 부가세대급금 |  |  |
| 300,000 | 300,000 | 선납세금 |  |  |
| 176,030,000 | 176,230,000 | <재고자산> | 250,000 | 50,000 |
|  |  | 매입할인 | 50,000 | 50,000 |
| 5,000,000 | 5,000,000 | 제품 |  |  |
| 170,030,000 | 170,230,000 | 원재료 | 200,000 |  |
| 1,000,000 | 1,000,000 | 재공품 |  |  |
| 126,739,091 | 126,739,091 | 2.비유동자산 | 53,150,000 | 53,150,000 |
| 1,000,000 | 1,000,000 | <투자자산> |  |  |
| 1,112,602,700 | 1,614,510,200 | 합계 | 1,614,510,200 | 1,112,602,700 |

## 2 재무제표(재무상태표, 손익계산서)

**<u>전기말과 현재 기준월과의 계정과목의 증감을 비교시</u>**에는 재무상태표, 손익계산서를 조회한다.

〈조회기간 – 3월〉

| | 당 기 | 전 기 |
|---|---|---|
| **손익계산서(일정기간)** | 2025.1.1.~2025.3.31(1개월간) | 2024.1.1.~2024.12.31(1년간) |
| **재무상태표(일정시점)** | 2025.3.31. 현재 | 2024.12.31. 현재 |

상단의 [과목별]은 계정과목별로 출력되고 [제출용]은 외부에 공시하는 재무제표로 나타난다.

| 과목별 | 제출용 |
|---|---|
| 현 금<br>보 통 예 금<br>당 좌 예 금 | **<u>현금 및 현금성자산</u>** |
| 외상매출금<br>받 을 어 음 | 매출채권 |

[손익계산서 – (주)태백]

기간 : 20X1 년 12 월

관리용 | 제출용 | 포괄손익 | 표준용

| 과 목 | 제 (당)기 20X1년1월1일 ~ 20X1년12월31일 금액 | | 제 (전)기 20X0년1월1일 ~ 20X0년12월31일 금액 | |
|---|---|---|---|---|
| Ⅰ.매출액 | | 463,200,000 | | 125,520,000 |
| 상품매출 | 300,000 | | | |
| 매출할인 | 200,000 | | | |
| 제품매출 | 457,100,000 | | 125,520,000 | |
| 임대료수입 | 6,000,000 | | | |
| Ⅱ.매출원가 | | | | 25,000,000 |
| 상품매출원가 | | | | |
| 기초상품재고액 | | | | |
| 당기상품매입액 | | | | |
| 매입할인 | 50,000 | | | |
| 기말상품재고액 | -50,000 | | | |
| 제품매출원가 | | | | 25,000,000 |
| 기초제품재고액 | 5,000,000 | | 30,000,000 | |
| 당기제품제조원가 | | | | |
| 기말제품재고액 | 5,000,000 | | 5,000,000 | |
| Ⅲ.매출총이익 | | 463,200,000 | | 100,520,000 |
| Ⅳ.판매비와관리비 | | 115,827,500 | | 13,870,000 |
| 급여 | 61,000,000 | | 8,000,000 | |

전기와 비교하는 조회문제(일정기간)

**[재무상태표 - (주)태백]**

기간 : 20X1 년 04 월

관리용 | 제출용 | 표준용

| 과 목 | 제 (당)기 20X1년1월1일 ~ 20X1년4월30일 금액 | | 제 (전)기 20X0년1월1일 ~ 20X0년12월31일 금액 | |
|---|---|---|---|---|
| 자산 | | | | |
| Ⅰ.유동자산 | | 764,871,109 | | 163,590,200 |
| ① 당좌자산 | | 588,921,109 | | 137,590,200 |
| 현금 | | 163,911,000 | | 50,906,000 |
| 당좌예금 | | 29,593,000 | | 41,418,000 |
| 보통예금 | | 78,936,200 | | 21,616,200 |
| 단기매매증권 | | 4,000,000 | | 2,000,000 |
| 외상매출금 | 170,890,000 | | 13,700,000 | |
| 대손충당금 | 630,000 | 170,260,000 | 200,000 | 13,500,000 |
| 받을어음 | 111,000,000 | | 5,000,000 | |
| 대손충당금 | 350,000 | 110,650,000 | 350,000 | 4,650,000 |
| 단기대여금 | | 10,000,000 | | |
| 미수금 | | 5,000,000 | | 1,000,000 |
| 선급금 | | 12,500,000 | | 2,500,000 |
| 부가세대급금 | | 4,070,909 | | |
| ② 재고자산 | | 175,950,000 | | 26,000,000 |
| 상품 | | -50,000 | | |
| 제품 | | 5,000,000 | | 5,000,000 |

전기와 비교하는 조회문제(일정시점)

## 3 전표출력

전표는 [일반전표입력]과 [매입매출전표]에 입력된 자료에 의하여 일자별로 조회할 수 있다. **시험에는 출제되지 않습니다.**

## 4 분개장

분개장은 일자별로 전계정에 대한 분개내역을 조회할 수 있다. **시험에는 출제되지 않습니다.**

## 5 총계정원장

총계정원장은 [전표입력]에 입력된 자료에 의하여 계정과목별로 집계현황을 보여준다.
[월별]탭을 클릭하면 **계정과목별로 월별 잔액 및 증감내역**을 알 수 있다.
[일별]탭을 클릭하면 계정과목별로 일자별로 잔액 및 증감내역을 알 수 있다.

**모든 장부조회는 엔터키만 연속으로 입력하면 조회기간과 거래처 등이 자동(처음부터 마지막)으로 설정되어 있어 편합니다.**

**[총계정원장 - (주)태백]**

**- 총계정원장을 엔터키로만 조회한 화면 -**

월별 | 일별

기 간 년 01 월 01 일 ~ 년 12 월 31 일

계정과목 0101 현금 ~ 0999 소득세등

처음부터 마지막까지

| 코드 | 계정과목 |
|---|---|
| 0101 | 현금 |
| 0102 | 당좌예금 |
| 0103 | 보통예금 |
| 0107 | 단기매매증권 |
| 0108 | 외상매출금 |
| 0109 | 대손충당금 |
| 0110 | 받을어음 |
| 0111 | 대손충당금 |
| 0114 | 단기대여금 |
| 0120 | 미수금 |
| 0131 | 선급금 |
| 0135 | 부가세대급금 |
| 0136 | 선납세금 |
| 0148 | 매입할인 |

| 일자 | 차변 | 대변 | 잔액 |
|---|---|---|---|
| [전기이월] | 50,906,000 | | 50,906,000 |
| /01 | 77,500,000 | 78,390,000 | 50,016,000 |
| /02 | 174,300,000 | 38,850,000 | 185,466,000 |
| /03 | 1,000,000 | 139,785,000 | 46,681,000 |
| /04 | 150,000,000 | 32,770,000 | 163,911,000 |
| /05 | 2,200,000 | 31,930,000 | 134,181,000 |
| /06 | 15,000,000 | 30,800,000 | 118,381,000 |
| /07 | | | 118,381,000 |
| /08 | 210,000 | 1,000,000 | 117,591,000 |
| /09 | | | 117,591,000 |
| /10 | | 300,000 | 117,291,000 |
| /11 | 6,000,000 | | 123,291,000 |
| /12 | | 70,000 | 123,221,000 |
| 합계 | 477,116,000 | 353,895,000 | |

## 6 일계표/월계표

[일계표/월계표]는 일자별 또는 월간별로 각 계정별 대체전표 및 현금전표의 내역을 조회할 수 있다.

**[월계표 - (주)태백]**

일계표 | 월계표

조회기간 : 년 01 월 ~ 년 01 월

| 차변 | | | 계정과목 | 대변 | | |
|---|---|---|---|---|---|---|
| 계 | 대체 | 현금 | | 현금 | 대체 | 계 |
| 240,750,000 | 240,740,000 | 10,000 | 1.유동자산 | 22,750,000 | 43,860,000 | 66,610,000 |
| 230,750,000 | 230,740,000 | 10,000 | <당좌자산> | 22,750,000 | 43,860,000 | 66,610,000 |
| 17,740,000 | 17,740,000 | | 당좌예금 | | 20,500,000 | 20,500,000 |
| 1,700,000 | 1,700,000 | | 보통예금 | 750,000 | 3,630,000 | 4,380,000 |
| 2,000,000 | 2,000,000 | | 단기매매증권 | | | |
| 177,010,000 | 177,000,000 | 10,000 | 외상매출금 | 17,000,000 | 17,000,000 | 34,000,000 |
| 300,000 | 300,000 | | 대손충당금 | | 730,000 | 730,000 |
| 11,000,000 | 11,000,000 | | 받을어음 | | 2,000,000 | 2,000,000 |
| 10,000,000 | 10,000,000 | | 단기대여금 | 5,000,000 | | 5,000,000 |
| 10,000,000 | 10,000,000 | | 선급금 | | | |
| 1,000,000 | 1,000,000 | | 부가세대급금 | | | |
| 10,000,000 | 10,000,000 | | <재고자산> | | | |
| 10,000,000 | 10,000,000 | | 원재료 | | | |
| 11,000,000 | 11,000,000 | | 2.유동부채 | 54,650,000 | 39,050,000 | 93,700,000 |
| 10,000,000 | 10,000,000 | | 외상매입금 | | 10,000,000 | 10,000,000 |
| | | | 지급어음 | | 10,000,000 | 10,000,000 |
| 1,000,000 | 1,000,000 | | 미지급금 | | 11,050,000 | 11,050,000 |
| | | | 예수금 | 150,000 | | 150,000 |
| | | | 부가세예수금 | | 8,000,000 | 8,000,000 |
| | | | 선수금 | 10,000,000 | | 10,000,000 |
| | | | 단기차입금 | 44,500,000 | | 44,500,000 |
| 353,920,000 | 275,530,000 | 78,390,000 | 금월소계 | 77,500,000 | 275,530,000 | 353,030,000 |
| 50,016,000 | | 50,016,000 | 금월잔고/전월잔고 | 50,906,000 | | 50,906,000 |
| 403,936,000 | 275,530,000 | 128,406,000 | 합계 | 128,406,000 | 275,530,000 | 403,936,000 |

**[대체거래 및 현금거래]**

| 차변 | | | 계정과목 | 대변 | | |
|---|---|---|---|---|---|---|
| 계 | <u>대체</u> | <u>현금</u> | | <u>현금</u> | <u>대체</u> | 계 |
| 1,700,000 | 1,700,000 | | **<u>보통예금</u>** | 750,000 | 3,630,000 | 4,380,000 |

[차변]

| | | | | |
|---|---|---|---|---|
| **대체거래** | (차) 보통예금 | 1,700,000원 | (대) 현금이외 | 1,700,000원 |

[대변]

| | | | | |
|---|---|---|---|---|
| **현금거래** | (차) 현 금 | 750,000원 | (대) 보통예금 | 750,000원 |
| **대체거래** | (차) 현금이외 | 3,630,000원 | (대) 보통예금 | 3,630,000원 |

## 7 현금출납장

현금계정의 증감은 현금출납장에서 조회할 수 있다.

현금출납장은 현금의 입·출금 내역과 **<u>현금의 장부상 시재액(현재 잔액)을 제공</u>**한다.

**[현금출납장 - (주)태백]**

전체 | 부서별 | 사원별 | 현장별 | 프로젝트별

기 간 년 1 월 1 일 ~ 년 12 월 31 일

| 일자 | 코드 | 적 요 | 코드 | 거 래 처 | 입 금 | 출 금 | 잔 액 |
|---|---|---|---|---|---|---|---|
| | | [전 기 이 월] | | | 50,906,000 | | 50,906,000 |
| 01-01 | | | 02101 | (주)설악전기 | | 10,000 | 50,896,000 |
| 01-02 | | | | | | 10,000,000 | |
| 01-02 | | | | | | 3,000,000 | |
| 01-02 | | | | | | 150,000 | |
| 01-02 | | | | | | 250,000 | |
| 01-02 | | | | | | 350,000 | |
| 01-02 | | | | | | 350,000 | |
| 01-02 | | | | | | 750,000 | |
| 01-02 | | | | | | 250,000 | |
| 01-02 | | | | | | 150,000 | |
| 01-02 | | | | | | 150,000 | 35,496,000 |
| 01-11 | | | | | 100,000 | | |
| 01-11 | | | | | | 2,000,000 | |
| 01-11 | | | | | | 200,000 | |

## 8 계정별원장

계정별원장은 각 계정(**현금계정제외**)의 거래내역을 일자별로 기록한 장부이다.

조회하고자하는 계정과목을 1개 또는 여러 개를 설정할 수 있고, 기간도 일자별로 설정할 수 있다.

**[계정별원장(외상매출금) - (주)태백]**

계정별 | 부서별 | 사원별 | 현장별 | 전 체

기 간 년 1 월 1 일 ~ 년 1 월 31 일

계정과목 0102 당좌예금 ~ 0999 소득세비용

| □ | 코드 | 계 정 과 목 |
|---|---|---|
| □ | 0102 | 당좌예금 |
| □ | 0103 | 보통예금 |
| □ | 0107 | 단기매매증권 |
| □ | 0108 | 외상매출금 |
| □ | 0109 | 대손충당금 |
| □ | 0110 | 받을어음 |
| □ | 0111 | 대손충당금 |
| □ | 0114 | 단기대여금 |
| □ | 0120 | 미수금 |
| □ | 0131 | 선급금 |
| □ | 0135 | 부가세대급금 |
| □ | 0150 | 제품 |
| □ | 0153 | 원재료 |
| □ | 0169 | 재공품 |

| 일자 | 적 요 | 코드 | 거 래 처 | 차 변 | 대 변 | 잔 액 | 번호 | |
|---|---|---|---|---|---|---|---|---|
| | [전 기 이 월] | | | 13,700,000 | | 13,700,000 | | |
| 01-01 | | 02101 | (주)설악전기 | 10,000 | | 13,710,000 | 00001 | 1 |
| 01-10 | 제품매출 | 00104 | (주)청계 | 22,000,000 | | 35,710,000 | 50002 | 2 |
| 01-10 | 제품매출 | 01101 | (주)지리전자 | 100,000,000 | | 135,710,000 | 50003 | 1 |
| 01-10 | | 01101 | (주)지리전자 | | 5,000,000 | 130,710,000 | 00001 | 1 |
| 01-14 | | 01101 | (주)지리전자 | | 17,000,000 | 113,710,000 | 00002 | 1 |
| 01-15 | 제품매출 | 00102 | (주)상선전자 | 55,000,000 | | 168,710,000 | 50001 | 1 |
| 01-20 | | 99600 | 비씨카드 | | 1,000,000 | 167,710,000 | 00005 | |
| 01-25 | | 00104 | (주)청계 | | 1,000,000 | 166,710,000 | 00001 | 2 |
| 01-28 | | 01101 | (주)지리전자 | | 10,000,000 | 156,710,000 | 00001 | 1 |
| | [월 계] | | | 177,010,000 | 34,000,000 | | | |
| | [누 계] | | | 190,710,000 | 34,000,000 | | | |

## 9 거래처원장/거래처별계정과목별원장

거래처원장은 거래처의 채권 · 채무관리를 위한 장부로서 전표입력시 채권 · 채무에 입력한 거래처를 기준으로 작성된다. 즉 **거래처 코드를 입력하여야만 거래처원장으로 조회**할 수 있다. 거래처원장은 잔액, 내용, 총괄로 구성되어 있다.

[잔액]을 클릭하면 해당 특정 계정과목에 대해 **모든 거래처의 채권 · 채무 잔액을 조회**한다.

**거래처별계정과목별원장은 한 거래처의 모든 거래가 계정과목별로 나타난다.**

**전산회계1급에서는 거래처원장이 대부분 출제됩니다.**

**[거래처원장 - 잔액(외상매출금) - (주)태백]**

잔 액 | 내 용

기 간 년 1 월 1 일 ~ 년 12 월 31 일 계정과목 0108 외상매출금 잔액 0 포함 미등록 포함

거래처분류 ~ 거 래 처 00101 (주)세계 ~ 99700 국민카드

| 코드 | 거 래 처 | 등록번호 | 대표자명 | 전기이월 | 차 변 | 대 변 | 잔 액 |
|---|---|---|---|---|---|---|---|
| 00102 | (주)상선전자 | 105-81-91237 | 이여수 | | 55,000,000 | | 55,000,000 |
| 00104 | (주)청계 | 236-43-17937 | 이청계 | | 22,000,000 | 1,000,000 | 21,000,000 |
| 00105 | (주)서울상사 | 202-81-00395 | 김서울 | 13,700,000 | | | 13,700,000 |
| 00111 | 경기상사 | 107-39-99352 | 최경기 | | 3,300,000 | 5,000,000 | -1,700,000 |
| 00114 | APPLE사 | | | | 9,200,000 | | 9,200,000 |
| 00115 | 아름다운꽃집 | 341-84-25692 | 송아름 | | 2,200,000 | | 2,200,000 |
| 01101 | (주)지리전자 | 104-81-23639 | 이한라 | | 103,000,000 | 32,000,000 | 71,000,000 |
| 02101 | (주)설악전기 | 125-05-81909 | 최설악 | | -210,000 | | -210,000 |
| 99600 | 비씨카드 | | | | | 1,000,000 | -1,000,000 |

잔액에서 해당거래처를 더블클릭하면 해당거래처의 거래내역이 나타난다.

[내용]을 클릭하면 해당 특정 계정과목에 대해 거래처별로 거래내용을 구체적으로 조회하고자 할 때 선택한다.

**[거래처원장 - 내용 - (주)태백]**

**- ㈜상선전자**

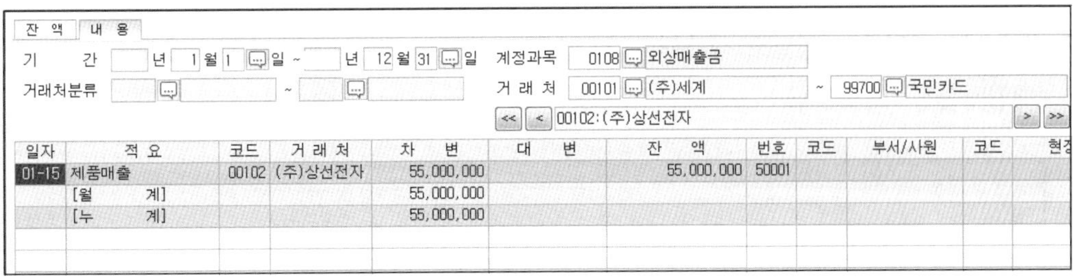


| 일자 | 적 요 | 코드 | 거 래 처 | 차 변 | 대 변 | 잔 액 | 번호 | 코드 | 부서/사원 | 코드 | 현장 |
|---|---|---|---|---|---|---|---|---|---|---|---|
| 01-15 | 제품매출 | 00102 | (주)상선전자 | 55,000,000 | | 55,000,000 | 50001 | | | | |
| | [월 계] | | | 55,000,000 | | | | | | | |
| | [누 계] | | | 55,000,000 | | | | | | | |

**[거래처별계정과목별원장 - (주)태백]**

**- ㈜상선전자**

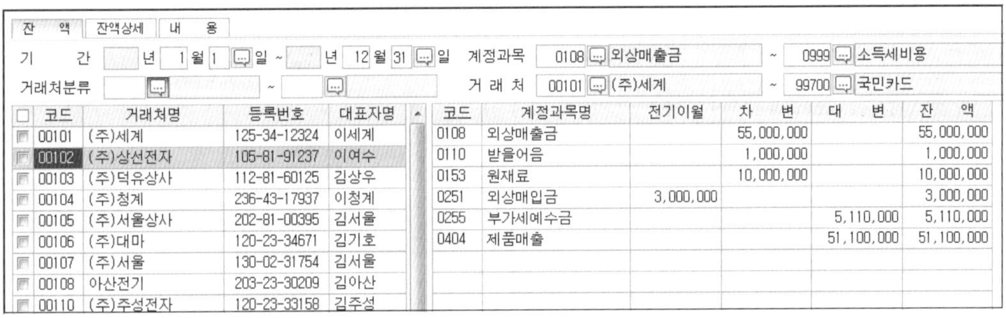


| 코드 | 거래처명 | 등록번호 | 대표자명 |
|---|---|---|---|
| 00101 | (주)세계 | 125-34-12324 | 이세계 |
| 00102 | (주)상선전자 | 105-81-91237 | 이여수 |
| 00103 | (주)덕유상사 | 112-81-60125 | 김상우 |
| 00104 | (주)청계 | 236-43-17937 | 이청계 |
| 00105 | (주)서울상사 | 202-81-00395 | 김서울 |
| 00106 | (주)대마 | 120-23-34671 | 김기호 |
| 00107 | (주)서울 | 130-02-31754 | 김서울 |
| 00108 | 아산전기 | 203-23-30209 | 김아산 |
| 00110 | (주)주성전자 | 120-23-33158 | 김주성 |

| 코드 | 계정과목명 | 전기이월 | 차 변 | 대 변 | 잔 액 |
|---|---|---|---|---|---|
| 0108 | 외상매출금 | | 55,000,000 | | 55,000,000 |
| 0110 | 받을어음 | | 1,000,000 | | 1,000,000 |
| 0153 | 원재료 | | 10,000,000 | | 10,000,000 |
| 0251 | 외상매입금 | 3,000,000 | | | 3,000,000 |
| 0255 | 부가세예수금 | | | 5,110,000 | 5,110,000 |
| 0404 | 제품매출 | | | 51,100,000 | 51,100,000 |

## 10 일일자금명세(경리일보)

일일자금명세란 하루 동안 지출 및 수입된 자금 내역을 기록하여 보고하기 위한 목적으로 작성하는 문서를 말한다. 일일자금일보에는 매출, 매입, 예금, 차입금 등과 입금액, 출금액, 잔액 등을 상세히 기록하도록 한다.

## 11 예적금현황

예적금의 변동상황과 잔액을 일별 확인할 수 있고 은행별 원장도 조회가 가능하다.

## 12 매입매출장

[매입매출전표]에 입력된 전표를 조회하며, 매입매출전표 입력시 유형을 선택하였으면, **매입매출장에서는 이러한 유형별로 집계**된다.

**[매입매출장 - (주)태백]**

조회기간: 년 01 월 01 일 ~ 년 03 월 31 일
구 분: 2 1.전체 2.매출 3.매입 유형: 11.과세 ①전자

| 유형 | 일자 | 품목 | 공급가액 | 부가세 | 합계 | 예정신고 | 코드 | 거래처 | 분개유형 |
|---|---|---|---|---|---|---|---|---|---|
| 과세 | -01-10 | 제품매출 | 20,000,000 | 2,000,000 | 22,000,000 | | 00104 | (주)청계 | 혼합 |
| 월 | | 계 ( 1 건) | 20,000,000 | 2,000,000 | 22,000,000 | | | | |
| 누 | | 계 ( 1 건) | 20,000,000 | 2,000,000 | 22,000,000 | | | | |
| 과세 | -02-01 | 컴퓨터부품 10 X 300,000 | 3,000,000 | 300,000 | 3,300,000 | | 01101 | (주)지리전자 | 혼합 |
| 과세 | -02-05 | 컴퓨터부품 5 X 1,000,000 | 5,000,000 | 500,000 | 5,500,000 | | 01101 | (주)지리전자 | 혼합 |
| 과세 | -02-10 | 제품매출 | 5,000,000 | 500,000 | 5,500,000 | | 00105 | (주)서울상사 | 혼합 |
| 과세 | -02-25 | 제품매출 | 150,000,000 | 15,000,000 | 165,000,000 | | 00106 | (주)대마 | 혼합 |
| 월 | | 계 ( 4 건) | 163,000,000 | 16,300,000 | 179,300,000 | | | | |
| 누 | | 계 ( 5 건) | 183,000,000 | 18,300,000 | 201,300,000 | | | | |
| 과세 | -03-05 | 부품 | 1,000,000 | 100,000 | 1,100,000 | | 02101 | (주)설악전기 | 혼합 |
| 월 | | 계 ( 1 건) | 1,000,000 | 100,000 | 1,100,000 | | | | |
| 분 기 누 | | 계 ( 6 건) | 184,000,000 | 18,400,000 | 202,400,000 | | | | |
| 누 | | 계 ( 6 건) | 184,000,000 | 18,400,000 | 202,400,000 | | | | |

매출 - 과세 - 전자세금계산서를 조회한 내용이다.

## 13 세금계산서(계산서)현황

세금계산서(계산서)의 발행 현황을 알 수 있다.

**[매출세금계산서 현황 - (주)태백]**

조회기간: 년 01 월 01 일 ~ 년 03 월 31 일
구 분: 2 1.매출 2.매입 유형: 1.세금계산서 거래처: 00101 (주)세계 ~ 99700 국민카드
전 체 | 전자발행(11일이내) | 전자발행(11일이후),종이발행

| 코드 | 거래처명 | 사업자번호 | 합계 | | | 1월 | | | 2월 | | |
|---|---|---|---|---|---|---|---|---|---|---|---|
| | | | 건수 | 공급가액 | 부가세 | 건수 | 공급가액 | 부가세 | 건수 | 공급가액 | 부 |
| 00103 | (주)덕유상사 | 112-81-60125 | 4 | 122,500,000 | 2,250,000 | | | | 1 | 10,000,000 | 1,000 |
| 00106 | (주)대마 | 120-23-34671 | 1 | 100,000 | 10,000 | | | | 1 | 100,000 | 10,00 |
| 00112 | (주)드림세상 | 505-21-21994 | 2 | 3,500,000 | 350,000 | | | | | | |
| 01203 | 대한전자 | 108-81-59726 | 2 | 20,000,000 | 500,000 | | | | 1 | 5,000,000 | 500,0 |
| 02101 | (주)설악전기 | 125-05-81909 | 1 | 10,000,000 | 1,000,000 | 1 | 10,000,000 | 1,000,000 | | | |

유형과 전체 거래처를 입력하면 **전자세금계산서 발행내역/지연전송 및 종이세금계산서 발행내역**을 알 수 있다. 부가가치세의 세금계산서 합계표와 조회기능이 비슷하다.

## 14 부가가치세

### (1) 부가가치세신고서

부가가치세 신고서는 [부가가치]/[부가가치세신고서] 메뉴를 클릭하여 해당 **신고기간을 입력하면 신고서 화면이 조회**된다.

**[예정신고서 - 1월~3월]**

| 구분 | | | | 정기신고금액 금액 | 세율 | 세액 |
|---|---|---|---|---|---|---|
| 과세표준및매출세액 | 과세 | 세금계산서발급분 | 1 | 194,300,000 | 10/100 | 19,430,000 |
| | | 매입자발행세금계산서 | 2 | | 10/100 | |
| | | 신용카드 · 현금영수증발행분 | 3 | 52,000,000 | 10/100 | 5,200,000 |
| | | 기타(정규영수증외매출분) | 4 | | | |
| | 영세 | 세금계산서발급분 | 5 | 195,000,000 | 0/100 | |
| | | 기타 | 6 | 9,200,000 | 0/100 | |
| | 예정신고누락분 | | 7 | | | |
| | 대손세액가감 | | 8 | | | |
| | 합계 | | 9 | 450,500,000 | ㉮ | 24,630,000 |
| 매입세액 | 세금계산서수취분 | 일반매입 | 10 | 151,600,000 | | 3,660,000 |
| | | 수출기업수입분납부유예 | 10 | | | |
| | | 고정자산매입 | 11 | 4,500,000 | | 450,000 |
| | 예정신고누락분 | | 12 | | | |
| | 매입자발행세금계산서 | | 13 | | | |
| | 그 밖의 공제매입세액 | | 14 | 909,091 | | 90,909 |
| | 합계(10)-(10-1)+(11)+(12)+(13)+(14) | | 15 | 157,009,091 | | 4,200,909 |
| | 공제받지못할매입세액 | | 16 | 1,500,000 | | 150,000 |
| | 차감계 (15-16) | | 17 | 155,509,091 | ㉯ | 4,050,909 |
| 납부(환급)세액(매출세액㉮-매입세액㉯) | | | | | ㉰ | 20,579,091 |
| 경감공제세액 | 그 밖의 경감 · 공제세액 | | 18 | | | |
| | 신용카드매출전표등 발행공제등 | | 19 | 57,200,000 | | |
| | 합계 | | 20 | | ㉱ | |
| 예정신고미환급세액 | | | 21 | | ㉲ | |
| 예정고지세액 | | | 22 | | ㉳ | |
| 사업양수자의 대리납부 기납부세액 | | | 23 | | ㉴ | |
| 매입자 납부특례 기납부세액 | | | 24 | | ㉵ | |
| 신용카드업자의 대리납부 기납부세액 | | | 25 | | ㉶ | |
| 가산세액계 | | | 26 | | ㉷ | |
| 차감.가감하여 납부할세액(환급받을세액)(㉰-㉱-㉲-㉳-㉴-㉵-㉶+㉷ | | | | | 27 | 20,579,091 |
| 총괄납부사업자가 납부할 세액(환급받을 세액) | | | | | | |

| 구분 | | | | 금액 | 세율 | 세액 |
|---|---|---|---|---|---|---|
| 7.매출(예정신고누락분) | | | | | | |
| 예정누락분 | 과세 | 세금계산서 | 33 | | 10/100 | |
| | | 기타 | 34 | | 10/100 | |
| | 영세 | 세금계산서 | 35 | | 0/100 | |
| | | 기타 | 36 | | 0/100 | |
| | 합계 | | 37 | | | |
| 12.매입(예정신고누락분) | | | | | | |
| 예정누락분 | 세금계산서 | | 38 | | | |
| | 그 밖의 공제매입세액 | | 39 | | | |
| | 합계 | | 40 | | | |
| | 신용카드매출수령금액합계 | 일반매입 | | | | |
| | | 고정매입 | | | | |
| | 의제매입세액 | | | | | |
| | 재활용폐자원등매입세액 | | | | | |
| | 과세사업전환매입세액 | | | | | |
| | 재고매입세액 | | | | | |
| | 변제대손세액 | | | | | |
| | 외국인관광객에대한환급/ | | | | | |
| | 합계 | | | | | |
| 14.그 밖의 공제매입세액 | | | | | | |
| 신용카드매출수령금액합계표 | | 일반매입 | 41 | | | |
| | | 고정매입 | 42 | 909,091 | | 90,909 |
| 의제매입세액 | | | 43 | | 뒤쪽 | |
| 재활용폐자원등매입세액 | | | 44 | | 뒤쪽 | |
| 과세사업전환매입세액 | | | 45 | | | |
| 재고매입세액 | | | 46 | | | |
| 변제대손세액 | | | 47 | | | |
| 외국인관광객에대한환급세액 | | | 48 | | | |
| 합계 | | | 49 | 909,091 | | 90,909 |

**16.공제받지못할세액에 마우스를 옮기면 우측화면이 변한다.**

| 구분 | | | | 정기신고금액 금액 | 세율 | 세액 |
|---|---|---|---|---|---|---|
| 과세표준및매출세액 | 과세 | 세금계산서발급분 | 1 | 194,300,000 | 10/100 | 19,430,000 |
| | | 매입자발행세금계산서 | 2 | | 10/100 | |
| | | 신용카드 · 현금영수증발행분 | 3 | 52,000,000 | 10/100 | 5,200,000 |
| | | 기타(정규영수증외매출분) | 4 | | | |
| | 영세 | 세금계산서발급분 | 5 | 195,000,000 | 0/100 | |
| | | 기타 | 6 | 9,200,000 | 0/100 | |
| | 예정신고누락분 | | 7 | | | |
| | 대손세액가감 | | 8 | | | |
| | 합계 | | 9 | 450,500,000 | ㉮ | 24,630,000 |
| 매입세액 | 세금계산서수취분 | 일반매입 | 10 | 151,600,000 | | 3,660,000 |
| | | 수출기업수입분납부유예 | 10 | | | |
| | | 고정자산매입 | 11 | 4,500,000 | | 450,000 |
| | 예정신고누락분 | | 12 | | | |
| | 매입자발행세금계산서 | | 13 | | | |
| | 그 밖의 공제매입세액 | | 14 | 909,091 | | 90,909 |
| | 합계(10)-(10-1)+(11)+(12)+(13)+(14) | | 15 | 157,009,091 | | 4,200,909 |
| | 공제받지못할매입세액 | | 16 | 1,500,000 | | 150,000 |
| | 차감계 (15-16) | | 17 | 155,509,091 | ㉯ | 4,050,909 |
| 납부(환급)세액(매출세액㉮-매입세액㉯) | | | | | ㉰ | 20,579,091 |
| 경감공제세액 | 그 밖의 경감 · 공제세액 | | 18 | | | |
| | 신용카드매출전표등 발행공제등 | | 19 | 57,200,000 | | |
| | 합계 | | 20 | | ㉱ | |
| 예정신고미환급세액 | | | 21 | | ㉲ | |
| 예정고지세액 | | | 22 | | ㉳ | |
| 사업양수자의 대리납부 기납부세액 | | | 23 | | ㉴ | |
| 매입자 납부특례 기납부세액 | | | 24 | | ㉵ | |
| 신용카드업자의 대리납부 기납부세액 | | | 25 | | ㉶ | |
| 가산세액계 | | | 26 | | ㉷ | |
| 차감.가감하여 납부할세액(환급받을세액)(㉰-㉱-㉲-㉳-㉴-㉵-㉶+㉷ | | | | | 27 | 20,579,091 |
| 총괄납부사업자가 납부할 세액(환급받을 세액) | | | | | | |

| 구분 | | 금액 | 세율 | 세액 |
|---|---|---|---|---|
| 16.공제받지못할매입세액 | | | | |
| 공제받지못할 매입세액 | 50 | 1,500,000 | | 150,000 |
| 공통매입세액면세등사업분 | 51 | | | |
| 대손처분받은세액 | 52 | | | |
| 합계 | 53 | 1,500,000 | | 150,000 |
| 18.그 밖의 경감·공제세액 | | | | |
| 전자신고세액공제 | 54 | | | |
| 전자세금계산서발급세액공제 | 55 | | | |
| 택시운송사업자경감세액 | 56 | | | |
| 대리납부세액공제 | 57 | | | |
| 현금영수증사업자세액공제 | 58 | | | |
| 기타 | 59 | | | |
| 합계 | 60 | | | |

상단의 F4(과표명세)를 클릭하면 수입금액과 계산서발급/계산서 수취금액을 확인할 수 있다.

과세표준명세

신고구분 : 1 ( 1.예정 2.확정 3.영세율 조기환급 4.기한후과세표준)

| 국세환급금계좌신고 | | | 은행 | | 지점 |
|---|---|---|---|---|---|
| 계좌번호 : | | | | | |
| 폐업일자 : | ----·--·-- | 폐업사유 : | | | |

| | 과세표준명세 | | | |
|---|---|---|---|---|
| | 업태 | 종목 | 코드 | 금액 |
| 28 | 제조,도.소매 | 전자제품 | | 450,500,000 |
| 29 | | | | |
| 30 | | | | |
| 31 | 수입금액제외 | | | |
| 32 | 합계 | | | 450,500,000 |
| | 면세사업수입금액 | | | |
| | 업태 | 종목 | 코드 | 금액 |
| 80 | 제조,도.소매 | 전자제품 | | 1,000,000 |
| 81 | | | | |
| 82 | 수입금액제외 | | | |
| 83 | 합계 | | | 1,000,000 |
| 계산서발급 및 수취명세 | | 84.계산서발급금액 | | 1,000,000 |
| | | 85.계산서수취금액 | | 250,000 |

세무대리인정보

| 성명 | | 사업자번호 | ---·--·----- | 전화번호 | |
|---|---|---|---|---|---|
| 신고년월일 | 2020-04-27 | 핸드폰 | | | |
| e-Mail | | | | | |

## 15 세금계산서합계표

세금계산서 합계표는 부가가치세 신고서 첨부서류이다.

매입매출전표에 입력한 세금계산서(매출/매입)을 매출처별세금계산서합계표, 매입처별세금계산서합계표로 집계한다.

조회기간을 입력하면 부가가치세 신고기간별로 집계된다.

**세금계산서 관련 문제는 [회계관리/세금계산서(계산서)현황]에서 조회하는게 편하다.**

**[매출처별세금계산서합계표, 1월~3월, 매출]**

매 출 | 매 입 ※ [확인]전송일자가 없는 거래는 전자세금계산서 발급분으로 반영 되므로 국세청 e세로 전송 세금계산서와 반드시 확인 합니다.

2. 매출세금계산서 총합계

| 구분 | | 매출처수 | 매수 | 공급가액 | 세액 |
|---|---|---|---|---|---|
| 합계 | | 7 | 11 | 389,300,000 | 19,430,000 |
| 과세기간 종료일 다음달 11일까지전송된 전자세금계산서 발급분 | 사업자 번호 발급분 | | | | |
| | 주민등록번호발급분 | | | | |
| | 소계 | | | | |
| 위 전자세금계산서 외의 발급분(종이발급분+과세기간 종료일다음달 12일 이후분) | 사업자 번호 발급분 | 7 | 11 | 389,300,000 | 19,430,000 |
| | 주민등록번호발급분 | | | | |
| | 소계 | 7 | 11 | 389,300,000 | 19,430,000 |

과세기간 종료일 다음달 11일까지 (전자분) | 과세기간 종료일 다음달 12일이후 (전자분), 그외 | 전체데이터 참고사항 : 2012년 7월 이후 변경사항

| | 사업자등록번호 | 코드 | 거래처명 | 매수 | 공급가액 | 세액 | 대표자성명 | 업태 | 종목 | 주류코드 |
|---|---|---|---|---|---|---|---|---|---|---|
| 1 | 104-81-23639 | 01101 | (주)지리전자 | 3 | 108,000,000 | 800,000 | 이한라 | 제조 | 전자제품 | |
| 2 | 120-21-35093 | 00113 | 영종무역(주) | 1 | 15,000,000 | | 김수로 | | | |
| 3 | 120-23-34671 | 00106 | (주)대마 | 1 | 150,000,000 | 15,000,000 | 김기호 | | | |
| 4 | 125-05-81909 | 02101 | (주)설악전기 | 2 | 11,000,000 | 1,100,000 | 최설악 | | | |
| 5 | 202-81-00395 | 00105 | (주)서울상사 | 1 | 5,000,000 | 500,000 | 김서울 | | | |
| 6 | 203-23-30209 | 00108 | 아산전기 | 2 | 80,300,000 | 30,000 | 김아산 | | | |
| 7 | 236-43-17937 | 00104 | (주)청계 | 1 | 20,000,000 | 2,000,000 | 이청계 | | | |
| | | 합계 | | 11 | 389,300,000 | 19,430,000 | | | | |

## 16 문제유형에 따라 조회해야 하는 장부

**조회문제는 하나의 장부에 답이 있는게 아니라, 여러 가지 장부를 조회하여 해답을 찾을 수 있습니다.**

| | |
|---|---|
| 1. **계정과목에 대한 월별잔액 및 증감 비교문제** | **총계정원장** |
| 2. 기간을 주고 **현금거래액 또는 대체거래액** | **월계표/일계표** |
| 3. 채권/채무거래중 **거래처별** 잔액비교 | **거래처원장** |
| 4. **일정시점을 주고 계정과목별금액**<br>**(B/S계정 : 누계, I/S계정 : 1월~해당월) 비교** | **합계잔액시산표** |
| 5. **계정과목 상세 현황 내역** | **계정별원장** |
| 6. **현금의 입출금내역** | **현금출납장** |
| 7. **전기와 비교시** | **재무상태표/손익계산서** |
| 8. **매입매출전표 유형별 집계**(카드매출금액 등) | **매입매출장** |
| 9. **세금계산서 관련(전자세금계산서 등)** | **(세금)계산서합계표**<br>**/(세금)계산서현황** |
| 10. **부가가치세 신고관련**<br>**(과세표준, 매출세액, 매입세액, 불공제매입세액 등)** | **부가가치세 신고서** |

**조회문제는 무조건 풀어야 합니다.**
전산회계1급 시험에서 낙방하시는 수험생(60점대) 대부분이 시간이 모자라 조회문제를 못 풀었다는 이야기를 많이 들었습니다.
조회문제는 수험생의 회계/세법 실력과 상관없으나 전산회계1급 시험에 합격하기 위해서는 반드시 푸셔야 합니다.
**즉 실기문제를 먼저 풀고, 객관식 문제를 나중에 푸는 것을 권합니다.**
**조회문제는 일반적으로 일반전표입력과 매입매출전표입력에 영향을 받지 않는 기간에 주어지나, 수험생 여러분들은 조회문제를 실기문제 맨 마지막에 푸시기를 권합니다.**

## <예제> 장부조회

(주)태백(3003)에 대하여 다음 사항을 조회하시오.

(1) 2월 16일에서 2월 28일 사이의 외상매입금 상환액은 얼마인가?

(2) 1월 한달간 외상매출금 회수한 금액은 얼마인가?

(3) 1월 한달간 현금으로 지급된 판매비와 관리비는 얼마인가?

(4) 4월 1일에서 4월 20일까지 판매비와관리비 중 대체거래 지출액은 얼마인가?

(5) 5월 동안 발생된 판매비와관리비 중에서 발생금액이 가장 큰 계정과목은 무엇이며 발생금액은 얼마인가?

(6) 3월부터 5월까지 원재료 매입액은 얼마인가?

(7) 2월부터 3월까지 제품매출액은 얼마인가?

(8) 4월30일 현재 현금및현금성자산액은 얼마인가?

(9) 3월말 현재 외상매출금 잔액이 가장 많은 거래처코드와 금액은?

(10) "(주)상선전자"의 1월말 외상매입금 잔액은 얼마인가?

(11) 1월부터 3월까지의 기간 중 외상매출금잔액이 가장 많은 달은 몇월이며, 그 달의 외상매출금 잔액은 얼마인가?

(12) 1월부터 3월까지의 기간 중 외상매출금을 가장 많이 회수한 달은 몇 월이며, 그 달의 외상매출금 회수액은 얼마인가?

(13) 상반기 중 보통예금의 잔고가 전월대비 가장 많이 감소한 달은 몇 월이며, 그 감소한 금액은 얼마인가?

(14) 1월부터 3월까지의 현금입금액은 얼마인가?

(15) 2월말 현재 전기말과 대비해서 재고자산의 증가액은 얼마인가?

(16) 2월말 현재 제품매출은 전기와 대비하여 얼마나 증가하였는가?

(17) 3월말 현재 외상매출금의 장부가액은 얼마인가?

(18) 1월에서 3월까지 수취한 매입세금계산서의 매수와 공급가액은 얼마인가?

(19) 부가가치세 제1기 예정과세기간(1월~3월)에 (주)대마에 발급한 세금계산서의 공급대가는 얼마인가?

(20) 1월에서 3월까지 세금계산서의 매입 · 매출거래처 중에서 매출과 매입이 동시에 발생한 거래처의 개수는 몇 개이며, 거래처명은?

(21) 제1기 확정신고기간(4~6월)
① 공제받지 못할 매입세액은?
② 세금계산서 수취분 일반매입가액(VAT제외)은?
③ 과세표준은?
④ 납부할(또는 환급받을) 부가가치세는 얼마인가?

(22) 제1기 예정신고기간(1~3월)
① 신용카드 사용에 따른 매입세액공제액은 얼마인가?
② 고정자산을 매입한 공급가액은 얼마인가?
③ 면세수입금액은 얼마인가?

**해답**

(1) 총계정원장(일별, 2월16일~2월28일)/계정별원장/일계표[1,000,000원]

월별 일별

기 간 년 02 월 16 일 ~ 년 02 월 28 일
계정과목 0251 외상매입금 ~ 0251 외상매입금

| 코드 | 계정과목 |
|---|---|
| 0251 | 외상매입금 |

| 일자 | 차 변 | 대 변 | 잔 액 |
|---|---|---|---|
| [전월이월] | 10,000,000 | 13,000,000 | 3,000,000 |
| /02 | 1,000,000 | 16,500,000 | 18,500,000 |
| 합 계 | 11,000,000 | 29,500,000 | |

(2) 총계정원장(월, 1월)/계정별원장/월계표[34,000,000원]

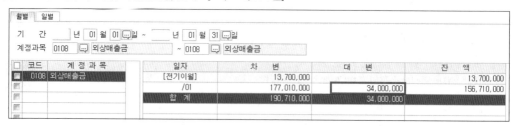

월별 | 일별

기 간 년 01 월 01 일 ~ 년 01 월 31 일
계정과목 0108 외상매출금 ~ 0108 외상매출금

| 코드 | 계 정 과 목 |
|---|---|
| 0108 | 외상매출금 |

| 일자 | 차 변 | 대 변 | 잔 액 |
|---|---|---|---|
| [전기이월] | 13,700,000 | | 13,700,000 |
| /01 | 177,010,000 | 34,000,000 | 156,710,000 |
| 합 계 | 190,710,000 | 34,000,000 | |

(3) 월계표(1월)/일계표[32,950,000원]

일계표 | 월계표

조회기간 : 년 1월 01 일 ~ 년 1월 31 일

| 차 변 | | | 계정과목 | 대 변 | | |
|---|---|---|---|---|---|---|
| 계 | 대체 | 현금 | | 현금 | 대체 | 계 |
| 34,770,000 | 1,820,000 | 32,950,000 | 10.판 매 비및일반관리비 | | | |
| 11,000,000 | 1,000,000 | 10,000,000 | 급 여 | | | |
| 3,050,000 | 50,000 | 3,000,000 | 복 리 후 생 비 | | | |
| 5,050,000 | | 5,050,000 | 여 비 교 통 비 | | | |
| 150,000 | | 150,000 | 접 대 비 | | | |
| 350,000 | | 350,000 | 통 신 비 | | | |

(4) 일계표(4월1일~20일)[165,000원]

일계표 | 월계표

조회기간 : 년 4월 01 일 ~ 년 4월 20 일

| 차 변 | | | 계정과목 | 대 변 | | |
|---|---|---|---|---|---|---|
| 계 | 대체 | 현금 | | 현금 | 대체 | 계 |
| 15,565,000 | 165,000 | 15,400,000 | 7.판 매 비및일반관리비 | | | |
| 10,000,000 | | 10,000,000 | 급 여 | | | |
| 3,000,000 | | 3,000,000 | 복 리 후 생 비 | | | |
| 315,000 | 165,000 | 150,000 | 접 대 비 | | | |
| 600,000 | | 600,000 | 통 신 비 | | | |
| 350,000 | | 350,000 | 세 금 과 공 과 | | | |
| 750,000 | | 750,000 | 수 선 비 | | | |
| 250,000 | | 250,000 | 교 육 훈 련 비 | | | |

(5) 월계표(5월)[급여 10,000,000원]

일계표 | 월계표

조회기간 : 년 05 월 ~ 년 05 월

| 차 변 | | | 계정과목 | 대 변 | | |
|---|---|---|---|---|---|---|
| 계 | 대체 | 현금 | | 현금 | 대체 | 계 |
| 15,750,000 | | 15,750,000 | 6.판 매 비및일반관리비 | | | |
| 10,000,000 | | 10,000,000 | 급 여 | | | |
| 3,000,000 | | 3,000,000 | 복 리 후 생 비 | | | |
| 150,000 | | 150,000 | 접 대 비 | | | |
| 350,000 | | 350,000 | 통 신 비 | | | |
| 350,000 | | 350,000 | 세 금 과 공 과 | | | |
| 750,000 | | 750,000 | 수 선 비 | | | |
| 600,000 | | 600,000 | 차 량 유 지 비 | | | |
| 250,000 | | 250,000 | 교 육 훈 련 비 | | | |
| 150,000 | | 150,000 | 도 서 인 쇄 비 | | | |
| 150,000 | | 150,000 | 광 고 선 전 비 | | | |
| 35,230,000 | 3,300,000 | 31,930,000 | 금월소계 | 2,200,000 | 3,300,000 | 5,500,000 |
| 134,181,000 | | 134,181,000 | 금월잔고/전월잔고 | 163,911,000 | | 163,911,000 |
| 169,411,000 | 3,300,000 | 166,111,000 | 합계 | 166,111,000 | 3,300,000 | 169,411,000 |

## (6) 월계표(3월~5월)/계정별원장/총계정원장[125,030,000원]

일계표 | 월계표

조회기간 : 년 03 월 ~ 년 05 월

| 차변 | | | 계정과목 | 대변 | | |
|---|---|---|---|---|---|---|
| 계 | 대체 | 현금 | | 현금 | 대체 | 계 |
| 125,030,000 | 25,000,000 | 100,030,000 | <재 고 자 산> | | | |
| 125,030,000 | 25,000,000 | 100,030,000 | 원 재 료 | | | |
| 6,739,091 | 2,830,000 | 3,909,091 | 2.비 유 동 자 산 | | | |
| 6,409,091 | 2,500,000 | 3,909,091 | <유 형 자 산> | | | |
| 4,500,000 | 2,500,000 | 2,000,000 | 기 계 장 치 | | | |
| 1,000,000 | | 1,000,000 | 차 량 운 반 구 | | | |
| 909,091 | | 909,091 | 비 품 | | | |

## (7) 월계표(2월~3월)/계정별원장/총계정원장[270,500,000원]

일계표 | 월계표

조회기간 : 년 02 월 ~ 년 03 월

| 차변 | | | 계정과목 | 대변 | | |
|---|---|---|---|---|---|---|
| 계 | 대체 | 현금 | | 현금 | 대체 | 계 |
| | | | 9.매 출 | 158,000,000 | 112,500,000 | 270,500,000 |
| | | | 제 품 매 출 | 158,000,000 | 112,500,000 | 270,500,000 |
| 41,025,000 | 10,200,000 | 30,825,000 | 10.제 조 원 가 | | | |

## (8) 합계잔액시산표 – 제출용[272,440,200원]/재무상태표 – 제출용

기간 : 년 04 월 30 일

관리용 | 제출용

| 차변 | | 계정과목 | 대변 | |
|---|---|---|---|---|
| 잔액 | 합계 | | 합계 | 잔액 |
| 765,851,109 | 1,132,241,109 | 1.유 동 자 산 | 367,370,000 | 980,000 |
| 589,901,109 | 956,041,109 | <당 좌 자 산> | 367,120,000 | 980,000 |
| 272,440,200 | 597,280,200 | 현 금 및 현 금성자산 | 324,840,000 | |
| 14,000,000 | 19,000,000 | 단 기 투 자 자 산 | 5,000,000 | |
| 281,890,000 | 317,890,000 | 매 출 채 권 | 36,000,000 | |
| | 300,000 | 대 손 충 당 금 | 1,280,000 | 980,000 |

## (9) 거래처원장(잔액, 3월31일, 외상매출금)[1101 – (주)지리전자, 71,000,000원]

잔 액 | 내 용

기 간 년 3 월 31 일 ~ 년 3 월 31 일 계정과목 0108 외상매출금 [잔액 0 포함] [미등록 포함]

거래처분류 ~ 거 래 처 00101 (주)세계 ~ 99700 국민카드

| 코드 | 거 래 처 | 등록번호 | 대표자명 | 전일이월 | 차 변 | 대 변 | 잔 액 |
|---|---|---|---|---|---|---|---|
| 00102 | (주)상선전자 | 105-81-91237 | 이여수 | 55,000,000 | | | 55,000,000 |
| 00104 | (주)청계 | 236-43-17937 | 이청계 | 21,000,000 | | | 21,000,000 |
| 00105 | (주)서울상사 | 202-81-00395 | 김서울 | 13,700,000 | | | 13,700,000 |
| 00114 | APPLE사 | | | 9,200,000 | | | 9,200,000 |
| 00115 | 아름다운꽃집 | 341-84-25692 | 송아름 | 2,200,000 | | | 2,200,000 |
| 01101 | (주)지리전자 | 104-81-23639 | 이한라 | 71,000,000 | | | 71,000,000 |
| 02101 | (주)설악전기 | 125-05-81909 | 최설악 | 10,000 | | | 10,000 |
| 99600 | 비씨카드 | | | -1,000,000 | | | -1,000,000 |

## (10) 거래처원장(잔액, 1월31일, 외상매입금, ㈜상선전자)[3,000,000원]

잔 액 | 내 용

기 간 년 1 월 31 일 ~ 년 1 월 31 일 계정과목 0251 외상매입금 [잔액 0 포함] [미등록 포함]

거래처분류 ~ 거 래 처 00102 (주)상선전자 ~ 00102 (주)상선전자

| 코드 | 거 래 처 | 등록번호 | 대표자명 | 전일이월 | 차 변 | 대 변 | 잔 액 |
|---|---|---|---|---|---|---|---|
| 00102 | (주)상선전자 | 105-81-91237 | 이여수 | 3,000,000 | | | 3,000,000 |

(11) 총계정원장(1월~3월, 외상매출금)/계정별원장[3월, 171,110,000원]

(12) 총계정원장(1월~3월, 외상매출금)/계정별원장[1월, 34,000,000원]

월별 | 일별

기 간 년 01 월 01 일 ~ 년 03 월 31 일
계정과목 0108 외상매출금 ~ 0108 외상매출금

| 코드 | 계정과목 |
|---|---|
| 0108 | 외상매출금 |

| 일자 | 차변 | 대변 | 잔액 |
|---|---|---|---|
| [전기이월] | 13,700,000 | | 13,700,000 |
| /01 | 177,010,000 | 34,000,000 | 156,710,000 |
| /02 | 3,000,000 | | 159,710,000 |
| /03 | 11,400,000 | | 171,110,000 |
| 합 계 | 205,110,000 | 34,000,000 | |

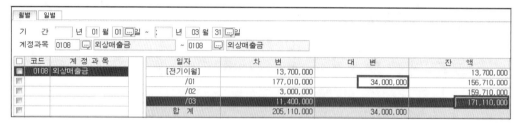

(13) 총계정원장(1월~6월, 보통예금)/계정별원장
[1월, 1,700,000 - 4,380,000 = △2,680,000원]

월별 | 일별

기 간 년 01 월 01 일 ~ 년 06 월 30 일
계정과목 0103 보통예금 ~ 0103 보통예금

| 코드 | 계정과목 |
|---|---|
| 0103 | 보통예금 |

| 일자 | 차변 | 대변 | 잔액 |
|---|---|---|---|
| [전기이월] | 21,616,200 | | 21,616,200 |
| /01 | 1,700,000 | 4,380,000 | 18,936,200 |
| /02 | | | 18,936,200 |
| /03 | 60,000,000 | | 78,936,200 |
| /04 | | | 78,936,200 |
| /05 | | | 78,936,200 |
| /06 | | 2,500,000 | 76,436,200 |
| 합 계 | 83,316,200 | 6,880,000 | |

(14) 월계표(1~3월)/현금출납장[252,800,000원]

☞ **월계표의 금월소계는 1~3월 누계로서 대변에 현금소계 금액은 다음과 같이 회계처리한 것의 누계금액이다.**

| | | | |
|---|---|---|---|
| (차) 현금 | 252,800,000 | (대) 보통예금 | 750,000 |
| | | 외상매출금 | 17,000,000 등등 |

일계표 | 월계표

조회기간 : 년 01 월 ~ 년 03 월

| 차변 | | | 계정과목 | 대변 | | |
|---|---|---|---|---|---|---|
| 계 | 대체 | 현금 | | 현금 | 대체 | 계 |
| 565,500,909 | 465,100,000 | 100,400,909 | 1.유 동 자 산 | 22,750,000 | 54,110,000 | 76,860,000 |
| 415,300,909 | 415,000,000 | 300,909 | <당 좌 자 산> | 22,750,000 | 53,860,000 | 76,610,000 |
| 18,840,000 | 18,840,000 | | 당 좌 예 금 | | 30,500,000 | 30,500,000 |
| 61,700,000 | 61,700,000 | | 보 통 예 금 | 750,000 | 3,630,000 | 4,380,000 |
| 2,000,000 | 2,000,000 | | 단 기 매 매 증 권 | | | |
| 191,410,000 | 191,400,000 | 10,000 | 외 상 매 출 금 | 17,000,000 | 17,000,000 | 34,000,000 |
| 300,000 | 300,000 | | 대 손 충 당 금 | | 730,000 | 730,000 |
| 108,000,000 | 108,000,000 | | 받 을 어 음 | | 2,000,000 | 2,000,000 |
| 15,000,000 | 15,000,000 | | 단 기 대 여 금 | 5,000,000 | | 5,000,000 |
| 4,000,000 | 4,000,000 | | 미 수 금 | | | |
| 10,000,000 | 10,000,000 | | 선 급 금 | | | |
| 4,050,909 | 3,760,000 | 290,909 | 부 가 세 대 급 금 | | | |
| 150,200,000 | 50,100,000 | 100,100,000 | <재 고 자 산> | | 250,000 | 250,000 |
| | | | 매 입 할 인 | | 50,000 | 50,000 |
| 798,945,000 | 541,920,000 | 257,025,000 | 금월소계 | 252,800,000 | 541,920,000 | 794,720,000 |
| 46,681,000 | | 46,681,000 | 금월잔고/전월잔고 | 50,906,000 | | 50,906,000 |
| 845,626,000 | 541,920,000 | 303,706,000 | 합계 | 303,706,000 | 541,920,000 | 845,626,000 |

(15) 재무상태표(2월)[24,950,000원] = 당기 2월말(50,950,0000) - 전기말(26,000,000)

기간 : 2015 년 02 월

관리용 | 제출용 | 표준용

| 과 목 | 제 5(당)기 2015년1월1일 ~ 2015년2월28일 금액 | | 제 4(전)기 2014년1월1일 ~ 2014년12월31일 금액 | |
|---|---|---|---|---|
| 선급금 | | 12,500,000 | | 2,500,000 |
| 부가세대급금 | | 2,510,000 | | |
| ② 재고자산 | | 50,950,000 | | 26,000,000 |
| 상품 | | -50,000 | | |
| 제품 | | 5,000,000 | | 5,000,000 |
| 원재료 | | 45,000,000 | | 20,000,000 |
| 재공품 | | 1,000,000 | | 1,000,000 |
| Ⅱ.비유동자산 | | 66,850,000 | | 54,250,000 |

(16) 손익계산서(2월)[298,480,000원]

= 당기 1~2월말(424,000,0000) - 전기 1.1 ~12.31(125,520,000)

기간 : 2015 년 02 월

관리용 | 제출용 | 포괄손익 | 표준용

| 과 목 | 제 5(당)기 2015년1월1일 ~ 2015년2월28일 금액 | | 제 4(전)기 2014년1월1일 ~ 2014년12월31일 금액 | |
|---|---|---|---|---|
| Ⅰ.매출액 | | 423,800,000 | | 125,520,000 |
| 매출할인 | 200,000 | | | |
| 제품매출 | 424,000,000 | | 125,520,000 | |
| Ⅱ.매출원가 | | | | 25,000,000 |
| 상품매출원가 | | | | |

(17) 재무상태표(3월)/합계잔액시산표[170,480,000원]

기간 : 2015 년 03 월

관리용 | 제출용 | 표준용

| 과 목 | 제 5(당)기 2015년1월1일 ~ 2015년3월31일 금액 | | 제 4(전)기 2014년1월1일 ~ 2014년12월31일 금액 | |
|---|---|---|---|---|
| 보통예금 | | 78,936,200 | | 21,616,200 |
| 단기매매증권 | | 4,000,000 | | 2,000,000 |
| 외상매출금 | 171,110,000 | | 13,700,000 | |
| 대손충당금 | 630,000 | 170,480,000 | 200,000 | 13,500,000 |
| 받을어음 | 111,000,000 | | 5,000,000 | |
| 대손충당금 | 350,000 | 110,650,000 | 350,000 | 4,650,000 |
| 단기대여금 | | 10,000,000 | | |
| 미수금 | | 5,000,000 | | 1,000,000 |
| 선급금 | | 12,500,000 | | 2,500,000 |

(18) 세금계산서합계표(1~3월, 매입) - 전체데이타[10매, 156,100,000원]

조회기간 : 년 01 월 ~ 년 03 월 1기 예정 1. 정기신고

매 출 | 매 입

※ [확인]전송일자가 없는 거래는 전자세금계산서 발급분으로 반영 되므로 국세청 e세로 전송 세금계산서와 반드시 확인 합니다.

**2. 매입세금계산서 총합계**

| 구 분 | | 매입처수 | 매 수 | 공급가액 | 세 액 |
|---|---|---|---|---|---|
| 합 계 | | 5 | 10 | 156,100,000 | 4,110,000 |
| 과세기간 종료일 다음달 11일까지 전송된 전자세금계산서 발급받은분 | 사업자 번호 발급받은분 | 5 | 10 | 156,100,000 | 4,110,000 |
| | 주민등록번호발급받은분 | | | | |
| | 소 계 | 5 | 10 | 156,100,000 | 4,110,000 |
| 위 전자세금계산서 외의 발급받은분(종이발급분+과세기간 종료일다음달 12일 이후분) | 사업자 번호 발급받은분 | | | | |
| | 주민등록번호발급받은분 | | | | |
| | 소 계 | | | | |

과세기간 종료일 다음달 11일까지 (전자분) | 과세기간 종료일 다음달 12일이후 (전자분), 그외 | 전체데이터    참고사항 : 2012년 7월 이후 변경사항

| | 사업자등록번호 | 코드 | 거래처명 | 매수 | 공급가액 | 세 액 | 대표자성명 | 업 태 | 종 목 | 주류코드 |
|---|---|---|---|---|---|---|---|---|---|---|
| 1 | 108-81-59726 | 01203 | 대한전자 | 2 | 20,000,000 | 500,000 | 박대한 | | | |
| 2 | 112-81-60125 | 00103 | (주)덕유상사 | 4 | 122,500,000 | 2,250,000 | 김상우 | | | |
| 3 | 120-23-34671 | 00106 | (주)대마 | 1 | 100,000 | 10,000 | 김기호 | | | |
| 4 | 125-05-81909 | 02101 | (주)설악전기 | 1 | 10,000,000 | 1,000,000 | 최설악 | | | |
| 5 | 505-21-21994 | 00112 | (주)드림세상 | 2 | 3,500,000 | 350,000 | 이드림 | | | |

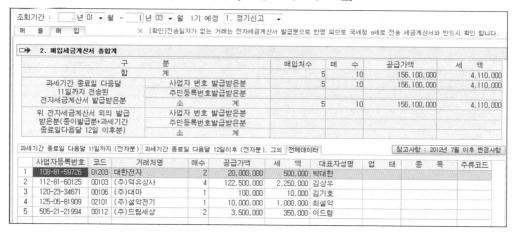

(19) 세금계산서 합계표/세금계산서현황(1~3월, 전체데이타) [165,000,000원]

조회기간 : 년 01 월 ~ 년 03 월 1기 예정 1. 정기신고

매 출 | 매 입

※ [확인]전송일자가 없는 거래는 전자세금계산서 발급분으로 반영 되므로 국세청 e세로 전송 세금계산서와 반드시 확인 합니다.

**2. 매출세금계산서 총합계**

| 구 분 | | 매출처수 | 매 수 | 공급가액 | 세 액 |
|---|---|---|---|---|---|
| 합 계 | | 7 | 11 | 389,300,000 | 19,430,000 |
| 과세기간 종료일 다음달 11일까지전송된 전자세금계산서 발급분 | 사업자 번호 발급분 | | | | |
| | 주민등록번호발급분 | | | | |
| | 소 계 | | | | |
| 위 전자세금계산서 외의 발급분(종이발급분+과세기간 종료일다음달 12일 이후분) | 사업자 번호 발급분 | 7 | 11 | 389,300,000 | 19,430,000 |
| | 주민등록번호발급분 | | | | |
| | 소 계 | 7 | 11 | 389,300,000 | 19,430,000 |

과세기간 종료일 다음달 11일까지 (전자분) | 과세기간 종료일 다음달 12일이후 (전자분), 그외 | 전체데이터    참고사항 : 2012년 7월 이후 변경사항

| | 사업자등록번호 | 코드 | 거래처명 | 매수 | 공급가액 | 세 액 | 대표자성명 | 업 태 | 종 목 | 주류코드 |
|---|---|---|---|---|---|---|---|---|---|---|
| 1 | 104-81-23639 | 01101 | (주)지리전자 | 3 | 108,000,000 | 800,000 | 이한라 | 제조 | 전자제품 | |
| 2 | 120-21-35093 | 00113 | 영종무역(주) | 1 | 15,000,000 | | 김수로 | | | |
| 3 | 120-23-34671 | 00106 | (주)대마 | 1 | 150,000,000 | 15,000,000 | 김기호 | | | |
| 4 | 125-05-81909 | 02101 | (주)설악전기 | 2 | 11,000,000 | 1,100,000 | 최설악 | | | |
| 5 | 202-81-00395 | 00105 | (주)서울상사 | 1 | 5,000,000 | 500,000 | 김서울 | | | |
| 6 | 203-23-30209 | 00108 | 아산전기 | 2 | 80,300,000 | 30,000 | 김아산 | | | |
| 7 | 236-43-17937 | 00104 | (주)청계 | 1 | 20,000,000 | 2,000,000 | 이청계 | | | |

(20) 세금계산서현황(매입,매출)에서 거래처를 비교 [2개, ㈜대마, ㈜설악전기]

[세금계산서현황 - 1~3월, 구분 : 매입, 유형 : 세금계산서]

조회기간: 년 01 월 01 일 ~ 년 03 월 31 일

구 분: 2 1.매출 2.매입 유형: 1.세금계산서 거래처: 00101 (주)세계 ~ 99700 국민카드

전 체 | 전자발행(11일이내) | 전자발행(11일이후),종이발행

| 코드 | 거래처명 | 사업자번호 | 합계 건수 | 합계 공급가액 | 합계 부가세 | 1월 건수 | 1월 공급가액 | 1월 부가세 | 2월 건수 | 2월 공급가액 | |
|---|---|---|---|---|---|---|---|---|---|---|---|
| 00103 | (주)덕유상사 | 112-81-60125 | 4 | 122,500,000 | 2,250,000 | | | | 1 | 10,000,000 | 1,00 |
| 00106 | (주)대마 | 120-23-34671 | 1 | 100,000 | 10,000 | | | | 1 | 100,000 | 10,0 |
| 00112 | (주)드림세상 | 505-21-21994 | 2 | 3,500,000 | 350,000 | | | | | | |
| 01203 | 대한전자 | 108-81-59726 | 2 | 20,000,000 | 500,000 | | | | 1 | 5,000,000 | 500, |
| 02101 | (주)설악전기 | 125-05-81909 | 1 | 10,000,000 | 1,000,000 | 1 | 10,000,000 | 1,000,000 | | | |

[세금계산서현황 - 1~3월, 구분 : 매출, 유형 : 세금계산서]

조회기간: 년 01 월 01 일 ~ 년 03 월 31 일

구 분: 1 1.매출 2.매입 유형: 1.세금계산서 거래처: 00101 (주)세계 ~ 99700 국민카드

전 체 | 전자발행(11일이내) | 전자발행(11일이후),종이발행

| 코드 | 거래처명 | 사업자번호 | 합계 건수 | 합계 공급가액 | 합계 부가세 | 1월 건수 | 1월 공급가액 | 1월 부가세 | 2월 건수 | 2월 공급가액 | |
|---|---|---|---|---|---|---|---|---|---|---|---|
| 00104 | (주)청계 | 236-43-17937 | 1 | 20,000,000 | 2,000,000 | 1 | 20,000,000 | 2,000,000 | | | |
| 00105 | (주)서울상사 | 202-81-00395 | 1 | 5,000,000 | 500,000 | | | | 1 | 5,000,000 | 500,( |
| 00106 | (주)대마 | 120-23-34671 | 1 | 150,000,000 | 15,000,000 | | | | 1 | 150,000,000 | 15,0( |
| 00108 | 아산전기 | 203-23-30209 | 2 | 80,300,000 | 30,000 | | | | 1 | 80,000,000 | |
| 00113 | 영종무역(주) | 120-21-35093 | 1 | 15,000,000 | | | | | | | |
| 01101 | (주)지리전자 | 104-81-23639 | 3 | 108,000,000 | 800,000 | 1 | 100,000,000 | | 2 | 8,000,000 | 800,( |
| 02101 | (주)설악전기 | 125-05-81909 | 2 | 11,000,000 | 1,100,000 | 1 | 10,000,000 | 1,000,000 | | | |

(21) 부가가치세 확정신고서(4월~6월)

① 공제받지 못할 매입세액 : 1,015,000원

② 세금계산서 수취분 일반매입가액 : 13,440,910원

③ 과세표준 : 1,800,000원

④ 납부할(또는 환급받을) 부가가치세 : 환급세액 240,000원

| 구분 | | | | 금액 | 세율 | 세액 |
|---|---|---|---|---|---|---|
| 과세표준및매출세액 | 과세 | 세금계산서발급분 | 1 | -200,000 | 10/100 | -20,000 |
| | | 매입자발행세금계산서 | 2 | | 10/100 | |
| | | 신용카드 · 현금영수증발행분 | 3 | | 10/100 | |
| | | 기타(정규영수증외매출분) | 4 | 2,000,000 | | 200,000 |
| | 영세 | 세금계산서발급분 | 5 | | 0/100 | |
| | | 기타 | 6 | | 0/100 | |
| | 예정신고누락분 | | 7 | | | |
| | 대손세액가감 | | 8 | | | |
| | 합계 | | 9 | 1,800,000 | ㉮ | 180,000 |
| 매입세액 | 세금계산서수취분 | 일반매입 | 10 | 13,440,910 | | 1,344,091 |
| | | 수출기업수입분납부유예 | 10 | | | |
| | | 고정자산매입 | 11 | 909,090 | | 90,909 |
| | 예정신고누락분 | | 12 | | | |
| | 매입자발행세금계산서 | | 13 | | | |
| | 그 밖의 공제매입세액 | | 14 | | | |
| | 합계(10)-(10-1)+(11)+(12)+(13)+(14) | | 15 | 14,350,000 | | 1,435,000 |
| | 공제받지못할매입세액 | | 16 | 10,150,000 | | 1,015,000 |
| | 차감계 (15-16) | | 17 | 4,200,000 | ㉯ | 420,000 |
| 납부(환급)세액(매출세액㉮-매입세액㉯) | | | | | ㉰ | -240,000 |
| 경감공제세액 | 그 밖의 경감 · 공제세액 | | 18 | | | |
| | 신용카드매출전표등 발행공제등 | | 19 | | | |
| | 합계 | | 20 | | ㉱ | |
| 예정신고미환급세액 | | | 21 | | ㉲ | |
| 예정고지세액 | | | 22 | | ㉳ | |
| 사업양수자의 대리납부 기납부세액 | | | 23 | | ㉴ | |
| 매입자 납부특례 기납부세액 | | | 24 | | ㉵ | |
| 신용카드업자의 대리납부 기납부세액 | | | 25 | | ㉶ | |
| 가산세액계 | | | 26 | | ㉷ | |
| 차감.가감하여 납부할세액(환급받을세액)(㉰-㉱-㉲-㉳-㉴-㉵-㉶+㉷ | | | 27 | | | -240,000 |
| 총괄납부사업자가 납부할 세액(환급받을 세액) | | | | | | |

(22) 부가가치세 예정신고서(1월~3월)

① 신용카드 사용에 따른 매입세액공제액 : 90,909원

② 고정자산을 매입한 공급가액 : 5,409,091원

11. 세금계산서(고정자산매입분) 4,500,000+42.신용매출전표수령/고정 909,091

| 구분 | | | 번호 | 정기신고금액 금액 | 세율 | 세액 |
|---|---|---|---|---|---|---|
| 과세표준및매출세액 | 과세 | 세금계산서발급분 | 1 | 194,300,000 | 10/100 | 19,430,000 |
| | 과세 | 매입자발행세금계산서 | 2 | | 10/100 | |
| | 과세 | 신용카드 · 현금영수증발행분 | 3 | 52,000,000 | 10/100 | 5,200,000 |
| | 과세 | 기타(정규영수증외매출분) | 4 | | | |
| | 영세 | 세금계산서발급분 | 5 | 195,000,000 | 0/100 | |
| | 영세 | 기타 | 6 | 9,200,000 | 0/100 | |
| | 예정신고누락분 | | 7 | | | |
| | 대손세액가감 | | 8 | | | |
| | 합계 | | 9 | 450,500,000 | ㉮ | 24,630,000 |
| 매입세액 | 세금계산서 수취분 | 일반매입 | 10 | 151,600,000 | | 3,660,000 |
| | 세금계산서 수취분 | 수출기업수입분납부유예 | 10 | | | |
| | 세금계산서 수취분 | 고정자산매입 | 11 | 4,500,000 | | 450,000 |
| | 예정신고누락분 | | 12 | | | |
| | 매입자발행세금계산서 | | 13 | | | |
| | 그 밖의 공제매입세액 | | 14 | 909,091 | | 90,909 |
| | 합계(10)-(10-1)+(11)+(12)+(13)+(14) | | 15 | 157,009,091 | | 4,200,909 |
| | 공제받지못할매입세액 | | 16 | 1,500,000 | | 150,000 |
| | 차감계 (15-16) | | 17 | 155,509,091 | ㉯ | 4,050,909 |
| 납부(환급)세액(매출세액㉮-매입세액㉯) | | | | | ㉰ | 20,579,091 |
| 경감공제세액 | 그 밖의 경감 · 공제세액 | | 18 | | | |
| | 신용카드매출전표등 발행공제등 | | 19 | 57,200,000 | | |
| | 합계 | | 20 | | ㉱ | |
| 예정신고미환급세액 | | | 21 | | ㉲ | |
| 예정고지세액 | | | 22 | | ㉳ | |
| 사업양수자의 대리납부 기납부세액 | | | 23 | | ㉴ | |
| 매입자 납부특례 기납부세액 | | | 24 | | ㉵ | |
| 신용카드업자의 대리납부 기납부세액 | | | 25 | | ㉶ | |
| 가산세액계 | | | 26 | | ㉷ | |
| 차감.가감하여 납부할세액(환급받을세액)(㉰-㉱-㉲-㉳-㉴-㉵-㉶+㉷) | | | | | 27 | 20,579,091 |
| 총괄납부사업자가 납부할 세액(환급받을 세액) | | | | | | |

| 구분 | | | 번호 | 금액 | 세율 | 세액 |
|---|---|---|---|---|---|---|
| 7.매출(예정신고누락분) | | | | | | |
| 예정누락분 | 과세 | 세금계산서 | 33 | | 10/100 | |
| | 과세 | 기타 | 34 | | 10/100 | |
| | 영세 | 세금계산서 | 35 | | 0/100 | |
| | 영세 | 기타 | 36 | | 0/100 | |
| | 합계 | | 37 | | | |
| 12.매입(예정신고누락분) | | | | | | |
| 예정누락분 | 세금계산서 | | 38 | | | |
| | 그 밖의 공제매입세액 | | 39 | | | |
| | 합계 | | 40 | | | |
| | 신용카드매출 수령금액합계 | 일반매입 | | | | |
| | 신용카드매출 수령금액합계 | 고정매입 | | | | |
| | 의제매입세액 | | | | | |
| | 재활용폐자원등매입세액 | | | | | |
| | 과세사업전환매입세액 | | | | | |
| | 재고매입세액 | | | | | |
| | 변제대손세액 | | | | | |
| | 외국인관광객에대한환급/ | | | | | |
| | 합계 | | | | | |
| 14.그 밖의 공제매입세액 | | | | | | |
| 신용카드매출 수령금액합계표 | 일반매입 | | 41 | | | |
| 신용카드매출 수령금액합계표 | 고정매입 | | 42 | 909,091 | | 90,909 |
| 의제매입세액 | | | 43 | | 뒤쪽 | |
| 재활용폐자원등매입세액 | | | 44 | | 뒤쪽 | |
| 과세사업전환매입세액 | | | 45 | | | |
| 재고매입세액 | | | 46 | | | |
| 변제대손세액 | | | 47 | | | |
| 외국인관광객에대한환급세액 | | | 48 | | | |
| 합계 | | | 49 | 909,091 | | 90,909 |

③ 면세수입금액(상단의 F4과표명세클릭) : 1,000,000원

과세표준명세

| | | | |
|---|---|---|---|
| 신고구분 : | 1 ( 1.예정 2.확정 3.영세율 조기환급 4.기한후과세표준) | | |
| 국세환급금계좌신고 | | 은행 | 지점 |
| 계좌번호 : | | | |
| 폐업일자 : | ----.--.-- | 폐업사유 : | |

| | 업태 | 종목 | 코드 | 금액 |
|---|---|---|---|---|
| **과세표준명세** | | | | |
| 28 | 제조,도.소매 | 전자제품 | | 450,500,000 |
| 29 | | | | |
| 30 | | | | |
| 31 | 수입금액제외 | | | |
| 32 | 합계 | | | 450,500,000 |
| **면세사업수입금액** | | | | |
| 80 | 제조,도.소매 | 전자제품 | | 1,000,000 |
| 81 | | | | |
| 82 | 수입금액제외 | | | |
| 83 | 합계 | | | 1,000,000 |
| 계산서발급 및 수취명세 | | 84.계산서발급금액 | | 1,000,000 |
| | | 85.계산서수취금액 | | 250,000 |

| | | | | | |
|---|---|---|---|---|---|
| **세무대리인정보** | | | | | |
| 성명 | | 사업자번호 | ---.--.----- | 전화번호 | |
| 신고년월일 | 04-27 | 핸드폰 | | | |
| e-Mail | | | | | |

# Part V

# 모의고사

# 실무모의고사 1회

㈜영인(3011)은 제조업을 영위하는 중소기업이며, 전산세무회계 수험용 프로그램을 이용하여 다음 물음에 답하시오.

**문제 1** 다음은 기초정보관리에 대한 자료이다. 각각의 요구사항에 대하여 답하시오.(10점)

**[1]** 전기에 다음의 회계처리를 누락하였다. 관련된 재무제표를 모두 수정하시오.(4점)

**〈누락된 회계처리〉**

| | | | |
|---|---|---|---|
| (차) 감가상각비(제) | 2,000,000 | (대) 감가상각누계액(기계) | 2,000,000 |

**[2]** 회사는 전국에 걸쳐 100여개의 판매장을 보유하고 있어 임차료에 대하여 별도 관리하고자 한다. 따라서 수익비용대응의 원칙에 보다 충실하게 하고자 있어 선급임차료라는 계정을 신설하기로 했다.(3점)

- 계 정 과 목 코 드 : 144
- 계 정 과 목 : 선급임차료(성격 : 3.일반)
- 대 체 적 요 : 1. 임차료중 선급임차료계상
  2. 선급임차료중 당기 비용대체

**[3]** 거래처별 초기이월 자료는 다음과 같다. 다음 사항을 추가입력 하시오.(3점)

- 선급금 －두정상사 : 2,500,000원
- 미수금 －㈜한성상사 : 1,000,000원
- 미지급금 －국민카드 : 2,000,000원

## 문제 2 다음 거래 자료를 일반전표입력메뉴에 추가 입력하시오.(18점)

**[1]** 7월 01일 : 매출거래처인 ㈜청계의 외상매출금 1,000,000원에 대하여 다음의 약속어음을 배서양도 받고, 나머지 금액은 보통예금으로 받았다.(3점)

**약 속 어 음**

㈜청계 귀하

금 ₩ 600,000

위의 금액을 귀하 또는 귀하의 지시인에게 이 약속어음과 상환하여 지급하겠습니다.

| | |
|---|---|
| 지급기일 20x1.9.30. | 발행일 20x1.04.30. |
| 지급지 ****************** | 발행지 ********************* |
| 지급장소 ************** | 주 소 ************************ |
| | 발행인 경기상사 |

**[2]** 8월 8일 한성상회로부터 관리부에서 착용할 유니폼을 한 벌 구입하고 대금 48,000원은 당사어음으로 발행지급하였다(비용으로 계상할 것).(3점)

**[3]** 9월 1일 : 본사에서 사용하는 수도요금 125,000원과 공장 전기요금 1,300,000원을 은행에서 현금으로 납부하였다.(3점)

**[4]** 9월 7일 : 8월 22일에 영업사원 김성수씨가 인출해 간 500,000원의 가지급금 중에서 350,000원은 출장비였음이 확인되었고 100,000원은 다시 현금으로 반환되었고 나머지 잔액은 원인불명으로 잡손실 처리하였다.

**[5]** 10월 20일 : 대표이사로부터 시가 10,000,000원의 건물을 증여받았다. 소유권이전비용으로 현금 500,000원을 지출하였고, 동 건물은 회사의 영업목적으로 사용하지 않고 구매자가 나타날 경우 매각하여 회사 자금으로 활용할 예정이다. 투자자산으로 회계처리하세요.(3점)

**[6]** 10월 25일 : 유상증자를 하여 보통주 500주(액면가 5,000원)를 1주당 5,500원에 발행하였다. 발행대금은 당사 보통계좌에 입금되었고, 주식발행비용 300,000원은 현금지급하다. 증자일 현재 주식발행초과금과 주식할인발행차금 잔액은 없다고 가정한다.(3점)

## 문제 3 다음 거래 자료를 매입매출전표메뉴에 추가로 입력하시오.(18점)

**[1]** 10월 10일 : 대표이사 이영철의 자택인 아파트에 사용할 식탁과 의자를 천안가구로부터 3,500,000원(부가가치세 별도)에 구입하고 대금은 다음달에 지급하기로 하였다. 구매 시 공급받는 자를 당사로 하여 전자세금계산서를 수령하였다. (3점)

**[2]** 10월 20일 : 공장에서 사용하던 책상(취득가액 500,000원, 감가상각누계액 120,000원)을 경기상사에 400,000원(부가가치세 별도)에 매각하고 전자세금계산서를 발행하였다. 대금 중 50,000원은 현금으로 받고, 나머지 잔액은 보통예금통장으로 받았다. 다만, 양도시까지의 당해연도 감가상각비는 고려하지 않기로 한다.(3점)

**[3]** 10월 22일 : 본사건물(임대인 : 영종무역(주))에 대한 당월 분 건물관리비를 현금 납부하다. 건물관리비는 과세분 150,000원(부가가치세 별도)과 면세분 33,000원으로 구분되어 있으며, 전자세금계산서와 전자계산서를 교부받았다.(건물관리비계정으로 회계처리할 것)(3점)

**[4]** 11월 22일 : (주)청계에서 원재료를 11,000,000원(부가가치세 포함)에 구입한 후 신용카드(국민카드)로 구입대금을 결제하였다. 세금계산서는 수령하지 아니하였으며 부가가치세 매입세액공제를 위한 요건을 모두 구비하였다.

**[5]** 11월 25일 : 회사 창립기념일에 사원들에게 선물로 지급하기 위하여 한성상회에서 한우선물세트를 구입하고 현금으로 5,000,000원을 결제하면서 현금영수증을 교부받았다. 한우선물세트는 면세에 해당한다. 생산직 직원은 60명이고 사무직직원은 40명이다.(3점)

[6] 11월 27일 : 승용자동차(3,000cc)를 미국으로부터 수입하였는데 울산세관으로부터 수입전자세금계산서(공급가액 10,000,000원 부가가치세 1,000,000원)를 발급받았다.
부가가치세를 현금으로 납부하였다(부가가치세에 대해서만 회계처리하시오).(3점)

## 문제 4 다음 자료를 보고 입력된 내용을 확인하여 정정하시오.(6점)

[1] 12월 03일 : (주)서울상사로부터 영업부직원 체육대회와 관련하여 구매한 경품금액 1,800,000원(부가가치세 별도로 전자세금계산서를 수취함)이 부가가치세를 포함한 면세매입으로 회계처리되어 있다. 대금은 구입 당시 현금으로 지급하였다.(3점)

[2] 12월 15일 : 두정산업에 제품현금매출과 관련하여 발행한 전자세금계산서 6,600,000원(부가가치세 포함)에 관한 사항 중 분개사항과 거래처등록 세부사항을 입력하지 않고 지나쳤다.(3점)

| 거래처 (코드)명 | 사업자등록번호 | 대표자 | 주소(신) | 업태 | 종목 |
|---|---|---|---|---|---|
| (2200)두정산업 | 106-24-32150 | 김대성 | 서울 마포 마포대로 122 | 건설 | 주택 |

## 문제 5 기말현재 결산정리사항은 다음과 같다. 결산을 완료하시오.(9점)

[1] 당사는 7월 1일 1년치 본사 영업소 관련 보험료 1,200,000원을 현금지급하고 전액 비용처리하였다. 이에 근거하여 기말 현재 지급되었으나 기일이 도래하지 않은 보험료에 대한 것을 적정하게 결산분개하였으나, 책임자가 검토해 본 결과 보험료 계약체결 및 현금지급일은 7월 1일이 아니라, 6월 1일임을 확인하고 수정하도록 요구하고 있다.(당사는 미경과보험료를 계상함에 있어 월할계산을 하고 있다) 관련 분개를 수정하시오.

**[2]** 3년전에 신한은행에서 차입한 장기차입금 중에서 내년에 만기가 도래하는 차입금 20,000,000원이 있다.(3점)

**[3]** 영업권은 전기초에 취득하여 전기부터 사용하여 왔고, 회사는 무형자산의 내용연수를 5년간 균등상각한다. 영업권에는 1건만 존재한다.(3점)

## 문제 6 다음 사항을 조회하여 답안저장 메뉴에 입력하시오.(9점)

**[1]** 당해 1월에 상환된 미지급금 금액은 얼마인가?(3점)

**[2]** 3월말 현재 전기말 대비 유동부채의 증가금액은 얼마인가?(3점)

**[3]** 제1기 예정신고기간동안 영세율(세금계산서 발급분)의 공급가액은 얼마인가?(3점)

# 실무모의고사 1회 답안 및 해설

## 문제 1 기초정보관리

[1] **재무제표수정순서 : 제조원가명세서→손익계산서→이익잉여금처분계산서→재무상태표**
전기분제조원가명세서 감가상각비 2,000,000원 추가입력
→ 당기제품제조원가 274,000,000원으로 변경
→ 전기분손익계산서 당기제품제조원가 274,000,000원으로 수정/당기순이익변경
→ 전기분이익잉여금처분계산서 당기순이익 8,980,000원 수정
→ 전기분재무상태표 이월이익잉여금 53,500,000원
감가상각누계액(기계) 14,000,000원 수정

[2] 주어진 자료대로 계정과목을 등록한다.

[3] 거래처별 초기이월
각 계정과목별로 거래처금액을 입력한다.

## 문제 2 일반전표입력

| | | | | | | |
|---|---|---|---|---|---|---|
| [1] | (차) | 받을어음(경기상사) | 600,000 | (대) | 외상매출금((주)청계) | 1,000,000 |
| | | 보통예금 | 400,000 | | | |
| [2] | (차) | 복리후생비(판) | 48,000 | (대) | 미지급금(한성상회) | 48,000 |
| [3] | (차) | 수도광열비(판) | 125,000 | (대) | 현 금 | 1,425,000 |
| | | 전력비(제) | 1,300,000 | | | |
| [4] | (차) | 여비교통비(판) | 350,000 | (대) | 가지급금(김성수) | 500,000 |
| | | 현 금 | 100,000 | | | |
| | | 잡손실 | 50,000 | | | |
| [5] | (차) | 투자부동산 | 10,500,000 | (대) | 현 금 | 500,000 |
| | | | | | 자산수증이익 | 10,000,000 |
| [6] | (차) | 보통예금 | 2,750,000 | (대) | 자본금 | 2,500,000 |
| | | 주식할인발행차금 | 50,000 | | 현 금 | 300,000 |

## 문제 3 매입매출전표입력

| 문항 | 일자 | 유형 | 공급가액 | 부가세 | 거래처 | 전자세금 |
|---|---|---|---|---|---|---|
| [1] | 10/10 | 54.불공(2) | 3,500,000 | 350,000 | 천안가구 | 여 |
| 분개유형 | (차) | 가지급금(이영철) | 3,850,000 | (대) | 미지급금 | 3,850,000 |
| 혼합 | | | | | | |

| 문항 | 일자 | 유형 | 공급가액 | 부가세 | 거래처 | 전자세금 |
|---|---|---|---|---|---|---|
| [2] | 10/20 | 11.과세 | 400,000 | 40,000 | 경기상사 | 여 |
| 분개유형 | (차) | 감가상각누계액(비품) | 120,000 | (대) | 비 품 | 500,000 |
| 혼합 | | 현 금 | 50,000 | | 부가세예수금 | 40,000 |
| | | 보 통 예 금 | 390,000 | | 유형자산처분익 | 20,000 |

| 문항 | 일자 | 유형 | 공급가액 | 부가세 | 거래처 | 전자세금 |
|---|---|---|---|---|---|---|
| [3] | 10/22 | 51.과세 | 150,000 | 15,000 | 영종무역(주) | 여 |
| 분개유형 | (차) | 건물관리비(판) | 150,000 | (대) | 현 금 | 165,000 |
| 혼합/현금 | | 부가세대급금 | 15,000 | | | |

| 문항 | 일자 | 유형 | 공급가액 | 부가세 | 거래처 | 전자세금 |
|---|---|---|---|---|---|---|
| [3] | 10/22 | 53.면세 | 33,000 | 0 | 영종무역(주) | 여 |
| 분개유형 | (차) | 건물관리비(판) | 33,000 | (대) | 현 금 | 33,000 |
| 혼합/현금 | ☞ **세금계산서와 계산서를 각각 입력해야 한다.** | | | | | |

| 문항 | 일자 | 유형 | 공급가액 | 부가세 | 거래처 | 전자세금 |
|---|---|---|---|---|---|---|
| [4] | 11/22 | 57.카과 | 10,000,000 | 1,000,000 | (주)청계 | - |
| 분개유형 | (차) | 원 재 료 | 10,000,000 | (대) | 외상매입금(국민카드) | 11,000,000 |
| 카드/혼합 | | 부가세대급금 | 1,000,000 | | | |

| 문항 | 일자 | 유형 | 공급가액 | 부가세 | 거래처 | 전자세금 |
|---|---|---|---|---|---|---|
| [5] | 11/25 | 62.현면 | 5,000,000 | 0 | 한성상회 | - |
| 분개유형 | (차) | 복리후생비(판) | 2,000,000 | (대) | 현 금 | 5,000,000 |
| 현금 | | 복리후생비(제) | 3,000,000 | | | |

| 문항 | 일자 | 유형 | 공급가액 | 부가세 | 거래처 | 전자세금 |
|---|---|---|---|---|---|---|
| [6] | 11/27 | 54.불공(3.) | 10,000,000 | 1,000,000 | 울산세관 | 여 |
| 분개유형 | (차) | 차량운반구 | 1,000,000 | (대) | 현 금 | 1,000,000 |
| 혼합 | ☞ **수입세금계산서인데 불공제일 경우 "불공"을 선택하여야 한다.** | | | | | |

## 문제 4 오류수정

[1] • 수정전 : 유형 : 53.면세

| 수정후 | 유형 | 공급가액 | 부가세 | 거래처 | 전자 |
|---|---|---|---|---|---|
| 12/03 | 51.과세 | 1,800,000 | 180,000 | ㈜서울상사 | 여 |
| 분개유형 | (차) 복리후생비(판) | | 1,800,000 | (대) 현금 | 1,980,000 |
| 혼합 | 부가세대급금 | | 180,000 | | |

[2] 수정후 거래처 등록, 전자 : 여 체크 및 분개사항 입력

| | | | | |
|---|---|---|---|---|
| (차) 현 금 | 6,600,000 | (대) | 제품매출 | 6,000,000 |
| | | | 부가세예수금 | 600,000 |

## 문제 5 결산

[1] [수동결산]

| 잘못된 회계처리 | | | | 정당한 회계처리 | | | |
|---|---|---|---|---|---|---|---|
| 가입기간 : 7.1~익년도 7.1<br>6개월치를 내년도 비용인 선급비용으로 회계처리 | | | | **가입기간 : 6.1~익년도 6.1<br>5개월분을 내년도 비용인 선급비용으로 회계처리** | | | |
| 7/1 (차)보험료 | 1,200,000 | (대) 현금 | 1,200,000 | **6/1 (차)보험료** | **1,200,000** | **(대) 현금** | **1,200,000** |
| 12/31 (차)선급비용 | 600,000 | (대) 보험료 | 600,000 | **12/31 (차)선급비용** | **500,000** | **(대) 보험료** | **500,000** |

7월1일 전표삭제 후 6월 1일 일반전표에 다음 분개를 입력

| | | | |
|---|---|---|---|
| (차) 보험료(판) | 1,200,000 | (대) 현 금 | 1,200,000 |

12월 31일자 전표를 다음과 같이 수정

| | | | |
|---|---|---|---|
| (차) 선급비용 | 500,000 | (대) 보험료(판) | 500,000 |

[2] [수동결산]

| | | | |
|---|---|---|---|
| (차) 장기차입금(신한은행) | 20,000,000 | (대) 유동성장기부채(신한은행) | 20,000,000 |

[3] [자동결산]

합계잔액시산표의 영업권 장부가액 확인 4,000,000원

당기무형자산상각비 = 장부가액/잔여내용연수 = 4,000,000/4년 = 1,000,000원을

결산자료에 입력 후 상단의 전표를 추가한다.

## 문제 6 장부조회

[1] 계정별원장/총계정원장 1월 조회, 1,000,000원

[2] 재무상태표 3월 조회 154,472,500원(220,798,500 - 66,326,000)

[3] 부가가치세신고서(1월~3월) 5 195,000,000원

# 실무모의고사 2회

**(주)태조(3012)는 전자제품을 제조하여 판매하는 중소기업이다. 전산세무회계 수험용 프로그램을 이용하여 다음 물음에 답하시오.**

## 문제 1 다음은 기초정보관리에 대한 자료이다. 각각의 요구사항에 대하여 답하시오.(10점)

**[1]** 전기에 발생된 공장 건물 보험료 중 당기 보험료 3,000,000원이 포함되어 있다. 전기의 제조원가명세서등 관계있는 재무제표를 수정하시오. (4점)

**[2]** 회사는 기계장치를 운용리스로 임차하였다. 운용리스료에 대해서 별도 계정과목을 설정하여 운영하고자 한다. (3점)

- 코드 : 540
- 계정과목 : 운용리스료
- 성격 : 제조경비
- 현금적요등록사항 1. : 조립공장 기계장치 리스료

**[3]** 전기말 거래처별 채권, 채무는 다음과 같다. 주어진 자료에 한하여 추가 입력하시오.(3점)

| 채권, 채무 | 거래처 | 금 액 |
|---|---|---|
| 외 상 매 출 금 | (주)대마 | 2,300,000원 |
| | 아산전기 | 2,500,000원 |
| | ㈜주성전자 | 3,400,000원 |
| 장기차입금 | 신한은행 | 60,000,000원 |
| | 비씨카드 | 7,514,200원 |

**문제 2** **다음 거래 자료를 일반전표입력 메뉴에 추가 입력하시오. (일반전표입력의 모든 거래는 부가가치세를 고려하지 말 것)(18점)**

[1] 7월 2일 : 단기보유목적으로 보유중인 단기매매증권 전량을 4,200,000원에 처분하였다. 처분시 수수료를 제외한 4,180,000원이 당사 당좌예금계좌로 입금되었다.(3점)

[2] 7월 19일 : 전년도 (주)서울에 대여한 10,000,000원이 동사의 파산으로 인하여 전액 대손처리 하기로 하였다. 대손충당금은 설정되어 있지 않다.(3점)

[3] 8월 20일 : 가수금 500,000원의 내역을 확인한 결과 ㈜지리전자에 대한 거래로 300,000원은 제품을 매출하기로 받은 계약금이며, 200,000원은 ㈜서울상사의 단기대여금에 대한 이자금액임을 확인하였다.(3점)

[4] 8월 30일 : 회사가 소유하고 있는 이륜자동차(취득원가 700,000원, 감가상각누계액 550,000원)이 사고로 금일 폐기처분하였다.(3점)

[5] 9월 8일 : 다음은 영업부에서 거래처 직원과의 식사비용을 법인카드(국민카드)로 결제하고 수취한 신용카드매출전표이다. 일반전표에 입력하시오.(3점)

신용카드매출전표

| | | |
|---|---|---|
| 가맹점명 | 제주똥돼지 | 031-405-6418 |
| 사업자번호 | 130-42-35528 | |
| 대표자명 | 한라산 | |
| 주 소 | 경기 안산 고잔 815 | |
| | | 신용승인 |
| 거래일시 | | 20x1.09.08. 20:25:15 |
| 유효기간 | | **/** |
| 가맹점번호 | | 12345678 |
| | | 국민카드(전자서명전표) |
| 과세금액 | 오겹살 외 | 50,000원 |
| 부가세액 | | 5,000원 |
| 합 계 | | 55,000원 |

**[6]** 9월 23일 : 공장창고 임차보증금의 간주임대료에 대한 부가가치세 500,000원을 건물소유주에게 보통예금으로 계좌이체하였고 이체시 송금수수료 1,000원이 발생하였다.(3점)

## 문제 3 다음 거래 자료를 매입매출전표입력 메뉴에 입력하시오.(18점)

**[1]** 10월 4일 : 대한전자로부터 본사 사옥부지로 사용할 토지를 20,000,000원에 매입하고 전자계산서를 받고 5,000,000원은 보통예금에서 이체하고, 잔금은 6개월 후에 지급하기로 하였다.(3점)

**[2]** 10월 15일 : 홍콩에 소재한 POP사에 반제품을 수출 하였다. 선적일은 10월 15일이고 물품대금은 총 10,000달러이며, 선적일 현재의 기준환율은 달러당 985원이고 대금은 1개월 후에 수령하기로 하다. 매출계정은 반제품매출을 선택할 것.(3점)

**[3]** 10월 26일 : 본사에서 사용하던 화물용 트럭(3,800cc)의 고장으로 현대자동차에서 수리하고 수리비 500,000원(부가가치세 별도)을 현금지급하고 종이세금계산서를 수취하였다. 수익적지출로 회계처리하세요.(3점)

**[4]** 11월 7일 : ㈜청계로부터 면세재화를(공급가액 12,000,000원)를 매입하고 대금은 국민카드로 결제하였다. 면세재화는 당사의 제품 가공시 부재료로 사용하고 있다.(3점)

**[5]** 11월 22일 : ㈜세계에 다음과 같이 제품을 매출하고 전자세금계산서를 발급하였다. 대금은 10월 12일에 받은 계약금 15,000,000원을 차감한 잔액을 외상으로 하였다.(3점)

| 품목 | 수량 | 단가 | 공급가액 | 부가가치세 |
|---|---|---|---|---|
| 제품A | 50개 | 1,000,000원 | 50,000,000원 | 5,000,000원 |
| 제품B | 20개 | 800,000원 | 16,000,000원 | 1,600,000원 |

**[6]** 11월 25일 : ㈜판매한 제품이 불량으로 반품되어 발급한 수정전자세금계산서이다. 발급과 동시에 현금으로 지급하다.(3점)

(적 색)

| 수정전자세금계산서 (공급자 보관용) | | | | 승인번호 | 20160108 - 41000042 - 55746692 | | | |
|---|---|---|---|---|---|---|---|---|
| 공급자 | 등록번호 | 101 - 02 - 15549 | | 공급받는자 | 등록번호 | 125 - 34 - 12324 | | |
| | 상호 | (주)태조 | 성 명 (대표자) 김지성 | | 상호 | (주)세계 | 성 명 (대표자) | 이세계 |
| | 사업장 주소 | 서울 서초구 방배로 104 | | | 사업장 주소 | 서울 서대문구 증가로 100 | | |
| | 업태 | 제조, 도 · 소매업 | 종사업장번호 | | 업태 | 도 · 소매업 | 종사업장번호 | |
| | 종목 | 전자제품 | | | 종목 | 전자제품 | | |
| | E - Mail | kyc@nate.com | | | E - Mail | kim@naver.com | | |

| 작성일자 | 20x1.11.25. | 공급가액 | - 1,000,000 | 세액 | - 100,000 |
|---|---|---|---|---|---|

| 월 | 일 | 품목명 | 규격 | 수량 | 단가 | 공급가액 | 세액 | 비고 |
|---|---|---|---|---|---|---|---|---|
| 11 | 25 | 오디오 | | | | - 1,000,000 | - 100,000 | |
| | | | | | | | | |
| | | | | | | | | |

| 합계금액 | 현금 | 수표 | 어음 | 외상미수금 | 이 금액을 ◉ 영수 ○ 청구 함 |
|---|---|---|---|---|---|
| - 1,100,000 | - 1,100,000 | | | | |

**문제 4** **매입매출전표와 일반전표에 입력된 내용 중 다음과 같은 오류가 발견되었다. 입력된 내용을 확인하여 정정하시오.(6점)**

**[1]** 8월 14일 : 제품 10,000,000원을 직수출한 거래는 환율적용이 $10,000에 대하여 1,000원으로 적용되어 있으나 선적일 적용해야 할 기준 환율은 1,100원이다. 금액을 수정하시오.(3점)

**[2]** 8월 29일 : 현금으로 납부한 전화요금 200,000원 중에는 본사 사용분 50,000원이 포함되어 있다. (3점)

## 문제 5 결산정리사항은 다음과 같다. 해당메뉴에 입력하시오.(9점)

[1] 결산일 현재 차입금 1억원에 대해서 이자비용이 발생하였으며, 이자지급일은 내년도 1월 29일이다. 차입금이자 산정기간 10월 01일~12월 31일, 차입금이자율 8%,월할계산할 것(3점)

[2] 3월 1일에 아래의 보험료를 지급하고 전액 선급비용계정으로 회계처리하였다.(3점)

- 보험기간 : 당기 3월 1일 ~ 차기 2월 말
- 보험가입대상 : 본사의 통신설비
- 보험금납입액 : 1,200,000원

[3] 대손충당금은 기말미수금, 단기대여금의 잔액에 대하여 1%를 설정하다.(3점)

## 문제 6 다음 사항을 조회하여 답안을 저장메뉴에 입력하시오.(9점)

[1] 4월말 현재 건물의 장부가액은 얼마인가?(3점)

[2] 제1기 예정신고기간(1월~3월)에 공제받지 못할 매입세액은 얼마인가?(3점)

[3] 2월부터 3월까지 통신비 발생금액은 얼마인가?(3점)

# 실무모의고사 2회 답안 및 해설

## 문제 1 기초정보관리

[1] 누락된 회계처리 (차) 선급비용 3,000,000 (대) 보험료(제) 3,000,000

<u>재무제표수정순서 : 제조원가명세서 → 손익계산서 → 이익잉여금처분계산서 → 재무상태표</u>

- 원가명세서 보험료 35,000,000원을 32,000,000원으로 수정
  → 당기제품제조원가 300,000,000원으로 변경
- 손익계산서태 제품매출원가의 당기제품제조원가를 300,000,000원으로 수정
  → 당기순이익 52,980,000원으로 변경
- 이익잉여금처분계산서 당기순이익 49,980,000원을 52,980,000원으로 수정
  → 미처분이익잉여금 60,500,000원으로 변경
- 재무상태표 이월이익잉여금 57,500,000원을 60,500,000원으로 수정하고 자산에 선급비용 3,000,000원을 추가 입력하면 대차차액이 "0"가 된다.

[2] 운용리스료를 계정과목 및 적요등록에 입력

[3] "거래처별초기이월"해당 계정과목에 각각 입력

## 문제 2 일반전표입력

[1] 7월 2일 [합계잔액시산표] 단기매매증권 장부가액 4,000,000원 조회

| | | | | |
|---|---|---|---|---|
| [1] | (차) 당좌예금 | 4,180,000 | (대) 단기매매증권 | 4,000,000 |
| | | | 단기투자자산처분익 | 180,000 |
| [2] | (차) 기타의대손상각비 | 10,000,000 | (대) 단기대여금((주)서울) | 10,000,000 |
| [3] | (차) 가수금 | 500,000 | (대) 선수금((주)지리전자) | 300,000 |
| | | | 이자수익 | 200,000 |
| [4] | (차) 감가상각누계액(차량) | 550,000 | (대) 차량운반구 | 700,000 |
| | 유형자산처분손실 | 150,000 | | |
| [5] | (차) 기업업무추진비(판) | 55,000 | (대) 미지급금(국민카드) | 55,000 |
| [6] | (차) 세금과공과(제) | 500,000 | (대) 보통예금 | 501,000 |
| | 수수료비용(제) | 1,000 | | |

☞ 간주임대료는 부담하는 자의 비용(세금과공과)으로 처리한다.

## 문제 3 매입매출전표입력

| 문항 | 일자 | 유형 | 공급가액 | 부가세 | 거래처 | 전자세금 |
|---|---|---|---|---|---|---|
| [1] | 10/4 | 53.면세 | 20,000,000 | 0 | 대한전자 | 여 |
| 분개유형 | | (차) 토 지 | | 20,000,000 (대) | 보통예금 | 5,000,000 |
| 혼합 | | | | | 미지급금 | 15,000,000 |
| 문항 | 일자 | 유형 | 공급가액 | 부가세 | 거래처 | 전자세금 |
| [2] | 10/15 | 16.수출(1) | 9,850,000 | 0 | POP | - |
| 분개유형 / 외상 | | (차) 외상매출금 | | 9,850,000 (대) | 반제품매출 | 9,850,000 |
| 문항 | 일자 | 유형 | 공급가액 | 부가세 | 거래처 | 전자세금 |
| [3] | 10/26 | 51.과세 | 500,000 | 50,000 | 현대자동차 | 부 |
| 분개유형 | | (차) 차량유지비(판) | | 500,000 (대) | 현 금 | 550,000 |
| 현금 | | 부가세대급금 | | 50,000 | | |
| 문항 | 일자 | 유형 | 공급가액 | 부가세 | 거래처 | 전자세금 |
| [4] | 11/7 | 58.카면 | 12,000,000 | 0 | (주)청계 | - |
| 분개유형 / 카드/혼합 | | (차) 부재료 | | 12,000,000 (대) | 외상매입금(국민카드) | 12,000,000 |
| 문항 | 일자 | 유형 | 공급가액 | 부가세 | 거래처 | 전자세금 |
| [5] | 11/22 | 11.과세 | 66,000,000 | 6,600,000 | (주)세계 | 여 |
| 분개유형 | | (차) 선수금 | | 15,000,000 (대) | 제품매출 | 66,000,000 |
| | | 외상매출금 | | 57,600,000 | 부가세예수금 | 6,600,000 |
| 혼합 | | ☞ 복수거래로 제품A, 제품B 내역 입력 | | | | |
| 문항 | 일자 | 유형 | 공급가액 | 부가세 | 거래처 | 전자세금 |
| [6] | 11/25 | 11.과세 | -1,000,000 | -100,000 | ㈜세계 | 여 |
| 분개유형 | | (차) 현 금 | | -1,100,000 (대) | 제품매출 | -1,000,000 |
| 현금(혼합) | | | | | 부가세예수금 | -100,000 |

## 문제 4 오류수정

[1] 16.수출, 공급가액 10,000,000원 분개 : 외상 제품매출 10,000,000원을
16.수출, 공급가액 11,000,000원 분개 : 외상 제품매출 11,000,000원으로 수정

(차) 외상매출금 11,000,000 (대) 제품매출 11,000,000

[2] 〈수정전〉

(차) 통신비(제) 200,000 (대) 현 금 200,000

〈수정후〉

(차) 통신비(제) 150,000 (대) 현 금 200,000
통신비(판) 50,000

## 문제 5 결산

[1] [수동결산]

| | | | |
|---|---|---|---|
| (차) 이자비용 | 2,000,000 | (대) 미지급비용 | 2,000,000 |

☞ 이자비용 = 1억×8%×3개월/12개월

[2] [수동결산]

| | | | |
|---|---|---|---|
| (차) 보험료(판) | 1,000,000 | (대) 선급비용 | 1,000,000 |

☞ 당기 비용(보험료) = 1,200,000×10개월/12개월

[3] [자동결산]

대손율 1%, 단기대여금 : 100,000원,　　미수금 : 50,000원

자동결산항목을 모두 입력하고 상단의 전표추가한다.

## 문제 6 장부조회

[1] 재무상태표　21,000,000원(감가상각누계액을 차감한 금액이 장부가액이다.)

[2] 부가가치세신고서(1월~3월) 16 공제받지 못할 매입세액 150,000원

[3] 월계표(2~3월) 1,000,000원 (제조경비 통신비 500,000원 + 판관비 통신비 500,000원)

# 실무모의고사 3회

**(주)광덕기계(3013)는 전자제품를 제조하여 판매하는 중소기업이다. 전산세무회계 수험용 프로그램을 이용하여 다음 물음에 답하시오.**

**문제 1 다음은 기초정보관리에 대한 자료이다. 각각의 요구사항에 대하여 답하시오.(10점)**

[1] 다음의 처분내용을 보고 전기분 이익잉여금처분계산서를 작성하시오. 당기 처분확정일자는 당해년도 2월 28일이다. (4점)

- 이 입 액 -

- 사업확장적립금의 이입 3,000,000원

- 처 분 액 -

- 이익준비금 300,000원
- 배당평균적립금 2,000,000원
- 현금배당 3,000,000원
- 연구인력개발준비금 5,000,000원

[2] 전기분 재무상태표 작성시 담당자의 실수로 단기차입금계정이 누락되었다. 전기분 재무상태표, 거래처별 초기이월과 거래처등록(금융기관)에 추가로 입력하시오. (3점)

- 차입은행 : 국민은행(코드 : 98001, 유형 : 기타)
- 계정과목 : 단기차입금
- 금 액 : 30,000,000원

[3] 사업자등록이 없는 개인에게 제품을 판매하고 세금계산서를 발행하기 위해 다음 내용을 거래처 등록란에 입력하시오. (3점)

- 코드번호 : 135
- 성명 : 고아라
- 주민등록번호 : 791225 - 1562386
- 주소(도로명) : 충남 천안시 서북구 봉정로 321(우남빌딩) 203호

**문제 2** **다음 거래 자료를 일반전표입력 메뉴에 추가 입력하시오.(일반전표입력의 모든 거래는 부가가치세를 고려하지 말 것)(18점)**

**[1]** 8월 14일 : 거래처인 아산전기로부터 받은 받을어음 9,000,000원을 거래은행인 국민은행에 할인하고 할인료 300,000원을 제외한 금액은 보통예금에 입금하였다.(매각거래로 처리할 것) (3점)

**[2]** 8월 20일 : 전월 비씨카드사용 대금이 보통예금에서 자동이체되다. 회사의 경비사용에 대해서 카드로 결제하고 7월1일부터 7월 31일까지 사용분이 8월 20일 이체되다. (3점)

**[3]** 8월 25일 : 제조부에서 근무하는 일용직 종업원 홍길동씨에 대한 급여를 현금으로 지급하고 급여지급 영수증을 발행하였다. 적절한 회계처리를 하시오.(단, 세금 및 사회보험료는 고려하지 않음)(3점)

일용직 급여지급 영수증

■ 이　　름 : 홍길동
■ 주민등록번호 : 781010 - 1018234
■ 주　　소 : 서울 중구 명동2가 31

- 근 무 내 역 -

■ 입 사 일 : 20x1.8.15
■ 근무기간 : 20x1.8.15.~20x1.8.21
■ 수령금액 : 일금　육십만 원정　(₩ 600,000)

20x1년 8 월 25일

본인은 상기 금액을 수령했음을 확인합니다.

수령자 : 홍길동 (인)

주식회사 광덕기계　　직인

[4] 9월 3일 : 회사의 장기적인 자금 운용 목적으로 ㈜오성전자의 주식 100주를 주당 50,000원에 취득하였다. 매입시 증권회사 수수료 300,000원과 매입대금을 당사 보통예금에서 이체하여 주다. (3점)

[5] 9월 8일 : 보유중인 자기주식을 전량 처분하였다. 처분가액은 11,000,000원이며 처분대금은 보통예금 계좌에 입금되었다. 자기주식처분손익계정 잔액은 없는 것으로 가정한다.(3점)

[6] 9월 18일 : 보유중인 ㈜사성전자의 주식에 대하여 현금배당금 800,000원과 주식배당 100주(액면가액 5,000원)를 현금과 주식으로 수령하다. (3점)

**문제 3 다음 거래 자료를 매입매출전표입력 메뉴에 입력하시오.(18점)**

[1] 11월 19일 : 하이마트로부터 공장 사무실에서 사용할 에어콘을 구입하였다. 대금은 2,200,000원(부가가치세 포함, 카드매입에 대한 부가가치세 매입세액 공제요건을 충족함)이었으며 국민카드로 결제하였다. (3점)

[2] 11월 25일 : 임가공 계약에 의해 의뢰하였던 전자부품을 (주)상선전자로부터 납품받고 전자세금계산서를 수취하였다. 대금은 15,000,000원(부가가치세 별도)으로 10월 1일 선지급한 계약금을 차감하고, 5,000,000원은 당좌수표로 지급하고 나머지는 비씨카드로 결제하였다. (3점)

[3] 11월 30일 : 투자목적으로 보유중인 토지(장부가액 1,000,000원)를 10,000,000원에 ㈜왕명에게 매각하고 대금은 7,000,000원을 현금으로 받고, 나머지는 1개월 후에 받기로 하다. 또한 회사는 전자계산서를 발급하다. 940번에 "투자자산처분익" 계정과목을 등록하시오. (3점)

[4] 12월 6일 : 본사 경리부에서 사용할 실무서적 10권을 (주)서울문고(213-81-78215)에서 200,000원에 현금구입하면서 전자 계산서를 수령하였다.(거래처코드 : 250번에 등록하시오) (3점)

**[5]** 12월 12일 : 제주렌탈에서 영업부서 업무용으로 임차한 소형화물자동차(2,000cc)의 사용대금 550,000원(부가세 포함)을 현금으로 지급하면서 현금영수증을 발급받았다.(3점)

**[6]** 12월 15일 : 현대자동차에서 승용차 그랜저(3,500CC)를 구입하고 발급받은 전자세금계산서이다. 10,000,000원은 자기앞수표로 주고 나머지는 월말에 지급하기로 하다.(3점)

| 전자세금계산서 | | (공급받는자 보관용) | 승인번호 | 20160108-41000042-55746692 | | | |
|---|---|---|---|---|---|---|---|
| 공급자 | 등록번호 | 127-81-26930 | | 공급받는자 | 등록번호 | 215-16-25846 | |
| | 상호 | 현대자동차 | 성명(대표자) 김현대 | | 상호 | (주)광덕기계 | 성명(대표자) 김호인 |
| | 사업장 주소 | 서울 서초구 방배로 104 | | | 사업장 주소 | 서울 서초구 방배로 107 | |
| | 업태 | 제조업 | 종사업장번호 | | 업태 | 제조, 도·소매업 | 종사업장번호 |
| | 종목 | 자동차외 | | | 종목 | 전자제품 | |
| | E-Mail | woo@nate.com | | | E-Mail | kyc@nate.com | |

| 작성일자 | 20x1.8.05 | 공급가액 | 30,000,000 | 세액 | 3,000,000 |
|---|---|---|---|---|---|

| 월 | 일 | 품목명 | 규격 | 수량 | 단가 | 공급가액 | 세액 | 비고 |
|---|---|---|---|---|---|---|---|---|
| 12 | 15 | 승용차(5인승) | | | | 30,000,000 | 3,000,000 | |
| | | | | | | | | |
| | | | | | | | | |

| 합계금액 | 현금 | 수표 | 어음 | 외상미수금 | 이 금액을 ○ 영수 ◉ 청구 함 |
|---|---|---|---|---|---|
| 33,000,000 | | 10,000,000 | | 23,000,000 | |

**문제 4 일반전표입력메뉴 또는 매입매출전표에 입력된 내용 중 다음과 같은 오류가 발견되었다. 입력된 내용을 확인하여 정정하시오.(6점)**

**[1]** 10월 10일 : 본사 영업부서에서 사용할 업무용 승용차(2000CC)를 구입하면서 매입세액공제로 회계처리하였다. 올바르게 수정하시오 (3점)

**[2]** 10월 14일 : 공장건물에 대한 취득세와 공장건물 취득시 공인중개사 수수료를 비용으로 처리하였다. 올바르게 수정하시오. (3점)

## 문제 5 결산정리사항은 다음과 같다. 해당메뉴에 입력하시오.(9점)

[1] 부가가치세신고기간에 대한 부가세예수금 14,500,000원과 부가세대급금 16,500,000원을 정리하고 환급세액은 미수금계정으로 회계처리하고 거래처입력을 생략하고 기장된 자료는 무시하시오.(3점)

[2] 본사 사무실에서 구입하여 사용하던 소모품 중 미사용 잔액은 200,000원이다.(구입시 자산으로 처리하였다.) (3점)

[3] 12월 31일 : 임직원에 대한 퇴직급여추계액 및 설정전퇴직급여충당부채 잔액은 다음과 같다고 가정하고 퇴직급여를 추가설정하시오.기장된 자료는 무시하시오.(3점)

| 구 분 | 퇴직급여추계액 | 설정전 퇴직급여충당부채 |
|---|---|---|
| 생산부 | 70,000,000원 | 23,500,000원 |
| 관리부 | 30,000,000원 | 16,000,000원 |

## 문제 6 다음 사항을 조회하여 답안을 저장메뉴에 입력하시오.(9점)

[1] 상반기중 보통예금의 잔액이 가장 많은 달은 몇 월이며, 그 달의 보통예금 잔액은 얼마인가? (3점)

[2] 3월에 발생된 판매비와 관리비 총액은 얼마인가? (3점)

[3] 제1기 예정신고기간(1월~3월)의 신용카드 및 현금영수증 과세매출액(부가가치세 포함)은 얼마인가?(3점)

# 실무모의고사 3회 답안 및 해설

## 문제 1 기초정보관리

[1] • 처분확정일 입력 20x1년 2월28일

• 중소기업투자준비금 : 커서를 Ⅳ.차기이월미처분이익잉여금에 위치하고, 상단 F4(칸추가)를 클릭하여 칸을 삽입하고 이익잉여금계정인 364.연구인력개발준비금을 선택하여 입력한다.

| | | | | |
|---|---|---|---|---|
| II.임의적립금 등의 이입액 | | | | 3,000,000 |
| 1.사업확장적립금 | 0356 | 사업확장적립금 | 3,000,000 | |
| 2. | | | | |
| 합계(I + II) | | | | 17,980,000 |
| III.이익잉여금처분액 | | | | 10,300,000 |
| 1.이익준비금 | 0351 | 이익준비금 | 300,000 | |
| 2.재무구조개선적립금 | 0354 | 재무구조개선적립금 | | |
| 3.주식할인발행차금상각액 | 0381 | 주식할인발행차금 | | |
| 4.배당금 | | | 3,000,000 | |
| 가.현금배당 | 0265 | 미지급배당금 | 3,000,000 | |
| 주당배당금(률) | | 보통주(원/%) | | |
| | | 우선주(원/%) | | |
| 나.주식배당 | 0387 | 미교부주식배당금 | | |
| 주당배당금(률) | | 보통주(원/%) | | |
| | | 우선주(원/%) | | |
| 5.사업확장적립금 | 0356 | 사업확장적립금 | | |
| 6.감채적립금 | 0357 | 감채적립금 | | |
| 7.배당평균적립금 | 0358 | 배당평균적립금 | 2,000,000 | |
| 8.중소기업투자준비금 | 0364 | 연구인력개발준비금 | 5,000,000 | |
| IV.차기이월미처분이익잉여금 | | | | 7,680,000 |

[2] 거래처등록(금융기관) → 재무상태표에 단기차입금 입력→거래처별 초기이월(상단의 F4(불러오기)를 클릭하여 단기차입금 금액을 가져오고, 거래처에 국민은행, 금액을 입력한다.

[3] 주어진 대로 입력하고 주민기재분에 "여"로 되어 있어야 한다.

| | | | |
|---|---|---|---|
| 1. 사업자등록번호 | ___-__-_____ | 사업자등록상태조회 | |
| 2. 주민 등록 번호 | 791225-1562386 | 주 민 기 재 분 | 여 0:부 1:여 |
| 3. 대 표 자 성 명 | 고아라 | 종 사업장 번호 | |
| 4. 업 종 | 업태 | 종목 | |
| 5. 우 편 번 호 | 331-962 | 충청남도 천안시 서북구 봉정로 321 (두정동, 우남 | |
| 6. 사 업 장 주 소 | 203호 | | |

## 문제 2 일반전표입력

| | | | | |
|---|---|---|---|---|
| [1] | (차) 보통예금 | 8,700,000 | (대) 받을어음(아산전기) | 9,000,000 |
| | 매출채권처분손실 | 300,000 | | |

[2] [거래처 원장조회]

(차) 미지급금(비씨카드) 500,000 (대) 보통예금 500,000

[3] (차) 잡급(제) 600,000 (대) 현 금 600,000

☞ 일용직 사원의 경우 급여지급시 잡급으로 사용해야 합니다.

[4] (차) 매도가능증권(투자) 5,300,000 (대) 보통예금 5,300,000

☞ 주식이고 장기적인 자금운용목적이므로 매도가능증권(투자자산)으로 회계처리하여야 하고, 매도가능증권의 취득가액에는 취득 부대비용도 포함된다.

[5] 9월 8일자 합계잔액시산표에서 자기주식 장부가액(10,000,000원) 조회

(차) 보통예금 11,000,000 (대) 자기주식 10,000,000
자기주식처분이익 1,000,000

[6] (차) 현 금 800,000 (대) 배당금수익 800,000

☞ 주식배당금에 대해서는 회계처리하지 않는다.

## 문제 3 매입매출전표입력

| 문항 | 일자 | 유형 | 공급가액 | 부가세 | 거래처 | 전자세금 |
|---|---|---|---|---|---|---|
| [1] | 11/19 | 57.카과 | 2,000,000 | 200,000 | 하이마트 | - |
| 분개유형 | | (차) 비 품 | | 2,000,000 (대) | 미지급금(국민카드) | 2,200,000 |
| 카드 | | 부가세대급금 | | 200,000 | | |

| 문항 | 일자 | 유형 | 공급가액 | 부가세 | 거래처 | 전자세금 |
|---|---|---|---|---|---|---|
| [2] | 11/25 | 51.과세 | 15,000,000 | 1,500,000 | (주)상선전자 | 여 |
| 분개유형 | | (차) 외주가공비(제) | | 15,000,000 (대) | 선급금 | 2,500,000 |
| | | 부가세대급금 | | 1,500,000 | 당좌예금 | 5,000,000 |
| 혼합/카드 | | | | | 미지급금(비씨카드) | 9,000,000 |

| 문항 | 일자 | 유형 | 공급가액 | 부가세 | 거래처 | 전자세금 |
|---|---|---|---|---|---|---|
| [3] | 11/30 | 13.면세 | 10,000,000 | 0 | (주)왕명 | 여 |
| 분개유형 | | (차) 현 금 | | 7,000,000 (대) | 투자부동산 | 1,000,000 |
| | | 미수금 | | 3,000,000 | 투자자산처분익 | 9,000,000 |
| 혼합 | | | | | (940.계정과목신규등록) | |

| 문항 | 일자 | 유형 | 공급가액 | 부가세 | 거래처 | 전자세금 |
|---|---|---|---|---|---|---|
| [4] | 12/06 | 53.면세 | 200,000 | 0 | (주)서울문고(신규등록) | 여 |
| 분개유형<br>현금 | (차) 도서인쇄비(판) | | 200,000 | (대) 현 금 | | 200,000 |

| 문항 | 일자 | 유형 | 공급가액 | 부가세 | 거래처 | 전자세금 |
|---|---|---|---|---|---|---|
| [5] | 12/12 | 61.현과 | 500,000 | 50,000 | 제주렌탈 | - |
| 분개유형 | (차) 임차료(판) | | 500,000 | (대) 현 금 | | 550,000 |
| 혼합 | 부가세대급금 | | 50,000 | | | |

| 문항 | 일자 | 유형 | 공급가액 | 부가세 | 거래처 | 전자세금 |
|---|---|---|---|---|---|---|
| [6] | 12/15 | 54.불공(3.비영업용) | 30,000,000 | 3,000,000 | 현대자동차 | 여 |
| 분개유형 | (차) 차량운반구 | | 33,000,000 | (대) 현금 | | 10,000,000 |
| 혼합 | | | | 미지급금 | | 23,000,000 |

## 문제 4 오류수정

[1] 10월 10일 매입매출전표입력

51.과세를 54.불공으로 변경하고 회계처리는 다음과 같이 한다.

| | | | | |
|---|---|---|---|---|
| (차) 차량운반구 | 55,000,000 | (대) | 현 금 | 55,000,000 |

[2] 〈수정전〉 10월 14일 일반전표입력

| | | | | |
|---|---|---|---|---|
| (차) 세금과공과(제) | 500,000 | (대) | 현 금 | 500,000 |
| 수수료비용(제) | 600,000 | | 예수금 | 19,800 |
| | | | 보통예금 | 580,200 |

〈수정후〉

| | | | | |
|---|---|---|---|---|
| (차) 건물 | 1,100,000 | (대) | 현 금 | 500,000 |
| | | | 예수금 | 19,800 |
| | | | 보통예금 | 580,200 |

## 문제 5 결산

[1] [수동결산]

| | | | | |
|---|---|---|---|---|
| (차) 부가세예수금 | 14,500,000 | (대) | 부가세대급금 | 16,500,000 |
| 미수금 | 2,000,000 | | | |

[2] [수동결산] 합계잔액시산표 소모품금액 1,000,000원 확인

| | | | | |
|---|---|---|---|---|
| (차) 소모품비(판) | 800,000 | (대) | 소모품 | 800,000 |

[3] [자동결산]

제조경비(생산부) : 46,500,000원과 판관비(관리부) 14,000,000원 입력

자동결산항목을 모두 입력하고 상단의 전표추가한다.

## 문제 6 장부조회

[1] (총계정원장) 5월, 108,936,200원

[2] (월계표 조회 : 3월) 18,342,500원

[3] (부가가치세신고서 1~3월) ❸57,200,000원(공급가액 52,0000,000 세액 5,200,000)

# 종합모의고사 1회

## 이 론

**01.** ㈜로그인은 20x0년 12월 31일 현재 장부금액이 3,000,000원인 기계장치를 20x1년 4월 01일에 2,500,000원에 처분하면서 200,000원의 처분손실이 발생하였다. 이 기계장치와 관련하여 ㈜로그인이 20x1년도에 계상한 감가상각비는 얼마인가?

① 300,000원 ② 400,000원 ③ 500,000원 ④ 600,000원

**02.** 다음은 ㈜백두의 보유 중인 유가증권(시장성이 있으며 단기매매목적임)에 대한 내역이다. 기말 재무상태표상 유가증권의 장부가액은?

| |
|---|
| 5월 8일 : ㈜한라의 주식 100주 취득(취득단가 : 1,000원)<br>9월 3일 : ㈜한라의 무상주 10주 수령<br>12월 31일 : ㈜한라의 기말 공정가액(주당 1,200원) |

① 100,000원 ② 120,000원 ③ 132,000원 ④ 110,000원

**03.** 유형자산과 관련한 용어의 설명으로 가장 옳지 않는 것은?

① 감가상각은 유형자산의 취득가액을 내용연수동안 가치하락에 대한 비용을 인식하는 것을 말한다.
② 미상각잔액(장부가액)이란 취득가액에서 감가상각누계액을 차감한 금액을 말한다.
③ 내용년수는 물리적내용연수를 의미하는게 아니라 경제적 내용연수를 의미한다.
④ 감가상각방법은 정액법, 정률법, 내용연수합계법 등이 있는데, 원칙적으로 회사는 하나의 방법을 선택하여 계속적으로 적용하여야 한다.

**04.** 다음 재고자산에 대한 설명 중 ㈜백두의 기말재고자산에 해당하지 않는 것은?

① ㈜한라에게 판매를 위탁한 상품(위탁상품)으로서 아직 판매가 되지 않는 상품
② ㈜한라에게 반품률을 합리적으로 추정가능한 상태로 상품을 판매하였다.
③ ㈜청계로부터 선적지 인도조건인 운송중인 상품을 구입하였다.
④ ㈜소백에게 도착지 인도조건으로 운송중인 상품을 판매하였다.

**05.** 다음은 ㈜로그인의 상품재고장이다. 선입선출법과 후입선출법에 의한 1월말 상품재고금액은 얼마인가? (단, 계속기록법을 적용한다.)

상품재고장

| 일자 | 구분 | 입고 | | 출고수량 | 잔고수량 |
|---|---|---|---|---|---|
| | | 수량 | 단가 | | |
| 1. 1. | 월초재고 | 50개 | 200원 | | 50개 |
| 1. 2. | 매입 | 200개 | 300원 | | 250개 |
| 1.10. | 매입 | 100개 | 400원 | | 350개 |
| 1.20. | 매출 | | | 250개 | 100개 |

| | 선입선출법 | 후입선출법 |
|---|---|---|
| ① | 27,500원 | 30,000원 |
| ② | 30,000원 | 35,000원 |
| ③ | 35,000원 | 27,500원 |
| ④ | 40,000원 | 25,000원 |

**06.** 다음 채권에 대해서 기말에 보충법으로 대손충당금을 설정하고자 한다. 잘못된 회계처리는?

| | 채권의 종류 | 대손추산액 | 설정전 대손충당금 | 회계처리 | |
|---|---|---|---|---|---|
| ① | 외상매출금 | 10,000 | 3,000 | (차) 대손상각비(판) | 7,000 |
| ② | 받을어음 | 10,000 | 11,000 | (대) 대손상각비(판) | △1,000 |
| ③ | 미수금 | 10,000 | 7,000 | (차) 기타의대손상각비 | 3,000 |
| ④ | 대여금 | 10,000 | 10,000 | 회계처리없음 | |

**07.** 다음 자료에 대한 설명으로 틀린 것은?

임차료

| | | | | | |
|---|---|---|---|---|---|
| 10/1 | 현 금 | 500,000 | 12/31 | 선급비용 | 100,000 |
| | | | 12/31 | 집합손익 | 400,000 |
| | | 500,000 | | | 500,000 |

이자수익

| | | | | | |
|---|---|---|---|---|---|
| 12/31 | 선수수익 | 400,000 | 9/1 | 현금 | 1,000,000 |
| 12/31 | 집합손익 | 600,000 | | | |
| | | 1,000,000 | | | 1,000,000 |

① 당기분 임차료는 400,000원이다.
② 차기로 이연되는 임차료는 100,000원이다.
③ 차기로 이연되는 이자수익은 400,000원이다.
④ 당기분 이자수익은 500,000원이다.

**08.** 다음 자료를 바탕으로 자본잉여금의 금액을 계산한 것으로 옳은 것은? (단, 계정과목별 연관성은 전혀 없다.)

- 감 자 차 익 : 500,000원
- 사업확장적립금 : 300,000원
- 자기주식처분이익 : 300,000원
- 감 자 차 손 : 250,000원
- 이 익 준 비 금 : 100,000원
- 주식발행초과금 : 500,000원
- 자기주식처분손실 : 100,000원
- 주식할인발행차금 : 150,000원

① 800,000원 ② 900,000원 ③ 1,100,000원 ④ 1,300,000원

**09.** 다음 자료에 의하여 제조간접비를 계산하면 얼마인가?

- 당기총제조원가 : 600,000원
- 가공원가 : 500,000원
- 직접비(기본원가) : 300,000원

① 100,000원 ② 200,000원 ③ 300,000원 ④ 400,000원

**10.** (주)로그인은 A, B 제조부문과 X, Y의 보조부문이 있다. 각 부문의 용역수수관계와 제조간접비 발생원가가 다음과 같다. 직접배부법에 의해 보조부문의 제조간접비를 배부한다면 B제조부문의 총제조간접비는 얼마인가?

| | 보조부문 | | 제조부문 | | 합 계 |
|---|---|---|---|---|---|
| | X | Y | A | B | |
| 자기부문발생액 | 150,000원 | 250,000원 | 300,000원 | 200,000원 | 900,000원 |
| [제공한 횟수] | | | | | |
| X | | 200회 | 300회 | 700회 | 1,200회 |
| Y | 500회 | – | 500회 | 1,500회 | 2,500회 |

① 200,000원 ② 292,500원 ③ 492,500원 ④ 600,000원

**11.** 보조부문원가를 제조부문에 배분하는 방법 중 잘못된 설명은?

① 보조부문 상호간의 용역수수관계를 완전하게 인식하는 방법은 상호배분법이다.
② 보조부문 상호간 배부순서를 고려하는 것은 단계배분법이다.
③ 정확도의 순서는 상호배분법, 직접배분법, 단계배분법순이다.
④ 보조부문 상호간의 용역수수가 중요한 경우에 상호배분법을 적용한다.

**12.** 다음은 개별원가계산에 대한 설명이다. 가장 틀린 것은?

① 정확한 원가계산이 가능하나 시간과 비용이 과다소요 된다.
② 지나친 단순화로 정확도가 떨어진다.
③ 제조지시서별로 원가계산표를 작성한다.
④ 조선업, 선박업, 건축업 등 주문생산에 적합한 원가계산이다.

**13.** ㈜백두는 평균법으로 종합원가계산을 하고 있다. 가공비의 기초재공품원가는 1,000원, 당월 제조원가는 9,000원이다. 당월 완성품수량이 400개이고, 기말재공품수량은 200개(완성도 50%)인 경우 가공비의 완성품원가는 얼마인가? 재료비는 공정초기에 투입되고 가공비는 공정 전반에 걸쳐 발생된다.

① 4,000원 ② 8,000원 ③ 10,000원 ④ 11,000원

**14.** 부가가치세법상 영세율과 면세제도에 대한 설명이다. 틀린 것은?

① 영세율은 수출하는 재화 등에 적용되므로 세금계산서 발행의무가 없다.
② 영세율은 소비지국 과세원칙과 수출산업의 지원, 육성으로 도입된 제도이다.
③ 면세제도는 소득대비 세부담의 역진성완화 목적으로 도입된 제도로 불완전면세이다.
④ 토지의 공급은 면세이나 건물의 공급은 원칙적으로 과세이나 예외적으로 국민주택은 면세이다.

**15.** 다음 중 현행 부가가치세에 대한 설명으로 옳은 것은?

① 직전연도 공급가액(면세+과세) 1억원 이상인 개인사업자는 전자세금계산서를 의무적으로 발급해야 한다.
② 직전연도 공급가액이 10억원 이상인 개인사업자에 대해서 신용카드매출전표 등 발행세액공제 연간 한도는 5백만원이다.
③ 개인사업자는 예정신고의무를 면제하고 고지하는데, 징수세액이 20만원 미만인 경우 징수하지 아니한다.
④ 조기환급신고 후 관할 세무서장은 기한 경과 후 15일 이내 사업자에게 환급해야 한다.

## 실 무

**(주)설악(3014)은 전자제품을 제조하여 판매하는 중소기업이다. 전산세무회계 수험용 프로그램을 이용하여 다음 물음에 답하시오.**

### 문제 1 다음은 기초정보등록에 대한 자료이다. 각각의 요구사항에 대하여 답하시오. (10점)

**[1]** 전기분 재무상태표의 재고자산을 수정하고, 관련 재무제표를 수정하시오. (4점)

- 기말제품 2,000,000원
- 기말원재료 3,000,000원
- 기초재공품 3,000,000원

**[2]** 거래처별 초기 이월자료는 다음과 같다 다음사항을 수정 입력하시오. (3점)

| 계정과목 | 거래처명 | 금 액 | 계정과목 | 거래처명 | 금 액 |
|---|---|---|---|---|---|
| 외상매출금 | ㈜덕유상사 | 2,500,000원 | 외상매입금 | ㈜대마 | 600,000원 |
| | ㈜청계 | 5,700,000원 | | ㈜세계 | 2,400,000원 |
| 소 계 | | 8,200,000원 | 소 계 | | 3,000,000원 |
| 받을어음 | ㈜상선전자 | 5,000,000원 | 장기차입금 | ㈜서울 | 67,514,200원 |

**[3]** 회사는 새로운 계정과목인 "특정예금"계정을 설정하여 사용하고자 한다. 아래의 사항에 따라 등록하시오. (3점)

- 계정과목 코드 : 127
- 계정과목 : 특정예금
- 성　　격 : 예금
- 특정예금 · 현금 적요 등록사항 : 1. 특정예금 입금　　2. 특정예금 인출

### 문제 2 다음 거래 자료를 일반전표 입력메뉴에 추가입력 하시오(일반전표입력의 모든 거래는 부가가치세를 고려하지 말 것). (18점)

**[1]** 7월 10일 : ㈜세계의 외상매출금10,000,000원 중 5,000,000원은 현금으로 받고 나머지 잔액은 ㈜청계가 발행한 어음으로 받았다. (3점)

**[2]** 7월 14일 : 공급처인 ㈜청계로부터 받은 받을어음 5,000,000원을 거래은행인 신한은행에 할인하고 할인료 100,000원을 제외한 금액은 당좌예금에 입금하였다(매각거래로 처리 할것). (3점)

**[3]** 7월 20일 : ㈜덕유상사로 부터 구입한 원재료의 외상매입대금 3,000,000원을 약정에 따라(조기 결제) 300,000원을 할인받고 나머지는 보통예금 계좌로 이체하였다. (3점)

**[4]** 8월 25일 : 단기투자목적으로 보유 중인 ㈜오성전자 주식에 대하여 다음과 같이 배당금 지급통지서를 수령하고, 배당금을 보통예금 계좌로 지급받았다(세금은 고려하지 말고 지급통지서 수령일에 배당확정된 것으로 가정한다).(3점)

( 정기 ) 배당금 지급통지서 123

㈜오성전자 의 배당금 지급내역을 아래와 같이 통지합니다.

■ 주주명 : 님 ■ 주주번호 : ○○○○○＊＊＊＊＊＊＊＊＊＊＊＊＊

◆ 현금배당 및 세금내역

| 종 류 | 소유주식수 | 배당일수 | 현금배당률 | A. 배 당 금 액 | B. 원 천 징 수 세 액 | |
|---|---|---|---|---|---|---|
| 보통주 | 100 | 365 | 27% | 1,500,000 원 | 소 득 세 | 0 |
| 우선주 | | | | | 지방소득세 | 0 |
| | | | | | 총 세 액 | 0 |
| | | | | 실지급액(A－B) | 1,500,000 원 | |

■ 배당금 지급기간 및 장소

| | | | | |
|---|---|---|---|---|
| 1 차 | 지급기간 : | 20x1 . 8. 25. | 지급장소 : | 귀사의 보통예금 계좌로 입금함. |
| 2 차 | 지급기간 : | | 지급장소 : | |

**[5]** 8월 15일 : 미국 APPLE사에 원재료대금 5,000,000원을 보통예금에서 이체하여 결제하였다(선적지 인도조건이며 해당 원재료는 선적되어 운송 중에 있다). (3점)

**[6]** 9월 20일 : 이사회 결의에 의하여 신주 100주(액면가액 주당 5,000원 발행시점의 공정가액 주당 10,000원)를 기계장치를 구입하는 대가로 발행하여 주었다. 주식발행시 자본조정은 없다고 가정한다. (3점)

## 문제 3 다음 거래자료를 매입매출전표입력 메뉴에 입력하시오. (18점)

[1] 8월 10일 : ㈜대마로부터 공장에서 사용할 냉난방기를 구입 하였다. 대금은 2,000,000원(부가가치세별도, 카드매입에 대한 부가가치세 매입세액공제 요건을 충족함)이었으며 법인카드(국민카드)로 결제 하였다. (3점)

[2] 8월 11일 : ㈜왕명에 원재료를 제공하여 가공을 의뢰했던 부품(가공비 공급대가 6,600,000원)을 받고 전자세금계산서를 교부받았다. 계정과목은 외주가공비로 처리하고 1월10일 선지급된 금액이 있어 상계한 후 잔액은 외상으로 하였다. (3점)

[3] 9월 01일 : ㈜서울에게 원재료(과세재화)를 공급대가 1,100,000원에 구입한 후 법인카드(국민카드)로 구입대금을 결제하였다. (3점)

[4] 9월 06일 : 회사의 제품인 PDP－TV한대를 영업직원(이주몽)의 생일 선물로 지급하였다. 동 TV의 원가 600,000원, 시가는 1,000,000원이라고 가정하고 회계처리하세요. (3점)

[5] 9월 25일 : 천안경영아카데미에서 전산회계1급 교육을 수강하고 전자계산서를 교부받았다(거래처 신규등록할 것, 거래처코드 : 9010). (3점)

| 전자계산서 (공급받는자 보관용) | | | | 승인번호 | 20160108－41000042－55746692 | | |
|---|---|---|---|---|---|---|---|
| 공급자 | 등록번호 | 312－86－01323 | | 공급받는자 | 등록번호 | 125－81－11111 | |
| | 상호 | 천안경영아카데미 | 성명(대표자) 홍길동 | | 상호 | (주)설악 | 성명(대표자) 김택근 |
| | 사업장주소 | 충남 천안시 서북구 두정역서3길 43 | | | 사업장주소 | 서울 서초구 방배로 100 | |
| | 업태 | 서비스 | 종사업장번호 | | 업태 | 제조, 도 · 소매업 | 종사업장번호 |
| | 종목 | 학원 | | | 종목 | 전자제품 | |
| | E－Mail | edu@nate.com | | | E－Mail | kyc@nate.com | |

| 작성일자 | 20x1.9.25. | 공급가액 | 500,000 | 비고 | |
|---|---|---|---|---|---|

| 월 | 일 | 품목명 | 규격 | 수량 | 단가 | 공급가액 | 비고 |
|---|---|---|---|---|---|---|---|
| 9 | 25 | 전산회계1급 | | | | 500,000 | |
| | | | | | | | |
| | | | | | | | |
| | | | | | | | |

| 합계금액 | 현금 | 수표 | 어음 | 외상미수금 | 이 금액을 ◉ 영수 ○ 청구 함 |
|---|---|---|---|---|---|
| 500,000 | 200,000 | | | 300,000 | |

**[6]** 9월 28일 : 승용차(5인승, 3,000CC)를 수입하고 전자수입세금계산서를 수취하고 부가가치세는 현금으로 납부하다. 부가가치세에 대해서만 회계처리하세요

| 전자수입세금계산서 | (공급받는자 보관용) | 승인번호 | 20160108-41000042-55746692 |
|---|---|---|---|

| 공급자 | | | | 공급받는자 | | | |
|---|---|---|---|---|---|---|---|
| 등록번호 | 120-25-34675 | | | 등록번호 | 125-81-11111 | | |
| 상호 | 울산세관 | 성명(대표자) | 이명수 | 상호 | (주)설악 | 성명(대표자) | 김택근 |
| 사업장 주소 | 울산 남구 대암로 10 | | | 사업장 주소 | 서울 서초구 방배로 100 | | |
| 업태 | 관공서 | 종사업장번호 | | 업태 | 제조, 도·소매업 | 종사업장번호 | |
| 종목 | | | | 종목 | 전자제품 | | |
| E-Mail | tax@nate.com | | | E-Mail | kyc@nate.com | | |

| 작성일자 | 20x1.9.28 | 공급가액 | 50,000,000 | 세액 | 5,000,000 |
|---|---|---|---|---|---|

| 월 | 일 | 품목명 | 규격 | 수량 | 단가 | 공급가액 | 세액 | 비고 |
|---|---|---|---|---|---|---|---|---|
| 9 | 28 | 승용차 | | | | 50,000,000 | 5,000,000 | |
| | | | | | | | | |
| | | | | | | | | |

| 합계금액 | 현금 | 수표 | 어음 | 외상미수금 | 이 금액을 (◉ 영수 / ○ 청구) 함 |
|---|---|---|---|---|---|
| 55,000,000 | 55,000,000 | | | | |

**문제 4** **일반전표입력메뉴 또는 매입매출전표에 입력된 내용중 다음과 같은 오류가 발견되었다. 입력된 내용을 확인하여 정정하시오. (6점)**

**[1]** 9월 30일 : 송금한 5,000,000원 전액을 ㈜상선전자의 외상매입금의 반제로 처리 하였으나, ㈜상선전자의 외상매입금을 초과한 금액은 (주)청계의 선급금으로 확인되었다. (3점)

**[2]** 10월 14일 : (주)대마에 외상매입금 10,000,000원을 현금으로 지급한 것으로 회계 처리되어 있으나, 8,000,000원은 받을어음 중 (주)청계 발행분 어음(만기 3개월)으로 주었고, 잔액 2,000,000원은 현금으로 지급한 거래를 잘못 입력된 것이다. (3점)

## 문제 5 결산정리사항은 다음과 같다. 해당메뉴에 입력하시오. (9점)

**[1]** 단기차입금 중에는 외화단기차입금 10,000,000원(미화 $10,000)이 포함되어 있다.
(재무상태표일 현재 환율 : 미화 1$당 1,500원)(2점)

**[2]** 매출채권(외상매출금과 받을 어음)에 대하여 2%의 대손충당금을 보충적으로 설정한다. (2점)

**[3]** 다음의 감가상각비를 결산시에 반영한다. (2점)

| 계정과목 | 구분 | 금액 |
|---|---|---|
| 차량운반구 | 판매비와 관리비 | 3,000,000원 |
| | 제조경비 | 3,500,000원 |
| 기계장치 | 제조경비 | 2,500,000원 |

**[4]** 재고자산의 기말재고액은 다음과 같다. (3점)

| 계정과목 | 금액 |
|---|---|
| 원재료 | 20,000,000원 |
| 재공품 | 18,000,000원 |
| 제 품 | 15,000,000원 |

☞ **원재료에는 선적지 인도조건으로 운송중인 원재료 2,000,000원이 포함되어 있다.**

## 문제 6 다음 사항을 조회하여 답을 작성하시오. (9점)

**[1]** 제1기 확정부가가치세 신고기간(4/1 – 6/30)중에 발행된 고정자산 매입금액(공급가액)은 얼마인가? (3점)

**[2]** 상반기에 발생된 판매비와 관리비 중에서 발생금액이 가장 큰 계정과목은 무엇이며, 금액은 얼마인가? (3점)

**[3]** 상반기 중의 보통예금의 잔고가 전월대비 가장 많이 증가한 달은 몇 월이며 그 증가한 금액은 얼마인가?
(3점)

# 종합모의고사 1회 답안 및 해설

## 이 론

| 1 | 2 | 3 | 4 | 5 | 6 | 7 | 8 | 9 | 10 | 11 | 12 | 13 | 14 | 15 |
|---|---|---|---|---|---|---|---|---|---|---|---|---|---|---|
| ① | ③ | ① | ② | ④ | ② | ④ | ④ | ③ | ③ | ③ | ② | ② | ① | ④ |

**01.** (차) 현 금 2,500,000원 (대) 기계장치(장부금액) 2,700,000원
유형자산처분손실 200,000원
20x1년 1월 1일~20x1년 4월 01일까지의 감가상각비 : 3,000,000원 - 2,700,000원 = 300,000원

**02.** 110주(주식수) × 1,200원(기말공정가액) = 132,000원

**03.** <u>감가상각은 유형자산의 취득가액을 체계적, 합리적으로 비용을 배분하는 것</u>을 의미한다.

**05.**

| 상 | 품 | | 선입선출법 | 후입선출법 |
|---|---|---|---|---|
| 월초상품(50개) | 10,000 | *매출원가(250개)* | *70,000*[*2] | *85,000*[*3] |
| 총매입액(300개) | 100,000[*1] | *월말상품(100개)* | *40,000* | *25,000* |
| 계 | 110,000 | 계 | 110,000 | 110,000 |

*1. 200개×300원＋100개×400원＝100,000원
*2. 선입선출법(매출원가)＝50개×200원＋200개×300원＝70,000원
*3. 후입선출법(매출원가)＝100개×400원＋150개×300원＝85,000원
*4. 선입선출법(기밀재고)＝100개(1.10)×400원＝40,000원
*5. 후입선출법(기말재고)＝ 50개(1.1)×200원＋50개(1.2)×300원＝25,000원

**06.** <u>대손충당금환입은 부(-)의 금액으로 재무제표에 표시</u>하여야 한다.
따라서 (대) 대손충당금환입(판) 1,000원으로 회계 처리하여야 한다.

**07.** 집합손익으로 대체되는 600,000원이 당기분 이자수익이다.

**08.** 자본잉여금은 감자차익과 주식발행초과금, 자기주식처분이익이 속한다.

**09.** 당기총제조원가 = 직접재료비 + 직접노무비 + 제조간접비 = 600,000원
직접비(기본원가) = 직접재료비 + 직접노무비 = 300,000원
따라서 제조간접비는 300,000원이 된다.

**10.** X 부문 배부액(105,000원) = 150,000원 × (700회/1,000회)
Y 부문 배부액(187,500원) = 250,000원 × (1,500회/2,000회)
B 부문 총제조간접비(492,500원) = 200,000원 + 105,000원 + 187,500원

**12.** 개별원가계산은 각 작업별로 집계하여 원가를 계산하므로 정확도가 높다.

13.

| 평균법 | | 재료비 | 가공비 |
|---|---|---|---|
| 완 성 품 | 400개 | | 400개 |
| 기말재공품 | 200개(50%) | | 100개 |
| 계 | 600개 | | 500개 |
| 가공비 원가요약 | | | 10,000(1,000+9,000) |
| 단위당원가(가공비) | | | @20(10,000÷500개) |

***완성품원가(가공비)=400개×20원=8,000원***

14. 국내수출분에 대하여는 세금계산서 발행의무가 있다.

15. ① **직전연도 공급가액(면세+과세) 0.8억원 이상인 개인사업자가 해당**한다.
② 신용카드매출전표 등 발행세액공제 **연간 한도는 10백만원**이다.
③ **징수세액이 50만원 미만인 경우 징수하지 아니한다.**

## 실 무

### 문제 1 기초정보관리

[1]

**재무상태표(기말재고) ⇨ 원가명세서 ⇨ 손익계산서 ⇨ 잉여금처분계산서 ⇨ 재무상태표**

| | 기초재고 | | 기말재고 | |
|---|---|---|---|---|
| | 수정전 | 수정후 | 수정전 | 수정후 |
| 원재료 | 3,000,000 | 3,000,000 | **20,000,000** | **3,000,000** |
| 재공품 | **5,000,000** | **3,000,000** | 1,000,000 | 1,000,000 |
| 제품 | 30,000,000 | 30,000,000 | **5,000,000** | **2,000,000** |

① 전기분 재무상태표 : 원재료 3,000,000원, 기말제품 2,000,000원으로 수정
② 전기분 원가명세서 : 기초재공품 3,000,000원으로 수정, 당기제품제조원가 287,000,000원으로 변경
③ 전기분 손익계산서 : 당기제품제조원가 287,000,000원으로 변경, 당기순손실 7,020,000원으로 변경
④ 전기분 잉여금처분계산서 : 당기순손실 -7,020,000원 입력, 미처분이익잉여금 37,500,000원으로 변경
⑤ 전기분재무상태표 : 이월잉여금 37,500,000원 입력

최종적으로 대차차액이 “0”인 것을 확인한다.

[2] 해당금액을 [거래처별초기이월] 입력메뉴에 수정입력한다.

[3] [계정과목 및 적요등록]
127. 계정과목 : 특정예금과 현금, 구분 : 1.예금으로 등록
현금적요사항 : 1.특정예금 현금입금, 2. 특정예금 현금인출으로 입력한다.

## 문제 2 일반전표입력

| | | | | | | |
|---|---|---|---|---|---|---|
| [1] | (차) | 현 금 | 5,000,000 | (대) | 외상매출금((주)세계) | 10,000,000 |
| | | 받을어음((주)청계) | 5,000,000 | | | |
| [2] | (차) | 당좌예금 | 4,900,000 | (대) | 받을어음((주)청계) | 5,000,000 |
| | | 매출채권처분손실 | 100,000 | | | |
| [3] | (차) | 외상매입금(㈜덕유상사) | 3,000,000 | (대) | 보통예금 | 2,700,000 |
| | | | | | 매입할인(원재료) | 300,000 |
| [4] | (차) | 보통예금 | 1,500,000 | (대) | 배당금수익 | 1,500,000 |
| [5] | (차) | 미착품 | 5,000,000 | (대) | 보통예금 | 5,000,000 |
| [6] | (차) | 기계장치 | 1,000,000 | (대) | 자본금 | 500,000 |
| | | | | | 주식발행초과금 | 500,000 |

## 문제 3 매입매출전표입력

| 문항 | 일자 | 유형 | 공급가액 | 부가세 | 거래처 | 전자세금 |
|---|---|---|---|---|---|---|
| [1] | 8/10 | 57.카과 | 2,000,000 | 200,000 | (주)대마 | – |
| 분개유형 | | (차) 비 품 | 2,000,000 | (대) 미지급금(국민카드) | | 2,200,000 |
| 카드 | | 부가세대급금 | 200,000 | | | |
| 문항 | 일자 | 유형 | 공급가액 | 부가세 | 거래처 | 전자세금 |
| [2] | 8/11 | 51.과세 | 6,000,000 | 600,000 | (주)왕명 | 여 |
| 분개유형 | | (차) 외주가공비(제) | 6,000,000 | (대) 선급금 | | 1,000,000 |
| 혼합 | | 부가세대급금 | 600,000 | 미지급금 | | 5,600,000 |
| 문항 | 일자 | 유형 | 공급가액 | 부가세 | 거래처 | 전자세금 |
| [3] | 9/01 | 57.카과 | 1,000,000 | 100,000 | (주)서울 | – |
| 분개유형 | | (차) 원재료 | 1,000,000 | (대) 외상매입금 | | 1,100,000 |
| 혼합/카드 | | 부가세대급금 | 100,000 | (국민카드) | | |

| 문항 | 일자 | 유형 | 공급가액 | 부가세 | 거래처 | 전자세금 |
|---|---|---|---|---|---|---|
| [4] | 9/06 | 14.건별 | 900,000 | 90,000 | 이주몽 | 혼합 |
| 분개유형 | | (차) 복리후생비(판) | | 690,000 (대) | 제품(적요.8) | 600,000 |
| 혼합 | | | | | 부가세예수금 | 90,000 |
| ☞과세표준 = 시가(1,000,000) − 경조사비(100,000/인) = 900,000원 | | | | | | |

| 문항 | 일자 | 유형 | 공급가액 | 부가세 | 거래처 | 전자세금 |
|---|---|---|---|---|---|---|
| [5] | 9/25 | 53.면세 | 500,000 | 0 | 천안경영아카데미(거래처등록) | 여 |
| 분개유형 | | (차) 교육훈련비(판) | | 500,000 (대) | 현 금 | 200,000 |
| 혼합 | | | | | 미지급금 | 300,000 |

| 문항 | 일자 | 유형 | 공급가액 | 부가세 | 거래처 | 전자세금 |
|---|---|---|---|---|---|---|
| [6] | 9/28 | 54.불공(3.) | 50,000,000 | 5,000,000 | 울산세관 | 전자 |
| 분개유형 | | (차) 차량운반구 | | 5,000,000 (대) | 현금 | 5,000,000 |
| 혼함 | | | | | | |

## 문제 4 오류수정

[1] 〈수정전〉

(차) 외상매입금((주)상선전자) 5,000,000 (대) 현 금 5,000,000

외상매입금 거래처원장조회(9월 30일~9월 30일)

거래처분류 ~ 거 래 처 00101 (주)세계 ~ 99700 국민카드

| 코드 | 거 래 처 | 등록번호 | 대표자명 | 전일이월 | 차 변 | 대 변 | 잔 액 |
|---|---|---|---|---|---|---|---|
| 00102 | (주)상선전자 | 105-81-91237 | 이여수 | 3,000,000 | 5,000,000 | | -2,000,000 |
| 00103 | (주)덕유상사 | 112-81-60125 | 김상우 | 10,000,000 | | | 10,000,000 |

〈수정후〉

(차) 외상매입금((주)상선전자) 3,000,000 (대) 현 금 5,000,000

선 급 금((주)청계) 2,000,000

[2] 〈수정전〉

(차) 외상매입금((주)대마) 10,000,000 (대) 현 금 10,000,000

〈수정후〉

(차) 외상매입금((주)대마) 10,000,000 (대) 받을어음((주)청계) 8,000,000

현 금 2,000,000

## 문제 5 결산

[1] [수동결산]

(차) 외화환산손실 5,000,000 (대) 단기차입금 5,000,000

[2] [자동결산]

대손율 2%, 외상매출금 : 906,900원, 받을어음 : 750,000원

[3] [자동결산]

- 제조경비 : 차량운반구 3,500,000원, 기계장치 2,500,000원
- 판매비와관리비 : 차량운반구 3,000,000원

[4] [자동결산]

재고자산의 기말재고액을 각각 입력

원재료는 선적지인도조건이므로 ㈜설악의 재고자산이므로 20,000,000원 그대로 입력하면 된다.

자동결산항목을 모두 입력하고 상단의 전표를 추가한다.

## 문제 6 장부조회

[1] [부가세 1기 확정 신고서] 11.세금계산서수취분(909,090)+42.신용카드(100,000)=1,009,090원

[2] [월계표/합계잔액시산표] 급여 61,000,000원

[3] [총계정원장/계정별원장조회] 3월 60,000,000원

# 종합모의고사 2회

## 이 론

**01.** 다음 중 기업회계기준상 현금 및 현금성 자산에 대한 설명 중 틀린 설명은?

① 현금 및 현금성자산은 재무상태표에 별도항목으로 구분표시한다.
② 현금성자산은 보고기간말 현재 만기가 3개월 이내에 도래하는 것을 말한다.
③ 타인발행수표, 우편환증서, 송금수표는 현금및현금성자산으로 분류한다.
④ 당좌예금은 요구불예금에 해당하고, 당좌차월은 재무상태표에 유동부채인 단기차입금으로 표시한다.

**02.** 다음 중 재무회계에 관한 설명으로서 가장 적절하지 않는 것은?

① 재무제표에는 재무상태표, 손익계산서, 자본변동표, 현금흐름표, 주석이 있다.
② 일정기간의 경영성과를 나타내는 보고서는 손익계산서이다.
③ 자본변동표의 기본요소에는 소유주의 투자, 소유주에 대한 분배, 채권자의 투자가 포함된다.
④ 포괄손익은 일정기간 동안 주주와의 자본거래 외의 모든 거래 및 사건으로 인해 나타난 자본의 변동을 모두 포함하는 금액이다.

**03.** 다음은 재고자산에 대한 설명이다. 틀린 것은?

① 재고자산의 시가가 취득원가보다 낮은 경우에 시가를 재무상태표가액으로 한다.
② 재고자산의 매입원가는 매입가액에 취득과정에서 정상적으로 발생한 부대비용을 가산한다.
③ 재고자산평가손실을 초래했던 상황이 해소되어 새로운 시가가 장부가액보다 상승한 경우에는 시가만큼 재고자산평가손실을 환입한다.
④ 재고자산감모손실을 먼저 인식한 후 재고자산 평가손실을 인식한다.

**04.** 전년도 7월 1일 차량운반구를 10,000,000원에 취득하였다. 잔존가치는 1,000,000원이고 내용년수는 5년이고 상각율은 45%라고 가정한다. 정률법 적용시 당해년도 감가상각비 금액은?

① 3,487,500원　② 3,587,000원　③ 3,600,000원　④ 3,550,000원

**05.** 다음의 무형자산의 상각방법에 대한 설명이다. 틀린 것은?

① 무형자산의 표시는 취득원가에서 상각액을 직접 차감도 가능하다.
② 무형자산의 잔존가액은 원칙적으로 "0"로 하여 계산한다.
③ 무형자산의 상각방법에는 정액법, 정률법, 생산량비례법등이 있는데 합리적인 상각방법을 정할 수 없는 경우에는 정률법을 사용한다.
④ 무형자산의 상각기간은 원칙적으로 20년을 초과할 수 없다.

**06.** ㈜로그인은 단기매매목적으로 20x1년 1월 ㈜오성전자 100주를 주당 10,000원에 매입하고, 이 중 50주를 3월에 주당 13,000원에 처분하였다. 20x1년 말 ㈜오성전자의 주식의 공정가치는 주당 8,000원이다. 주식 처분 및 평가로 인하여 당기손익에 미치는 영향은 얼마인가?

① 30,000원 이익 증가
② 40,000원 이익 증가
③ 50,000원 이익 증가
④ 60,000원 이익 증가

**07.** 다음 자료를 이용하여 영업이익을 계산하면 얼마인가?

| | | | | | |
|---|---|---|---|---|---|
| 1. 매출총이익 : | | 100,000원 | 2. 미수금에 대한 대손상각비 | : | 20,000원 |
| 3. 기업업무추진비 : | | 10,000원 | 4. 급여(생산직원) | : | 20,000원 |
| 5. 이자비용 | : | 20,000원 | 6. 세금과공과 | : | 20,000원 |
| 7. 매출할인 | : | 10,000원 | 8. 대손충당금환입(판) | : | 10,000원 |

① 100,000원 ② 90,000원 ③ 80,000원 ④ 70,000원

**08.** 다음은 자본의 분류와 그에 속하는 계정과목을 연결한 것이다. 틀린 것은?

① 이익잉여금 : 이익준비금, 기타법정적립금, 임의적립금
② 자본잉여금 : 자기주식처분익, 감자차익, 주식할인발행차금
③ 자본조정 : 자기주식, 자기주식처분손, 감자차손
④ 기타포괄손익누계액 : 매도가능증권평가손익, 해외사업환산손익, 재평가잉여금

**09.** (주)천안은 제조간접비를 직접노무시간으로 배부하고 있다. 당해연도초 제조간접비 예상금액은 600,000원, 예상직접노무시간은 20,000시간이다. 당기말 현재 실제제조간접비발생액은 400,000원이고 실제직접노무시간이 15,000시간일 경우 제조간접비 배부차이는 얼마인가?

① 과대배부 50,000원
② 과소배부 50,000원
③ 과대배부 200,000원
④ 과소배부 200,000원

**10.** 다음 자료에 의하면 당기 총제조원가는 얼마인가?

| | |
|---|---|
| 1. 가공원가 : 800,000원 | 2. 공장임차료 : 100,000원 |
| 3. 간접노무비 : 100,000원 | 4. 기계감가상각비 : 100,000원 |
| 5. 공장전력비 : 100,000원 | 6. 직접재료비 : 100,000원 |

① 900,000원 ② 1,000,000원 ③ 1,100,000원 ④ 1,200,000원

**11.** 다음은 보조부문원가에 관한 자료이다. 보조 부문의 제조간접비를 다른 보조부문에는 배부하지 않고 제조부분에만 직접배부할 경우 수선부문에서 조립부문으로 배부될 제조간접비는 얼마인가?

| | | 보조부문 | | 제조부문 | |
|---|---|---|---|---|---|
| | | 수선부문 | 식당부문 | 조립부문 | 검사부문 |
| 제조간접비 | | 40,000원 | 50,000원 | | |
| 배부율 | 수선 | | 10% | 45% | 45% |
| | 식당 | 50% | | 10% | 40% |

① 20,000원 ② 25,000원 ③ 22,000원 ④ 15,000원

**12.** 기초재공품은 20,000개(완성도 20%), 당기완성품 수량은 170,000개, 기말재공품은 10,000개(완성도 40%)이다. 평균법과 선입선출법의 가공비에 대한 완성품환산량의 차이는 얼마인가? 단, 재료는 공정초에 전량 투입되고, 가공비는 공정전반에 걸쳐 균등하게 투입된다.

① 4,000개 ② 5,000개 ③ 6,000개 ④ 7,000개

**13.** 다음 중 공손에 대한 회계처리 중 틀린 것은?

① 공손이 정상적인가 아니면 비정상적인가를 고려하여야 한다.
② 비정상적인 공손은 영업외비용으로 처리한다.
③ 정상적인 공손은 완성품 혹은 기말 재공품에 배분한다.
④ 공손은 품질이나 규격이 일정한 기준에 미달하는 것으로서 작업폐물도 공손품이다.

**14.** 다음 중 부가가치세 면세대상에 해당하지 않는 것은?

① 시내버스, 고속버스(우등고속버스 제외) 등의 여객운송용역
② 대통령령으로 정하고 있는 교육용역
③ 분유(액상형 분유 포함)
④ 고속철도

**15.** 다음 거래는 과세사업자인 ㈜묘향(업태 : 제조업, 종목 : 컴퓨터 및 부품)의 거래이다. 세금계산서가 발행되지 않는 거래는?

① 간이과세자에게 컴퓨터부품 판매
② 면세사업자에게 컴퓨터부품 판매
③ Local L/C에 의하여 수출업자에게 컴퓨터 부품공급
④ 미국의 SONY사에게 컴퓨터부품 수출

## 실 무

**㈜묘향(3015)는 제조업을 영위하는 중소기업이며, 전산세무회계 수험용 프로그램을 이용하여 다음 물음에 답하시오.**

**문제 1 다음은 기초정보등록에 대한 자료이다. 각각의 요구사항에 대하여 답하시오. (10점)**

**[1]** 다음은 ㈜묘향의 전기분 제조원가명세서의 일부분이다. 다음 자료를 수정 입력하고 관련 재무제표를 수정하시오. (4점)

제조원가명세서

㈜묘향 20×0.1.1 - 20×0.12.31 (단위 : 원)

| 계정과목 | 금 액 |
|---|---|
| 감가상각비 | 5,300,000 |
| 기초재공품 | 3,500,000 |

**[2]** 다음 자료를 보고 거래처(코드 1500)를 등록하시오. (3점)

| | |
|---|---|
| 사업자등록번호 | 312-08-77223 |
| 상 호 | ㈜쌍용 |
| 성 명 | 김 용 안 |
| 사업장 소재지 | 서울시 서초구 방배로 120 |
| 업 태 / 종 목 | 제조/전자부품 |

**[3]** "110. 받을어음"계정의 대체적요 9번에 "외상매입금과 상계"를 등록하시오. (3점)

## 문제 2 다음 거래 자료를 일반전표입력메뉴에 추가 입력하시오. (18점)

**[1]** 7월 02일 : 원재료의 일부 500,000원을 공장의 기계장치를 수리하는데 사용하였다. (3점)

**[2]** 8월 05일 : ㈜묘향은 사옥을 신축하기 위하여 현대건설과 사옥신축계약(계약기간 2년)을 체결하고 공사 계약금 1억원을 당좌수표를 발행하여 지급하였다. 유형자산으로 처리하세요. (3점)

**[3]** 8월 30일 : 영업부서의 업무용 차량에 대한 교통법규 위반 과태료를 아래의 고지서로 현금 납부하였다.(3점)

| 부과 내역 |
|---|
| 단속일시 : 20x1.8.5.<br>단속지역 : 종로2가<br>단속장소 : 관철동 3-2 |
| 산출 근거 |
| |

■ 납입고지서 및 영수증(납부자용)

| 납부번호 | 560-00-06-62-288-139-20x1-09-30 | | |
|---|---|---|---|
| 납부자 | ㈜가을 | 실명번호 | |
| 주소 | 서울특별시 영등포구 국회대로 70길 18(여의도동 한양빌딩) | | |

| 세목 | 납기 내 | 납기 후 |
|---|---|---|
| | 20x1. 8.31. | 20x1.11.30 |
| 과태료 | 50,000원 | 60,000원 |

위 금액을 한국은행 국고(수납) 대리점인 은행 또는 우체국, 신용협동조합, 새마을금고, 상호저축은행에 납부하시기 바랍니다.

위 금액을 정히 영수합니다.

종로경찰서 (인) 20x1년 8월 30일 수납인

**[4]** 9월 01일 : 품질교육에 대한 교육을 생산부서에서 실시하였는데, 외부강사료는 3,000,000원으로 원천세 99,000원을 제외하고 잔액을 현금으로 지급하였다. (3점)

**[5]** 9월 07일 : ㈜대마에 대한 외상매출금 3,000,000원이 있음을 발견하였다. 그러나 ㈜대마는 전년도에 파산하여 동 금액이 회수불가능 한 것으로 판명되었다. 그 금액이 중요하지 않아 전기재무제표는 수정하지 않는다. (3점)

**[6]** 9월 20일 : 홍보부는 새로 출시한 제품을 광고하기 위하여 경향신문에 광고를 게재하고 대금 300,000원을 현금으로 지급하였다. (3점)

## 문제 3 거래 자료를 매입매출전표메뉴에 추가로 입력하시오. (18점)

[1] 10월 10일 : 구매확인서에 의하여 제품(100개,@50,000원)을 수출업체인 ㈜세계에 임가공제작하여 납품하고 영세율전자세금계산서를 교부하였다. 대금은 외상으로 하였다. (3점)

[2] 10월 18일 : 제품을 사업자가 아닌 이온조에게 소매로 판매하고 공급가액 400,000원의 전자세금계산서를 교부하였으며 대금은 다음 달에 받기로 하였다. (3점)

[3] 10월 19일 : 공장용 화물차의 엔진을 교체하고 현금영수증(지출증빙용)을 수취하였다. (자본적지출로 처리하시오.) (3점)

** 현금영수증 **
(지출증빙용)

사업자등록번호 : 127-81-26930 김현대
사업자명 : 현대자동차
단말기ID : 24453232(tel:02-229-****)
가맹점주소 : 서울시 서대문구 충정로 70 (미근동)

현금영수증 회원번호
139-81-21321 **(주)묘향**
승인번호 : 45457878(PK)
거래일시 : **20x1년 10월 19일**

| | |
|---|---|
| 공 급 금 액 | 10,000,000원 |
| 부가세금액 | 1,000,000원 |
| 총 합 계 | 11,000,000원 |

휴대전화, 카드번호 등록
http://현금영수증.kr
국세청문의(126)
38036925-GCA10106-3870-U490
〈〈〈〈〈〈이용해 주셔서 감사합니다.〉〉〉〉〉〉

[4] 11월 22일 : 거래처 ㈜청계에 외상으로 판매한 제품 중 파손품이 5개가 있어 반품을 받고 반품에 대한 전자세금계산서를 발행하였다. 반품단가는 개당 100,000원이다. (3점)

**[5]** 11월 23일 : ㈜왕명으로부터 기계장치를 구입하고 구입대금 중 1,400,000원은 현금으로 즉시 지급하고 잔액은 내년부터 매년 말 1,000,000원씩 3회에 걸쳐 지급하기로 하였다. 구입대금전액(부가가치세포함)으로 전자세금계산서를 발행받았다(현재가치는 고려하지 말고, 부채는 보고기간말 1년 이후 상환금액은 장기미지급금으로 회계처리하세요).(3점)

**[6]** 11월 25일 : 사무실과 공장에서 사용할 복사용지(20박스 @50,000원 부가가치세별도)를 하이마트에서 일괄구입하고 전자세금계산서를 교부받았다. 대금은 외상으로 하였으며 복사용지는 사무실과 공장에 각각 10박스씩 나누어 지급하였으며, 비용으로 처리한다. (3점)

## 문제 4 다음 자료를 보고 입력된 내용을 확인하여 정정하시오. (6점)

**[1]** 12월 03일 : ㈜서울에서 프린터를 구입하기 위해 신용카드(국민카드)로 결제하려 하였으나 승인오류로 인해 현금결제를 하고 전자세금계산서를 받았다. 회사에서 실수로 카드결제로 회계처리 하였다(비용 처리하세요). (3점)

**[2]** 12월 15일 : 매입매출전표에 입력된 공장 화물용 차량에 대한 차량유지비 200,000원은 공장 업무용승용차(1500cc)에 대한 것을 잘못 입력한 것이다. (3점)

## 문제 5 기말현재 결산정리사항은 다음과 같다. 결산을 완료하시오. (9점)

**[1]** 기말에 법인세를 추산하니 10,000,000원이다. 선납세금도 법인세등으로 대체하시오. (3점)

**[2]** 미수금에 대하여 잔액의 2%를 대손충당금으로 설정한다. (3점)

**[3]** 아산전기로 부터 금전을 대여하여 주고, 다음과 같은 차용증서를 수령하였다. 결산시 이자수익과 관련한 회계처리를 입력하라. 단, 이자수익은 월할계산(1월 미만의 일수는 1월로 간주)한다.

> 차용증서
>
> 본인은 귀사로부터 다음과 같은 조건으로 금 120,000,000원을 차용한 사실이 있으며, 기한내 원금과 이자를 정상적으로 상환할 것을 약속합니다.
>
> \- 다 음 -
>
> • 금전차입기간 : 20X1년 10월 1일 ~ 20X2년 09월 30일 (1년)
> • 이자지급조건 : 연 10%, 만기 원금상환시 지급 (후불제)
> • 원금상환기한 : 내년도 09월 30일 00시
> • 담 보 현 황 : 별지첨부
>
> 20X1년 10월 1일
>
> 위 본인 아산전기 (인)
>
> ※ 별첨 : 위 본인 부동산등기부등본
>
> ㈜묘향 대표이사 귀중

## 문제 6 다음 사항을 조회하여 답안저장 메뉴에 입력하시오. (9점)

**[1]** 3월(3.1 – 3.31)중 현금으로 지출된 판매비와 관리비는 얼마인가? (3점)

**[2]** 제1기 예정(1.1 – 3.31)부가가치세 신고시 납부하여야 할 부가가치세액은 얼마인가? (3점)

**[3]** 3월말 현재 외상매출금 장부가액이 전년말 장부가액보다 얼마나 증가하였나? (3점)

# 종합모의고사 2회 답안 및 해설

## 이 론

| 1 | 2 | 3 | 4 | 5 | 6 | 7 | 8 | 9 | 10 | 11 | 12 | 13 | 14 | 15 |
|---|---|---|---|---|---|---|---|---|---|---|---|---|---|---|
| ② | ③ | ③ | ① | ③ | ③ | ③ | ② | ① | ① | ① | ① | ④ | ④ | ④ |

01. 현금성자산은 **취득당시 만기가 3개월이내 도래하는 것**을 말한다.

02. 자본변동표에는 소유주(주주)의 변동내역이 나타나지, 채권자의 투자는 나타나지 않는다.

03. **당초 장부가액한도로 재고자산평가손실을 환입**한다.

04. 감가상각비 월할계산한다. 또한 **정률법은 장부가액(취득가액 - 감가상각누계액)을 기초**로 감가상각비를 계산한다.
전년도 감가상각비 : 10,000,000원×0.45×6개월/12개월=2,250,000원
당년도 감가상각비 : (10,000,000원 - 2,250,000원)×0.45=3,487,500원

05. 무형자산의 상각은 **합리적인 상각방법을 정할 수 없는 경우에는 정액법**을 사용한다.

06. 단기매매증권처분이익(손실) : (13,000원 - 10,000원)×50주=150,000원(이익)
단기매매증권평가이익(손실) : (8,000원 - 10,000원)×50주=△100,000원(손실)
계 50,000원(이익)

07. 미수금에 대한 대손상각비와 이자비용은 영업외비용이고, 생산직 직원에 대한 임금, 매출할인은 이미 매출총이익에 반영되었음.
매출총이익(100,000) - 기업업무추진비(10,000) - 세금과공과(20,000) + 대손충당금환입(10,000) =80,000원

08. 주식할인발행차금은 자본조정임.

09. 예정배부율 : 600,000원 / 20,000시간=30원/시간당
예정배부액 : 15,000시간×30원=450,000원
배부차이 : 실제발생액 - 예정배부액=400,000 - 450,000=50,000원 (과대배부)

10. 가공원가=직접노무비+제조간접비 **총제조원가=직접재료비+가공원가**

11. 수선부문에서 조립부문으로 배부될 제조간접비 : 40,000원×45%/90%=20,000원

12. **선입선출법과 평균법의 수량차이는 기초재공품의 완성품 환산량차이**이다.
☞ 평균법의 완성품환산량=선입선출법의 완성품환산량+기초재공품의 완성품 환산량
기초재공품의 완성품 환산량 20,000개×0.2=4,000개

13. 작업폐물은 공손(불량품)이 아니라, 제조 중 발생한 원재료의 찌꺼기로서 가치가 있는 것을 말한다.

14. **고속철도는 면세대상에서 제외**된다.

15. **직수출(해외수출분)에 대해서는 세금계산서 발행의무가 없다.**

## 실 무

### 문제 1 기초정보관리

[1]

**원가명세서 ⇨ 손익계산서 ⇨ 잉여금처분계산서 ⇨ 재무상태표**

| | 수정전 | 수정후 |
|---|---|---|
| 감가상각비 | 25,000,000 | 5,300,000 |
| 기초재공품 | 5,000,000 | 3,500,000 |

① 전기분 원가명세서 : 기초재공품과 감가상각비를 수정하면 당기제품제조원가 250,800,000원으로 변경

② 전기분 손익계산서 : 당기제품제조원가 250,800,000원으로 수정, 당기순이익 32,180,000원으로 변경

③ 전기분 잉여금처분계산서 : 당기순이익 수정입력, 미처분이익잉여금 76,700,000원으로 변경

④ 전기분재무상태표 : 이월잉여금 76,700,000원 입력

최종적으로 대차차액이 "0"인 것을 확인한다.

[2] 주어진대로 등록

[3] 계정과목 및 적요등록

[기초정보등록] - [계정과목 및 적요등록]메뉴에서 110번 코드 '받을어음'의 대체적요 9번에 '외상매입금과 상계'를 입력한다.

### 문제 2 일반전표입력

| | | | | | |
|---|---|---|---|---|---|
| [1] | (차) 수 선 비(제) | 500,000 | (대) | 원재료(8.타계정대체) | 500,000 |
| [2] | (차) 건설중인자산 | 100,000,000 | (대) | 당좌예금 | 100,000,000 |
| [3] | (차) 세금과공과(판) | 50,000 | (대) | 현 금 | 50,000 |
| [4] | (차) 교육훈련비(제) | 3,000,000 | (대) | 현 금 | 2,901,000 |
| | | | | 예수금 | 99,000 |
| [5] | (차) 전기오류수정손실(영·비) | 3,000,000 | (대) | 외상매출금((주)대마) | 3,000,000 |
| [6] | (차) 광고선전비(판) | 300,000 | (대) | 현 금 | 300,000 |

☞ 오류수정사항 중 중대하지 않은 오류는 당기의 영업외손익(전기오류수정손익) 사항으로 처리한다.

## 문제 3 매입매출전표입력

| 문항 | 일자 | 유형 | 공급가액 | 부가세 | 거래처 | 전자세금 |
|---|---|---|---|---|---|---|
| [1] | 10/10 | 12.영세(3.) | 5,000,000 | 0 | (주)세계 | 여 |
| 분개유형 | | (차) 외상매출금 | 5,000,000 | (대) 제품매출 | | 5,000,000 |
| 외상 | | | | | | |

| 문항 | 일자 | 유형 | 공급가액 | 부가세 | 거래처 | 전자세금 |
|---|---|---|---|---|---|---|
| [2] | 10/18 | 11.과세 | 400,000 | 40,000 | 이온조 | 여 |
| 분개유형 | | (차) 외상매출금 | 440,000 | (대) 제품매출 | | 400,000 |
| 외상 | | | | 부가세예수금 | | 40,000 |

| 문항 | 일자 | 유형 | 공급가액 | 부가세 | 거래처 | 전자세금 |
|---|---|---|---|---|---|---|
| [3] | 10/19 | 61.현과 | 10,0000,000 | 1,000,000 | 현대자동차 | - |
| 분개유형 | | (차) 차량운반구 | 10,000,000 | (대) 현 금 | | 11,000,000 |
| 현금 | | 부가세대급금 | 1,000,000 | | | |

| 문항 | 일자 | 유형 | 공급가액 | 부가세 | 거래처 | 전자세금 |
|---|---|---|---|---|---|---|
| [4] | 11/22 | 11.과세 | △500,000 | △50,000 | ㈜청계 | 여 |
| 분개유형 | | (차) 외상매출금 | -550,000 | (대) 제품매출 | | -500,000 |
| 외상 | | | | 부가세예수금 | | -50,000 |

| 문항 | 일자 | 유형 | 공급가액 | 부가세 | 거래처 | 전자세금 |
|---|---|---|---|---|---|---|
| [5] | 11/23 | 51.과세 | 4,000,000 | 400,000 | ㈜왕명 | 여 |
| 분개유형 | | (차) 기계장치 | 4,000,000 | (대) 현 금 | | 1,400,000 |
| 혼합 | | 부가세대급금 | 400,000 | 미지급금 | | 1,000,000 |
| | | | | 장기미지급금 | | 2,000,000 |

| 문항 | 일자 | 유형 | 공급가액 | 부가세 | 거래처 | 전자세금 |
|---|---|---|---|---|---|---|
| [6] | 11/25 | 51.과세 | 1,000,000 | 100,000 | 하이마트 | 여 |
| 분개유형 | | (차) 소모품비(판) | 500,000 | (대) 미지급금 | | 1,100,000 |
| 혼합 | | 소모품비(제) | 500,000 | | | |
| | | 부가세대급금 | 100,000 | | | |

## 문제 4 오류수정

[1] 〈수정전〉 유형 : 57.카과

〈수정후〉 유형 : 51.과세 전자 : 여

| | | | |
|---|---|---|---|
| (차) 소모품비(판) | 200,000 | (대) 현 금 | 220,000 |
| 부가세대급금 | 20,000 | | |

[2] 〈수정전〉 유형 : 51.과세

| | | | | |
|---|---|---|---|---|
| (차) | 차량유지비(판) | 200,000 | (대) 미지급금 | 220,000 |
| | 부가세대급금 | 20,000 | | |

〈수정후〉 유형 : 54.불공(3.)

| | | | | |
|---|---|---|---|---|
| (차) | 차량유지비(제) | 220,000 | (대) 미지급금 | 220,000 |

## 문제 5 결산

[1] [자동결산]

- 선납세금 : 300,000 - 추가계상액 : 9,700,000 입력

[2] [자동결산]

대손율 2%, 미수금 : 100,000원,
자동결산항목을 모두 입력하고 상단의 전표를 추가한다.

[3] [수동결산]

| | | | | |
|---|---|---|---|---|
| (차) | 미수수익(아산전기) | 3,000,000 | (대) 이자수익 | 3,000,000 |

☞ 미수수익 : 120,000,000×10%×3개월/12개월

## 문제 6 장부조회

[1] 월계표 조회, 18,092,500원

[2] 부가가치세 1기 예정신고서 조회 20,530,909원

[3] 재무상태표(3월 조회 156,980,000원 : 164,980,000(3월말) - 8,000,000(전년말))

# 종합모의고사 3회

## 이 론

**01.** 다음 중 기업회계기준상 당좌자산으로 분류되는 것이 아닌 것은?

① 현금 및 현금성자산 ② 단기투자자산
③ 선수수익 ④ 선급비용

**02.** 다음 중 재무제표의 설명으로서 가장 적절하지 아니한 것은?

① 재무상태표, 손익계산서, 현금흐름표, 자본변동표, 주석이 있다.
② 재무상태표는 기업의 일정시점의 재무상태(자산,부채,자본)를 나타낸다.
③ 현금흐름표의 기본요소에는 영업활동, 재무활동, 투자활동으로 구분한다.
④ 재무상태표의 작성순서는 재무상태표를 작성하고 손익계산서를 작성한다.

**03.** 다음 자료를 이용하여 순매출액을 구하시오.

| | | |
|---|---|---|
| • 총매출액 : 1,000,000원 | • 매출할인 : 50,000원 | • 매출에누리 : 100,000원 |
| • 매출환입 : 100,000원 | • 매출운임 : 100,000원 | |

① 950,000원 ② 750,000원 ③ 850,000원 ④ 650,000원

**04.** 건물에 대한 수선비를 건물로 회계처리하였다. 이 경우 재무제표에 미치는 영향은?

① 부채가 과대평가된다. ② 자산이 과소계상 되고 이익이 과대된다.
③ 자산이 과대계상 되고 이익이 과소계상된다. ④ 자기자본이 과대계상 된다.

**05.** (주)한라는 6월 1일 사채를 발행(액면가액10,000원, 발행가액 11,000원 사채수량 10,000주 만기 3년, 액면이자율 10%)하여 단기투자목적으로 삼성전자㈜을 주당 500,000원에 취득하였다. 주가가 주당 550,000원으로 상승하여 10월 5일 일부를 처분하였다. 이와 관련하여 당해년도 재무제표에 나타나지 않는 계정과목은?

① 단기매매증권처분익 ② 사채 ③ 사채할인발행차금 ④ 이자비용

**06.** 다음 자료에서 20x1년 결산시 ( 가 )와 ( 나 )에 들어갈 내용으로 옳은 것은?

재무상태표

20x1. 12. 31. (단위 : 원)

| | | |
|---|---|---|
| ········· | ········· | |
| 받을어음 | 1,000,000 | |
| 대손충당금 | ( 가 ) | |
| ········· | ········· | |

손익계산서

20x1.1.1.~20x1.12.31. (단위 : 원)

| | |
|---|---|
| ··········· | |
| 대손상각비 | ( 나 ) |

- 대손충당금 추정액 : 기말 받을어음 잔액×1%
- 수정전 시산표상 대손충당금 잔액 : 2,000원

| | ( 가 ) | ( 나 ) |
|---|---|---|
| ① | 20,000원 | 5,000원 |
| ② | 20,000원 | 8,000원 |
| ③ | 10,000원 | 8,000원 |
| ④ | 10,000원 | 5,000원 |

**07.** 다음 자료에 의한 매출총이익은 얼마인가?

- 총매출액 : 35,000,000원
- 매입할인 : 300,000원
- 매입에누리와환출 : 250,000원
- 매출에누리와환입 : 200,000원
- 기초상품재고액 : 500,000원
- 총매입액 : 18,000,000원
- 이자비용 : 200,000원
- 복리후생비 : 1,000,000원
- 매출할인 : 200,000원
- 기말상품재고액 : 450,000원

① 17,500,000원
② 17,450,000원
③ 17,100,000원
④ 17,000,000원

**08.** 다음 자료를 이용하여 자본잉여금을 계산하면 얼마인가?

- 주식발행초과금 100,000원
- 자기주식처분이익 200,000원
- 매도가능증권평가손 300,000원
- 이익준비금 100,000원
- 자기주식 200,000원
- 감자차익 300,000원

① 500,000원 ② 600,000원 ③ 700,000원 ④ 800,000원

**09.** 제품의 제조과정에서 소비된 간접재료비로서 원가요소 중의 하나인 것을 무엇이라 하는가?

① 고정비 ② 직접재료비
③ 직접노무비 ④ 제조간접비

**10.** 제조원가명세서에서 산출된 당기제품제조원가는 손익계산서 작성시 어떤 항목을 계산하는데 사용되는가?

① 매출원가 ② 영업외비용
③ 판매비와 관리비 ④ 영업외수익

**11.** 기초제품금액 보다 기말제품금액이 크다면 다음 설명 중 올바른 것은?

① 정상적인 감모손실이 발생하였다면 매출원가와 당기제품제조원가가 동일해 질 수 있다.
② 당기제품제조원가 금액이 매출원가 금액보다 작다.
③ 당기제품제조원가 금액이 매출원가 금액보다 크다.
④ 당기제품제조원가 금액과 매출원가 금액과 동일하다.

**12.** 다음 자료를 이용하여 가공원가를 구하면 얼마인가?

| | | | |
|---|---|---|---|
| • 기초원재료재고액 | 50,000원 | • 공장근로자의 인건비 | 200,000원 |
| • 원재료 당기매입액 | 345,000원 | • 기계장치 감가상각비 | 100,000원 |
| • 기말원재료재고액 | 86,000원 | • 외주가공비 | 50,000원 |
| • 기초재공품재고액 | 40,000원 | • 공장의 전력비 | 40,000원 |
| • 기말재공품재고액 | 45,000원 | • 공장건물 임차료 | 30,000원 |
| • 공장사무실 전기요금 | 11,000원 | • 영업직사원의 기업업무추진비 | 60,000원 |

① 381,000원 ② 431,000원 ③ 401,000원 ④ 331,000원

**13.** 다음은 (주)로그인의 20×1년 원가계산에 관한 자료이다. 기말재공품 원가는 얼마인가?

| | | | |
|---|---|---|---|
| • 당기총제조원가 : | 1,500,000원 | • 기초재공품 재고액 : | 200,000원 |
| • 기초제품 재고액 : | 300,000원 | • 기말제품 재고액 : | 180,000원 |
| • 매출원가 : | 1,620,000원 | | |

① 200,000원 ② 250,000원 ③ 300,000원 ④ 350,000원

**14.** 다음 부가가치세에 대한 설명 중 올바른 것은?

① 직전연도 공급가액 0.8억원 이상인 개인사업자는 당해연도 1월 1일부터 전자세금계산서 발급 대상이다.

② 이익이 발생하지 않았어도 부가가치세를 납부할 수 있다.

③ 매입자도 세금계산서를 발행할 수 있는데 거래건당 공급대가가 10만원 이상인 거래가 대상이다.

④ 직전연도 3억원 미만인 개인사업자가 전자세금계산서 발급시 건당 100원, 연간한도 100만원의 전자세금계산서 발급세액공제를 받을 수 있다.

**15.** 일반과세자가 부담한 매입세액중 매입세액이 공제가능한 경우는?

① 부동산임대업자가 건물의 취득에 따른 매입세액

② 면세사업자가 면세농산물을 구입한 경우 의제매입세액

③ 비영업용소형승용 자동차(1,500CC)의 취득에 따른 매입세액

④ 건물을 취득 즉시 철거하여 부담한 철거비용에 대한 매입세액

## 실 무

**㈜계룡기계(3016)는 제조업을 영위하는 중소기업이며, 전산세무회계 수험용 프로그램을 이용하여 다음 물음에 답하시오.**

**문제 1 다음은 기초정보관리에 대한자료이다. 각각의 요구사항에 대하여 답하시오.(10점)**

**[1]** 계정코드 430번에 '반제품매출' 계정을 추가하고, 현금적요란 1.에 '반제품 현금매출'을 등록하시오. (구분 : 1.매출) (3점)

**[2]** 거래처별 초기이월 메뉴를 검토하고 다음 사항을 추가 입력하거나 정정하시오.(3점)

<table>
<tr><th>계정과목</th><th>거래처</th><th>금액</th><th>합계</th></tr>
<tr><td>외상매출금</td><td>이산<br>강산</td><td>3,200,000원<br>5,000,000원</td><td>8,200,000원</td></tr>
<tr><td rowspan="2">장기차입금</td><td rowspan="2">신한은행</td><td>60,000,000원</td><td>60,000,000원</td></tr>
<tr><td>• 증서번호 : 12345<br>• 만기일자 : 2030-03-31</td><td>• 상환형태 : 일시</td></tr>
</table>

[3] 전기분 손익계산서상 수선비(2,000,000원)가 누락되었다. 관련 재무제표의 관련항목을 모두 수정하시오. (4점)

## 문제 2 다음 거래자료를 일반전표입력메뉴에 추가 입력하시오.(18점)

[1] 4월 8일 : 거래처인 칠갑상사로부터 받은 받을어음 100,000,000원을 거래은행인 우리은행에서 할인하고 할인료 300,000원을 제외한 금액은 당사의 보통예금계좌에 입금하였다.(매각거래로 처리하세요)(3점)

[2] 4월 30일 : 매입거래처인 ㈜덕유상사의 4월 30일까지 외상매입금 전부를 당사발행 약속어음(만기 : 6개월이내)으로 지급하였다.(3점)

[3] 5월 15일 : 액면가액이 10,000,000원인 사채를 할증 발행하고, 발행금액 10,500,000원을 수취하여 당좌예금 통장에 입금하였다.(3점)

[4] 5월 18일 : 공장용 전력요금 80,000원과 본사 영업부서 전력요금 30,000원을 보통예금에서 지로로 납부하였다.(3점)

[5] 5월 25일 : 종업원의 5월분 급여를 다음과 같이 국민은행의 당사 보통예금계좌에서 종업원의 예금계좌로 이체하여 지급하였다.(3점)

(단위 : 원)

| 구분 | 급여총액 | 소득세 등 | 국민연금 | 건강보험 | 공제 계 | 차감지급액 |
|---|---|---|---|---|---|---|
| 관리직 | 3,000,000 | 50,000 | 20,000 | 30,000 | 100,000 | 2,900,000 |
| 생산직 | 4,500,000 | 40,000 | 40,000 | 30,000 | 110,000 | 4,390,000 |
| 합 계 | 7,500,000 | 90,000 | 60,000 | 60,000 | 210,000 | 7,290,000 |

**[6]** 5월 27일 : 제품매출거래처인 아산부품㈜에 대한 외상매출금 2,500,000원이 약정기일보다 빠르게 회수되어 2%의 할인을 해주고 잔액을 현금으로 받았다.(3점)

## 문제 3 다음 거래자료를 매입매출전표메뉴에 추가로 입력하시오.(18점)

**[1]** 9월 10일 : 7월2일에 구매 계약한 공장용 화물자동차 1대(공급가액 15,000,000원, 부가가치세 1,500,000원)를 금일 현대자동차로부터 인도 받고 전자세금계산서를 교부받았으며 계약금을 공제한 잔액은 전부 당좌수표로 지급하였다.(3점)

**[2]** 9월 15일 : ㈜두정기계에 제품을 판매하고 전자세금계산서 1장을 교부하였다.(3점)

품목 : A기계(공급가액 : 7,000,000원 부가세 700,000원)
B기계(공급가액 : 5,000,000원 부가세 500,000원)
영수내역 : 현금1,000,000원 어음 12,200,000원

**[3]** 9월 16일 : 영업부에서는 업무용 소형승용차를 서울정비(214-01-68998,대표자 : 서정비, 업태 : 서비스, 종목 : 자동차정비)에서 아래와 같이 수리하고, 국민카드로 결제하다.(거래처코드는 1500번으로 등록하고, 수익적 지출로 처리하시오) (3점)

| 품명 | 공급가액 | 부가가치세 | 결제방법 |
|---|---|---|---|
| 마티즈(800cc) | 500,000원 | 50,000원 | 국민카드 |

**[4]** 9월 18일 : 수출업체인 한국무역㈜에서 Local L/C에 의하여 제품2개(@5,000,000원)를 비씨카드로 결제받았다. (3점)

**[5]** 9월 24일 : ㈜삼성정밀로부터 본사 건물에 에스칼레이터를 설치하고 설치대금 50,000,000원(부가가치세 5,000,000원)을 외상으로 하고 전자세금계산서를 수취하다. (3점)

**[6]** 9월 26일 : 원재료 운송용 트럭(취득가액 30,000,000원, 처분시 감가상각누계액 18,000,000원)을 거래처 (주)두정기계에 10,000,000원(부가가치세 별도)에 처분하고 전자세금계산서를 발급하였다. 대금은 한달 후에 받기로 하였다.(3점)

**문제 4** **일반전표입력 및 매입매출전표 메뉴에 입력된 내용 중 다음과 같은 오류가 발견되었다. 입력된 내용을 확인하여 정정하시오. (6점)**

**[1]** 6월 18일 : 영업부 직원의 복리후생비로 처리한 300,000원은 거래처 직원 기업업무추진을 위한 식대로 판명되었다. (3점)

**[2]** 7월 4일 : 6월25일의 가수금은 출장중인 영업사원이 매출처 강산의 외상매출금 중 일부를 회수한 것으로 판명되었다.(7월4일자로 회계 처리할 것) (3점)

**문제 5** **다음은 기말의 결산정리사항이다. 다음 사항을 일반전표입력메뉴와 결산자료 입력메뉴에 입력하여 결산을 완료하시오. (9점)**

**[1]** 공장 소모품 미사용액이 100,000원 있다.(구입시 비용처리했음.) (3점)

**[2]** 퇴직급여충당부채를 다음과 같이 설정한다.(당사는 퇴직보험에 가입되어 있지 않다.) (3점)

| | |
|---|---|
| 생산직사원에 대한 설정액 | 3,500,000원 |
| 사무직사원에 대한 설정액 | 2,500,000원 |

**[3]** 대손충당금은 기말채권(당좌자산) 잔액의 2%를 설정한다. (3점) (보충법으로 처리할 것)

**문제 6** **다음 사항을 조회하여 답안을 저장메뉴에 입력하시오.(9점)**

**[1]** 3월31일 현재 미지급금 잔액이 가장 큰 거래처는 얼마인가? 거래처 코드와 금액을 적으시오. (3점)

**[2]** 1기 예정신고시 불공제 매입세액은 얼마인가? (3점)

**[3]** 1/4분기(1~3월)에 발행한 매출세금계산서의 발행매수와 부가가치세 합계액은 얼마인가? (3점)

# 종합모의고사 3회 답안 및 해설

## 이 론

| 1 | 2 | 3 | 4 | 5 | 6 | 7 | 8 | 9 | 10 | 11 | 12 | 13 | 14 | 15 |
|---|---|---|---|---|---|---|---|---|---|---|---|---|---|---|
| ③ | ④ | ② | ④ | ③ | ③ | ③ | ② | ④ | ① | ③ | ② | ① | ② | ① |

**02.** 재무제표의 작성순서 : **손익계산서 → 이익잉여금처분계산서 → 재무상태표**

**03.** (순)매출액 = 총매출액 - 매출환입 및 에누리 - 매출할인

**04.** (차) 건 물 ××× (대) 현 금 ×××

비용감소 → 자산증가 → 자본증가(이익)증가

**05.** 사채가 할증발행되었으므로 사채할인발행차금은 나타나지 않는다.

**06.** 재무상태표에 표시해야 하는 대손충당금은 기말 받을어음의 1%인 10,000원이고, 그 금액과 설정전 대손충당금 잔액 2,000원의 차액 8,000원이 당기 대손충당금 추가설정액(대손상각비)이다.

**07.** ① 순매출액의 계산 = 총매출액 - 매출에누리와환입 - 매출할인

= 5,000,000원 - 200,000원 - 200,000원 = 34,600,000원

② 매출원가의 계산

상 품

| | | | |
|---|---|---|---|
| 기초상품 | 500,000 | **매출원가(?)** | **17,500,000** |
| 총매입액 | 18,000,000 | | |
| 매입에누리와환출 | (250,000) | | |
| 매입할인 | (300,000) | 기말상품 | 450,000 |
| 계 | 17,950,000 | 계 | 17,950,000 |

③ 매출총이익의 계산 = 순매출액(34,600,000) - 매출원가(17,500,000) = 17,100,000원

**08.** 주식발행초과금(100,000) + 자기주식처분이익(200,000) + 감자차익(300,000) = 600,000원(자본잉여금)

이익준비금 → 이익잉여금, 자기주식 → 자본조정, 매도가능증권평가손실 → 기타포괄손익누계액

**11.**

제 품

| | | | |
|---|---|---|---|
| 기초재고 | 0 | *매출원가* | *0* |
| *당기제품제조원가* | *100* | 기말재고 | 100 |
| 계 | | 계 | |

∴ 당기제품제조원가(100) > 매출원가(0)

**12.** 제조간접비 = 감가상각비(100,000) + 외주가공비(50,000) + 전력비(40,000) + 임차료(30,000) + 전기요금(11,000) = 231,000원

가공원가 = 직접노무비(200,000) + 제조간접비(231,000) = 431,000원

**13.**

제 품

| | | | |
|---|---|---|---|
| 기초재고 | 300,000 | 매출원가 | 1,620,000 |
| 제품 | 1,500,000 | 기말재고 | 180,000 |
| 계 | 1,800,000 | 계 | 1,800,000 |

재공품

| | | | |
|---|---|---|---|
| 기초재고 | 200,000 | 당기제품제조원가 | 1,500,000 |
| 당기총제조원가 | 1,500,000 | **기말재고(?)** | **200,000** |
| 계 | 1,700,000 | 계 | 1,700,000 |

**14.** ① **당해연도 7월 1일부터 전자세금계산서 발급대상**이다.

③ **거래건당 공급대가가 5만원 이상인 거래**가 매입자발행세금계산서 대상이다.

④ **건당 200원의 전자세금계산서 발급세액공제**가 적용된다.

**15.** 면세사업자는 부가가치세법상 사업자가 아니므로 매입세액을 공제받을 수 없고, **건물을 취득 즉시 철거시 토지관련 매입세액**은 불공제이다.

## 실 무

### 문제 1 기초정보관리

**[1]** [계정과목 및 적요등록]

'반제품매출' 계정을 추가하고, 현금적요란1. '반제품 현금매출'을 등록(구분 : 1.매출)

**[2]** [거래처별 초기이월] 해당 금액을 확인 후 수정 및 추가입력

장기차입금 상세입력내역

| 증서번호 | 차입금금액 | 잔액 | 상환형태 | 만기일자 | 이체은행 | | 이체일자 |
|---|---|---|---|---|---|---|---|
| 12345 | 60,000,000 | 60,000,000 | 일시 | 2030-03-31 | 98000 | 신한은 | |
| | | | | | | | |

**[3]** [전기분손익계산서] 수선비 2,000,000원 추가입력 당기순이익 8,980,000원 변경

→ 전기분이익잉여금처분계산서 당기순이익 8,980,000원 수정 또는 F6(불러오기)

→ 전기분잉여금처분계산서 이월이익잉여금 57,500,000원 변경

→ 전기분재무상태표 이월이익잉여금 57,500,000원 수정

## 문제 2 일반전표입력

[1] (차) 보통예금 99,700,000 (대) 받을어음(칠갑상사) 100.000,000
매출채권처분손실 300,000

[2] 거래처원장 조회 후 ㈜덕유상사의 외상매입금 잔액 확인 후 입력
(차) 외상매입금((주)덕유상사) 10,000,000 (대) 지급어음((주)덕유상사) 10,000,000

[3] (차) 당좌예금 10,500,000 (대) 사채 10,000,000
사채할증발행차금 500,000

[4] (차) 전력비(제) 80,000 (대) 보통예금 110,000
수도광열비(판) 30,000

[5] (차) 급여(판) 3,000,000 (대) 예수금 210,000
임금(제) 4,500,000 보통예금 7,290,000

[6] (차) 현 금 2,450,000 (대) 외상매출금(아산부품(주)) 2,500,000
매출할인(제품매출) 50,000

## 문제 3 매입매출전표입력

| 문항 | 일자 | 유형 | 공급가액 | 부가세 | 거래처 | 전자세금 |
|---|---|---|---|---|---|---|
| [1] | 9/10 | 51.과세 | 15,000,000 | 1,500,000 | 현대자동차 | 여 |
| 분개유형 | | (차) 차량운반구 | 15,000,000 | (대) 당좌예금 | | 14,500,000 |
| 혼합 | | 부가세대급금 | 1,500,000 | 선급금 | | 2,000,000 |
| 문항 | 일자 | 유형 | 공급가액 | 부가세 | 거래처 | 전자세금 |
| [2] | 9/15 | 11.과세 [F7(복수거래)] | 12,000,000 | 1,200,000 | (주)두정기계 | 여 |
| 분개유형 | | (차) 현 금 | 1,000,000 | (대) 재품매출 | | 12,000,000 |
| 혼합 | | 받을어음 | 12,200,000 | 부가세예수금 | | 1,200,000 |
| 문항 | 일자 | 유형 | 공급가액 | 부가세 | 거래처 | 전자세금 |
| [3] | 9/16 | 57.카과 | 500,000 | 50,000 | 서울정비 | - |
| 분개유형 | | (차) 차량유지비(판) | 500,000 | (대) 미지급금(국민카드) | | 550,000 |
| 혼합/카드 | | 부가세대급금 | 50,000 | | | |
| 문항 | 일자 | 유형 | 공급가액 | 부가세 | 거래처 | 전자세금 |
| [4] | 9/18 | 19.카영(3) | 10,000,000 | 0 | 한국무역(주) | - |
| 분개유형 | | (차) 외상매출금 | 10,000,000 | (대) 제품매출 | | 10,000,000 |
| 혼합/카드 | | (비씨카드) | | | | |

| 문항 | 일자 | 유형 | 공급가액 | 부가세 | 거래처 | 전자세금 |
|---|---|---|---|---|---|---|
| [5] | 9/24 | 51.과세 | 50,000,000 | 5,000,000 | (주)삼성정밀 | 여 |
| 분개유형 | | (차) 건 물 | | 50,000,000 | (대) 미지급금 | 55,000,000 |
| 혼합 | | 부가세대급금 | | 5,000,000 | | |

| 문항 | 일자 | 유형 | 공급가액 | 부가세 | 거래처 | 전자세금 |
|---|---|---|---|---|---|---|
| [6] | 9/26 | 11.과세 | 10,000,000 | 1,000,000 | ㈜두정기계 | 여 |
| 분개유형 | | (차) 감가상각누계액(차량) | | 18,000,000 | (대) 차량운반구 | 30,000,000 |
| | | 미수금 | | 11,000,000 | 부가세예수금 | 1,000,000 |
| | | 유형자산처분손실 | | 2,000,000 | | |
| 혼합 | | ☞처분손익 = 처분가액 – 장부가액 = 10,000,000 – (30,000,000 – 18,000,000) = –2,000,000(처분손실) | | | | |

## 문제 4 오류수정

[1] 〈수정전〉

(차) 복리후생비(판) 300,000 (대) 현 금 300,000

〈수정후〉

(차) 기업업무추진비(판) 300,000 (대) 현 금 300,000

[2] (차) 가수금 250,000 (대) 외상매출금(강산) 250,000

## 문제 5 결산

[1] [수동결산]

(차) 소모품 100,000 (대) 소모품비(제) 100,000

[2] [자동결산]

노무비(퇴직급여전입액) 3,500,000원, 판매비와 일반관리비(퇴직급여전입액) 2,500,000원

[3] [자동결산]

대손율 : 2%를 수정하여 당좌자산(외상매출금, 받을어음, 단기대여금, 미수금)의 추가 설정액을 반영한다. 장기외상매출금은 "0"로 한다.

자동결산항목을 모두 입력하고 상단의 전표를 추가한다.

## 문제 6 장부조회

[1] [거래처원장] ㈜설악전기(02101) 10,000,000원

[2] [부가가치세신고서 – 예정신고(1~3월)] 150,000원

[3] [세금계산서현황/세금계산서 합계표 – 매출] 12매, 20,430,000원

# Part Ⅵ

# 최신기출문제

<전산회계 1급 출제내역>

| | | | |
|---|---|---|---|
| 이론 | 1. 재무회계 | 16점 | 객관식 8문항 |
| | 2. 원가회계 | 10점 | 객관식 5문항 |
| | 3. 부가가치세 | 4점 | 객관식 2문항 |
| 실무 | 1. 기초정보관리) | 10점 | • 전기분 재무제표입력<br>**<u>(제조원가명세서 → 손익계산서 → 잉여금처분계산서 → 재무상태표)</u>**<br>• 거래처별 초기이월 등 |
| | 2. 일반전표입력 | 18점 | 일반전표입력 6문항 |
| | 3. 매입매출전표입력 | 18점 | 매입매출전표 입력 6문항 |
| | 4. 오류정정 | 6점 | 일반전표/매입매출전표 오류정정 |
| | 5. 결산정리사항입력 | 9점 | • 수동결산 : 12월 31일 기말수정분개<br>• 자동결산 : 재고자산, 대손상각비, 감가상각비등 입력 |
| | 6. 장부조회 | 9점 | 각종장부 및 부가가치세신고서 조회 |
| 계 | | 100점 | |

**<u>전산회계 1급 시험문제 중 전표입력(일반전표, 매입매출전표, 오류수정, 결산전표)의 점수 비중이 50점 이상으로 분개를 못하면 합격할 수 없습니다.</u>**

20**년 **월 **일 시행
제**회 전산세무회계자격시험

# A형

종목 및 등급 : **전산회계 1급**

- 제한시간:60분
- 페이지수:12p

**▶시험시작 전 문제를 풀지 말것◀**

| | |
|---|---|
| ① USB 수령 | · 감독관으로부터 시험에 필요한 응시종목별 기초백데이타 설치용 USB를 지급받는다.<br>· USB 꼬리표가 본인 **응시종목인지 확인하고, 뒷면에 수험정보**를 정확히 기재한다. |
| ② USB 설치 | (1) USB를 컴퓨터에 정확히 꽂은 후, 인식된 해당 USB드라이브로 이동한다.<br>(2) USB드라이브에서 기초백데이타설치프로그램인 'Tax.exe' 파일을 실행시킨다.<br>(3) 설치시작 화면에서 [설치]버튼을 클릭하고, 설치가 완료되면 [확인]버튼 클릭한다.<br>**[주의]** USB는 처음 설치이후, **시험 중 수험자 임의로 절대 재설치(초기화)하지 말 것.** |
| ③ 수험정보입력 | · [수험번호(8자리)] – [성명]을 정확히 입력한다.<br>* 처음 입력한 수험정보는 이후 절대 수정이 불가하니 정확히 입력할 것. |
| ④ 시험지 수령 | · 시험지가 본인의 응시종목(급수)인지 여부와 문제유형(A또는B)을 확인한다.<br>· 문제유형(A또는B)을 프로그램에 입력한다.<br>· 시험지의 총 페이지수를 확인한다.<br>· 급수와 페이지수를 확인하지 않은 것에 대한 책임은 수험자에게 있음. |
| ⑤ 시험시작 | · 감독관이 불러주는 **'감독관확인번호'**를 정확히 입력하고, 시험에 응시한다. |
| (시험을 마치면)<br>⑥ USB 저장 | (1) **이론문제의 답**은 메인화면에서 **이론문제 답안작성** 을 클릭하여 입력한다.<br>(2) **실무문제의 답**은 문항별 요구사항을 수험자가 파악하여 각 메뉴에 입력한다.<br>(3) 이론과 실무문제의 **답을 모두입력한 후** **답안저장(USB로 저장)** 을 클릭하여 저장한다.<br>(4) **저장완료** 메시지를 확인한다. |
| ⑦ USB제출 | · 답안이 수록된 USB메모리를 빼서, 〈감독관〉에게 제출 후 조용히 퇴실한다. |

▶ 본 자격시험은 전산프로그램을 이용한 자격시험입니다. 컴퓨터의 사양에 따라 전산진행속도가 느려질 수도 있으므로 전산프로그램의 진행속도를 고려하여 입력해주시기 바랍니다.
▶ 수험번호나 성명 등을 잘못 입력했거나, 답안을 USB에 저장하지 않음으로써 발생하는 일체의 불이익과 책임은 수험자 본인에게 있습니다.
▶ 타인의 답안을 자신의 답안으로 부정 복사한 경우 해당 관련자는 모두 불합격 처리됩니다.
▶ 타인 및 본인의 답안을 복사하거나 외부로 반출하는 행위는 모두 부정행위 처리됩니다.
▶ PC, 프로그램 등 조작미숙으로 시험이 불가능하다고 판단될 경우 불합격처리 될 수 있습니다.
▶ **시험 진행 중에는 자격검정(KcLep)프로그램을 제외한 일체의 다른 프로그램을 사용할 수 없습니다.**
(예시. 인터넷, 메모장, 윈도우 계산기 등

이론문제 답안작성 **을 한번도 클릭하지 않으면** 답안저장(USB로 저장) **을 클릭해도 답안이 저장되지 않습니다.**

**한 국 세 무 사 회**

# 제116회 전산회계 1급

| 합격율 | 시험년월 |
|---|---|
| 43% | 2024.10 |

다음 문제를 보고 알맞은 것을 골라 이론문제 답안작성 메뉴에 입력하시오. (객관식 문항당 2점)

〈 기 본 전 제 〉

문제에서 한국채택국제회계기준을 적용하도록 하는 전제조건이 없는 경우, 일반기업회계기준을 적용한다.

## 이 론

**01.** 다음 중 일반기업회계기준에 따른 재무제표에 대한 설명으로 가장 옳지 않은 것은?

① 재무상태표는 일정 시점 현재 기업실체가 보유하고 있는 경제적 자원인 자산과 경제적 의무인 부채, 그리고 자본에 대한 정보를 제공하는 재무보고서이다.

② 손익계산서는 일정 시점 현재 기업실체의 경영성과에 대한 정보를 제공하는 재무보고서이다.

③ 현금흐름표는 일정 기간 동안 기업실체에 대한 현금유입과 현금유출에 대한 정보를 제공하는 재무보고서이다.

④ 자본변동표는 기업실체에 대한 자본의 크기와 그 변동에 관한 정보를 제공하는 재무보고서이다.

**02.** 다음 중 단기매매증권 취득 시 발생한 비용을 취득원가에 가산할 경우 재무제표에 미치는 영향으로 옳은 것은?

① 자산의 과소계상　　② 부채의 과대계상

③ 자본의 과소계상　　④ 당기순이익의 과대계상

**03.** ㈜회계는 20x0년 1월 1일 10,000,000원에 유형자산(기계장치)을 취득하여 사용하다가 20x1년 6월 30일 4,000,000원에 처분하였다. 해당 기계장치의 처분 시 발생한 유형자산처분손실을 계산하면 얼마인가? 단, 내용연수 5년, 잔존가액 1,000,000원, 정액법(월할상각)의 조건으로 20x1년 6월까지 감가상각이 완료되었다고 가정한다.

① 2,400,000원 ② 3,300,000원 ③ 5,100,000원 ④ 6,000,000원

**04.** 다음의 자료를 바탕으로 20x1년 12월 31일 현재 현금및현금성자산과 단기금융상품의 잔액을 계산한 것으로 옳은 것은?

- 현금시재액 : 200,000원
- 당좌예금 : 500,000원
- 정기예금 : 1,500,000원(만기 20x2년 12월 31일)
- 선일자수표 : 150,000원
- 외상매입금 : 2,000,000원

① 현금및현금성자산 : 700,000원 ② 현금및현금성자산 : 2,500,000원
③ 단기금융상품 : 1,650,000원 ④ 단기금융상품 : 2,000,000원

**05.** 다음 중 대손충당금에 대한 설명으로 가장 옳지 않은 것은?

① 대손충당금은 유형자산의 차감적 평가계정이다.
② 회수가 불확실한 채권은 합리적이고 객관적인 기준에 따라 산출한 대손 추산액을 대손충당금으로 설정한다.
③ 미수금도 대손충당금을 설정할 수 있다.
④ 매출 활동과 관련되지 않은 대여금에 대한 대손상각비는 영업외비용에 속한다.

**06.** 다음 중 자본에 영향을 미치지 않는 항목은 무엇인가?

① 당기순이익 ② 현금배당 ③ 주식배당 ④ 유상증자

**07.** 다음 중 일반기업회계기준에 따른 수익 인식 시점에 대한 설명으로 옳지 않은 것은?

① 위탁판매의 경우 수탁자가 위탁품을 소비자에게 판매한 시점에 수익을 인식한다.
② 배당금수익은 배당금을 받을 권리와 금액이 확정되는 시점에 수익을 인식한다.
③ 대가가 분할되어 수취되는 할부판매의 경우 대가를 나누어 받을 때마다 수익으로 인식한다.
④ 설치수수료 수익은 재화가 판매되는 시점에 수익을 인식하는 재화의 판매에 부수되는 설치의 경우를 제외하고는 설치의 진행률에 따라 수익으로 인식한다.

**08.** 다음 중 재고자산에 대한 설명으로 옳지 않은 것은?

① 기업이 생산과정에 사용하거나 판매를 목적으로 보유한 자산이다.
② 취득원가에 매입부대비용은 포함되지 않는다.
③ 기말 평가방법에 따라 기말 재고자산 금액이 다를 수 있다.
④ 수입 시 발생한 관세는 취득원가에 가산하여 재고자산에 포함된다.

**09.** 다음 중 원가에 대한 설명으로 옳지 않은 것은?

① 원가의 발생형태에 따라 재료원가, 노무원가, 제조경비로 분류한다.
② 특정 제품에 대한 직접 추적가능성에 따라 직접원가, 간접원가로 분류한다.
③ 조업도 증감에 따른 원가의 행태로서 변동원가, 고정원가로 분류한다.
④ 기회비용은 과거의 의사결정으로 인해 이미 발생한 원가이며, 대안 간의 차이가 발생하지 않는 원가를 말한다.

**10.** 부문별 원가계산에서 보조부문의 원가를 제조부문에 배분하는 방법 중 보조부문의 배분 순서에 따라 제조간접원가의 배분액이 달라지는 방법은?

① 직접배분법 ② 단계배분법 ③ 상호배분법 ④ 총배분법

**11.** 다음 중 제조원가명세서에서 제공하는 정보는 무엇인가?

① 기부금 ② 이자비용 ③ 당기총제조원가 ④ 매출원가

**12.** 다음의 자료를 이용하여 평균법에 의한 가공원가 완성품환산량을 구하시오(단, 재료는 공정 초기에 전량 투입되고 가공원가는 공정 전반에 걸쳐 균등하게 발생한다).

| | |
|---|---|
| • 당기완성품 : 40,000개 | • 당기착수량 : 60,000개 |
| • 기초재공품 : 10,000개(완성도 30%) | • 기말재공품 : 30,000개(완성도 60%) |

① 52,000개 ② 54,000개 ③ 56,000개 ④ 58,000개

**13.** 다음 중 부가가치세법상 납세의무자에 대한 설명으로 틀린 것은?

① 사업의 영리 목적 여부에 관계없이 사업상 독립적으로 재화 및 용역을 공급하는 사업자이다.
② 영세율을 적용받는 사업자는 납세의무자에 해당하지 않는다.
③ 간이과세자도 납세의무자에 포함된다.
④ 재화를 수입하는 자는 그 재화의 수입에 대한 부가가치세를 납부할 의무가 있다.

**14.** 다음 중 부가가치세법상 사업장에 대한 설명으로 옳지 않은 것은?

① 사업장은 사업자가 사업을 하기 위하여 거래의 전부 또는 일부를 하는 고정된 장소로 한다.
② 사업장을 설치하지 않고 사업자등록도 하지 않은 경우에는 과세표준 및 세액을 결정하거나 경정할 당시의 사업자의 주소 또는 거소를 사업장으로 한다.
③ 제조업의 경우 따로 제품 포장만을 하거나 용기에 충전만 하는 장소도 사업장에 포함될 수 있다.
④ 부동산상의 권리만 대여하는 경우에는 그 사업에 관한 업무를 총괄하는 장소를 사업장으로 한다.

**15.** 부가가치세법상 법인사업자가 전자세금계산서를 발급하는 경우 전자세금계산서 발급 명세를 언제까지 국세청장에게 전송해야 하는가?

① 전자세금계산서 발급일의 다음 날
② 전자세금계산서 발급일로부터 1주일 이내
③ 전자세금계산서 발급일이 속하는 달의 다음 달 10일 이내
④ 전자세금계산서 발급일이 속하는 달의 다음 달 25일 이내

## 실 무

**㈜태림상사(3116)는 자동차부품의 제조 및 도소매업을 영위하는 중소기업으로 당기 회계기간은 20x1.1.1.~20x1.12.31.이다. 전산세무회계 수험용 프로그램을 이용하여 다음 물음에 답하시오.**

〈 기 본 전 제 〉

- 문제에서 한국채택국제회계기준을 적용하도록 하는 전제조건이 없는 경우, 일반기업회계기준을 적용하여 회계처리 한다.
- 문제의 풀이와 답안작성은 제시된 문제의 순서대로 진행한다.

**문제 1 다음은 [기초정보관리] 및 [전기분재무제표]에 대한 자료이다. 각각의 요구사항에 대하여 답하시오. (10점)**

**[1]** [거래처등록] 메뉴를 이용하여 다음의 신규 거래처를 추가로 등록하시오. (3점)

- 거래처코드 : 05000
- 거래처명 : ㈜대신전자
- 대표자 : 김영일
- 사업자등록번호 : 108-81-13579
- 업태 : 제조
- 종목 : 전자제품
- 유형 : 매출
- 사업장주소 : 경기도 시흥시 정왕대로 56(정왕동)

※ 주소 입력 시 우편번호 입력은 생략해도 무방함.

**[2]** ㈜태림상사의 기초 채권 및 채무의 올바른 잔액은 아래와 같다. [거래처별초기이월] 메뉴의 자료를 검토하여 오류가 있으면 올바르게 삭제 또는 수정, 추가 입력을 하시오. (3점)

| 계정과목 | 거래처 | 금액 |
|---|---|---|
| 외상매출금 | ㈜동명상사 | 6,000,000원 |
| 받을어음 | ㈜남북 | 1,000,000원 |
| 지급어음 | ㈜동서 | 1,500,000원 |

**[3]** 전기분 손익계산서를 검토한 결과 다음과 같은 오류를 발견하였다. 해당 오류사항과 관련된 [전기분원가명세서] 및 [전기분손익계산서]를 수정 및 삭제하시오. (4점)

| |
|---|
| • 공장 건물에 대한 재산세 3,500,000원이 판매비와관리비의 세금과공과금으로 반영되어 있다. |

**문제 2** **[일반전표입력] 메뉴를 이용하여 다음의 거래 자료를 입력하시오(일반전표입력의 모든 거래는 부가가치세를 고려하지 말 것). (18점)**

〈 입력 시 유의사항 〉

- 일반적인 적요의 입력은 생략하지만, 타계정 대체거래는 적요번호를 선택하여 입력한다.
- 채권·채무와 관련된 거래는 별도의 요구가 없는 한 반드시 기등록된 거래처코드를 선택하는 방법으로 거래처명을 입력한다.
- 제조경비는 500번대 계정코드를, 판매비와관리비는 800번대 계정코드를 사용한다.
- 회계처리 시 계정과목은 별도의 제시가 없는 한 등록된 계정과목 중 가장 적절한 과목으로 한다.

**[1]** 08월 05일 회사는 운영자금 문제를 해결하기 위해서, 보유 중인 ㈜기경상사의 받을어음 1,000,000원을 한국은행에 할인하였으며 할인료 260,000원을 공제하고 보통예금 계좌로 입금받았다(단, 매각거래로 간주한다). (3점)

**[2]** 08월 10일 본사관리부 직원의 국민연금 800,000원과 카드결제수수료 8,000원을 법인카드(하나카드)로 결제하여 일괄 납부하였다. 납부한 국민연금 중 50%는 회사부담분, 50%는 원천징수한 금액으로 회사부담분은 세금과공과로 처리한다. (3점)

**[3]** 08월 22일 공장에서 사용할 비품(공정가치 5,000,000원)을 대주주로부터 무상으로 받았다. (3점)

**[4]** 09월 04일 ㈜경기로부터 원재료를 구입하기로 계약하고, 계약금 1,000,000원을 보통예금 계좌에서 이체하여 지급하였다. (3점)

**[5]** 10월 28일 영업부에서 사용할 소모품을 현금으로 구입하고 아래의 간이영수증을 수취하였다(단, 당기 비용으로 처리할 것). (3점)

<table>
<tr><td colspan="6">영 수 증(공급받는자용)</td></tr>
<tr><td colspan="2">No.</td><td colspan="4">㈜태림상사 귀하</td></tr>
<tr><td rowspan="4">공급자</td><td>사업자등록번호</td><td colspan="4">314-36-87448</td></tr>
<tr><td>상 호</td><td>솔잎문구</td><td>성 명</td><td colspan="2">김솔잎 (인)</td></tr>
<tr><td>사업장소재지</td><td colspan="4">경기도 양주시 남방동 25</td></tr>
<tr><td>업 태</td><td>도소매</td><td>종 목</td><td colspan="2">문구점</td></tr>
<tr><td colspan="2">작성년월일</td><td colspan="2">공급대가 총액</td><td colspan="2">비고</td></tr>
<tr><td colspan="2">20x1.10.28.</td><td colspan="2">70,000원</td><td colspan="2"></td></tr>
<tr><td colspan="6">위 금액을 정히 영수(청구)함.</td></tr>
<tr><td>월일</td><td>품목</td><td>수량</td><td>단가</td><td colspan="2">공급가(금액)</td></tr>
<tr><td>10.28.</td><td>A4</td><td>2</td><td>35,000원</td><td colspan="2">70,000원</td></tr>
<tr><td></td><td></td><td></td><td></td><td colspan="2"></td></tr>
<tr><td></td><td></td><td></td><td></td><td colspan="2"></td></tr>
<tr><td></td><td></td><td></td><td></td><td colspan="2"></td></tr>
<tr><td></td><td></td><td></td><td></td><td colspan="2"></td></tr>
<tr><td colspan="3">합계</td><td colspan="3">70,000원</td></tr>
<tr><td colspan="6">부가가치세법시행규칙 제25조의 규정에 의한 (영수증)으로 개정</td></tr>
</table>

**[6]** 12월 01일 단기시세차익을 목적으로 ㈜ABC(시장성 있는 주권상장법인에 해당)의 주식 100주를 주당 25,000원에 취득하였다. 이와 별도로 발생한 취득 시 수수료 50,000원과 함께 대금은 모두 보통예금 계좌에서 이체하여 지급하였다. (3점)

## 문제 3 [매입매출전표입력] 메뉴를 이용하여 다음의 거래 자료를 입력하시오. (18점)

〈 입력 시 유의사항 〉

- 일반적인 적요의 입력은 생략하지만, 타계정 대체거래는 적요번호를 선택하여 입력한다.
- 채권·채무와 관련된 거래는 별도의 요구가 없는 한 반드시 기등록된 거래처코드를 선택하는 방법으로 거래처명을 입력한다.
- 제조경비는 500번대 계정코드를, 판매비와관리비는 800번대 계정코드를 사용한다.
- 회계처리 시 계정과목은 별도의 제시가 없는 한 등록된 계정과목 중 가장 적절한 과목으로 한다.
- 입력화면 하단의 분개까지 처리하고, 전자세금계산서 및 전자계산서는 전자입력으로 반영한다.

[1] 07월 05일 제일상사에게 제품을 판매하고 신용카드(삼성카드)로 결제받고 발행한 매출전표는 아래와 같다. (3점)

카드매출전표

---------------------------

카드종류 : 삼성카드
회원번호 : 951-3578-654
거래일시 : 20x1.07.05. 11:20:22
거래유형 : 신용승인
매　　출 : 800,000원
부 가 세 : 80,000원
합　　계 : 880,000원
결제방법 : 일시불
승인번호 : 2024070580001
은행확인 : 삼성카드사

===========================

- 이 하 생 략 -

**[2]** 07월 11일 ㈜연분홍상사에게 다음과 같은 제품을 판매하고 1,000,000원은 현금으로, 15,000,000원은 어음으로 받고 나머지는 외상으로 하였다. (3점)

| 전자세금계산서 | | | | | 승인번호 | 20240711-1000000-00009329 | | | |
|---|---|---|---|---|---|---|---|---|---|
| 공급자 | 등록번호 | 215-81-69876 | 종사업장번호 | | 공급받는자 | 등록번호 | 134-86-81692 | 종사업장번호 | |
| | 상호(법인명) | ㈜태림상사 | 성명 | 정대우 | | 상호(법인명) | ㈜연분홍상사 | 성명 | 이연홍 |
| | 사업장주소 | 경기도 양주시 양주산성로 85-7 | | | | 사업장주소 | 경기도 화성시 송산면 마도북로 40 | | |
| | 업태 | 제조,도소매 | 종목 | 자동차부품 외 | | 업태 | 제조 | 종목 | 자동차특장 |
| | 이메일 | school_01@taelim.kr | | | | 이메일 | pink01@hanmail.net | | |
| | | | | | | 이메일 | | | |

| 작성일자 | 공급가액 | 세액 | 수정사유 | 비고 |
|---|---|---|---|---|
| 20x1/07/11 | 30,000,000 | 3,000,000 | 해당 없음 | |

| 월 | 일 | 품목 | 규격 | 수량 | 단가 | 공급가액 | 세액 | 비고 |
|---|---|---|---|---|---|---|---|---|
| 07 | 11 | 제품 | | | | 30,000,000 | 3,000,000 | |
| | | | | | | | | |
| | | | | | | | | |
| | | | | | | | | |

| 합계금액 | 현금 | 수표 | 어음 | 외상미수금 | 위 금액을 (영수)(청구) 함 |
|---|---|---|---|---|---|
| 33,000,000 | 1,000,000 | | 15,000,000 | 17,000,000 | |

**[3]** 10월 01일 제조공장 직원들의 야근 식사를 위해 대형마트에서 국내산 쌀(면세)을 1,100,000원에 구입하고 대금은 보통예금 계좌에서 이체하였으며, 지출증빙용 현금영수증을 발급받았다. (3점)

**현금영수증**

| 승인번호 | 구매자 발행번호 | 발행방법 |
|---|---|---|
| G54782245 | 215-81-69876 | 지출증빙 |
| 신청구분 | 발행일자 | 취소일자 |
| 사업자번호 | 20x1.10.01 | - |
| 상품명 | | |
| 쌀 | | |
| 구분 | 주문번호 | 상품주문번호 |
| 일반상품 | 20241001054897 | 2024100185414 |

**판매자 정보**

| 판매자상호 | 대표자명 |
|---|---|
| 대형마트 | 김대인 |
| 사업자등록번호 | 판매자전화번호 |
| 201-17-45670 | 02-788-8888 |
| 판매자사업장주소 | |
| 서울특별시 종로구 종로동 2-1 | |

**금액**

| | | | | | | | | |
|---|---|---|---|---|---|---|---|---|
| 공급가액 | | 1 | 1 | 0 | 0 | 0 | 0 | 0 |
| 부가세액 | | | | | | | | |
| 봉사료 | | | | | | | | |
| 승인금액 | | 1 | 1 | 0 | 0 | 0 | 0 | 0 |

**[4]** 10월 30일 미국의 Nice Planet에 $50,000(수출신고일 10월 25일, 선적일 10월 30일)의 제품을 직수출하였다. 수출대금 중 $20,000는 10월 30일에 보통예금 계좌로 입금받았으며, 나머지 잔액은 11월 3일에 받기로 하였다. 일자별 기준환율은 다음과 같다(단, 수출신고필증은 정상적으로 발급받았으며, 수출신고번호는 고려하지 말 것). (3점)

| 일자 | 10월 25일 | 10월 30일 | 11월 03일 |
|---|---|---|---|
| 기준환율 | 1,380원/$ | 1,400원/$ | 1,410원/$ |

**[5]** 11월 30일 ㈜제니빌딩으로부터 영업부 임차료에 대한 공급가액 3,000,000원(부가가치세 별도)의 전자세금계산서를 수취하고 대금은 다음 달에 지급하기로 한다. 단, 미지급금으로 회계처리 하시오. (3점)

**[6]** 12월 10일 건축물이 있는 토지를 취득하여 그 건축물을 철거하고 토지만 사용하고자 한다. 건물 철거비용에 대하여 ㈜시온건설로부터 아래의 전자세금계산서를 발급받았다. 대금은 ㈜선유자동차로부터 제품 판매대금으로 받아 보관 중인 ㈜선유자동차 발행 약속어음으로 전액 지급하였다. (3점)

| 전자세금계산서 | | | | 승인번호 | 20241210-12595557-12569886 | | |
|---|---|---|---|---|---|---|---|
| 공급자 등록번호 | 105-81-23608 | 종사업장번호 | | 공급받는자 등록번호 | 215-81-69876 | 종사업장번호 | |
| 상호(법인명) | ㈜시온건설 | 성명 | 정상임 | 상호(법인명) | ㈜태림상사 | 성명 | 정대우 |
| 사업장주소 | 서울특별시 강남구 도산대로 42 | | | 사업장주소 | 경기도 양주시 양주산성로 85-7 | | |
| 업태 | 건설 | 종목 | 토목공사 | 업태 | 제조, 도소매 | 종목 | 자동차부품 외 |
| 이메일 | sion@hanmail.net | | | 이메일 | school_01@taelim.kr | | |
| | | | | 이메일 | | | |

| 작성일자 | 공급가액 | 세액 | 수정사유 | 비고 |
|---|---|---|---|---|
| 20x1/12/10 | 60,000,000 | 6,000,000 | 해당 없음 | |

| 월 | 일 | 품목 | 규격 | 수량 | 단가 | 공급가액 | 세액 | 비고 |
|---|---|---|---|---|---|---|---|---|
| 12 | 10 | 철거비용 | | | 60,000,000 | 60,000,000 | 6,000,000 | |
| | | | | | | | | |
| | | | | | | | | |
| | | | | | | | | |

| 합계금액 | 현금 | 수표 | 어음 | 외상미수금 | 위 금액을 (영수) 함 |
|---|---|---|---|---|---|
| 66,000,000 | | | 66,000,000 | | |

**문제 4** **[일반전표입력] 및 [매입매출전표입력] 메뉴에 입력된 내용 중 다음과 같은 오류가 발견되었다. 입력된 내용을 확인하여 정정하시오. (6점)**

**[1]** 09월 01일 ㈜가득주유소에서 주유 후 대금은 당일에 현금으로 결제했으며 현금영수증을 수취한 것으로 일반전표에 입력하였다. 그러나 해당 주유 차량은 제조공장의 운반용트럭(배기량 2,500cc)인 것으로 확인되었다. (3점)

**[2]** 11월 12일 경영관리부서 직원들을 대상으로 확정기여형(DC형) 퇴직연금에 가입하고 보통예금 계좌에서 당기분 퇴직급여 17,000,000원을 이체하였으나, 회계담당자는 확정급여형(DB형) 퇴직연금에 가입한 것으로 알고 회계처리를 하였다(단, 납입 당시 퇴직급여충당부채 잔액은 없는 것으로 가정한다). (3점)

**문제 5** **결산정리사항은 다음과 같다. 관련 메뉴를 이용하여 결산을 완료하시오. (9점)**

〈 입력 시 유의사항 〉

- 적요의 입력은 생략한다.
- 채권・채무와 관련된 거래는 별도의 요구가 없는 한 반드시 기등록된 거래처코드를 선택하는 방법으로 거래처명을 입력한다.
- 회계처리 시 계정과목은 별도의 제시가 없는 한 등록된 계정과목 중 가장 적절한 과목으로 한다.

**[1]** 7월 1일에 가입한 하나은행의 정기예금 10,000,000원(만기 1년, 연 이자율 4.5%)에 대하여 기간 경과분 이자를 계상하였다(단, 이자 계산은 월할 계산하며, 원천징수는 없다고 가정한다). (3점)

**[2]** 경남은행으로부터 차입한 장기차입금 중 50,000,000원은 2025년 11월 30일에 상환기일이 도래한다. (3점)

**[3]** 20x1년 제2기 부가가치세 확정신고 기간에 대한 부가세예수금은 52,346,500원, 부가세대급금은 52,749,000원일 때 부가가치세를 정리하는 회계처리를 하시오(단, 납부세액(또는 환급세액)은 미지급세금(또는 미수금)으로 회계처리하고, 불러온 자료는 무시한다). (3점)

**문제 6** **다음 사항을 조회하여 알맞은 답안을 이론문제 답안작성 메뉴에 입력하시오. (9점)**

**[1]** 3월 말 현재 외상매출금 잔액이 가장 큰 거래처명과 그 금액은 얼마인가? (3점)

**[2]** 20x1년 중 실제로 배당금을 수령한 달은 몇 월인가? (3점)

**[3]** 20x1년 제1기 부가가치세 확정신고서(20x1.04.01.~20x1.06.30.)의 매출액 중 세금계산서 발급분 공급가액의 합계액은 얼마인가? (3점)

# 제116회 전산회계1급 답안 및 해설

## 이 론

| 1 | 2 | 3 | 4 | 5 | 6 | 7 | 8 | 9 | 10 | 11 | 12 | 13 | 14 | 15 |
|---|---|---|---|---|---|---|---|---|---|---|---|---|---|---|
| ② | ④ | ② | ① | ① | ③ | ③ | ② | ④ | ② | ③ | ④ | ② | ③ | ① |

**01.** 손익계산서는 **일정 기간 동안 기업실체의 경영성과**에 대한 정보를 제공하는 재무보고서이다.

**02.** 단기매매증권 취득 시 발생한 거래원가는 당기비용으로 처리한다. 만약 이를 자산으로 계상 시 **자산의 과대계상**으로 이어지고 이는 **자본 및 당기순이익의 과대계상을 초래**한다. 즉 **자산과 이익은 비례관계**이다.

**03.** 감가대상금액 = 취득가액(10,000,000) - 잔존가치(1,000,000) = 9,000,000원
처분시점 감가상각누계액 = 감가대상금액(9,000,000)/5년 × 1.5년 = 2,700,000원
처분시점 장부가액 = 취득가액(10,000,000)-감가상각누계액(2,700,000) = 7,300,000원
처분손실 = 처분가액(4,000,000) -장부가액(7,300,000) = 3,300,000원

**04.** 현금및현금성자산 = 현금시재액(200,000) + 당좌예금(500,000) = 700,000원
단기금융상품 : 정기예금 1,500,000원(보고기간 종료일로부터 1년 이내에 만기가 도래),
선일자 수표는 채권으로 분류한다.

**05.** 대손충당금은 **채권의 차감적 평가계정**이다.

**06.**

| | | | | | | | |
|---|---|---|---|---|---|---|---|
| ① | (차) | 손익 | ×× | (대) 이월이익잉여금 | ×× | 자본증가 |
| ② | (차) | 이월이익잉여금 | ×× | (대) 현금 | ×× | 자본감소 |
| ③ | (차) | 이월이익잉여금 | ×× | (대) 자본금 | ×× | 자본불변 |
| ④ | (차) | 현금 | ×× | (대) 자본금 | ×× | 자본증가 |

**07.** 대가가 분할되어 수취되는 할부판매의 경우에는 이자부분을 제외한 판매가격에 해당하는 수익을 **판매시점에 인식**한다. 판매가격은 대가의 현재가치로 인식한다.

**08.** 재고자산은 **취득원가에 매입부대비용은 포함**된다.

**09.** 매몰비용(매몰원가)에 대한 설명이다.

**10.** 단계배분법은 **보조부문원가의 배분순서를 정하여 그 순서에 따라** 보조부문원가를 다른 보조부문과 제조부문에 단계적으로 배분하는 방법이다.

**11.** 기부금, 이자비용, 매출원가는 손익계산서에서 제공하는 정보이다.

12.

| 〈1단계〉 물량흐름파악(평균법) | | | 〈2단계〉 완성품환산량 계산 | |
|---|---|---|---|---|
| 평균법 | | | 재료비 | 가공비 |
| | 완성품 | 40,000(100%) | | 40,000 |
| | 기말재공품 | 30,000(60%) | | 18,000 |
| | 계 | 70,000 | | **58,000** |

13. **영세율을 적용받는 사업자도 납세의무자에 해당**한다.

14. 제조업의 경우 따로 **제품 포장만을 하거나 용기에 충전만 하는 장소는 사업장에서 제외**한다.

15. 전자세금계산서는 **발급일의 익일까지 국세청장에게 전송**하여야 한다.

# 실 무

## 문제 1 기초정보관리

**[1]** [거래처등록][거래처등록]

〈일반거래처〉
- 거래처코드 : 05000
- 거래처명 : ㈜대신전자
- 사업자등록번호 : 108-81-13579
- 유형 : 1.매출
- 대표자성명 : 김영일
- 업태 : 제조
- 종목 : 전자제품
- 대표자성명 : 김영일
- 사업장주소 : 경기도 시흥시 정왕대로 56(정왕동)

**[2]** [거래처별초기이월]

〈외상매출금〉 • ㈜동명상사 5,000,000원 → 6,000,000원으로 수정

〈받을어음〉 • ㈜남북 2,500,000원 → 1,000,000원으로 수정

〈지급어음〉 • ㈜동서 1,500,000원 추가 입력

**[3]** [전기분 원가명세서] [전기분손익계산서]

- [전기분원가명세서] >세금과공과금 3,500,000원 입력
  >당기제품제조원가 104,150,000원 → 107,650,000원으로 수정 확인
- [전기분손익계산서] >당기제품제조원가 107,650,000원으로 수정
  >판매비와관리비 세금과공과금 3,500,000원 삭제
  >(※ 또는 세금과공과금 금액을 0원으로 수정)
  >당기순이익 18,530,000원 변동 없음 확인

## 문제 2 일반전표입력

[1] 일반전표입력(8/05)

| | | | | |
|---|---|---|---|---|
| (차) | 보통예금 | 740,000원 | (대) 받을어음(㈜기경상사) | 1,000,000원 |
| | 매출채권처분손실 | 260,000원 | | |

[2] 일반전표입력(8/10)

| | | | | |
|---|---|---|---|---|
| (차) | 세금과공과(판) | 400,000원 | (대) 미지급금(하나카드) | 808,000원 |
| | 수수료비용(판) | 8,000원 | | |
| | 예수금 | 400,000원 | | |

[3] 일반전표입력(8/22)

| | | | | |
|---|---|---|---|---|
| (차) | 비품 | 5,000,000원 | (대) 자산수증이익 | 5,000,000원 |

[4] 일반전표입력(9/04)

| | | | | |
|---|---|---|---|---|
| (차) | 선급금(㈜경기) | 1,000,000원 | (대) 보통예금 | 1,000,000원 |

[5] 일반전표입력(10/28)

| | | | | |
|---|---|---|---|---|
| (차) | 소모품비(판) | 70,000원 | (대) 현금 | 70,000원 |

[6] 일반전표입력(12/01)

| | | | | |
|---|---|---|---|---|
| (차) | 단기매매증권 | 2,500,000원 | (대) 보통예금 | 2,550,000원 |
| | 수수료비용(984) | 50,000원 | | |

## 문제 3 매입매출전표입력

[1] 매입매출전표입력(7/05)

유형: 17.카과, 공급가액:800,000 원, 부가세: 80,000 원, 공급처명: 제일상사, 분개: 카드 또는 혼합

신용카드사:삼성카드

| | | | | |
|---|---|---|---|---|
| (차) | 외상매출금(삼성카드) | 880,000원 | (대) 제품매출 | 800,000원 |
| | | | 부가세예수금 | 80,000원 |

**[2] 매입매출전표입력(7/11)**

유형: 11.과세, 공급가액: 30,000,000 원, 부가세: 3,000,000 원, 공급처명: ㈜연분홍상사, 전자: 여, 분개: 혼합

| | | | |
|---|---|---|---|
| (차) 외상매출금 | 17,000,000원 | (대) 제품매출 | 30,000,000원 |
| 받을어음 | 15,000,000원 | 부가세예수금 | 3,000,000원 |
| 현금 | 1,000,000원 | | |

**[3] 매입매출전표입력(10/01)**

유형:62.현면, 공급가액: 1,100,000 원, 부가세: 0 원, 공급처명: 대형마트, 분개:혼합

| | | | |
|---|---|---|---|
| (차) 복리후생비(제) | 1,100,000원 | (대) 보통예금 | 1,100,000원 |

**[4] 매입매출전표입력(10/30)**

유형: 16.수출, 공급가액: 70,000,000 원, 부가세: 0 원, 공급처명: Nice Planet 분개: 혼합

영세율구분: ①직접수출(대행수출 포함)

| | | | |
|---|---|---|---|
| (차) 보통예금 | 28,000,000원 | (대) 제품매출 | 70,000,000원 |
| 외상매출금 | 42,000,000원 | | |

☞제품매출 = $50,000 × 선적일환율(1,400) = 70,000,000원

**[5] 매입매출전표입력(11/30)**

유형:51.과세, 공급가액:3,000,000 원, 부가세: 300,000 원, 공급처명: ㈜제니빌딩, 전자:여, 분개: 혼합

| | | | |
|---|---|---|---|
| (차) 임차료(판) | 3,000,000원 | (대) 미지급금 | 3,300,000원 |
| 부가세대급금 | 300,000원 | | |

**[6] 매입매출전표입력(12/10)**

유형:54.불공, 공급가액:60,000,000 원, 부가세: 6,000,000 원, 공급처명: ㈜시온건설, 전자:여, 분개:혼합

불공제사유: ⑥토지의 자본적지출 관련

| | | | |
|---|---|---|---|
| (차) 토지 | 66,000,000원 | (대) 받을어음(㈜선유자동차) | 66,000,000원 |

## 문제 4 오류수정

[1] 수정 전(09/01) 일반전표를 삭제

(차) 차량유지비(판) 110,000원 (대) 현금 110,000원

수정 후(09/01) 매입매출전표 입력

유형:61.현과, 공급가액:100,000원, 부가세: 10,000원, 공급처명: ㈜가득주유소, 분개: 현금 또는 혼합

(차) 차량유지비(제) 100,000원 (대) 현금 110,000원

부가세대급금 10,000원

[2] 일반전표입력(11/12)

- 수정 전 : (차) 퇴직연금운용자산 17,000,000원 (대) 보통예금 17,000,000원
- 수정 후 : (차) 퇴직급여(판) 17,000,000원 (대) 보통예금 17,000,000원

## 문제 5 결산

[1] 〈수동결산〉

(차) 미수수익 225,000원 (대) 이자수익 225,000원

☞미수수익 = 정기예금(10,000,000) × 연 이자율(4.5%) × 6/12 = 225,000원

[2] 〈수동결산〉

(차) 장기차입금(경남은행) 50,000,000원 (대) 유동성장기부채(경남은행) 50,000,000원

[3] 〈수동결산〉

(차) 부가세예수금 52,346,500원 (대) 부가세대급금 52,749,000원

미수금 402,500원

## 문제 6 장부조회

[1] 양주기업, 50,000,000원

- [거래처원장]>[잔액] 탭>기간 : 20x1년 1월 1일~20x1년 3월 31일>계정과목 : 0108.외상매출금 조회

[2] 4월

- [계정별원장]>배당금수익 조회

[3] 295,395,000원

- [부가가치세신고서]>기간 : 4월 1일~6월 30일 조회
- 과세 세금계산서 발급분 공급가액 290,395,000원+영세 세금계산서 발급분 공급가액 5,000,000원

# 제114회 전산회계 1급

| 합격율 | 시험년월 |
|---|---|
| 37% | 2024.6 |

## 이 론

**01.** 다음 중 거래내용에 대한 거래요소의 결합관계를 바르게 표시한 것은?

| | 거래요소의 결합관계 | 거래내용 |
|---|---|---|
| ① | 자산의 증가 : 자산의 증가 | 외상매출금 4,650,000원을 보통예금으로 수령하다. |
| ② | 자산의 증가 : 부채의 증가 | 기계장치를 27,500,000원에 구입하고 구입대금은 미지급하다. |
| ③ | 비용의 발생 : 자산의 증가 | 보유 중인 건물을 임대하여 임대료 1,650,000원을 보통예금으로 수령하다. |
| ④ | 부채의 감소 : 자산의 감소 | 장기차입금에 대한 이자 3,000,000원을 보통예금에서 이체하는 방식으로 지급하다. |

**02.** 다음 중 재고자산이 아닌 것은?

① 약국의 일반의약품 및 전문의약품
② 제조업 공장의 생산 완제품
③ 부동산매매업을 주업으로 하는 기업의 판매 목적 토지
④ 병원 사업장소재지의 토지 및 건물

**03.** 다음은 ㈜한국이 신규 취득한 기계장치 관련 자료이다. 아래의 기계장치를 연수합계법으로 감가상각할 경우, ㈜한국의 당기(회계연도 : 매년 1월 1일~12월 31일) 말 현재 기계장치의 장부금액은 얼마인가?

- 기계장치 취득원가 : 3,000,000원
- 취득일 : 20x1.01.01.
- 잔존가치 : 300,000원
- 내용연수 : 5년

① 2,000,000원 ② 2,100,000원 ③ 2,400,000원 ④ 2,460,000원

**04.** 다음은 ㈜서울의 당기 지출 내역 중 일부이다. 아래의 자료에서 무형자산으로 기록할 수 있는 금액은 모두 얼마인가?

- 신제품 특허권 취득 비용 30,000,000원
- 신제품의 연구단계에서 발생한 재료 구입 비용 1,500,000원
- A기업이 가지고 있는 상표권 구입 비용 22,000,000원

① 22,000,000원 ② 30,000,000원 ③ 52,000,000원 ④ 53,500,000원

**05.** 다음 중 매도가능증권에 대한 설명으로 옳지 않은 것은?

① 기말 평가손익은 기타포괄손익누계액에 반영한다.
② 취득 시 발생한 수수료는 당기 비용으로 처리한다.
③ 처분 시 발생한 처분손익은 당기손익에 반영한다.
④ 보유 목적에 따라 당좌자산 또는 투자자산으로 분류한다.

**06.** 다음 중 채권 관련 계정의 차감적 평가항목으로 옳은 것은?

① 감가상각누계액
② 재고자산평가충당금
③ 사채할인발행차금
④ 대손충당금

**07.** 다음 중 자본잉여금 항목에 포함되는 것을 모두 고른 것은?

가. 주식발행초과금
나. 자기주식처분손실
다. 주식할인발행차금
라. 감자차익

① 가, 라 ② 나, 다 ③ 가, 나, 다 ④ 가, 다, 라

**08.** 다음은 현금배당에 관한 회계처리이다. 아래의 괄호 안에 각각 들어갈 회계처리 일자로 옳은 것은?

| | | | | | | |
|---|---|---|---|---|---|---|
| (가) | (차) | 이월이익잉여금 | ×××원 | (대) | 이익준비금<br>미지급배당금 | ×××원<br>×××원 |
| (나) | (차) | 미지급배당금 | ×××원 | (대) | 보통예금 | ×××원 |

| | (가) | (나) |
|---|---|---|
| ① | 회계종료일 | 배당결의일 |
| ② | 회계종료일 | 배당지급일 |
| ③ | 배당결의일 | 배당지급일 |
| ④ | 배당결의일 | 회계종료일 |

**09.** 원가의 분류 중 원가행태(行態)에 따른 분류에 해당하는 것은?

① 변동원가 ② 기회원가 ③ 관련원가 ④ 매몰원가

**10.** 다음은 제조업을 영위하는 ㈜인천의 당기 원가 관련 자료이다. ㈜인천의 당기총제조원가는 얼마인가? 단, 기초재고자산은 없다고 가정한다.

- 기말재공품재고액 300,000원
- 기말제품재고액 500,000원
- 매출원가 2,000,000원
- 기말원재료재고액 700,000원
- 제조간접원가 600,000원
- 직접재료원가 1,200,000원

① 1,900,000원 ② 2,200,000원 ③ 2,500,000원 ④ 2,800,000원

**11.** 평균법에 따른 종합원가계산을 채택하고 있는 ㈜대전의 당기 물량 흐름은 다음과 같다. 재료원가는 공정 초기에 전량 투입되며, 가공원가는 공정 전반에 걸쳐 균등하게 발생한다. 아래의 자료를 이용하여 재료원가 완성품환산량을 계산하면 몇 개인가?

- 기초재공품 수량 : 1,000개(완성도 20%)
- 당기완성품 수량 : 8,000개
- 당기착수량 : 10,000개
- 기말재공품 수량 : 3,000개(완성도 60%)

① 8,000개 ② 9,000개 ③ 9,800개 ④ 11,000개

**12.** 다음 중 개별원가계산에 대한 설명으로 옳지 않은 것은?

① 항공기 제조업은 종합원가계산보다는 개별원가계산이 더 적합하다.
② 제품원가를 제조공정별로 집계한 후 이를 생산량으로 나누어 단위당 원가를 계산한다.
③ 직접원가와 제조간접원가의 구분이 중요하다.
④ 단일 종류의 제품을 대량으로 생산하는 업종에는 적합하지 않은 방법이다.

**13.** 다음 중 우리나라 부가가치세법의 특징으로 틀린 것은?

① 국세 ② 인세(人稅)
③ 전단계세액공제법 ④ 다단계거래세

**14.** 다음 중 부가가치세법상 주된 사업에 부수되는 재화・용역의 공급으로서 면세 대상이 아닌 것은?

① 은행업을 영위하는 면세사업자가 매각한 사업용 부동산인 건물
② 약국을 양수도하는 경우로서 해당 영업권 중 면세 매출에 해당하는 비율의 영업권
③ 가구제조업을 영위하는 사업자가 매각한 사업용 부동산 중 토지
④ 부동산임대업자가 매각한 부동산임대 사업용 부동산 중 상가 건물

**15.** 다음 중 부가가치세법상 아래의 괄호 안에 공통으로 들어갈 내용으로 옳은 것은?

| |
|---|
| 가. 부가가치세 매출세액은 ( )에 세율을 곱하여 계산한 금액이다.<br>나. 재화 또는 용역의 공급에 대한 부가가치세의 ( )(은)는 해당 과세기간에 공급한 재화 또는 용역의 공급가액을 합한 금액으로 한다.<br>다. 재화의 수입에 대한 부가가치세의 ( )(은)는 그 재화에 대한 관세의 과세가격과 관세, 개별소비세, 주세, 교육세, 농어촌특별세 및 교통・에너지・환경세를 합한 금액으로 한다. |

① 공급대가 ② 간주공급 ③ 과세표준 ④ 납부세액

## 실 무

㈜하나전자(3114)는 전자부품의 제조 및 도소매업을 영위하는 중소기업으로 당기 회계기간은 20x1.1.1.~20x1.12.31.이다. 전산세무회계 수험용 프로그램을 이용하여 다음 물음에 답하시오.

**문제 1** 다음은 [기초정보관리] 및 [전기분재무제표]에 대한 자료이다. 각각의 요구사항에 대하여 답하시오. (10점)

**[1]** 다음의 자료를 이용하여 [거래처등록] 메뉴에서 신규 거래처를 추가로 등록하시오. (3점)

- 거래처코드 : 00500
- 거래처명 : 한국개발
- 거래처구분 : 일반거래처
- 유형 : 동시
- 사업자등록번호 : 134 - 24 - 91004
- 대표자성명 : 김한국
- 업태 : 정보통신업
- 종목 : 소프트웨어개발
- 주소 : 경기도 성남시 분당구 판교역로192번길 12 (삼평동) ※ 주소 입력 시 우편번호 입력은 생략함

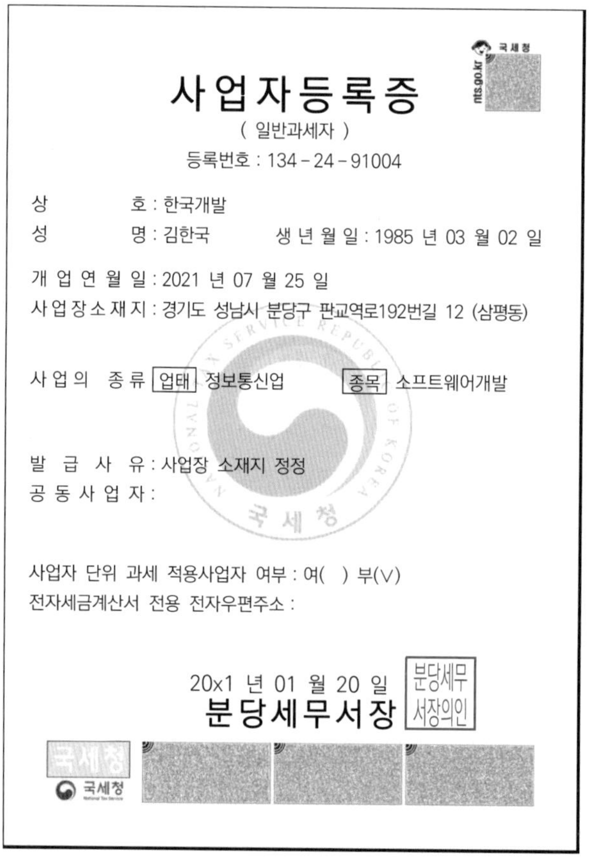

국세청

nts.go.kr

사업자등록증

( 일반과세자 )

등록번호 : 134 - 24 - 91004

상 호 : 한국개발

성 명 : 김한국 생 년 월 일 : 1985 년 03 월 02 일

개 업 연 월 일 : 2021 년 07 월 25 일

사 업 장 소 재 지 : 경기도 성남시 분당구 판교역로192번길 12 (삼평동)

사 업 의 종 류 업태 정보통신업 종목 소프트웨어개발

발 급 사 유 : 사업장 소재지 정정

공 동 사 업 자 :

사업자 단위 과세 적용사업자 여부 : 여( ) 부(V)

전자세금계산서 전용 전자우편주소 :

20x1 년 01 월 20 일

분당세무서장 분당세무서장의인

국세청

**[2]** 다음 자료를 이용하여 [계정과목및적요등록]에 반영하시오. (3점)

| | |
|---|---|
| • 코드 : 862<br>• 계정과목 : 행사지원비<br>• 성격 : 경비 | • 현금적요 1번 : 행사지원비 현금 지급<br>• 대체적요 1번 : 행사지원비 어음 발행 |

**[3]** 전기분 원가명세서를 검토한 결과 다음과 같은 오류가 발견되었다. 이와 관련된 전기분 재무제표(재무상태표, 손익계산서, 원가명세서, 잉여금처분계산서)를 모두 적절하게 수정하시오. (4점)

> 해당 연도(20x0년)에 외상으로 매입한 부재료비 3,000,000원이 누락된 것으로 확인된다.

**문제 2** **[일반전표입력] 메뉴를 이용하여 다음의 거래 자료를 입력하시오(일반전표입력의 모든 거래는 부가가치세를 고려하지 말 것). (18점)**

**[1]** 07월 05일 영업팀 직원들에 대한 확정기여형(DC형) 퇴직연금 납입액 1,400,000원을 보통예금 계좌에서 이체하여 납입하였다. (3점)

**[2]** 07월 25일 ㈜고운상사의 외상매출금 중 5,500,000원은 약속어음으로 받고, 나머지 4,400,000원은 보통예금 계좌로 입금받았다. (3점)

**[3]** 08월 30일 자금 부족으로 인하여 ㈜재원에 대한 받을어음 50,000,000원을 만기일 전에 은행에서 할인받고, 할인료 5,000,000원을 차감한 잔액이 보통예금 계좌로 입금되었다(단, 본 거래는 매각거래이다). (3점)

**[4]** 10월 03일　단기 투자 목적으로 보유하고 있는 ㈜미학건설의 주식으로부터 배당금 2,300,000원이 확정되어 즉시 보통예금 계좌로 입금되었다. (3점)

**[5]** 10월 31일　재무팀 강가연 팀장의 10월분 급여를 농협 보통예금 계좌에서 이체하여 지급하였다(단, 공제합계액은 하나의 계정과목으로 회계처리할 것). (3점)

| 20x1년 10월 급여명세서 | | | |
|---|---|---|---|
| 이름 | 강가연 | 지급일 | 20x1년 10월 31일 |
| 기본급 | 4,500,000원 | 소득세 | 123,000원 |
| 식대 | 200,000원 | 지방소득세 | 12,300원 |
| 자가운전보조금 | 200,000원 | 국민연금 | 90,500원 |
| | | 건강보험 | 55,280원 |
| | | 고용보험 | 100,000원 |
| 급여계 | 4,900,000원 | 공제합계 | 381,080원 |
| | | 지급총액 | 4,518,920원 |

**[6]** 12월 21일　자금 조달을 위하여 사채(액면금액 8,000,000원, 3년 만기)를 8,450,000원에 발행하고, 납입금은 당좌예금 계좌로 입금하였다. (3점)

**문제 3** **다음 거래 자료를 [매입매출전표입력] 메뉴에 입력하시오. (18점)**

**[1]** 07월 20일　미국 소재법인 NDVIDIA에 직수출하는 제품의 선적을 완료하였으며, 수출대금 $5,000는 차후에 받기로 하였다. 제품수출계약은 7월 1일에 체결하였으며, 일자별 기준환율은 아래와 같다(단, 수출신고번호 입력은 생략할 것). (3점)

| 일자 | 계약일 20x1.07.01. | 선적일 20x1.07.20. |
|---|---|---|
| 기준환율 | 1,100원/$ | 1,200원/$ |

**[2]** 07월 23일 당사가 소유하던 토지(취득원가 62,000,000원)를 돌상상회에 65,000,000원에 매각하기로 계약하면서 동시에 전자계산서를 발급하였다. 대금 중 30,000,000원은 계약 당일 보통예금 계좌로 입금받았으며, 나머지는 다음 달에 받기로 약정하였다. (3점)

**[3]** 08월 10일 영업팀에서 회사 제품을 홍보하기 위해 광고닷컴에서 홍보용 수첩을 제작하고 현대카드로 결제하였다. (3점)

카드번호 (9876 - **** - **** - 1230)

| | |
|---|---|
| 승인번호 | 28516480 |
| 거래일자 | 20x1년08월10일15:29:44 |
| 결제방법 | 일시불 |
| 가맹점명 | 광고닷컴 |
| 가맹점번호 | 23721275 |
| 대표자명 | 김광고 |
| 사업자등록번호 | 305 - 35 - 65424 |
| 전화번호 | 02 - 651 - 1212 |
| 주소 | 서울특별시 서초구 명달로 100 |
| 공급가액 | 4,000,000원 |
| 부가세액 | 400,000원 |
| 승인금액 | 4,400,000원 |

고객센터(1577 - 8398) | www.hyundaicard.com

Hyundai Card 현대카드

**[4]** 08월 17일 제품 생산에 필요한 원재료를 구입하고, 아래의 전자세금계산서를 발급받았다. (3점)

<table>
<tr><td colspan="5">전자세금계산서</td><td colspan="2">승인번호</td><td colspan="4">20240817 - 15454645 - 58811889</td></tr>
<tr><td rowspan="5">공급자</td><td>등록번호</td><td>139 - 81 - 54313</td><td>종사업장번호</td><td></td><td rowspan="6">공급받는자</td><td>등록번호</td><td>125 - 86 - 65247</td><td>종사업장번호</td><td colspan="2"></td></tr>
<tr><td>상호(법인명)</td><td>㈜고철상사</td><td>성명</td><td>황영민</td><td>상호(법인명)</td><td>㈜하나전자</td><td>성명</td><td colspan="2">김영순</td></tr>
<tr><td>사업장</td><td colspan="3">서울특별시 서초구 명달로 3</td><td>사업장</td><td colspan="4">경기도 남양주시 덕릉로 1067</td></tr>
<tr><td>업태</td><td>도소매</td><td>종목</td><td>전자부품</td><td>업태</td><td>제조,도소매</td><td>종목</td><td colspan="2">전자부품</td></tr>
<tr><td rowspan="2">이메일</td><td colspan="3" rowspan="2"></td><td>이메일</td><td colspan="4"></td></tr>
<tr><td></td><td>이메일</td><td colspan="4"></td></tr>
</table>

<table>
<tr><td>작성일자</td><td>공급가액</td><td>세액</td><td>수정사유</td></tr>
<tr><td>20x1/08/17</td><td>12,000,000</td><td>1,200,000</td><td>해당 없음</td></tr>
<tr><td>비고</td><td colspan="3"></td></tr>
</table>

| 월 | 일 | 품목 | 규격 | 수량 | 단가 | 공급가액 | 세액 | 비고 |
|---|---|---|---|---|---|---|---|---|
| 08 | 17 | k-312 벨브 | | 200 | 60,000 | 12,000,000 | 1,200,000 | |
| | | | | | | | | |
| | | | | | | | | |
| | | | | | | | | |

<table>
<tr><td>합계금액</td><td>현금</td><td>수표</td><td>어음</td><td>외상미수금</td><td rowspan="2">이 금액을 ( 청구 ) 함</td></tr>
<tr><td>13,200,000</td><td></td><td></td><td>5,000,000</td><td>8,200,000</td></tr>
</table>

**[5]** 08월 28일 ㈜와마트에서 업무용으로 사용하는 냉장고를 5,500,000원(부가가치세 포함)에 현금으로 구입하고, 현금영수증(지출증빙용)을 수취하였다(단, 자산으로 처리할 것). (3점)

㈜와마트

133 - 81 - 05134 류예린
서울특별시 구로구 구로동로 10 TEL : 02 - 117 - 2727
홈페이지 http://www.kacpta.or.kr

현금영수증(지출증빙용)

구매 20x1/08/28/17:27 거래번호 : 0031 - 0027

| 상품명 | 수량 | 단가 | 금액 |
|---|---|---|---|
| 냉장고 | 1 | 5,500,000원 | 5,500,000원 |
| | | | |
| | | 과세물품가액 | 5,000,000원 |
| | | 부가가치세액 | 500,000원 |
| | | 합계 | 5,500,000원 |
| | | 받은금액 | 5,500,000원 |

**[6]** 11월 08일 　대표이사 김영순(거래처코드 : 375)의 호텔 결혼식장 대관료(업무관련성 없음)를 당사의 보통예금 계좌에서 이체하여 지급하고, 아래의 전자세금계산서를 수취하였다. (3점)

| 전자세금계산서 | | | | | | 승인번호 | 20241108 - 27620200 - 4651260 | | | |
|---|---|---|---|---|---|---|---|---|---|---|
| 공급자 | 등록번호 | 511 - 81 - 53215 | 종사업장 번호 | | 공급받는자 | 등록번호 | 125 - 86 - 65247 | | 종사업장 번호 | |
| | 상호(법인명) | 대박호텔㈜ | 성명 | 김대박 | | 상호(법인명) | ㈜하나전자 | | 성명 | 김영순 |
| | 사업장 | 서울특별시 강남구 도산대로 104 | | | | 사업장 | 경기도 남양주시 덕릉로 1067 | | | |
| | 업태 | 숙박,서비스 | 종목 | 호텔, 장소대여 | | 업태 | 제조,도소매 | 종목 | 전자부품 | |
| | 이메일 | | | | | 이메일 | | | | |
| | | | | | | 이메일 | | | | |

| 작성일자 | 공급가액 | 세액 | 수정사유 |
|---|---|---|---|
| 20x1/11/08 | 25,000,000 | 2,500,000 | 해당 없음 |
| 비고 | | | |

| 월 | 일 | 품목 | 규격 | 수량 | 단가 | 공급가액 | 세액 | 비고 |
|---|---|---|---|---|---|---|---|---|
| 11 | 08 | 파라다이스 홀 대관 | | | 25,000,000 | 25,000,000 | 2,500,000 | |
| | | | | | | | | |
| | | | | | | | | |
| | | | | | | | | |

| 합계금액 | 현금 | 수표 | 어음 | 외상미수금 | 이 금액을 ( 영수) 함 |
|---|---|---|---|---|---|
| 27,500,000 | 27,500,000 | | | | |

**문제 4** **[일반전표입력] 및 [매입매출전표입력] 메뉴에 입력된 내용 중 다음과 같은 오류가 발견되었다. 입력된 내용을 확인하여 정정하시오. (6점)**

**[1]** 11월 12일 　호호꽃집에서 영업부 사무실에 비치할 목적으로 구입한 공기정화식물(소모품비)의 대금 100,000원을 보통예금 계좌에서 송금하고 전자계산서를 받았으나 전자세금계산서로 처리하였다. (3점)

**[2]** 12월 12일 　본사 건물에 엘리베이터를 설치하고 ㈜베스트디자인에 지급한 88,000,000원(부가가치세 포함)을 비용으로 처리하였으나, 건물의 자본적지출로 처리하는 것이 옳은 것으로 판명되었다. (3점)

**문제 5 결산정리사항은 다음과 같다. 관련 메뉴를 이용하여 결산을 완료하시오. (9점)**

**[1]** 당기 중 단기시세차익을 목적으로 ㈜눈사람의 주식 100주(1주당 액면금액 100원)를 10,000,000원에 취득하였으나, 기말 현재 시장가격은 12,500,000원이다(단, ㈜눈사람의 주식은 시장성이 있다). (3점)

**[2]** 기말 현재 미국 GODS사에 대한 장기대여금 $2,000가 계상되어 있다. 장부금액은 2,100,000원이며, 결산일 현재 기준환율은 1,120원/$이다. (3점)

**[3]** 기말 현재 당기분 법인세(지방소득세 포함)는 15,000,000원으로 산출되었다. 관련된 결산 회계처리를 하시오(단, 당기분 법인세 중간예납세액 5,700,000원과 이자소득 원천징수세액 1,300,000원은 선납세금으로 계상되어 있다). (3점)

**문제 6 다음 사항을 조회하여 답안을 [이론문제 답안작성] 메뉴에 입력하시오. (9점)**

**[1]** 3월에 발생한 판매비와일반관리비 중 발생액이 가장 적은 계정과목과 그 금액은 얼마인가? (3점)

**[2]** 20x1년 2월 말 현재 미수금과 미지급금의 차액은 얼마인가? (단, 반드시 양수로 기재할 것) (3점)

**[3]** 20x1년 제1기 부가가치세 확정신고기간(4월~6월)의 공제받지못할매입세액은 얼마인가? (3점)

# 제114회 전산회계1급 답안 및 해설

## 이 론

| 1 | 2 | 3 | 4 | 5 | 6 | 7 | 8 | 9 | 10 | 11 | 12 | 13 | 14 | 15 |
|---|---|---|---|---|---|---|---|---|---|---|---|---|---|---|
| ② | ④ | ② | ③ | ② | ④ | ① | ③ | ① | ④ | ④ | ② | ② | ④ | ③ |

01. (차) 기계장치 27,500,000원(자산 증가) (대) 미지급금 27,500,000원(부채 증가)

02. **병원 사업장소재지의 토지 및 건물은 병원의 유형자산**이다.

03. 내용연수합계 = n×(n+1)/2 = 5×6÷2 = 15년
감가상각대상금액 = 취득가액(3,000,000) - 잔존가치(300,000) = 2,700,000원
감가상각비(1차년) = 감가상각대상금액(2,700,000) ÷ 내용연수합계(15) × 잔여내용연수(5) = 900,000원
장부가액 = 취득원가(3,000,000) - 감가상각누계액(900,000) = 2,100,000원

04. 무형자산 = 특허권 구입(30,000,000) + 상표권 구입 비용(22,000,000) = 52,000,000원
**연구단계에서 발생한 비용은 기간비용**으로 처리한다.

05. **매도가능증권**을 취득하는 경우에 발생한 **수수료는 취득원가에 가산**한다.

06. 대손충당금은 **자산의 채권 관련 계정의 차감적 평가항목**이다.

07. 자본잉여금 : 주식발행초과금, 감자차익
자본조정 : 자기주식처분손실, 주식할인발행차금

08. (가)는 배당결의일의 회계처리이고, (나)는 배당지급일의 회계처리이다.

09. **원가행태에 따른 분류에는 변동원가, 고정원가, 혼합원가, 준고정원가**가 있다.

10.

재공품 ←

| | | | |
|---|---|---|---|
| 기초 | 0 | 당기제품제조원가 | 2,500,000 |
| *당기총제조원가* | *2,800,000* | 기말 | 300,000 |
| 계 | 2,800,000 | 계 | 2,800,000 |

제 품

| | | | |
|---|---|---|---|
| 기초 | 0 | 매출원가 | 2,000,000 |
| 당기제품제조원가 | 2,500,000 | 기말 | 500,000 |
| 계 | 2,500,000 | 계 | 2,500,000 |

11.

〈1단계〉 물량흐름파악(평균법) 〈2단계〉 완성품환산량 계산

| 평균법 | | | 재료비 | 가공비 |
|---|---|---|---|---|
| | 완성품 | 8,000(100%) | 8,000 | |
| | 기말재공품 | 3,000 | 3,000(100%) | |
| | 계 | 11,000 | *11,000* | |

12. 공정별로 집계하는 것은 종합원가계산에 대한 설명이다.

13. 부가가치세법은 **인적사항을 고려하지 않는 물세**이다.

14. **부동산임대업자**가 해당 사업에 사용하던 **건물을 매각하는 경우는 과세 대상**이다.

## 실 무

### 문제 1 기초정보관리

**[1]** [거래처등록]

- 코드 : 00500
- 거래처명 : 한국개발
- 유형 : 3.동시
- 사업자등록번호 : 134 - 24 - 91004
- 대표자성명 : 김한국
- 업태 : 정보통신업
- 종목 : 소프트웨어개발
- 주소 : 경기도 성남시 분당구 판교역로192번길 12(삼평동)

**[2]** [계정과목및적요등록]

862.행사지원비>성격 : 3.경비>현금적요 NO.1, 행사지원비 현금 지급
>대체적요 NO.1, 행사지원비 어음 발행

**[3]** [전기분재무제표]

▶ 누락된 회계처리 : (차) 부재료비(제) 3,000,000 (대) 외상매입금 3,000,000

1. [전기분원가명세서]>부재료비>**당기부재료매입액 3,000,000원 추가입력**
>당기제품제조원가 87,250,000원→90,250,000원으로 변경 확인
2. [전기분손익계산서]>당기제품제조원가 87,250,000원→90,250,000원
>당기순이익 81,210,000원→78,210,000원으로 변경 확인
3. [전기분잉여금처분계산서]>F6불러오기>당기순이익 81,210,000원→78,210,000원으로 변경 확인
>미처분이익잉여금 93,940,000원→90,940,000원으로 변경 확인
4. [전기분재무상태표]>이월이익잉여금 90,940,000원으로 수정
>**외상매입금 90,000,000원으로 수정**

## 문제 2 일반전표입력

| | | | | | | |
|---|---|---|---|---|---|---|
| [1] | (차) | 퇴직급여(판) | 1,400,000 | (대) | 보통예금 | 1,400,000 |
| [2] | (차) | 보통예금 | 4,400,000 | (대) | 외상매출금(㈜고운상사) | 9,900,000 |
| | | 받을어음(㈜고운상사) | 5,500,000 | | | |
| [3] | (차) | 보통예금 | 45,000,000 | (대) | 받을어음(㈜재원) | 50,000,000 |
| | | 매출채권처분손실 | 5,000,000 | | | |
| [4] | (차) | 보통예금 | 2,300,000 | (대) | 배당금수익 | 2,300,000 |
| [5] | (차) | 급여(판) | 4,900,000 | (대) | 보통예금 | 4,518,920 |
| | | | | | 예수금 | 381,080 |
| [6] | (차) | 당좌예금 | 8,450,000 | (대) | 사채 | 8,000,000 |
| | | | | | 사채할증발행차금 | 450,000 |

☞**사채할증발행차금은 사채계정의 가산항목입니다.**

## 문제 3 매입매출전표입력

**[1]** 매입매출전표입력(7/20)

유형: 16.수출 공급가액: 6,000,000원 부가세:0원 공급처명: NDVIDIA 분개: 외상 또는 혼합
영세율구분:①직접수출(대행수출 포함)

| | | | | | |
|---|---|---|---|---|---|
| (차) | 외상매출금(NDVIDIA) | 6,000,000원 | (대) | 제품매출 | 6,000,000원 |

**[2]** 매입매출전표입력(7/23)

유형: 13.면세 공급가액: 65,000,000원 공급처명: 돌상상회 전자: 여 분개: 혼합

| | | | | | |
|---|---|---|---|---|---|
| (차) | 보통예금 | 30,000,000원 | (대) | 토지 | 62,000,000원 |
| | 미수금 | 35,000,000원 | | 유형자산처분이익 | 3,000,000원 |

☞**처분손익 = 처분가액(65,000,000) − 장부가액(62,000,000) = 3,000,000원(이익)**

**[3]** 매입매출전표입력(8/10)

유형: 57.카과 공급가액: 4,000,000원 부가세: 400,000원 공급처명: 광고닷컴 분개: 카드(혼합)
신용카드사:현대카드

| | | | | | |
|---|---|---|---|---|---|
| (차) | 부가세대급금 | 400,000원 | (대) | 미지급금(현대카드) | 4,400,000원 |
| | 광고선전비(판) | 4,000,000원 | | | |

**[4]** 매입매출전표입력(8/17)

유형: 51.과세 공급가액: 12,000,000원 부가세: 1,200,000원 공급처명: ㈜고철상사 전자: 여 분개:혼합

| | | | | |
|---|---|---|---|---|
| (차) | 원재료 | 12,000,000원 | (대) 지급어음 | 5,000,000원 |
| | 부가세대급금 | 1,200,000원 | 외상매입금 | 8,200,000원 |

**[5]** 매입매출전표입력(8/28)

유형: 61.현과 공급가액: 5,000,000원 부가세: 500,000원 공급처명: ㈜와마트 분개: 현금(혼합)

| | | | | |
|---|---|---|---|---|
| (차) | 비품 | 5,000,000원 | (대) 현금 | 5,500,000원 |
| | 부가세대급금 | 500,000원 | | |

**[6]** 매입매출전표입력(11/08)

유형: 54.불공 공급가액: 25,000,000원 부가세: 2,500,000원 공급처명: 대박호텔㈜ 전자:여 분개: 혼합
불공제사유:②사업과 직접 관련 없는 지출

| | | | | |
|---|---|---|---|---|
| (차) | 가지급금(김영순) | 27,500,000원 | (대) 보통예금 | 27,500,000원 |

**☞해당 거래는 사업과 관련없는 거래로 불공제 처리하고 가지급금으로 처리한다.**

## 문제 4 오류수정

**[1]** 매입매출전표입력(11/12)

• 수정 전 :

유형: 51.과세 공급가액: 90,909원 부가세: 9,091원 공급처명: 호호꽃집 전자:여 분개: 혼합

| | | | | |
|---|---|---|---|---|
| (차) | 부가세대급금 | 9,091원 | (대) 보통예금 | 100,000원 |
| | 소모품비(판) | 90,909원 | | |

• 수정 후 :

유형: 53.면세 공급가액: 100,000원 공급처명:호호꽃집 전자:여 분개:혼합

| | | | | |
|---|---|---|---|---|
| (차) | 소모품비(판) | 100,000원 | (대) 보통예금 | 100,000원 |

**[2]** 매입매출전표입력(12/12)

• 수정 전 :

유형: 51.과세 공급가액: 80,000,000 원 부가세: 8,000,000 원 공급처명: ㈜베스트디자인 전자:여 분개: 혼합

| | | | | |
|---|---|---|---|---|
| (차) | 수선비(판) | 80,000,000원 | (대) 보통예금 | 88,000,000원 |
| | 부가세대급금 | 8,000,000원 | | |

• 수정 후 :

| | | | | | |
|---|---|---|---|---|---|
| (차) | 건물 | 80,000,000원 | (대) | 보통예금 | 88,000,000원 |
| | 부가세대급금 | 8,000,000원 | | | |

## 문제 5 결산

[1] [수동결산]

| | | | | | |
|---|---|---|---|---|---|
| (차) | 단기매매증권 | 2,500,000원 | (대) | 단기매매증권평가이익 | 2,500,000원 |

☞**평가손익 = 공정가액(12,500,000) – 장부가액(10,000,000) = 2,500,000원(이익)**

[2] [수동결산]

| | | | | | |
|---|---|---|---|---|---|
| (차) | 장기대여금(미국 GODS사) | 140,000원 | (대) | 외화환산이익 | 140,000원 |

☞**환산손익 = 공정가액($2,000 × 1,120원) - 장부금액(2,100,000) = 140,000원(이익)**

[3] [자동/수동결산]

1. [결산자료입력]>9. 법인세등>• 1). 선납세금 결산반영금액 7,000,000원 입력>F3전표추가
• 2). 추가계상액 결산반영금액 8,000,000원 입력
2. 또는 일반전표입력

| | | | | | |
|---|---|---|---|---|---|
| (차) | 법인세등 | 15,000,000원 | (대) | 선납세금 | 7,000,000원 |
| | | | | 미지급세금 | 8,000,000원 |

## 문제 6 장부조회

[1] 기업업무추진비, 50,000원
• [일계표(월계표)]>[월계표] 탭>조회기간 : 20x1년 03월~20x1년 03월

[2] 5,730,000원 = 미수금 22,530,000원 – 미지급금 16,800,000원
• [재무상태표] 기간 : 20x1년 02월 조회

[3] 3,060,000원
• [부가가치세신고서]>조회기간 : 4월 1일~6월 30일>공제받지못할매입세액(16)란의 세액 확인

# 제113회 전산회계 1급

| 합격율 | 시험년월 |
|---|---|
| 42% | 2024.4 |

## 이 론

**01.** 다음 중 회계의 기본가정과 특징이 아닌 것은?

① 기업의 관점에서 경제활동에 대한 정보를 측정・보고한다.
② 기업이 예상가능한 기간동안 영업을 계속할 것이라 가정한다.
③ 기업은 수익과 비용을 인식하는 시점을 현금이 유입・유출될 때로 본다.
④ 기업의 존속기간을 일정한 기간단위로 분할하여 각 기간 단위별로 정보를 측정・보고한다.

**02.** 다음 중 상품의 매출원가 계산 시 총매입액에서 차감해야 할 항목은 무엇인가?

① 기초재고액 ② 매입수수료
③ 매입환출 및 매입에누리 ④ 매입 시 운반비

**03.** 건물 취득 시에 발생한 금액들이 다음과 같을 때, 건물의 취득원가는 얼마인가?

| | | | |
|---|---|---|---|
| • 건물 매입금액 | 2,000,000,000원 | • 자본화 대상 차입원가 | 150,000,000원 |
| • 건물 취득세 | 200,000,000원 | • 관리 및 기타 일반간접원가 | 16,000,000원 |

① 21억 5,000만원 ② 22억원 ③ 23억 5,000만원 ④ 23억 6,600만원

**04.** 다음 중 무형자산에 대한 설명으로 틀린 것은?

① 물리적인 실체는 없지만 식별이 가능한 비화폐성 자산이다.

② 무형자산을 통해 발생하는 미래 경제적 효익을 기업이 통제할 수 있어야 한다.

③ 무형자산은 자산의 정의를 충족하면서 다른 자산들과 분리하여 거래를 할 수 있거나 계약상 또는 법적 권리로부터 발생하여야 한다.

④ 일반기업회계기준은 무형자산의 회계처리와 관련하여 영업권을 포함한 무형자산의 내용연수를 원칙적으로 40년을 초과하지 않도록 한정하고 있다.

**05.** 다음 중 재무제표에 해당하지 않는 것은?

① 기업의 계정별 합계와 잔액을 나타내는 시산표

② 일정 시점 현재 기업의 재무상태(자산, 부채, 자본)을 나타내는 보고서

③ 기업의 자본에 관하여 일정기간 동안의 변동 흐름을 파악하기 위해 작성하는 보고서

④ 재무제표의 과목이나 금액에 기호를 붙여 해당 항목에 대한 추가 정보를 나타내는 별지

**06.** 다음 중 유동부채와 비유동부채의 분류가 적절하지 않은 것은?

| | 유동부채 | 비유동부채 |
|---|---|---|
| ① | 단기차입금 | 사채 |
| ② | 외상매입금 | 유동성장기부채 |
| ③ | 미지급비용 | 장기차입금 |
| ④ | 지급어음 | 퇴직급여충당부채 |

**07.** 다음의 자본 항목 중 포괄손익계산서에 영향을 미치는 항목은 무엇인가?

① 감자차손
② 주식발행초과금
③ 자기주식처분이익
④ 매도가능증권평가이익

**08.** 다음 자료 중 빈 칸 ( A )에 들어갈 금액으로 적당한 것은?

| 기초상품 재고액 | 매입액 | 기말상품 재고액 | 매출원가 | 매출액 | 매출총이익 | 판매비와 관리비 | 당기순손익 |
|---|---|---|---|---|---|---|---|
| 219,000원 | 350,000원 | 110,000원 | | 290,000원 | | 191,000원 | A |

① 당기순손실 360,000원 ② 당기순손실 169,000원
③ 당기순이익 290,000원 ④ 당기순이익 459,000원

**09.** 다음 중 원가행태에 따라 변동원가와 고정원가로 분류할 때 이에 대한 설명으로 틀린 것은?

① 고정원가는 조업도가 증가할수록 단위당 원가도 증가한다.
② 고정원가는 조업도가 증가하여도 총원가는 일정하다.
③ 변동원가는 조업도가 증가하여도 단위당 원가는 일정하다.
④ 변동원가는 조업도가 증가할수록 총원가도 증가한다.

**10.** 다음 중 보조부문원가를 배분하는 방법 중 옳지 않은 것은?

① 상호배분법은 보조부문 상호 간의 용역수수관계를 완전히 반영하는 방법이다.
② 단계배분법은 보조부문 상호 간의 용역수수관계를 전혀 반영하지 않는 방법이다.
③ 직접배분법은 보조부문 상호 간의 용역수수관계를 전혀 반영하지 않는 방법이다.
④ 상호배분법, 단계배분법, 직접배분법 어떤 방법을 사용하더라도 보조부문의 총원가는 제조부문에 모두 배분된다.

**11.** 다음 자료에 의한 당기총제조원가는 얼마인가? 단, 노무원가는 발생주의에 따라 계산한다.

| | | | |
|---|---|---|---|
| • 기초원재료 | 300,000원 | • 당기지급임금액 | 350,000원 |
| • 기말원재료 | 450,000원 | • 당기원재료매입액 | 1,300,000원 |
| • 전기미지급임금액 | 150,000원 | • 제조간접원가 | 700,000원 |
| • 당기미지급임금액 | 250,000원 | • 기초재공품 | 200,000원 |

① 2,100,000원 ② 2,300,000원 ③ 2,450,000원 ④ 2,500,000원

**12.** 다음 중 종합원가계산에 대한 설명으로 옳지 않은 것은?

① 소품종 대량 생산하는 업종에 적용하기에 적합하다.
② 공정 과정에서 발생하는 공손 중 정상공손은 제품의 원가에 가산한다.
③ 평균법을 적용하는 경우 기초재공품원가를 당기에 투입한 것으로 가정한다.
④ 제조원가 중 제조간접원가는 실제 조업도에 예정배부율을 반영하여 계산한다.

**13.** 다음 중 부가가치세법상 세금계산서를 발급할 수 있는 자는?

① 면세사업자로 등록한 자
② 사업자등록을 하지 않은 자
③ 사업자등록을 한 일반과세자
④ 간이과세자 중 직전 사업연도 공급대가가 4,800만원 미만인 자

**14.** 다음 중 부가가치세법상 대손사유에 해당하지 않는 것은?

①소멸시효가 완성된 어음・수표
② 특수관계인과의 거래로 인해 발생한 중소기업의 외상매출금으로서 회수기일이 2년 이상 지난 외상매출금
③ 채무자의 파산, 강제집행, 형의 집행, 사업의 폐지, 사망, 실종, 행방불명으로 인하여 회수할 수 없는 채권
④ 부도발생일부터 6개월 이상 지난 외상매출금(중소기업의 외상매출금으로서 부도발생일 이전의 것에 한정한다)

**15.** 다음 중 부가가치세법상 공급시기로 옳지 않은 것은?

① 폐업 시 잔존재화의 경우 : 폐업하는 때
② 내국물품을 외국으로 수출하는 경우 : 수출재화의 선적일
③ 무인판매기로 재화를 공급하는 경우 : 무인판매기에서 현금을 인취하는 때
④ 위탁판매의 경우(위탁자 또는 본인을 알 수 있는 경우) : 위탁자가 판매를 위탁한 때

## 실 무

㈜혜송상사(3113)는 자동차부품 등의 제조 및 도소매업을 영위하는 중소기업으로 당기 회계기간은 20x1.1.1.~20x1.12.31.이다. 전산세무회계수험용프로그램을 이용하여 다음 물음에 답하시오.

**문제 1** 다음은 [기초정보관리] 및 [전기분재무제표]에 대한 자료이다. 각각의 요구사항에 대하여 답하시오. (10점)

**[1]** 다음의 자료를 이용하여 [거래처등록] 메뉴에서 신규거래처를 추가로 등록하시오. (3점)

- 거래처코드 : 00777
- 기래처구분 : 일반거래처
- 거래처명 : 슬기로운㈜
- 유형 : 동시
- 사업자등록번호 : 253-81-13578
- 대표자 : 김슬기
- 업태 : 도매
- 종목 : 금속
- 사업장주소 : 부산광역시 부산진구 중앙대로 663(부전동)

※ 주소 입력 시 우편번호는 생략해도 무방함

**[2]** 다음 자료를 이용하여 [계정과목및적요등록] 메뉴에서 대체적요를 등록하시오. (3점)

- 코드 : 134
- 계정과목 : 가지급금
- 대체적요 : 8. 출장비 가지급금 정산

**[3]** 전기분 손익계산서를 검토한 결과 다음과 같은 오류가 발견되었다. 해당 오류와 관련된 [전기분원가명세서] 및 [전기분손익계산서]를 수정하시오. (4점)

공장 일부 직원의 임금 2,200,000원이 판매비및일반관리비 항목의 급여(801)로 반영되어 있다.

**문제 2** **[일반전표입력] 메뉴를 이용하여 다음의 거래 자료를 입력하시오(일반전표입력의 모든 거래는 부가가치세를 고려하지 말 것). (18점)**

**[1]** 07월 15일 ㈜상수로부터 원재료를 구입하기로 계약하고, 당좌수표를 발행하여 계약금 3,000,000원을 지급하였다. (3점)

**[2]** 08월 05일 사옥 취득을 위한 자금 900,000,000원(만기 6개월)을 우리은행으로부터 차입하고, 선이자 36,000,000원(이자율 연 8%)을 제외한 나머지 금액을 보통예금 계좌로 입금받았다(단, 하나의 전표로 입력하고, 선이자지급액은 선급비용으로 회계처리할 것). (3점)

**[3]** 09월 10일 창고 임차보증금 10,000,000원(거래처 : ㈜대운) 중에서 미지급금으로 계상되어 있는 작년분 창고 임차료 1,000,000원을 차감하고 나머지 임차보증금만 보통예금으로 돌려받았다. (3점)

**[4]** 10월 20일 ㈜영광상사에 대한 외상매출금 2,530,000원 중 1,300,000원이 보통예금 계좌로 입금되었다. (3점)

**[5]** 11월 29일 장기투자 목적으로 ㈜콘프상사의 보통주 2,000주를 1주당 10,000원(1주당 액면가액 5,000원)에 취득하고 대금은 매입수수료 240,000원과 함께 보통예금 계좌에서 이체하여 지급하였다. (3점)

**[6]** 12월 08일 수입한 상품에 부과된 관세 7,560,000원을 보통예금 계좌에서 이체하여 납부하였다. (3점)

납부영수증서[납부자용]

File No : 사업자과세
B/L No. : 45241542434

사업자번호 : 312 - 86 - 12548

| | |
|---|---|
| 회계구분 | 관세청소관 일반회계 |
| 회계연도 | 20x1 |

| | |
|---|---|
| 납부기한 | 20x1년 12월 08일 |
| 발행일자 | 20x1년 12월 02일 |

| | | | | | |
|---|---|---|---|---|---|
| 수입징수관 계좌번호 | 110288 | 납부자 번호 | 0127<br>040 - 11 - 17 - 6 - 178461 - 8 | 납기내 금액 | 7,560,000 |
| | | | | 납기후 금액 | |

※수납기관에서는 위의 굵은 선 안의 내용을 즉시 전산입력하여 수입징수관에 EDI방식으로 통지될 수 있도록 하시기 바랍니다.

| | | | | |
|---|---|---|---|---|
| 수입신고번호 | 41209 - 17 - B11221W | | 수입징수관서 | 인천세관 |
| 납부자 | 성명 | 황동규 | 상호 | (주)혜송상사 |
| | 주소 | 경기도 용인시 기흥구 갈곡로 6(구갈동) | | |

20x1년 12월 2일
수입징수관 인천세관

## 문제 3 다음 거래 자료를 [매입매출전표입력] 메뉴에 입력하시오. (18점)

**[1]** 08월 10일 ㈜산양산업으로부터 영업부에서 사용할 소모품(공급가액 950,000원, 부가가치세 별도)을 현금으로 구입하고 전자세금계산서를 발급받았다. 단, 소모품은 자산으로 처리한다. (3점)

**[2]** 08월 22일 내국신용장으로 수출용 제품의 원재료 34,000,000원을 ㈜로띠상사에서 매입하고 아래의 영세율전자세금계산서를 발급받았다. 대금은 당사가 발행한 3개월 만기 약속어음으로 지급하였다. (3점)

| 영세율전자세금계산서 | | | | | 승인번호 | 20240822－14258645－58811657 | | | |
|---|---|---|---|---|---|---|---|---|---|
| 공급자 | 등록번호 | 124－86－15012 | 종사업장번호 | | 공급받는자 | 등록번호 | 312－86－12548 | 종사업장번호 | |
| | 상호(법인명) | ㈜로띠상사 | 성명 | 이로운 | | 상호(법인명) | ㈜혜송상사 | 성명 | 황동규 |
| | 사업장 | 대전광역시 대덕구 대전로1019번길 28－10 | | | | 사업장 | 경기도 용인시 기흥구 갈곡로 6 | | |
| | 업태 | 제조 | 종목 | 부품 | | 업태 | 제조,도소매 | 종목 | 자동차부품 |
| | 이메일 | | | | | 이메일 | hyesong@hscorp.co.kr | | |
| | | | | | | 이메일 | | | |

| 작성일자 | 공급가액 | 세액 | 수정사유 |
|---|---|---|---|
| 20x1/08/22 | 34,000,000원 | | |
| 비고 | | | |

| 월 | 일 | 품목 | 규격 | 수량 | 단가 | 공급가액 | 세액 | 비고 |
|---|---|---|---|---|---|---|---|---|
| 08 | 22 | 부품 kT_01234 | | | | 34,000,000원 | | |
| | | | | | | | | |
| | | | | | | | | |

| 합계금액 | 현금 | 수표 | 어음 | 외상미수금 | 이 금액을 (청구) 함 |
|---|---|---|---|---|---|
| 34,000,000원 | | | 34,000,000원 | | |

**[3]** 08월 25일 송강수산으로부터 영업부 직원선물로 마른멸치세트 500,000원, 영업부 거래처선물로 마른멸치세트 300,000원을 구매하였다. 대금은 보통예금 계좌에서 이체하여 지급하고 아래의 전자계산서를 발급받았다(단, 하나의 거래로 작성할 것). (3점)

| 전자계산서 | | | | | 승인번호 | 20240825－1832324－1635032 | | | |
|---|---|---|---|---|---|---|---|---|---|
| 공급자 | 등록번호 | 850－91－13586 | 종사업장번호 | | 공급받는자 | 등록번호 | 312－86－12548 | 종사업장번호 | |
| | 상호(법인명) | 송강수산 | 성명 | 송강 | | 상호(법인명) | ㈜혜송상사 | 성명 | 황동규 |
| | 사업장 | 경상남도 남해군 남해읍 남해대로 2751 | | | | 사업장 | 경기도 용인시 기흥구 갈곡로 6 | | |
| | 업태 | 도소매 | 종목 | 건어물 | | 업태 | 제조,도소매 | 종목 | 자동차부품 |
| | 이메일 | | | | | 이메일 | hyesong@hscorp.co.kr | | |
| | | | | | | 이메일 | | | |

| 작성일자 | 공급가액 | 수정사유 | 비고 |
|---|---|---|---|
| 20x1/08/25 | 800,000원 | | |

| 월 | 일 | 품목 | 규격 | 수량 | 단가 | 공급가액 | 비고 |
|---|---|---|---|---|---|---|---|
| 08 | 25 | 마른멸치세트 | | 5 | 100,000원 | 500,000원 | |
| 08 | 25 | 마른멸치세트 | | 3 | 100,000원 | 300,000원 | |
| | | | | | | | |
| | | | | | | | |

| 합계금액 | 현금 | 수표 | 어음 | 외상미수금 | 이 금액을 (영수) 함 |
|---|---|---|---|---|---|
| 800,000원 | 800,000원 | | | | |

**[4]** 10월 16일 업무와 관련없이 대표이사 황동규가 개인적으로 사용하기 위하여 상해전자㈜에서 노트북 1대를 2,100,000원(부가가치세 별도)에 외상으로 구매하고 아래의 전자세금계산서를 발급받았다(단, 가지급금 계정을 사용하고, 거래처를 입력할 것). (3점)

<table>
<tr><td colspan="5">전자세금계산서</td><td>승인번호</td><td colspan="4">20241016-15454645-58811886</td></tr>
<tr><td rowspan="5">공급자</td><td>등록번호</td><td>501-81-12347</td><td>종사업장번호</td><td></td><td rowspan="5">공급받는자</td><td>등록번호</td><td>312-86-12548</td><td>종사업장번호</td><td></td></tr>
<tr><td>상호(법인명)</td><td>상해전자㈜</td><td>성명</td><td>김은지</td><td>상호(법인명)</td><td>㈜혜송상사</td><td>성명</td><td>황동규</td></tr>
<tr><td>사업장</td><td colspan="3">서울특별시 동작구 여의대방로 28</td><td>사업장</td><td colspan="3">경기도 용인시 기흥구 갈곡로 6</td></tr>
<tr><td>업태</td><td>도소매</td><td>종목</td><td>전자제품</td><td>업태</td><td>제조,도소매</td><td>종목</td><td>자동차부품</td></tr>
<tr><td>이메일</td><td colspan="3"></td><td>이메일<br>이메일</td><td colspan="3">hyesong@hscorp.co.kr</td></tr>
</table>

| 작성일자 | 공급가액 | 세액 | 수정사유 |
|---|---|---|---|
| 20x1/10/16 | 2,100,000원 | 210,000원 | 해당 없음 |
| 비고 | | | |

| 월 | 일 | 품목 | 규격 | 수량 | 단가 | 공급가액 | 세액 | 비고 |
|---|---|---|---|---|---|---|---|---|
| 10 | 16 | 노트북 | | 1 | 2,100,000원 | 2,100,000원 | 210,000원 | |
| | | | | | | | | |
| | | | | | | | | |
| | | | | | | | | |

| 합계금액 | 현금 | 수표 | 어음 | 외상미수금 | 이 금액을 (청구) 함 |
|---|---|---|---|---|---|
| 2,310,000원 | | | | 2,310,000원 | |

**[5]** 11월 04일 개인소비자 김은우에게 제품을 770,000원(부가가치세 포함)에 판매하고, 대금은 김은우의 신한카드로 수취하였다(단, 신용카드 결제대금은 외상매출금으로 회계처리할 것). (3점)

**[6]** 12월 04일 제조부가 사용하는 기계장치의 원상회복을 위한 수선비 880,000원을 하나카드로 결제하고 다음의 매출전표를 수취하였다. (3점)

**하나카드 승인전표**

| | |
|---|---|
| 카드번호 | 4140 - 0202 - 3245 - 9959 |
| 거래유형 | 국내일반 |
| 결제방법 | 일시불 |
| 거래일시 | 20x1.12.04.15:35:45 |
| 취소일시 | |
| 승인번호 | 98421149 |
| 공급가액 | 800,000원 |
| 부가세 | 80,000원 |
| 봉사료 | |
| 승인금액 | 880,000원 |
| 가맹점명 | ㈜뚝딱수선 |
| 가맹점번호 | 00990218110 |
| 가맹점 전화번호 | 031 - 828 - 8624 |
| 가맹점 주소 | 경기도 성남시 수정구 성남대로 1169 |
| 사업자등록번호 | 204 - 81 - 76697 |
| 대표자명 | 이은샘 |

하나카드

**문제 4** **[일반전표입력] 및 [매입매출전표입력] 메뉴에 입력된 내용 중 다음과 같은 오류가 발견되었다. 입력된 내용을 확인하여 정정하시오. (6점)**

**[1]** 09월 09일 ㈜초록산업으로부터 5,000,000원을 차입하고 이를 모두 장기차입금으로 회계처리하였으나, 그중 2,000,000원의 상환기일은 20x1년 12월 8일로 확인되었다. (3점)

**[2]** 10월 15일 바로카센터에서 영업부의 영업용 화물차량을 점검 및 수리하고 차량유지비 250,000원(부가세 별도)을 현금으로 지급하였으며, 전자세금계산서를 발급받았다. 그러나 회계 담당 직원의 실수로 이를 일반전표에 입력하였다. (3점)

**문제 5 결산정리사항은 다음과 같다. 관련 메뉴를 이용하여 결산을 완료하시오. (9점)**

**[1]** 결산일 현재 외상매입금 잔액은 20x1년 1월 2일 미국에 소재한 원재료 공급거래처 NOVONO로부터 원재료 $5,500를 외상으로 매입하고 미지급한 잔액 $2,000가 포함되어 있다(단, 매입 시 기준환율은 1,100원/$, 결산 시 기준환율은 1,200원/$이다). (3점)

**[2]** 12월 31일 결산일 현재 단기 매매 목적으로 보유 중인 지분증권에 대한 자료는 다음과 같다. 적절한 결산 분개를 하시오. (3점)

| 종목 | 취득원가 | 결산일 공정가치 | 비고 |
|---|---|---|---|
| ㈜가은 | 56,000,000원 | 54,000,000원 | 단기 매매 목적 |

**[3]** 20x1년 5월 1일 제조부 공장의 1년치 화재보험료(20x1년 5월 1일~20x2년 4월 30일) 3,600,000원을 보통예금 계좌에서 이체하여 납부하고 전액 보험료(제조경비)로 회계처리하였다(단, 보험료는 월할 계산하고, 거래처입력은 생략할 것). (3점)

**문제 6 다음 사항을 조회하여 답안을 이론문제 답안작성 메뉴에 입력하시오. (9점)**

**[1]** 20x1년 제1기 부가가치세 확정신고(20x1.04.01.~20x1.06.30.)에 반영된 예정신고누락분 매출의 공급가액과 매출세액은 각각 얼마인가? (3점)

**[2]** 2분기(4월~6월) 중 제조원가 항목의 복리후생비 지출액이 가장 많이 발생한 월(月)과 그 금액을 각각 기재하시오. (3점)

**[3]** 4월 말 현재 미지급금 잔액이 가장 큰 거래처명과 그 금액은 얼마인가? (3점)

# 제113회 전산회계1급 답안 및 해설

## 이 론

| 1 | 2 | 3 | 4 | 5 | 6 | 7 | 8 | 9 | 10 | 11 | 12 | 13 | 14 | 15 |
|---|---|---|---|---|---|---|---|---|---|---|---|---|---|---|
| ③ | ③ | ③ | ④ | ① | ② | ④ | ① | ① | ② | ② | ④ | ③ | ② | ④ |

**01.** **회계는 발생주의를 기본적 특징**으로 한다. 위 내용은 현금주의에 대한 설명이다.
① 기업실체의 가정, ② 계속기업의 가정, ④ 기간별보고의 가정

**02.** 상품의 **매입환출 및 매입에누리는 매출원가 계산 시 총매입액에서 차감하는 항목**이다.

**03.** 건물 = 매입금액(20억)원 + 자본화차입원가(1.5억) + 취득세(2억) = 23억5,000만원
• 관리 및 기타 일반간접원가는 판매비와관리비로서 당기 비용처리한다.

**04.** 무형자산의 회계처리와 관련하여 영업권을 포함한 **무형자산의 내용연수를 원칙적으로 20년을 초과하지 않도록 한정**하고 있다.

**05.** 합계잔액시산표에 관한 설명으로 합계잔액시산표는 재무제표에 해당하지 않는다. 재무제표는 재무상태표, 손익계산서, 현금흐름표 및 자본변동표와 주석으로 구성되어 있다.
② 재무상태표 ③ 자본변동표 ④ 주석

**06.** 유동성장기부채는 비유동부채였으나 보고기간 종료일 현재 만기가 1년 이내 도래하는 부채를 의미하므로 영업주기와 관계없이 유동부채로 분류한다.

**07.** **매도가능증권평가이익은 기타포괄손익누계액에 포함되는 항목**으로 매도가능증권평가이익의 증감은 **포괄손익계산서상의 기타포괄손익에 영향**을 미친다.

**08.** 당기순손실 360,000원

| 기초상품 재고액① | 매입액② | 기말상품 재고액③ | 매출원가④ (①+②-③) | 매출액⑤ | 매출총이익⑥ (⑤-④) | 판매비와 관리비⑦ | 당기순손익 (⑥-⑦) |
|---|---|---|---|---|---|---|---|
| 219,000 | 350,000 | 110,000 | 459,000 | 290,000 | -169,000원 | 191,000 | -360,000원 |

**09.** 고정원가는 **조업도가 증가할수록 단위당 원가는 감소**한다.

**10.** 단계배분법은 보조부문 상호 간의 용역수수관계를 **일부 인식하는 방법**이다.

**11.** 직접노무원가 = 당기지급임금액(350,000) + 당기미지급임금액(250,000) - 전기미지급임금액 (150,000) = 450,000원
직접재료원가 = 기초(300,000) + 매입액(1,300,000) - 기말원재료(450,000) = 1,150,000원
당기총제조원가 = 직접재료원가(1,150,000) + 직접노무원가(450,000) + 제조간접원가(700,000) = 2,300,000원

**12.** 예정배부율을 적용하는 것은 개별원가계산에 대한 설명이다. 공손품은 종합원가계산에서 다루고 있다.

**13.** 사업자등록을 한 일반과세자가 세금계산서 발급대상이다.

14. 중소기업의 외상매출금 및 미수금(이사 "외상매출금등"이라 한다)으로서 **회수기일이 2년 이상 지난 외상매출금 등은 부가가치세법상 대손 사유**에 해당한다. 다만, **특수관계인과의 거래로 인하여 발생한 외상매출금 등은 제외**한다.
15. 위탁판매의 경우 부가가치세법상 공급시기는 **위탁받은 수탁자 또는 대리인이 실제로 판매한 때**이다.

## 실 무

### 문제 1 기초정보관리

[1] [거래처등록]

[일반거래처] > • 코드 : 00777 • 거래처명 : 슬기로운㈜ • 유형 : 3.동시
• 사업자번호 : 253-81-13578 • 대표자성명 : 김슬기
• 업태 : 도매 • 종목 : 금속
• 사업장주소 : 부산광역시 부산진구 중앙대로 663(부전동)

[2] [계정과목및적요등록]

134.가지급금 > 대체적요란 > 적요NO 8 : 출장비 가지급금 정산

[3] [전기분원가명세서] [전기분손익계산서]

- [전기분 원가명세서] > 임금 45,000,000원 → 47,200,000원 수정
  > 당기제품제조원가 398,580,000원 → 400,780,000원 변경 확인
- [전기분 손익계산서] > 제품매출원가 > 당기제품제조원가 398,580,000원 → 400,780,000원 수정
  > 매출원가 391,580,000원 → 393,780,000원 변경 확인
  > 급여 86,500,000원 → 84,300,000원 수정
  > 당기순이익 74,960,000원 확인
- 전기분재무상태표 및 전기분잉여금처분계산서 변동 없음

## 문제 2 일반전표입력

[1] (차) 선급금(㈜상수) 3,000,000 (대) 당좌예금 3,000,000

[2] (차) 보통예금 864,000,000 (대) 단기차입금(우리은행) 900,000,000
선급비용 36,000,000

[3] (차) 미지급금(㈜대운) 1,000,000 (대) 임차보증금(㈜대운) 10,000,000
보통예금 9,000,000
☞전년도 회계처리 : (차) 임차료 1,000,000 (대) 미지급금 1,000,000

[4] (차) 보통예금 1,300,000 (대) 외상매출금(㈜영광상사) 1,300,000

[5] (차) 매도가능증권(178) 20,240,000 (대) 보통예금 20,240,000
☞취득원가=2,000주×@10,000+ 매입수수료(240,000)=20,240,000원

[6] (차) 상품 7,560,000 (대) 보통예금 7,560,000

## 문제 3 매입매출전표입력

[1] 매입매출전표입력(8/10)
유형: 51.과세 공급가액: 950,000 원 부가세: 95,000 원 공급처명: ㈜산양산업 전자: 여 분개: 현금 또는 혼합

(차) 부가세대급금 95,000원 (대) 현금 1,045,000원
소모품 950,000원

[2] 매입매출전표입력(8/25)
유형: 52.영세 공급가액: 34,000,000원 부가세: 0원 공급처명: ㈜로띠상사 전자: 여 분개:혼합

(차) 원재료 34,000,000원 (대) 지급어음 34,000,000원

[3] 매입매출전표입력(8/25)
유형: 53.면세 공급가액: 800,000 원 공급처명: 송강수산 전자: 여 분개: 혼합

(차) 복리후생비(판) 500,000원 (대) 보통예금 800,000원
기업업무추진비(판) 300,000원

**[4] 매입매출전표입력(10/16)**

유형: 54.불공 공급가액: 2,100,000 원 부가세: 210,000 원 공급처명: 상해전자㈜ 전자:여 분개: 혼합
불공제사유: ②사업과 직접 관련 없는 지출

| | | | | | |
|---|---|---|---|---|---|
| (차) | 가지급금(황동규) | 2,310,000원 | (대) | 미지급금 | 2,310,000원 |

**[5] 매입매출전표입력(11/04)**

유형: 17.카과 공급가액: 700,000 원 부가세: 70,000 원 공급처명: 김은우 분개:카드 또는 혼합
신용카드사:신한카드

| | | | | | |
|---|---|---|---|---|---|
| (차) | 외상매출금(신한카드) | 770,000원 | (대) | 부가세예수금 | 70,000원 |
| | | | | 제품매출 | 700,000원 |

**[6] 매입매출전표입력(12/04)**

유형: 57.카과 공급가액: 800,000 원 부가세: 80,000 원 공급처명: ㈜뚝딱수선 분개:카드 또는 혼합
신용카드사:하나카드

| | | | | | |
|---|---|---|---|---|---|
| (차) | 부가세대급금 | 80,000원 | (대) | 미지급금(하나카드) | 880,000원 |
| | 수선비(제) | 800,000원 | | | |

## 문제 4 오류수정

**[1] 일반전표입력 수정(9/09)**

| | | | | | | |
|---|---|---|---|---|---|---|
| 〈수정전〉 | (차) | 보통예금 | 5,000,000원 | (대) | 장기차입금(㈜초록산업) | 5,000,000원 |
| 〈수정후〉 | (차) | 보통예금 | 5,000,000원 | (대) | 장기차입금(㈜초록산업) | 3,000,000원 |
| | | | | | 단기차입금(㈜초록산업) | 2,000,000원 |

**[2] 일반전표입력 수정(10/15) 삭제 후 매입매출전표(10/15) 입력**

• 수정 전 : 일반전표입력(10/15) 삭제

| | | | | | |
|---|---|---|---|---|---|
| (차) | 차량유지비(판) | 275,000원 | (대) | 현금 | 275,000원 |

• 수정 후 : 매입매출전표입력(10/15)

유형: 51.과세 공급가액:250,000 원 부가세: 25,000 원 공급처명: 바로카센터 전자:여 분개:현금 또는 혼합

| | | | | | |
|---|---|---|---|---|---|
| (차) | 부가세대급금 | 25,000원 | (대) | 현금 | 275,000원 |
| | 차량유지비(판) | 250,000원 | | | |

## 문제 5 결산

**[1]** [수동결산]

(차) 외화환산손실 200,000원 (대) 외상매입금(NOVONO) 200,000원

☞ 기말환산액(공정가액) = $2,000 × 결산 시 기준환율(1,200) = 2,400,000원
장부금액 = $2,000 × 매입 시 기준환율(1,100) = 2,200,000원
외화환산손익(부채) = 공정가액(2,400,000) - 장부금액(2,200,000) = 200,000원(손실)

**[2]** [수동결산]

(차) 단기매매증권평가손실 2,000,000원 (대) 단기매매증권 2,000,000원

**[3]** [수동결산]

(차) 선급비용 1,200,000원 (대) 보험료(제) 1,200,000원

☞ 선급비용 = 1년치 보험료(3,600,000) ÷ 12개월 × 4개월 = 1,200,000원

## 문제 6 장부조회

**[1]** 공급가액 5,100,000원, 세액 300,000원

- [부가가치세신고서] > 조회기간 : 20x1년 4월 1일~20x1년 6월 30일 조회
  > 과세표준 및 매출세액란 > 예정신고누락분 금액 및 세액 확인
  (또는 7.매출(예정신고누락분) 합계 금액 및 세액 확인)

**[2]** 4월, 416,000원

- [총계정원장] > [월별] 탭 > 기간 : 20x1년 04월 01일~20x1년 06월 30일 > 계정과목 : 0511.복리후생비 조회

**[3]** 세경상사, 50,000,000원

- [거래처원장] > [잔액] 탭 > 기간 : 20x1년 1월 1일~20x1년 4월 30일 > 계정과목 : 0253.미지급금 조회

# 제112회 전산회계 1급

| 합격율 | 시험년월 |
|---|---|
| 40% | 2024.2 |

## 이 론

**01.** 다음 중 일반기업회계기준에 따른 재무제표의 종류에 해당하지 않는 것은?

① 현금흐름표 ② 주석 ③ 제조원가명세서 ④ 재무상태표

**02.** 다음 중 정액법으로 감가상각을 계산할 때 관련이 없는 것은?

① 잔존가치 ② 취득원가 ③ 내용연수 ④ 생산량

**03.** 다음 중 이익잉여금처분계산서에 나타나지 않는 항목은?

① 이익준비금 ② 자기주식 ③ 현금배당 ④ 주식배당

**04.** 다음 중 수익인식기준에 대한 설명으로 잘못된 것은?

① 위탁매출은 위탁자가 수탁자로부터 판매대금을 지급받는 때에 수익을 인식한다.
② 상품권매출은 물품 등을 제공하거나 판매하면서 상품권을 회수하는 때에 수익을 인식한다.
③ 단기할부매출은 상품 등을 판매(인도)한 날에 수익을 인식한다.
④ 용역매출은 진행기준에 따라 수익을 인식한다.

**05.** 다음 중 계정과목의 분류가 나머지 계정과목과 다른 하나는 무엇인가?

① 임차보증금 ② 산업재산권
③ 프랜차이즈 ④ 소프트웨어

**06.** 다음 중 자본의 분류 항목의 성격이 다른 것은?

① 자기주식 ② 주식할인발행차금
③ 자기주식처분이익 ④ 감자차손

**07.** 실제 기말재고자산의 가액은 50,000,000원이지만 장부상 기말재고자산의 가액이 45,000,000원으로 기재된 경우, 해당 오류가 재무제표에 미치는 영향으로 다음 중 옳지 않은 것은?

① 당기순이익이 실제보다 5,000,000원 감소한다.
② 매출원가가 실제보다 5,000,000원 증가한다.
③ 자산총계가 실제보다 5,000,000원 감소한다.
④ 자본총계가 실제보다 5,000,000원 증가한다.

**08.** 다음의 거래를 회계처리할 경우에 사용되는 계정과목으로 옳은 것은?

> 7월 1일 투자 목적으로 영업활동에 사용할 예정이 없는 토지를 5,000,000원에 취득하고 대금은 3개월 후에 지급하기로 하다. 단, 중개수수료 200,000원은 타인이 발행한 당좌수표로 지급하다.

① 외상매입금 ② 당좌예금 ③ 수수료비용 ④ 투자부동산

**09.** 다음 중 원가 개념에 관한 설명으로 옳지 않은 것은?

① 관련 범위 밖에서 총고정원가는 일정하다.
② 매몰원가는 의사결정에 영향을 주지 않는다.
③ 관련 범위 내에서 단위당 변동원가는 일정하다.
④ 관련원가는 대안 간에 차이가 나는 미래원가로서 의사결정에 영향을 준다.

**10.** 다음 중 제조원가명세서에서 제공하는 정보가 아닌 것은?

① 기말재공품재고액 ② 당기제품제조원가
③ 당기총제조원가 ④ 매출원가

**11.** 다음 중 보조부문 원가의 배부기준으로 적합하지 않은 것은?

| | 보조부문원가 | 배부기준 |
|---|---|---|
| ① | 건물 관리 부문 | 점유 면적 |
| ② | 공장 인사관리 부문 | 급여 총액 |
| ③ | 전력 부문 | 전력 사용량 |
| ④ | 수선 부문 | 수선 횟수 |

**12.** 다음 자료를 토대로 선입선출법에 의한 직접재료원가 및 가공원가의 완성품환산량을 각각 계산하면 얼마인가?

- 기초재공품 5,000개(완성도 70%)
- 당기착수량 35,000개
- 기말재공품 10,000개(완성도 30%)
- 당기완성품 30,000개
- 재료는 공정초기에 전량투입되며, 가공원가는 공정 전반에 걸쳐 균등하게 발생한다.

| | 직접재료원가 | 가공원가 |
|---|---|---|
| ① | 35,000개 | 29,500개 |
| ② | 35,000개 | 34,500개 |
| ③ | 40,000개 | 34,500개 |
| ④ | 45,000개 | 29,500개 |

**13.** 다음 중 우리나라 부가가치세법의 특징으로 옳지 않은 것은?

① 소비지국과세원칙　② 생산지국과세원칙
③ 전단계세액공제법　④ 간접세

**14.** 다음 중 부가가치세법상 과세기간 등에 대한 설명으로 옳지 않은 것은?

① 사업개시일 이전에 사업자등록을 신청한 경우에 최초의 과세기간은 그 신청한 날부터 그 신청일이 속하는 과세기간의 종료일까지로 한다.
② 사업자가 폐업하는 경우의 과세기간은 폐업일이 속하는 과세기간의 개시일부터 폐업일까지로 한다.
③ 폐업자의 경우 폐업일이 속하는 과세기간 종료일부터 25일 이내에 확정신고를 하여야 한다.
④ 간이과세자의 과세기간은 1월 1일부터 12월 31일까지로 한다.

**15.** 다음 중 부가가치세법상 매입세액공제가 가능한 것은?

① 사업과 관련하여 기업업무추진(접대) 물품을 구매하고 발급받은 신용카드매출전표상의 매입세액
② 제조업을 영위하는 법인이 업무용 소형승용차(1,998cc)의 유지비용을 지출하고 발급받은 현금영수증상의 매입세액
③ 제조부서의 화물차 수리를 위해 지출하고 발급받은 세금계산서상의 매입세액
④ 회계부서에서 사용할 물품을 구매하고 발급받은 간이영수증에 포함되어 있는 매입세액

## 실 무

㈜유미기계(3112)는 기계부품 등의 제조·도소매업 및 부동산임대업을 영위하는 중소기업으로 당기 회계기간은 20x1.1.1.~20x1.12.31.이다. 전산세무회계 수험용 프로그램을 이용하여 다음 물음에 답하시오.

**문제 1** 다음은 [기초정보관리] 및 [전기분재무제표]에 대한 자료이다. 각각의 요구사항에 대하여 답하시오. (10점)

**[1]** 다음의 신규 거래처를 [거래처등록] 메뉴를 이용하여 추가로 등록하시오. (3점)

- 거래처코드 : 5230
- 거래처명 : ㈜대영토이
- 유형 : 동시
- 사업자등록번호 : 108 - 86 - 13574
- 대표자 : 박완구
- 업태 : 제조
- 종목 : 완구제조
- 사업장주소 : 경기도 광주시 오포읍 왕림로 139 ※ 주소입력 시 우편번호 입력은 생략해도 무방함.

**[2]** ㈜유미기계의 기초 채권 및 채무의 올바른 잔액은 다음과 같다. [거래처별초기이월] 자료를 검토하여 잘못된 부분은 오류를 정정하고, 누락된 부분은 추가하여 입력하시오. (3점)

| 계정과목 | 거래처 | 금액 |
|---|---|---|
| 외상매출금 | 알뜰소모품 | 5,000,000원 |
| | 튼튼사무기 | 3,800,000원 |
| 받을어음 | ㈜클래식상사 | 7,200,000원 |
| | ㈜강림상사 | 2,000,000원 |
| 외상매입금 | ㈜해원상사 | 4,600,000원 |

**[3]** 전기분 재무상태표를 검토한 결과 기말 재고자산에서 다음과 같은 오류가 발견되었다. 관련된 [전기분 재무제표]를 모두 수정하시오. (4점)

| 계정과목 | 틀린 금액 | 올바른 금액 | 내용 |
|---|---|---|---|
| 원재료(0153) | 73,600,000원 | 75,600,000원 | 입력 오류 |

**문제 2** **[일반전표입력] 메뉴를 이용하여 다음의 거래 자료를 입력하시오(일반전표입력의 모든 거래는 부가가치세를 고려하지 말 것). (18점)**

**[1]** 08월 10일　제조부서의 7월분 건강보험료 680,000원을 보통예금으로 납부하였다. 납부한 건강보험료 중 50%는 회사부담분이며, 회사부담분 건강보험료는 복리후생비로 처리한다. (3점)

**[2]** 08월 23일　㈜애플전자로부터 받아 보관하던 받을어음 3,500,000원의 만기가 되어 지급제시하였으나, 잔고 부족으로 지급이 거절되어 부도처리하였다. (단, 부도난 어음은 부도어음과수표 계정으로 관리하고 있다.) (3점)

**[3]** 09월 14일　영업부서에서 고용한 일용직 직원들의 일당 420,000원을 현금으로 지급하였다. (단, 일용직에 대한 고용보험료 등의 원천징수액은 발생하지 않는 것으로 가정한다.) (3점)

**[4]** 09월 26일　영업부서의 사원이 퇴직하여 퇴직연금 5,000,000원을 확정급여형(DB) 퇴직연금에서 지급하였다. (단, 퇴직급여충당부채 감소로 회계처리하기로 한다.) (3점)

**[5]** 10월 16일　단기 시세 차익을 목적으로 20x1년 5월 3일 취득하였던 ㈜더푸른컴퓨터의 주식 전부를 37,000,000원에 처분하고 대금은 보통예금 계좌로 입금받았다. 단, 취득 당시 관련 내용은 아래와 같다. (3점)

| | | |
|---|---|---|
| • 취득 수량 : 5,000주 | • 1주당 취득가액 : 7,000원 | • 취득 시 거래수수료 : 35,000원 |

**[6]** 11월 29일　액면금액 50,000,000원의 사채(만기 3년)를 49,000,000원에 발행하였다. 대금은 보통예금 계좌로 입금되었다. (3점)

## 문제 3 다음 거래 자료를 [매입매출전표입력] 메뉴에 입력하시오. (18점)

**[1]** 09월 02일 ㈜신도기전에 제품을 판매하고 다음의 전자세금계산서를 발급하였다. 대금 중 어음은 ㈜신도기전이 발행한 것이다. (3점)

| 전자세금계산서 | | | | | 승인번호 | 2023090214652823-1603488 | | |
|---|---|---|---|---|---|---|---|---|
| 공급자 | 등록번호 | 138-81-61276 | 종사업장번호 | | 공급받는자 | 등록번호 | 130-81-95054 | 종사업장번호 |
| | 상호(법인명) | ㈜유미기계 | 성명 | 정현욱 | | 상호(법인명) | ㈜신도기전 | 성명 윤현진 |
| | 사업장주소 | 서울특별시 강남구 압구정로 347 | | | | 사업장주소 | 울산 중구 태화로 150 | |
| | 업태 | 제조,도소매 | 종목 | 기계부품 | | 업태 | 제조 | 종목 전자제품 외 |
| | 이메일 | | | | | 이메일 | | |
| | | | | | | 이메일 | | |

| 작성일자 | 공급가액 | 세액 | 수정사유 | 비고 |
|---|---|---|---|---|
| 20x1-09-02 | 10,000,000 | 1,000,000 | | |

| 월 | 일 | 품목 | 규격 | 수량 | 단가 | 공급가액 | 세액 | 비고 |
|---|---|---|---|---|---|---|---|---|
| 09 | 02 | 제품 | | 2 | 5,000,000 | 10,000,000 | 1,000,000 | |
| | | | | | | | | |
| | | | | | | | | |
| | | | | | | | | |

| 합계금액 | 현금 | 수표 | 어음 | 외상미수금 | 위 금액을 (청구) 함 |
|---|---|---|---|---|---|
| 11,000,000 | | | 8,000,000 | 3,000,000 | |

**[2]** 09월 12일 제조부서의 생산직 직원들에게 제공할 작업복 10벌을 인천상회로부터 구입하고 우리카드(법인)로 결제하였다(단, 회사는 작업복 구입 시 즉시 전액 비용으로 처리한다). (3점)

우리 마음속 첫 번째 금융, 우리카드
20x1.09.12.(화) 14:03:54

**495,000원**
정상승인 | 일시불

**결제 정보**

| | |
|---|---|
| 카드 | 우리카드(법인) |
| 회원번호 | 2245-1223-****-1534 |
| 승인번호 | 76993452 |
| 이용구분 | 일시불 |

| **결제 금액** | **495,000원** |
|---|---|
| 공급가액 | 450,000원 |
| 부가세 | 45,000원 |
| 봉사료 | 0원 |

**가맹점 정보**

| | |
|---|---|
| 가맹점명 | 인천상회 |
| 사업자등록번호 | 126-86-21617 |
| 대표자명 | 김연서 |

위 거래 사실을 확인합니다.

**[3]** 10월 05일 미국의 PYBIN사에 제품 100개(1개당 판매금액 $1,000)를 직접 수출하고 대금은 보통예금 계좌로 송금받았다(단, 선적일인 10월 05일의 기준환율은 1,000원/$이며, 수출신고번호의 입력은 생략한다). (3점)

**[4]** 10월 22일 영업부서 직원들의 직무역량 강화를 위한 도서를 영건서점에서 현금으로 구매하고 전자계산서를 발급받았다. (3점)

| 전자계산서 | | | | 승인번호 | 20231022-15454645-58811886 | | |
|---|---|---|---|---|---|---|---|
| 공급자 등록번호 | 112-60-61264 | 종사업장번호 | | 공급받는자 등록번호 | 138-81-61276 | 종사업장번호 | |
| 상호(법인명) | 영건서점 | 성명 | 김종인 | 상호(법인명) | ㈜유미기계 | 성명 | 정현욱 |
| 사업장주소 | 인천시 남동구 남동대로 8 | | | 사업장주소 | 서울특별시 강남구 압구정로 347 | | |
| 업태 | 소매 | 종목 | 도서 | 업태 | 제조,도소매 | 종목 | 기계부품 |
| 이메일 | | | | 이메일 | | | |
| | | | | 이메일 | | | |

| 작성일자 | 공급가액 | 수정사유 | 비고 |
|---|---|---|---|
| 20x1-10-22 | 1,375,000 | 해당 없음 | |

| 월 | 일 | 품목 | 규격 | 수량 | 단가 | 공급가액 | 비고 |
|---|---|---|---|---|---|---|---|
| 10 | 22 | 도서(슬기로운 직장 생활 외) | | | | 1,375,000 | |
| | | | | | | | |
| | | | | | | | |
| | | | | | | | |

| 합계금액 | 현금 | 수표 | 어음 | 외상미수금 | 위 금액을 (청구) 함 |
|---|---|---|---|---|---|
| 1,375,000 | 1,375,000 | | | | |

**[5]** 11월 02일 개인소비자에게 제품을 8,800,000원(부가가치세 포함)에 판매하고 현금영수증(소득공제용)을 발급하였다. 판매대금은 보통예금 계좌로 받았다. (3점)

**[6]** 12월 19일 매출거래처에 보낼 연말 선물로 홍성백화점에서 생활용품세트를 구입하고 아래 전자세금계산서를 발급받았으며, 대금은 국민카드(법인카드)로 결제하였다. (3점)

| 전자세금계산서 | | | | 승인번호 | 20231219-451542154-542124512 | | |
|---|---|---|---|---|---|---|---|
| 공급자 | 등록번호 | 124-86-09276 | 종사업장 번호 | 공급받는자 | 등록번호 | 138-81-61276 | 종사업장 번호 |
| | 상호(법인명) | 홍성백화점 | 성명: 조재광 | | 상호(법인명) | ㈜유미기계 | 성명: 정현욱 |
| | 사업장 주소 | 서울 강남구 테헤란로 101 | | | 사업장 주소 | 서울특별시 강남구 압구정로 347 | |
| | 업태 | 도소매 | 종목: 잡화 | | 업태 | 제조,도소매 | 종목: 기계부품 |
| | 이메일 | | | | 이메일 | | |
| | | | | | 이메일 | | |

| 작성일자 | 공급가액 | 세액 | 수정사유 | 비고 |
|---|---|---|---|---|
| 20x1-12-19 | 500,000 | 50,000 | | |

| 월 | 일 | 품목 | 규격 | 수량 | 단가 | 공급가액 | 세액 | 비고 |
|---|---|---|---|---|---|---|---|---|
| 12 | 19 | 생활용품세트 | | 10 | 50,000 | 500,000 | 50,000 | |
| | | | | | | | | |
| | | | | | | | | |
| | | | | | | | | |

| 합계금액 | 현금 | 수표 | 어음 | 외상미수금 | 위 금액을 (청구) 함 |
|---|---|---|---|---|---|
| 550,000 | | | | 550,000 | |

**문제 4** **[일반전표입력] 및 [매입매출전표입력] 메뉴에 입력된 내용 중 다음과 같은 오류가 발견되었다. 입력된 내용을 확인하여 정정하시오. (6점)**

**[1]** 07월 31일 경영관리부서 직원을 위하여 확정급여형(DB형) 퇴직연금에 가입하고 보통예금 계좌에서 14,000,000원을 이체하였으나, 회계담당자는 확정기여형(DC형) 퇴직연금에 가입한 것으로 알고 회계처리를 하였다. (3점)

**[2]** 10월 28일 영업부서의 매출거래처에 선물하기 위하여 다다마트에서 현금으로 구입한 선물 세트 5,000,000원(부가가치세 별도, 전자세금계산서 수취)을 복리후생비로 회계처리를 하였다. (3점)

## 문제 5 결산정리사항은 다음과 같다. 관련 메뉴를 이용하여 결산을 완료하시오. (9점)

[1] 7월 1일에 가입한 토스은행의 정기예금 5,000,000원(만기 1년, 연 이자율 6%)에 대하여 기간 경과분 이자를 계상하다. 단, 이자 계산은 월할 계산하며, 원천징수는 없다고 가정한다. (3점)

[2] 외상매입금 계정에는 중국에 소재한 거래처 상하이에 대한 외상매입금 2,000,000원($2,000)이 포함되어 있다(결산일 현재 기준환율 : 1,040원/$). (3점)

[3] 매출채권 잔액에 대하여만 1%의 대손충당금을 보충법으로 설정한다(단, 기중의 충당금에 대한 회계처리는 무시하고 아래 주어진 자료에 의해서만 처리한다). (3점)

| 구 분 | 기말채권 잔액 | 기말충당금 잔액 | 추가설정(△환입)액 |
|---|---|---|---|
| 외상매출금 | 15,000,000원 | 70,000원 | 80,000원 |
| 받을어음 | 12,000,000원 | 150,000원 | △30,000원 |

## 문제 6 다음 사항을 조회하여 답안을 이론문제 답안작성 메뉴에 입력하시오. (9점)

[1] 제1기 부가가치세 예정신고에 반영된 자료 중 현금영수증이 발행된 과세매출의 공급가액은 얼마인가? (3점)

[2] 6월 한 달 동안 발생한 제조원가 중 현금으로 지급한 금액은 얼마인가? (3점)

[3] 6월 30일 현재 외상매입금 잔액이 가장 작은 거래처명과 외상매입금 잔액은 얼마인가? (3점)

# 제112회 전산회계1급 답안 및 해설

## 이 론

| 1 | 2 | 3 | 4 | 5 | 6 | 7 | 8 | 9 | 10 | 11 | 12 | 13 | 14 | 15 |
|---|---|---|---|---|---|---|---|---|---|---|---|---|---|---|
| ③ | ④ | ② | ① | ① | ③ | ④ | ④ | ① | ④ | ② | ① | ② | ③ | ③ |

01. 재무제표는 재무상태표, 손익계산서, 현금흐름표, 자본변동표로 구성되며, 주석을 포함한다.
02. 생산량은 생산량비례법을 계산할 때 필수요소이다.
03. 자기주식은 이익잉여금처분계산서에 나타나지 않는다.
04. 위탁매출은 수탁자가 해당 재화를 제3자에게 판매한 시점에 수익으로 인식한다.
05. 임차보증금은 기타비유동자산으로 분류하고, 나머지는 무형자산으로 분류한다.
06. 자기주식처분이익은 자본잉여금으로 분류되고, 자기주식, 주식할인발행차금, 감자차손은 자본조정으로 분류된다.
07. 자산과 이익은 비례관계이다. 따라서 기말재고자산을 실제보다 낮게 계상한 경우, 매출원가가 과대계상되므로 그 결과 당기순이익과 자본은 과소계상된다.
08. 투자목적으로 취득한 토지는 투자부동산으로 회계처리한다.

| | | | | |
|---|---|---|---|---|
| (차) | 투자부동산 | 5,200,000원 | (대) 미지급금 | 5,000,000원 |
| | | | 현금 | 200,000원 |

09. 총고정원가는 관련 범위 내에서 일정하고, 관련 범위 밖(조업도 수준을 증가시키기 위해서 새로운 설비자산을 구입시 증가)에는 일정하다고 할 수 없다.
10. 매출원가는 손익계산서에서 제공되는 정보이다.
11. 공장 인사 관리 부문의 원가는 종업원의 수를 배부기준으로 하는 것이 적합하다.
12.

〈1단계〉 물량흐름파악(선입선출법) 〈2단계〉 완성품환산량 계산

| 재공품 | | | 재료비 | 가공비 |
|---|---|---|---|---|
| | 완성품 | 30,000 | | |
| | -기초재공품 | 5,000(30%) | 0 | 1,500 |
| | -당기투입분 | 25,000(100%) | 25.000 | 25,000 |
| | 기말재공품 | 10,000(30%) | 10,000 | 3,000 |
| | 계 | 40,000 | 35,000 | 29,500 |

13. 우리나라 부가가치세법은 소비지국과세원칙을 채택하고 있다.
14. 폐업자의 경우 폐업일이 속하는 달의 다음 달 25일까지 확정신고를 하여야 한다.
15. 화물차는 비영업용 소형승용차가 아니므로 매입세액공제 가능하다.

# 실 무

## 문제 1 기초정보관리

[1] [거래처등록]

- 거래처코드 : 5230
- 거래처명 : ㈜대영토이
- 유형 : 3.동시
- 사업자등록번호 : 108 - 86 - 13574
- 대표자 : 박완구
- 업태 : 제조
- 종목 : 완구제조
- 사업장주소 : 경기도 광주시 오포읍 왕림로 139

[2] [거래처별초기이월]

- 외상매출금>튼튼사무기 8,300,000원→3,800,000원
- 받을어음>㈜강림상사 20,000,000원→2,000,000원
- 외상매입금>㈜해원상사 4,600,000원 추가 입력

[3] [전기분재무제표]

| 재무상태표⇒원가명세서⇒손익계산서⇒잉여금처분계산서⇒재무상태표 |
|---|

1. [전기분재무상태표]>• 원재료 73,600,000원→75,600,000원 수정
2. [전기분원가명세서]>• 기말원재료재고액 73,600,000원 → 75,600,000원 확인
   • 당기제품제조원가 505,835,000원→503,835,000원 확인
3. [전기분손익계산서]>• 당기제품제조원가 505,835,000원→503,835,000원 수정
   • 당기순이익 131,865,000원→133,865,000원 확인
4. [전기분잉여금처분계산서]>• 당기순이익 131,865,000원→133,865,000원 수정
   • 미처분이익잉여금 169,765,000원→171,765,000원 확인
5. [전기분재무상태표]>• 이월이익잉여금 169,765,000원→171,765,000원 수정

## 문제 2 일반전표입력

| | | | | | | |
|---|---|---|---|---|---|---|
| [1] | (차) | 예수금 | 340,000 | (대) | 보통예금 | 680,000 |
| | | 복리후생비(제) | 340,000 | | | |
| [2] | (차) | 부도어음과수표(㈜애플전자) | 3,500,000 | (대) | 받을어음(㈜애플전자) | 3,500,000 |
| [3] | (차) | 잡급(판) | 420,000 | (대) | 현금 | 420,000 |

[4] (차) 퇴직급여충당부채 5,000,000 (대) 퇴직연금운용자산 5,000,000

[5] (차) 보통예금 37,000,000 (대) 단기매매증권 35,000,000
단기매매증권처분이익 2,000,000

☞처분손익 = 처분가액(37,000,000) − 취득가액(5,000×7,000) = +2,000,000원(이익)

※ 단기매매증권의 취득과 관련된 거래원가(취득수수료)는 수수료비용(영업외비용)으로 처리한다.

[6] (차) 보통예금 49,000,000 (대) 사채 50,000,000
사채할인발행차금 1,000,000

## 문제 3 매입매출전표입력

[1] 매입매출전표입력(9/02)

유형:11.과세 공급가액:10,000,000 원 부가세: 1,000,000 원 공급처명: ㈜신도기전 전자:여 분개:혼합

(차) 받을어음 8,000,000원 (대) 부가세예수금 1,000,000원
외상매출금 3,000,000원 제품매출 10,000,000원

[2] 매입매출전표입력(9/12)

유형:57.카과 공급가액:450,000 원 부가세: 45,000 원 공급처명: 인천상회 분개:카드 또는 혼합
신용카드사:우리카드(법인)

(차) 부가세대급금 45,000원 (대) 미지급금(우리카드(법인)) 495,000원
복리후생비(제) 450,000원

[3] 매입매출전표입력(10/05)

유형:16.수출 공급가액:100,000,000 원 거래처: PYBIN사 분개: 혼합
영세율구분:①직접수출(대행수출 포함)

(차) 보통예금 100,000,000원 (대) 제품매출 100,000,000원

[4] 매입매출전표입력(10/22)

유형:53.면세 공급가액:1,375,000 원 거래처: 영건서점 전자: 여 분개: 현금 또는 혼합

(차) 도서인쇄비(판) 1,375,000원 (대) 현금 1,375,000원

[5] 매입매출전표입력(11/02)

유형:22.현과 공급가액:8,000,000 원 부가세: 800,000 원 공급처명: 없음 분개:혼합

(차) 보통예금 8,800,000원 (대) 부가세예수금 800,000원
제품매출 8,000,000원

[6] 매입매출전표입력(12/19)

유형:54.불공 공급가액:500,000 원 부가세: 50,000 원 공급처명: 홍성백화점 전자:여 분개:카드 또는 혼합

불공제사유:④기업업무추진비 및 이와 유사한 비용 관련

| | | | | |
|---|---|---|---|---|
| (차) | 기업업무추진비(판) | 550,000원 | (대) 미지급금(국민카드) | 550,000원 |

## 문제 4 오류수정

[1] 일반전표입력 수정(7/31)

| | | | | | |
|---|---|---|---|---|---|
| • 수정 전 | (차) | 퇴직급여(판) | 14,000,000원 | (대) 보통예금 | 14,000,000원 |
| • 수정 후 | (차) | 퇴직연금운용자산 | 14,000,000원 | (대) 보통예금 | 14,000,000원 |

[2] 매입매출전표 수정(10/28)

• 수정 전 :

유형:51.과세 공급가액:5,000,000 원 부가세: 500,000 원 공급처명: 다다마트 전자:여 분개:현금

| | | | | |
|---|---|---|---|---|
| (차) | 부가세대급금 | 500,000원 | (대) 현금 | 5,500,000원 |
| | 복리후생비(판) | 5,000,000원 | | |

• 수정 후 :

유형:54.불공 공급가액:5,000,000 원 부가세: 500,000 원 공급처명: 다다마트 전자:여

분개:현금 또는 혼합

불공제사유:④기업업무추진비 및 이와 유사한 비용 관련

| | | | | |
|---|---|---|---|---|
| (차) | 기업업무추진비(판) | 5,500,000원 | (대) 현금 | 5,500,000원 |

## 문제 5 결산

[1] 〈수동결산〉

| | | | | |
|---|---|---|---|---|
| (차) | 미수수익 | 150,000원 | (대) 이자수익 | 150,000원 |

☞미수수익 = 정기예금(5,000,000) × 연이자율(6%) × 6/12 = 150,000원

[2] 〈수동결산〉

| | | | | |
|---|---|---|---|---|
| (차) | 외화환산손실 | 80,000원 | (대) 외상매입금(상하이) | 80,000원 |

☞ 외화환산손익(부채) = (결산일 기준환율 1,040원 × $2,000) - 장부금액(2,000,000) = 80,000원(손실)

**[3]** 〈자동결산〉

[결산자료입력]>기간 : 1월~12월>4. 판매비와 일반관리비>5). 대손상각>

• 외상매출금 80,000원 입력, • 받을어음 - 30,000원 입력>F3전표추가

또는 〈일반결산〉

| | | | | | | |
|---|---|---|---|---|---|---|
| | (차) | 대손상각비(835) | 80,000원 | (대) | 대손충당금(109) | 80,000원 |
| | | 대손상각비(835) | - 30,000원 | | 대손충당금(111) | - 30,000원 |
| 또는 | (차) | 대손상각비(835) | 50,000원 | (대) | 대손충당금(109) | 80,000원 |
| | | | | | 대손충당금(111) | - 30,000원 |
| 또는 | (차) | 대손상각비(835) | 80,000원 | (대) | 대손충당금(109) | 80,000원 |
| | | 대손충당금(111) | 30,000원 | | 대손상각비(835) | 30,000원 |
| 또는 | (차) | 대손상각비(835) | 50,000원 | (대) | 대손충당금(109) | 80,000원 |
| | | 대손충당금(111) | 30,000원 | | | |

☞ **판매비와 관리비 항목의 대손충충당금 환입계정과목이 존재하지 않으므로 영업외수익항목인 대손충당금 환입계정과목으로 처리하는 것은 오답처리하였습니다.**

## 문제 6 장부조회

**[1]** 700,000원

• [매입매출장]>조회기간 : 20x1년 01월 01일~20x1년 03월 31일>구분 : 2.매출>유형 : 22.현과

**[2]** 3,162,300원

• [일(월)계표]>조회기간 : 20x1년 06월 01일~20x1년 06월 30일>5.제조원가 차변 현금액 확인

**[3]** 전설유통, 700,000원

• [거래처원장]>조회기간 : 20x1년 1월 1일~20x1년 6월 30일>계정과목 : 251.외상매입금 조회

## 저자약력

■ **김영철 세무사**

- 고려대학교 공과대학 산업공학과
- 한국방송통신대학 경영대학원 회계 · 세무전공
- (전)POSCO 광양제철소 생산관리부
- (전)삼성 SDI 천안(사) 경리/관리과장
- (전)강원랜드 회계팀장
- (전)코스닥상장법인CFO(ERP. ISO추진팀장)
- (전)농업진흥청/농어촌공사/소상공인지원센타 세법 · 회계강사


**로그인 전산회계 1급**

1 3 판 발 행 : 2025년 1월 14일
저 자 : 김 영 철
발 행 인 : 허 병 관
발 행 처 : 도서출판 어울림
주 소 : 서울시 영등포구 양산로 57-5, 1301호 (양평동3가)
전 화 : 02-2232-8607, 8602
팩 스 : 02-2232-8608
등 록 : 제2-4071호
Homepage : http://www.aubook.co.kr

저자와의 협의하에 인지생략

ISBN 978-89-6239-953-0 13320 정 가 : 29,000 원